제3판

원리와 실제 응용

텐서플로 케라스를 이용한 딥러닝

박유성 지음

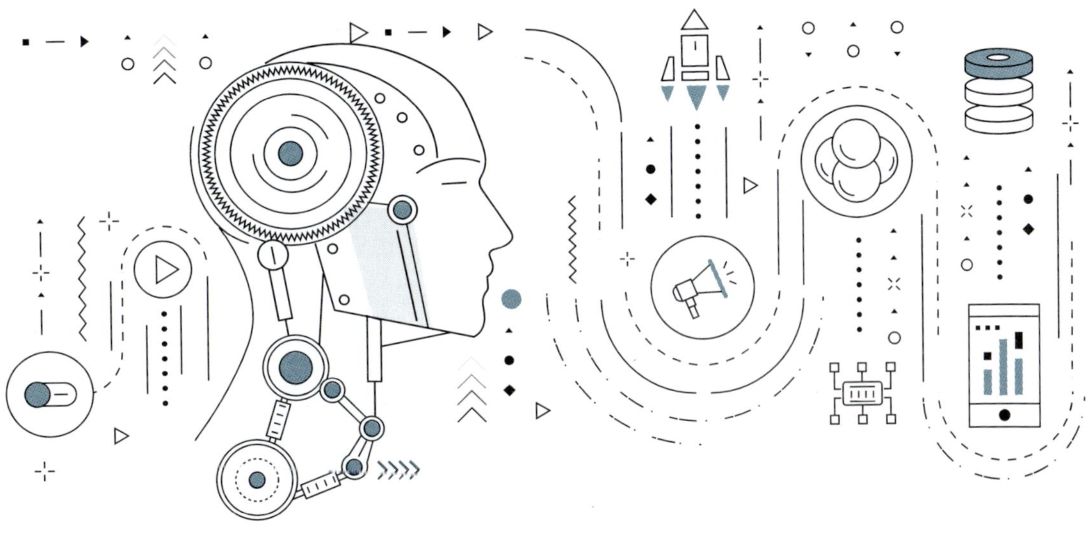

자유아카데미

머리말

딥러닝은 입력층, 은닉층, 출력층으로 구성되어 있다. 데이터가 입력되는 층을 입력층이라고 하며 입력층의 입력 특성변수는 은닉층에서 고수준 대표성을 가진 특성변수로 만들어진 후, 이 특성변수를 출력층에 입력하여 데이터 분석과제를 실행하게 된다. 딥러닝 모형에서 은닉층을 제거하면 기존의 통계모형과 동일하므로 은닉층만 잘 이해하면 딥러닝 모형은 누구나 쉽게 설계하고 실행할 수 있다. 딥러닝에는 2개 이상의 은닉층이 있으며 은닉층은 앞 은닉층으로부터 입력된 특성변수를 선형결합하고 비선형변환하는 매우 간단한 구조로 되어 있다. 선형결합은 입력된 특성변수 모두를 선형결합하는 완전결합(fully connected)과 일부분만 선형결합하는 부분결합(locally connected)이 있다. 완전결합층으로 구성된 모형을 MLP 모형이라 하고, 시간 차례대로 부분결합하면 RNN 모형, 그리고 공간적(spatially)으로 부분결합하면 CNN 모형이라고 한다. 딥러닝은 이처럼 매우 간단한 아키텍처로 구성되어 있다.

딥러닝 모형에서 은닉층의 역할은 분석과제 성과를 최대로 하기 위한 고수준 대표성 특성변수를 만들어내는 것이므로 은닉층 수가 많을수록, 그리고 특성변수 수가 많을수록 딥러닝 모형의 성능은 향상된다. 이를 딥러닝이 깊고 넓다고 말한다. 그러나 딥러닝 모형이 깊고 넓으면 필연적으로 추정해야 할 모수가 급격하게 증가하여 모수추정 문제와 과대적합(overfit) 문제가 발생할 수밖에 없다. 이 두 가지 문제를 해결하기 위해서는 MLP, RNN, CNN 모형에서 모수 수를 계산할 줄 알아야 하고, 모수를 추정하는 기울기 하강법(gradient descent)과 역전파(backpropagation)의 기본원리에 대한 이해가 선행되어야 한다. 여기까지가 딥러닝의 이론이며 별다른 수학적 지식이 없어도 큰 어려움 없이 이론적 배경을 다질 수 있을 만큼 간단하고 명료하다.

다음 단계에서는 사용자 친화적 고수준 언어인 tf.keras를 이용하여 MLP, RNN, CNN 모형을 실행해 봄으로써 딥러닝 이론의 이해도를 높이고, 딥러닝 모형을 점차적으로 깊고 넓게 설계하여 모수추정 문제와 과대적합을 직접 경험해 보아야 한다. 데이터를 학습데이터(training data), 검증데이터(validation data), 그리고 시험데이터(test data)로 분할하는 이유와 각 데이터의 역할을 정확하게 이해하기 위해서이다. 이 세 개의 데이터를 통해 variance와 bias를 점검하여 모형의 과소적합(underfit), 과대적합, 그리고 데이터의 질적 평가를 한 후, 각 경우에 따른 해결방안을 모색하여야 한다. 특히, 모형의 성능향상을 위한 초모수 조절 방법도 익숙해져야 한다. 이 단계를 딥러닝의 추론(inference)이라고 말한다.

다음 단계에서는 기존의 딥러닝 모형이 어떻게 진화하고 발전했는지를 stem-learner-task라는 구조 속에서 살펴보아야 한다. stem은 입력층과 초기 은닉층 블록을, learner는 고수준 특성변수를 만드는 중간단계 은닉층 블록을, task는 출력층에 입력되는 최종 은닉층과 출력층 블록을 말한다. 딥러닝 모형을 가능한 한 깊고 넓게 설계하되, 모수수렴 문제가 발생하지 않는 은닉층의 설계방법과 과대적합 문제가 발생하지 않도록 어떻게 모수 수를 줄이는지를 알기 위해서이다.

최종적으로 관심 분야에 따라 컴퓨터 비전, 자연어처리, 데이터 재생 등의 분야를 심층적으로 이해해야 한다. 컴퓨터 비전에서는 Faster R-CNN, YOLO-v3, 스타일 전이, 자연어처리에서는 Transformer, BERT, GPT, 데이터 재생에서는 VAE, CVAE, GAN 등 최신 모형들의 특성과 장단점을 앞에서 습득한 딥러닝 모형의 진화와 발전이라는 관점에서 파악하고 가능하면 개선된 모형도 제시할 수 있어야 한다.

이러한 딥러닝 모형에 대한 지식습득 과정을 반영하기 위해 이 책은 총 5개의 '부'로 구성하였으며, 딥러닝의 설계 원리, 모수수렴 문제 및 과대적합 문제 해결 원리, 초모수조절 원리, 딥러닝 성능의 저하를 수반하지 않는 모수 수 감소 원리 등 딥러닝의 원리를 이해시키는 데 중점을 두고 있다. 이를 위해 제1부는 딥러닝의 기초원리, 제2부는 딥러닝의 기본응용과 진화를 전면부에 배치하였다. 제공된 프로그램을 차근차근 실행하면서 머릿속에 딥러닝 구조와 원리를 그려가면 충분히 이해할 수 있을 것이다. 제3부는 컴퓨터 비전, 제4부는 자연어처리, 제5부는 AutoEncoder와 GAN으로, 딥러닝 분야별로 독자의 관심 분야에 따라 선택적으로 심층 학습할 수 있도록 하였다.

이 책에 제공된 프로그램은 tf.keras로 작성되었기 때문에 Jupyter Notebook 또는 클라우드 기반의 Colab에서 실습할 수 있도록 최적화되어 있다. 독자 스스로 프로그램을 이해할 수 있도록 가능한 한 상세한 해설을 하였으며, 필요한 프로그램과 데이터는 자유아카데미 홈페이지 자료실에서 다운로드할 수 있도록 준비하였다. 제2판과 비교하여 이번 제3판의 특징은 딥러닝의 기본원리, 오차분석을 통한 과대적합 및 과소적합의 진단과 해결방안, 그리고 딥러닝 모형의 진화의 관점에서 효율적이고 우수한 성능을 가진 딥러닝의 설계 등에 중점을 두어 개념을 재정립하였으며 첨단 딥러닝 모형을 대폭 추가한 것으로 요약할 수 있다.

이 책에 수록된 수많은 개념도를 그려준 박진세 군에게 감사한 마음을 전하고, 이 책이 나오기까지 묵묵하게 성원해 주고 지원해준 아내와 가족에게 사랑의 마음을 전한다.

저자 박유성

차례

1부 딥러닝의 기초원리

2부 딥러닝의 기본 응용과 진화과정

3부 컴퓨터 비전

4부 자연어처리

5부 AutoEncoder와 GAN

1부. 딥러닝의 기초원리

1장
서론

딥러닝(deep learning)은 통계적 머신러닝과 함께 AI(artificial intelligence)의 핵심이다. 통계적 머신러닝은 통계학에서 전통적으로 다루는 모형과 기법을 바탕으로 한 데이터분석 기법이고, 딥러닝은 통계학의 응용영역을 인간의 인지능력 분야로 확장한 AI 기법이라고 할 수 있다. 그러므로 통계적 머신러닝과 딥러닝의 응용영역은 겹치는 부분이 많고, 특히 모형을 설정하고 손실함수를 최소화하는 모형을 구축한다는 점에서 두 분야는 공통점을 가지고 있다. 딥러닝은 통계적 머신러닝에 비해 인간의 인지능력에 대한 응용분야에 강점을 가지고 있다. 숫자나 이미지를 인식하고 문장의 내용을 파악하거나 번역하며, 나아가 사람처럼 게임을 하고 운전을 하고 대화하고, 글을 쓰고 작곡을 하고 그림을 그리는 등이 딥러닝의 핵심 응용영역이다. 이러한 딥러닝의 응용영역 때문에 생긴 가장 큰 오해 중의 하나는 딥러닝이 인간의 뇌를 모형화하였다는 것이다.

딥러닝은 특성변수들의 선형결합 및 비선형변환을 통해 목적변수를 확률적으로 맞추는 전형적인 통계적 모형이다. 여기에서 특성변수는 통계학에서 독립변수 x와 동일하며 목적변수는 종속변수 y와 동일하다. 즉, 특성변수는 목적변수를 예측하는 데 유용한 변수들을 말한다. 그러므로 딥러닝은 수많은 데이터를 통해 사람의 인지능력에 대한 통계적 규칙을 찾아 구현하는 통계모형의 일종이라고 할 수 있다. 여기서 데이터는 숫자, 이미지, 문서, 음악, 비디오 등을 말하며 이러한 모든 데이터는 숫자(number)로 제공된다.

<그림 1-1>은 통계모형과 딥러닝 모형의 차이를 보여주고 있다. 통계모형은 특

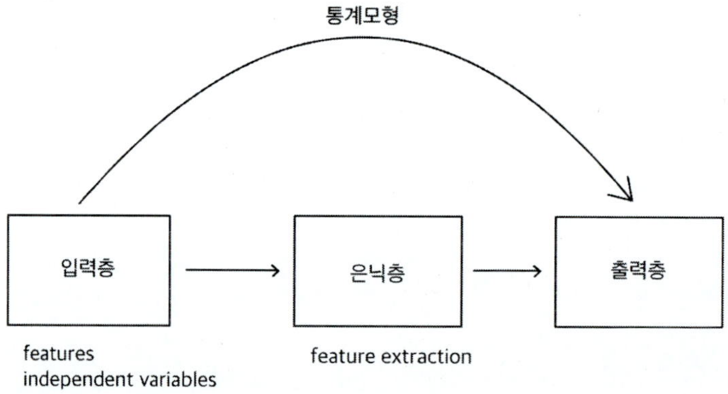

그림 1-1 통계모형과 딥러닝 모형

성변수 x를 입력층에 입력한 후 목적변수 예측치 $\hat{y}$을 출력하는 출력층으로 구성되어 있는 반면, 딥러닝 모형은 입력층 → 은닉층 → 출력층으로 구성되어 있다.

즉, 통계모형과 딥러닝 모형의 유일한 차이는 은닉층(hidden layer)의 존재 여부이다. 그러면 자연스러운 질문은 '딥러닝에서 은닉층은 왜 필요한가?'와 '그 역할은?'이 될 것이다. 이에 대한 직접적인 답변을 하기 이전에 통계모형에서 특성변수의 역할을 살펴볼 필요가 있다. 통계모형의 특성변수 또는 독립변수는 분류나 회귀를 위한 목적변수를 예측하는 데 이용된다. 이때의 특성변수는 목적변수를 설명하는 데 충분한 정보를 가지고 있다. 예를 들어, 목적변수가 아파트 가격이고 특성변수가 아파트의 위치, 평수, 건축년도이면, 특성변수 자체가 아파트 가격 예측에 많은 정보를 가지고 있다고 할 수 있다. 아파트 가격 결정요인이기 때문이다. 이러한 특성변수를 고수준 대표성(high-level representation)을 가지고 있다고 말한다.

그러나 딥러닝의 주요 대상인 이미지 데이터나 텍스트 데이터로 제공되는 특성변수는 목적변수를 설명할 만큼의 정보를 갖지 못한 저수준 대표성(low-level representation)을 가지고 있다. 이미지 데이터는 색의 밝기를 나타내는 0 ~ 255 사이의 정수를 표현한 픽셀(pixel)이 특성변수이므로, 이 숫자만으로 이미지 내에 있는 객체를 인식하고 탐지하기에는 정보가 많이 부족하다. 텍스트 자료에서 index로 표현된 말뭉치(corpus)가 특성변수이므로 이 index만으로 문장의 내용을 파악한다든가, 성능이 우수한 chatbot이나 머신번역을 구축하는 것은 거의 불가능하다고 할 수 있다.

딥러닝의 은닉층은 저수준 대표성을 가진 특성변수를 고수준 대표성을 가진 특성변수로 만드는 역할을 한다. 은닉층에 입력된 자료는 추정해야 할 모수로 선형결합한 후 비선형변환하여 다음 은닉층에 입력한다. 그러므로 입력층에 입력된 특성변수는 여러 개의 은닉층을 통해 선형결합과 비선형변환을 반복하여 고수준 대표성을 가진 특성변수로 바뀐 후 출력층에 전달된다. 이론적으로 은닉층이 많을수록(같은 의미로 은닉층이 깊을수록) 고수준 대표성을 가진 특성변수를 만들게 되므로 딥러닝 모형의 성능은 향상되게 된다.

그러나 은닉층이 깊을수록 두 가지 문제점이 발생하게 된다. 첫 번째는 고수준 대표성을 갖는 특성변수가 학습데이터를 지나치게 대표하여 발생하는 과대적합(overfitting) 문제이다. 이렇게 과대적합된 딥러닝 모형을 다른 데이터에 적용하면 모형의 성능이 현저하게 떨어지게 된다. 두 번째로 은닉층이 깊을수록 은닉층의 선형결합 모수의 숫자가 늘어나 모수 추정에 실패하여 딥러닝 모형 자체가 무너지는 현상이 발생한다는 문제가 있다. 이러한 이유로 딥러닝은 은닉층을 점점 깊게 만들되, 과대적합이 발생하지 않고 모형이 무너지는 현상을 방지하는 방향으로 발전하고 있다. 이에 따라 딥러닝 모형의 설계는 은닉층의 모수를 줄이면서 모수추정 과정에서 발생할 수 있는 미분사라짐(gradient vanishing)을 차단하고 은닉층에 입력되는 변수들의 선형결합 방법과 범위, 그리고 은닉층의 정규화(normalization), 규제화(regularization) 등에 초점을 맞춰 논의한다.

딥러닝의 은닉층은 MLP(multilayer perceptrons), CNN(convolutional neural networks), RNN(recurrent neural networks) 등 세 가지 기본 신경망으로 구성되어 있으며, 이 세 신경망의 다양한 조합으로 구축된다. 그러므로 딥러닝을 시작하려면 우선 이 세 개의 기본 신경망을 기능적인 측면이 아닌 개념적인 측면에서 이해해야 한다. 기능적인 측면에서의 이해란, CNN은 이미지분석에 사용하고 RNN은 머신번역 등 언어나 텍스트 자료분석에 사용하는 딥러닝 모형이라는 식의 이해를 말한다. 한편 개념적 측면에서의 이해란 자료의 구조적인 측면에서의 이해를 말한다. 즉 행렬의 일반화인 텐서(tensor)를 이해하고, 데이터를 구성하는 특성변수와 목적변수의 역할을 이해하며, 특성변수와 모수와의 관계를 이해하여야 한다는 것이다. 0차원 텐서(0D텐서)는 스칼라를, 1차원 텐서(1D텐서)는 벡터를, 2차원 텐서(2D텐서)는 행렬을, 3차원 텐서(3D텐서)는 3개의 축으로 구성된 데이터를, 그리고 4차원 텐서(4D텐서)는 4개의 축으로 구성된 데이터를 말한다. MLP는 2D텐서 데이터를 완전연결(fully connected)하는 FC층이고, CNN은 4D텐서 데이터를 국지적으로 연결(locally connected)하여 공간정보와 채널정보를 확보하는 신경망이며, RNN은 시간순서가 반영된 3D텐서 데이터를 시간순서대로 해당 시간 순서만 국지적으로 연결하는 LC층이다. 딥러닝의 기본 신경망에 사용되는 텐서 데이터의 제0축은 항상 표본 또는 배치의 크기를 나타내며 나머지 축은 특성변수 또는 목적변수를 나타낸다. 그러므로 MLP의 특성변수는 1D텐서, CNN은 3D텐서, RNN은 2D텐서의 특성변수가 입력된다.

딥러닝 은닉층은 이미 언급하였듯이 특성변수의 선형결합 및 비선형변환을 통해 목적변수를 예측하는 모형이다. 특성변수가 은닉층에 전달되면 특성변수를 선형결합하고 비선형변환을 하는데, 선형결합에 사용되는 가중치를 모수라고 한다. 그러므로 이 모수를 추정하여 목적변수를 예측하게 된다. 여기에서 중요한 것은 이 모수들이 표본에 의존하지 않는다는 사실이다. 이는 각 표본이 특성변수의 선형결합에 동일하게 기여한다는 것을 말하며, 각 표본은 통계적으로 같은 분포에서 나온 정보이자 서로 간에 독립이라는 의미를 갖는다. 특성변수와 목적변수는 하나의 쌍으로 관측되므로 표본의 독립성에 의해 동일한 특성변수에 서로 다른 목적변수가 관측되어야 하고, 반대로 동일한 목적변수에 서로 다른 특성변수도 관측되어야 한다. 표본의 독립성은 딥러닝 모형을 실제 응용할 수 있도록 하는 일반화에 매우 중요한 요소이다.

딥러닝 모형의 입력층에는 특성변수와 목적변수가 텐서 형태로 입력된다. 그리고 이 텐서가 은닉층에 전달되어 목적변수를 정확히 설명하도록 선형결합과 비선형변환을 반복 적용하여 고수준 대표성을 가진 새로운 특성변수를 만들어 낸다. 이 고수준 대표성을 가진 특성변수는 출력층에 입력되고 출력층에서는 입력된 특성변수를 선형결합과 비선형변환을 통해 목적변수와 동일한 크기의 텐서를 출력하게 된다. 목적변수가 클래스의 분류이면 출력층의 출력은 조건부확률이고, 목적변수가 주식가격과 같은 연속형이면 출력층의 출력은 조건부기댓값이므로 결국 출력층의 예측치는 확률적 의사결정 문제와 동일하며 이는 각각 전통적인 통계모형인 로그선형모형(log linear model), 선형회귀모형(linear regression model)이다.

은닉층은 2개 이상이며 입력층의 입력과 출력층의 출력은 연구목적에 따라 2개 이상일 수 있다. 딥러닝 모형에서의 텐서의 입출력을 설명할 때, 배치크기를 나타내는 제1축을 제외한 텐서만으로 설명한다. 근본적인 이유는 딥러닝 모형의 최적화를 위한 배치의 크기를 자유롭게 조절하기 위함이다. 입력된 텐서가 1D텐서이면 MLP 모형을 사용하고, 2D텐서이면 RNN 모형을 사용하며, 3D텐서이면 CNN 모형을 사용하여 새로운 텐서를 출력하고 이를 다음 층에 입력한다. 입력받은 데이터는 2D텐서인데도 MLP 모형을 사용할 수 있는 경우가 있는데, 이때는 전달받은 텐서의 제0축을 표본으로 인식하여 처리하게 된다.

출력층에 의해 예측된 목적변수값은 실제 목적변수값과 비교하여 이들 간의 일종의 거리인 손실함수를 계산하고 이 손실함수를 최소화하기 위한 모수 최적화를 하게 된다. 손실함수는 입력층 텐서의 제0축인 배치크기 단위로 계산되며 모수의 최적화는 소위 역전파(backpropagation)를 통해 구현된다.

딥러닝의 기본모형을 근본적으로 이해하기 위해서는 추정해야 할 모수의 수를 계산할 수 있어야 한다. 제2장 딥러닝 데이터와 세 가지 기본 신경망은 지금까지 논의한 내용을 좀 더 상세하게 다루는데 이 책에서 가장 중요한 핵심 내용 중의 하나이다.

제3장에서는 딥러닝의 최적화 문제를 다루고 있다. 최적화는 손실함수를 최소화하는 모수를 추정하는 것을 말한다. 목적변수가 클래스를 나타내는 변수일 때, 예를 들어 감성분석, 숫자인식, 이미지인식, 머신번역 등의 분류(classification)가 목적일 때, 손실함수는 이항 또는 다항분포 우도함수(likelihood function)의 음수로 정의되고, 목적변수가 주식가격과 같은 연속형일 때는 평균제곱합(mean squared error) 또는 평균절대오차(mean absolute error) 등이 손실함수이다. 입력변수의 분포를 재생하는 GAN(generative adversarial network)의 경우(제18~20장), Kullback-Leibler divergence가 손실함수로 사용될 수 있다. 이 역시 전통적으로 통계학에서 사용해오고 있는 손실함수이다.

손실함수를 최소화하는 역전파는 출력층으로부터 입력층 방향으로(즉, 역방향으로), 출력층의 모수로부터 차례대로 은닉층의 모수 그리고 최종적으로 입력층에 연결된 은닉층의 모수 순서로 모수를 최신화하는 기법을 말한다. 그러나 실제적으로 역전파는 미분의 체인룰(chain rule)과 동일하다. 역전파 과정에서 중요한 것은 극복해야 할 과제인 손실함수의 국소최솟값(local minimum), 안장점(saddle point), 그리고 최솟값 근방에서의 진동문제를 해결하는 것이다. 이러한 문제를 해결하기 위한 여덟 가지 최신화 알고리즘의 원리와 특성을 제3장에서 논의하게 될 것이다.

제4장에서는 딥러닝 모형을 실제적으로 적용하기 위한 프로그램 언어인 tf.keras를 설명하고 tf.keras의 설치, 딥러닝 모형의 저장, 불러오기, 그리고 시각화를 논의한다. 딥러닝은 과거에는 c^{++}나 CUDA 같은 전문 프로그램 언어를 다룰 수 있는 극히 일부의 전문적인 프로그래머만 접근할 수 있는 영역이었지만, 배우기 쉬운 python을 기반으로 만들어진 Keras의 등장(2015년)과 함께 대중화되었다. 2019년 TensorFlow 2.0이 발표되면서 표준 고급 프로그램 언어로 Keras를 채택하여 tf.keras가 공식적으로 출시되었다. 본서에서 논의되는 모든 프로그램은 tf.keras를 기반으로 하고 있으며 TensorFlow 2.x에 대한 내용과 이에 연결된 tf.keras에 대한 논의를 제4장에 요약·정리하였다. TensorFlow는 머신러닝 분석을 위한 데이터 라이브러리인 tensorflow_datasets를 제공하고 있다. 책에서는 이 라이브러리의 사용법을 수록하여 독자 스스로 다양한 실습이 가능하도록 하였다. 또한 데이터를 편집하고, 뒤섞고, 변환하고, 데이터를 미리 준비시키는(prefetching) 등을 손쉽게 하기 위한 데이터 API 사용방법도 정리하였다. tf.keras에 의한 딥러닝은 Sequential API, functional API, Subclassing API로 구현할 수 있다. Sequential API는 입력층 → 은닉층 → 출력층 순으로 일방통행식 딥러닝 아키텍처에 사용하는 API이고 functional API는 다중입력, 다중출력, 병렬형 은닉층, 비순환적 딥러닝 아키텍처 등 유연한 딥러닝 모형을 처리할 수 있는 API이다. Subclassing API는 맞춤형 딥러닝 모형을 구축할 때 사용하는 API로 순환형, 조건형 등의 딥러닝 아키텍처에 유용하게 이용된다.

제5장에서는 오차분석(error analysis)을 통해 bias와 variance 개념을 구체적인 예를 통해 설명하고 이로부터 과소적합(underfit)과 과대적합(overfit)이 무엇인지를 설명한다. 전체 데이터를 분석 이전에 미리 학습데이터(training data), 검증데이터(validation data), 시험데이터(testing data)로 임의로(randomly) 3등분한 후, 이 3개의 데이터셋을 이용하여 어떻게 과소적합과 과대적합을 진단하는지를 논의하고 과소 및 과대적합을 해소하는 방안을 논의하게 될 것이다. 모형의 최적화를 위한 초모수 조절 방법도 논의될 것이다.

딥러닝은 많게는 수천억 개의 모수를 가지고 있어 필연적으로 모수추정에 관련한 문제가 딥러닝 모형의 성능에 직접적인 영향을 주게 된다. 미분사라짐(vanishing gradient), 과대적합(overfit) 등이 대표적인 모형성능의 저해요인이며 이러한 저해요인 해소방안을 포함하여 여러 가지 딥러닝 모형 성능향상 방안에 대해 논의할 것이다. 딥러닝은 층(layer), 층 내의 모수초기치, 활성함수, 규제화, 손실함수 등의 구성요소를 이용하여 딥러닝 아키텍처를 설계한다. 그러나 새로운 딥러닝 모형을 개발하거나, 연구목적이나 자료의 형태 등에 따라 맞춤형 딥러닝 구성요소를 만들 필요가 있다. 맞춤형 층, 맞춤형 활성함수, 맞춤형 손실함수, 맞춤형 규제화 등을 만들고 적용하는 방법을 자세하게 논의할 것이다.

제6장에서는 CNN의 응용과 이전학습(transfer learning)을 다루고 있다. CNN 모형은 컴퓨터 비전에 뛰어난 성능을 보여주는 딥러닝 모형으로, MLP 모형과 비교하여 추정해야 할 모수를 획기적으로 줄여줄 뿐만 아니라 동물의 귀와 같은 패턴을 추출하면 위치에 관계없이 동일하게 인식하는 위치이동불변(translation invariant) 특성을 가지고 있다. 또한 입력층에 가까운 CNN 층은 이미지의 경계선, 모서리, 가장자리 등 기초적인 특성을 찾아내고 CNN 층이 반복될수록 점차적으로 이들 특성들을 조합하여 귀, 눈, 입 등의 이미지로 구체화하는 계층적 패턴인식의 특성을 가지고 있다. CNN 데이터는 크기가 (배치수, 높이, 너비, 채널)인 4D텐서이다. 그러므로 각 표본은 (높이, 너비, 채널)인 3D텐서로 높이×너비는 픽셀이라고 하며 채널이 1개이면 흑백이미지이고 채널이 3개이면 컬러이미지가 된다.

이미지를 학습시키기 위해서는 빅데이터 규모의 이미지 자료가 필요하지만, 대부분의 경우 충분하지 못한 데이터를 가지고 있다. 이럴 경우 이미지인식 성능을 높이기 위해 빅데이터를 이용하여 이미지분석 모형을 완료한 사전학습된 모형을 이용할 수 있다. 사전학습모형 구축에 이용한 자료와 연구자가 가지고 있는 이미지 자료의 유사성 정도에 따라, 이전학습을 어떻게 적용하는지를 논의하고 동시에 자료증대가 사전학습 성능에 미치는 영향을 살펴보고자 한다.

제7장에서는 텍스트 자료분석에 대해 논의하고자 한다. 텍스트 자료분석을 위해 문자나 단어의 수량화 작업이 우선적으로 실행되어야 한다. 일반적으로 문장이 하나의 표본이 되고 전체 데이터는 이러한 표본들의 모임으로, 전체 문서에서 한 번

이상 나타난 문자나 단어가 특성변수가 된다. 대부분의 경우 단어를 특성변수로 사용하기 때문에 텍스트 자료분석에서의 특성변수의 수가 매우 크다는 특성을 가지고 있다. 단어의 순서와 의미가 중요한 머신번역과 같은 경우는 단어의 의미론적 수량화가 요구된다. 여기에서 단어의 의미론적 수량화란, 예를 들어 개와 고양이가 있고 늑대와 호랑이가 있을 때 개와 늑대는 개과 동물로, 고양이와 호랑이는 고양이과 동물로 나눌 수 있어야 하며 동시에 개와 고양이는 길들여진 동물이고 늑대와 호랑이는 야생이라는 개념으로 분류할 수 있는 수량화를 의미한다. 딥러닝은 단어와 단어 간의 동시 출현관계와 동시 출현단어 간의 거리로 단어의 의미론적인 수량화를 구현하고자 하며 이를 word embedding이라고 한다.

머신번역과 같이 단어의 의미상 이해를 위해 단어의 순서가 필수적이거나 시계열 자료분석에서 주식가격 예측을 위해 최근의 주식가격이 중요한 특성변수가 될 때 사용하는 딥러닝 모형은 RNN이다. RNN 모형의 입력데이터는 3D텐서이며 각 표본은 일정 시간 동안 반복해서 관측된 특성변수로 구성된 2D텐서이다. 여기에서 일정 시간을 시간스탭이라고 한다. RNN 모형에서도 다른 기본 딥러닝 모형과 동일하게 입력 특성변수를 선형결합과 비선형변환하게 되고 선형결합에 사용되는 모수를 추정한다. 그런데 이 모수는 시간스탭에 의존하지 않고 오직 시간거리에만 의존한다는 사실을 기억해야 한다. RNN 모형에서는 현재 시점의 시간스탭 정보와 한 시점 전에 있는 정보만을 LC(locally connected)층으로 연결한다.

즉, t시점의 출력은 t시점의 입력 특성변수와 $(t-1)$시점의 출력변수의 선형결합으로 구현된다. RNN에서는 모수가 시간스탭의 시간거리에만 의존하므로 두 변수의 선형결합에 사용하는 모수는 시점 t에 무관하게 모두 동일하다. 이러한 모수구조가 가능하기 위해서는 시계열로 주어진 특성변수가 소위 말하는 정상성(stationarity)을 만족하여야 한다. 시계열이 정상성이 되기 위한 최소한의 조건은 특성변수의 평균과 분산이 시간 또는 시간스탭에 의존하지 않아야 한다는 것이다. 주식가격 예측과 같은 경우에는 특수한 경우를 제외하고 정상성조건을 충족하지 못하므로 딥러닝 모형을 적용하기 이전에 정상성조건을 만족하는지 우선 점검하여야 하며, 정상성 조건을 만족하지 못하면 정상성조건을 만족하도록 자료변환을 하여야 한다. 제7장에서는 이러한 정상성조건을 포함하여 simple RNN, LSTM, GRU, Bidirectional RNN 모형을 논의하게 될 것이다.

제8장에서는 다중 입·출력, 병렬형, 비순환 딥러닝 모형을 논의한다. 승용차 가격을 예측하고자 할 때, 입력자료로 전문가의 평가, 승용차 사진, 차령이 있으면 다중입력모형이 된다. 물론 텍스트자료로 제공된 전문가 평가만으로, 또는 승용차 사진만으로, 혹은 차령만으로 승용차 가격을 예측하는 딥러닝 모형은 가능하다. 하지만 어떤 모형의 예측치를 사용하는지에 대한 논의를 제외하더라도 입력자료를 모두 사용하는 것에 비해 정보의 손실이 있을 수밖에 없다. 통계적인 관점에서 살펴보면 주변분포(marginal distribution)만을 이용한 분석은 결합분포(joint distribution)를 이용한 분석보다 정보의 손실이 크다는 것을 의미한다. SNS상의 글을 보고 글쓴이의 성별, 나이, 직업을 예측하고자 하면 다중출력모형을 사용하여야 한다. 다중입·출력을 모형에 반영하기 위해서 딥러닝 아키텍처는 CNN, RNN, 또는 MLP 은닉층을 병렬형으로 구성할 수밖에 없게 되고 입력층, 은닉층, 출력층의 순서를 자유롭게 할 수 있는 비순환 딥러닝 아키텍처도 고려하여야 한다. 제8장에서는 이러한 모형을 논의하고 이를 실행하기 위한 tf.keras의 functional API를 적용할 것이다.

제9장에서는 대표적인 CNN 모형의 구조를 통해 CNN 모형의 진화과정을 살펴보고 CNN 모형의 초모수 조절에 대한 가이드라인을 제공하고자 한다. CNN은 부분연결(locally connected) 모형으로 은닉층의 개수, 노드수, 커널의 크기, stride, pooling 층의 사용 여부 등에 따라 모형의 성능이 크게 다르게 된다. CNN 아키텍처에서 이러한 초모수의 선택은 try and error에 의해서 결정되지만, 대표적 CNN 아키텍처에 대한 선행연구의 깊이 있는 논의는 초모수 결정에 대한 좋은 지침을 제공한다. 1998년에 발표된 LeNet-5, 2012년에 발표된 AlexNet, 2014년에 발표된 VGGNet과 Inception, 그리고 2015년에 발표된 ResNet을 통해 CNN 모형 기본 구조를 논의한 후, 2017년부터 정착된 stem-learner-task라는 딥러닝 모형의 설계구조를 논의한다. 딥러닝 구조의 진화과정을 stem, learner, task의 각 관점에서 논의하여 효율적인 딥러닝 설계를 할 수 있도록 한다.

컴퓨터 비전은 이미지분류(image classification), 이미지분할(image segmentation),

객체탐지(object detection) 등으로 구분할 수 있다. 제10장에서는 컴퓨터 비전 중 교통표식의 식별과 같은 이미지 내 객체를 분류하는 이미지분류와 이미지자료의 형태(shape) 파악이 주목적인 이미지분할을 논의할 것이다. 이미지분할은 객체분할(instance segmentation)과 객체의 의미분할(semantic segmentation of objects)로 구분하여 논의하게 될 것이다. 객체분할은 이미지에서 하나의 객체만을 분할·인식하는 데 목적이 있지만, 객체의 의미분할은 사람, 건물, 자동차 등 일반명사적으로 객체를 분류하는 것을 목적으로 한다.

제11장에서는 컴퓨터 비전의 객체탐지를 논의한다. 객체탐지는 이미지 내에 있는 객체의 분류와 객체를 둘러싸고 있는 정밀한 사각박스를 그려 객체를 탐지하는 것이 목적이다. 객체의 의미분할은 객체의 구체적 형태(shape)를 구현해야 하기 때문에 학습자료의 준비에 많은 비용이 들지만, 객체탐지는 이미지 내의 각 객체를 둘러싼 사각박스의 좌표만 필요하므로 학습자료의 준비가 비교적 쉽고 학습된 모형을 실시간으로 적용할 수 있다는 장점을 가지고 있다. 이러한 이유로 객체탐지는 자율자동차, 감시카메라 등과 같이 실시간 객체탐지가 필요한 분야에 사용되고 있다. 자율자동차의 경우, 객체의 탐지와 위치화를 빠르고 정확하게 해야 자동차로부터 객체의 거리 및 방향을 측정할 수 있기 때문에, 이미지 내의 객체를 인지(recognition)하고 분류(classification)하는 것뿐만 아니라 객체를 적절한 사각형박스로 위치화하는 것 역시 필수적이다. 객체탐지 딥러닝 모형인 R-CNN(region proposal based CNN), Fast R-CNN, Faster R-CNN, 그리고 YOLO(you only look once)를 제11장에서 논의한다.

제12장에서는 은닉층의 채널별 시각화(visualization)를 통해 CNN층은 이미지자료를 어떻게 보고 해석하는지를 알아보고 사진과 같은 입력이미지에 예술가적 색감, 질감, 그리고 스타일을 이식하여 딥러닝적 예술작품을 만드는 딥드림과 스타일이전(style transfer)을 논의하고자 한다. 채널 시각화는 블랙박스(black box)로 남아있는 은닉층의 각 채널을 시각화하여 설명 가능한 AI(explainable AI, XAI)를 위한 좋은 수단을 제공하게 된다. 딥드림과 스타일이전은 인간의 창조력을 바탕으로 한 순수예술에 대한 딥러닝적 시도라고 할 수 있다.

제13장에서는 머신번역을 위한 딥러닝 모형을 논의한다. 머신번역은 RNN 모형의 대표적인 응용분야이며 여러 개의 입력과 여러 개의 출력(many-to-many)을 가진 딥러닝 모형이다. 언어의 의미를 파악하여 같은 의미를 가진 다른 언어로 번역하는 인간의 번역방식과 다르게, 머신번역은 특정 언어의 단어가 주어졌을 때 단어가 가진 의미와 관계없이 대응하는 언어의 단어가 나올 확률이 가장 높은 단어로 번역하는 구조를 가지고 있다.

제14장에서는 Transformer를 자세하게 논의하고 머신번역과 한국어 chatbot에 적용한다. 머신번역은 제13장에서 다룬 동일한 데이터에 적용하여 Transformer가 얼마나 기존의 머신번역의 성능을 향상시키는지 살펴보게 될 것이다. Transformer는 제13장에서 다룬 attention을 이용하여 머신번역을 실행하는 딥러닝 아키텍처로, 단어의 순서를 모형에 반영한 RNN을 전혀 사용하지 않고 단어들 간의 상관관계를 가중치로 만드는 attention으로 놀라운 성과를 보여주고 있다. 최근에는 Transformer가 머신번역뿐만 아니라 이미지분석, multimodal learning 영역까지 다양한 영역에 걸쳐 적용되고 있다.

제15장에서는 BERT 모형을 논의한다. BERT는 제14장에서 다룬 Transformer의 encoder만 이용하여 질의응답(question-answering), 자연어추론(natural language inference), 텍스트 생성(text generation), 문장분류(sentence classification), 머신번역(machine translation) 등 다양한 자연어처리(natural language processing)를 위한 사전학습모형이다. BERT의 최종 출력은 입력된 문장의 토큰 embedding으로 이 embedding이 문맥상의 의미를 갖도록 설계되어 있으며 후속 자연어처리의 입력자료로 사용된다. 특정과제에 특화된 과제를 실행하기 위해 fine tunning이 필수인 BERT와 다르게, GPT 모형은 Transformer의 decoder만 이용하여 다중과제(multi-task)의 실행을 목표로 한다. 이를 위해 입력 context의 크기, 다양성, decoder 층 수, embedding의 크기를 대폭 증가시켜 성능을 향상시키고 있다. GPT 모형의 중요 과제 중 하나인 문장생성(text generation)에 필요한 sampling에 대해서도 논의하게 될 것이다. 텍스트자료를 단어중심으로 토큰화를 하면 필연적으로 매우 드물게 나타나는 단어는 [unknown]으로 분류하는 OOV(out of vocabulary)

문제가 발생한다. 제15장에서는 OOV 문제를 해결하기 위한 세 가지 subword 토큰화 방법도 논의할 것이다.

제16장에서는 사전학습된 BERT 및 BERT 변형모형을 적용할 수 있는 Hugging Face의 Transformers 라이브러리를 설명하고, 실제 텍스트 데이터를 이용하여 사전학습된 BERT 및 BERT 변형모형을 후속 자연어처리의 과제에 fine-tuning하는 과정을 자세하게 논의하고자 한다. Hugging Face의 Transformers 라이브러리는 자연어처리를 위한 open source 라이브러리로 수천 개의 사전학습모형을 100개 이상의 언어로 제공하고 있다. Transformers 데이터 API와 tensorflow 데이터 API를 결합하여 tf.keras 문법에 맞는 텍스트자료의 사전정리과정도 수록하였다.

제17장에서는 BERT의 변형모형인 ALBERT, RoBERTa, ELECTRA, Distil BERT, M-BERT, XLM, XLM-R 모형의 작동원리와 특성을 논의할 것이다. 이 중 M-BERT, XLM, XLM-R은 다언어 BERT 모형으로 많게는 100개 이상의 언어로 사전학습되었기 때문에 성능은 좋지 않지만 한글 자연어처리도 가능하다. BERT 변형모형은 BERT의 단점을 보완하고 성능을 향상시키기 위해 개발된 사전학습모형이다.

지금까지 특성변수를 이용하여 목적변수를 예측하는 딥러닝 모형을 논의하였다. 제18장부터는 입력변수의 분포를 재생하는 딥러닝 모형을 고려하고 있다. 입력변수가 입력되면 이로부터 잠재변수를 생성하고 잠재변수가 주어진 조건에서 입력변수를 재생하는 딥러닝 모형을 제18장에서 논의할 것이다. x를 입력변수라고 할 때, 잠재변수 z의 조건부분포 $p(z|x)$로부터 z를 생성하고 조건부분포 $p(\tilde{x}|z)$로부터 $\tilde{x}$를 생성한다. $\tilde{x}$와 x가 거의 같다면 잠재변수 z는 입력변수 x의 좋은 대표변환이라고 할 수 있다. 이러한 기법은 머신러닝의 주성분분석과 일치한다. 조건부분포 $p(z|x)$를 encoder라고 하고 $p(\tilde{x}|z)$를 decoder라고 한다. encoder-decoder 모형은 x를 잘 재생하는 것이 목적이지만, 또 다른 흥미로운 응용분야에서 사용될 수 있다. 즉, 입력변수를 재생할 뿐만 아니라 분포적으로 동일한 새로운 입력변수를 만들어 낼 수 있으며, 특정 라벨의 데이터가 현저하게 작은 불균형자료(imbalance) 문제를 해결하는 중요한 수단을 제공하기 때문이다.

제19장에서 다룰 내용 또한 제18장과 동일하게 자료의 분포를 추정하는 것에 목적이 있다. encoder-decoder 모형은 이미지자료를 입력하지만, 제19장에서는 잡음을 입력하여 분포적으로 동일한 자료를 생성하는 차이점이 있다. 예를 들어, 지폐위조범이 지폐를 위조하면 경찰은 위조지폐와 진짜 지폐를 구분하게 되고, 지폐위조범은 경찰의 위조지폐 구별법을 통해 좀 더 정교하게 지폐를 위조하여, 궁극적으로 경찰이 진짜 지폐와 구별하지 못하는 위조지폐를 만드는 과정과 유사한 딥러닝 모형을 구현하고자 한다. 여기에서 지폐위조범을 generator라고 하고 경찰을 discriminator라고 한다. generator와 discriminator가 서로 간에 적대적(adversarial)이기 때문에 generator와 discriminator로 구성된 딥러닝 모형을 GAN(generative adversarial networks)이라고 한다. GAN 모형의 손실함수는 진짜 자료와 GAN 모형의 generator에서 가짜 자료 차이를 측정하는 Kullback-Leibler divergence의 함수로 정의된다. 이에 대한 논의도 포함하고 있다.

제20장은 cross domian GAN 모형을 다루고 있다. 도메인 A의 이미지를 도메인 B 이미지로 전환하고 반대로 도메인 B 이미지를 도메인 A 이미지로 전환하는 GAN 모형으로, 가장 큰 특징은 두 도메인의 이미지가 짝짓기(align)되어 있을 필요가 없다는 것이다. 예를 들어 자율자동차에서 도로이미지를 학습시킬 때, 같은 도로라고 하더라도 계절, 시간, 날씨조건에 따라 도로이미지가 다르다는 사실을 감안하여 각각을 짝지어 학습시킨다고 가정해 보자. 그러면 학습데이터의 규모와 이에 따른 비용이 매우 커질 것이다. 그러나 짝짓기를 할 필요 없이 특정 도로의 여름이미지를 다른 도로의 겨울이미지로 학습시켜 특정 도로의 겨울이미지를 생성할 수 있다면, 자율자동차를 위해 수집해야 할 학습데이터의 규모를 상당량 줄일 수 있을 것이다. 화가의 그림을 사진이미지로, 위성사진을 지도로, 얼굴이미지를 이모티콘이나 캐리커처로, 흑백이미지를 컬러이미지로, 의료스캔이미지 자료를 실제 사진이미지로의 전환 등이 가능한 응용분야의 일부이다.

지금까지 논의한 딥러닝 모형을 이해했다면 딥러닝 세계로 진입하기 위한 좋은 배경을 갖추었다고 보아도 무방하다. 지금 이 순간에도 딥러닝의 새로운 모형과 이론이 개발되고 있기 때문에 계속하여 공부하지 않으면 진정한 의미의 데이터 과학

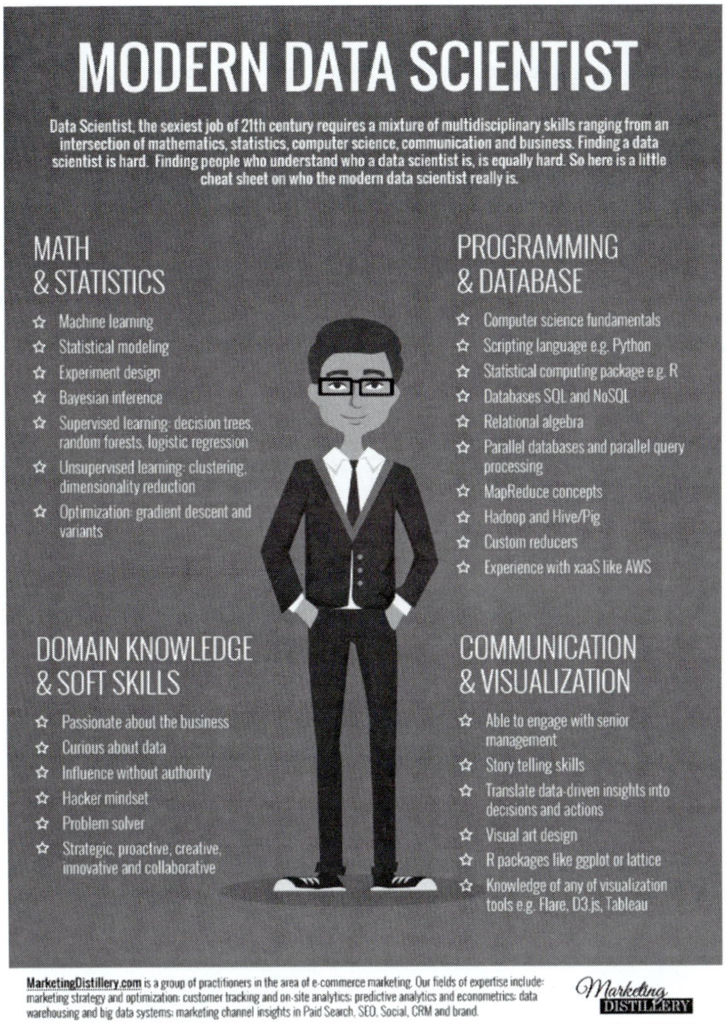

그림 1-2 데이터 과학자에게 필요한 지식(Quora Digest, 2020년 1월 24일)

자(data scientist)가 될 수 없다. <그림 1-2>는 Quora Digest에서 제공한 데이터 과학자에게 필요한 지식을 정리하여 보여주고 있다. 이러한 지식 중 통계학의 중요성은 2010년 1월 25일 Quora Digest의 "What should every data scientist master?"라는 질문에 대해 "Statistics"라는 단답형 형태로 주어진 답변으로 대변할 수 있다. 좋은 데이터 과학자가 되기 위한 필수적인 지식은 통계학과 programming이다. programming 지식이 모자라면 머신러닝과 딥러닝 모형을 실행할 수 없지만 "trial, error, 그리고

googling"을 통해 점차적으로 해결할 수 있다. 오히려 통계적 지식 없이 programming 지식만으로 만들어진 머신러닝이나 딥러닝 모형은 작동하는 데에는 문제가 없을지라도, 데이터의 특성과 독립성이나 정상성이 결여된 잘못된 통계적 가정에서 구축된 모형은 없는 것보다 더 나쁜 결과를 초래할 수 있다.

좋은 데이터 과학자가 되기 위해서는 세계에서 가장 큰 온라인 데이터과학 community인 Kaggle에 가입하여 경쟁에 참여하는 것도 좋은 방법 중 하나이다. 새로운 연구결과 논문을 모아놓은 https://arxiv-sanity.com을 수시로 방문하여 최근의 연구동향을 파악하는 것이 좋다. 특히 https://paperwithcode.com은 코드가 첨부된 논문이 제공되므로 다양한 분야의 최첨단 머신러닝 · 딥러닝 연구를 진행하는 데에 많은 도움을 받을 수 있다. 딥러닝을 실행하기 위해서는 GPU가 장착된 성능 좋은 컴퓨터를 가지고 있어야 한다. 그러나 이러한 고급사양의 컴퓨터가 없더라도 https://colab.research.google.com에서 무료로 Jupyter Notebook 환경으로 딥러닝 모형(12시간 이내의 running time)을 실행할 수 있게 해주니 참고하길 바란다.

2장

딥러닝 데이터와 세 가지 기본신경망

2.1 데이터의 사전정리과정

2.2 딥러닝에 사용되는 데이터의 형태

2.3 은닉층 설계를 위한 세 가지 핵심 신경망

딥러닝을 포함하여 머신러닝은 다음과 같이 네 가지 영역으로 나눌 수 있다.

첫 번째는 지도학습(supervised learning)으로, 특성변수와 이에 대응하는 사람이 만든 해답을 입력데이터로 사용하여 특성변수로 해답을 맞추는 예측모형을 만들고 학습시키는 학습방법이다. 사진과 같은 이미지 자료에 있는 개, 고양이, 건물, 사람 등과 같은 객체를 구별하고 인식하는 객체인식, 언어나 문장에 의한 주제 분류, 번역 및 통역 등이 지도학습의 영역에 해당된다.

두 번째는 비지도학습(unsupervised learning)으로, 특성변수는 있으나 이에 대응하는 해답이 없는 학습방법이다. 트윗이나 구매내역에 따른 고객분류, 흐릿한(잡음이 있는) 영상이나 이미지의 복원, 단어들의 상관관계를 구현하는 특성변수의 변환, 차원축소를 위한 특성변수의 축약(compression) 등이 비지도학습의 영역이다.

세 번째는 스스로 지도학습(self-supervised learning)으로, 특성변수와 특성변수를 이용하여 만든 해답이 입력자료로 사용되는 학습방법이다. 특성변수를 이용하여 만든 해답의 의미는 사람이 관여하지 않은 해답이라는 의미이다. 모네 그림을 그대로 재현한다든가, 여러 사람의 이미지로부터 새로운 사람의 이미지를 생성한다든가, 현재의 영상이나 문장으로 다음 영상 또는 단어를 예측하는 모형으로부터 새로운 영화를 만들거나 또는 새로운 소설을 쓰게 하는 것이 스스로 지도학습 영역에 해당된다.

마지막은 강화학습(reinforcement learning)으로, 주어진 환경에서 최대의 보상을 받는 행동(action)을 학습하는 머신러닝 영역이다. 게임스크린에서 최대의 점수를 낼 수 있는 게임전략을 만드는 것이 좋은 예이다. 강화학습은 게임에 성공적으로 적용되고 있으며 최근에는 주식 등의 투자전략에 적용되고 있다. 딥러닝을 적용하기 위한 강화학습은 1 ~ 2개의 장으로 요약이 불가능할 만큼의 이론적인 공부가 필요하므로 이 책에서는 다루지 않을 것이다.

딥러닝의 개념 및 분석절차는 다음 <그림 2-1>과 같다. 데이터를 학습데이터(training data), 검증데이터(validation data), 시험데이터(testing data)로 나눈 후, 학습데이터를 k개로 분할(partition)한다. 이렇게 분할된 k개 각각의 데이터를 배치(batch)라고 한다. <그림 2-1>을 이용하여 딥러닝의 분석절차를 정리하면 다음과

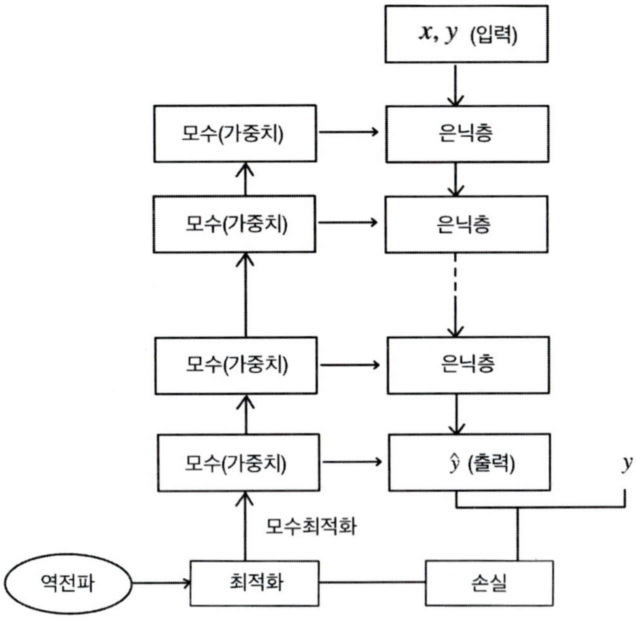

그림 2-1 딥러닝의 개념

같다.

1. 딥러닝 모형을 구축하고 딥러닝 모형의 모수에 임의의 값을 할당한다.
2. 학습데이터로부터 한 배치의 X, y를 임의로 추출한다. X를 특성변수라고 하며 y를 목적변수라고 한다. 배치의 크기는 일반적으로 16 또는 32개의 표본이다.
3. 특성변수 X를 딥러닝 모형에 입력하여 y를 예측한 후, 이 예측값과 y의 참값의 거리를 측정한 손실함수와 정밀도를 계산한다.
4. 딥러닝 모형에 있는 모수에 대해 손실함수의 미분값을 산출한 후, 손실함수 미분값의 음의 방향으로 모수값을 최신화한다.
5. 2 ~ 4번을 k개의 모든 배치에 대해 반복한다. 이를 1 에폭(epoch)이 완성되었다고 한다.
6. 2 ~ 5번을 반복하여 모형의 정밀도를 원하는 수준만큼 높이고 검증데이터를 통해 bias와 variance를 점검하고 최적 모형을 구축하기 위한 초모수를 조절한다.

7. 시험데이터를 이용하여 모형의 일반화를 점검한다.

<그림 2-1>의 분석절차를 크게 입력층, 은닉층, 그리고 출력층과 최적화로 나누고, 입력층에서는 데이터의 사전정리과정, 딥러닝에 사용되는 데이터의 형태를 논의할 것이며 은닉층은 딥러닝의 핵심분야로서 은닉층의 설계에 따라 딥러닝 모형이 결정된다. 그러므로 은닉층에서는 세 가지 핵심 신경망으로 MLP(multilayer perceptrons), CNN(convolutional neural networks), RNN(recurrent neural networks)의 구조와 개념을 상세하게 다룰 것이다. 출력층과 최적화에서는 출력함수, 손실함수, 최적화 알고리즘을 다룰 것이다.

딥러닝 모형에서 은닉층의 역할을 살펴보고자 한다. 데이터를 관측한 분포함수 p_{data}는 유일하게 존재하지만 이 p_{data}를 추정하는 p_{model}은 셀 수 없이 많다. 딥러닝 모형을 포함한 머신러닝 모형은 p_{model} 중 유한개의 미지의 모수를 가진 모수족(parametric family) $p_\theta(data)$로 p_{data}를 추정하는 확률적 모형을 채택하고 있다. 이해를 돕기 위해 간단한 예를 고려해 보자. 특성변수 x_1은 10가지 종류의 헤어스타일, x_2는 8가지 종류의 옷 스타일, x_3는 5가지 종류의 눈 스타일, x_4는 15가지 종류의 입과 코 타입이라고 가정하자. 연구의 목적은 이 네 개의 특성변수를 이용하여 남녀를 구분하는 것이다. 이를 위해 특성변수를 적절하게 수량화(one-hot encoding 또는 sparse encoding)한 후, 모수를 이용하여 선형결합하고 이 값을 sigmoid 함수에 통과시켜 남녀확률을 출력한다. 또는 decision tree로 범주를 만들어 범주별로 평균모형을 적용하여 남녀를 구분한다.

이 모형들이 $p_\theta(data)$이며 이러한 모수적 모형의 가장 중요한 특성 중의 하나는 특성변수의 모든 조합이 관측되지 않더라도 모형의 모수를 추정할 수 있다는 것이다. 특성변수의 조합은 $10 \times 8 \times 5 \times 15 = 6{,}000$개이므로 $p_\theta(data)$를 다항분포로 가정하면 총 모수는 5,999개가 된다. 즉, 6,000개의 범주 각각에 대해 남녀확률을 추정하기 위해 범주별로 50개씩의 표본을 사용하면 최소한 300,000개의 표본이 필요하게 된다. 그러나 선형결합모형 또는 decision tree는 특성변수의 조합이 배제된 각 특성변수들만의 결합(marginal combination)이므로, 특성변수별로 1개 이상의 관측치만 있어도 추정이 가능하게 된다. 그러므로 최소표본은 $10+8+5+15=38$ 개, 또는 특성변수별로 30개씩 관측하면 1,140개의 표본이 되어 비교적 안정적인 모수 추정이 가능하게 된다. 추가적으로 표본에서 관측되지 않은 특성변수 조합에 대해서도 추정된 모형을 통해 남녀확률을 구할 수 있게 한다. 이러한 모형의 특성은 이미지 재생에도 그대로 적용할 수 있다. 즉, 특성변수를 이용한 이미지의 재생이 목적이라면 특성변수의 단순한 조합으로 표본에서 관측되지 않은 새로운 이미지도 재생할 수 있다. 이처럼 특성변수의 선형결합과 비선형변환, 범주화, 또는 조합만으로도 연구목적 달성을 가능하게 하는 특성변수를 고수준 대표성(high-level representation)을 가진 특성변수라고 한다.

이제 좀 더 현실적인 데이터를 이용한 남녀 구분 및 이미지 재생을 논의해 보자. 데이터는 300×300 픽셀의 남녀 컬러이미지 사진 자료이다. 각 픽셀은 0 ~ 255 사이의 정수이며 표본 1개당 $300 \times 300 \times 3$개의 특성변수를 가진 극단적인 고차원 표본공간(extremely high dimensional sample space)으로 구성되어 있다. 각 특성변수는 256개 값 중 하나의 값을 가지고 있으므로, 특성변수의 조합은 $256^{300 \times 300 \times 3}$개이고 특성변수별로 계산하더라도 $300 \times 300 \times 3 \times 256$개의 표본(물론 통계적으로 유의한 모수추정치를 구하기 위해서는 6,912만 개의 30배 정도의 표본이 필요함)이 있어야 앞에서 논의한 선형결합모형 또는 decision tree를 구축할 수 있게 된다. 이는 불가능하며 고차원 특성변수에서 필연적으로 발생하는 문제이다. 또 다른 문제는 27만 개의 특성변수 값 0 ~ 255는 RGB 기준으로 색의 밝기를 나타내므로 이 특성변수 값만으로 남녀를 구분하는 것은 불가능하다. 이 특성변수들은 픽셀들의 공간정보로 만들어지는 헤어스타일이나 옷 스타일과 고수준 대표성이 결여된 저수준 대표성(low-level representation)을 가지고 있기 때문이다.

이러한 저수준 대표성을 가진 초고차원 특성변수 문제를 해결하는 도구가 딥러닝 모형의 은닉층이다. 딥러닝 모형의 은닉층(hidden layer)은 모수를 이용한 선형결합과 비선형변환으로 구성되어 있으며 이를 통해 저수준 대표성을 고수준 대표성을 가진 특성변수로 바꾸고, 초고차원 특성변수를 저차원 잠재 특성변수(low dimensional latent variable)로 전환하게 된다. 이러한 의미에서 딥러닝을 대표성 학습(representation learning)이라고도 한다.

2.1 데이터의 사전정리과정

딥러닝에 사용되는 데이터는 모두 실수이므로 데이터의 실수화가 우선되어야 한다. 데이터의 형태가 문장이나 사람과 동물의 이미지와 같은 비정형 데이터도 실수로 전환해야 한다. 이를 자료의 벡터화(vectorization)라고 한다. 대표적인 예는 one-hot encoding이다. 예를 들어, 3개의 클래스 A, B, C가 있을 때 특성변수 x_1, x_2, x_3를 이용하여 클래스 A는 $(x_1, x_2, x_3) = (1, 0, 0)$, 클래스 B는 $(x_1, x_2, x_3) = (0, 1, 0)$, 클래스 C는 $(x_1, x_2, x_3) = (0, 0, 1)$로 벡터화하는 것이 one-hot encoding이다. 이와 같은 자료의 벡터화는 실제 예제를 통해 좀 더 자세하게 논의할 것이다.

딥러닝에 사용되는 특성변수는 정규화(normalization)를 원칙으로 한다. 2개의 특성변수가 있다고 가정할 때, 한 변수의 절댓값은 크고 또 다른 변수의 절댓값이 작다면 변수의 중요도에 관계없이 절댓값이 큰 변수가 활성함수와 손실함수의 변동에 민감하게 영향을 주는 결과를 가져오게 된다. 이는 손실함수를 최소화하는 최적화에 실패하는 주요한 원인이 된다. 특성변수들의 분산이 다른 경우에도 동일한 이유로 문제가 된다. 이를 방지하는 방법은 각 특성변수의 평균이 0, 분산이 1이 되도록 변환하는 것이며 이러한 변환을 정규화라고 한다. 정규화는

$$\frac{x_j - \overline{x}}{sd(x_j)}$$

으로 정의된다. 여기에서 $\overline{x}$는 j번째 특성변수 x_j의 평균이고 $sd(x_j)$는 표준편차이다. 5.4절에서 다양한 정규화와 효과에 대해 상세하게 논의할 것이다.

딥러닝에서는 비선형변환인 활성함수(activation function)를 사용하며 대부분의

활성함수는 0 ~ 1 사이의 값을 출력한다. 이러한 이유로 특성변수를 0 ~ 1 사이의 값으로 변환하며 이를 특성변수의 표준화(standardization)라고 한다. 표준화의 정의는

$$\frac{x_j - \min(x_j)}{\max(x_j) - \min(x_j)}$$

이다. 표준화는 손실함수의 최적화에 긍정적인 역할을 한다. 정규화는 자료를 타원형으로 변환하는 반면, 표준화는 자료를 원형으로 변환하므로 손실함수의 수렴속도 향상에 기여한다고 할 수 있다. 자료의 정규화와 표준화는 상호 보완적인 역할을 하므로 딥러닝에서는 두 가지를 모두 사용하는 것이 좋다.

딥러닝에 사용되는 특성변수는 결측치가 없어야 한다. 결측이 발생했을 때 일반적인 방법은 해당 특성변수의 평균이나 중위수(median)로 결측치를 대체하는 것이다. 그러나 딥러닝에서는 0으로 대체하는 것이 가장 안전한 방법이다. 모수추정에 사용하는 역전파에서 특성변수값 0은 모수의 최신화(update)에 기여하지 않기 때문이다. 만약 시험데이터에는 결측치가 있지만 학습데이터에는 없다면, 학습데이터의 일부를 0으로 대체하여야 한다. 물론 0으로 대체하는 특성변수는 결측이 발생한 특성변수여야 한다. 0이 결측값임을 딥러닝 모형이 배워야(learning) 하기 때문이다.

2.2 딥러닝에 사용되는 데이터의 형태

딥러닝 데이터는 텐서(tensor)로 입력되고 출력된다. 텐서는 행렬의 일반화로 하나의 숫자를 0차원 텐서(0-dimensional tensor, 0D텐서)라고 하고 list는 1차원 텐서(1D텐서), 행렬은 2차원 텐서(2D텐서)라고 한다. 그러므로 3차원 데이터는 3D텐서, 4차원 데이터는 4D텐서라고 한다. <그림 2-2>는 2D텐서 데이터의 형태를 보여주고 있다.

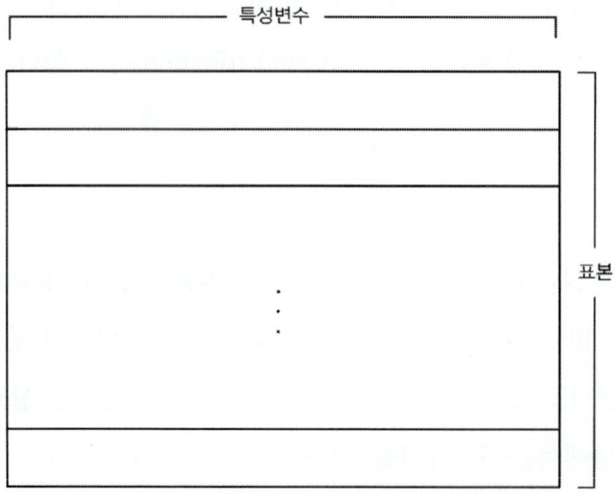

그림 2–2 2D텐서 데이터

2D텐서 데이터는 (표본수, 특성변수수)로 표현된다. 100명의 사람 각각에 대한 연령, 성별, 수입 자료가 있을 경우, 표본의 수는 100이고 특성변수의 수는 3이므로 크기가 (100,3)인 2D텐서가 된다. 딥러닝 모형을 처리하는 tf.keras에서는 표본의 수를 나타내는 첫 번째 축의 값은 생략하여, (100,3)을 (3,) 1D텐서로 입력한다. <그림 2-2>의 2D텐서는 뒤에서 설명할 MLP 모형에 주로 사용한다. 2D텐서 데이터는 구조화된 데이터(structured data) 또는 Tabular 데이터라고도 한다.

<그림 2-3>은 3D텐서 데이터의 형태를 보여주고 있다. <그림 2-3>에 시간스탭(time steps)이 있는 이유는 시간의 순서나 단어의 순서가 자료분석에 중요한 정보

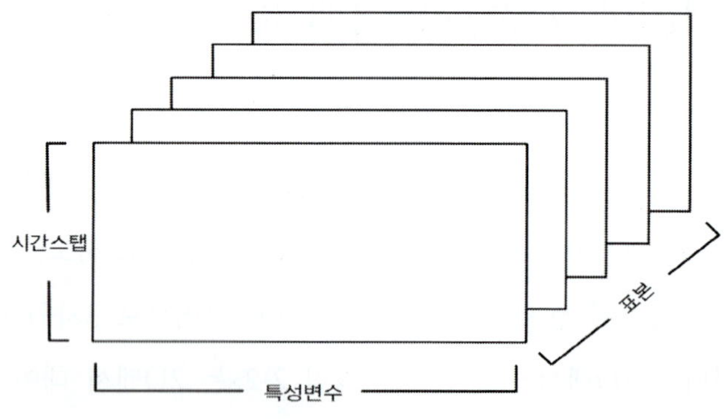

그림 2–3 3D텐서 데이터

를 가지고 있기 때문이다. 1분마다 특정 주식의 가격과 1분 동안 최대가격과 최소 가격이 관측되면 하루 거래 시간 기준으로 390분 동안의 주식가격, 최대가격, 최소 가격 데이터가 생산된다. 이런 데이터를 100일 동안 모았다면 표본수는 100, 시간스탭은 390, 그리고 특성변수의 수는 3이 되어 크기가 (100,390,3)인 3D텐서 데이터가 된다. 주식의 개장가격을 예측하기 위해 바로 전날의 390개의 자료가 중요한 정보를 가지고 있을 뿐만 아니라 순서 역시 중요하다. 바로 전날의 종가가 전날 11시 주식가격보다 다음날 개장가격에 미치는 영향이 더 클 것은 자명하다. 바로 전날의 390개 자료를 임의로 뒤섞으면 이러한 중요한 시간정보를 상실하게 된다.

문장을 이해하는 데 단어의 순서는 매우 중요한 역할을 한다. 100,000개의 문서에 있는 유일한 말뭉치(corpus)의 수가 20만 개라고 가정할 때, 각 문서의 최초 50,000개의 단어를 one-hot encoding하면 각 문서는 50,000개의 시간스탭이 있게 되고 200,000개의 특성변수가 있게 된다. 즉, 각 시간스탭은 길이가 200,000이고 오직 한 개의 1이 있으며 나머지는 모두 0으로 채워진 one-hot encoding 자료인 특성변수를 가지고 있다. 총 표본의 수가 100,000개이므로 이 문서 데이터는 크기가 (100000,50000,200000)인 3D텐서 데이터가 된다. 시간스탭이 있는 3D텐서 데이터는 (표본수, 시간스탭, 특성변수수)로 구성되어 있고, tf.keras에서는 표본수를 생략하고 (시간스탭, 특성변수)인 2D텐서로 자료를 입력한다. 시간스탭이 있는 <그림 2-3>의 3D텐서는 곧 이어서 논의할 RNN 모형에 주로 사용한다.

<그림 2-4>는 이미지 데이터로 대표되는 4D텐서 자료형태이다. 이러한 자료는 CNN 모형에서 주로 사용한다. <그림 2-4>는 3개의 표본과 각 표본은 3D텐서 형태로 구성된 컬러이미지 데이터를 표현한 4D텐서 데이터이다. 4D텐서 데이터는 (표본수, 높이, 너비, 채널수) 또는 (표본수, 채널수, 높이, 너비) 형태로 제공되지만 (표본수, 높이, 너비, 채널수) 형태가 좀 더 일반적으로 사용된다. 예를 들어, 78×78 픽셀 컬러이미지가 5,000장 있으면 이 데이터는 (5000,78,78,3) 4D텐서이고 이 이미지 자료가 흑백이면 (5000,78,78,1) 4D텐서가 된다. tf.keras에서는 표본수를 제외하고 (78,78,3) 또는 (78,78,1)로 자료가 입력된다.

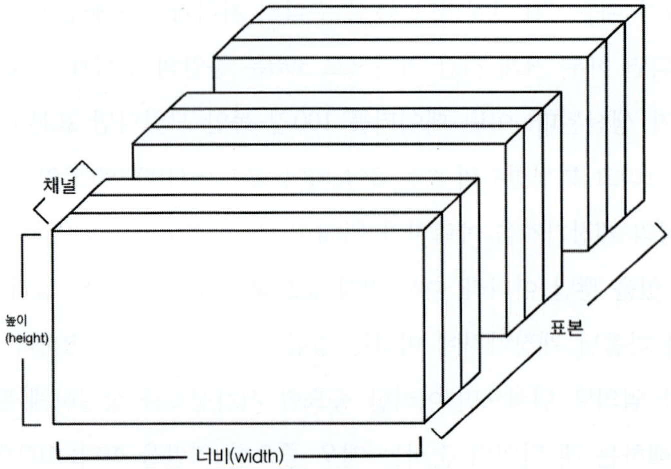

그림 2-4 4D텐서 데이터

2.3 은닉층 설계를 위한 세 가지 핵심 신경망

딥러닝의 핵심 신경망은 MLP(multilayer perceptrons), CNN(convolutional neural networks), 그리고 RNN(recurrent neural networks)이다. 이 세 가지 신경망은 독립적으로 사용되기도 하지만 대부분의 딥러닝에서는 이 세 가지를 결합하여 사용한다. MLP는 하나의 표본에 1D텐서의 특성변수가 있을 때, CNN은 하나의 표본에 2D텐서 또는 3D텐서의 특성변수가 있을 때 주로 사용하는 인공신경망이다.

표본 간에는 통계학에서 흔히 말하는 독립성[또는 최소한 정상성(stationarity: 주로 시계열 자료에서 사용되는 개념으로 평균과 분산이 시간에 의존하지 않고 시간 단위로 관측되는 표본 간의 상관관계가 시간거리가 멀수록 지수적으로 감소하는 통계적 특성으로, 표본 간에 독립은 아니지만 매우 약한 수준의 의존관계를 가지고 있음을 의미한다. 여기에서 약한 수준의 의존성이란 표본 간에 독립이라는 가정에서 추출된 통계적 성질을 그대로 유지한다는 의미이다)]을 가정하고 있다. 그러므로 MLP에서 1D텐서인 특성변수들은 서로 다른 표본에서 서로 간에 독립적이라는 가정이 성립되어야 하며, CNN에서 하나의 표본에서 제공되는 3D텐서는 특성변수로 해석되므로 채널이 증가하면 특성변수가 증가되고, 서로 다른 표본은 독립적이어야 한다. RNN에서 하나의 표본에 2D텐서가 특성변수로 있고 서로 다른 표본은 서로 간에 독립이어야 하며 추가적으로 시간스탭별로 주어진 특성변수는 최소한 정상성을 만족하여야 한다. RNN에서 시계열 자료를 분석할 때 특히 이 정상성 만족여부를 분석 이전에 점검해야 하며, 정상성을 만족하지 못할 경우 자료의 변환을 통해 정상성을 만족하도록 해야 한다. 그러나 자연어분석에 사용하는 RNN의 시간스탭별 특성변수는 독립이라 해도 무방하므로 정상성 여부를 점검할 필요는 없다.

다음에 설명하는 세 가지 핵심 신경망의 구조는 딥러닝의 이해와 응용을 위해 매우 중요하므로 반드시 이해하여야 한다. 수학적인 부호에 능숙하지 않은 독자는 처음에는 어렵게 느껴질 수 있으나 천천히 읽어 보고 생각해 보면 그렇게 어려운 개념은 아닐 것이다. 한 번에 전부 이해하려고 하지 말고 각 신경망의 구조를 이해한 다음, 이 장의 끝에 있는 요약을 읽어보고 다시 읽어보는 순서를 따르면 어렵지 않게 이해할 수 있을 것이다. 모수의 수를 어떻게 계산하는지를 이해하면 신경망의 구조를 이해한 것으로 생각해도 무방하다.

2.3.1 MLP(multilayer perceptrons)

1D텐서인 특성변수가 입력되면 이 특성변수를 선형결합하고 이 선형결합에 활성함수(activation function)를 적용하여 비선형변환한다. 이 값은 0D텐서(즉, 스칼라)이며 은닉층(hidden layer)의 첫 번째 출력값이 된다. 또 다른 선형결합과 활성함수에 의한 비선형변환을 해서 은닉층의 두 번째 출력값을 만든다. 이를 n_1번 반복하면 은닉층에 n_1개의 출력이 있게 된다. n_1을 이 은닉층의 노드(node)수라고 한다. 이 n_1개의 출력은 크기가 n_1인 1D텐서가 되고 뒤따르는 다음 은닉층의 입력이 된다. 직전 은닉층에서 했던 동일한 작업을 통해 크기가 n_2인 1D텐서를 출력하고 이는 다시 뒤이은 은닉층의 입력이 된다. 미리 설정한 은닉층의 숫자만큼 앞

의 작업을 반복한 후 최종적으로 출력층을 통해 최종 출력을 하게 된다. 출력층의 노드수는 목적변수 y가 범주형이면 범주의 수가 되고, 연속형이면 목적변수 차원이 된다. 출력 노드수의 문제는 최적화 문제를 다룰 때 자세하게 다룰 것이다.

노드의 의미를 통계적 관점에서 고려하여 보자. 특성변수 $x_1, x_2, \cdots, x_k$가 입력되면 노드수만큼의 서로 다른 선형결합 $\sum_{i=1}^{k} w_i x_k + w_0$(여기에서 w_o와 w_i는 노드에 의존하여 다른 값임)을 출력하고 다음 층에서는 이를 다시 선형결합하는 구조이다. 이는 노드수만큼의 서로 다른 선형모형을 같은 데이터에 적용하고 출력인 선형모형 값을 다시 가중평균하는 형태이다. 통계학의 회귀모형을 노드수만큼 만든 다음, 이 결과를 가중평균하면 단순하게 회귀모형 하나를 적용한 경우보다 우수한 결과를 기대할 수 있다. 즉, 노드는 서로 다른 선형모형의 개수로 해석할 수 있으므로 이는 일종의 앙상블러닝으로 해석할 수 있다. 이러한 노드의 역할은 MLP뿐만 아니라, 뒤에서 설명하는 CNN과 RNN에서도 동일하게 작용한다. 그러므로 통계학에서 회귀에 사용하는 선형회귀모형과 분류에 사용하는 로그선형모형보다 딥러닝 MLP 모형이 좀 더 우수한 이유를 설명할 수 있다.

지금까지 설명한 MLP의 구조를 좀 더 구체적으로 살펴보기 위해 먼저 활성함

표 2-1 활성함수(activation function)

활성함수	함수식	그래프
ReLU	$\sigma(z) = \max(z, 0)$	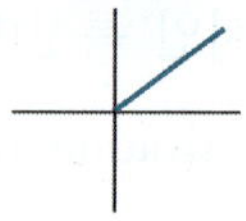
Logistic (sigmoid)	$\sigma(z) = \dfrac{1}{1+e^{-z}}$	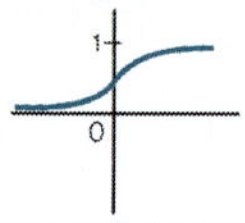
tanh	$\sigma(z) = \dfrac{e^z - e^{-z}}{e^z + e^{-z}}$	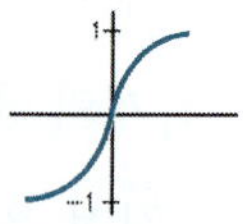
linear	$\sigma(z) = z$	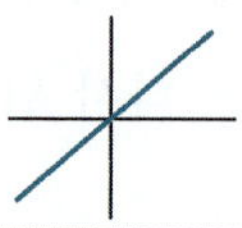

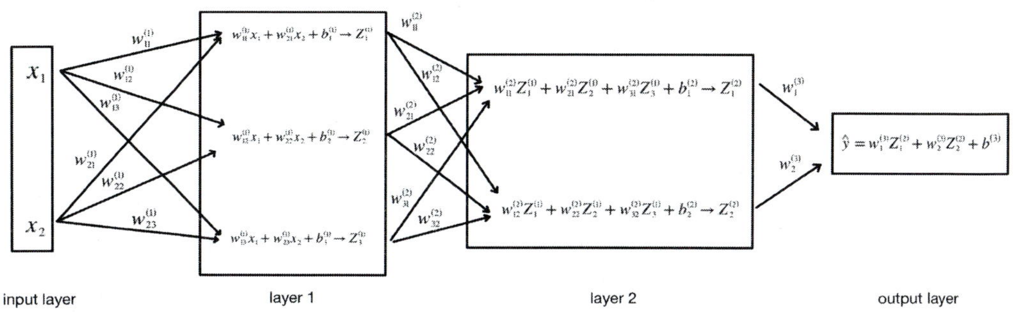

$$Z_i^{(1)} = \sigma\left(w_{1i}^{(1)}x_1 + w_{2i}^{(1)}x_2 + b_i^{(1)}\right) \qquad Z_i^{(2)} = \sigma\left(w_{1i}^{(2)}Z_1^{(1)} + w_{2i}^{(2)}Z_2^{(1)} + w_{3i}^{(2)}Z_3^{(1)} + b_i^{(2)}\right)$$

$$i = 1, 2, 3 \qquad\qquad i = 1, 2$$

그림 2-5 MLP 아키텍처(입력층→2개의 은닉층→출력층)

수에 대해 살펴보도록 하자. 활성함수는 특성변수의 선형결합을 비선형으로 변환시키는 것을 주목적으로 한다. 만약 활성함수를 적용하지 않는다면 MLP는 선형결합을 반복적으로 적용하여 결과적으로 하나의 선형결합을 쓴 결과와 동일한 결과를 초래하게 되어, 여러 개의 은닉층을 쓸 이유가 사라지게 된다. 가장 널리 사용되는 활성함수를 정리하면 아래와 같다. ReLU(Rectified linear unit) 함수는 MLP, CNN, RNN에서 가장 빈번하게 사용되는 함수로 입력값이 0보다 작으면 0을 출력하고 입력이 양의 값을 가지면 출력은 입력값을 그대로 출력하는 함수이다. Logistic은 목적변수가 범주형일 때 0 ~ 1 사이값을 출력하여 주로 최종 출력층에 사용하며 범주에 속할 확률을 출력한다. tanh는 RNN과 MLP에서 유용하게 사용되며 −1 ~ 1 사이의 값을 출력한다. linear는 목적변수 y가 연속형인 회귀일 때 출력층에 주로 사용한다.

<그림 2-5>는 2개의 특성변수 x_1과 x_2가 입력층을 구성하고, 3개의 노드를 가진 첫 번째 은닉층, 2개의 노드를 가진 두 번째 은닉층, 그리고 1개의 노드로 구성된 출력층으로 구성된 간단한 MLP 아키텍처를 보여주고 있다.

MLP의 특징은 입력된 모든 자료를 모두 선형결합한다는 것이다. 이런 의미에서 MLP를 완전연결층(fully connected layer) 또는 간략하게 FC층이라고 한다. 선

형결합에 사용된 $b_i^{(k)}$는 편이(bias)라고 하며 MLP 아키텍처에서 추정해야 할 모수는 $w_{ij}^{(k)}$와 $b_i^{(k)}$로, 입력층→첫 번째 은닉층의 모수는 $2 \times 3 + 3 = 9$개이고, 첫 번째 은닉층→두 번째 은닉층의 모수는 $3 \times 2 + 2 = 8$개, 두 번째 은닉층→출력층의 모수는 $2 \times 1 + 1 = 3$개로 총 20개의 모수가 있다. 활성함수는 단순변환이기 때문에 추정해야 할 모수가 없다. <그림 2-5>는 오직 1개의 표본이 MLP 아키텍처에서 처리되는 과정을 보여주고 있다. 그러므로 배치 또는 모든 표본을 <그림 2-5> MLP 아키텍처에 입력하여 출력변수 y에 대응되는 예측치 $\hat{y}$를 출력하여 손실함수값을 계산하고 이 손실함수를 최소로 하는 모수 $w_{ij}^{(k)}$와 $b_i^{(k)}$를 추정하게 된다. 이 문제는 최적화를 다룰 때 자세하게 논의할 것이다.

여기에서 중요한 것은 모수 $w_{ij}^{(k)}$와 $b_i^{(k)}$가 표본에 의존하지 않는다는 것이다. 표본은 MLP를 포함한 CNN과 RNN 모두 서로 간에 독립을 가정하고 있기 때문이다. 또 하나 MLP에서 중요한 것은 입력데이터의 특성변수가 1D텐서가 아니더라도 MLP적 모수연결(이웃한 층의 모든 노드가 교차적으로 모두 연결되어 있다는 의미이며, 이러한 연결을 dense라고 한다)이 가능하다는 것이다. 예를 들어, 컬러이미지처럼 3D텐서 자료를 1D텐서로 전환하여 MLP적 연결을 할 수 있다. 28×28 픽셀이 RGB(red, green, blue) 채널로 구성되어 있으며 크기가 (28,28,3)인 3D텐서이다. 채널별로 28×28 행렬로 해석할 수 있으므로 두 번째 행부터 마지막 행까지 차례로 첫 번째 행의 옆에 연속적으로 붙이면 $28 \times 28 = 784$개의 특성변수가 만들어지고 각 채널을 다시 하나의 행으로 옆에 붙이면 총 $784 \times 3 = 2{,}352$개의 1D 특성변수로 변환되어 MLP 아키텍처를 적용할 수 있다. 그러나 주의해야 할 점은 입력 특성변수가 2352개이므로 은닉층의 노드수가 64개[딥러닝에서 은닉층의 노드수는 2배수(power of 2)로 한다. GPU의 구조에 따라 2배수가 연산에 효율적이기 때문이다]만 되어도 모수의 수가 $2352 \times 64 + 64 = 150{,}592$개로 필연적으로 두 가지 문제점이 발생하게 된다는 것이다. 첫 번째로 은닉층이나 노드의 수가 늘어나면 모수의 숫자가 기하급수적으로 늘어나 모수를 추정하지 못하거나 최소한 모수추정 수렴속도가 매우 느려지는 현상이 발생한다. 그렇다면 은닉층의 노드수를 줄여 전체 모수의 수를 줄여도 되지 않을까? 하지만 노드수는 고수준 대표성을 갖는 특성변수를 만들어 내는 결정적인 역할을 하므로 무작정 노드수를 줄이는 것은 그리 좋은 선택이 아니다. 노드는 특성변수의 패턴 속에서 고수준 대표성을 갖는 패턴을 찾는 과정이기 때문이다. 두 번째로 모수의 수가 지나치게 많아지게 되어 딥러닝에서 가장 기피하는 과대적합(overfitting) 문제와 모수 수렴문제가 발생한다. 그러므로 MLP 아키텍처의 가장 큰 약점은 모든 가능한 노드의 연결로 지나치게 많은 모수가 있다는 점이다. 이를 피하는 방법은 두 가지가 있다. 첫 번째는 입력이 표본 하나당 2D텐서일 때로, MLP는 각 행을 독립적인 표본으로 받아서 처리하는 것이다. 그러나 모수의 수는 증가되지 않지만 2D텐서 자료가 주는 위치정보의 손실은 피할 길이 없다. 두 번째는 2D텐서, 3D텐서 자료의 특성을 그대로 반영하여 추정할 모수를 획기적으로 줄이면서 정보의 손실을 최소화하여 예측성능을 크게 향상시킨 다음의 CNN이다. CNN은 MLP와 비교해서 입력자료의 일부만 선형결합하는 부분연결층(locally connected layer)이라고 할 수 있다.

2.3.2 CNN(convolutional neural networks)

CNN 모형의 설계는 MLP 모형설계의 일반화로 해석할 수 있다. CNN은 3D텐서 특성변수로 제공되는 이미지 자료분석에 특화된 모형이다. CNN 모형도 MLP 모형과 동일하게 입력층, 은닉층, 출력층을 연결하는 선형결합과 활성함수로 구성되어 있다. 그러나 MLP 모형과 다르게 CNN 모형은 선형결합에 필요한 모수의 개수를 획기적으로 줄이는 1D, 2D, 3D convolution을 대신 사용한다. 1D, 2D, 3D convolution kernel은 각각 1D, 2D, 3D 부분선형결합(locally connected)하는 함수이다. 1D, 2D, 3D convolution kernel은 각각 1D, 2D, 3D텐서 형태로 정의된 선형결합 모수이고 각각 1D, 2D, 3D 방향으로 이동하면서 선형결합을 하므로 각각 1D, 2D, 3D텐서를 출력한다.

<그림 2-6>은 1D (3,) 1D convolution 커널을 이용한 예제를 보여주고 있다. <그림 2-6>을 살펴보면 6개로 구성된 특성변수가 입력되었을 때, 모수 w_1, w_2, w_3로 구성된 (3,) 커널을 한 칸씩 아래로 움직이면서 r_1, r_2, r_3, r_4로 표기된 선형결합

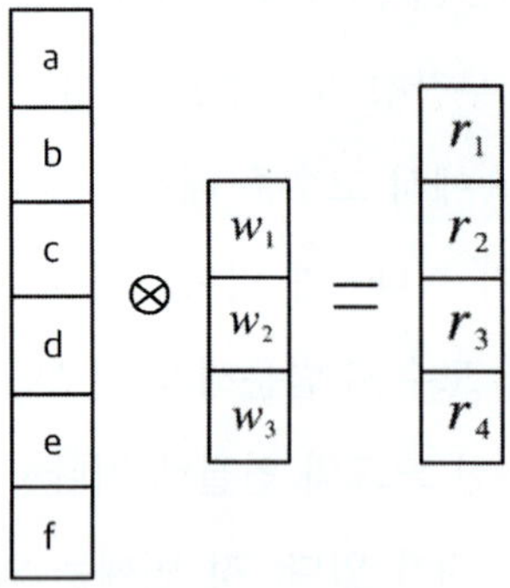

$$r_1 = w_1a + w_2b + w_3c + bias$$
$$r_2 = w_1b + w_2c + w_3d + bias$$
$$r_3 = w_1c + w_2d + w_3e + bias$$
$$r_4 = w_1d + w_2e + w_3f + bias$$

그림 2-6 3×1 커널의 적용

과 크기가 (4,)인 1D텐서를 출력하는 것을 보여주고 있다. 따라서 MLP는 (6,) 커널을 이용한 선형결합으로 해석할 수 있다. MLP에서는 FC층이므로 7개의 모수가 필요하지만 1D convolution kernel은 위에서 아래 방향으로(즉, 1D 방향으로) 움직이면서 동일한 4개의 모수로 부분결합하므로 모수를 거의 1/2로 줄였음을 알 수 있다.

<그림 2-6>에서 6개의 특성변수가 입력되었으므로, 6개의 출력을 만들고 싶으면 입력 상하 끝에 0을 추가하거나 양끝의 값 a와 f를 추가하면 된다. 그러면 크기가 (6,)인 1D텐서를 출력하게 된다. 이처럼 커널이 움직이는 양방향으로 0 또는 양끝의 값을 채워주는 것을 패딩(padding)이라고 한다. 0으로 padding하는 것보다는 양끝 값으로 padding하는 것이 정보의 손실을 최소화하는 것으로 알려져 있다. <그림 2-6>에서는 커널이 한 칸씩 아래로 움직였지만 3칸씩 움직인다면 $w_1a + w_2b + w_3c + bias$와 $w_1d + w_2e + w_3f + bias$ 2개의 선형결합을 출력하게 된다. 이처럼 이동하는 칸수를 스트라이드(stride)라고 한다.

입력자료가 2D텐서인 경우도 1D convoluton kernel을 적용할 수 있다. 예를 들어, 특성변수가 5×3로 구성된 2D텐서에 1D covolution kernel을 적용하기 위해서는 3개의 동일한 크기의 convolution 커널이 필요하다. 1D 커널은 오직 하나의 열만 선형결합하므로 2D텐서의 열만큼의 동일한 크기의 covolution kernel이 있어야 특성변수 전체를 부분결합할 수 있기 때문이다. <그림 2-7>은 (3,) 1D convolution

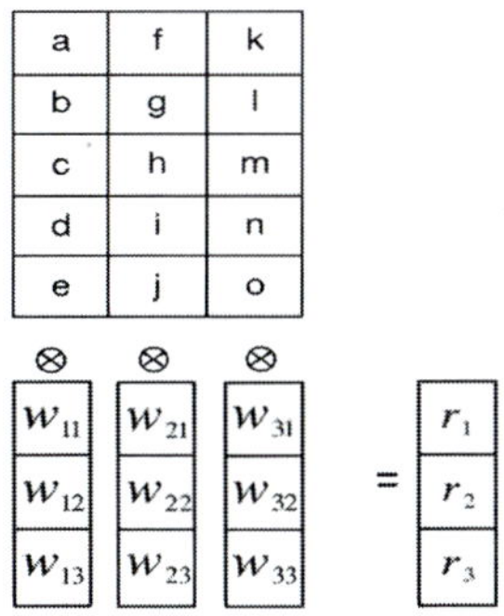

$$r_1 = w_{11}a + w_{12}b + w_{13}c + w_{21}f + w_{22}g + w_{23}h + w_{31}k + w_{32}l + w_{33}m + bias$$
$$r_2 = w_{11}b + w_{12}c + w_{13}d + w_{21}g + w_{22}h + w_{23}i + w_{31}l + w_{32}m + w_{33}n + bias$$
$$r_3 = w_{11}c + w_{12}d + w_{13}e + w_{21}h + w_{22}i + w_{23}j + w_{31}m + w_{32}n + w_{33}o + bias$$

그림 2-7 2D텐서 자료에 대한 1D 커널 적용

커널을 3개를 이용하여 부분결합하여 1D텐서를 출력하고 있다.

<그림 2-7>에서 볼 수 있듯이 동일한 크기의 (3,) 커널 3개를 동시에 한 칸씩 아래로 이동하면서 1D 선형결합 r_1, r_2, r_3를 출력하고 있다. 이 5×3 특성변수의 수가 15개이므로 MLP를 사용하면 16개의 모수가 필요하지만 1D kernel은 10개의 모수로 선형결합을 구현하고 있다. MLP 모형에서 노드수만큼 서로 다른 선형결합을 했던 것처럼 (3,) 1D convolution 커널을 노드수만큼 정의하여 노드수만큼의 1D텐서를 출력한다. 그러므로 결과적으로 2D텐서를 출력하게 된다. CNN에서는 이 노드수를 필터(filter)수라고 한다. 예를 들어, <그림 2-7>에서 필터의 수가 10개이면 크기가 (3,)인 1D텐서를 10개 출력하게 되어 (3,10) 2D텐서를 출력하게 된다. 따라서 10개의 모수가 총 10쌍이 필요하므로 총 100개의 모수가 필요하다. 만약 MLP를 사용하면 특성변수가 16개이므로 16개의 모수가 10쌍이 필요하여 총 160개의 모수가 필요하지만, 1D kernel을 이용하여 모수 60개를 줄이게 된다. 최종적으로 r_1, r_2, r_3 등과 같은 모든 선형결합 값은 활성함수에 적용한 후, 다음 layer의 입력자료로 이용하게 된다.

이제 CNN에서 일반적으로 사용하는 2D convolution을 살펴보도록 하자. 2D convolution은 커널은 2D 방향(즉, 좌에서 우로, 위에서 아래로)으로 움직이면서

부분선형결합하므로 적용할 수 있는 입력특성변수는 2D텐서 이상이어야 한다. 2D convolution 커널의 작동원리는 1D convolution과 동일하므로 <그림 2-8>의 예제를 통해 작동원리를 간략하게 살펴보기로 한다. 입력특성변수 (5,5) 2D텐서에 (3,3) convolution 커널을 적용한 예제이다. r_{ij}는 (5,5) 텐서에 대해 좌에서 우로, 그리고 위에서 아래로 한 칸씩 이동하면서 (3,3) 커널[또는 3×3 커널, 2D 이상의 convolution kernel은 곱의 형태로 표기하기도 하므로 이제부터는 2D 커널은 (m,n) 또는 $m \times n$ 커널, 3D 커널은 (m,n,l) 또는 $m \times n \times l$ 커널로 상황에 따라 혼용하여 표기하기로 한다]을 곱해서 산출한 선형결합이다. 예를 들어,

$$r_{23} = w_{11}x_8 + w_{12}x_9 + w_{13}x_{10} + w_{21}x_{13} + w_{22}x_{14} + w_{23}x_{15} + w_{31}x_{18} + w_{32}x_{19} + w_{33}x_{20}$$

이 된다.

$(5,5)$ 2D 입력텐서와 동일한 (5,5) 2D텐서를 출력하려면 좌우 끝 열과 상하 끝 행의 값을 padding하면 되고, stride를 부여하면 2D 출력의 크기를 줄일 수 있다. 예를 들어, stride=2로 지정하면 좌에서 우로 2칸씩 이동하고 상에서 하로 2칸씩 이동하여 선형결합을 구하므로 (2,2) 2D텐서를 출력하게 된다. 일반적으로 strides=m을 쓰면 입력자료의 크기를 $\frac{1}{m}$으로 축소시키는 역할을 한다. 그러므로 strides=2는 (5,5) 입력텐서를 (2,2)로 줄여서 출력하게 된다. <그림 2-8>에서 필터를 10개 사용하면 3×3 2D 커널 10쌍이 필요하고 각 3×3 convolution 커널은

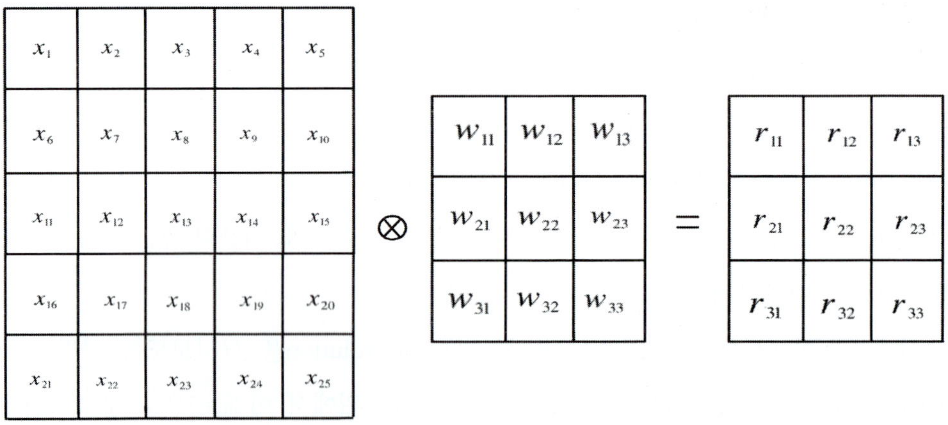

그림 2-8 (3,3) 커널을 이용한 2D convolution의 적용

<그림 2-8>과 같이 활성함수를 적용한 (3,3) 2D텐서를 출력하게 된다. 이러한 출력이 10개 있으므로 (3,3,10) 3D텐서가 출력되며 이 3D텐서가 다음 층의 입력특성변수가 된다. <그림 2-8>의 예제에서 MLP는 26개의 모수가 필요하고 1D kernel은 16개, 2D kernel은 10개의 모수가 필요함을 알 수 있어 convolution kernel의 텐서가 증가할수록 모수의 수는 줄어들고 있음을 알 수 있다. CNN의 각 커널은 하나의 특성맵(feature map)(즉, 특성변수)을 만든다. convolution kernel의 크기가 작으면 이미지의 상세(detail)를 반영한 특성맵을 만들지만 정보의 손실이 있으며, kernel의 크기가 크면 이미지의 일반 특성을 특성맵에 반영하지만 모수의 수가 증가하는 약점을 가지고 있다.

입력자료가 컬러이미지와 같이 (h,w,3) 3D텐서일 때, 2D convolution 커널의 작동원리는 <그림 2-9>와 같다. <그림 2-9>는 <그림 2-10>의 2개의 컬러이미지 데이터 중 표본 1(3개의 2D텐서로 구성됨)을 이해하기 쉽도록 펼쳐 놓은 것이다. <그림 2-9>에 제공된 2D convolution kernel의 작동원리는 2D텐서에 적용된 1D convolution kernel과 개념적으로 동일하다(<그림 2-7>). 세 쌍의 3×3 커널이 동시에 좌에서 우로, 상에서 하로 움직이면서 선형결합을 하게 된다. 예를 들어,

$$r_{31} = \sum_{k=1}^{3} (w_{11}^{(k)} x_{11} + w_{12}^{(k)} x_{12} + w_{13}^{(k)} x_{13} + w_{21}^{(k)} x_{16} + w_{22}^{(k)} x_{17} + w_{23}^{(k)} x_{18} + w_{31}^{(k)} x_{21} + w_{32}^{(k)} x_{22} + w_{33}^{(k)} x_{23}) + bias$$

이다.

끝으로 3D convolution은 <그림 2-11>과 같다. 3D convolution 커널이기 때문에 입력 특성변수는 3D텐서 이상이며 이를 3D텐서 선형결합해야 하므로 커널은 3D 텐서 모수로 구성되어야 한다. <그림 2-11>은 크기 (5,5,5) 3D텐서 자료에 2×2×2 convolution 커널을 적용하여 3D 선형결합을 출력하는 과정을 보여주고 있다. 빗금 친 (2,2,2) 입력자료를 2×2×2 convolution을 곱해서 선형결합 셀 값을 출력하고 있다. 2×2×2 커널을 좌에서 우로, 상에서 하로, 그리고 안에서 밖으로 움직이면서 적용하면 (4,4,4)인 3D텐서가 출력된다. 물론 bias를 더해주고 활성함수를 적용하여 최종 3D텐서가 출력된다.

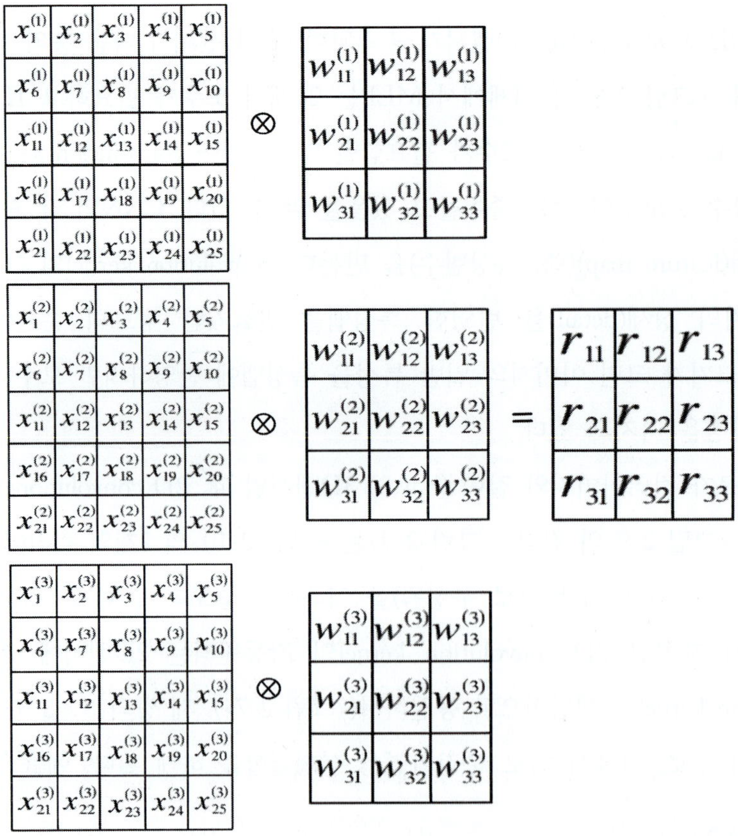

그림 2-9 3D텐서 자료에 대한 2D convolution의 적용

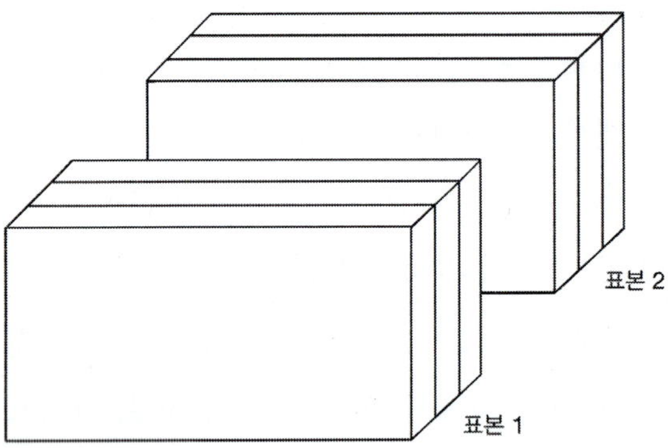

그림 2-10 3D텐서로 구성된 2개의 표본

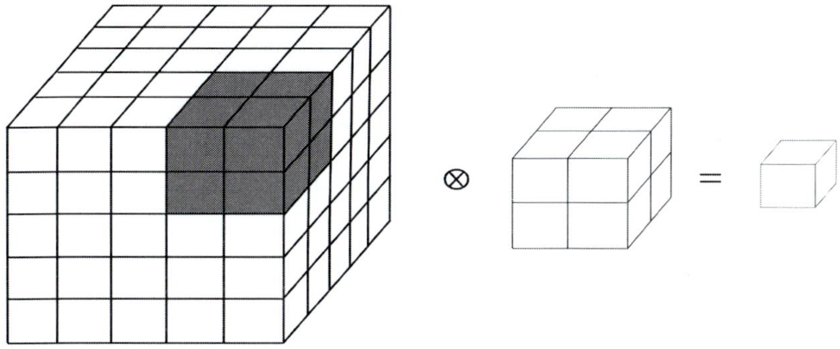

그림 2-11 3D텐서 입력자료에 대한 (2,2,2) 커널을 이용한 3D convolution

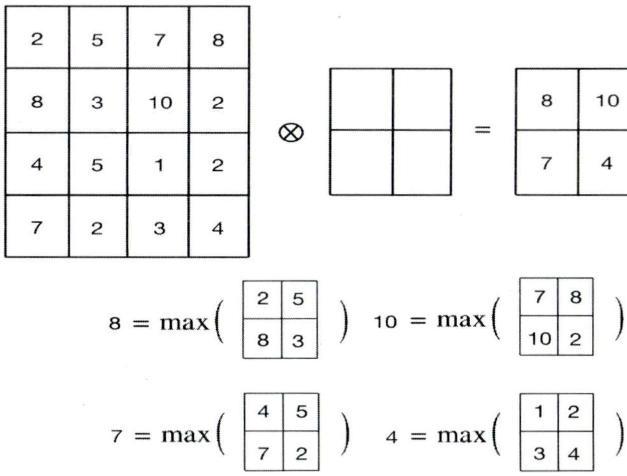

그림 2-12 stride=2인 (2,2) max-pooling

지금까지 보여준 2D 또는 3D 입력데이터는 (3,3)이나 (5,5)와 같이 동일 차원(dimension)을 사용하였고, 커널 역시 동일 차원을 사용하였으나 반드시 그래야 할 이유는 없다. 이에 대한 논의는 제9장에서 자세하게 논의될 것이다.

CNN 모형에는 또 다른 형태의 커널이 있다. 이미지 자료의 특성을 좀 더 드러나게 하기 위한 커널로 이를 pooling이라고 한다. 2D 커널인 경우, stride=2를 가진 2×2 또는 stride=3인 3×3 pooling을 주로 사용한다. pooling은 모수의 수를 줄일 뿐만 아니라 CNN의 성능을 향상시키는 역할을 한다. pooling 커널은 선형결합이

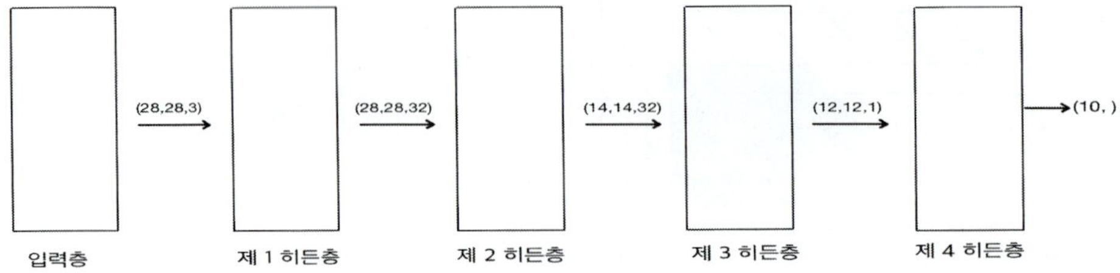

그림 2-13 4개의 히든층을 가진 CNN 아키텍처

아니므로 커널 자체의 모수가 없다. <그림 2-12>는 stride=2인 (2,2) max-pooling 작동원리를 보여주고 있는데, 좌에서 우로 max-pooling이 2칸씩 이동하면서 최댓값으로 8과 10을 구하고, 상에서 하로 이동하면서 최댓값 7과 4를 구하는 과정을 보여주고 있다. (4,4)인 2D 입력텐서의 크기를 1/2로 줄여 (2,2) 2D텐서가 된 것을 볼 수 있다. 이미지 자료에서 픽셀의 숫자(0부터 255)가 큰 것은 밝은색(또는 흰색)이므로 max-pooling 커널 안에서 가장 밝은색을 추출하는 기능이 있다. 그러므로 max-pooling은 이미지의 엣지를 추출해내는 기능을 하게 된다. max-pooling 이외에도 평균값을 구하거나 합을 구하는 pooling이 있다. 컴퓨터 비전에서는 pooling을 이용하여 입력 텐서인 픽셀의 크기를 줄이기보다는 단순하게 stride를 이용한 것이 효과적인 것으로 알려져 있다.

<그림 2-13>은 컬러이미지인 28×28 픽셀 데이터가 입력되고, 3×3 커널을 사용하되 출력이 (28,28) 그대로 유지되도록 패딩을 사용하였으며, 32개의 서로 다른 3×3 커널을 사용(그러므로 32개의 필터)하여 제1히든층의 노드가 32개가 되도록 하였다. 제2히든층은 (2,2) max-pooling(strides=2)을 사용하였으며 제3히든층은 3×3 convolution kernel을 사용(1개의 필터)하였고 제4층은 (3,) 1D convolution kenel을 사용한 CNN 아키텍처를 도식화한 것이다.

컬러이미지의 채널은 3이므로 입력층은 (28,28,3) 3D텐서인 표본 하나가 입력되며, 이 입력텐서에 패딩이 있는 3×3 convolution 커널을 사용하였고 제1히든층의 노드는 32개(즉, 32개 채널)이다. 그러므로 제1히든층은 (28,28,32) 3D텐서를 출력

한다. 제2층은 (2,2) max-pooling을 적용하였으므로 픽셀의 크기를 1/2로 줄여 (14,14,32) 3D텐서를 출력한다. 제3층은 3×3 커널을 패딩 없이 오직 하나만 적용하므로 (12,12,1) 3D텐서를 출력한다. 제4층은 (3,) 1D 커널 1개를 2D 입력텐서에 적용하므로 (10,) 1D텐서를 출력한다.

입력층→제1층의 모수는 채널이 3개이고 (3,3) convolution 커널을 적용해야 하므로 $3\times3\times3$인 선형결합 9개의 모수이고 여기에 1개의 bias를 더하면 28개의 모수가 필요하다. 또한 필터가 32개이므로 총 모수는 $28\times32=896$개가 된다. 제1층→제2층은 pooling이므로 모수는 0개이다. 제2층→제3층은 채널이 32개인 입력텐서에 (3,3) convolution 커널을 사용하였기 때문에 $3\times3\times32$ 모수에 bias를 더해 (3,3) 채널 하나당 $3\times3\times32+1=289$개의 모수가 필요하다. 제3층에 채널이 오직 하나이므로 제2층→제3층에 필요한 총 모수는 289개이다. 제3층→제4층 입력텐서의 필터가 하나이고 (12,12) 2D텐서에 (3,) 1D convolution kernel을 적용하므로 $3\times12+1=37$개의 모수가 필요하다. 그러므로 <그림 2-14>의 CNN 아키텍처에 필요한 총 모수는 $896+0+289+37=1,222$개가 된다.

CNN 은닉층의 구조는 은닉층이 깊어질수록 stride나 pooling으로 픽셀의 크기를 줄이되, 노드를 늘려 채널 수를 늘리는 튜브 형태의 구조를 가진다. 이런 CNN 은닉층의 구조는 초기 은닉층에서는 이미지의 기본적인 특성인 엣지, 점, 선 등과 같은 낮은 수준의 대표성(low-level representation)을 가진 특성맵을 만들어 내고 다음 은닉층은 이를 모아서 동그라미, 네모 등 좀 더 복잡한 특성맵을 만들어 낸다. 계속된 은닉층은 사람의 코, 차 바퀴, 개 수염 등 좀 더 인식 가능한 특성맵을 만들어 내어 컴퓨터 비전 과제를 수행하게 된다. 이러한 특성맵에 대한 논의는 제12장에서 자세하게 논의될 것이다.

2.3.3 RNN(recurrent neural networks)

RNN의 구조를 이해하기 위해 간단한 예제를 고려해 보자. 어떤 책이 오직 5개의 단어로 구성되어 있고 이 책을 구성하는 문장이 하나의 표본이라고 가정해 보자. 구체적으로,

전체 단어={“i”, “love”, “much”, “so”, “you”}

이고 어떤 문장(표본)이

“I love you”

라고 가정하자. 그러면 시간스텝 t=0에서의 단어는 “i”, t=1에서의 단어는 “love”, 그리고 t=2에서의 단어는 “you”가 된다. “i”를 전체 단어의 순서에 따라 one-hot encoding으로 전환하면 [1,0,0,0,0]이 되고, “love”는 [0,1,0,0,0], 그리고 “you”는 [0,0,0,0,]이 된다.

연구 목적은 “i”를 입력하여 “love”를 예측하고 “i love”를 입력하여 “you”를 예측하는 문장생성(text generation)을 하거나, “i”를 입력하여 “나는”으로 번역하고 “i love”를 입력하여 “나는 사랑한다”로, “i love you”를 입력하여 “나는 당신을 사랑한다”로 번역하는 머신번역이 될 수 있다. 그러므로 이 예제에서는 [[1,0,0,0,0],[0,1,0,0,0],[[0,0,0,0,1]] 2D텐서가 입력 특성변수가 된다.

먼저 시점 t=0의 특성변수 값 [1,0,0,0,0]를 노드수가 3개인 MLP 층에 입력하면 실수 값을 갖는 $[h_1^{(0)}, h_2^{(0)}, h_3^{(0)}]$ 3D텐서를 출력하게 된다. 이 3D텐서를 text “i”의 밀집벡터(dense vector)라고 말한다. 시점 t=1에서는 “love” 즉 [0,1,0,0,0]이 입력되고 동시에 t=0에서의 밀집벡터 $[h_1^{(0)}, h_2^{(0)}, h_3^{(0)}]$도 입력된다. “love” 앞에 나타난 단어 “i”를 “love”에 연결하여 “i”와 “love”의 관계에 대한 정보를 반영하기 위함이다. 이 2개의 특성변수를 노드가 3개인 MLP 층에 입력하여 $[h_1^{(1)}, h_2^{(1)}, h_3^{(1)}]$을 출력한다. 단, [0,1,0,0,0]의 선형결합에 사용한 모수 $w=(w_1,\cdots,w_5)$는 t=0에서 사용한 모수 w와 동일해야 한다. 최종적으로 t=2에서 [0,0,0,0,1]과 $[h_1^{(1)}, h_2^{(1)}, h_3^{(1)}]$를 t=0, t=1과 동일한 3개의 노드를 가진 MLP 층에 입력하여 $[h_1^{(2)}, h_2^{(2)}, h_3^{(2)}]$를 출력하게 된다. 단, [0,0,0,0,1]의 선형결합에 사용한 모수 w는 t=0,1에서의 모수 w와 동일해야 하며, $[h_1^{(1)}, h_2^{(1)}, h_3^{(1)}]$를 선형결합하는 모수 $u=(u_1,u_2,u_3)$는 $[h_1^{(0)}, h_2^{(0)}, h_3^{(0)}]$를 선형결합한 모수와 동일해야 한다.

즉, $[x_1^{(t)}, x_2^{(t)}, x_3^{(t)}, x_4^{(t)}, x_5^{(t)}]$를 시간스텝 t에서의 단어를 one-hot encoding 한 것이라고 표기하고 $[h_1^{(t)}, h_2^{(t)}, h_3^{(t)}]$를 시간스텝 $t-1$의 출력이라고 하면

$$h_k^{(t)} = \sigma(w_{1k}x_1^{(t)} + \cdots + w_{5k}x_5^{(t)} + u_{1k}h_1^{(t-1)} + \cdots + u_{3k}h_3^{(t-1)} + b_k)$$

가 된다. 여기에서 $t = 0,1,2,\ k = 1,2,3$, 그리고 $[h_1^{(-1)}, h_2^{(-1)}, h_3^{(-1)}] = [0,0,0]$이다. 그러므로 $[x_1^{(t)}, x_2^{(t)}, x_3^{(t)}, x_4^{(t)}, x_5^{(t)}]$의 모수 w와 $[h_1^{(t-1)}, h_2^{(t-1)}, h_3^{(t-1)}]$의 모수 u는 시점 t에 의존하지 않고 모두 동일하다는 것을 의미한다. 이처럼 모수가 시간스텝에 의존하지 않은 이유는 첫 번째로 "I love you"가 단어계열(시간스텝)이 긴 문장의 중간에 나타났을 때, 입력되는 특성변수가 다르지 않으므로 동일한 모수가 적용되어야 하기 때문이고, 두 번째로 모수가 시간스텝 t에 의존하면 모수 수가 너무 많아 필연적으로 모수 수렴문제뿐만 아니라 수렴하더라도 믿을 수 없는 모수 추정치가 될 수밖에 없고 입력특성변수마다 새로운 모수를 추정해야 하기 때문이다.

이러한 특성을 가진 모수는 전통적인 시계열 모형에서 적용되고 있다. 예를 들어, y_t를 시점 t에서의 수익률이라고 할 때, 수익률 예측모형으로 소위 AR(p) 모형

$$y_t = \phi_0 + \phi_1 y_{t-1} + \cdots + \phi_p y_{t-p} + \epsilon_t$$

을 적용한다. 여기에서 ϵ_t는 평균이 0인 $i.i.d$한 확률변수이다. 이 AR(p) 모형에서 모수 $\phi_0, \phi_1, \cdots, \phi_p$는 시점 t에 의존하지 않고 오직 시간갭(time gap)에만 의존한다. 즉 y_t와 y_{t-k}는 시간갭이 k이므로 y_{t-k}의 모수는 ϕ_k가 된다. 그러므로 RNN 모형의 예제에서 w는 시간갭이 0일 때의 모수이고 θ는 시간갭이 1일 때의 모수가 된다.

그러나 주의해야 할 것은 RNN 모형에 적용된 텍스트자료와는 다르게, 시계열자료 모형의 모수가 시간스텝에만 의존하기 위해서는 시계열자료가 소위 정상성(stationarity) 조건을 만족해야 한다는 것이다. 이에 대한 논의는 제7장에서 자세하게 다루어질 것이다. 그러므로 시계열 자료를 RNN 모형에 적용하기 위해서는 반드시 시계열자료가 정상성조건을 만족하는지를 점검하여야 한다. 참고로 주식가격

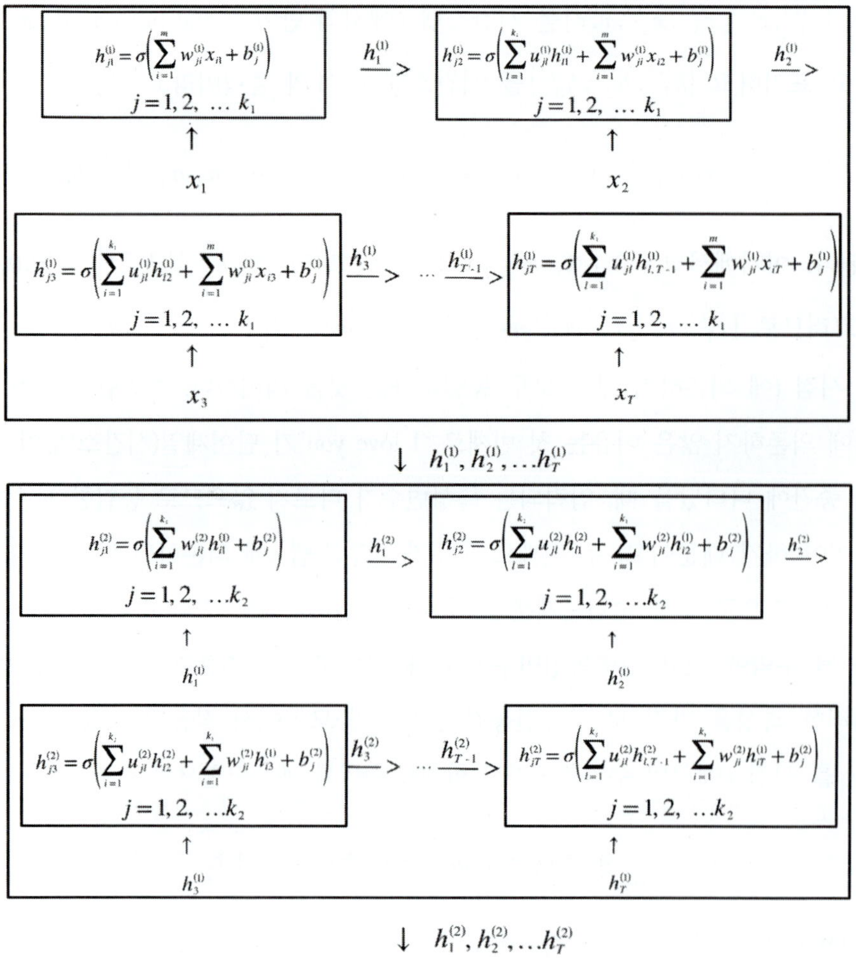

그림 2-14 간단한 RNN의 개념도

은 대표적인 비정상성 시계열이므로 RNN 모형에 적용할 수 없다.

지금까지의 논의를 바탕으로 이제 구체적인 RNN 모형의 구조를 일반화하여 살펴보기로 하자. <그림 2-14>는 2개의 은닉층으로 구성된 단순 RNN(simple RNN) 아키텍처를 보여주고 있다. 물론 3개 이상의 은닉층을 가진 simple RNN도 가능하다. 각 은닉층에서는 앞에서 설명했듯이 t=0를 제외하고 모두 2개의 입력이 있는 것을 볼 수 있으며 x_t는 시간스텝 t에 있는 단어의 one-hot encoding이고 h_{t-1}는 시간스텝 $t-1$이 출력이다. 특성변수 h_{t-1}와 x_t의 선형결합을 위한 첫 번째 은닉층의 $u_{j\ell}^{(1)}$, $w_{ji}^{(1)}$, 그리고 $b_j^{(1)}$가 시점 t에 관계없이 동일한 것을 볼 수 있다. 두 번째 은닉층의 모수 $u_{j\ell}^{(2)}$, $w_{ji}^{(2)}$, 그리고 $b_j^{(2)}$도 역시 시점 t에 의존하지 않는다는 것을 볼 수 있다. 그러므로 첫 번째 은닉층에는 (입력 특성변수의 수 + 은닉층의 노드 수 + bias) × 은닉층의 노드수 = $(m+k_1+1)\times k_1$개의 모수가 있으며, 동일한 방법으로 두 번째 은닉층의 시간스텝 입력은 첫 번째 출력이므로 두 번째 은닉층에는 $(k_1+k_2+1)\times k_2$개의 모수가 있다.

첫 번째 은닉층에서 $\boldsymbol{h}_1^{(1)}, \boldsymbol{h}_2^{(1)}, \cdots, \boldsymbol{h}_T^{(1)}$을 계산한 후, 이 값을 두 번째 은닉층의 입력특성변수로 사용한다. 즉, 두 번째 외부층에서는 첫 번째 외부층의 $\boldsymbol{x}_1, \boldsymbol{x}_2, \cdots, \boldsymbol{x}_T$의 역할을 $\boldsymbol{h}_1^{(1)}, \boldsymbol{h}_2^{(1)}, \cdots, \boldsymbol{h}_T^{(1)}$으로 대체하고 첫 번째 $\boldsymbol{h}_1^{(1)}, \boldsymbol{h}_2^{(1)}, \cdots, \boldsymbol{h}_T^{(1)}$를 $\boldsymbol{h}_1^{(2)}, \boldsymbol{h}_2^{(2)}, \cdots, \boldsymbol{h}_T^{(2)}$로 대체하여 동일한 절차를 반복한다. 두 번째 은닉층은 $\boldsymbol{h}_1^{(2)}, \boldsymbol{h}_2^{(2)}, \cdots, \boldsymbol{h}_T^{(2)}$를 출력하고 세 번째 외부층의 입력특성변수로 사용하여 동일한 절차를 진행한다. 만약 세 번째 외부층이 RNN 모형이 아니면 세 번째 외부층에는 $\boldsymbol{h}_T^{(2)}$만 입력으로 사용할 수도 있다.

지금까지 설명한 간단한 RNN의 치명적인 약점은 $\boldsymbol{h}_T$가 $\boldsymbol{h}_{T-1}$의 함수이고 $\boldsymbol{h}_{T-1}$은 $\boldsymbol{h}_{T-2}$의 함수이며 계속 반복하여 $\boldsymbol{h}_2$는 $\boldsymbol{h}_1$의 함수가 된다는 것이다. 이들은 동일한 $u_{j\ell}$ 계수를 사용하기 때문에, backpropagation에 의한 $u_{j\ell}$의 최적값은 $\boldsymbol{h}_T$부터 $\boldsymbol{h}_1$까지 미분값을 구해 최신화하게 된다. T가 클 경우, $\boldsymbol{h}_T$에서 멀리 떨어진 $\boldsymbol{h}_2$나 $\boldsymbol{h}_1$의 미분값은 $u_{j\ell}$에 의존하여 $u_{j\ell}$의 절댓값이 1보다 크면 무한대로 접근하게 되고 반대로 절댓값이 1보다 작으면 0으로 수렴하게 된다. 이를 RNN에서 미분값의 폭발(exploding) 또는 사라짐(vanishing) 현상이라고 한다. $\boldsymbol{h}_2$나 $\boldsymbol{h}_1$의 미분값이 무한대로 접근하거나 0으로 접근하면 손실함수를 최소화하는 $u_{j\ell}$을 구할 수 없게 된다[이론적인 증명은 Pattanayak (2018)을 참조할 것]. 이러한 현상이 일어나는 근본적인 이유는 $\boldsymbol{h}_t$와 $\boldsymbol{h}_{t-1}$에 직접 연결되었기 때문이다. 이 문제를 해결한 RNN 아키텍처가 LSTM(long short-term memory)과 GRU(gated recurrent unit)이다.

LSTM과 GRU 모두 $\boldsymbol{h}_t$와 $\boldsymbol{h}_{t-1}$을 간접적으로 연결한 모형이며, GRU는

LSTM을 간소화한 LSTM 아키텍처의 특수한 경우로 해석할 수 있다. LSTM과 GRU는 모두 <그림 2-14>의 간단한 RNN 구조를 가지고 있지만 은닉층 내부에서의 h_t가 좀 더 복잡하게 산출되도록 설계되어 있다. 부호의 복잡성을 피하기 위해

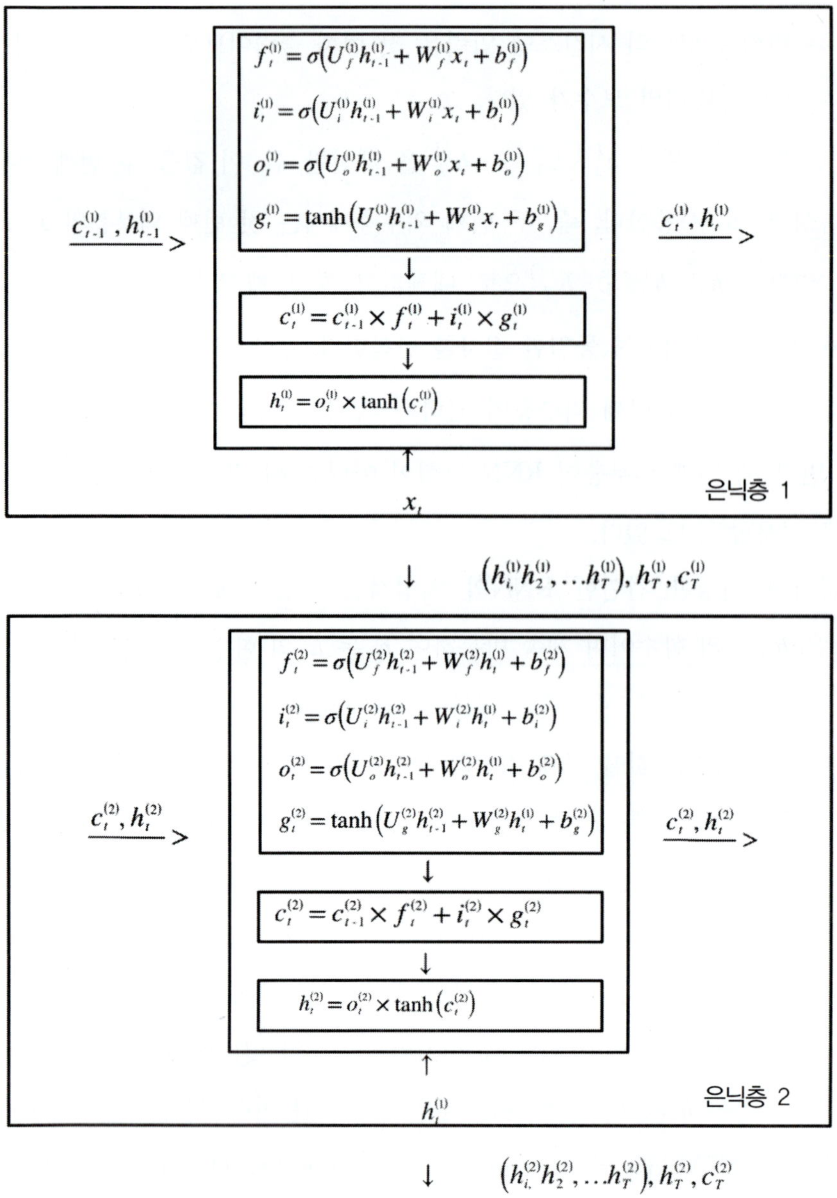

그림 2-15 LSTM의 구조

서 <그림 2-14>의 첫 번째 은닉층의 모수를 행렬로 표현하여 보자. $u_{j\ell}^{(1)}$을 크기가 $k_1 \times k_1$ 행렬인 $U^{(1)}$로 표기하고 $w_{ji}^{(1)}$을 크기가 $k_1 \times m$ 행렬인 $W^{(1)}$, 그리고 $b_j^{(1)}$을 크기가 $k_1 \times 1$인 $\boldsymbol{b}^{(1)}$으로 표기하자. 대응되는 $\boldsymbol{h}_t^{(1)}$은 $k_1 \times 1$, $\boldsymbol{x}_t$는 $m \times 1$ 벡터이다. 동일한 방법으로 두 번째 은닉층의 $\boldsymbol{h}_t^{(2)}$는 $k_2 \times 1$ 벡터이고 $\boldsymbol{h}_t^{(1)}$이 $k_1 \times 1$ 벡터이므로 $U^{(2)}$는 $k_2 \times k_2$ 행렬이 되고 $W^{(2)}$는 $k_2 \times k_1$, $\boldsymbol{b}^{(2)}$는 $k_2 \times 1$ 벡터가 된다.

$\boldsymbol{h}_t^{(1)}$와 $\boldsymbol{h}_t^{(2)}$를 정의하기 위해 4개의 gate를 먼저 정의해야 한다.

$$\boldsymbol{f}_t = \sigma(U_f \boldsymbol{h}_{t-1} + W_f \boldsymbol{x}_t + \boldsymbol{b}_f),\ \boldsymbol{i}_t = \sigma(U_i \boldsymbol{h}_{t-1} + W_i \boldsymbol{x}_t + \boldsymbol{b}_i),$$
$$\boldsymbol{o}_t = \sigma(U_o \boldsymbol{h}_{t-1} + W_o \boldsymbol{x}_t + \boldsymbol{b}_o),\ \text{그리고}$$
$$\boldsymbol{g}_t = tanh(U_g \boldsymbol{h}_{t-1} + W_g \boldsymbol{x}_t + \boldsymbol{b}_g)$$

이다. 활성함수는 0 ~ 1 사이의 값을 출력하는 함수이고 대표적인 함수는 sigmoid 이다. 이 4개의 gate를 이용한 <그림 2-15>의 $\boldsymbol{c}_t^{(n)}$와 $\boldsymbol{h}_t^{(n)}$, $n=1,2$는 다음과 같이 정의된다.

$$\boldsymbol{c}_t^{(n)} = \boldsymbol{c}_{t-1}^{(n)} \times \boldsymbol{f}_t^{(n)} + \boldsymbol{i}_t^{(n)} \times \boldsymbol{g}_t^{(n)}$$
$$\boldsymbol{h}_t^{(n)} = \boldsymbol{o}_t^{(n)} \times tanh(\boldsymbol{c}_t^{(n)}), \quad n=1,2$$

여기에서 $\boldsymbol{h}_t^{(1)}$이 $k_1 \times 1$ 벡터이므로 $\boldsymbol{f}_t^{(1)}, \boldsymbol{i}_t^{(1)}, \boldsymbol{o}_t^{(1)}, \boldsymbol{g}_t^{(1)}$, 그리고 셀 상태(cell state) $\boldsymbol{c}_t^{(1)}$은 모두 $k_1 \times 1$벡터이다. $U_f^{(1)}, U_i^{(1)}, U_o^{(1)}, U_g^{(1)}$는 $k_1 \times k_1$ 행렬, $W_f^{(1)}, W_i^{(1)}$, $W_o^{(1)}, W_g^{(1)}$은 $k_1 \times m$ 행렬, 그리고 $b_f^{(1)}, b_i^{(1)}, b_o^{(1)}, b_g^{(1)}$은 $k_1 \times 1$ 벡터이다. 두 번째 외부층도 동일하게, $\boldsymbol{h}_t^{(2)}$이 $k_2 \times 1$ 벡터이므로 $\boldsymbol{f}_t^{(2)}, \boldsymbol{i}_t^{(2)}, \boldsymbol{o}_t^{(2)}, \boldsymbol{g}_t^{(2)}$, $\boldsymbol{c}_t^{(2)}$는 모두 $k_2 \times 1$ 벡터이다. 유사하게 $U_f^{(2)}, U_i^{(2)}, U_o^{(2)}, U_g^{(2)}$는 $k_2 \times k_2$ 행렬, $W_f^{(2)}, W_i^{(2)}$, $W_o^{(2)}, W_g^{(2)}$은 $k_2 \times k_1$ 행렬, 그리고 $b_f^{(2)}, b_i^{(2)}, b_o^{(2)}, b_g^{(2)}$은 $k_2 \times 1$ 벡터이다. $\boldsymbol{c}_t^{(1)}$과 $\boldsymbol{c}_t^{(2)}$에 있는 곱셈과 덧셈은 요소별 곱과 합(element wise product and sum)이고 $\boldsymbol{h}_t^{(1)}$과 $\boldsymbol{h}_t^{(2)}$도 요소별 곱으로 정의된다.

f_t의 값은 0 ~ 1 사이의 값이므로 0이면 c_t는 c_{t-1}으로부터 값이 전달되지 않다는 의미가 된다. 이 의미는 과거의 정보를 h_t에 전달하지 않는다는 것을 말한다. 이러한 의미에서 f_t를 망각게이트(forget gate)라고 한다. i_t는 g_t에 의해 x_t를 어느 정도 c_t에 반영하여 정보를 최신화할 것인지를 결정하는 입력게이트(input gate)라고 하며 g_t는 최신화 게이트(update gate)라고 한다. 끝으로, o_t는 h_t의 출력을 제어하고 결정하는 출력게이트(output gate)라고 한다.

LSTM 아키텍처의 모수는 4개의 게이트로 인해 simple RNN의 4배이다. 즉, 첫 번째 은닉층은 $4k_1(k_1+m+1)$의 모수를 가지고 있으며 두 번째 은닉층은 $4k_2(k_2+k_1+1)$의 모수를 가지고 있다. 또한 간단한 RNN에서는 다음 은닉층에 $h_1^{(k)}, h_2^{(k)}, \cdots, h_T^{(k)}$를 전달하지만 LSTM에서는 $(h_1^{(k)}, h_2^{(k)}, \cdots, h_T^{(k)})$, $h_T^{(k)}$, $c_T^{(k)}$를 다음 층에 전달할 수 있다.

GRU는 LSTM에서 오직 g_t와 f_t, 즉 최신화 게이트와 망각게이트만을 이용하여

$$h_t = (1-f_t)\times g_t + f_t \times h_{t-1}$$

를 계산한다. 여기에서

$$g_t = tanh(U_g(r_t \times h_{t-1}) + W_g x_t + b_g) \text{이고 } r_t = \sigma(U_r h_{t-1} + W_r x_t + b_r)$$

이다. GRU는 3개의 gate를 가지고 있으므로 GRU의 모수는 simple RNN 모수의 3배이다.

지금까지 논의한 세 개의 신경망 MLP, CNN, RNN에서 모수를 계산하는 방법을 정리하여 보자. 세 개의 신경망에서 나타나는 노드수는 은닉층에서 만들어진 특성변수의 수로 이해하여야 한다. 딥러닝 모형의 특징을 설명할 때, 딥러닝 모형은 스스로 특성변수를 만들어 낸다고 하는 교재가 많이 있다. 이는 오해의 소지가 있는 설명이다. 스스로 만들어진 것이기보다는 학습에 의해 만들어지며, 사실 해석하기가 어렵다는 것을 에둘러서 말했다는 의미로 받아들이는 편이 더 진실에 가깝다고 할 수 있다.

입력으로 사용하는 특성변수는 사람이 부여하고 이 특성변수가 은닉층에 전달되어 은닉층의 특성변수를 만들어 내는데, 노드수가 은닉층의 특성변수의 수를 결정한다. MLP 모형은 1D텐서를 입력으로 받고 1D텐서를 출력하므로 출력의 차원이 은닉층의 노드가 된다. 즉, 은닉층에 입력되는 특성변수를 은닉층의 노드수로 조정하여 새로운 특성변수로 전환하고 새로운 특성변수의 수도 줄이거나 늘리게 된다. CNN 모형에서는 특성변수가 3D텐서로 입력되고 convolution kernel과 노드수로 특성변수 수를 조절한다. 예를 들어, 1D convolution을 쓰면 1D 변수가 만들어지고 은닉층의 노드수를 조절하여 2D텐서로 특성변수를 조절한다. 가장 일반적인 2D convolution kernel을 사용하면 2D 변수가 만들어지고 노드수를 조절하여 새로운 3D텐서 특성변수를 출력하게 된다.

3D텐서 내에 있는 하나의 셀이 하나의 특성변수가 되므로 특성변수의 수가 너무 커지는 것을 방지하기 위해, 노드수를 늘리면 pooling 등을 이용하여 픽셀($height \times width$)의 크기를 줄이고, 반대로 노드수를 줄이면 픽셀의 크기를 늘리는 방법을 일반적으로 사용한다. RNN은 2D텐서를 입력 특성변수로 받고 2D텐서 특성변수를 출력한다. 각 시간스탭은 1D 특성변수로 구성되어 있으므로 2D텐서 중 시간스탭의 크기는 변함이 없고 은닉층의 노드수에 따라 시간스탭의 특성변수 수를 조절하게 된다.

MLP 모형의 모수는 입력된 특성변수를 선형결합하는 계수이므로 모수의 수는 입력특성변수수 + bias가 되고, 이러한 모수가 노드수만큼 있으므로 총 모수의 수는 은닉층의 노드수 × (입력특성변수수 + 1)이 된다. CNN에서는 convolution kernel의 텐서에 따라 다르기 때문에 가장 일반적인 3D텐서 입력 특성변수에 2D convolution kernel의 경우로 모수를 계산하는 방법을 설명하고자 한다. 예를 들어, (3,3) convolution 커널을 이용하면 (3 × 3 × 입력 channel 수)만큼의 입력특성변수를 선형결합해야 하므로 모수의 수는 (커널의 크기 × 입력 channel 수 + 1)이 된다. 여기에서 1은 bias이다. 이 모수가 은닉층의 노드수만큼 있으므로 총 모수의 수는 (커널의 크기 × 입력 channel 수 + 1) × 은닉층 노드수가 된다.

RNN 모형에서는 은닉층에 입력된 특성변수뿐만 아니라 은닉층 내의 직전 시점에서 만들어진 특성변수를 선형결합해야 하므로 모수의 수는 (입력특성변수수 + 은닉층 노드수 + 1)가 된다. 이 모수가 은닉층의 노드수만큼 있으므로 총 모수의 수는 (특성변수수 + 은닉층 노드수 + 1) × 은닉층 노드수가 된다. LSTM에서는 동일한 구조를 가진 4개의 gate가 있으므로 총 모수의 수는 (특성변수수 + 은닉층 노드수 + 1) × 은닉층 노드수 × 4가 되며 GRU는 3개의 gate를 사용하므로 총 모수의 수는 (특성변수수 + 은닉층 노드수 + 1) × 은닉층 노드수 × 3개가 된다.

3장

손실함수와 최적화

딥러닝의 설계를 마치면 딥러닝에 있는 수많은 모수를 추정해야 한다. 모수를 추정하기 위해 관측치와 추정치의 거리를 측정하는 손실함수를 목적변수의 형태에 따라 정의한 후, 손실함수를 최소화하는 과정에서 필수적인 역전파(backpropagation)의 개념과 역할, 최적화(optimization) 알고리즘의 성질과 특성을 파악하여야 한다.

딥러닝의 설계는 입력특성변수 x의 자료형태에 따라 MLP, CNN, RNN 또는 이들 신경망의 조합을 포함할 뿐만 아니라 출력의 형태를 결정하는 출력층의 결정도 포함하고 있다. 연구의 목적이 분류(classification)라면 2개의 그룹으로 분류할 것인지 3개 이상의 그룹으로 분류할 것인지를 구분해야 하며, 연구의 목적이 회귀(regression)라면 출력이 하나의 값인지 두 개 이상의 값인지를 구분해야 한다. 예를 들어, 특정 사안에 대한 트윗이 찬성인지 반대인지를 구분한다든가 손으로 쓴 우편번호가 0 ~ 9의 숫자 중 어느 숫자인지를 구분하는 식으로 3개 이상의 클래스를 구분하는 것을 말한다. 회귀의 경우, 최근 10일 동안 관측된 주식가격을 통해 내일 주식가격을 예측한다든가 또는 내일을 포함하여 향후 3일 동안의 주식가격을 예측하는 것을 목적으로 할 때에 따라 회귀의 구분이 다르게 된다. 구분에 따라 대응하는 적절한 손실함수를 정의하고 적용해야 하기 때문이다.

목적변수의 실제 참값과 딥러닝에 의해 예측된 값이 최대한 근접해야 딥러닝 모형은 의미를 가지게 되며, 이는 분류나 회귀에서 가장 중요한 것 중 하나이다. 그러므로 실제 참값과 딥러닝에 의해 예측된 값의 거리를 측정하는 측도가 필요하며 이를 손실함수(loss function)라고 한다.

3.1 출력층과 손실함수

회귀의 경우는 비교적 직관적이므로 먼저 고려하여 보자. 예측에 사용한 표본의 수 또는 배치의 크기를 n이라고 하고 참값을 y_i, 딥러닝에 의해 예측된 값을 $\hat{y}_i$로 표기하면 다음과 같다.

$$\frac{1}{n}\sum_{i=1}^{n}(y_i - \hat{y}_i)^2 \tag{3.1}$$

이를 MSE(mean squared error)라고 하며 y_i와 $\hat{y}_i$의 거리측도로 가장 일반적으로 사용된다. 만약 y_i가 2개 이상이면 $y_{i1}, y_{i2}, \cdots, y_{ik}$로 표기하고 대응되는 예측치를 $\hat{y}_{i1}, \hat{y}_{i2}, \cdots, \hat{y}_{ik}$로 표기할 때, 대응하는 MSE는

$$\frac{1}{nk}\sum_{i=1}^{n}\sum_{j=1}^{k}(y_{ij} - \hat{y}_{ij})^2 \tag{3.2}$$

이 된다.

참값과 예측값의 거리가 멀수록 MSE가 커지므로 식 (3.1)과 (3.2)에 정의된 MSE를 손실함수(loss function)라고 한다. MSE 내에 있는 $\hat{y}_i$는 딥러닝 내에 있는 수많은 모수를 추정해서 구해지므로 $\hat{y}_i$는 이들 모수의 함수로 표현할 수 있다. 물론 $\hat{y}_i$는 입력특성변수에 의해서 예측되므로 입력특성변수의 함수이며 이러한 이유로 통계학에서는 $\hat{y}_i$를 입력특성변수 $\boldsymbol{x}_i$가 주어진 상태에서 구한 y_i의 조건부 기대치라고 한다. 또 다른 손실함수의 후보자는 $\frac{1}{n}\sum_{i=1}^{n}|y_i - \hat{y}_i|$ 또는 $\frac{1}{n}\sum_{i=1}^{n}|\frac{y_i - \hat{y}_i}{y_i}|$ 등이 있다.

손실함수는 $\hat{y}$에 대해 미분 가능해야 한다. 손실함수를 최소화하는 데 사용하는 역전파(backpropagation)가 작동하려면 손실함수가 미분 가능해야 하기 때문이다. $\frac{1}{n}\sum_{i=1}^{n}(y_i - \hat{y}_i)^2$, $\frac{1}{n}\sum_{i=1}^{n}|y_i - \hat{y}_i|$, $\frac{1}{n}\sum_{i=1}^{n}|\frac{y_i - \hat{y}_i}{y_i}| \times 100$을 각각 MSE(mean squared error), MAE(mean absolute error), MAPE(mean absolute percentage error)라고 하며 이들은 입력자료가 배치단위일 때의 손실함수나 모형의 정밀도(accuracy) 측도로 사용하며 과대적합, 과소적합 등을 판단하거나 서로 다른 딥러닝모형을 비교하는 데 유용하게 사용된다. 특히 MAPE는 MSE나 MAE보다 정밀도의 해석에 좀 더 유리하다. 예를 들어, MAPE=5이면 예측치가 참값에 5% 벗어났다는 해석을

할 수 있기 때문이다.

회귀에서 $\hat{y}_i$는 출력층에서 계산되는데, 출력층 직전에 있는 은닉층의 출력값을 입력특성변수로 받아서 이 특성변수의 선형결합이 $\hat{y}_i$가 된다. 그러므로 출력층의 활성함수는 선형결합을 그대로 출력하는 항등함수(identity function)가 된다.

연구의 목적이 분류인 경우를 고려하여 보자. i번째 자료 $(\boldsymbol{x}_i, y_i)$가 있을 때 $\boldsymbol{x}_i$는 1D, 2D, 3D 또는 그 이상 텐서가 입력특성변수이고 y_i는 클래스를 나타내는 변수이다. 예를 들어, 두 개의 클래스가 있으면 이를 이항분류(binary classification)라고 하며 y_i는 0 또는 1 값을 갖게 된다. $\boldsymbol{x}_i$를 딥러닝 모형에 통과시켜 최종 은닉층의 값을 출력층에 전달한다. 최종 은닉층은 일반적으로 1D텐서를 출력층에 전달하고 출력층은 이 1D텐서를 선형결합하고 bias를 더한다. 이를 z_i라고 하자. 예를 들어, 최종 은닉층의 출력이 $h_1, h_2, \cdots, h_m$이면 $z_i = \sum_{j=1}^{m} w_j h_j + b$가 된다. 그러나 이 z_i 값은 모든 실수값을 가질 수 있는 반면, 목적변수값인 y_i가 0 또는 1이므로 또 한번의 과정이 필요하다.

활성함수 중의 하나인 sigmoid 함수를 다음과 같이 사용하여 0 ~ 1 사이 값으로 변환(squash)한다. $\sigma(z_i) = \dfrac{1}{1+e^{-z_i}}$로 변환하며 이 값이 $\hat{y}_i$이고 이 $\hat{y}_i$는 $P(y_i = 1|\boldsymbol{x}_i)$의 추정치이다. 즉, $\boldsymbol{x}_i$가 주어져 있고 대응되는 $y_i = 1$이면 y_i가 1일 확률은 1로 해석할 수 있으며, $\hat{y}_i = P(y_i = 1|\boldsymbol{x}_i)$가 가능한 한 1에 가깝도록 추정해야만 이를 산출한 딥러닝 모형은 좋은 모형이라고 할 수 있다.

p_i를 $P(y_i = 1|\boldsymbol{x}_i)$로 표기할 때 y_i가 베르누이(Bernoulli) 분포를 따르면 분포함수는

$$p_i^{y_i}(1-p_i)^{(1-y_i)}$$

이 되며 표본이 n개 있으면 표본들은 서로 간에 독립이므로 이들의 우도함수(likelihood function) 또는 결합분포(joint distribution)는

$$\Pi_{i=1}^{n} p_i^{y_i}(1-p_i)^{(1-y_i)} \tag{3.3}$$

가 된다. 여기에서 $y_i = 1$ 또는 0이다. 통계학에서는 이 우도함수를 최대로 하는 p_i를 추정하고자 하며 이 추정치를 최대우도추정치(maximum likelihood estimate)라고 한다. 일반적으로 계산의 편의를 위해 식 (3.3)에 log를 취하고 이를 로그우도함수라고 한다. 즉,

$$\sum_{i=1}^{n}(y_i log\, p_i + (1-y_i) log\,(1-p_i))$$

이다. 이 로그우도함수에 음수를 취하면

$$\ell = -\sum_{i=1}^{n}(y_i log\, p_i + (1-y_i) log\,(1-p_i)) \tag{3.4}$$

이 되고 이를 최소화하는 p_i가 최대우도추정치가 된다. 머신러닝에서는 식 (3.4)를 손실함수라고 한다. $\hat{y}_i$가 p_i의 추정치이므로(물론 $\boldsymbol{x}_i$를 이용한 추정치임) 식 (3.4)의 손실함수는

$$\ell = -\frac{1}{n}\sum_{i=1}^{n}(y_i log\, \hat{y}_i + (1-y_i) log\,(1-\hat{y}_i)) \tag{3.5}$$

으로 평균을 구하고 이를 binary crossentropy라고 한다. 여기에서 $\hat{y}_i$는 sigmoid 함수 출력값이므로 0 ~ 1 사이 값을 가지고 있다. 그러므로 $y_i = 1$이면 $P(y_i = 1|\boldsymbol{x}_i)$의 추정치인 $\hat{y}_i$가 1에 접근하게 하고 $y_i = 0$이면 $\hat{y}_i$가 0에 접근하도록 하고자 손실함수 (3.5)를 최소화하는 딥러닝 모형의 모수를 찾아가는 과정을 따르게 된다. 딥러닝에서는 손실함수 (3.5)를 최소화하는 모수를 구하기 위해 backpropagation을 이용한 기울기하강법(gradient descent)을 사용한다. 이에 대한 논의는 다음 절에서 다루게 될 것이다.

다항분류일 경우, i번째 자료는 $(\boldsymbol{x}_i, (y_{i1}, y_{i2}, \cdots, y_{ic}))$의 형태이다. $\boldsymbol{x}_i$는 이항분류와 동일하게 1D, 2D, 3D 또는 그 이상 텐서이며 $(y_{i1}, y_{i2}, \cdots, y_{ic})$는 one-hot encoding으로, 예를 들어 클래스가 3개일 때 $c = 3$이며 i번째 표본의 클래스가 1이

면 $(y_{i1}, y_{i2}, y_{i3}) = (1,0,0)$이고, 클래스가 2이면 $(y_{i1}, y_{i2}, y_{i3}) = (0,1,0)$, 클래스가 3이면 $(y_{i1}, y_{i2}, y_{i3}) = (0,0,1)$이다. 그러므로 다중분류를 위한 출력층의 노드수는 클래스의 수와 일치해야 한다. 최종 은닉층에서 전달된 입력이 $h_1, h_2, \cdots, h_m$일 때 $z_{ij} = \sum_{k=1}^{m} w_{kj} h_k + b_j$, $j = 1,2,\cdots,c$으로 $h_1, h_2, \cdots, h_m$을 선형결합한 후, sigmoid 활성함수를 적용하여

$$\hat{y}_{ij} = \sigma(z_{ij}) = \frac{1}{1 + e^{-z_{ij}}}, \ \ j = 1,2,\cdots,c$$

으로 i번째 표본이 j번째 클래스에 속할 확률 $P(y_{ij} = 1 | \boldsymbol{x}_i)$를 추정하여 i번째 표본이 j번째 클래스에 속하는지 아닌지를 추정하게 된다. $\hat{y}_{i1}, \hat{y}_{i2}, \cdots, \hat{y}_{ic}$ 중 가장 큰 값을 가진 클래스로 i번째 표본의 클래스를 예측하게 된다. 이는 이항분류를 c번 반복한다는 의미로 이를 하나-나머지(one versus rest) 이항분류라고 한다. 즉, 첫 번째 클래스 대 나머지 클래스, 두 번째 클래스 대 나머지 클래스, ..., c번째 클래스 대 나머지 클래스로 분류하여 이항분류를 c번 반복하게 된다. 그러므로 이에 대응하는 손실함수는 c개의 binary crossentropy의 합으로 다음과 같다.

$$\ell = -\frac{1}{nc} \sum_{j=1}^{c} \sum_{i=1}^{n} [y_{ij} log\, \hat{y}_{ij} + (1 - y_{ij}) log(1 - \hat{y}_{ij})]$$

이 된다. 여기에서 $\sum_{i=1}^{c} \hat{y}_{ij} = 1$을 보장하지 않는다. $\hat{y}_{ij}$가 $P(y_{ij} = 1 | \boldsymbol{x}_i)$의 추정치이기는 하지만 하나-나머지 방법으로의 접근이므로 이러한 현상이 발생한다. 그러나 분류에는 영향을 미치지 않는다. 다항분류에 대해 sigmoid 함수를 반복해서 사용하는 대신에 다음과 같이 정의된 softmax 함수를 사용하면 $\sum_{i=1}^{c} \hat{y}_{ij} = 1$이 보장되므로 $\hat{y}_{ij}$는 i번째 표본이 j번째 클래스에 속할 확률로 해석할 수 있다.

$$\hat{y}_{ij} = \sigma(z_{ij}) = \frac{\exp(z_{ij})}{\sum_{j=1}^{c} \exp(z_{ij})} \qquad (3.6)$$

식 (3.6)의 softmax 함수를 사용하면 y_{ij}가 범주형분포(categorical distribution)를 따르다는 가정에서 다음과 같이 우도함수를 구하게 된다.

$$\Pi_{i=1}^{n} \Pi_{j=1}^{c} p_{ij}^{y_{ij}}$$

여기에서 p_{ij}는 i번째 표본이 클래스 j에 속할 확률이다. 이 우도함수에 로그를 취한 후 음의 값을 곱하면

$$\ell = -\sum_{i=1}^{n}\sum_{j=1}^{c} y_{ij} log\, p_{ij} \tag{3.7}$$

가 된다. p_{ij}의 추정치로 $\hat{y}_{ij}$를 사용하므로 손실함수 (3.7)을

$$\ell = -\frac{1}{n}\sum_{i=1}^{n}\sum_{j=1}^{c} y_{ij} log\, \hat{y}_{ij}$$

으로 평균을 구하고 이를 categorical crossentropy라고 한다. 딥러닝에서는 $y_{ij}=1$일 때 $\hat{y}_{ij}$가 1에 접근시켜 손실함수를 최소화하는 모수를 구하게 된다. 분류에서 정밀도의 측도는 3가지로 분류할 수 있다. accuracy, precision, recall인데 accuracy는 정확하게 분류한 비율을 말하고, precision은 예측한 클래스가 맞은 비율, recall은 관심있는 클래스가 제대로 예측된 비율을 정의한다. 예를 들어 기업의 신용평가에서 파산과 파산하지 않은 두 개의 그룹으로 분류할 때, accuracy는 전체 분류 중 파산을 파산으로 예측 + 비파산을 비파산으로 예측한 비율을 말하고, precision은 파산으로 예측한 기업들 중 실제로 파산한 기업비율을 의미하며, recall은 파산한 기업들 중 실제로 파산으로 예측한 비율을 말한다. 기업 신용평가에서 파산의 비율이 매우 낮으므로 예를 들어 1%이면 무조건 비파산으로 예측하면 99%의 accuracy를 가지게 된다. 그러므로 이 경우, recall이 좀 더 의미 있는 정밀도의 측도라고 할 수 있다. 지금까지 논의한 출력층의 손실함수와 정밀도의 측도를 정리하면 다음과 같다.

표 3-1 출력층의 활성함수, 손실함수, 그리고 정밀도

목적	출력층의 활성함수	손실함수	정밀도
회귀	항등	MSE 또는 SSE	MSE, MAE, MAPE
이항분류	sigmoid	binary crossentropy	accuracy, precision, recall
다항분류	softmax	binary crossentropy categorical crossentropy	accuracy, precision, recall

3.2 역전파(backpropagation)

손실함수를 $\ell(x)$로 표시하고 이 손실함수가 <그림 3-1>과 같이 x의 이차함수라고 가정하자.

<그림 3-1>에서 볼 수 있듯이 $\ell(x)$의 최솟값은 x_1과 x_2 사이에 있으며 x_1에서의 $\ell(x)$의 미분값 $\frac{\partial \ell(x_1)}{\partial x} < 0$이고 x_2에서의 미분값 $\frac{\partial \ell(x_2)}{\partial x} > 0$임을 알 수 있다. 그러므로

$$x \leftarrow x - \eta \frac{\partial \ell(x)}{\partial x} \tag{3.8}$$

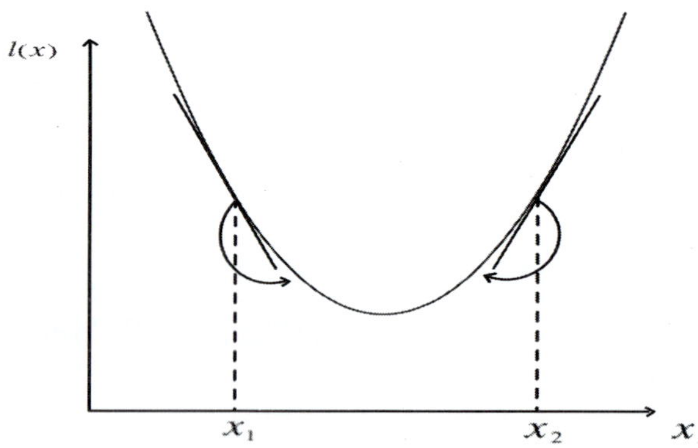

그림 3-1 손실함수의 최적화

으로 x를 최신화(update)하면 $\ell(x)$의 최솟값 방향으로 이동하게 된다. 여기에서 $\eta > 0$으로 아주 작은 값이며 이를 머신러닝에서는 학습률(learning rate)이라고 하며 초모수이다.

새로운 $x - \eta \frac{\partial \ell(x)}{\partial x}$에서 $\ell(x)$의 미분값을 계산한 후, 식 (3.8)을 반복·적용하여 $\frac{\partial \ell(x)}{\partial x} = 0$이 될 때까지 x를 최신화하면 이때의 x값이 딥러닝에서 구하고자 하는 모수추정치가 된다. 식 (3.8)과 같이 아주 작은 η값을 곱해서 조금씩 최신화하는 이유는 딥러닝에서 다루는 손실함수가 <그림 3-1>과 같이 2차함수가 아닌 아주 복잡한 함수이며, 특히 국소최솟값(local minimum)과 안장점(saddle point)에 빠지는 것을 방지하기 위함이 첫 번째 목적이고, 두 번째 목적은 곧 논의할 과대적합(overfitting)을 방지하기 위함이다.

이미 논의했듯이 MLP, CNN, RNN 모형은 수많은 모수를 가지고 있다. 이 모수들은 앞에 정의된 손실함수를 최소화하는 과정을 통해 최신화된다. 이는 모든 모수에 대한 손실함수의 미분값이 필요하다는 것을 의미한다. 그러나 상위 은닉층에 있는 모수는 하위 은닉층의 함수로 구성되어 있으므로 소위 역전파(backpropagation)를 이용하여 딥러닝 모형에 있는 모든 모수의 미분값을 구하게 된다.

손실함수를 최소화하는 모수를 구하는 방법을 요약하면 다음과 같다. 딥러닝 내 모수의 초기치를 임의로 부여한 후, 입력층 → 은닉층 → 출력층 순으로 모수값을 대입하여 손실함수를 계산한다. 손실함수의 미분값을 출력층 → 은닉층 → 입력층으로, 즉 역순으로(이를 역전파라고 한다) 계산하여 식 (3.8)에 의해 모수를 최신화한다. 이 과정을 과대적합문제가 발생하지 않을 때까지 반복하여 최적의 모수를 산출하게 된다. 역전파를 이해하기 위한 지름길은 간단한 예제를 통해 작동원리를 살펴보는 것이다.

입력변수가 2개, 2개의 노드를 가진 은닉층, 그리고 3개의 클래스를 분류하기 위한 3개의 노드를 가진 출력층으로 구성된 MLP 모형을 고려하여 보자. 은닉층의 활성함수는 sigmoid를, 출력층의 활성함수는 softmax를 사용하였다. 그러므로 손실함수는 categorical crossentropy가 된다. 첨자의 복잡성을 피하기 위해 표본의 개수

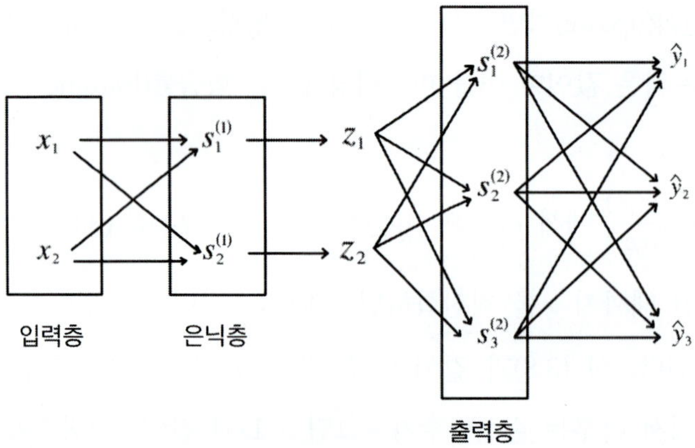

그림 3-2 MLP 아키텍처

는 1개라고 가정한다. <그림 3-2>는 이러한 가정에서의 MLP 아키텍처를 보여주고 있다.

총 표본의 개수가 n개인 일반적인 경우에는 <그림 3-2>에 표시되어 있는 모든 변수에 첨자 i를 붙이고 아래에 유도된 미분값에 $\sum_{i=1}^{n}$을 취하면 된다. <그림 3-2>에서

$$s_1^{(1)} = w_1x_1 + w_2x_2 + b_1, \quad s_2^{(1)} = w_3x_1 + w_4x_2 + b_2$$

$$z_1 = \frac{1}{1+e^{-s_1^{(1)}}}, \; z_2 = \frac{1}{1+e^{-s_2^{(1)}}}$$

이고

$$s_1^{(2)} = \eta_1 z_1 + \eta_2 z_2 + b_3, \; s_2^{(2)} = \eta_3 z_1 + \eta_4 z_2 + b_4, \; s_3^{(2)} = \eta_5 z_1 + \eta_6 z_2 + b_5$$

이다.

$P(y_1 = 1)$의 추정치인 $\hat{y}_1$, $P(y_2 = 1)$의 추정치인 $\hat{y}_2$, $P(y_3 = 1)$의 추정치인 $\hat{y}_3$는 각각

$$\hat{y}_1 = \frac{\exp(s_1^{(2)})}{\sum_{j=1}^{3}\exp(s_j^{(2)})}, \; \hat{y}_2 = \frac{\exp(s_2^{(2)})}{\sum_{j=1}^{3}\exp(s_j^{(2)})}, \; \hat{y}_3 = \frac{\exp(s_3^{(2)})}{\sum_{j=1}^{3}\exp(s_j^{(2)})}$$

이다. 손실함수는

$$\ell = -\sum_{j=1}^{3} y_j log\, \hat{y}_j$$

이므로 $\frac{\partial \ell}{\partial \eta_4}$를 구하기 위해서 $\eta_4 \rightarrow s_2^{(2)} \rightarrow \hat{y}_1, \hat{y}_2, \hat{y}_3$, 즉 η_4는 $s_2^{(2)}$에 영향을 주고 $s_2^{(2)}$는 $\hat{y}_1, \hat{y}_2, \hat{y}_3$에 영향을 주므로 미분의 체인법칙(chain rule)에 의해

$$\frac{\partial \ell}{\partial \eta_4} = \frac{\partial \ell}{\partial \hat{y}_1}\frac{\partial \hat{y}_1}{\partial s_2^{(2)}}\frac{\partial s_2^{(2)}}{\partial \eta_4} + \frac{\partial \ell}{\partial \hat{y}_2}\frac{\partial \hat{y}_2}{\partial s_2^{(2)}}\frac{\partial s_2^{(2)}}{\partial \eta_4} + \frac{\partial \ell}{\partial \hat{y}_3}\frac{\partial \hat{y}_3}{\partial s_2^{(2)}}\frac{\partial s_2^{(2)}}{\partial \eta_4}$$

가 된다.

$$\frac{\partial \ell}{\partial \hat{y}_j} = -\frac{y_j}{\hat{y}_j},\quad \frac{\partial y_1}{\partial s_2^{(2)}} = -\hat{y}_1\hat{y}_2,\quad \frac{\partial \hat{y}_2}{\partial s_2^{(2)}} = \hat{y}_2(1-\hat{y}_2),\quad \frac{\partial \hat{y}_3}{\partial s_2^{(2)}} = -\hat{y}_3\hat{y}_2,\quad \frac{\partial s_2^{(2)}}{\partial \eta_4} = z_2$$

이므로

$$\begin{aligned}\frac{\partial \ell}{\partial \eta_4} &= y_1\hat{y}_2 z_2 - y_2(1-\hat{y}_2)z_2 + y_3\hat{y}_2 z_2 \\ &= \hat{y}_2(y_1+y_2+y_3)z_2 - y_2 z_2 = (\hat{y}_2 - y_2)z_2\end{aligned}$$

가 된다. 여기에서 y_1, y_2, y_3는 one-hot encoding이므로 $y_1+y_2+y_3=1$이다.

다음으로 $\frac{\partial \ell}{\partial w_1}$을 구해보자. $w_1 \rightarrow s_1^{(1)} \rightarrow z_1 \rightarrow s_1^{(2)}, s_2^{(2)}, s_3^{(2)} \rightarrow \hat{y}_1, \hat{y}_2, \hat{y}_3$이므로, 즉 w_1은 $s_1^{(1)}$에, $s_1^{(1)}$은 z_1에, z_1은 $s_1^{(2)}, s_2^{(2)}, s_3^{(2)}$에, $s_1^{(2)}$는 $\hat{y}_1, \hat{y}_2, \hat{y}_3$에, $s_2^{(2)}$는 $\hat{y}_1, \hat{y}_2, \hat{y}_3$에, $s_3^{(2)}$는 $\hat{y}_1, \hat{y}_2, \hat{y}_3$에 영향을 주므로

$$\frac{\partial \ell}{\partial w_1} = \sum_{j=1}^{3}\sum_{k=1}^{3} \frac{\partial \ell}{\partial \hat{y}_k}\frac{\partial \hat{y}_k}{\partial s_j^{(2)}}\frac{\partial s_j^{(2)}}{\partial z_1}\frac{\partial z_1}{\partial s_1^{(1)}}\frac{\partial s_1^{(1)}}{\partial w_1}$$

이 된다. 앞에서 $\frac{\partial \ell}{\partial \eta_4}$를 구할 때와 마찬가지로 어느 한 변수가 2개 이상의 모수에

동시에 영향을 주면 역전파를 덧셈으로 계산한다. 이유는 손실함수의 변화량에 특정 모수의 영향이 많을수록(즉, 손실함수 감소에 기여도가 높을수록) 좀 더 많은 변화량을 누적하여 손실함수의 최소화를 빠르게 할 수 있기 때문이다. 누적된 변화량만큼 해당 모수의 최신화를 좀 더 많이 하게 된다.

$k \neq j$이면 $\frac{\partial \hat{y}_k}{\partial s_j^{(2)}} = -\hat{y}_k \hat{y}_j$이고 $k = j$이면 $\frac{\partial \hat{y}_k}{\partial s_j^{(2)}} = \hat{y}_j(1-\hat{y}_j)$이다. 그리고

$$\frac{\partial s_j^{(2)}}{\partial z_1} = \eta_{2j-1}$$

이므로

$$\begin{aligned}\frac{\partial \ell}{\partial w_1} &= \sum_{j=1}^{3}\sum_{k=1}^{3} \frac{\partial \ell}{\partial \hat{y}_k}\frac{\partial \hat{y}_k}{\partial s_j^{(2)}}\frac{\partial s_j^{(2)}}{\partial z_1}\frac{\partial z_1}{\partial s_1^{(1)}}\frac{\partial s_1^{(1)}}{\partial w_1} \\ &= \sum_{j=1}^{3}(\hat{y}_j - y_j)\eta_{2j-1} z_1(1-z_1)x_1\end{aligned}$$

이 된다.

3.3 최적화 알고리즘

ℓ_i를 i번째 표본에 대한 손실이라고 할 때, n개의 총 표본에 대한 손실은 $\ell = \sum_{i=1}^{n} \ell_i$가 된다. 이 손실을 최소화하는 모수 $\boldsymbol{\theta} = (\theta_1, \theta_2, \cdots, \theta_k)^T$를 찾는 알고리즘의 근간은

$$\boldsymbol{\theta}^{(t+1)} = \boldsymbol{\theta}^{(t)} - \eta \frac{\partial \ell}{\partial \boldsymbol{\theta}} \mid_{\boldsymbol{\theta} = \boldsymbol{\theta}^{(t)}}$$

로 반복적으로 θ를 최신화하여 구하게 된다. 여기에서 η는 학습률이고 $\frac{\partial \ell}{\partial \theta}$는 3.2절에서 논의한 역전파로 구하게 된다. 학습률 η는 너무 작으면 수렴이 느리고 너무 크면 발산해 버리므로 조심스럽게 조절해야 하는 초모수이다. θ는 손실함수에 있는 모든 모수의 수가 k개라고 가정하고 있고 이는 모든 모수를 동시에 최신화한다는 의미를 가지고 있다. $\theta^{(t+1)}$과 $\theta^{(t)}$는 각각 $(t+1)$번째, t번째 최신화에 의해 구해진 θ 추정치이다. 이러한 추정법을 기울기하강법(gradient descent)이라고 한다. 이를 산에서 내려오는 상황으로 비유하자면 가장 경사가 급한 쪽으로 하산하는 것과 같다고 할 수 있다.

전체 데이터로부터 계산된 손실함수를 최소화하기 위해 기울기하강법을 적용하면 손실함수가 아래로 볼록(convex)함수이고 국소최솟값(local minimum)이 존재하지 않을 때 매우 유용하며 우수한 성능을 보인다. 그러나 딥러닝 손실함수는 하나 이상의 국소최솟값이 존재할 뿐만 아니라 안장점(saddle point)이 존재하여 전체 데이터로 계산된 손실함수의 최적화 기법으로 기울기하강법은 일반적으로 적절하지 못하다. 전체 데이터는 고정되어 있으므로 모수 update를 위한 손실함수 미분(gradient)값의 출발점이 고정되어 있어 국소최솟값에 빠질 가능성이 아주 높아지게 된다.

이에 대한 대안으로 $\ell_1, \ell_2, \cdots, \ell_n$을 차례로 하나씩 최소화하여 궁극적으로 전체 손실함수 ℓ을 최소화하는 방법인 확률적 기울기하강법(stochastic gradient descent 또는 online learning)이 있다. 이 방법은 표본의 임의성 때문에 손실함수 ℓ 미분값의 초기치가 표본마다 다르므로, 국소최솟값이나 안장점에 빠질 가능성을 최소화하여 궁극적으로 손실함수의 최솟값(global minimum)을 찾게 된다. 초기치가 확률적으로 표본수만큼 주어지므로 확률적 기울기하강법이라고 한다.

그러나 확률적 기울기하강법은 수렴하는 데 너무 많은 잡음(noise, 수렴방향이 임의로 움직이는 현상)이 발생하기 때문에, 딥러닝에서는 전체 표본을 작은 규모의 배치(mini-batch)로 나누어 기울기하강법을 사용한다. 이를 미니배치 확률적 기울기하강법이라고 한다. 예를 들어, 전체 표본 n을 k개의 미니배치로 나누어서 모수를 k번 최신화하여 전체 손실함수 ℓ을 줄여주고 이를 반복한다. 여기에서 전체 표본 n에 대해 모수의 최신화가 이루어지면 이를 1 에폭(epoch)이 완성되었다고 한다. 그러므로 미니배치 기울기하강법에서는 첫 번째 epoch 동안 k개의 미분 초기치가 확률적으로 부여되어 수렴속도는 빠르게 하고 epoch을 반복하여 궁극적으로 손실함수의 global minimum을 만드는 모수를 추정하게 된다.

이제 남은 것은 $\boldsymbol{\theta}^{t+1} = \boldsymbol{\theta}^{t} - \eta \frac{\partial \ell}{\partial \boldsymbol{\theta}}|_{\boldsymbol{\theta} = \boldsymbol{\theta}^{t}}$에서 학습률 η의 결정이다. 학습률은 미니배치 확률적 기울기하강법 수렴에 결정적인 역할을 하며 일반적으로 다음과 같은 방법을 따른다. 모수에 임의로 초기치를 부여한 후, 최신화 과정에서 손실함수가 줄어들면 학습률을 증가시키고 손실함수가 증가하면 학습률을 줄여준다. 손실함수의 감소가 멈추면 모수 최신화 과정을 멈추고 모수추정치를 산출한다.

먼저 전체 표본을 이용한 2가지 최적화 알고리즘을 논의하여 보자. 이를 위해 추정해야 할 모수를 $\boldsymbol{\theta} = (\theta_1, \theta_2, \cdots, \theta_k)^T$라고 표기하고 $\boldsymbol{\theta}^{(t+1)}$과 $\boldsymbol{\theta}^{(t)}$를 각각 $(t+1)$번째, t번째 최신화로 추정된 모수추정치라고 정의하자. 전체 데이터를 사용하기 때문에 한 번의 최신화가 1 에폭이 된다.

1. Adagradoptimizer

$$\theta_i^{(t+1)} = \theta_i^{(t)} - \frac{\eta}{\sqrt{\sum_{r=1}^{t} (\theta_i^{(r)})^2 + \epsilon}} \frac{\partial \ell}{\partial \theta_i}|_{\theta_i = \theta_i^{(t)}}$$

여기에서 $\frac{\partial \ell}{\partial \theta_i}|_{\theta_i = \theta_i^{(t)}}$는 앞으로 $\frac{\partial \ell^{(t)}}{\partial \theta_i}$로 표기할 것이며 ϵ은 분모가 0이 되는 것을 방지하기 위한 아주 작은 값으로 보통 10^{-8}을 사용한다. 학습률이 모수의 반복 누적제곱합에 반비례하므로 θ_i가 클수록 최신화 강도를 약하게 하고 θ_i가 작을수록 최신화 강도를 높히는 최신화 기법이 adagradoptimizer이다. 특히, θ_i가 작지만 딥러닝 모형에 중요한 역할을 하는 θ_i의 최신화 강도를 높이는 데 효율이 높은 알고리즘이다.

2. Rprop 최적화(Resilient backpropagation optimization)

이 최적화 알고리즘은 전체 데이터를 이용한 손실함수 최적화에 가장 좋은 알고리즘이다. Rprop를 정의하기 위해 최신화 강도의 하한과 상한인 Δ_{min}과 Δ_{max} ($\Delta_{min} < \Delta_{max}$)을 먼저 정의한 후, $\delta_i^t = sign(\frac{\partial \ell^{(t)}}{\partial \theta_i} \times \frac{\partial \ell^{(t-1)}}{\partial \theta_i})$을 계산한다. 그리고

$$\Delta_i^{(t+1)} = \begin{cases} \min(1.2\Delta_i^{(t)}, \Delta_{max}) & \text{만약 } \delta_i^t > 0 \\ \max(0.5\Delta_i^t, \Delta_{min}) & \text{만약 } \delta_i^t < 0 \\ \Delta_i^{(t)} & \text{만약 } \delta_i^t = 0 \end{cases}$$

을 정의하여

$$\theta_i^{(t+1)} = \theta_i^{(t)} - sign(\frac{\partial \ell^{(t)}}{\partial \theta_i})\Delta_i^{(t+1)}$$

으로 모수를 최신화한다. $\delta_i^t > 0$이면 $\frac{\partial \ell^{(t)}}{\partial \theta_i}$와 $\frac{\partial \ell^{(t-1)}}{\partial \theta_i}$이 같은 방향으로 가고 있으므로 최소화가 진행되고 있다는 의미가 된다. 그러므로 학습률을 높혀 수렴속도를 높이게 된다. $\delta_i^t < 0$이면 $\frac{\partial \ell^{(t)}}{\partial \theta_i}$와 $\frac{\partial \ell^{(t-1)}}{\partial \theta_i}$이 반대방향으로 움직이므로 최솟값을 지났다는 의미가 된다. 그러므로 최솟값을 중심으로 진동을 방지하기 위해 학습률을 줄이게 된다. 끝으로 $\delta_i^t = 0$이면 $\frac{\partial \ell^{(t)}}{\partial \theta_i} = 0$를 의미하므로 최솟값에 이미 도달해서 더 이상의 최신화를 하지 않게 된다. Δ_i의 초기치인 $\Delta_i^{(0)}$는 i에 관계없이 아주 작은 상수값을 부여한다.

이제 미니배치 확률화 기울기하강법에 적용되는 여섯 가지 최적화 알고리즘에 대해 논의하여 보자. 미니배치를 이용한 손실함수의 변화가 전체 데이터를 이용한 손실함수의 변화보다 크기 때문에 손실함수의 변동에 많은 기여를 한 모수의 최신화를 느리게 하는 알고리즘이 RMSprop(root mean squared propagation)이다.

3. RMSprop

이 최신화 알고리즘은 아래와 같이 모수를 최신화한다.

$$g_i^{(t)} = \alpha g_i^{(t-1)} + (1-\alpha)(\frac{\partial \ell^{(t)}}{\partial \theta_i})^2$$

$$\theta_i^{(t+1)} = \theta_i^{(t)} - \frac{\eta}{\sqrt{g_i^{(t)} + \epsilon}} \frac{\partial \ell^{(t)}}{\partial \theta_i}$$

여기에서 $\alpha = 0.999$, $\epsilon = 10^{-8}$을 일반적으로 사용한다. $g_i^{(t)}$를 반복적으로 풀면

$$g_i^{(t)} = \sum_{r=0}^{t} \alpha^r (1-\alpha)(\frac{\partial \ell^{(t-r)}}{\partial \theta_i})^2 + \alpha^t g_i^{(0)}$$

이 된다. 그러므로 $g_i^{(t)}$는 모수 θ_i가 손실함수에 대한 기여(즉, $\frac{\partial \ell^{(t)}}{\partial \theta_i}$)의 제곱합으로, 가장 최근시점 t에서의 기여에 가장 큰 가중치를 주고 시점이 과거로 갈수록 지수적으로 감소하는 가중치를 부여한 지수적 가중치를 가진 제곱합이다. 학습률은 $\sqrt{g_i^{(t)}}$의 역수이므로, 최근 반복적으로 손실함수변화의 변동이 많은 모수는 진동하고 있을 가능성이 크기 때문에 최신화 RMSprop는 강도를 줄이는 최적화 알고리즘이다.

4. AdaDelta(adaptive delta)

AdaDelta는 RMSprop에 모수 변화량 $\Delta\theta_i^{(t)} = \theta_i^{(t)} - \theta_i^{(t-1)}$의 영향을 추가한 알고리즘이며 다음과 같이 적용된다.

$$h_i^{(t)} = \beta h_i^{(t-1)} + (1-\beta)(\Delta\theta_i^{(t)})^2$$

$$g_i^{(t)} = \alpha g_i^{(t-1)} + (1-\alpha)(\frac{\partial \ell^{(t)}}{\partial \theta_i})^2$$

$$\theta_i^{(t+1)} = \theta_i^{(t)} - \frac{\sqrt{h_i^{(t)} + \epsilon}}{\sqrt{g_i^{(t)} + \epsilon}} \frac{\partial \ell^{(t)}}{\partial \theta_i}$$

그러므로 최근 θ_i의 변동이 크면 손실함수를 줄이는 데 기여가 크다는 의미이므로 이에 비례하여 최신화의 강도를 높이는 알고리즘이다.

5. Adam(adaptive moment)

Adam은 RMSprop에서 사용한 $g_i^{(t)}$와 손실함수 미분값의 지수평균을 이용하여 모수를 최신화하는 알고리즘이다. 즉, 손실함수 1차 미분과 2차 미분의 지수평균은

$$m_i^{(t)} = \beta_1 m_i^{(t-1)} + (1-\beta_1)\frac{\partial \ell^{(t)}}{\partial \theta_i}$$

$$g_i^{(t)} = \beta_2 g_i^{(t-1)} + (1-\beta_2)(\frac{\partial \ell^{(t)}}{\partial \theta_i})^2$$

이다. 그러나 위 지수평균은 bias가 있으므로 bias를 교정한 $m_i^{(t)}$와 $g_i^{(t)}$의 추정은

$$\overline{m}_i^{(t)} = \frac{m_i^{(t)}}{1-{\beta_1}^t},\ \overline{g}_i^{(t)} = \frac{g_i^{(t)}}{1-{\beta_2}^t}$$

으로 구한다. 모수의 최신화는

$$\theta_i^{(t+1)} = \theta_i^{(t)} - \frac{\eta}{\sqrt{\overline{g}_i^{(t)} + \epsilon}}\overline{m}_i^{(t)}$$

으로 한다. β_1과 β_2는 일반적으로 0.9, 0.99, 0.999이다.

6. Momentum(또는 SGD)

모멘텀은 손실함수가 convex 함수가 아닐 때 국소최솟값에 빠질 가능성을 줄인 최적화 알고리즘이다. 손실함수 미분값의 부호가 같으면 최신화의 강도를 높이고 미분값의 부호가 바뀌게 되면 최신화의 강도를 낮추도록 하는 알고리즘이다. 그러므로 미분값의 방향이 같다면 국소최솟값이 있더라도 최소화의 강도가 높기 때문에 쉽게 국소최솟값을 극복하는 성질을 가지게 된다. 한편, 미분값의 방향이 교차

하면 최신화의 강도를 줄여 손실함수의 최솟값 주위에서 진동하는 것을 방지하는 효과를 가지게 된다.

$$v_i^{(t+1)} = \alpha v_i^{(t)} - \eta \frac{\partial \ell^{(t)}}{\partial \theta_i} \mid_{\theta_i = \theta_i^{(t)}}$$

$$\theta_i^{(t+1)} = \theta_i^{(t)} + v_i^{(t+1)}$$

여기에서 η는 학습률이다. $v_i^{(t+1)}$은 $\frac{\partial \ell^{(t)}}{\partial \theta_i}$가 과거의 $\frac{\partial \ell^{(\tau)}}{\partial \theta_i}$ $(\tau < t)$와 계속해서 부호가 같다면 $v_i^{(t+1)}$은 절댓값 측면에서 증가하게 되고 $\theta_i^{(t+1)}$는 $\theta_i^{(t)}$에 비해 최신화 강도가 크고(즉, 차이가 많이 나고), 반대로 부호가 계속해서 바뀌면 $v_i^{(t+1)}$의 절댓값이 작아지게 되어 $\theta_i^{(t+1)}$는 $\theta_i^{(t)}$에 비해 최신화 강도가 줄어들게 된다.

지금까지 논의한 모든 최신화 알고리즘에서 사용한 $\frac{\partial \ell^{(t)}}{\partial \theta_i}$는 $\frac{\partial \ell}{\partial \theta_i}|_{\theta_i = \theta_i^{(t)}}$이지만 아래의 Nesterov 최신화 알고리즘은 손실함수 미분 평가값을 변형하였다.

7. Nesterov

Nesterov 알고리즘은 momentum의 변형이다.

$$\tilde{\theta}_i^{(t)} = \theta_i^{(t)} + \alpha v_i^{(t)}$$

$$v_i^{(t+1)} = \alpha v_i^{(t)} - \eta \frac{\partial \ell}{\partial \theta_i}|_{\theta_i = \tilde{\theta}_i^{(t)}}$$

$$\theta_i^{(t+1)} = \theta_i^{(t)} + v_i^{(t+1)}$$

으로 손실함수 미분값을 $\theta_i = \theta_i^{(t)}$ 대신에 $\theta_i = \tilde{\theta}_i^{(t)}$에서 구하게 한 알고리즘으로, 실제적으로 $\tilde{\theta}_i^{(t)}$는 $\theta_i^{(t)}$와 $\theta_i^{(t+1)}$의 중간값으로 해석할 수 있다.

8. Nadam(Nesterov adam)

Ndam은 Adam 알고리즘에 Nesterov의 변형을 추가한 최적화 알고리즘이다. 즉 Adam 알고리즘의 손실함수 미분값을 $\theta_i = \theta_i^{(t)}$ 대신에 Nesterove 알고리즘에 정의된 $\theta_i = \tilde{\theta}_i^{(t)}$ 으로 구한 최적화 알고리즘이다. 일반적으로 Adam보다 우수하지만 초모수 3개를 결정해야 한다.

4장

TensorFlow-Keras

TensorFlow와 Keras는 머신러닝과 딥러닝 분석에 특화된 독립적으로 개발되고 있는 오픈소스(open source) 라이브러리이다. 그러나 2019년 9월 30일 TensorFlow 2.0이 발표되면서 Keras는 TensorFlow의 표준고급(standard high-level) API가 되어 Keras와 TensorFlow의 장점을 모두 이용할 수 있게 되었다. 기존의 Keras가 TensorFlow에 완전히 종속된 것은 아니고 여전히 독립적으로 개발되고 있긴 하지만, 2019년 9월 Keras 2.3.0의 발표를 통해 Keras는 더 이상의 주요 update를 하지 않으므로 TensorFlow의 고급언어인 tf.keras로 교체할 것을 권고하고 있다. TensorFlow 2.x 내의 Keras는 tf.keras로 명명하여 Keras와 구별하고 있으며 tf.keras와 Keras는 1:1 대응관계를 가지고 있지 않다. Keras는 Google TensorFlow, Microsoft CNTK, Amazon MxNet, Theano 등 딥러닝 엔진을 backend로 사용하지만(기본적으로 TensorFlow를 backend로 사용함), tf.keras는 오직 TensorFlow 내에서만 사용할 수 있다. 그러나 tf.keras는 TensorFlow 2.x가 가지고 있는 다양하고 유용한 기능을 사용할 수 있다는 장점을 가지고 있다.

TensorFlow 2.x에서는 TensorFlow 1.x에서 사용하였던 하위수준(low-level) API, 예를 들어 계산그래프(computational graph)를 위한 tf.Variables과 tf.placeholder, 계산그래프를 실행하기 위한 tf.Session, run 등을 더 이상 사용하지 않아도 된다. TensorFlow 2.x에서는 @tf.function을 이용하여 tf.Session 역할을 하도록 하였을 뿐만 아니라, 즉시 계산이 가능하도록 하여 훨씬 간단하고 직관적인 딥러닝 프로그램을 구성하도록 하였다. 또한 @tf.function을 이용하여 built-in이 아닌 자체적 손실함수(customized loss function)를 정의할 수 있으며 이 손실함수를 최소화하기 위한 미분을 tf.GradientTape() 클래스를 통해 실행할 수 있다. 그러나 다음 장에서 볼 수 있듯이 Keras가 익숙한 사람에게는 tf.keras로 훨씬 더 간편하게 자체적 손실함수를 정의할 수 있다.

4.1 TensorFlow 2의 기초 문법과 tf.keras의 설치

TensorFlow 하위수준 API는 제5장에서 논의할 맞춤형 손실함수, 은닉층 등을 구축하는 데에 매우 유용하게 사용된다. 이러한 이유로 TensorFlow의 가장 기초적인 문법을 요약·정리할 필요가 있다. TensorFlow는 텐서(tensor)를 통해 함수와 연산을 처리한다. 텐서는 다음과 같이 tf.constant를 이용하여 생성한다. 아래 프로그램과 같이 생성된 텐서는 일반적인 넘파이(numpy) 데이터와 동일하게 a.shape, a.dtype 등으로 자료의 차원과 타입을 확인할 수 있다.

```
import tensorflow as tf
a=tf.constant([[1,2,3],[4,5,6]])
print(a);print(a.shape);print(a.dtype)
```

```
tf.Tensor(
[[1 2 3]
 [4 5 6]], shape=(2, 3), dtype=int32)
(2, 3)
<dtype: 'int32'>
```

아래 프로그램처럼 자료의 slicing, 연산, broadcasting 연산 등도 넘파이 자료처럼 동일한 방법으로 할 수 있다.

```
a[:,:1]
```

```
<tf.Tensor: id=6, shape=(2, 1), dtype=int32, numpy=
array([[1],
       [4]])>
```

```
a_1=a[...,1]
a_2=a[...,1,tf.newaxis]
print(a_1);print(a_2)
b_0=a+100
b_1=tf.square(a)
print(b_0);print(b_1)
```

```
tf.Tensor([2 5], shape=(2,), dtype=int32)
tf.Tensor(
[[2]
 [5]], shape=(2, 1), dtype=int32)

tf.Tensor(
[[101 102 103]
 [104 105 106]], shape=(2, 3), dtype=int32)
tf.Tensor(
[[ 1  4  9]
 [16 25 36]], shape=(2, 3), dtype=int32)
```

tf.constant에 의해 생성된 텐서는 넘파이 자료와 상호호환성을 가지고 있으며 아래와 같이 텐서를 넘파이 자료로, 넘파이 자료를 텐서로 자유롭게 바꿀 수 있다. 다만, 넘파이는 float64(또는 int64) 데이터 타입으로 제공되지만 tensorflow는 float32(또는 int32)로 제공된다는 차이점이 있다.

```
a.numpy()
```

```
array([[1, 2, 3],
       [4, 5, 6]])
```

```
import numpy as np
c=np.array([[1,2],[3,4],[5,6]])
d_1=tf.transpose(c)
d_2=c.T
print(c);print(d_1);print(d_2)
```

```
[[1 2]
 [3 4]
 [5 6]]
tf.Tensor(
[[1 3 5]
 [2 4 6]], shape=(2, 3), dtype=int32)
[[1 3 5]
 [2 4 6]]
```

이러한 호환성 때문에 tf.add(), tf.multiply(), tf.square(), tf.exp(), tf.sqrt(), tf.reshape(), tf.squeeze(), tf.tile() 등은 대응되는 넘파이 함수, 예를 들어 np.add(), np.multiply()와 동일한 기능을 가진 함수가 된다. 그러나 tf.reduce_mean(), tf.reduce_sum(), tf.reduce_max()는 np.mean(), np.sum(), np.max()와 각각 대응되지만 다른 함수이름을 사용한다. 또 다른 차이점을 살펴보기 위해

```
A=tf.constant([[1,2,3],[4,5,6]])
```

를 정의하고 A.T를 적용하여 A의 전치행렬을 구하려고 하면 오류가 발생한다. A는 텐서이므로 tf.transpose(A)를 적용해야 한다. 넘파이와 다르게 tensor는 자료의 type이 일치되어야 연산이 가능하다. 예를 들어, tf.constant(1) + tf.constant(2.0)은 에러가 발생하기 때문에 tf.constant(1.) + tf.constant(2.)으로 수정하여 실수(float)로 type을 일치시키거나,

```
t1=tf.constant(1)
t2=tf.constant(2.)
tf.cast(t1,tf.float32)+t2
```

로 t1의 type을 cast() 함수로 float32로 전환한 후 연산을 하면 된다.

tf.constant()에 의해 생성된 자료는 slicing, 연산 등은 가능하지만 자료값을 수정할 수 없다. TensorFlow에서는 tf.Variable()을 이용하여 수정 가능한 텐서를 다음

과 같이 생성한다.

```
k=tf.Variable([[1.,2,3],[4,5,6]])
print(k)
```

```
<tf.Variable 'Variable:0' shape=(2, 3) dtype=float32, numpy=
array([[1., 2., 3.],
       [4., 5., 6.]], dtype=float32)>
```

tf.Variable은 tf.constant와 다르게 assign() 함수를 이용하여 다음과 같이 텐서 k를 변경할 수 있다.

```
k.assign(k**2)
```

```
<tf.Variable 'UnreadVariable' shape=(2, 3) dtype=float32, numpy=
array([[ 1.,  4.,  9.],
       [16., 25., 36.]], dtype=float32)>
```

```
k[0,1].assign(100)
```

```
<tf.Variable 'UnreadVariable' shape=(2, 3) dtype=float32, numpy=
array([[  1., 100.,   9.],
       [ 16.,  25.,  36.]], dtype=float32)>
```

```
k[:,2].assign([0,0])
```

```
<tf.Variable 'UnreadVariable' shape=(2, 3) dtype=float32, numpy=
array([[  1., 100.,   0.],
       [ 16.,  25.,   0.]], dtype=float32)>
```

그러나 assign() 함수는 텐서의 구성요소를 동시에 지정하여 변경할 수 없으므로 scatter_nd_update() 함수를 사용하여야 한다.

```
k.scatter_nd_update(indices=[[0,0],[1,0]],updates=[999,999])
```

```
<tf.Variable 'UnreadVariable' shape=(2, 3) dtype=float32, numpy=
array([[999., 100.,   0.],
       [999.,  25.,   0.]], dtype=float32)>
```

tf.Variable은 추정해야 할 딥러닝의 모수를 저장하기 위해 tf.keras의 backend로 사용한다. 이러한 이유로 딥러닝을 tf.keras로 실행하면 tf.Variable을 직접 사용하는 경우는 거의 없다고 할 수 있다.

TensorFlow는 제3장에서 설명한 역전파를 다음 프로그램과 같이 GradientTape 클래스를 이용하여 직접 실행할 수 있다. $y = wx + b + \epsilon$으로 정의된 단순 회귀모형에 3개의 데이터셋을 적용하여 모수 w와 b를 추정하고 있다.

```
import tensorflow as tf

x=tf.constant([2.,3.,4])
y=tf.constant([3.,4.,5.])
with tf.GradientTape() as tape:
    z=tf.add(tf.multiply(w,x),b)
    loss=tf.reduce_sum(tf.square(y-z))
    dloss=tape.gradient(loss,[w,b])

optimizer=tf.keras.optimizers.Adam()
optimizer.apply_gradients(zip(dloss,[w,b]))

print(dloss)
print(w,b)
```

```
[<tf.Tensor: shape=(), dtype=float32, numpy=0.56110907>, <tf.Tensor: shape=(), dtype=float32, numpy=-0.0059275627>]
<tf.Variable 'Variable:0' shape=() dtype=float32, numpy=1.143723> <tf.Variable 'Variable:0' shape=() dtype=float32, numpy=0.56584233>
```

위 프로그램에서 볼 수 있듯이 GradientTape를 tape로 객체화하고, tape.gradient

함수로 모수 w와 b로 미분한 후, 제3장에서 공부한 최적화 알고리즘 Adam을 이용하여 모수 w와 b를 update하고 있다.

TensorFlow는 built-in으로 자료의 사전정리과정이 불필요한 데이터셋을 제공하고 있다. 머신러닝 및 딥러닝을 실습할 수 있도록 아래와 같이 학습데이터와 시험데이터로 미리 분리하여 제공하고 있다.

```
from tensorflow.keras.datasets import cifar100
(x_train,y_train),(x_test,y_test)=cifar100.load_data()
print(x_train.shape,x_test.shape)
```

```
(50000, 32, 32, 3) (10000, 32, 32, 3)
```

그러나 이러한 built-in 데이터셋은 불과 6 ~ 7개에 불과하므로 TensorFlow는 별도의 데이터셋을 tensorflow_datasets으로 제공하고 있다. tensorflow_datasets의 설치는

```
pip install tensorflow-datasets
```

을 실행하면 된다. 2022년 10월 기준으로 tensorflow_datasets에는 246개의 데이터셋이 있으며 앞으로 계속 늘어날 것이다. tfds.list_builders( ) 함수로 데이터 이름을 아래와 같이 확인할 수 있다.

```
import tensorflow_datasets as tfds

print(len(tfds.list_builders()))
print(tfds.list_builders()[:-5])
```

```
246
['abstract_reasoning', 'accentdb', 'aeslc', 'aflw2k3d', 'ag_news_subset', 'ai2_arc', 'ai2_arc_with_ir',
'amazon_us_reviews', 'anli', 'arc', 'bair_robot_pushing_small', 'bccd', 'beans', 'big_patent', 'bigearthnet', 'billsum',
'binarized_mnist', 'binary_alpha_digits', 'blimp', 'bool_q', 'c4', 'caltech101', 'caltech_birds2010', 'caltech_birds2011',
'cars196', 'cassava', 'cats_vs_dogs', 'celeb_a', 'celeb_a_hq', 'cfq', 'cherry_blossoms', 'chexpert', 'cifar10', 'cifar100',
'cifar10_1', 'cifar10_corrupted', 'citrus_leaves', 'cityscapes', 'civil_comments', 'clevr', 'clic', 'clinc_oos', 'cmaterdb',
```

```
'cnn_dailymail', 'coco', 'coco_captions', 'coil100', 'colorectal_histology', 'colorectal_histology_large', 'common_voice',
'cnn_dailymail', 'coco', 'coco_captions', 'coil100', 'colorectal_histology', 'colorectal_histology_large', 'common_voice',
'coqa', 'cos_e', 'cosmos_qa', 'covid19sum', 'crema_d', 'curated_breast_imaging_ddsm', 'cycle_gan', 'dart', 'davis',
'deep_weeds', 'definite_pronoun_resolution', 'dementiabank', 'diabetic_retinopathy_detection', 'div2k', 'dmlab',
'downsampled_imagenet', 'drop', 'dsprites', 'dtd', 'duke_ultrasound', 'e2e_cleaned', 'emnist', 'eraser_multi_rc', 'esnli',
'eurosat', 'fashion_mnist', 'flic', 'flores', 'food101', 'forest_fires', 'fuss', 'gap', 'geirhos_conflict_stimuli', 'genomics_ood',
'german_credit_numeric', 'gigaword', 'glue', 'goemotions', 'gpt3', 'groove', 'gtzan', 'gtzan_music_speech', 'hellaswag',
'higgs', 'horses_or_humans', 'howell', 'i_naturalist2017', 'imagenet2012', 'imagenet2012_corrupted',
'imagenet2012_real', 'imagenet2012_subset', 'imagenet_a', 'imagenet_r', 'imagenet_resized', 'imagenet_v2',
'imagenette', 'imagewang', 'imdb_reviews', 'irc_disentanglement', 'iris', 'kitti', 'kmnist', 'lambada', 'lfw', 'librispeech',
'librispeech_lm', 'libritts', 'ljspeech', 'lm1b', 'lost_and_found', 'lsun', 'lvis', 'malaria', 'math_dataset', 'mctaco', 'mlqa', 'mnist',
'mnist_corrupted', 'movie_lens', 'movie_rationales', 'movielens', 'moving_mnist', 'multi_news', 'multi_nli',
'multi_nli_mismatch', 'natural_questions', 'natural_questions_open', 'newsroom', 'nsynth', 'nyu_depth_v2', 'omniglot',
'open_images_challenge2019_detection', 'open_images_v4', 'openbookqa', 'opinion_abstracts', 'opinosis', 'opus',
'oxford_flowers102', 'oxford_iiit_pet', 'para_crawl', 'patch_camelyon', 'paws_wiki', 'paws_x_wiki', 'pet_finder', 'pg19',
'piqa', 'places365_small', 'plant_leaves', 'plant_village', 'plantae_k', 'qa4mre', 'qasc', 'quac', 'quickdraw_bitmap', 'race',
'radon', 'reddit', 'reddit_disentanglement', 'reddit_tifu', 'resisc45', 'robonet', 'rock_paper_scissors', 'rock_you', 's3o4d',
'salient_span_wikipedia', 'samsum', 'savee', 'scan', 'scene_parse150', 'scicite', 'scientific_papers', 'sentiment140',
'shapes3d', 'siscore', 'smallnorb', 'snli', 'so2sat', 'speech_commands', 'spoken_digit', 'squad', 'stanford_dogs',
'stanford_online_products', 'starcraft_video', 'stl10', 'story_cloze', 'sun397', 'super_glue', 'svhn_cropped',
'ted_hrlr_translate', 'ted_multi_translate', 'tedlium', 'tf_flowers', 'the300w_lp', 'tiny_shakespeare', 'titanic', 'trec', 'trivia_qa',
'tydi_qa', 'uc_merced', 'ucf101', 'vctk', 'vgg_face2', 'visual_domain_decathlon', 'voc', 'voxceleb', 'voxforge',
'waymo_open_dataset', 'web_nlg', 'web_questions', 'wider_face', 'wiki40b', 'wiki_bio', 'wiki_table_questions',
'wiki_table_text', 'wikihow', 'wikipedia', 'wikipedia_toxicity_subtypes', 'wine_quality', 'winogrande', 'wmt14_translate',
'wmt15_translate', 'wmt16_translate', 'wmt17_translate', 'wmt18_translate', 'wmt19_translate', 'wmt_t2t_translate',
'wmt_translate', 'wordnet', 'wsc273', 'xnli', 'xquad']
```

아래 프로그램으로 mnist 데이터를 tensorflow_datasets.load( )로 내려받을 수 있다. 그러면 c:/User/user에 tensorflow_datasets 폴더가 자동으로 만들어지고 여기에 mnist 데이터가 저장된다. 아래와 같이 mnist_info를 출력해 보면 data_path에 mnist 데이터가 저장된 것을 확인할 수 있다. 또한 dictionary 형태로 60,000개의 'train' 데이터와 10,000개의 'test' 데이터로 분리되어 있으며 (28,28,1) 이미지('image')가 특성변수이고 목적변수('label')는 10개의 범주형 자료임을 보여주고 있다. mnist.keys( ) 함수로 데이터가 'train'과 'test'로 분리된 것을 확인할 수 있다.

```
mnist, mnist_info=tfds.load('mnist',with_info=True, shuffle_files=False)
print(mnist_info)
```

```
tfds.core.DatasetInfo(
    name='mnist',
    full_name='mnist/3.0.1',
    description="""
```

```
    The MNIST database of handwritten digits.
    """,
    homepage='http://yann.lecun.com/exdb/mnist/',
    data_path='C:\\Users\\user\\tensorflow_datasets\\mnist\\3.0.1',
    download_size=11.06 MiB,
    dataset_size=21.00 MiB,
    features=FeaturesDict({
        'image': Image(shape=(28, 28, 1), dtype=tf.uint8),
        'label': ClassLabel(shape=(), dtype=tf.int64, num_classes=10),
    }),
    supervised_keys=('image', 'label'),
    splits={
        'test': <SplitInfo num_examples=10000, num_shards=1>,
        'train': <SplitInfo num_examples=60000, num_shards=1>,
    },
    citation="""@article{lecun2010mnist,
      title={MNIST handwritten digit database},
      author={LeCun, Yann and Cortes, Corinna and Burges, CJ},
      journal={ATT Labs [Online]. Available: http://yann.lecun.com/exdb/mnist},
      volume={2},
      year={2010}
    }""",
)
```

```
print(mnist.keys())
```

```
dict_keys(['train', 'test'])
```

아래 프로그램과 같이 'train' 데이터의 특성변수와 목적변수를 map( ) 함수로 1:1 대응시킨 후, 50,000개의 학습데이터를 구성하고 있다. shuffle(700).batch(50000)을 설명하면, 데이터 buffer에 700개의 데이터를 저장하고 이를 잘 섞은 후, 표본 하나를 뽑고 bufffer에 1개의 데이터를 'train'으로부터 채운다. 이러한 과정을 50,000번 반복하여 50,000개의 표본으로 구성된 batch를 만들게 된다. next(iter(ds_train))으로 ds_train을 텐서 데이터로 만든 후, 특성변수를 x_train으로, 목적변수를 y_train으로 정의하여 분석에 딥러닝 모형에 적용하게 된다. 물론 데이터 batch를 그대로 딥러닝 모형에 적용할 수도 있다.

```
ds_train=mnist['train']
print(len(ds_train))
ds_train=ds_train.map(lambda item:(item['image'],item['label']))
ds_train=ds_train.shuffle(700).batch(50000)
batch=next(iter(ds_train))
print(batch[0].shape, batch[1].shape)

x_train,y_train=batch
print(x_train.shape,y_train.shape)
```

```
60000
(50000, 28, 28, 1) (50000,)
(50000, 28, 28, 1) (50000,)
```

아래 프로그램과 같이 batch( ) 함수에 데이터 사이즈를 지정하지 않으면 1개의 데이터가 만들어진다는 것을 볼 수 있다.

```
import numpy as np
import pandas as pd
ds_test=mnist['test']
print(len(ds_test))
ds_test=ds_test.map(lambda item:(item['image'],item['label']))
ds_test=next(iter(ds_test))
print(ds_test[0].shape, ds_test[1].shape)
```

```
10000
(28, 28, 1) ()
```

지금까지 논의한 데이터셋은 저장해야 하므로 메모리를 차지할 수밖에 없다. 데이터를 모두 저장하지 않고 배치단위만큼씩만 받아서 딥러닝 모형을 학습시킬 수 있다. Data API를 이용하여 CSV, numpy, tensor 데이터를 편집하고, 뒤섞고, 변환하고, 데이디를 미리 준비시키는(prefetching) 작업을 손쉽게 할 수 있다. Data API는

tf.data.Dataset으로 아래와 같이 실행된다. 아래 프로그램은 딥러닝 모형에서 두 개의 특성변수 입력데이터셋(data_x1, data_x2)과 1개의 목적변수(data_yy)가 있을 경우를 가정한 것이다. from_tensor_slices으로 tensor 데이터를 표본 1개씩 slicing 하는데, ((data_x1, data_x2), data_yy)으로 tuple로 (data_x1,data_x2) 묶어주어 두 개의 데이터가 입력 특성변수임을 선언하고, 밖의 tuple에 의해 특성변수와 목적변수를 mapping(1:1 대응) 해주고 있다. from_tensor_slices는 오직 하나의 원소(element)만 허용하므로 밖의 tuple은 필수적이다. 아래 프로그램에서 data_final은 shuffle(100)에 의해 앞에서 설명했듯이 100개의 표본을 잘 섞은 후 표본을 차례로 배치단위 32개만큼 뽑고, 최종적으로 남은 표본이 32개보다 작으면(이 예제에서는 총 1,000개이므로 최종적으로 8개가 남게 된다) 버리는 옵션(drop_remainder=True)을 사용하고 있다. prefetch(32)는 다음 batch를 미리 준비하게 하는 함수로 학습속도를 높이는 역할을 한다.

```
import tensorflow as tf
data_x1=tf.random.uniform((1000,3))
data_x2=tf.random.uniform((1000,2))
data_yy=tf.random.uniform((1000,))

data_p=tf.data.Dataset.from_tensor_slices(((data_x1,data_x2),data_yy))
data_final=data_p.shuffle(100).batch(32,drop_remainder=True).prefetch(32)
```

다음 프로그램은 다음 절에서 구체적으로 배울 딥러닝의 functional API를 이용하여 만든 딥러닝 모형에, 앞에서 생성한 data_final을 적용하는 예제를 보여주고 있다. 그러므로 다음 절을 공부하고 이 프로그램을 읽으면 쉽게 이해할 수 있을 것이다.

```
from tensorflow.keras.models import Model
from tensorflow.keras.layers import Input, Flatten, Dense,
                                    Activation,LeakyReLU,PReLU,concatenate
input_1=Input(shape=(3,))
```

```
input_2=Input(shape=(2,))
x_1=Dense(10)(input_1)
x_2=Dense(5)(input_2)
x_3=concatenate([x_1,x_2])
out=Dense(1,activation='linear')(x_3)
model=Model(inputs=[input_1,input_2],outputs=out)
model.summary()

model.compile(loss='mse', optimizer='Adam')
model.fit(data_final, epochs=10)
```

```
Epoch 9/10
31/31 [==============================] - 0s 2ms/step - loss: 0.0942
Epoch 10/10
31/31 [==============================] - 0s 1ms/step - loss: 0.0908
```

위 프로그램에서 보면 input_1과 input_2가 있는 것을 볼 수 있으며, 이러한 이유로

```
Model(inputs=[input_1,input_2], outputs=out)
```

으로 딥러닝 모형을 두 개의 입력데이터와 1개의 출력으로 정의하고 있다. 다음 절에서 논의되겠지만 이러한 경우,

```
model.fit(x=[data_x1,data_x2], y=data_yy, epochs=10, batch_size=32)
```

로 지정하여야 한다. 즉, x는 numpy, tensor, list of numpy, list of tensors가 되어야 하고 y 역시 같은 형태로 입력되어야 하며, batch_size를 지정하여야 한다. 그러나 Data API로 정의된 data_final을 단순하게 model.fit에 입력만 하면 된다. data_final은 ((data_x1,data_x2), data_yy)으로 tuple로 구성되어 있고, 이 데이터셋이 입력되면 (data_x1,data_x2)는 model.fit의 x로 인식하며, data_yy는 y로 인식하게 된다. data_final 같이 tuple 형태이어야 하며 이미 batch의 크기가 정의되어 있으므로 model.fit에 batch_size를 지정할 필요가 없다. 앞의 딥러닝 모형을 학습시킬 때, 32개의 batch 단위로 data_final 데이터를 딥러닝 모형에 공급하게 된다.

저자처럼 딥러닝을 Keras로 시작한 사람은 'tf.keras를 사용하기 위해 TensorFlow 2.x를 새롭게 공부해야 하나?' 하는 두려움이 있겠지만, 기존의 Keras와 동일한 프로그램을 사용하므로 전혀 걱정할 필요가 없다. 단지 기존의 Keras 프로그램에서 keras를 tensorflow.keras로 수정하기만 하면 오류 없이 잘 실행되는 것을 확인할 수 있을 것이다. tf.keras를 본격적으로 논의하기 이전에 몇 가지 중요한 기술적인 문제를 정리 요약하기로 하자. 기존의 딥러닝 관련 Keras 프로그램을 공부하다 보면

```
__future__ import print_function, division, absolute_import
```

를 볼 수 있을 것이다.

이는 2008년 12월 python3가 발표된 이후, python2와 python3를 동시에 동작할 수 있도록 하는 모듈로 python2 문법을 python3 문법으로 전환시키는 역할을 한다. print_function은 python3에서 print는 반드시 ()를 쓰도록 하였고, division은 python2에서 8/7=1, 8//7=1로 동일한 나눗셈을 하였으나 python3에서는 8/7=1.1428, 8//7=1이 되도록 구분하였다. 또한 alsolute_import는 표준모듈과 자체모듈(customized module)을 동시에 사용할 수 있도록 python3에서는 허용하고 있다. 그러므로 __future__는 python3 이전에 작성된 또는 python2로 작성된 프로그램을 실행하거나 수정·보완할 때 유용한 모듈이다.

딥러닝 모형은 빅데이터를 사용하고 추정해야 할 모수는 많게는 수천만 개에 이르므로 직렬연산장치인 CPU(central processing unit)보다는 병렬연산장치인 GPU(graphic processing unit)를 이용하여 계산속도를 높일 필요가 있다. 2020년 5월 TensorFlow 2.2.0이 출시된 후

```
pip install tensorflow
```

또는 이미 tensoreflow가 설치되어 있으면

```
pip install —upgrade tensorflow
```

으로 update하면 tf.keras를 CPU와 GPU로 실행할 수 있다. 참고로 tf.keras를 CPU로만 실행하려면

```
pip install tensorflow-cpu
```

를 anaconda prompt에 입력·실행하면 된다. TensorFlow 2.2.0 이전 version에서는 tensorflow-cpu와 tensorflow-gpu를 각각 설치해야 했으며 이로 인한 시스템적 충돌이 자주 발생하여 많은 불편이 발생하였다. 그러므로 현재 사용하는 TensorFlow가 2.2 이전 version이면 update할 것을 추천한다. tensorflow-gpu로 딥러닝 모형을 실행하면 OOM(out of memory) 에러가 자주 발생한다. 메모리의 조각화를 방지하기 위해 GPU 전체에 메모리를 할당하기 때문이다. 이를 방지하기 위해

```
from tensorflow.compat.v1 import ConfigProto
from tensorflow.compat.v1 import InteractiveSession
config=ConfigProto()
config.gpu_options.allow_growth=True
session=InteractiveSession(config=config))
```

를 tf.keras 프로그램 맨 앞에 입력하여 실행하면 GPU 메모리가 메모리 수요에 따라 적절하게 증감하게 된다. tensorflow-gpu를 사용할 때 무조건 입력하기를 권고한다. 이러한 메모리조정에도 불구하고 배치크기가 약간만 커도 OOM이 발생하면 딥러닝 모수추정 시 배치크기를 줄여야 한다. 제19장의 CycleGAN에서 이러한 현상이 발생하여 배치크기를 2 또는 4로 줄이게 되었다. 이러한 문제 때문에 tensorflow-gpu 환경에서 시간이 많이 걸리더라도 CPU만을 이용하여 딥러닝 모수를 추정하고자 할 때는

```
import os
os.environ['CUDA_DEVICE_ORDER']='PCI_BUS_ID'
os.environ['CUDA_VISIBLE_DEVICE']='-1'
```

을 tf.keras 프로그램 시작 부분에 입력하면 된다.

4.2 딥러닝 구축을 위한 3대 API

지금부터 딥러닝 분석을 위해 tf.keras를 어떻게 적용하는지를 살펴보고자 한다. tf.keras는 LEGO와 같이 조립하듯이 코딩을 하는 사용자 편의(user-friendly) 위주의 프로그램 언어이므로 배우기 쉽다는 것이 큰 장점 중의 하나이다. tf.keras를 적용하는 일반적인 절차는 다음과 같이 정리할 수 있다.

1. 특성변수와 목적변수를 텐서형태로 정의하고 표본수를 지정한 첫 축(axis)을 제외한 텐서의 크기를 입력층에 입력한다. 배치의 크기를 자유롭게 정의하기 위해 표본수를 지정하지 않는다.
2. 입력층, 은닉층, 출력층을 구성한다.
3. 손실함수, 최적화 알고리즘을 선택한다.
4. 학습데이터에 모형을 적합하고 검증데이터로 초모수를 튜닝한 후, 시험데이터로 일반화를 점검한다.

이러한 tf.keras의 일반적인 절차는 제2장과 제3장의 구성차례와 동일하다. 그러므로 tf.keras 프로그램을 이해하고 잘 적용하기 위해서는 제2장과 제3장을 완전하게 이해하여야 한다. 본격적인 딥러닝의 응용과 고급 딥러닝의 적용은 제2장과 제3장을 이해하고 습득하면 큰 무리가 없을 것이다.

tf.keras는 sequential API와 functional API, 그리고 Subclassing API가 있다. Sequential API는 입력층, 은닉층, 출력층이 일렬로 딥러닝 모형이 설계될 때 사용하는 API이다. functional API는 은닉층 및 출력층의 입력데이터를 마치 함수처럼 사용하여 다중입력, 다중출력, 임의의 입력층, 은닉층, 출력층을 순서에 관계없이 연결하여 사용할 수 있는 API이다. 그러므로 functional API는 다양하고 유연한 딥러닝 모형을 설계할 수 있는 API이다. Subclassing API는 회로형(loop), 조건부 딥러닝 모형 등의 맞춤형 딥러닝 모형을 설계할 때 사용하는 API이다.

제3장에서 논의한 딥러닝의 세 가지 기본모형인 MLP, CNN, simple RNN 모형을 tf.keras의 세 가지 API에 적용하는 사례를 살펴보자. 비교의 용이성을 위해 0 ~ 9까지의 손글씨를 인식하는 MNIST 데이터를 분석데이터로 사용할 것이다. MNIST 데이터는 0 ~ 9까지 손글씨 이미지 자료이며 학습데이터는 60,000개, 시험데이터는 10,000개로 tf.keras에 내장되어 있는 데이터셋이다. 먼저 필요한 데이터를 불러오고 자료의 형태를 보기 위해 필요한 라이브러리를 다음과 같이 호출(import)한다.

```
import numpy as np
from tensorflow.keras.datasets import mnist
import matplotlib.pyplot as plt
# 데이터 불러오기
(x_train,y_train),(x_test,y_test)=mnist.load_data()
print(x_train.shape)
print(x_test.shape)
print(y_train.shape)
```

```
(60000, 28, 28)
(10000, 28, 28)
(60000,)
```

```
unique,counts=np.unique(y_train,return_counts=True)
print('Train labels:',dict(zip(unique,counts)))
unique,counts=np.unique(y_test,return_counts=True)
print('Train labels:',dict(zip(unique,counts)))
```

```
Train labels: {0: 5923, 1: 6742, 2: 5958, 3: 6131, 4: 5842, 5: 5421, 6: 5918, 7: 6265, 8: 5851, 9: 5949}
Train labels: {0: 980, 1: 1135, 2: 1032, 3: 1010, 4: 982, 5: 892, 6: 958, 7: 1028, 8: 974, 9: 1009}
```

위 결과에 따라, x_train은 60,000개의 표본으로 구성되어 있으며 각 표본은 28 × 28 픽셀로 구성되어 있음을 알 수 있고 x_test는 10,000개의 표본으로 구성되어 있다. y_train은 1D텐서이고 x_train은 3D텐서이다. 목적변수 y는 10개의 아라비아 숫자이고 학습데이터와 시험데이터의 아라비아 숫자의 분포는 매우 유사한 것으로 나타났다.

```
# 4개의 임의 표본 추출하기
indices=np.random.randint(0,x_train.shape[0],size=4)
images=x_train[indices]
labels=y_train[indices]
# 4개 표본 그림그리기
plt.figure(figsize=(2,2))
for i in range(len(indices)):
    plt.subplot(2,2,i+1)
    image=images[i]
    plt.imshow(image, cmap='gray')
    plt.grid('off')
plt.show()
```

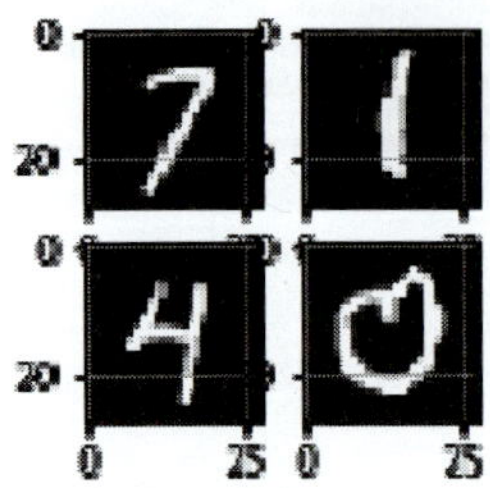

앞의 그림에서 볼 수 있듯이 MNIST 데이터는 아라비아 숫자로 28×28 픽셀의 흑백이미지임을 알 수 있다.

MNIST 데이터는 3D텐서이지만 MLP 모형을 적용하기 위해 2D텐서 자료로 전환하고 0(검은색) ~ 255(흰색)으로 표현된 값을 0 ~ 1 사이값으로 스케일을 조절한다. 텐서는 넘파이 자료형태로 전환해야 하기 때문에 X_train과 X_test(즉, 특성변수)는 실수로 변환하고, 목적변수인 y_train과 y_test는 10개의 범주형 자료이므로 one-hot 벡터로 변환하여야 한다.

```
# one-hot encoding을 위한 라이브러리 불러오기
from tensorflow.keras.utils import to_categorical, plot_model
num_features=784  #x_train.shape[1]*x_train.shape[2]
x_train=x_train.reshape(-1,num_features).astype('float32')
# 또는 np.reshape(x_train, (-1,num_features)).astype('float32')
x_test=x_test.reshape(-1,num_features).astype('float32')

x_train=x_train/255.
x_test=x_test/255.

# 10개의 범주형 자료를 one-hot encoding으로 바꿔주기
y_train=to_categorical(y_train)
y_test=to_categorical(y_test)
num_classes=y_train.shape[1]
print(y_train.shape)
```

```
(60000, 10)
```

이제 MLP 모형을 Sequential API에 적용하여 보자. MLP 모형 적용은 Dense를 호출하여 실행되고 Dropout는 과대적합을 방지하기 위해서이다. 아래 plot_model에 대한 사항은 이 장의 마지막 부분에 설명되어 있다.

```
from tensorflow.keras.models import Sequential
from tensorflow.keras.layers import Dense, Activation, Dropout
# 2개의 은닉층과 1개의 출력층으로 구성된 MLP 모형
model=Sequential()
model.add(Dense(256,input_shape=(num_features,))) # 또는 input_dim=num_features
model.add(Activation('relu'))
# 또는 model.add(Dense(256, input_dim=num_features,activation='relu'))
model.add(Dropout(0.45))
model.add(Dense(256, activation='relu'))
model.add(Dense(num_classes,activation='softmax'))
model.summary()
plot_model(model,to_file='C:/Users/ysp/Desktop/딥러닝 프로그램/ch2_1.png', show_shapes
```

```
=True)
```

```
Layer (type)                 Output Shape              Param #
=================================================================
dense_7 (Dense)              (None, 256)               200960
_________________________________________________________________
activation_3 (Activation)    (None, 256)               0
_________________________________________________________________
dropout_3 (Dropout)          (None, 256)               0
_________________________________________________________________
dense_8 (Dense)              (None, 256)               65792
_________________________________________________________________
dense_9 (Dense)              (None, 10)                2570
=================================================================
Total params: 269,322
Trainable params: 269,322
Non-trainable params: 0
```

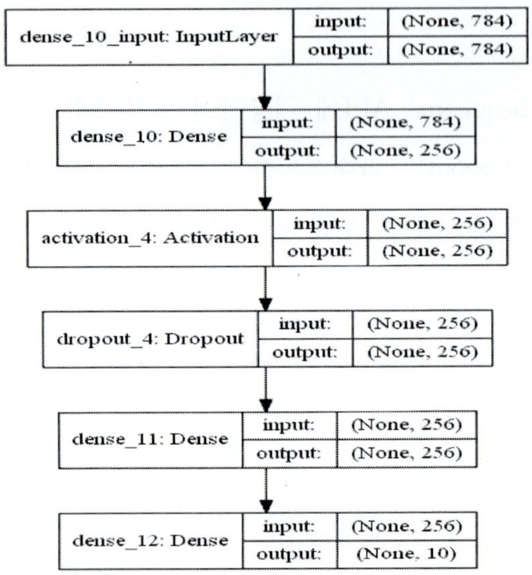

위 결과에 의해 MLP 모형의 입력은 $28 \times 28 = 784$개의 특성변수가 입력되고 첫 번째 MLP 층은 256개의 노드를 가지고 있으므로 $784 \times 256 + 256 = 200,960$개의 모수가 있다. activation과 dropout는 단순 변환과 일부 노드를 사용하지 않는 기능

만 하므로 추정할 모수가 없다. 두 번째 MLP 층은 입력이 256개, 출력이 256개이므로 $256 \times 256 + 256 = 65,792$개의 모수가 필요하고 마지막 MLP 층은 출력층으로 노드가 10개이므로 $256 \times 10 + 10 = 2,570$개의 모수가 필요하다. 그러므로 이 MLP 모형은 총 269,322개의 모수를 추정해야 한다.

학습데이터(60,000개)에서 일부를 떼어내어 검증데이터(validation data)로 만들기 위해 아래와 같이 10,000개의 자료를 검증데이터로, 나머지 50,000개 자료는 학습데이터로 분류한다.

```
x_val=x_train[:10000]
partial_x_train=x_train[10000:]
y_val=y_train[:10000]
partial_y_train=y_train[10000:]
print(partial_x_train.shape)
print(partial_y_train.shape)
```

```
(50000, 784)
(50000, 10)
```

10개의 범주의 분류가 목적이므로 손실함수는 categorical crossentropy를 사용하였고, 최적화 알고리즘은 adam을, 정밀도는 accuracy를 선택하여 compile하였다. compile은 loss를 기반으로 backpropagation을 실행하라는 명령어로 해석하면 된다. to_categorical() 함수를 이용하여 목적변수 y_train과 y_test를 one-hot encoding으로 전환한 바 있다. 0 ~ 9의 숫자로 표현된 y_train과 y_test를 sparse 데이터 타입이라고 한다. sparse 데이터 타입의 범주형 데이터를 one-hot encoding으로 전환하지 않고 사용하려면 아래 프로그램의 compile에서 loss='sparse_categorical_crossentropy'로 수정하면 된다.

```
model.compile(loss='categorical_crossentropy',optimizer='adam',
              metrics=['accuracy'])
```

```
history=model.fit(partial_x_train, partial_y_train, epochs=10,
                  batch_size=64,validation_data=(x_val,y_val))
history_out=history.history
history_out.keys()
```

```
Epoch 8/10
50000/50000 [==============================] - 2s 43us/step - loss: 0.0192 - acc: 0.9946 - val_loss: 0.0025 - val_acc: 0.9990
Epoch 9/10
50000/50000 [==============================] - 2s 44us/step - loss: 0.0201 - acc: 0.9945 - val_loss: 0.0025 - val_acc: 0.9995
Epoch 10/10
50000/50000 [==============================] - 2s 43us/step - loss: 0.0190 - acc: 0.9953 - val_loss: 0.0032 - val_acc: 0.9990

dict_keys(['val_loss', 'val_acc', 'loss', 'acc'])
```

위 프로그램에서 볼 수 있듯이 model.fit에 의해 에폭마다 학습데이터와 검증데이터의 손실값, 정밀도값을 출력하고 있어, 이를 통해 가장 효율적인 에폭수를 결정할 수 있다. 다음은 학습데이터와 검증데이터의 손실함수값과 정밀도를 에폭에 대해 그림을 그리는 프로그램이다.

```
import matplotlib.pyplot as plt

loss=history_out['loss']
loss_val=history_out['val_loss']
accuracy=history_out['acc']
accuracy_val=history_out['val_acc']
plt.plot(loss,'bo',label='training loss')
plt.plot(loss_val,'b',label='validation loss')
plt.title('Training and validation losss')
plt.xlabel('epochs')
plt.ylabel('loss')
plt.legend()
plt.show()
```

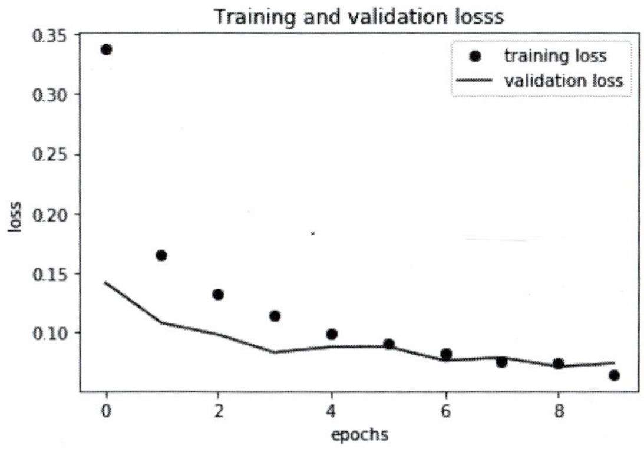


```
plt.clf()
plt.plot(accuracy,'bo',label='training accuracy')
plt.plot(accuracy_val,'b', label='validation accuracy')
plt.title('Training and validation accuracy')
plt.xlabel('epochs')
plt.ylabel('accuracy')
plt.legend()
plt.show()
```

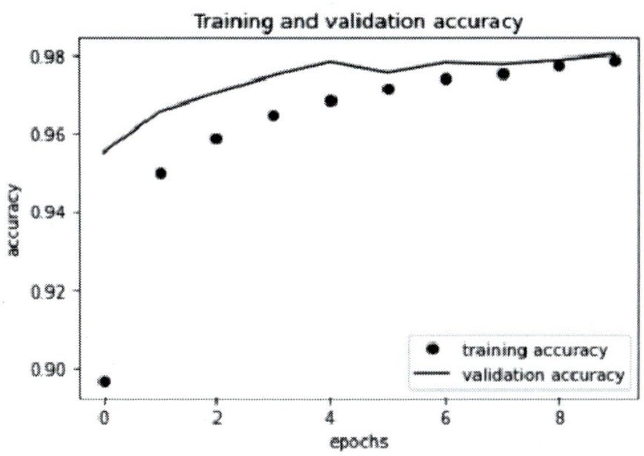

위 그림에 의해 에폭의 수는 10개 정도가 가장 낮은 손실함수값과 가장 높은 정밀도를 보이고 있다. 모형에서 사용한 모수의 규제화로 사용한 dropout 대신 L_1 또는 L_2 규제화를 다음과 같이 사용할 수 있다.

```
model.add(Dense(256, kernel_regularizer=L1(0.001), input_dim=num_features,
                activation='relu'))
```

은닉층의 노드를 256개로 하였지만 128, 512, 1,024개(2의 배수)를 사용할 수도 있으며 dropout의 비율을 0.1 ~ 0.5로 변화시킬 수 있다. RMSprop, Momentum (SGD) 등 최적화 알고리즘을 적용하여 학습데이터와 검증데이터의 정밀도가 높으면서 성능이 우수한 가장 좋은 조합을 찾을 수 있을 것이다. 이에 대한 자세한 논의는 이어지는 제5장에서 논의하기로 하자.

검증데이터를 이용하여 최적의 초모수를 찾게 되면 전체 학습데이터(partial_x_train +x_val)에 모형을 재적합하여야 한다.

```
model.compile(loss='categorical_crossentropy',optimizer='adam',metrics=['accuracy'])
model.fit(x_train,y_train,epochs=30,batch_size=64)


import pandas as pd
result_train=model.evaluate(x_train,y_train)
result_test=model.evaluate(x_test,y_test)
print(result_train)
print(result_test)
pred=model.predict(x_test)
pred=pd.DataFrame(pred)
#pred.head()
```

```
60000/60000 [==============================] - 2s 26us/step
10000/10000 [==============================] - 0s 25us/step
[0.0016932068984431984, 0.9996166666666667]
[0.07724655894196203, 0.9853]
```

객체화된 result는 (loss, accuracy)에 대한 출력으로 모형의 일반화를 점검하는 데 사용한다. 전체 학습데이터에 적용한 결과 학습데이터의 정밀도는 99.9%, 시험데이터의 정밀도는 98.5%로 정밀도는 매우 높아졌다.

지금까지 논의한 Sequential API는 functional API로 교체하여 다음과 같이 실행할 수 있다. functional API는 Model과 Input 클래스를 호출하여 실행하게 된다.

```
import numpy as np
from tensorflow.keras.layers import Dense, Dropout, Input
from tensorflow.keras.models import Model
x=Input(shape=(num_features,))
h1=Dense(256, activation='relu')(x)
h1=Dropout(0.45)(h1)
h2=Dense(256, activation='relu')(h1)
out=Dense(num_classes, activation='softmax')(h2)
model=Model(inputs=x, outputs=out)
```

위 프로그램에서 볼 수 있듯이 h1은 x를 입력으로 하는 마치 f(x)와 같은 함수형태로 받아들이고 있음을 알 수 있고 Model(input=x, output=out)에 의해 x로부터 out까지 모형이 구성되었다는 의미를 가지고 있다. 이 예제에서는 입력층과 출력층이 오직 하나로 구성되어 있지만 2개 이상의 입력층과 출력층을 가질 수 있다. 이러한 다중입력과 출력은 고급 딥러닝 사례에서 자세하게 논의될 것이다. 이하는 아래와 같이 Sequential API와 동일하다.

```
model.compile(loss='categorical_crossentropy',optimizer='adam',metrics=['acc'])
model.fit(x_train,y_train,epochs=30,batch_size=64)
```

동일한 MNIST 데이터를 이용하여 CNN 딥러닝 모형의 적용사례를 살펴보자. 앞을 다시 찾아보는 번거로움을 피하기 위해 MLP 모형과 동일한 사전자료정리 과정을 반복하여 실행하였다. CNN은 4D텐서를 입력받아야 하므로 x_train과 x_test를 reshape문을 이용하여 4D텐서로 전환하고 있다.

```
import numpy as np
from tensorflow.keras.models import Sequential
from tensorflow.keras.layers import Dense, Activation, Dropout
from tensorflow.keras.layers import Conv2D, MaxPooling2D, Flatten
from tensorflow.keras.utils import to_categorical, plot_model
from tensorflow.keras.datasets import mnist

(x_train,y_train),(x_test,y_test)=mnist.load_data()
num_labels=len(np.unique(y_train))
y_train=to_categorical(y_train)
y_test=to_categorical(y_test)
shape1=x_train.shape[1]
shape2=x_train.shape[2]
x_train=x_train.reshape(-1, shape1,shape2,1).astype('float32')
x_test=x_test.reshape(-1, shape1,shape2,1).astype('float32')
x_train=x_train/255.
x_test=x_test/255.
input_shape=(shape1,shape2,1)
batch_size=64
kernel_size=3
pool_size=2
filters=64
dropout=0.3
model=Sequential()
model.add(Conv2D(filters=filters,kernel_size=kernel_size,activation='relu',input_shape=input_s
hape))
model.add(MaxPooling2D(pool_size))
model.add(Conv2D(filters=filters,kernel_size=kernel_size,activation='relu'))
model.add(MaxPooling2D(pool_size))
model.add(Conv2D(filters=filters,kernel_size=kernel_size,activation='relu'))
model.add(Flatten())
model.add(Dropout(dropout))
model.add(Dense(num_labels,activation='softmax'))
model.summary()
```

Layer (type)	Output Shape	Param #
conv2d_1 (Conv2D)	(None, 26, 26, 64)	640
max_pooling2d_1 (MaxPooling2	(None, 13, 13, 64)	0
conv2d_2 (Conv2D)	(None, 11, 11, 64)	36928
max_pooling2d_2 (MaxPooling2	(None, 5, 5, 64)	0

```
conv2d_3 (Conv2D)            (None, 3, 3, 64)      36928
_________________________________________________________________
flatten_1 (Flatten)          (None, 576)           0
_________________________________________________________________
dropout_1 (Dropout)          (None, 576)           0
_________________________________________________________________
dense_1 (Dense)              (None, 10)            5770
=================================================================
Total params: 80,266
Trainable params: 80,266
Non-trainable params: 0
```

```
plot_model(model, to_file='C:/Users/ysp/Desktop/딥러닝 프로그램/
                ch2_2.png',show_shapes=True)
```

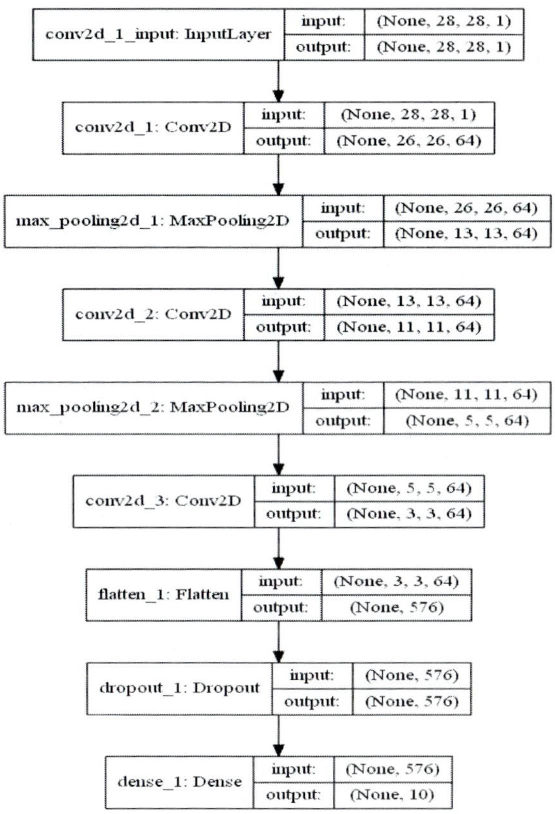

위 프로그램에 사용한 CNN 모형의 첫 convolution 층인 Conv2D(64, (3,3),

activation='relu')에 의해 2D convolution을 사용하며 kernel의 크기는 (3,3)이므로 원래의 28×28 픽셀이 26×26 픽셀로 감소한다. 64개의 서로 다른 선형결합이 ReLU 함수에 적용된다. 그러므로 (26,26,64)인 3D텐서가 다음 층으로 입력되게 된다. 만약 동일한 28×28 픽셀을 유지하고 싶다면 model.add(64, (3,3), padding='same', activation='relu')로 프로그램을 변경하면 (28,28,64) 3D텐서를 출력하게 된다.

첫 번째 층은 (3,3) convolution 커널의 9개 모수와 하나의 bias를 합쳐 채널당 10개의 모수가 있고 총 채널의 개수가 64개이므로 $(3 \times 3 + 1) \times 64 = 640$개의 모수를 가지고 있다. Maxpooling에 의해 픽셀의 크기가 반으로 줄어들어 13×13으로 변하였고 (13,13,64) 3D텐서가 입력되므로 두 번째 층에서는 (3,3) convolution 커널이 64개 채널에 적용되고 하나의 bias가 필요하므로 $(3 \times 3 \times 64 + 1) \times 64 = 36,928$개의 모수가 추정되어야 한다. 이 층에서도 (3,3) convolution 커널이 적용되었으므로 13×13픽셀이 11×11픽셀로 줄어들고 뒤따르는 Maxpooling에 의해 5×5픽셀로 줄어들어 (5,5,64) 3D텐서가 세 번째 층에 입력된다. 64개 채널이 입력되고 (3,3) convolution 커널을 적용하여 64채널을 출력해야 하기 때문에 두 번째 층과 동일한 $(3 \times 3 \times 64 + 1) \times 64 = 36,928$개의 모수가 세 번째 층에 있다. MLP 층의 입력을 위해 Flatten 층을 적용하여 (3,3,64) 3D텐서를 $3 \times 3 \times 64 = 576$ 1D텐서로 전환하고 있다. 최종적으로 MLP 층으로 만들어진 출력층은 $576 \times 10 + 10 = 5,770$개의 모수가 소요된다. 이 CNN 모형의 총 모수의 개수는 80,266개로, 앞에서 적용한 순수 MLP 모형의 모수 수 269,322개와 비교하면 약 $\frac{1}{3}$ 수준으로 모수의 수가 줄어들었음을 알 수 있다.

위 프로그램에서 Input_shape, kernel_size, pool_size를 미리 지정하였지만 지정하지 않고 아래와 같이 직접 사용해도 된다.

```
model=Sequential()
model.add(Conv2D(64,(3,3), activation='relu', input_shape=(28,28,1))
model.add(MaxPooling2D((2,2)))
model.add(Conv2D(64, (3,3), activation='relu')
```

수렴속도를 좀 더 빠르게 하기 위해 배치정규화를 사용하고자 할 때, 예를 들어 두 번째 CNN 은닉층인

```
model.add(Conv2D (filters=filters, kernel_size=kernel_size, activation='relu'))
```

에 배치정규화를 활성함수 직전에 추가하고 싶을 경우, 아래와 같이 활성함수를 밖으로 빼내어 Activation 층을 따로 만들어야 한다.

```
from tensorflow.keras.layers.normalization import BatchNormalization
model.add(Conv2D(filters=filters,kernel_size=kernel_size))
model.add(BatchNormalization())
model.add(Activation('relu'))
```

끝으로 손실함수, 최적화 알고리즘, 정밀도를 선택하여 모형을 적합시켜 보자.

```
model.compile(loss='categorical_crossentropy',optimizer='adam',metrics=['accuracy'])
model.fit(x_train,y_train,epochs=30,batch_size=64)
results=model.evaluate(x_test,y_test)
print(results)
```

```
training loss: 0.0046 - accuracy: 0.9984
[0.033323671238570794, 0.9934999942779541]
```

위의 출력결과로 CNN 모형의 정밀도는 학습데이터와 시험데이터 모두 99.3% 이상으로 정밀도가 매우 높을 뿐만 아니라, 과대적합문제도 없는 것으로 보인다. MLP 모형의 30% 정도의 모수로 오히려 MLP 모형보다 더 정밀도가 높은 성능을 CNN 모형이 구현하고 있다.

다음은 앞의 CNN 모형을 functional API로 구현한 프로그램이다. 동일한 결과를 보여주므로 프로그램만 제시하였다.

```
import numpy as np
from tensorflow.keras.layers import Dense, Dropout, Input
from tensorflow.keras.models import Model
x=Input(shape=input_shape)
h=Conv2D(filters=filters,kernel_size=kernel_size,activation='relu')(x)
h=MaxPooling2D()(h) #maxpooling2D의 default는 (2,2)임
h=Conv2D(filters=filters,kernel_size=kernel_size,activation='relu')(h)
h=MaxPooling2D()(h)
h=Conv2D(filters=filters,kernel_size=kernel_size,activation='relu')(h)
h=Flatten()(h)
h=Dropout(dropout)(h)
out=Dense(num_labels,activation='softmax')(h)
model=Model(inputs=x,outputs=out)
model.summary()
model.compile(loss='categorical_crossentropy',optimizer='adam',metrics=['accuracy'])
model.fit(x_train,y_train,epochs=10,batch_size=64)
score=model.evaluate(x_test,y_test)
print(score)
```

지금까지 논의한 CNN 모형은 필터의 수, dropout 비율, 최적화 알고리즘을 변경하고 성능을 점검하기 위해, 검증데이터로 이러한 초모수를 결정하고 최적의 모형을 만들 수 있다. 이를 직접 실습해 보길 바란다.

이제 동일한 MNIST 데이터에 RNN 모형 중 가장 간단한 simple RNN을 적용해 보자. MNIST 데이터는 시계열 자료가 아니므로 시간스텝(time steps)이 없지만 28×28픽셀 중 height를 시간스텝으로 이용할 수 있다. 물론 MNIST 데이터는 RNN 모형을 이용할 이유가 없지만 비교를 위해 실행해 보고자 한다. RNN은 입력데이터가 3D텐서이므로 x_train과 x_test를 3D텐서로 수정해 주었다.

Simple RNN 모형의 모수를 살펴보기 위해 먼저 28×28 픽셀 중 높이를 나타내는 앞 28은 시간스텝으로 해석되기 때문에 오직 특성변수는 너비를 나타내는 뒤 28이 된다. 즉, 28시간 순서로 28개의 특성변수가 256개의 노드를 가진 RNN에 입력되므로 노드 하나당 (28+256+1)개의 모수가 필요하다. 총 노드수가 256개이므로 SimpleRNN 층의 모수는 $(28+256+1) \times 256 = 72{,}960$개가 된다. 출력층인 MLP 층은 10개의 노드를 가지고 있고 입력이 (256,) 1D텐서이므로 $256 \times 10 + 10$

=2,570개의 모수가 있어, 총 75,530개의 모수가 SimpleRNN에서는 추정되어야 한다. MLP, CNN 모형과 비교하여 모수의 수는 가장 작고 정밀도도 가장 낮은 것으로 나타났다. 이는 MNIST 데이터가 RNN 모형에 적용하기에는 부적절한 이미지 데이터이기 때문이다. 이미지의 높이 정보가 시간스탭으로 손실되어 이미지가 가지는 위치정보의 손실이 SimpleRNN 모형의 정밀도가 낮은 주원인이 되었다.

```
import numpy as np
from tensorflow.keras.layers import Dense, Dropout, Input, SimpleRNN
from tensorflow.keras.models import Sequential, Model
from tensorflow.keras.utils import to_categorical, plot_model
from tensorflow.keras.datasets import mnist

(x_train,y_train),(x_test,y_test)=mnist.load_data()
y_train=to_categorical(y_train)
y_test=to_categorical(y_test)
shape1=x_train.shape[1]
shape2=x_train.shape[2]
x_train=x_train.reshape(-1, shape1,shape2).astype('float32')
 #RNN의 입력은 표본을 포함하여 3D텐서임
x_test=x_test.reshape(-1, shape1,shape2).astype('float32')
x_train=x_train/255.
x_test=x_test/255.

input_shape=(shape1,shape2) #RNN의 표본 하나당 입력은 2D텐서임
model=Sequential()
model.add(SimpleRNN(units=256,dropout=0.2, input_shape=input_shape))
model.add(Dense(10,activation='softmax'))
model.summary()
plot_model(model,to_file='C:/Users/ysp/Desktop/딥러닝 프로그램/ch2_3.png',
           show_shapes=True)
model.compile(loss='categorical_crossentropy',
             optimizer='RMSprop',metrics=['accuracy'])
model.fit(x_train,y_train,epochs=30,batch_size=64)
score=model.evaluate(x_test,y_test)
print(score)
```

```
Model: "sequential_1"
_________________________________________________________________
Layer (type)                 Output Shape              Param #
=================================================================
```

```
simple_rnn_1 (SimpleRNN)      (None, 256)          72960
________________________________________________________________
dense_1 (Dense)               (None, 10)           2570
================================================================
Total params: 75,530
Trainable params: 75,530
Non-trainable params: 0

training loss: 0.1591 - accuracy: 0.9525
[0.12326440288275481, 0.9625999927520752]
```

앞에서 논의한 SimpleRNN 모형을 functional API로 구현하면 다음과 같다.

```
x=Input(shape=input_shape)
h=SimpleRNN(256,dropout=0.2)(x)
out=Dense(10, activation='softmax')(h)
model=Model(inputs=x, outputs=out)
```

지금까지 논의한 Sequential API와 functional API는 자료 없이 3가지 딥러닝 기본 모형을 이용하여 은닉층을 정의하고 연결하여 딥러닝 모형을 구축한 후, 이 모형에 자료를 입력하여 모수를 추정하고 모형의 성능을 점검하는 과정을 따른다. 그러므로 Sequential API와 functional API에서는 자료를 실제로 입력하지 않고도 설계한 모형의 입력과 출력을 점검하여 프로그램 오류를 쉽게 점검할 수 있다.

하지만 이러한 API의 딥러닝 아키텍처는 단정적(declarative)이기 때문에 아키텍처 내에 회로형(loops), 조건형(conditional or if 형), 초모수의 다양한 변경 등을 할 수 없는 정적(static) 구조로 되어 있다. 이에 반해 Subclassing API는 동적(dynamic) 구조를 가지고 있어 회로형, 조건형 등 맞춤형 딥러닝 아키텍처를 유연하고 쉽게 구현할 수 있지만, 프로그램 오류점검은 자료를 적합시킨 후에나 가능하기 때문에 프로그램 오류점검에 약점을 가지고 있다. Subclassing API를 설명하기 위해 <그림 4-1>에 그린 딥러닝 아키텍처를 고려하여 보자.

<그림 4-1>에서 볼 수 있듯이 2개의 입력 input_A와 input_B가 있으며 2개의 출

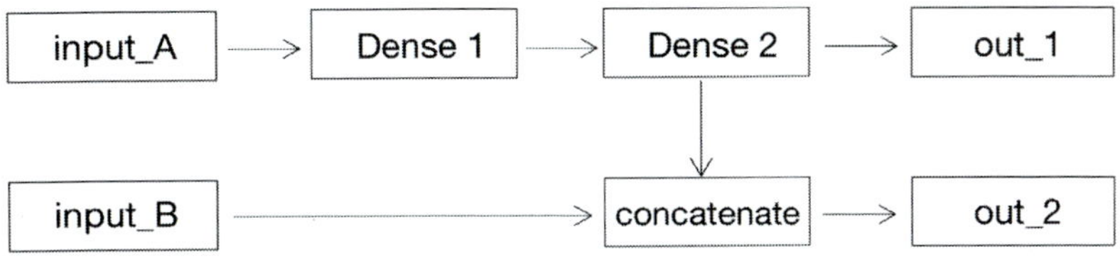

그림 4-1 2개의 입력과 출력을 가진 딥러닝 아키텍처

력 out_1과 out_2가 있다. out_1은 input_A → Dense1 → Dense2 → out_1으로 연결된 출력이고 out_2는 input_B → concatenate → out_2로 연결된 출력이다. out_2는 concatenate에 의해 (input_A → Dense1 → Dense2) + input_B의 정보가 직접 연결되는 병렬연결(parallel connection, 제8장, 제9장 참조)을 보여주고 있다. 이러한 딥러닝 아키텍처를 구현하기 위해 Boston housing price 데이터를 내려받아, 주택 가격 예측모형을 functional API로 구현한 후 이를 기반으로 Subclassing API로 구현하도록 하자.

```
import tensorflow as tf
from tensorflow.keras.datasets import boston_housing
(x_train,y_train),(x_test,y_test)=boston_housing.load_data()
print(x_train.dtype,y_train.dtype)
print(x_train.shape,y_train.shape)
print(x_test.shape)
```

```
float64 float64
(404, 13) (404,)
(102, 13)
```

Boston_housing 데이터는 총 506개이고 특성변수는 13개, 목적변수인 주택가격은 1개로 구성되어 있다. 2개의 입력자료 input_A와 input_B를 인위적으로 만들기 위해 첫 10개의 특성변수만을 가진 404개 학습자료와 마지막 10개 특성변수만을 가진 404개 학습자료를 아래와 같이 정의한다.

```
x_train1,x_train2=x_train[:,:10],x_train[:,3:]
x_test1,x_test2=x_test[:,:10],x_test[:,3:]
print(x_train1.shape,x_train2.shape)
```

```
(404, 10) (404, 10)
```

아래 프로그램은 <그림 4-1>의 딥러닝 아키텍처를 functional API로 구현하고 있다. 앞에서 정의한 x_train1이 input_A를, x_train2가 input_B로 입력된 것을 볼 수 있으며 plot_model로 그린 딥러닝 아키텍처가 <그림 4-1>과 일치한다는 것을 볼 수 있다.

```
from tensorflow.keras.models import Model
from tensorflow.keras.layers import Input,Dense, concatenate
from tensorflow.keras.utils import plot_model
input_A=Input(shape=[10])
input_B=Input(shape=[10])
h1=Dense(16,activation='relu')(input_A)
h2=Dense(16,activation='relu')(h1)
concat=concatenate([input_B,h2])
out1=Dense(1)(h2)
out2=Dense(1)(concat)
model=Model(inputs=[input_A,input_B],outputs=[out1,out2])
model.summary()
plot_model(model,show_shapes=True)
```

Model: "model"

Layer (type)	Output Shape	Param #	Connected to
input_1 (InputLayer)	[(None, 10)]	0	
dense (Dense)	(None, 16)	176	input_1[0][0]
dense_1 (Dense)	(None, 16)	272	dense[0][0]
input_2 (InputLayer)	[(None, 10)]	0	
concatenate (Concatenate)	(None, 26)	0	input_2[0][0] dense_1[0][0]

```
dense_2 (Dense)              (None, 1)          17        dense_1[0][0]
________________________________________________________________________
dense_3 (Dense)              (None, 1)          27        concatenate[0][0]
========================================================================
Total params: 492
Trainable params: 492
Non-trainable params: 0
________________________________________________________________________
```

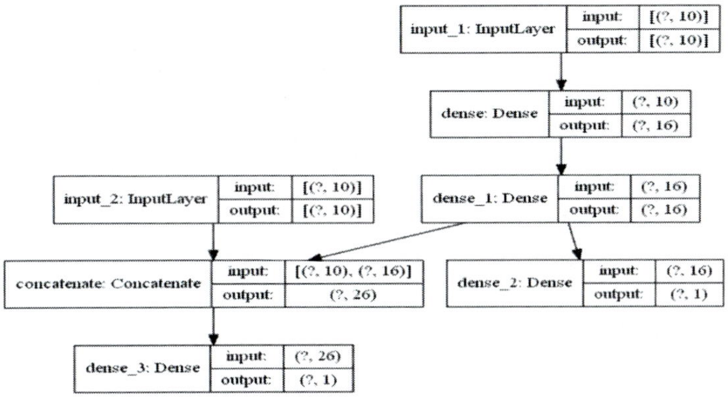

다음 프로그램은 모형의 층에 대한 정보를 구해서 총 7개의 층 중 두 번째 층의 초기치(glorot 초기치, 제5장에서 자세하게 설명할 예정임)를 출력하고 있다. 아직 실제 자료를 공급하지 않았으므로 MLP 층의 모수는 초기치이다. 표본당 첫 번째 층에서 10개의 특성변수를 입력받고 출력이 16개이므로 weights는 (10,16) 2D텐서이고, bias는 (16,) 1D텐서이다. bias의 초기치는 0임을 확인할 수 있다.

```
model.layers
```

```
[<tensorflow.python.keras.engine.input_layer.InputLayer at 0x23aa737d8d0>,
 <tensorflow.python.keras.layers.core.Dense at 0x23ab0b23780>,
 <tensorflow.python.keras.layers.core.Dense at 0x23abd256198>,
 <tensorflow.python.keras.engine.input_layer.InputLayer at 0x23aaf30c400>,
 <tensorflow.python.keras.layers.merge.Concatenate at 0x23abd256c88>,
 <tensorflow.python.keras.layers.core.Dense at 0x23abd28beb8>,
 <tensorflow.python.keras.layers.core.Dense at 0x23abd28bda0>]
```

```
hidden1=model.layers[1]
weights,biases=hidden1.get_weights()
print(weights.shape,weights)
print(biases.shape,biases)
```

```
(10, 16) [[ 0.07282531 -0.32231128  0.4702825  -0.12266749  0.11066055  0.36825603
  -0.35886025 -0.42850178  0.19907916 -0.37294042  0.07462645  0.08787429


   0.06979054  0.39992577  0.05960816  0.11680722]
 [ 0.3873806  -0.29198557 -0.16908982 -0.0485689  -0.31122637  0.04402369
   0.44829804  0.12295896 -0.3171082  -0.01165986  0.24125832  -0.22656
  -0.09799784 -0.4444439   0.3584296  -0.38325292]
 [ 0.02555531 -0.43576154  0.01527876  0.34408098  0.1182605  -0.30360892
  -0.3190833  -0.3854065  -0.44097748  0.2475552  -0.03675681  -0.4402771
  -0.11032867  0.05219305 -0.17544329 -0.4560418 ]
 [ 0.18547475  0.40815002 -0.23468092  0.20827442  0.33669865  0.08477759
   0.11356217  0.28505147  0.14600039 -0.30262142 -0.07599443  0.07230121
   0.44218707 -0.4310601   0.39502597 -0.3889002 ]
 [-0.2033785  -0.3030041   0.3549447   0.22213387 -0.3290006  -0.24293266
  -0.37344906 -0.27762353 -0.29906666 -0.13367337 -0.16242978 -0.27998704
  -0.03676325 -0.23113304  0.45900226  0.22183174]
 [-0.14773181  0.16050458  0.07156295 -0.25684804  0.43537086  0.22275728
   0.24621046  0.15537685 -0.02854931 -0.06221065  0.12200022  0.26443338
   0.33977956  0.18735594 -0.11035728  0.44924504]
 [ 0.35606313 -0.24556896  0.25022233 -0.33070403 -0.03744745  0.03826004
   0.30655617 -0.1004028  -0.38965783  0.41978514 -0.44004506 -0.06812581
  -0.09372669 -0.2561259   0.22360688  0.12955046]
 [ 0.13352829 -0.2751336  -0.12087676 -0.38315123 -0.12791434 -0.27496845
  -0.00811496 -0.321565    0.38215077  0.4112795   0.13593084  0.3006162
  -0.05154562  0.33771205 -0.4501322  -0.01534405]
 [-0.47627574  0.4604044   0.1399712  -0.41523823 -0.4286216   0.15966898
   0.21327043 -0.02461168 -0.33565825 -0.310987   -0.16080055  0.37805957
  -0.23845421  0.02220881 -0.29142565  0.16844147]
 [-0.18814152 -0.19356167  0.41225052  0.4120109  -0.4081812  -0.09613213
  -0.137618   -0.3985325   0.37764978 -0.13564563 -0.30897075  0.3447975
   0.13780397  0.4329012   0.30265588 -0.11745191]]
(16,) [0. 0. 0. 0. 0. 0. 0. 0. 0. 0. 0. 0. 0. 0. 0. 0.]
```

2개의 출력이 있으므로 model.compile에 2개의 loss=['mse','mse']를 부여하고 손실의 비중을 loss_weights를 이용하여 2:8의 비중으로 부여하고 있다. 10개의 epoch 중 맨 마지막 epoch의 결과만 제공하고 있다. dense_2_loss는 첫 번째 출력에 대한 MSE이고 dense_3_loss는 두 번째 출력에 대한 MSE이며, loss는 두 MSE의 2:8 가중평균 MSE이다.

```
model.compile(loss=['mse','mse'],loss_weights=[0.2,0.8],optimizer='RMSprop')
history=model.fit([x_train1,x_train2],[y_train,y_train],epochs=10,batch_size=32,
                  validation_data=([x_test1,x_test2],[y_test,y_test]))
```

```
Epoch 10/10
404/404 [==============================] - 0s 138us/sample - loss: 185.8957 - dense_2_loss: 96.1366 - dense_3_loss: 205.9930 -
val_loss: 186.3143 - val_dense_2_loss: 109.1072 - val_dense_3_loss: 189.8680
```

아래 프로그램은 학습된 두 번째 층의 모수추정치를 보여주고 있다. backpropagation에 의해 앞에서 보여준 초기추정치와 차이가 있음을 볼 수 있고, update되는 추정치를 backend로 tf.Variable에 저장되어 출력하게 된다. CNN이나 RNN에서도 동일한 방법에 의해 관심있는 층의 모수를 확인할 수 있다.

```
hidden2=model.layers[1]
weights,biases=hidden2.get_weights()
print(weights,biases)
```

```
[[ 0.15235548  -0.32231128  0.37501448  -0.21176119  0.11066055  0.36825603
  -0.32516736  -0.42850178  0.22422267  -0.38696244  0.07462645  -0.00080939
  -0.00142552  0.39856064  0.03777926  0.11680722]
 [ 0.5039681   -0.29198557  -0.04463099  0.04416012  -0.31122637  0.04402369
   0.47415787  0.12295896  -0.43767366  0.08360296  0.24125832  -0.10761208
   0.03347797  -0.56410193  0.48668796  -0.38325292]
 [ 0.1422476   -0.43576154  -0.05240768  0.27074867  0.1182605  -0.30360892
  -0.28863487  -0.3854065  -0.47016016  0.30718052  -0.03675681  -0.49675274
  -0.08035031  0.00314081  -0.12551586  -0.4560418 ]
 [ 0.25064048  0.40815002  -0.1821934  0.2187565  0.33669865  0.08477759
   0.13871199  0.28505147  0.06283941  -0.24606614  -0.07599443  0.12070223
   0.5353127  -0.51889354  0.481928  -0.3889002 ]
 [-0.07510509  -0.3030041  0.364057  0.18888701  -0.3290006  -0.24293266
  -0.3442837  -0.27762353  -0.37997532  -0.04181315  -0.16242978  -0.26550162
   0.06653532  -0.3249408  0.5601189  0.22183174]
 [-0.01925873  0.16050458  0.12406699  -0.25064248  0.43537086  0.22275728
   0.27496785  0.15537685  -0.1297753  0.03974559  0.12200022  0.31595948
   0.46325028  0.07567047  0.00660736  0.44924504]
```

```
[ 0.48164997   -0.24556896   0.23345517   -0.4011397  -0.03744745   0.03826004
  0.33516175   -0.1004028   -0.4567775    0.50230736 -0.44004506  -0.0723815
 -0.0092592    -0.3380373    0.3087251    0.12955046]
[ 0.2629131    -0.2751336   -0.02850793  -0.32549414 -0.12791434  -0.27496845
  0.02050278   -0.321565     0.26685563   0.517798    0.13593084   0.38434166
  0.08180327    0.21303861  -0.31930727  -0.01534405]
[-0.3601996     0.4604044    0.04783769  -0.5037084  -0.4286216    0.15966898
  0.24136932   -0.02461168  -0.33178246  -0.26716828 -0.16080055   0.2960751
 -0.26194057   -0.00200032  -0.27763328   0.16844147]
[-0.06238427   -0.19356167   0.36314392   0.34745526 -0.4081812   -0.09613213
 -0.10770207   -0.3985325    0.33512694  -0.06087909 -0.30897075   0.30695772
  0.18613374    0.36784765   0.3696342   -0.11745191]]

[ 0.12972079  0.          0.04450063  0.00098408  0.          0.
  0.02918707  0.         -0.09818901  0.1007043   0.          0.04418064
  0.12074576 -0.10907456  0.11505623  0.        ]
```

아래 프로그램은 <그림 4-1>을 Subclassing API로 구축하고 있다. TinoutModel 클래스를 만들었고 이 클래스는 tf.keras의 Model 클래스를 부모클래스로 지정하기 위해 TinoutModel에 tf.keras.models.Model을 구성요소(argument)로 지정하고 있다.

```
import tensorflow as tf
class TinoutModel(tf.keras.models.Model):
    def __init__(self,units=30,activation='relu',**kwargs):
        super().__init__(**kwargs)
        self.h1=Dense(units,activation=activation)
        self.h2=Dense(units,activation=activation)
        self.out1=Dense(1)
        self.out2=Dense(1)

    def call(self,inputs):
        input_A,input_B=inputs
        h1=self.h1(input_A)
        h2=self.h2(h1)
        concat=concatenate([input_B,h2])
        out1=self.out1(h2)
        out2=self.out2(concat)
        return out1,out2

model=TinoutModel(units=16)
```

앞의 프로그램을 설명하면 다음과 같다. __init__에 의해 units와 activation을 TinoutModel에 입력하는 초모수로 정의하고 있고 **kwargs를 지정하여 Tinout Model에서 만들어진 dictionary 데이터를 부모클래스의 dictionary 데이터에 추가할 수 있다(여기에서는 dictionary 데이터가 생성되어 있지 않음. 제5장에 사용 예가 있으므로 참조 바람). 이를 위해 super().__init__(**kwargs)를 포함시켜야 한다. __init__에는 모형에 사용할 층을 정의하고 call()에 의해 정의된 층을 이용한 구체적 아키텍처를 구성하게 된다. call() 함수의 inputs은 TinoutModel이 model.fit이 실행되어 입력자료와 모형의 층이 인식되면 자동으로 결정된다. TinoutModel은 units=16으로 변경한 model로 객체화(model=TinoutModel(units=16))하여 모형의 아키텍처가 완성된다. 아래에서는 20 epoch에서 20번째 epoch 결과를 보여주고 있다.

```
model.compile(loss=['mse','mse'],loss_weights=[0.2,0.8], optimizer='RMSprop')
history=model.fit([x_train1,x_train2],[y_train,y_train],epochs=10, batch_size=32,
                  validation_data=([x_test1,x_test2],[y_test,y_test]))
```

```
Epoch 20/20
404/404 [==============================] - 0s 160us/sample - loss: 82.1223 - output_1_loss: 106.3253 - output_2_loss: 76.0672 -
val_loss: 84.5704 - val_output_1_loss: 124.5420 - val_output_2_loss: 85.0200
```

이미 언급하였듯이, Subclassing API의 가장 큰 장점은 call() 함수에 회로형, 조건형 등 다양한 딥러닝 아키텍처를 구현할 수 있다는 것이다. 하지만 다음과 같이 model.summary()나 plot_model()를 사용하여도 딥러닝 전체 아키텍처와 각 층의 입력과 출력의 크기를 시각화할 수 없는 단점을 가지고 있다.

```
model.summary()
```

```
Model: "tinout_model"
_________________________________________________________________
Layer (type)                 Output Shape              Param #
=================================================================
dense_4 (Dense)              multiple                  176
_________________________________________________________________
dense_5 (Dense)              multiple                  272
_________________________________________________________________
```

```
dense_6 (Dense)              multiple                  17
_________________________________________________________________
dense_7 (Dense)              multiple                  27
=================================================================
Total params: 492
Trainable params: 492
Non-trainable params: 0
```

```
plot_model(model,show_shapes=True)
```

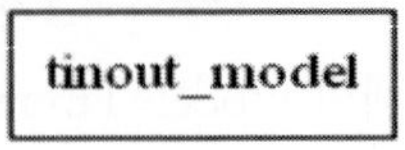

추가하여, functional API는 다수준과제(multi-level task)를 실행하는 데에도 유용하게 사용된다. 예를 들어, 1D텐서로 주어진 특성변수로 (남,여)인지 구분한 후, 성별로 (머리스타일, 코 형태, 눈매, 입형태, 귀형태)로 다수준 분류를 하고자 할 때 다음과 같이 2개 출력을 가진 functional API를 적용하면 된다.

```
from tensorflow.keras import Input, Model
from tensorflow.keras.layers import Dense
inputs=Input((3,))
x=Dense(10, activation='relu')(inputs)
out1=Dense(2, activation='sigmoid')(x)
out2=Dense(5,activation='softmax')(x)
model=Model(inputs, [out1,out2])
model.compile(loss=['binary_crossentropy','categorical_crossentropy'],
        loss_weights=[1., 2.], optimize='adam')
```

4.3 최적화를 위한 점검

딥러닝의 최적화 과정에서 에폭은 얼마나 할 것인지, 검증데이터(validation data)의 정밀도를 기준으로 가장 정밀도가 높을 때의 모수추정치는 무엇인지, 에폭의 증가에도 불구하고 검증데이터의 정밀도가 향상되지 않아 국소최솟값(local minimum) 문제가 의심될 때 학습률(learning rate)의 조절을 어떻게 해야 하는지 등은 딥러닝의 최적화 과정에서 점검해야 할 대표적인 사항이다.

4.3.1 callbacks

keras에서는 callbacks 라이브러리를 이용하여 앞에 열거한 사항을 점검할 수 있다.

```
from tensorflow.keras.callbacks import EarlyStopping, ModelCheckpoint,
ReduceLROnPlateau
```

여기에서 EarlyStopping은 모수추정이 반복되더라도 검증데이터 정밀도의 향상이 없을 때 반복을 멈추기 위해 사용한다. EarlyStopping은 ModelCheck Point와 함께 사용한다. ModelCheckPoint는 반복마다 추정된 모수를 저장할 수 있으며 검증데이터의 손실함수값이 가장 작을 때의 모수만을 저장할 수도 있다. ReduceLROnPlateau는 일정 반복이 진행되었는데도 불구하고 검증데이터의 정밀도가 향상되지 않아 학습률을 조정하고자 할 때 사용된다. 이러한 callbacks은 list 형태로 model.fit의 옵션으로 사용하게 된다.

```
from tensorflow.keras.callbacks import EarlyStopping, ModelCheckpoint, ReduceLROnPlateau
callback_list=[EarlyStopping(monitor='val_accuracy',patience=2),
               ModelCheckPoint(filepath='~/model_c.h5', monitor='val_loss',
```

```
model_c.compile(optimizer='rmsprop', loss='binary_crossentropy', metrics=['accuracy'])
model_c.fit(x,y,epochs=20, batch_size=64, callbacks=callback_list, validation_data=(x_val,y
_val))
```

위 프로그램에서 EarlyStopping의 monitor='val_accuracy'는 검증데이터의 metric=['accuracy']를 이용하여 patient=2에 의해 연속해서 3번 이상 검증데이터의 'val_accuracy'가 향상되지 않으면 에폭이 20번에 도달하기 전에 멈추게 된다. 그러므로 model_c.compile에서 metrics=['accuracy']로 선택되어야 한다. Model CheckPoint에 의해 지정한 path에 'model_c.h5'이라는 파일에 추정된 모수가 저장된다. save_best_only='True'를 부여함으로써 추정된 모수가 앞 에폭의 모수보다 우수하면 덮어쓰기(overwriting)를 하여 최종적으로 가장 우수한 모수만을 저장한다. 모수의 우수성은 검증데이터의 손실값(monitor='val_loss') 기준이다. EarlyStopping과 Model Check Point를 사용하기 위해서는 반드시 model.fit에 검증데이터가 포함되어 있어야 한다. 다음은 학습률을 조절하기 위한 callback이다.

```
callback_list=[ReduceLROnPlateau(monitor='val_loss', factor=0.1, patience=10)]
model.fit(x,y, batch_size=64, callbacks=callback_list, validation_data=(x_val,y_val))
```

앞의 프로그램에 의해 연속해서 11번의 에폭 동안 검증데이터의 손실함수값이 줄어들지 않으면 학습률을 $\frac{1}{10}$ 수준으로 줄이라는 명령어이다.

4.3.2 학습된 모형의 저장과 재사용

딥러닝 모형의 아키텍처는 tensorflow.keras.utils.plot_ model에 의해 좀 더 선명하게 시각화할 수 있다. 이를 위해 "conda install pydot", "conda install pydotplus"를 차례로 anaconda prompt에 입력하여 설치하면 된다. 아래는 어떤 딥러닝 모형의 아키텍처를 완성한 후, 모형이름을 m_tb로 하였을 때를 가정하여 plot_model을 실행한 결과이다. to_file=m_tb.png에 의해 현재 이 프로그램이 저장되어 있는

path(또는 동일하게 폴더)에 m_tb.png로 plot_model 그림이 저장된다.

```
from tensorflow.keras.utils import plot_model
plot_model(m_tb, show_shapes=True, to_file='m_tb.png')
```

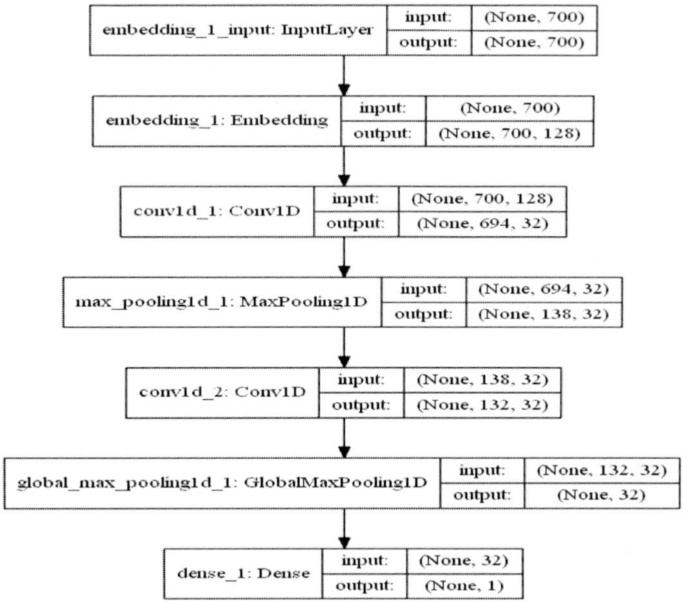

tf.keras에서 학습된 모형을 저장하는 것은 save() 함수를 이용하여 다음과 같이 간단하게 저장할 수 있다. 확장자는 h5를 사용하여야 한다.

```
m_tb.save('path/m_tb.h5')
```

저장된 모형을 불러내어 새로운 데이터(아래의 경우, xhat)에 적용할 수 있다.

```
from tensorflow.keras.models import load_model
loadedmodel=load_model('path/m_tb.h5')
yhat=loadedmodel.predict(xhat)
yhat=loadedmodel.predict_classes(xhat)
```

위 프로그램과 같이 저장된 모형은 load_model 함수를 이용하여 불러낼 수 있으며 회귀이거나 클래스에 속할 확률값을 예측하고자 할 때 loadedmodel.predict를 사용하고, 분류문제이면서 클래스 label를 예측하고자 할 때 predict_classes를 사용한다. 예를 들어, 클래스 label이 6이면 array[6]을 출력하게 된다.

```
m_tb.save('m_tb.h5')
from tensorflow.keras.models import load_model
model=load_model('m_tb.h5')
yhat=model.predict(x_test)
yhat=model.predict_classes(x_test)
print(yhat[2])
```

```
[1]
```

5장

오차분석, 초모수조절, 그리고 맞춤형 딥러닝 설계

이미지 분류를 위한 대표적인 데이터셋으로는 ILSVR(ImageNet Large Scale Visual Recognition Challenge)이 있는데, 1,000개의 범주로 구성된 120만 개의 이미지자료이다. 120만 개 이미지 각각의 범주 labelling에 대한 당연한 의문은 '이러한 labelling을 100% 신뢰할 수 있는가?'이다. Karpathy(https://goo.gl/iqCbCo)에 따르면 일반인이 분류하면 최소 15%의 오분류가 발생하였으며, Karpathy가 직접 많은 시간과 노력을 기울여 labelling을 해본 결과 5.1%의 오분류가 발생했다고 보고하고 있다. 딥러닝을 포함하여 머신러닝의 대부분을 차지하는 지도학습(supervised learning)은 이처럼 사람이 만든 labelling으로 학습을 하게 된다. 그러나 사람은 완벽하지 않기 때문에 labelling 오류를 범하게 된다.

5.1 오차분석(error analysis)

사람에 의한 labelling 중 가장 작은 오류를 human-level-performance라고 말하며 이를 ϵ_{hlp}라고 표기하자. 물론 ϵ_{hlp}를 관측하는 것이 가능할 경우도 있지만 대부분은 개념적으로 존재한다. 만약 어떤 머신러닝 모형의 오류 ϵ_{train}이 ϵ_{hlp}보다 작으면, 이는 머신러닝 모형이 사람의 오류마저도 학습한 것이므로 이 머신러닝을 이용하는 데는 한계가 있을 수밖에 없다. 대표적으로 AI 윤리 문제가 발생할 수 있다. 반대로 ϵ_{train}이 ϵ_{hlp}보다 훨씬 크면 이 머신러닝의 성능이 매우 낮다는 의미이므로 쓸모없는 모형이 된다.

이러한 오류에 대한 좀 더 자세하고 진전된 논의를 위해 다음 프로그램을 고려해 보자. 코드는 논의의 초점이 아니므로 코드에 대한 설명은 생략하기로 한다. 아래 프로그램은 1차 함수, 2차 함수, 그리고 21차 함수를 정의하고 있다.

```
import numpy as np
import matplotlib.pyplot as plt
```

```
from scipy.optimize import curve_fit

def func_1(p, a, b):
  """1차 함수"""
  return a+b*p

def func_2(p, a, b, c):
  """2차 함수"""
  return a + b*p + c*p**2

def func_21(p, a, b, c, d, e, f, g, h, i, j, k, l, m, n, o, q, r, s, t, u, v, x):
  """21차 함수"""
  return (a + b*p + c*p**2 + d*p**3 + e*p**4 + f*p**5 + g*p**6 + h*p**7 +
i*p**8 + j*p**9 + k*p**10 + l*p**11 + m*p**12 + n*p**13 + o*p**14 + q*p**15 +
r*p**16 + s*p**17 + t*p**18 + u*p**19 + v*p**20 + x*p**21)
```

아래 프로그램과 같이 $y=1+2x+3x^2$에 ϵ을 추가하여

$$y=1+2x+3x^2+\epsilon$$

으로부터 y를 생성한다. 여기에서 $\epsilon \sim 18\times N(0,1)$이며 이 ϵ을 잡음(noise)이라고 말하며 y에 대한 labelling 오류로 해석할 수 있다. 이렇게 생성된 (x,y)를 그리면 아래와 같다.

```
x = np.arange(-5.0, 5.0, 0.05, dtype = np.float64)
y = func_2(x, 1, 2, 3) + 18.0 * np.random.normal(0, 1, size = len(x))
print(len(x))
```

```
200
```

```
fig = plt.figure()
ax = fig.add_subplot(111)
```

```
ax.scatter(x, y, color = 'blue', linewidths = 3)

plt.ylabel('y')
plt.xlabel('x')

plt.ylim(-50, 110)
plt.xlim(-6, 6)

plt.axis(True)
plt.show()
```

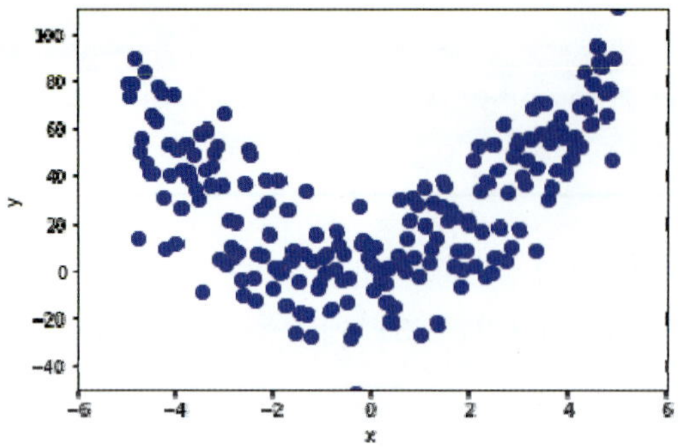

위 데이터에 아래 프로그램과 같이 curve_fit을 이용하여 최소제곱법으로 $\hat{y} = \hat{a} + \hat{b}\,x + \hat{c}\,x^2$을 추정한 후 그림을 그리면 아래와 같다. popt는 $\hat{a}, \hat{b}, \hat{c}$이고 pcov는 $\hat{a}, \hat{b}, \hat{c}$의 분산 · 공분산행렬이다.

```
popt, pcov = curve_fit(func_2, x, y)
print(popt)
print(pcov)
```

```
[1.48851503 2.02693389 3.1586654 ]
[[ 3.77397915e+00 -7.54820616e-03 -2.51607002e-01]
 [-7.54820616e-03  2.01361085e-01  1.50979233e-03]
 [-2.51607002e-01  1.50979233e-03  3.01958599e-02]]
```

```
fig = plt.figure()
ax = fig.add_subplot(111)

ax.scatter(x, y, color = 'blue', linewidths = 3)
ax.plot(x, func_2(x, *popt), lw = 3, color = 'red')

plt.ylabel('y')
plt.xlabel('x')

plt.ylim(-50, 110)
plt.xlim(-6, 6)

plt.axis(True)
plt.show()
```

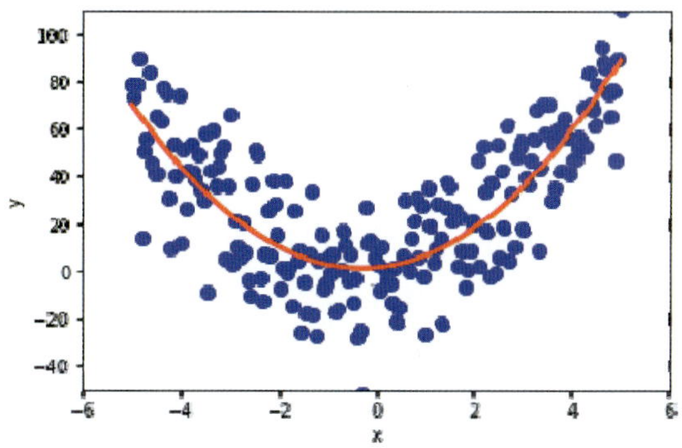

당연하게 참 모형이 2차 함수이므로 위 그림에 나타난 2차 함수 모형이 가장 좋은 모형이 될 것이다. 추정모형의 성능척도로 평균절댓값(MAE, $\frac{1}{200}\sum_{i=1}^{200} | y_i - \hat{y}_i |$)을 사용하면 추정된 2차 함수의 MAE=14.79로 나타났다. 이 값을 ϵ_{hlp}로 해석할 수 있다.

```
np.mean(np.abs(y-func_2(x,*popt))).round(2)
```

```
14.79
```

아래와 같이 2차 함수에서 생성된 자료 (x,y)에 1차 함수를 적용하면 MAE=25.09가 되고 이 MAE는 ϵ_{train}으로 해석할 수 있다. 2차 함수의 MAE=14.79인 ϵ_{hlp}보다 큰 값을 보여주고 있으므로 1차 함수 모형은 성능이 좋지 않다고 말할 수 있다. 이를 bias가 크다고 말한다.

```
popt, pcov = curve_fit(func_1, x, y)
np.mean(np.abs(y-func_1(x,*popt))).round(2)
```

```
25.09
```

특성변수는 서로 다른 모집단화 기능을 한다. 즉, 아래 그림과 같이 특성변수 값별로 서로 다른 평균치를 가지고 있으므로 특성변수 값별로 모집단화하고 있는 것을 볼 수 있다. 즉, 특성변수가 주어져 있을 때, 데이터가 직선의 모수 a와 b의 정보를 동일하게 주어야 하지만 1차 함수가 데이터를 잘 설명하지 못하기 때문에 양끝과 중간 데이터는 직선의 모수 a, b에 대한 왜곡된 정보를 주고 있다. 아래 그림에 나타난 직선은 특성변수 x값(범주)이 주어졌을 때의 데이터 평균에 대한 추정치이다. 그러나 직선의 양끝과 중간에 위치한 데이터의 평균은 적합된 직선(평균추정치)과는 거리가 먼 것으로 나타났다. 이러한 이유로 bias가 크다고 말하며 직선 모형의 적합은 서로 다른 모집단화에 실패했다고 말할 수 있다.

```
fig = plt.figure()
ax = fig.add_subplot(111)

ax.scatter(x, y, color = 'blue', linewidths = 3)
ax.plot(x, func_1(x, popt[0], popt[1]), lw = 3, color = 'red')

plt.ylabel('y')
plt.xlabel('x')

plt.ylim(-50, 110)
```

```
plt.xlim(-6, 6)

plt.axis(True)
plt.show()
```

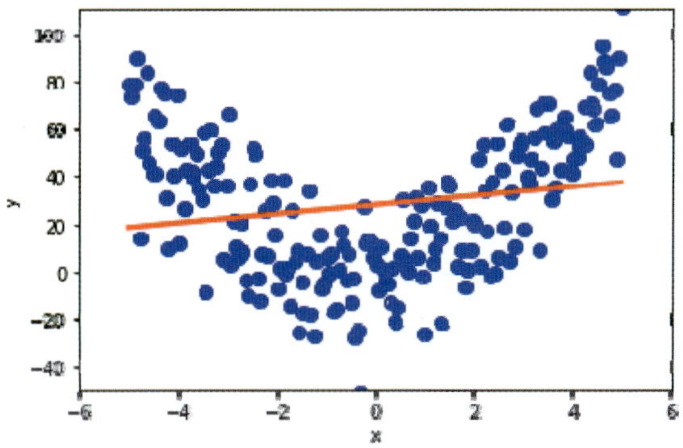

아래 프로그램은 2차 함수에 생성된 (x, y)에 21차 함수를 적용한 사례를 보여주고 있다. 그러면 아래 그림과 같이 21차 함수가 잡음(noise)마저 설명하여 MAE=13.82로 21차 함수 ϵ_{train}=13.82로 계산되었다. 21차 함수 모형은 ϵ_{hlp}=14.79보다 오히려 작은 ϵ_{train}을 갖게 된 것이다. 이를 variance가 크다고 말한다.

```
popt, pcov = curve_fit(func_21, x, y)
np.mean(np.abs(y-func_21(x,*popt))).round(2)
```

```
13.82
```

```
fig = plt.figure()
ax = fig.add_subplot(111)

ax.scatter(x, y, color = 'blue', linewidths = 3)
ax.plot(x, func_21(x, *popt), lw = 3, color = 'red')
```

```
plt.ylabel('y')
plt.xlabel('x')

plt.ylim(-50, 110)
plt.xlim(-6, 6)

plt.axis(True)
plt.show()
```

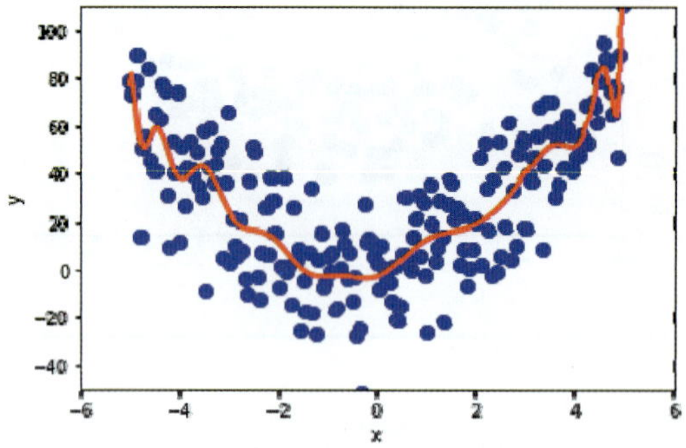

21차 함수 모형 적합의 variance가 크다는 의미는 언뜻 이해가 되지 않을 것이다. 이를 설명하기 위해 $y=1+2x+3x^2+\epsilon$에서 데이터셋의 크기가 200개인 (x,y)를 10개 생성한 후, 10개의 각 데이터셋에 21차 함수를 적용하여 추정하면 아래 그림과 같이 서로 다른 10개의 21차 함수가 추정된 것을 볼 수 있다. 즉, 21차 함수의 계수추정치가 10개의 데이터셋에 따라 변동이 심하므로 이러한 관점에서 variance가 크다고 말한다. 즉, 특성변수에 의한 서로 다른 모집단화가 잡음마저 반영되어, 잡음이 다르면 특성변수 값(범주)별 평균추정치가 다르게 되어 특성변수별 평균추정치의 분산이 커지게 된다.

```
yy = []
poptl = []
for i in range (0, 10):
    np.random.seed(seed = i)
    yy.append(func_2(x, 1, 2, 3) + 18.0 * np.random.normal(0, 1, size = len(x)))
    popt, _ = curve_fit(func_21, x, yy[i])
    poptl.append(popt)
```

```
fig = plt.figure()
ax = fig.add_subplot(111)

for i in range(0, 10):
    ax.plot(x, func_21(x, *poptl[i]),  lw = 3)

plt.ylabel('y')
plt.xlabel('x')
plt.ylim(-15, 120)
plt.xlim(-6, 6)
plt.axis(True)
plt.show()
```

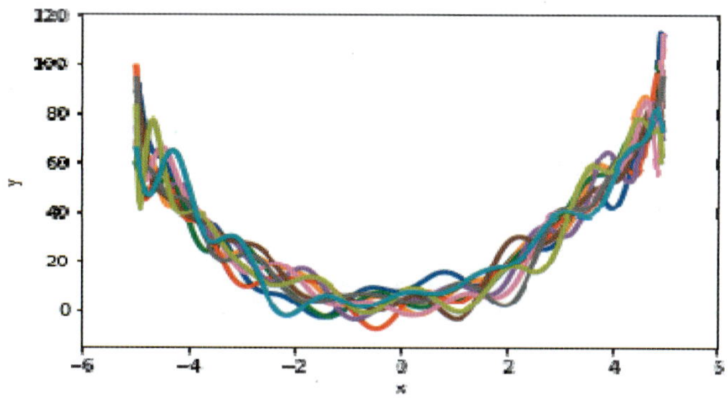

한편, 아래 그림과 같이 10개의 데이터 셋에 1차 함수를 반복 적용하면 1차 함수 계수 추정치는 크게 변하지 않은 것을 볼 수 있다.

이상에서 살펴보았듯이 1차 함수를 적용한 경우와 같이 주어진 데이터로부터 추정한 모수의 변동이 작으면 variance가 작다고 말하고, 적용한 함수가 데이터의 형태를 잘 반영하지 못하면 bias가 크다고 말한다. 한편, 21차 함수는 주어진 데이터의 형태를 잘 반영하지만 21차 함수의 모수추정치의 변동성이 크므로 bias는 작지만 variance는 큰 경우에 해당된다. 이처럼 주어진 데이터에 적용한 모형의 bias는 크지만 variance가 작으면 과소추정(underfit)되었다고 말하고, 반대로 bias는 작지만 variance가 크면 해당 모형은 데이터에 과대적합(overfit)되었다고 말한다.

```
fig = plt.figure()
ax = fig.add_subplot(111)
for i in range(0, 10):
    ax.plot(x, func_1(x, *poptl[i]), lw = 3)
plt.ylabel('y')
plt.xlabel('x')
plt.ylim(-15, 120)
plt.xlim(-6, 6)
plt.axis(True)
plt.show()
```

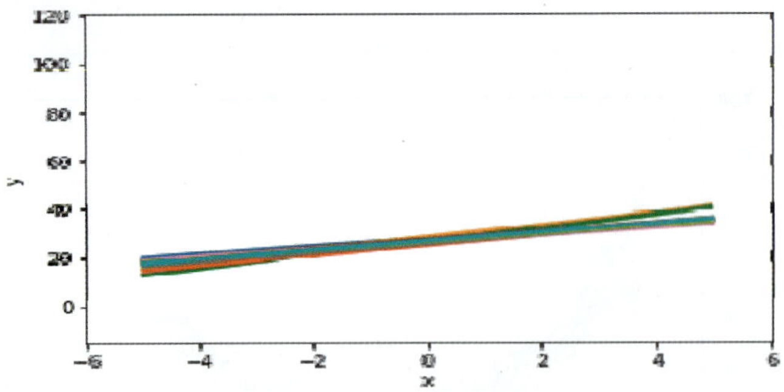

지금까지 논의에서 전제된 것은 2차 함수가 참 모형이고 (x,y)를 생성하기 위한 잡음 ϵ의 분포를 알고 있다는 가정이다. 그러나 실제 문제에서는 목적변수 y와 특성변수와의 관계를 나타내는 $y = f(x;\theta) + \epsilon$를 알지 못하고 오직 하나의 데이터셋 $(x_1,y_1),\cdots,(x_n,y_n)$만 관측될 뿐이다. 이로부터 variance와 bias를 측정하기 위해 데이터셋 $(x_1,y_1),\cdots,(x_n,y_n)$를 학습데이터(training data)와 시험데이터(test data)로 분할(split)해야 한다. 여기에서 분할의 의미는 학습데이터의 분포와 시험데이터의 분포가 동일(identical)해야 한다는 것이다. 예를 들어 분류문제에서 3개의 클래스가 있을 때, 클래스 1: 클래스 2: 클래스 3=3:5:2이면 학습데이터와 시험데이터 모두 근사적으로 3:5:2가 되어야 한다는 의미이다.

학습데이터에서는 모형을 적합시켜 모형의 모수를 추정하고, 추정된 모형을 시험데이터에 적용하여 variance와 bias를 측정하게 된다. 앞의 예제에서 참 모형이 2차 함수일 때 학습데이터에 2차 함수 모형을 적합시키면 학습데이터와 시험데이터에서 계산된 오차는 작으면서 거의 비슷한 값을 갖게 될 것이다. 만약 학습데이터에 21차 함수를 적합시키면 학습데이터에서의 오차는 작지만 시험데이터의 오차는 크게 나오게 될 것이다. 21차 함수 모형이 학습데이터에 과대적합되었기 때문이다. 한편, 학습데이터에 1차 함수 모형을 적합시키면 학습데이터와 시험데이터에서 계산된 오차는 모두 크게 나타날 것이다. 분류문제에서 오분류율로 오차를 계산한다면 다음 <표 5-1>과 같이 4가지 경우를 고려해 볼 수 있다.

표 5-1 학습데이터와 시험데이터의 오분류율

	case 1	case 2	case 3	case 4
학습데이터 오분류율	1%	15%	14%	0.3%
시험데이터 오분류율	11%	16%	35%	0.5%

딥러닝 또는 머신러닝모형을 학습데이터에서 학습시킨 후, case 1은 variance가 매우 큰 경우이며 과대적합문제가 발생했을 때의 대표적인 오분류율을 보여주고 있다. case 2는 학습데이터와 시험데이터에서 오분류율이 모두 큰 경우로 전형적으로 bias가 큰 경우이며 과소적합(underfit)이 발생한 경우이다. case 3은 학습데이터에서는 bias가 크고 시험데이터에서는 variance가 큰 경우에 해당된다. case 4는 가장 바람직한 경우로 작은 bias와 variance를 보여주고 있다.

Bias가 크면 일반적으로 다음 절차로 bias를 해소한다.

(1) 좀 더 깊고 복잡한 network을 설계한다.

(2) 학습 epoch을 증가시킨다.

(3) 좀 더 효과적인 모수 최적화 기법을 사용한다.

(4) 은닉층 수, 노드수, 규제화, 활성함수, 배치크기 등의 최적 초모수를 조율한다.

Bias가 발생한 것은 특성변수에 의한 서로 다른 모집단화가 실패했다는 의미이므로 (1)은 특성변수를 늘리거나 특성변수와 목적변수의 관계를 좀 더 복잡(예를 들어, 선형모형을 비선형모형으로)하게 설정해야 한다는 것을 의미한다. 그럼에도 불구하고 Bias가 줄어들지 않으면 데이터가 identical해야 한다는 전제조건을 충족하지 못했을 가능성이 높다. 잔차(즉, y $\hat{y}$)의 절댓값이 큰 데이터를 따로 모아 어떤 문제가 있는지를 점검하여야 한다.

Variance가 크면 과대적합이 발생한 것이며 과대적합은 학습데이터를 학습(learning)하지 않고 외우는 것(memorizing)이므로 다음의 절차를 이용하여 과대적합문제를 해소한다.

(1) 좀 더 간단한 network을 설계한다.
(2) 규제화, dropout, early stopping 등을 실행한다.
(3) 학습데이터에 불확실성을 추가하기 위해 좀 더 많은 데이터를 수집한다.
(4) 연구목적이 분류일 경우, label smoothing을 이용한다.
(5) 데이터 증대(augmentation) 방법으로 데이터를 증가시킨다. 자료 증대는 boostrapping, variational autoencoder 등이 있다.

위의 과대적합 해소에서 (3)과 (4)는 데이터의 독립성 조건 위배 가능성을 회피하기 위한 방안들이다. 만약 과대적합문제가 해소되지 않으면 비슷한 값을 가진 데이터의 쏠림현상이 있는지 점검해야 하고, 학습데이터와 시험데이터의 모집단이 다른지 점검해야 한다. 두 데이터의 모집단이 다르면 과대적합이 발생한 것처럼 보이기 때문이다.

이와 같은 bias와 variance 해결방안을 토대로 모형선택의 일반적인 절차를 요약하면 다음과 같다. 우선 가능한 한 복잡한 모형(즉, 좀 더 깊고 복잡한 network)을 초기 모형으로 선택한 후, 5.4절에 설명되는 배치정규화, 모수 초기치 선택, 그리고 초모수 조절 등을 통해 모형의 성능을 최대화한다. 초모수 조절은 5.3절에서 자세하게 논의될 것이다. 이렇게 하면 대부분의 경우 과대적합이 발생하므로 앞에서 정리한 variance 해소방안으로 과대적합문제를 해결한다.

5.2 자료 분할(data split)

주어진 데이터의 분할은 모형설정, 모형선택, 모형진단, 모형성능개선, 모형의 일반화를 점검하는 핵심적인 역할을 한다. 머신러닝에서 데이터는 학습데이터(training data), 검증데이터(validation data), 시험데이터(test data)로 분할한다. 학습데이터는 모형을 학습시키는 데 사용하고, 검증데이터는 모형을 학습시키는 동안에 모형의 성능을 중간점검(intermidiate evaluation)하는 데 사용되는 데이터이다. 학습하는 동안 모형의 bias와 variance를 평가하여 과소적합 및 과대적합 여부를 판단하고 초모수 조절(tunning)로 최적모형을 설정하는 데 검증데이터를 이용한다. 시험데이터는 학습데이터와 검증데이터로부터 구한 최적모형이 일반화될 수 있는지를 점검하는 데 사용된다.

검증데이터와 시험데이터는 학습데이터에서 학습된 모형을 평가하므로 자료의 표준화, 차원축소, 불균형자료(imbalance data) 처리, 자료증대(data augmentation) 등의 사전자료처리는 학습데이터에서 실시하고, 이 처리결과를 검증데이터와 시험데이터에 단순 적용해야 한다. 이러한 사전자료처리 과정도 평가대상이기 때문이다. 차원축소는 PCA(pricipal component analysis), MDS(multi-dimensional scaling), Autoencoder 등이 있으며, 불균형자료의 처리로는 SMOTE, ADASYN, VAE (variational autoencoder) 등이 있다. 자료증대로는 Boostrapping, VAE, GAN(generative adversarial networks) 등이 있다.

학습데이터, 검증데이터, 시험데이터 각각의 역할을 성공적으로 할 수 있도록 하는 전제 조건은 세 개의 데이터셋이 모두 동일한 모집단으로부터의 표본이어야 한다는 것이다. 동일한 모집단이란 데이터의 특성(characteristics)이 모두 같다는 의미이며, 예를 들어 이미지 데이터의 경우 해상도, 밝기, 색깔강도, 초점 등이 모두 비슷해야 한다는 것을 말한다. 그러므로 학습데이터는 고사양의 핸드폰으로 촬영한 이미지인데 검증데이터나 시험데이터는 저사양의 핸드폰으로 촬영한 사진 이미지라면 동일한 모집단으로부터의 표본이 아니라고 볼 수 있다.

학습데이터에서 학습된 모형은 검증데이터로 bias나 variance가 발생하지 않도록 모형의 복잡성 정도, 자료증대 등을 포함하여 초모수를 조절하게 된다. 특히 모형을 복잡하게 했는데도 불구하고 오차(ϵ_{train})가 크게 나오면 이는 ϵ_{hlp}가 높다는 의미이므로 제공된 데이터가 질적으로 문제가 있다고 판단하면 된다. 자료의 수집방법, 자료의 비표집오류, 자료 labelling 등을 재평가하여 자료의 질적 수준을 높혀야 한다. 반대로 과대적합이 발생하여 모형을 간단하게 했는데도 불구하고 검증데이터의 variance가 크게 나타나면 데이터가 $i.i.d$가 아닐 가능성이 있다. 특히, 데이터의 다양성(diversity)이 결여되어 있는지 점검해 볼 필요가 있다.

검증데이터에 의해 bias와 variance를 해결하면 학습데이터 + 검증데이터를 학습데이터로 재정의하고 이 증대된 학습데이터에 bias와 variance 문제가 해결된 모형을 재적합한다. 데이터의 크기가 클수록 모수 추정치의 정밀도가 높아지는 통계적 성질 때문이다. 재적합된 모형을 시험데이터에 최종적으로 적용하여 variance를 점검하게 된다(물론 bias도 점검할 수 있지만 검증데이터에서 해결되었기 때문에 일반적으로 발생하지 않는다).

시험데이터에서 variance가 크면 우선적으로 학습데이터와 시험데이터가 분포적으로 동일한지를 점검해야 한다. 분포가 서로 다르면 오차가 크게 나와 마치 과대적합이 발생하는 것처럼 보이기 때문이다. 분포가 다르면 학습데이터로 학습된 모형을 시험데이터에 일반화(generalization)하여 적용할 수 없다. 만약 오차가 크지만 서로 다른 분포의 데이터라는 뚜렷한 특성이 나타나지 않으면 앞 절에서 설명한 과대적합 해소방안을 적용하면 된다.

0~9의 손글씨 데이터인 MNIST 데이터를 이용하여 불균형자료와 분포가 다른 자료 분할이 모형성능에 어떤 영향을 주는지를 구체적으로 살펴보고자 한다. 불균형자료 문제는 분류가 목적일 때 발생한다. 학습데이터에서 좋은 성능을 가진 모형을 갖기 위해서는 범주별로 거의 동일한 비율이 되도록 해야 한다. 범주별로 관측치가 불균형이 되면 다수 범주(major class)에 적합도를 높혀 손실이 최소화되도록 모형을 학습시키기 때문이다. 불균형자료가 미치는 영향을 살펴보기 위해 아래 프

로그램과 같이 필요한 라이브러리를 호출하고 MNIST 데이터를 download한다.

```
import pandas as pd
import numpy as np
import matplotlib
import matplotlib.pyplot as plt
import tensorflow as tf
from tensorflow import keras

(x_train, y_train), (x_test, y_test) =tf.keras.datasets.mnist.load_data()
```

학습데이터는 60,000개, 시험데이터는 10,000개이고 특성변수(x_train, x_test)는 흑백 이미지의 3D텐서이며 목적변수(y_train, y_test)는 0 ~ 9인 1D텐서로 구성되어 있다.

```
print('Dimensions of the training dataset: ', x_train.shape)
print('Dimensions of the test dataset: ', x_test.shape)
print('Dimensions of the training labels: ', y_train.shape)
print('Dimensions of the test labels: ', y_test.shape)
```

```
Dimensions of the training dataset:  (60000, 28, 28)
Dimensions of the test dataset:  (10000, 28, 28)
Dimensions of the training labels:  (60000,)
Dimensions of the test labels:  (10000,)
```

데이터의 형태는 다음과 같다.

```
def plot_digit(some_digit):
   plt.imshow(some_digit,cmap = 'gray')
   plt.axis("off")
   plt.savefig('Figure10-7.png', dpi = 300)
   plt.show()

plot_digit(x_train[36003])
```

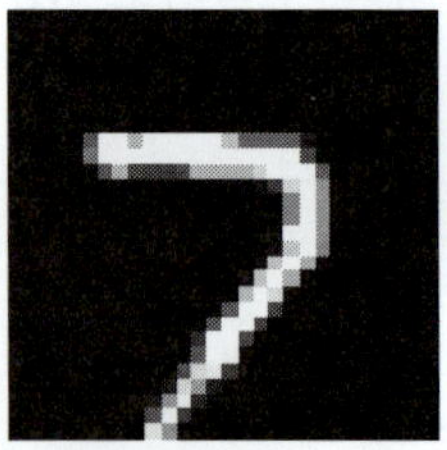

아래 프로그램에서 볼 수 있듯이 학습데이터와 시험데이터의 0 ~ 9 숫자의 분포가 거의 비슷하여 학습데이터와 시험데이터가 다른 분포일 가능성은 거의 없다고 할 수 있다.

```
for i in range(10):
    print ("digit", i, "makes", np.around(np.count_nonzero(y_train == i)/60000.0*100.0,
          decimals = 1), "% of the 60000 observations")
```

```
digit 0 makes 9.9 % of the 60000 observations
digit 1 makes 11.2 % of the 60000 observations
digit 2 makes 9.9 % of the 60000 observations
digit 3 makes 10.2 % of the 60000 observations
digit 4 makes 9.7 % of the 60000 observations
digit 5 makes 9.0 % of the 60000 observations
digit 6 makes 9.9 % of the 60000 observations
digit 7 makes 10.4 % of the 60000 observations
digit 8 makes 9.8 % of the 60000 observations
digit 9 makes 9.9 % of the 60000 observations
```

```
for i in range(10):
    print ("digit", i, "makes", np.around(np.count_nonzero(y_test == i)/10000.0*100.0,
          decimals = 1), "% of the 10000 observations")
```

```
digit 0 makes 9.8 % of the 10000 observations
digit 1 makes 11.4 % of the 10000 observations
digit 2 makes 10.3 % of the 10000 observations
digit 3 makes 10.1 % of the 10000 observations
```

```
digit 4 makes 9.8 % of the 10000 observations
digit 5 makes 8.9 % of the 10000 observations
digit 6 makes 9.6 % of the 10000 observations
digit 7 makes 10.3 % of the 10000 observations
digit 8 makes 9.7 % of the 10000 observations
digit 9 makes 10.1 % of the 10000 observations
```

아래와 같이 특성변수를 2D텐서로 reshape하고 표준화한 후, 의도적으로 데이터의 클래스를 불균형(imbalance)으로 만들기 위해 숫자 8인 클래스를 0으로, 8이 아닌 모든 숫자를 1로 그룹화하였다. 그 결과로 클래스 0은 5,851개, 클래스 1은 54,149개로 약 1:10의 비율로 만들고 있다.

```
x_train_reshaped = x_train.reshape(60000, 784)
x_test_reshaped = x_test.reshape(10000, 784)
x_train_normalised = x_train_reshaped/255.0
x_test_normalised = x_test_reshaped/255.0

y_train_unbalanced = np.zeros_like(y_train)
y_train_unbalanced[np.any([y_train == 8], axis = 0)] = 0
y_train_unbalanced[np.any([y_train != 8], axis = 0)] = 1

y_test_unbalanced = np.zeros_like(y_test)
y_test_unbalanced[np.any([y_test == 8], axis = 0)] = 0
y_test_unbalanced[np.any([y_test != 8], axis = 0)] = 1

print(np.sum(y_train_unbalanced == 0))
print(np.sum(y_train_unbalanced == 1))
```

```
5851
54149
```

아래 프로그램은 로지스틱 회귀모형과 동일한, 은닉층이 없는 MLP 모형으로 배치 크기는 1,000으로 설정하였다.

```
def build_model():
    model = keras.Sequential([
    layers.Dense(1, input_shape = [784], activation = 'sigmoid')])

    optimizer = tf.keras.optimizers.SGD(momentum = 0.0, learning_rate = 0.0001)
    model.compile(loss = 'binary_crossentropy', optimizer = optimizer,
                  metrics = ['accuracy'])

    return model

model = build_model()

history = model.fit(
  x_train_normalised, y_train_unbalanced,
  epochs = 50, verbose =1, batch_size = 1000)
```

```
Epoch 48/50
60/60 [==============================] - 0s 2ms/step - loss: 0.2629 - accuracy: 0.8865
Epoch 49/50
60/60 [==============================] - 0s 2ms/step - loss: 0.2591 - accuracy: 0.8878
Epoch 50/50
60/60 [==============================] - 0s 2ms/step - loss: 0.2596 - accuracy: 0.8868
```

아래 프로그램 결과에서 볼 수 있듯이 accuracy=0.887이지만 소수그룹인 숫자 "8"인 0 그룹이 모두 다수그룹 1로 예측된 것을 볼 수 있다. 앞에서 언급하였듯이, 손실함수(여기에서는 binary-crossentropy)는 다수 그룹의 오류를 최소화하면 손실함수 값이 최소화되기 때문이다. 특히, 소수그룹을 제대로 분류하는 데 분석의 중점을 둔다면(예를 들어, bankrupt을 bankrupt으로 예측), 불균형자료의 조절은 모형 성능향상을 위해 필수적임을 보여주고 있다.

```
score=model.evaluate(x_train_normalised, y_train_unbalanced)
print(score)
train_predictions = model.predict(x_train_normalised)
confusion_matrix(y_train_unbalanced, train_predictions>0.5)
```

```
1875/1875 [==============================] - 1s 479us/step - loss: 0.2580 - accuracy: 0.8876
[0.2580001950263977, 0.8876000046730042]

array([[    0,  6742],
       [    2, 53256]], dtype=int64)
```

다음 프로그램은 학습데이터와 시험데이터의 분포가 다를 때 모형성능에 어떤 영향을 주는지를 살펴보기 위해 MNIST 데이터에서 “1” 또는 “2” 이미지 데이터만 추출하여 “1”은 클래스 0을, “2”는 클래스 1을 부여해 주고 있다(y_train_bin, y_test_bin).

```
x_train_12 = x_train[np.any([y_train == 1, y_train == 2], axis = 0)]
x_test_12 = x_test[np.any([y_test == 1, y_test == 2], axis = 0)]
y_train_12 = y_train[np.any([y_train == 1, y_train == 2], axis = 0)]
y_test_12 = y_test[np.any([y_test == 1, y_test == 2], axis = 0)]

x_train_normalised = x_train_12/255.0
x_test_normalised = x_test_12/255.0

x_train_normalised = x_train_normalised.reshape(x_train_normalised.shape[0], 784)
x_test_normalised = x_test_normalised.reshape(x_test_normalised.shape[0], 784)
#make 0 and 1
y_train_bin = y_train_12 - 1
y_test_bin = y_test_12 - 1
```

아래 프로그램은 분포가 다른 시험데이터를 만들기 위해 이미지를 오른쪽으로 10 픽셀 이동시켜 x_test_shifted를 만들고 있다. x_train_normalised나 x_test_normalised는 숫자가 이미지의 중앙에 위치하지만 x_test_shifted는 다음 그림에서 볼 수 있듯이 숫자가 오른쪽에 치우쳐 있는 것을 볼 수 있다. 이미지 데이터에서는 이러한 작은 변화도 데이터의 분포가 변경된다는 것을 유념해야 한다.

```
x_test_shifted = np.zeros_like(x_test_normalised)
for i in range(x_test_normalised.shape[0]):
    tmp = x_test_normalised[i,:].reshape(28,28)
    tmp_shifted = np.zeros_like(tmp)
    tmp_shifted[:,10:28] = tmp[:,0:18]
    x_test_shifted[i,:] = tmp_shifted.reshape(784)
```

```
plot_digit(x_test_12[2000])
plot_digit(x_test_shifted[2000].reshape(28,28))
```

아래 프로그램은 이미지 모형에 좋은 성능을 보이는 CNN 모형의 적용을 보여주고 있다. CNN 모형을 적용하기 위해 x_train_normalised, x_test_normalised, x_test_shifted를 4D텐서로 전환하고 있다.

```
x_train_reshape=x_train_normalised.reshape(-1,28,28,1)
x_test_reshape=x_test_normalised.reshape(-1,28,28,1)
x_test_shift=x_test_shifted.reshape(-1,28,28,1)

from tensorflow.keras.layers import Conv2D, Flatten,Dense
from tensorflow.keras.models import Sequential
model=Sequential()
model.add(Conv2D(32,(3,3),activation='relu',input_shape=[28,28,1]))
model.add(Flatten())
model.add(Dense(1,activation='sigmoid'))
```

```
optimizer = tf.keras.optimizers.SGD(momentum = 0.0, learning_rate = 0.0001)
model.compile(loss = 'binary_crossentropy',optimizer = optimizer, metrics = ['accuracy'])

history = model.fit(
  x_train_reshape, y_train_bin,  epochs = 20, verbose = 0)
```

다음은 학습데이터와 분포적으로 동일한 시험데이터(x_test_reshape)와 분포적으로 다른 시험데이터(x_test_shift)에 학습된 CNN 모형을 평가한 결과를 보여주고 있다. 분포가 다른 x_test_shift에서의 accuracy가 뚜렷하게 낮은 것을 볼 수 있다. 학습데이터와 검증데이터로 최적 모형을 학습시킨 후, 시험데이터의 오차가 크게 나오면(이 예제에서는 accuracy가 매우 낮으면) 시험데이터의 분포가 학습데이터의 분포와 다를 가능성을 점검해야 한다.

```
_, train_accuracy = model.evaluate(x_train_reshape, y_train_bin)
_,test_accuracy = model.evaluate(x_test_reshape, y_test_bin)
_,shifted_test_accuracy = model.evaluate(x_test_shift, y_test_bin)
```

```
397/397 [==============================] - 1s 3ms/step - loss: 0.1741 - accuracy: 0.9730
68/68 [==============================] - 0s 3ms/step - loss: 0.1730 - accuracy: 0.9792
68/68 [==============================] - 0s 3ms/step - loss: 0.7239 - accuracy: 0.4753
```

5.3 초모수 조절(hyper-parameter tunning)

딥러닝 모형을 포함하여 머신러닝의 초모수 조절은 모형의 성능을 좌우하는 핵심적인 요소 중의 하나이다. 딥러닝 초모수는 gradient descent를 이용하여 추정할 수 없는 모수로, 딥러닝 모형 관련 초모수, 학습 및 최적화에 관련된 초모수, 그리고 기타 초모수로 구분할 수 있다. 딥러닝 모형에 관련된 초모수는 은닉층의 수, 노드수, 활성함수 등이 있고, 학습 및 최적화에 관련된 초모수는 학습률, 배치의 크기, epoch 수, 최적 알고리즘의 선택, 배치정규화(batch normalization) 등이 있다. 기타 초모수는 L1 또는 L2 규제화, dropout, 자료증대(data augmentation) 등이 있다.

초모수를 조절하는 방법은 Grid search와 Random search가 있다(Bayesian optimization이 있으나 딥러닝에서는 사용이 거의 불가능하므로 생략한다). 간략한 예제를 통해 이 2가지 방법에 대한 개념을 이해하도록 하자. 분류가 목적인 딥러닝 모형에서

학습률: 0.01, 0.02, …,1, L1 규제화: 0.1, 0.2, …,0.5,
최적화 알고리즘: SGD, RMSprop, Adam,
은닉층수: 3,4,5,6,10, 노드수: 32,64,128

와 같이 총 $100 \times 5 \times 3 \times 5 \times 3 = 22,500$개의 초모수 조합이 있다고 가정하자. 이 초모수 조합 중 딥러닝 모형의 accuracy를 가장 좋게 만드는 초모수 조합 1개를 찾는 것이 초모수 조절이다. Grid search는 22,500개의 초모수 조합를 하나씩 딥러닝 모형에 적용하여 가장 큰 accuracy를 출력하는 초모수 조합을 찾는 방법이다. 만약 초모수 조합 하나당 30분이 걸린다면 Grid search는 약 16.7개월의 시간이 필요하게 된다. 그러므로 Grid search는 시간이 짧게 걸리는 모형에서만 사용이 가능한 초모수 탐색 방법이다. Grid search의 또 다른 문제는, 예를 들어 은닉층수: 3,4,5,6,10의 선택이 주관적이라는 것이다. 이에 대한 대안으로 초모수를 범위로 부여할 수 있는 Random search가 있다. Random search는 구체적인 값을 부여하는 대신 예를 들어

```
r=-np.random.random((100))*3.0
learning_rate=10**r
alg=np.random.choice(['SGD','RMSprop','Adam'])
layers=np.random.ranint(32,128,1)
```

등으로 구현할 수 있다. 위 예제에서 learning_rate는 100개의 학습률을 임의로

$10^{-3} \sim 1$ 사잇값을 추출하고자 할 때, 단순하게 Uniform 분포에서 값을 추출하면 $0.1 \sim 1$ 사잇값이 뽑힐 확률이 $10^{-3} \sim 10^{-2}$ 사이에 뽑힐 확률보다 100배가 높게 된다. 실제 학습률이 $10^{-3} \sim 10^{-2}$ 사이에 있을 가능성이 높은데도 불구하고 이 값이 뽑힐 가능성이 거의 없게 된다. $10^{-3} \sim 10^{-2}$, $10^{-2} \sim 10^{-1}$, $10^{-1} \sim 1$ 사잇값이 균등하게 뽑히도록 하기 위해 $r = -Uniform(0,1) \times 3$으로 r을 추출한 후, 학습률을 learning_rate=10^{r}로 정의하면 된다. r에 있는 3은 10^{-3}에서 온 값이다. 따라서 $10^{-4} \sim 1$ 사잇값을 균등하게 learning_rate로 뽑고 싶을 경우, $r = -Uniform(0,1) \times 4$로 수정하면 된다. 이러한 기법을 logarithm uniform이라고 한다.

손실함수 값이나 accuracy와 같은 metric이 널뛰기(swing)를 하면 모수추정이 수렴하지 않았다는 것을 의미한다. 학습률이 너무 크면 이러한 현상이 일어나며, 한편 너무 작으면 추정모수가 국소최소(local minimum) 또는 안장점(saddle point)에 빠질 우려가 높다. 그러므로 약간 큰 학습률에서 출발 후 점차적으로 학습률을 줄이는 학습률 감소(learning rate decay) 기법을 사용한다.

초모수 조절을 위한 사례분석

딥러닝 모형은 초모수 조절 문제에서 비싼 블랙박스 함수(costly black-box function)에 해당된다. costly의 의미는 초모수 조절을 2~3번 이상 실행하는 것이 거의 불가능한 함수를 의미한다. 아래 프로그램과 같이 오직 은닉층 하나만 가지고 있는 MLP 모형을 통해 Grid search와 Random search를 적용하고자 한다. 아래 프로그램처럼 fashion-mnist 데이터를 download하고 0~9로 표현된 목적변수를 범주형 목적변수로 전환하기 위해 to_categorical 함수를 호출하였다.

```
import numpy as np
import tensorflow as tf
from tensorflow.keras.layers import Dense, Dropout, Input, SimpleRNN
from tensorflow.keras.models import Sequential, Model
```

```
from tensorflow.keras.utils import to_categorical, plot_model
from tensorflow.keras.datasets import fashion_mnist

(x_train,y_train),(x_test,y_test)=fashion_mnist.load_data()
y_train=to_categorical(y_train)
y_test=to_categorical(y_test)
shape1=x_train.shape[1]
shape2=x_train.shape[2]
x_train=x_train.reshape(-1,shape1*shape2)/255.
x_test=x_test.reshape(-1, shape1*shape2)/255.
print(x_train.shape)
print(y_train.shape)
```

```
(60000, 784)
(60000, 10)
```

다음은 맞춤형 build_model을 정의한 후, 초모수인 은닉층의 노드수(number_nodes), 학습률(learning_rate), epoch 수(number_epochs), 그리고 배치크기(mb_size)를 조절하기 위해 train_model 함수를 정의하고 있다. train_model에는 초모수를 입력하고 학습데이터와 시험데이터에서 평가한 accuracy를 출력하도록 하고 있다.

```
def build_model(number_nodes, learning_rate):
    model = Sequential()
    model.add(Dense(number_nodes, input_dim = 784, activation = 'relu'))
    model.add(Dense(10, activation = 'softmax'))

    model.compile(loss = 'categorical_crossentropy',
                  optimizer = tf.keras.optimizers.Adam(learning_rate = learning_rate),
                  metrics = ['accuracy'])
    return model

def train_model(number_nodes, learning_rate, number_epochs, mb_size):
    model = build_model(number_nodes, learning_rate)
    history = model.fit(x_train, y_train, epochs = number_epochs, verbose = 0,
                        batch_size = mb_size)
    train_loss, train_accuracy = model.evaluate(x_train, y_train, verbose = 0)
    test_loss, test_accuracy = model.evaluate(x_test, y_test, verbose = 0)
```

```
    return train_accuracy, test_accuracy
```

다음은 노드수 = 10, 학습률 = 0.001, epoch 수 = 100, 배치크기 = 50개일 때의 accuracy를 보여주고 있다.

```
train_accuracy, test_accuracy = train_model(15, 0.001, 100, 50)
print(train_accuracy)
print(test_accuracy)
```

```
0.9074000120162964
0.8583999872207642
```

다음 프로그램은 오직 은닉층의 노드수를 초모수로 하여 Grid search로 최적 노드수를 찾는 프로그램이다. 150개의 노드수가 검증데이터(validation data)에서 가장 좋은 노드수인 것으로 나타났으나 과대적합이 발생하여 모수 규제화나 dropout 등으로 과대적합을 해소할 필요가 있다.

```
nn = [1, 5, 10, 15, 25, 30, 50, 150, 300, 1000, 3000]
accuracy_list = []
for nn_ in nn:
    train_accuracy, test_accuracy = train_model(nn_, 0.001, 100, 50)
    print()
    print('Number of neurons:', nn_, 'Training accuracy:', train_accuracy, 'Test accuracy', test_accuracy)
    accuracy_list.append(test_accuracy)
```

```
Number of neurons: 1 Training accuracy: 0.49781665205955505 Test accuracy 0.4981999999332428

Number of neurons: 5 Training accuracy: 0.8484166860580444 Test accuracy 0.8203999996185303
Number of neurons: 10 Training accuracy: 0.8812833428382874 Test accuracy 0.8453999757766724

Number of neurons: 15 Training accuracy: 0.8888000249862671 Test accuracy 0.84579998254776

Number of neurons: 25 Training accuracy: 0.9326000213623047 Test accuracy 0.8682000041007996
```

```
Number of neurons: 30 Training accuracy: 0.9414833188056946 Test accuracy 0.8698999881744385

Number of neurons: 50 Training accuracy: 0.9661666750907898 Test accuracy 0.8744999766349792

Number of neurons: 150 Training accuracy: 0.986383318901062 Test accuracy 0.8866999745368958

Number of neurons: 300 Training accuracy: 0.9783999919891357 Test accuracy 0.8863999843597412

Number of neurons: 1000 Training accuracy: 0.9896666407585144 Test accuracy 0.8913999795913696

Number of neurons: 3000 Training accuracy: 0.9886000156402588 Test accuracy 0.8974999785423279
```

다음 프로그램은 Random search를 실행하기 위해 10개의 노드수, logarithm uniform을 적용한 학습률 10개, 10개의 배치크기와 epoch 수를 임의로 추출하여 10개의 초모수 조합을 적용한 결과를 보여주고 있다. 출력 결과에서 볼 수 있듯이 다소 과대적합이 되었지만 마지막 10번째 초모수 조합이 가장 좋은 것으로 나타났다. 딥러닝 모형의 초모수 선택에서 Random search가 Grid search보다 일반적으로 우수하다는 기존의 연구 결과를 확인할 수 있다.

```
nodes_ = np.random.randint(80, 200, 10)
r = - np.random.random([10])*3.0 - 1
learning_ = 10**r
mb_size_ = np.random.randint(low = 20, high = 80, size = 10)
epochs_ = np.random.randint(low = 40, high = 100, size = (10))

for i in range(len(nodes_)):
    train_accuracy, test_accuracy = train_model(nodes_[i], learning_[i], epochs_[i],
                                                mb_size_[i])
    print()
    print('Epochs:', epochs_[i], 'Number of nodes:', nodes_[i], 'Learning rate:',
          learning_[i], 'Minibatch size', mb_size_[i], 'Training accuracy:', train_accuracy,
          'Test Accuracy', test_accuracy)
```

```
Epochs: 90 Number of nodes: 108 Learning rate: 0.00072772749201701 Minibatch size 48
Training accuracy: 0.9811499714851379 Test Accuracy 0.8812000155448914

Epochs: 47 Number of nodes: 155 Learning rate: 0.02206087517494378 Minibatch size 20
Training accuracy: 0.7494500279426575 Test Accuracy 0.7318999767303467
```

```
Epochs: 72 Number of nodes: 111 Learning rate: 0.00023111900287626792 Minibatch size 39
Training accuracy: 0.9597833156585693 Test Accuracy 0.8877000212669373

Epochs: 96 Number of nodes: 182 Learning rate: 0.001024802844916178 Minibatch size 53
Training accuracy: 0.9834833145141602 Test Accuracy 0.8889999985694885

Epochs: 43 Number of nodes: 106 Learning rate: 0.0007315141665280116 Minibatch size 59
Training accuracy: 0.9587000012397766 Test Accuracy 0.8895999789237976

Epochs: 70 Number of nodes: 195 Learning rate: 0.0007456121841822884 Minibatch size 36
Training accuracy: 0.9794833064079285 Test Accuracy 0.8937000036239624

Epochs: 52 Number of nodes: 130 Learning rate: 0.00977245949882104 Minibatch size 72
Training accuracy: 0.9087499976158142 Test Accuracy 0.862500011920929

Epochs: 66 Number of nodes: 137 Learning rate: 0.0014559128380710628 Minibatch size 59
Training accuracy: 0.9777666926383972 Test Accuracy 0.8909000158309937

Epochs: 96 Number of nodes: 80 Learning rate: 0.0036484463483737826 Minibatch size 36
Training accuracy: 0.9488833546638489 Test Accuracy 0.8691999912261963

Epochs: 65 Number of nodes: 184 Learning rate: 0.00026772228268323063 Minibatch size 27
Training accuracy: 0.979116678237915 Test Accuracy 0.8949999809265137
```

5.4 딥러닝 모형의 성능향상

딥러닝 모형은 많게는 수천억 개의 모수를 추정해야 한다. 그러므로 역전파(backpropagation) 과정에서 출력층에 가까운 은닉층 모수의 미분값이 아주 작을 경우 또는 아주 클 경우, 미분의 체인룰에 의해 연쇄반응 형태로 입력층에 가까운 은닉층 모수의 미분값이 거의 0이 되거나 너무 큰 값을 갖는 경우가 많다. 모수의 미분값이 0에 가깝게 작아지는 현상을 미분사라짐(vanishing gradient) 문제라고 하고 모수의 미분값이 역전파 방향으로 점점 커지는 현상을 미분폭발(exploding gradient) 문제라고 한다. 미분사라짐 현상이 발생하면 모수를 더 이상 최신화(update)할 수 없으며 미분폭발 현상이 발생하면 모수추정치가 발산하는 문제가 발생한다. 딥러닝 모형이 복잡해질수록 이러한 현상이 두드러지게 나타나 이는 2000년대 초반까지 딥러닝 모형이 외면당했던 주요한 요인 중의 하나였다.

딥러닝 모형은 특성변수의 반복적인 선형결합 및 비선형변환을 통해 정형 데이터뿐만 아니라 비정형 데이터의 분류 및 회귀에 획기적인 성능향상을 가져왔다. 특히, 비선형변환을 위한 활성함수(activation function)의 도입으로 선형모형 위주의 통계적 모형에서 비선형모형으로의 전환을 이끌었다. 그러나 이러한 비선형함수의 도입을 통해 활성함수의 선택과 딥러닝 모수초기치 선택이 미분사라짐 또는 미분폭발의 원인이 된다는 사실을 알게 되었다(Glorot and Bengio, 2010).

5.4.1 모수초기치(kernel initializers)

<그림 5-1>은 입력값을 0 ~ 1의 값으로 전환하는 logistic(또는 sigmoid) 함수이다. 딥러닝에서 특정층의 모수초기치를 아주 작게 또는 크게 주면 logistic 활성함수의 특성 때문에 미분값이 거의 0이 되므로 미분사라짐 현상이 발생하게 된다. 이 logistic 값이 다음 층으로 입력되면 더 커진 입력값으로 logistic 활성함수의 미분값은 더욱 0에 가까워져서 미분사라짐 현상이 가중되게 된다.

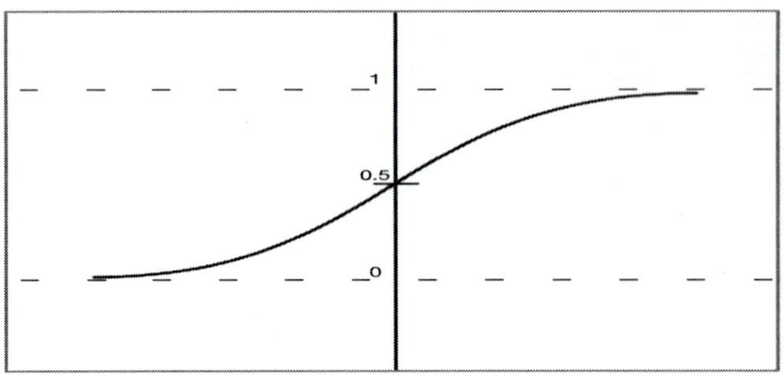

그림 5-1 logistic(sigmoid) 함수

이를 방지하는 가장 좋은 방법은 은닉층에 입력되는 노드에 대한 미분의 분산과 출력되는 노드에 대한 분산이 거의 같도록 모수초기치를 부여하는 것이다(Glorot and Bengio, 2010). 이들은 모수초기치로 평균이 0, 분산이 $\frac{1}{fan_{avg}}$인 정규분포(모수가 2개 이상이면 서로 간에 독립인 정규분포), 즉

$$\theta \sim N(0, \frac{1}{fan_{avg}})$$

또는

$$\theta \sim Uniform(-r, r)$$

를 제안하였으며 이를 glorot 초기치라고 하였다. 여기에서 fan_{in}은 해당 은닉층에 입력되는 노드수, fan_{out}은 해당 은닉층에서 출력되는 노드수이며 $fan_{avg} = \frac{1}{2}(fan_{\text{in}} + fan_{out})$이다. 또한 균등분포(uniform distribution)의 $r = \sqrt{\frac{3}{fan_{avg}}}$이다. glorot 초기치는 sigmoid, softmax, tanh 등의 활성함수에 잘 작동하여 모형의 성능과 모수추정에 상당하게 기여하는 것으로 나타났다. $fan_{\text{in}} = fan_{out} = n$일 경우 $\theta \sim N(0, \frac{1}{n})$이 되므로 근사적으로 θ가 $1-\sigma$ 정도의 분산을 갖는다고 해석할 수 있다. 좁은 범위에서 θ의 초기치를 갖도록 하여 sigmoid와 같이 극단값에서 미분이 존재하지 않을 가능성을 차단하는 효과를 가지게 된다. 위 glorot 초기치에서 fan_{avg} 대신에 fan_{in}을 사용하면 이를 LeCun 초기치라고 하였으며 이 초기치는 곧 논의할 SELU 활성함수에 좋은 성과를 보이는 것으로 나타났다. 딥러닝 모형에 가장 널리 사용되는 ReLU 활성함수에서는

$$\theta \sim N(0, \frac{2}{fan_{\text{in}}})$$

또는

$$\theta \sim Uniform(-r, r),\ r = \sqrt{\frac{6}{fan_{\text{in}}}}$$

으로 정의된 소위 He 초기치를 사용하면 모형성능에 기여하는 것으로 나타났다. He 초기치는 미분이 항상 존재하는 ReLU에 사용되므로 좀 더 넓은 범위에서 θ의 초기치를 갖도록 분산을 2배로 증가시킨 것(2σ)을 볼 수 있다. 즉, 모형의 성능을 향상시키고 모수추정을 원활하게 하기 위해 모수의 초기치와 활성함수는 상호작용

을 하며 <표 5-2>와 같이 짝을 이루어 사용해야 한다. LeakyReLU, ELU, PReLU 등의 활성함수는 바로 뒤에 설명할 것이다.

5.4.2 활성함수(activation function)

활성함수는 딥러닝 모형의 비선형적 특성을 결정하기 때문에 딥러닝 초기모형에서는 주로 logistic(sigmoid) 함수를 이용하여 비선형을 반영하였지만, 앞 절에서 논의한 대로 미분사라짐과 미분폭발 문제가 발생하였다. 딥러닝 모형은 ReLU가 활성함수로 도입된 이후 획기적 발전을 가져왔다. ReLU 함수는 0보다 큰 값은 선형이므로 상수 미분값을 가지게 되어 미분사라짐 현상을 원천적으로 차단하였기 때문이다. 그러나 ReLU 함수에 0보다 작은 값을 가진 노드가 입력되면 0을 출력하므로 해당 노드가 딥러닝 모형에서 없어져 버리는(die) 현상이 발생하게 된다. 최신화 과정에서 학습률(learning rate)을 크게 할 경우, 이렇게 없어져 버리는 노드가 기하급수적으로 늘어나 딥러닝 모형의 성능을 급격하게 저하시키는 원인이 된다 (Gèron, 2019). 이를 보완하기 위해 제시된 활성함수는 LeakyReLU 함수로 다음과 같이 정의된다.

$$\sigma(z) = \max(\alpha z, z)$$

tf.keras에서는 $\alpha = 0.3$을 기본값(default)으로 하고 있다. 이 α를 딥러닝 모형에서 추정해야 할 모수로 하면 이를 PReLU(parametric LeakyReLU)라고 하며 PReLU에 입력되는 노드수(그러므로 해당 층의 노드수)만큼의 α를 추정해야 한다.

표 5-2 모수초기치와 활성함수(균등분포의 경우 $r = \sqrt{3\sigma^2}$)

초기치	활성함수	정규분포 분산(σ^2)
glorot	linear, tanh, sigmoid, softmax	$\frac{1}{fan_{avg}}$
He	ReLU, LeakyReLU, ELU, PReLU	$\frac{2}{fan_{\text{in}}}$
LeCun	SELU	$\frac{1}{fan_{\text{in}}}$

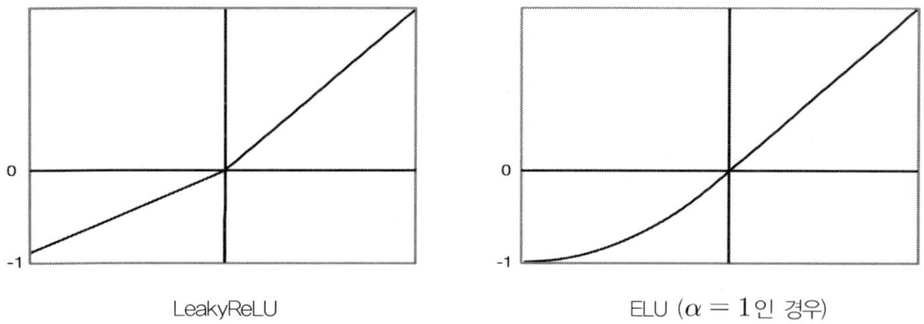

그림 5-2 LeakyReLU와 ELU 활성함수

또 다른 ReLU 활성함수의 변형으로는 ELU(exponential linear units)가 있으며 다음과 같이 정의된다.

$$\sigma(z) = \begin{cases} \alpha(\exp(z) - 1) & \text{만약 } z < 0 \\ z & \text{만약 } z \geq 0 \end{cases}$$

<그림 5-2>는 LeakyReLU와 ELU 활성함수를 비교하고 있다. ELU 활성함수가 LeakyLeRU, ReLU, PReLU보다 우수하다는 모의실험 결과가 있으나 ReLU나 ReLU 변형 활성함수보다 계산시간이 더 걸리는 것으로 알려져 있다.

Klambauer 외(2017)는 ELU 활성함수에 scale 값을 곱하여 SELU(scaled ELU)를 발표하였다. tf.keras에서는 scale=1.05, ELU의 $\alpha = 1.673$을 default로 하여 SELU를 적용하고 있다. 이 값은 해당 은닉층의 입력노드와 출력노드의 분산을 동일하게 해주는 역할을 한다. 이러한 기능 때문에 입력층의 특성변수가 정규화(standardized, 즉 각 특성변수의 평균이 0, 분산이 1이 되도록 특성변수를 변환하는 것)되고 딥러닝 아키텍처가 Sequential API로 구성되어 있으며, 각 층의 모수초기치로 LeCun 초기치를 사용하면 SELU 활성함수는 딥러닝의 모든 층을 스스로 표준화(self normalization)해주는 효과가 있음을 보여주었다. 물론 위 조건을 만족한 SELU 활성함수는 가장 성능이 우수한 활성함수 중의 하나로 알려져 있다.

다음 프로그램은 tf.keras에서 활성함수와 모수초기치를 부여한 예를 보여 주고 있다.

```
from tensorflow.keras.models import Sequential
from tensorflow.keras.layers import Flatten,Dense,Activation,LeakyReLU,PReLU
model=Sequential()
model.add(Flatten(input_shape=[28,28]))
model.add(Dense(256,activation='elu',kernel_initializer='he_normal'))
model.add(Activation('relu'))
model.add(LeakyReLU())
model.add(Dense(128,activation='selu',kernel_initializer='lecun_normal'))
model.add(PReLU())
model.add(Dense(10,activation='softmax'))
model.summary()
```

활성함수 ReLU, ELU, SELU는 층 내의 activation='relu', 'elu', 또는 'selu'로 지정하거나 Activation 층을 불러내어 Activation('relu'), Activation('elu') 또는 Activation('selu')로 활성함수를 지정할 수 있다. 그러나 LeakyReLU와 PReLU는 tf.keras.layers에서 LeakyReLU와 PReLU 클래스를 불러내어 층(layer)으로 반영하여야 한다.

5.4.3 정규화(normalization)

모수의 초기치는 임의로 주어지기 때문에 초기 모수 값이 약간만 쏠림 현상을 갖게 되면 backpropagation 과정에서 은닉층의 미분값(gradient)이 커질 수 있다. 딥러닝에서는 은닉층이 계속 연결되어 있기 때문에 커진 미분값은 점차적으로 누적되고 이로 인해 미분의 폭발현상(gradient explosion)이 발생하여 모수가 수렴하지 않게 된다. 이를 은닉층의 동조화(coupling)라고 한다. 이를 방지하는 가장 효과적인 도구는 정규화이다. 정규화는 활성함수를 적용하기 전에 적용하는 것이 효과적이며 은닉층이 독립적으로 학습할 수 있도록 한다.

이미지 자료인 4D텐서 자료를 이용하여 정규화 기법을 설명하여 보자. 4D텐서는 (batch, height, width, channel)로 구성되어 있으며 이를 (i,j,k,l)의 첨자로 표현하면 x_{ijkl}은 i번째 데이터의 (j,k)번째 픽셀과 l번째 channel 값을 나타낸다. Batch normalization은 평균과 분산을 다음과 같이 구한 후,

$$\mu_l = \frac{1}{n_{\ldots l}} \sum_{i,j,k} x_{ijkl}, \quad \sigma_l^2 = \frac{1}{n_{\ldots l}} \sum_{i,j,k} (x_{ijkl} - \mu_l)^2$$

$$\tilde{x}_{ijkl} = \frac{x_{ijkl} - \mu_l}{\sqrt{\sigma_l^2 + \epsilon}}$$

을 정의하고

$$\alpha \tilde{x}_{ijkl} + \beta$$

으로 정규화한다. 여기에서 $n_{\ldots l} = batch \times height \times width$이고 ϵ은 아주 작은 양의 값으로 분모의 값이 0이 되는 것을 방지하며 일반적으로 0.001을 사용한다. 즉, batch normalization은 각 채널에 대해 x_{ijkl}의 평균과 분산을 구해 $\tilde{x}_{ijkl}$을 구하고 이를 모수 α와 β로 재조정하여 x_{ijkl}를 표준화하는 것을 말한다.

2D텐서 또는 3D텐서 자료의 batch normalization은 자료의 마지막 축을 기준으로 정규화를 하며 입력층 다음에 batch normalization을 실시하면 2.1절에서와 같이 전체 학습데이터를 정규화할 필요가 없어지게 된다.

Instance normalization은 각 표본과 채널에 대해, 다음과 같이 평균과 분산을 구하여 x_{ijkl}를 정규화하는 것을 말한다.

$$\mu_{il} = \frac{1}{n_{i..l}} \sum_{j,k} x_{ijkl}, \quad \sigma_{il}^2 = \frac{1}{n_{i..l}} \sum_{j,k} (x_{ijkl} - \mu_{il})^2$$

$\tilde{x}_{ijkl} = \frac{x_{ijkl} - \mu_{il}}{\sqrt{\sigma_{il}^2 + \epsilon}}$을 정의하고 $\alpha \tilde{x}_{ijkl} + \beta$으로 정규화한다. 여기에서 $n_{i..l} = height \times width$이다. Instance normalization의 실제 적용사례는 제19장 CycleGan을 참고하길 바란다. Instance normalization은 표본별로 정규화하기 때문에 메모리를 많이 차지한다. GPU는 연산을 빠르게 하는 대신 메모리가 작기 때문에 Instance normalization을 사용할 때 batch의 크기를 가능한 한 작게 설정하여야 한다. 대부분의 경우 batch=1 또는 2로 하지 않으면 수렴을 하지 않는 경우가 자주 발생하게 된다.

Layer normalization은 각 표본에 대해 평균과 분산을 구해 x_{ijkl}를 정규화하는 것으로 평균과 분산은 다음과 같이 계산된다.

$$\mu_i = \frac{1}{n_{i...}}\sum_{j,k,l} x_{ijkl}, \quad \sigma_i^2 = \frac{1}{n_{i...}}\sum_{j,k,l}(x_{ijkl} - \mu_i)^2$$

$\tilde{x}_{ijkl} = \frac{x_{ijkl} - \mu_i}{\sqrt{\sigma_i^2 + \epsilon}}$을 정의하고 $\alpha\tilde{x}_{ijkl} + \beta$으로 정규화한다. 여기에서 $n_{i...} = height \times width \times channel$이다. 끝으로 group normalization은 평균과 분산을 각 표본과 일부 채널에 대해 구하여 정규화하는 것을 말한다.

Normalization에서 α와 β는 역전파에 의해 추정되고 평균(μ)과 분산(σ^2)은 normalization 단위별로 계산된다. 예를 들어 batch normalization의 경우, 평균과 분산은 batch 단위로 계산된다. 평균과 분산이 배치단위로 사용되기 때문에 평균과 분산은 입력되는 배치에 의존하게 된다. 이 때문에 딥러닝을 학습시킨 후, validation 또는 test 데이터에 적용시킬 때 어떤 평균과 분산을 써야 하는지 문제가 발생하게 된다.

이를 위해 모형을 학습하는 동안 이동평균(moving average)과 이동평균분산(moving average of variances)을 구해 validation과 test 데이터에 적용하게 된다. tf.keras에서는 디폴트로 momentum=0.99을 주어서, 현재 batch의 평균과 분산에 가중치를 0.01을 주고 직전까지 구한 평균과 분산에 가중치를 0.99를 주어 이동평균을 구한다.

정규화는 미분사라짐 문제를 방지하는 중요한 수단도 가지고 있다. 특히 sigmoid, tanh, 또는 softmax 함수를 은닉층에 사용할 때 정규화는 매우 효과적으로 미분사라짐 현상을 줄여주는 것으로 나타났다. 또 다른 연구에 따르면 정규화는 규제화(regularizer)의 역할도 하며, 뒤에서 소개할 dropout이나 L_1과 L_2 규제화의 필요를 감소시키는 역할도 하는 것으로 나타났다. 다음은 배치정규화를 실행하기 위해 built-in으로 있는 fashion-mnist 데이터를 내려받는 프로그램이다. 학습데이터는 60,000이고 시험데이터는 10,000개로 구성되어 있으며 각 표본은 픽셀이 28×28인 흑백이미지임을 알 수 있다.

```
import tensorflow as tf
import matplotlib.pyplot as plt
fashion_mnist=tf.keras.datasets.fashion_mnist
(x_train,y_train_sparse),(x_test,y_test_sparse)=fashion_mnist.load_data()
print(x_train.shape,x_test.shape)
from tensorflow.keras.utils import to_categorical, plot_model
y_train=to_categorical(y_train_sparse)
y_test=to_categorical(y_test_sparse)
print(y_test.shape)
```

```
(60000, 28, 28) (10000, 28, 28)
(10000, 10)
```

다음 프로그램은 학습데이터에서 첫 25개의 이미지를 보여주고 있으며 fashion-mnist 데이터는 가방, 샌들, 코트 등 총 10개의 이미지 데이터이다. 그러므로 fashion 데이터를 이용하여 모형을 구축한 후, 입력되는 이미지를 10개 이미지 중 하나로 분류하는 것이 목적이 된다.

```
x_train=x_train/255.0
x_test=x_test/255.0
class_names=['T-shirt/top','Trouser','Pullover','Dress','Coat','Sandal','Shirt',
             'Sneaker','Bag','AnkleBoot']
plt.figure(figsize=(10,10))
for i in range(25):
    plt.subplot(5,5,i+1)
    plt.xticks([])
    plt.yticks([])
    plt.grid(False)
    plt.imshow(x_train[i],cmap=plt.cm.binary)
    plt.xlabel(class_names[y_train_sparse[i]])
plt.show()
```

```
from tensorflow.keras.models import Sequential
from tensorflow.keras.layers import Flatten,Dense,Activation,LeakyReLU,PReLU,BatchNormalization
model=Sequential()
model.add(Flatten(input_shape=[28,28]))
model.add(Dense(256,activation='elu',kernel_initializer='he_normal'))
model.add(BatchNormalization(momentum=0.9))
model.add(Dense(128,activation='selu',kernel_initializer='lecun_normal'))
model.add(BatchNormalization(center=False, scale=False))
model.add(Dense(10,activation='softmax'))
model.summary()
```

Model: "sequential_1"

Layer (type)	Output Shape	Param #
flatten_1 (Flatten)	(None, 784)	0
dense_2 (Dense)	(None, 256)	200960
batch_normalization_1	(Batch (None, 256)	1024
dense_3 (Dense)	(None, 128)	32896
batch_normalization_2	(Batch (None, 128)	256
batch_normalization_2	(Batch (None, 128)	256

```
dense_4 (Dense)              (None, 10)              1290
=================================================================
Total params: 236,426
Trainable params: 235,658
Non-trainable params: 768
_________________________________________________________________
```

위 프로그램에서 두 개의 BatchNormalization 층, 즉 BatchNormalization (momentum =0.9)와 $\alpha = 1$, $\beta = 0$으로 고정하여 사용하라는 BatchNormalization (center=False, scale=False)을 이용하고 있다. 여기에서 center는 β를, scale은 α를 의미한다.

BatchNormalization(momentum=0.9)에서 노드 하나당 평균, 분산, α, β가 모수이므로 $256 \times 4 = 1{,}024$개의 모수가 있으며 이 중 평균과 분산은 모수가 아니므로 non-trainable 모수는 512개이다. 또한 BatchNormalization(center=False, scale=False)에서는 노드 하나당 평균과 분산만 추정하므로 $128 \times 2 = 256$개의 모수가 필요하지만 이 값 모두 non-trainable 모수가 되어 총 non-trainable 모수는 768개임을 확인할 수 있다. 이에 대한 학습결과는 다음과 같으며 약 89.1%의 정밀도를 보여주고 있다.

```
model.compile(loss='categorical_crossentropy',optimizer='nadam',metrics=['accuracy'])
results=model.fit(x_train,y_train,batch_size=32,epochs=10,validation_split=0.1)
```

```
Epoch 8/10
54000/54000 [==============================] - 11s 210us/sample - loss: 0.2359 - accuracy: 0.9112 - val_loss: 0.3184 - val_accuracy: 0.8895
Epoch 9/10
54000/54000 [==============================] - 12s 219us/sample - loss: 0.2253 - accuracy: 0.9150 - val_loss: 0.3271 - val_accuracy: 0.8872
Epoch 10/10
54000/54000 [==============================] - 12s 218us/sample - loss: 0.2127 - accuracy: 0.9204 - val_loss: 0.3137 - val_accuracy: 0.8910
```

5.4.4 Dropout

Dropout은 과대적합이 발생했을 때 규제화의 한 방법이다. 각 층의 활성함수 이전이나 이후 일정 %의 노드를 임의로 빼버리고 학습시키는 간단한 규제화이다. 일반적으로 20 ~ 50%를 dropout 시킨다. 학습하는 동안 dropout되는 노드는 반복마다 임의로 추출되므로 어떤 반복에서는 특정노드가 모형에 포함되지 않지만 다음 반복에서는 이 특정노드가 모형에 포함될 수 있다. 그러므로 드롭률(drop rate)을 p라고 할 때, $(1-p)\times 100\%$의 노드만으로 전체 노드를 대표하므로 선택된 노드값에 $(1-p)$를 나누어 노드의 대표성을 높여 주어야 한다. 예를 들어, 어떤 은닉층의 출력이 100개 있고 $p=0.2$로 하면 다음 층에 임의로 선택된 80개의 노드가 입력으로 전달되는데, 이 80개의 노드값에 0.8을 나누어 노드의 대표성을 원래의 100개가 가지고 있는 대표성으로 높여준 후 다음 층의 입력으로 전달된다.

이렇게 간단한 dropout이지만 과대적합 해소에 기여도가 높으며, 특히 모형의 성능을 높여 주는 데 중요한 역할을 하는 것으로 알려져 있다. 노드를 임의로 dropout 시키게 되므로 노드의 동반 학습을 방지하여 노드가 독립적으로 학습할 수 있도록 한다. 이러한 이유로 dropout을 MLP와 RNN과 같은 FC층에 사용하면 효과적이다.

아래 프로그램은 앞에서 사용한 fashion-mnist 데이터에 dropout을 적용한 프로그램이다. 10% dropout을 적용한 것을 볼 수 있다. 처음에는 30%, 10%의 드롭률을 적용하였으나 과소적합(underfit)되어 드롭률을 10%로 줄여 준 것이다. 앞의 batch normalization에서 발생한 약간의 과대적합이 사라졌지만 모형의 정밀도는 거의 변화가 없음을 볼 수 있다. model.fit 내의 validation_split=0.1를 지정하여 x_train 중 첫 90%는 x_train으로, 나머지 10%는 검증데이터(validation data)로 분류한다. 이는 shuffling 후 자료를 분리하는 sklearn의 train_test_split과 다른 점이다.

```
from tensorflow.keras.models import Sequential
from tensorflow.keras.layers import Flatten,Dense,BatchNormalization,Dropout
model=Sequential()
model.add(Flatten(input_shape=[28,28]))
model.add(Dropout(0.1))
model.add(Dense(256,activation='elu',kernel_initializer='he_normal'))
model.add(Dropout(0.1))
model.add(Dense(128,activation='selu',kernel_initializer='lecun_normal'))
model.add(Dense(10,activation='softmax'))
```

```
model.compile(loss='categorical_crossentropy',optimizer='nadam',metrics=['accuracy'])
results=model.fit(x_train,y_train,batch_size=32,epochs=10,validation_split=0.1)
```

```
Epoch 9/10
54000/54000 [==============================] - 13s 245us/sample - loss: 0.2863 - accuracy: 0.8903 - val_loss: 0.3145 - val_accuracy: 0.8897
Epoch 10/10
54000/54000 [==============================] - 13s 249us/sample - loss: 0.2755 - accuracy: 0.8954 - val_loss: 0.2996 - val_accuracy: 0.8898
```

5.4.5 기타 방법

과대적합이 발생했을 때 가장 확실한 방법 중의 하나는 은닉층의 모수를 줄이는 것이다. 여기에서 주의해야 할 점은 모형의 성능이 줄어들 정도로 은닉층의 모수를 줄이지 말아야 한다는 것이다. 모수를 줄여서 시험데이터 또는 적어도 검증데이터에서 측정된 모형의 성능이 줄어들면 이는 과소적합에 해당된다. 은닉층의 모수는 규제화(regularization)에 의해 줄일 수 있다. 규제화는 L_1과 L_2 규제화가 있으며, 원래의 손실함수에 은닉층의 모수절댓값의 합 또는 제곱합을 아래와 같이 추가한 후, 아래와 같이 새로운 손실함수 ℓ^*를 정의하여 이 새로운 ℓ^*를 최소화하는 모수를 구한다.

$$\ell^* = \text{원래의 손실함수} + \lambda_1 \sum_{j=1}^{k} |\theta_i|$$

으로 정의하면 이를 L_1 규제화라고 하며

$$\ell^* = \text{원래의 손실함수} + \lambda_2 \sum_{j=1}^{k} \theta_i^2$$

이면 이를 L_2 규제화라고 한다.

L_1 규제화는 λ_1을 증가시키면 원래의 손실함수에서 기여도가 작은 모수 순서대로 모수를 0으로 만드는 규제화이고, L_2는 λ_2를 증가시키면 모수를 0에 가깝게 만드는 규제화이다. 그러므로 λ_1 또는 λ_2를 조절하여 유의미한 모수의 수를 조절할 수 있다.

규제화는 통계적 모형의 관점에서 출력층에 적용하면, 특히 L_1 규제화는 통계적 검증과 비슷한 역할을 하게 된다. 이미 제1장에서 논의하였듯이 출력층의 모형은 분류일 경우 로그선형모형이고 회귀인 경우 선형회귀모형과 동일하다. 여러 은닉층을 걸쳐 만들어진 고수준 대표성을 가진 특성변수는 최종적으로 출력층의 입력변수가 된다. 그러므로 출력층에 L_1 또는 L_2 규제화를 사용하면 불필요한 고수준 특성변수를 제거하는 통계적 검증과 같은 역할을 하게 된다. 즉, 통계적인 관점에서 출력층 직전 은닉층 노드수가 딥러닝 성능을 좌우하는 특성변수 숫자가 된다. 그런데 전체 자료수에 비해 특성변수 숫자가 너무 크면 과대적합의 원인이 되므로 출력층 직전 은닉층 노드수를 줄여 과대적합문제를 어느 정도 완화할 수 있다.

딥러닝 모형의 성능을 향상시키는 중요한 방법 중의 하나는 기존에 이미 학습된 딥러닝 모형을 이용하는 이전학습(transfer learning)과 보유하고 있는 자료를 증대(data augmentation)시키는 방법이 있다. 보유하고 있는 자료가 너무 작으면 딥러닝 모형의 성능은 기대할 수 없을 것이다. 자료가 이미지 자료이면 이미 빅데이터로 학습된 딥러닝 모형을 이전하여 자신이 가지고 있는 작은 규모의 이미지 자료를 매우 정밀도가 높게 분류하거나 인식 가능하게 할 수 있다. 또한 이전학습과 더불어 자신이 가지고 있는 작은 규모의 이미지 자료를 회전시키거나 뒤집거나, 일부를 이동시키거나 절단하여 자료를 증대시키면 좀 더 성능이 좋은 딥러닝 모형을 구축할 수 있을 것이다. 이전학습과 자료증대는 이어지는 제6장 CNN의 응용과 이전학습에서 자세하게 논의할 것이다.

5.4.6 Label smoothing

이항분류나 다항분류의 목적변수는 one-hot encoding으로 전환하여 binary-crossentropy나 categorical-crossentropy 손실함수를 정의하게 된다. one-hot encoding의 1은 목적변수 관점에서는 표본의 범주를 지정하지만, 손실함수 관점에서는 특정 범주에 속할 확률로 해석할 수 있다. 그러므로 one-hot encoding에서 0은 특정 범주에 속할 확률이 zero라고 해석할 수 있다. Label smoothing은 one-hot encoding에 불확실성을 부여하여 과대적합을 해소하는 방법이다. 즉, one-hot encoding을 y라고 하고 범주수(dimension of one-hot encoding)를 K로 표현할 때

$y^{ls} = y(1-\alpha) + \frac{\alpha}{K}$로 one-hot encoding을 수정한다. 여기에서 α는 $0 < \alpha < 1$이다. 예를 들어 $y = [0,0,1,0,0]$이면 $K = 5$이므로 $\alpha = 0.1$일 때 $y^{ls} = [0.02, 0.02, 0.92, 0.02, 0.02]$로 목적변수를 변경하여 binary 또는 categorical crossentropy 손실함수를 정의하는 기법이 label smoothing이다. tf.keras에서는 다음과 같이 compile에 α를 지정할 수 있으며 일반적으로 0.1보다 작은 값을 선택한다.

```
model.compile(loss=CategoricalCrossentropy(label_smoothing=0.1), optimizer='adam'
```

5.5 맞춤형 딥러닝 설계

딥러닝은 층(layer), 층내에 있는 활성함수, 규제함수(regularizer), 초기치(initializer), 그리고 compile 내의 손실함수, metric, model로 구성되어 있다. 이러한 구성요소들은 built-in으로 만들어져 있어, tf.keras에서는 마치 블록 장난감처럼 필요에 따라 딥러닝 설계를 하게 된다. 그러나 딥러닝 모형을 개발하거나 자료의 형태 또는 연구목적에 따라 이러한 built-in 구성요소를 맞춤형으로 새롭게 만들 필요가 있다. 맞춤형 model을 정의할 때 call() 함수의 입력은 train 데이터로 지정되어야 하고, 맞춤형 layer의 입력은 바로 앞 layer의 출력이 입력으로 지정되어야 한다. 맞춤형 loss의 입력은 목적변수 y_true와 목적변수 추정치 y_pred가 입력으로 지정되어야 한다. 그러므로 만약 맞춤형 layer와 loss에서 call() 함수를 사용하면 여기에 앞에서 설명한 입력자료가 지정되어야 한다. tf.keras는 python의 기본 문법을 이용하여 맞춤형 딥러닝 구성요소들을 만들어 낸 후, Sequential, functional, 또는 Subclassing API로 적용할 수 있도록 하였다.

5.5.1 맞춤형 손실함수

fashion-mnist 데이터에는 10개의 이미지가 있고 이 10개의 이미지를 분류하는 것이 목적이므로 손실함수로 categorical crossentropy를 이용한다. 출력층은 softmax 함수를 사용하여 각 이미지에 속할 확률을 예측한 바 있다. 목적변수 y는 one-hot encoding 벡터이고 딥러닝에 의해 예측된 $\hat{y}$은 확률이므로 0 ~ 1 사이의 값을 가지게 된다. 예를 들어 $|y-\hat{y}|<0.3$이면 비교적 잘 분류된 표본이므로 $\sum_{k=1}^{10}|y_k-\widehat{y_k}|^2$ (여기에서 y와 $\hat{y}$는 모두 크기가 (10,)인 1D텐서이므로 y_k와 $\widehat{y_k}$는 각각 k번째 자리 값이다)으로 손실을 정의하고, $|y-\hat{y}|\geq 0.3$이면 $\sum_{k=1}^{10}|y_k-\widehat{y_k}|$으로 좀 더 큰 손실을 부여하고자 한다. 이러한 맞춤형 손실함수를 아래와 같이 정의하여 compile 함수에 반영한다.

```
def sse_linear_loss(y_true,y_pred):
    error=tf.abs(y_true-y_pred)
    is_error=error<0.3
    error_1=tf.reduce_sum(tf.square(error))
    error_2=tf.reduce_sum(error)
    return tf.where(is_error,error_1,error_2)
```

위 sse_linear_loss 함수에서 y_true와 y_pred는 필수적인 2개의 요소이다. compile 함수에 손실로 선언되면 이 손실함수에 y_true와 y_pred이 입력되기 때문이다. 이제 sse_linear_loss를 실제 fashion-mnist 데이터에 적용하여 보자.

```
from tensorflow.keras.models import Sequential
from tensorflow.keras.layers import Flatten, Dense, Activation, LeakyReLU,
                                    PReLU,BatchNormalization
model=Sequential()
model.add(Flatten(input_shape=[28,28]))
model.add(Dense(256,activation='elu',kernel_initializer='he_normal'))
```

```
model.add(BatchNormalization(momentum=0.9))
model.add(Dense(128,activation='selu',kernel_initializer='lecun_normal'))
model.add(BatchNormalization(center=False, scale=False))
model.add(Dense(10,activation='softmax'))

model.compile(loss=sse_linear_loss, optimizer='nadam',metrics=['accuracy'])
model.fit(x_train,y_train,epochs=10,batch_size=32,validation_split=0.2)
```

```
Epoch 9/10
48000/48000 [==============================] - 13s 262us/sample - loss: 4.4909 - accuracy: 0.9089 - val_loss: 5.3450 - val_accuracy: 0.8924
Epoch 10/10
48000/48000 [==============================] - 13s 265us/sample - loss: 4.2878 - accuracy: 0.9122 - val_loss: 5.3707 - val_accuracy: 0.8901
```

위 프로그램에서 볼 수 있듯이 sse_linear_loss 함수를 model.compile 함수에 지정만 해주면 된다. 원래의 categorical crossentropy와 비교하여 거의 동일한 성능을 보여주고 있다. 만약 $|y-\hat{y}|<0.3$에서 0.3을 자유롭게 지정하게 하고 싶을 경우, 다음과 같이 함수를 정의한 후,

```
def sse_linear_loss(threshold):
    def my_loss(y_true,y_pred):
        error=tf.abs(y_true-y_pred)
        is_error=error<threshold
        error_1=tf.reduce_sum(tf.square(error))
        error_2=tf.reduce_sum(error)
        return tf.where(is_error, error_1,error_2)
    return my_loss
```

```
model.compile(loss=sse_linear_loss(0.4), ...)
```

으로 지정하면 된다. 이 딥러닝 모형을 학습시킨 후, 'my_model_sse.h5'로 저장하였다면 맞춤형 sse_linear_loss와 함께 저장된 모형을 불러내기 위해

```
model=tf.keras.models.load_model('my_model_sse.h5',
                        custom_objects={'my_loss':sse_linear
```

```
_loss(0.4)})
```

으로 입력하여야 한다. 여기에서 'my loss'는 프로그램에서 부여한 맞춤형 손실함수의 이름이다. 만약 threshold=0.3으로 고정한 앞의 모형을 불러낸다면(물론 'my_model_sse.h5'로 저장했다는 가정하에서)

```
model=tf.keras.models.load_model('my_model_sse.h5',
                                  custom_objects={'sse_linear_loss':ss
                                  e_linear_loss})
```

으로 custom_objects를 지정하여야 한다. 프로그램에서 부여한 손실함수 이름이 'sse_linear_loss'이기 때문이다.

지금까지 python의 def를 이용하여 손실함수를 정의하였지만, built-in으로 tf.keras에 이미 만들어진 Loss 클래스를 부모클래스로 지정하여 부모클래스가 가진 특성(attribute)들을 그대로 이어받는 subclassing 방법이 있다.

```
class SseLinearLoss(tf.keras.losses.Loss):
    def __init__(self,threshold=0.3,**kwargs):
        self.threshold=threshold
        super().__init__(**kwargs)
    def call(self,y_true,y_pred):
        error=tf.abs(y_true-y_pred)
        is_error=error<self.threshold
        error_1=tf.reduce_sum(tf.square(error))
        error_2=tf.reduce_sum(error)
        return tf.where(is_error, error_1,error_2)
    def get_config(self):


        base_config=super().get_config()
        return {**base_config, 'threshold':self.threshold}

model.compile(loss=SseLinearLoss(0.4),optimizer='nadam',metrics=['accuracy'])
model.fit(x_train,y_train,epochs=10,batch_size=32,validation_split=0.2)
```

위 프로그램에서 def __init__은 제4장의 Subclassing API에서 설명하였으므로 생략한다. call() 함수에 손실함수를 정의하므로 y_true와 y_pred는 구성요소(argument)로 반드시 할당해야 한다. 이 call() 함수는 model.fit이 실행되면 작동하게 된다. get_config() 함수는 부모클래스인 Loss의 dictionary 형태로 주어진 초모수에 맞춤형 SseLinearLoss의 초모수를 dictionary 형태로 추가하게 한다. base_config는 부모클래스의 config를 불러내어 **base_config에 의해 부모클래스인 Loss 클래스에 SseLinearLoss의 초모수인 {'threshold':self.threshold}를 추가하게 된다. 이처럼 subclassing으로 만들어진 맞춤형 SseLinearLoss를 손실함수로 한 모형을 학습시킨 후, 'my_model.h5'로 저장하였다면, 이 모형을 호출할 때 다음과 같이 custom_objects에 클래스 이름만 부여하면 된다.

```
model=tf.keras.models.load_model('my_model.h5',
                                  custom_objects={'SseLinearLoss':S
                                  seLinearLoss})
```

부모클래스를 이용하여 손실함수를 정의하면, call( ) 함수는 손실함수를 정의하고 __init__은 call 함수에 필요한 재료인 threshold를 제공한다. __init__의 재료 threshold는 SseLinearLoss 클래스를 정의하기 위한 새로운 변수이므로 get_config( ) 함수를 이용하여 부모클래스에 등록하고 있다. 이러한 세 가지 함수의 역할 분담은 맞춤형 layer, 맞춤형 model 등을 정의할 때도 동일하게 적용된다. 지금까지 맞춤형 손실함수는 목적변수 y와 예측치 $\hat{y}$를 기반으로 정의하였다. 만약 모형의 일부 출력값을 이용하여 손실함수를 정의하고 이 손실을 built-in 주손실함수에 추가하고 싶을 경우, add_loss 함수를 사용하면 된다. 출력은 하나이지만 이 출력의 성능을 향상시키기 위해 2개 이상의 손실함수를 정의할 때 유용하게 사용되는 함수이다. 제18장 VAE에서 add_loss 함수를 이용한 사례를 다루게 될 것이다. 제4장에서 다룬 바 있는 Boston-housing 데이터를 이용하여 add_loss 적용방법을 논의하여 보자.

```
import tensorflow as tf
from tensorflow.keras.datasets import boston_housing
(x_train,y_train),(x_test,y_test)=boston_housing.load_data()
print(x_train.dtype,y_train.dtype)
print(x_train.shape,y_train.shape)
print(x_test.shape)
```

```
float64 float64
(404, 13) (404,)
(102, 13)
```

위 프로그램과 같이 boston_housing 데이터를 호출하여 학습데이터와 시험데이터를 정의한다. 아래 프로그램을 설명하면 다음과 같다. boston_housing 데이터의 특성변수를 3개의 MLP 층을 통과한 매개변수로 다시 재생하고(reconstruction), 동시에 주택가격 예측의 정밀도도 높이기 위해 재생손실함수 recon_loss를 모형 내의 input_A와 recon을 이용하여 정의하고 있다. input_A와 recon의 표본당 크기가 (13,)인 1D텐서이므로 이들 13개의 MSE를 recon_loss로 정의한 후,

```
model.add_loss(0.05*recon_loss)
```

로 손실함수를 정의하고 이 손실함수를 built-in 주손실함수에 추가하고 있다. 0.05를 곱한 이유는 실제주택가격과 예측주택가격으로 측정된 주손실에 비해 recon_loss는 약 5% 정도의 중요도를 가질 것으로 가정하였기 때문이다. 아래 프로그램 model.summary()에서 tf_op_layer_sub_26부터 add_loss_26까지는 recon_loss에 대한 정보를 제공하고 있다. recon_loss가 스칼라이기 때문에 최종 add_loss_26의 출력은 0D텐서이다.

```
from tensorflow.keras.models import Model
from tensorflow.keras.layers import Input,Dense
from tensorflow.keras.utils import plot_model
```

```
from tensorflow.keras import backend as k
input_A=Input(shape=[13])
h1=Dense(32,activation='elu',kernel_initializer='he_normal')(input_A)
h2=Dense(32,activation='elu',kernel_initializer='he_normal')(h1)
h3=Dense(32,activation='elu',kernel_initializer='he_normal')(h2)
recon=Dense(13,activation='elu',kernel_initializer='he_normal')(h3)
out1=Dense(1)(h3)
model=Model(input_A,out1)
recon_loss=tf.reduce_mean(tf.square(input_A-recon))
model.add_loss(0.05*recon_loss)
model.summary()
#plot_model(model,show_shapes=True)
```

```
Model: "model_27"
__________________________________________________________________________________
Layer (type)                    Output Shape  Param #          Connected to
==================================================================================
input_28 (InputLayer)           [(None, 13)]        0
__________________________________________________________________________________
dense_138 (Dense)                 (None, 32)      448          input_28[0][0]
__________________________________________________________________________________
dense_139 (Dense)                 (None, 32)     1056         dense_138[0][0]
__________________________________________________________________________________
dense_140 (Dense)                 (None, 32)     1056         dense_139[0][0]
__________________________________________________________________________________
dense_142 (Dense)                  (None, 1)       33         dense_140[0][0]
__________________________________________________________________________________
dense_141 (Dense)                 (None, 13)      429         dense_140[0][0]
__________________________________________________________________________________
tf_op_layer_sub_26 (TensorFlow[(None, 13)]  0                  input_28[0][0]
                                                              dense_141[0][0]
__________________________________________________________________________________
tf_op_layer_Square_26 (TensorFl[(None, 13)]  0          tf_op_layer_sub_26[0][0]
__________________________________________________________________________________
tf_op_layer_Mean_26 (TensorFlow[()]         0        tf_op_layer_Square_26[0][0]
__________________________________________________________________________________
tf_op_layer_mul_25 (TensorFlowO      [()]          0   tf_op_layer_Mean_26[0][0]
__________________________________________________________________________________
add_loss_26 (AddLoss)                  ()          0    tf_op_layer_mul_25[0][0]
==================================================================================
Total params: 3,022
Trainable params: 3,022
Non-trainable params: 0
```

아래 프로그램에서 compile 내의 'mse'는 실제주택가격(y_train)과 예측치(out_1)의 MSE이며 주손실이다. 총 손실은 주손실 + recon_loss로 정의되며 총 손실을 최소화하는 최신화 알고리즘은 Nadam을 사용하고 있다.

```
model.compile(loss='mse',optimizer='nadam')
history=model.fit(x_train,y_train,epochs=10,batch_size=32,validation_data=(x_test,y_test))
```

```
Epoch 8/10
404/404 [==============================] - 0s 141us/sample - loss: 149.2619 - val_loss: 147.5169
Epoch 9/10
404/404 [==============================] - 0s 133us/sample - loss: 140.1864 - val_loss: 125.4343
Epoch 10/10
404/404 [==============================] - 0s 136us/sample - loss: 134.3033 - val_loss: 120.0284
```

제4장에서 논의한 Subclassing API를 이용하여 동일한 프로그램을 작성하면 다음과 같다.

```
class ReconReg(tf.keras.models.Model):
    def __init__(self, input_dim, out_dim,**kwargs):
        super().__init__(**kwargs)
        self.hidden=[Dense(32,activation='elu',kernel_initializer='he_normal') for _ in range(3)]
        self.out=Dense(out_dim)
        self.recon=Dense(input_dim)
    def call(self,inputs):
        z=inputs
        for layer in self.hidden:
            z=layer(z)
        recon=self.recon(z)
        recon_loss=tf.reduce_mean(tf.square(recon-inputs))
        self.add_loss(0.05*recon_loss)
        return self.out(z)


model=ReconReg(13,1)
model.compile( loss='mse',optimizer='nadam')
history=model.fit(x_train,y_train,epochs=10,batch_size=32,validation_data=(x_test,y_test))
```

위 프로그램을 설명하면 다음과 같다. __init__에 의해 딥러닝을 구성할 층을 미리 구축한 후, call() 함수에 의해 딥러닝 아키텍처가 설계되고 recon_loss가 정의된다. 이를 바탕으로 call() 함수에 self.add를 이용하여 주손실함수에 recon_loss를 추가하게 된다.

5.5.2 맞춤형 은닉층

맞춤형 은닉층은 모수 없이 단순하게 연산이나 확률분포로부터 확률변수값을 추출할 때 사용하는 경우, built-in 은닉층을 반복적으로 사용하기 위한 경우, 그리고 모수가 있는 새로운 은닉층을 만드는 경우로 구분할 수 있다. 다음은 Lambda 클래스를 이용하여 모수가 필요 없는 은닉층을 만드는 프로그램을 보여 주고 있다.

```
import tensorflow as tf
import tensorflow.keras.backend as k
def sampling(args):
    z_mean, z_log_var=args
    batch=k.shape(z_mean)[0]
    dim=k.int_shape(z_mean)[1]
    epsilon=tf.random.normal(shape=(batch,latent_dim))
    return z_mean+tf.exp(0.5*z_log_var)*epsilon
z=tf.keras.layers.Lambda(sampling, output_shape=(latent_dim,))([z_mean,z_log_var])
```

위에 정의된 sampling 함수는 평균과 로그분산을 입력으로 받아 정규분포로부터 확률변수값을 생성하는 함수이다. sampling 함수에서는 추정해야 할 모수가 없으므로 built-in Lambda 층을 호출하여 sampling 은닉층을 만들고 있다. sampling 층은 [z_mean, z_log_var]을 입력받아 출력으로 표본 하나당 output_shape=(latent_dim,)인 1D텐서인 z를 출력한다. 여기에서 latent_dim은 z_mean과 z_log_var의 크기, 즉 (batch, latent_dim)으로부터 정의된다.

다음은 subclassing을 이용한 맞춤형 은닉층으로, built-in Layer 클래스를 부모클래스로 지정하여 만든 은닉층이다.

```
class BasicCal(tensorflow.keras.layers.Layer):
    def call(self, x):
        x1,x2=x
        return [x1+x2, x1-x2, x1*x2, x1/x2]
    def compute_output_shape(self, batch_input_shape)
```

```
        shape1,shape2=batch_input_shape
        return [shape1,shape1,shape1,shape1]
```

위에 정의된 BasicCal은 보통의 built-in 은닉층과 동일하게 사용하면 된다. call 함수는 BasicCal이 호출되면 직전층의 출력 x를 입력받아 사칙연산을 하게 한다. compute_output_shape 함수는 basicCal 층의 출력 shape을 정의하는 함수로 shape1과 shape2는 각각 x1과 x2의 shape이다. x2가 스칼라일 때를 가정한 것으로 call() 함수에 의한 사칙연산의 결과로 BasicCal의 출력은 모두 shape1이 된다. compute_output_shape( ) 함수는 맞춤형 layer의 입력과 출력 shape을 지정하는 역할을 하고 있다.

다음 맞춤형 은닉층은 동일한 아키텍처가 반복될 때, 예를 들어 A,B,C,A,B,C, A,B,C로 A,B,C 층이 3번 반복되면, A,B,C를 하나의 층으로 묶은 은닉층 D를 만들어 D,D,D로 아키텍처를 구성하고자 할 때 유용한 subclassing 맞춤형 은닉층이다.

```
class ResidualBlock(tf.keras.layers.Layer):
    def __init__(self, nlayers, n_nodes,**kwargs):
        super().__init__(**kwargs)
        self.hidden=[tf.keras.layers.Dense(n_nodes,activation='elu',
        kernel_initializer='he_normal') for _ in range(nlayers)]
    def call(self,inputs):
        z=inputs
        for layer in self.hidden:
            z=layer(z)
        return tf.concat([inputs,z], axis=-1)
```

앞의 프로그램에서 n_layers=2일 경우 ResidualBlock 층은 <그림 5-3>의 구조를 가지고 있는 block 구조를 가진 층이 된다.

ResidualBlock 층은 직전 층으로부터 x를 입력받아 n_layers 숫자만큼의 MLP 층을 연속으로 통과하여 출력된 z를 다시 x와 z를 concatenate하는 구조를 가지고 있

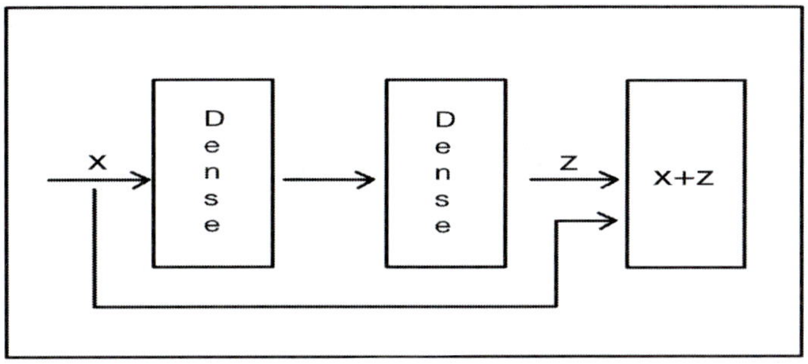

그림 5-3 맞춤형 ResidualBlock 층의 구조(n_layers=2일 경우)

다. 맞춤형 ResidualBlock 층은 자체 모수는 없지만, built-in Dense 층이 가지고 있는 모수가 있으며 tf.keras의 Layer 클래스를 부모클래스로 지정하고 있다. 맞춤형 ResidualBlock 층을 fashion-mnist 데이터에 적용하면 아래와 같다. 첫 번째 ResidualBlock은 (256,) 1D텐서를 입력받아 동일한 shape을 출력한 후 tf.concat에 의해 axis=-1축으로 concatenate되므로 최종출력은 (512,) 1D텐서가 된다. 동일하게 두 번째 ResidualBlock에서도 입력과 출력이 (128,) 1D텐서이고 이를 concatenate 하므로 (256,) 1D텐서가 두 번째 ResidualBlock의 출력이 된다.

```
from tensorflow.keras.models import Sequential
from tensorflow.keras.layers import Flatten,Dense,Activation,BatchNormalization
model=Sequential()
model.add(Flatten(input_shape=[28,28]))
model.add(Dense(256,activation='elu',kernel_initializer='he_normal'))
model.add(ResidualBlock(2,256))
model.add(BatchNormalization(momentum=0.9))
model.add(Dense(128,activation='elu',kernel_initializer='he_normal'))
model.add(ResidualBlock(1,128))
model.add(BatchNormalization(center=False,scale=False))
model.add(Dense(10,activation='softmax'))
model.summary()
#plot_model(model,show_shapes=True)
```

```
Model: "sequential_5"
_________________________________________________________________
Layer (type)                 Output Shape              Param #
=================================================================
```

```
flatten_5 (Flatten)              (None, 784)          0
dense_21 (Dense)                 (None, 256)          200960
residual_block_7 (ResidualBl     (None, 512)          131584
batch_normalization_4 (Batch     (None, 512)          2048
dense_24 (Dense)                 (None, 128)          65664
residual_block_8 (ResidualBl     (None, 256)          16512
batch_normalization_5 (Batch     (None, 256)          512
dense_26 (Dense)                 (None, 10)           2570
total params: 419,850
Trainable params: 418,314
Non-trainable params: 1,536
```

학습결과는 아래와 같고 fashion-mnist 데이터를 적용한 다른 딥러닝 모형보다 성능이 우수한 것을 볼 수 있다.

```
model.compile(loss='categorical_crossentropy',optimizer='nadam',
              metrics=['accuracy'])
results=model.fit(x_train,y_train,batch_size=32,epochs=10,validation_split=0.1)
```

```
Epoch 9/10
54000/54000 [==============================] - 19s 346us/sample - loss: 0.2223 - accuracy: 0.9148 - val_loss: 0.3275 - val_accuracy: 0.8903
Epoch 10/10
54000/54000 [==============================] - 20s 369us/sample - loss: 0.2151 - accuracy: 0.9192 - val_loss: 0.3268 - val_accuracy: 0.8917
```

이제 자체 모수를 가지고 있는 맞춤형 MLP 은닉층을 Subclassing을 이용하여 구성해 보도록 하자. 맞춤형 은닉층이 MLP이므로 추정해야 할 모수인 입력변수를 선형결합하는 모수 W와 bias b를 정의한 후, 활성함수를 통해 출력하는 구조로 정의되어 있다. 다음 프로그램에서 Adense는 built-in Layer 클래스를 부모클래스로 지정하여 nodes와 activation을 구성요소(arguments)로 갖는 맞춤형 layer이다. Adense층의 모수 W와 bias b의 shape은 build() 함수에 의해 Adense 층이 호출될 때 자동으로 조율된다. super().build()로 부모클래스인 Layer의 build()를 호출하고 tf.keras

에 layer를 만들었다고 선언하게 되므로 build() 함수의 맨 마지막에 위치해야 한다. call() 함수에 의해 입력변수 x에 W를 곱하고 bias b를 더해준 후, 이를 activation 함수에 통과시켜 출력하는 아키텍처를 구성하고 있다. 여기에서 x는 build() 함수의 batch_input_shape을 가진 batch 단위 입력변수이고 x@self.W에서 @는 tf.keras에 새롭게 도입된 행렬곱을 나타낸다. 기존의 tf.matmul(x, self.W)와 동일한 기능을 하는 행렬곱 연산자이다. compute_output_shape은 Adense 층의 출력 shape을 출력한다.

```
class Adense(tf.keras.layers.Layer):
    def __init__(self,nodes,activation=None,**kwargs):
        super().__init__(**kwargs)
        self.nodes=nodes
        self.activation=tf.keras.activations.get(activation)
    def build(self, batch_input_shape):
        self.W=self.add_weight(shape=[batch_input_shape[-1],self.nodes])
        self.b=self.add_weight(shape=[self.nodes,])
        super().build(batch_input_shape)
    def call(self,x):
        return self.activation(x@self.W+self.b)
    def compute_output_shape(self,batch_input_shape):
        return tf.TensorShape.as_list([batch_input_shape[:-1],self.nodes])
    def get_config(self):
        base_config=super.get_config()
        return {**base_config,'nodes':self.nodes,'activation':tf.keras.activations(self.activation)}
```

맞춤형 Adense 층을 fashion-mnist 데이터에 적용하면 다음과 같다. 첫 번째 Adense 층에서는 nodes=256, activation='relu'로 지정하였고, 두 번째 Adense 층에서는 nodes=64, activation='relu'로 지정하였다.

```
from tensorflow.keras.models import Sequential
from tensorflow.keras.layers import Flatten, Dense, Activation, LeakyReLU,
                                    PReLU,BatchNormalization
model=Sequential()
```

```
model.add(Flatten(input_shape=[28,28]))
model.add(Dense(256,activation='elu',kernel_initializer='he_normal'))
model.add(Adense(256,activation='relu'))
model.add(BatchNormalization(momentum=0.9))
model.add(Dense(128,activation='elu',kernel_initializer='he_normal'))
model.add(Adense(64,activation='relu'))
model.add(BatchNormalization(center=False,scale=False))
model.add(Dense(10,activation='softmax'))

model.compile(loss='categorical_crossentropy',optimizer='nadam',metrics=['accuracy'])
results=model.fit(x_train,y_train,batch_size=32,epochs=10,validation_split=0.1)
```

```
Epoch 9/10
54000/54000 [==============================] - 16s 301us/sample - loss: 0.2572 - accuracy: 0.9050 - val_loss: 0.2993 - val_accuracy: 0.8865
Epoch 10/10
54000/54000 [==============================] - 16s 297us/sample - loss: 0.2445 - accuracy: 0.9085 - val_loss: 0.3149 - val_accuracy: 0.8878
```

5.5.3 맞춤형 활성함수, 초기치, 규제화 그리고 맞춤형 딥러닝 모형

딥러닝 모형의 성능향상과 과대적합 방지를 위해 5.1절에서 논의했던 활성함수, 초기치(kernel_initializer), 규제화(regularizer), 제약(constraint) 등도 맞춤형이 가능하다. 다음의 예제들은 각각 tf.keras.activations, tf.keras.initializers, tf.keras.regularizers, tf.keras.constraints에 built-in으로 존재하지만 다음과 같이 간단하게 python의 def를 이용하여 정의할 수 있다.

```
def custom_softplus(z):
    return tf.math.log(tf.exp(z)+1.0)

def custom_glorot_initializer(shape, dtype=tf.float32)
    std=tf.sqrt(2./(shape[0]+shape[1])
    return tf.random.normal(shape,stddev=std,dtype=dtype)

def custom_l1_regularizer(weights)
    return tf.reduce_sum(tf.abs(0.01*weights)

def custom_positive_constraint(weights)
    return tf.where(weights<0, tf.zeros_like(weights), weights)
```

위 프로그램에서 tf.math.log는 자연대수 log를 의미한다. custom_softplus는 맞춤형 활성함수, custom_glorot_initializer는 맞춤형 초기치, custom_l1_regularizer는 맞춤형 규제화, custom_positive_constraint는 맞춤형 제한으로 각 함수의 기능에 맞게 구성요소(arguments)를 결정해야 한다. 예를 들어, custom_glorot_initializer의 shape에서 shape[0]는 입력노드수, shape[1]은 출력노드수로 정의되어야 한다. 이와 같이 정의된 함수들은 일반적인 활성함수, 초기치, 규제화, 제한과 동일하게 아래와 같이 사용된다.

```
Dense(32, activation=custom_softplus, kernel_initializer=custom_glorot_initializer,
          kernel_regularizer=custom_l1_regularizer, kernel_constraint=custom_potive_constraint)
```

맞춤형 초기치, 활성함수 등도 subclassing을 이용하여 맞춤형으로 정의할 수 있다. 즉, tf.keras.activations.Activation, tf.keras.initializers.Initializer, tf.keras.regularizers.Regularizer, tf.keras.constraints.Constraint를 부모클래스로 하여 맞춤형 클래스를 만들 수 있지만 잘 사용되지 않기 때문에 생략하기로 한다.

딥러닝 모형 자체도 맞춤형으로 만들 수 있다. 그러나 이는 딥러닝 아키텍처를 구성하는 SubClassing API와 일치하기 때문에 굳이 맞춤형 딥러닝 모형보다는 딥러닝의 Subcalssing API로 해석하는 것이 더 이치에 맞다고 할 수 있다. 제4장에서 논의한 2개의 입력과 출력으로 구성된 TinoutModel 클래스, 이 절에서 논의한 add_loss를 사용하여 정의한 ReconReg 클래스가 맞춤형 딥러닝 모형에 해당하므로 여기에서는 추가적인 논의를 생략하기로 한다.

딥러닝의 층에는 추정해야 할 모수가 있으므로 맞춤형 층은 부모클래스를 tf.keras.l ayers.Layer로 하여 __init__함수와 call 함수가 필요하지만, 맞춤형 모형, 맞춤형 손실함수, 맞춤형 활성함수, 맞춤형 규제화 등은 각각의 부모클래스를 호출하지 않는 def를 이용한 함수로 정의하여 사용하는 것이 일반적이다.

2부.

딥러닝의 기본 응용과 진화과정

6장

CNN의 응용과 이전학습

CNN은 컴퓨터 시각(computer vision)에 뛰어난 성능을 가진 딥러닝 모형이다. CNN층은 convolution과 pooling(주로 max-pooling)으로 구성되어 있다. CNN은 두 가지 중요한 특성을 가지고 있다. 첫 번째 특성은 위치이동불변(translation invariant)으로, 예를 들어 사진의 상단에서 발견된 동물의 귀와 같은 패턴은 위치에 관계없이 동일한 패턴이면 동일하게 인식하는 특성을 말한다. MLP에서는 동일한 패턴이더라도 위치가 다르면 다른 패턴으로 인식하므로 CNN의 convolution과 같이 발견한 패턴의 일반화가 가능하지 않다. MLP가 입력변수를 완전연결(fully connected)하는 반면에, 위치이동불변의 특성을 가진 CNN의 convolution은 입력변수를 일부만 선형결합하는 부분연결(locally connected)을 한다. CNN의 두 번째 특성은 계층적 패턴인식(hierarchical pattern recognition)이다. 입력층과 출력층 사이에 다수의 CNN층이 존재하면 입력층에 가까운 CNN층은 이미지의 경계선, 모서리, 가장자리 등을 찾아내고 이어지는 CNN층은 이러한 기초 엣지(edge)를 이용하여 궁극적으로 귀, 눈, 입 등의 고수준 대표성을 가진 특성맵(feature map)을 찾아낸다. CNN층이 출력층에 가까울수록 점차적으로 사람의 모습이나 동물의 모습에 가까워지는 특성맵을 갖게 된다.

CNN에 적용되는 이미지 자료는 (표본수, 높이, 너비, 채널수)로 구성되어 있다. 컬러이미지이면 RGB(red, green, blue)이므로 채널수는 3이 되며 흑백일 경우 채널수는 1이 된다. 그러므로 CNN에 사용되는 하나의 표본은 3D텐서이며 이러한 자료에 적용되는 커널윈도우(kernel window)는 보통 (3,3) 또는 (5,5)를 사용한다. 이미지 자료의 높이×너비가 클수록 이미지의 특성을 추출하는 커널윈도우의 성능이 저하된다. 자료의 크기(높이×너비)에 비해 모수의 수(커널의 크기)가 작기 때문에 일어나는 현상으로 실제 예제를 통해 좀 더 구체적으로 살펴보게 될 것이다.

이러한 이유로 pooling 또는 strides를 통해 이미지 자료의 높이×너비의 크기를 줄이게 된다. 대부분의 CNN에서는 max-pooling을 사용하며 (2,2) 커널 또는 (3,3) 커널을 사용한다. 여기에서 (2,2) 커널은 일반적으로 stride로 2를 사용하고 (3,3) 커널은 stride로 3을 사용하기 때문에 (2,2) 커널은 높이×너비의 크기를 $\frac{1}{2}$로 줄이고

(3,3) 커널은 높이×너비의 크기를 $\frac{1}{3}$으로 줄여준다. 예를 들어, (28,28,3) 3D텐서에 (2,2) 커널 max-pooling을 적용하면 (14,14,3) 3D텐서로 줄어들고 (3,3) 커널 max-pooling을 적용하면 (9,9,3) 3D텐서로 줄어든다. 이처럼 pooling과 strides를 사용하면 이미지의 특정 패턴을 찾아내는 데에 유리하지만, 이미지의 다양한 패턴을 찾아내기 위한 정보의 손실은 피할 수가 없다. 이러한 이유로 높이×너비의 크기가 줄어든 만큼 채널의 수를 증가시킨다. 일반적으로 최초의 채널수는 32부터 출발한다. 입력데이터의 채널은 컬러나 흑백을 나타내므로 특성변수로 해석하기에 무리가 있지만, 채널수는 이미지의 패턴과 다양성과 비례하므로 특성변수의 수로 해석한다.

이 장의 목적은 두 가지로 요약할 수 있다. 첫째, 이미지 자료의 사전자료준비과정을 논의하고 둘째, 충분한 이미지 자료가 없을 때 자료를 증대(augment)하거나 기존의 빅데이터로 이미 구축된 모형을 이용하여 모형의 성능을 높이는 방법을 논의한다. 자료의 사전준비과정은 ImageDataGenerator 클래스를 이용한 경우와 그렇지 않은 경우로 나누어 각각 논의할 것이다. 1,000개의 이미지를 가지고 있는 140만 개 이미지 자료(ImageNet dataset)에 적용하여 구축한 VGG, ResNet, Inception, Xception 모형 중 VGG16 모형을 이용하여 우리가 보유하고 있는 작은 규모의 이미지 자료를 어떻게 잘 분류하는지를 논의하게 될 것이다.

6.1 사람의 성별을 구분하는 CNN

이 절에서 논의하는 프로그램은 Ayyadevera(2019)를 기반으로 하고 있다. 비록 해설이 추가되었고 프로그램이 다른 부분도 있으나 근본적으로 크게 다르지 않음을 밝혀둔다.

먼저 2,000개의 남녀 사진(성별로 각각 1,000개)을 내려받아서 CNN 모형을 적용하기 위한 사전자료정리과정을 논의하여 보자.

https://d1p17r2m4zlbo.cloudfront. net/wp-content/uploads/2017/04/a943287.csv

로부터 자료를 내려받아 ~/deeplearning/a943287.csv에 저장되어 있다고 하자(그러므로 deep learning 폴더 내의 a943287 폴더에 저장됨).

```
import pandas as pd
from skimage import io
data=pd.read_csv('C:/Users/ysp/Desktop/Deep Learning/a943287.csv')
data.head()
```

_unit_id	_golden	please_select_the_gender_of_the_person_in_the_picture	image_url
0	1023132475	male	https://d1qb2nb5cznatu.cloudfront.net/users/40...
1	1023132476	male	https://d1qb2nb5cznatu.cloudfront.net/users/42...
2	1023132477	male	https://d1qb2nb5cznatu.cloudfront.net/users/44...
3	1023132478	male	https://d1qb2nb5cznatu.cloudfront.net/users/47...
4	1023132479	male	https://d1qb2nb5cznatu.cloudfront.net/users/50...

데이터는 10개의 변수를 가지고 있으며 이 중 두 개의 변수 image_url과 male 또는 female값을 갖는 please_select_the_gender_of_the_person_in_the_picture를 이용하여 남녀 사진을 분류하고자 한다. imge_url은 이미지 사진을 url 형태로 제공된 것을 의미한다.

```
data_male=data[data['please_select_the_gender_of_the_person_in_the_picture']=='male']
data_female=data[data['please_select_the_gender_of_the_person_in_the_picture']=='female']
final_data=pd.concat([data_male[:1000],data_female[:1000]], axis=0).reset_index(drop=True)
final_data.shape
```

```
(2000, 10)
```

data_male과 data_female은 각자의 index를 가지고 있기 때문에 final_data의 index를

0 ~ 1999번까지 재정의하기 위해 reset_index(drop=True)를 사용하고 있다. final_data의 크기는 (2000,10)인 2D텐서 자료이다.

다음 프로그램은 URL로 연결된 이미지 자료를 읽기 위해 io.imread를 이용하며 자료를 읽는 동안 문제가 발생하면 무시하고 계속 자료를 읽을 수 있도록 try:, except:를 사용하고 있다. try: 블록이 정상이면 시행하고, except:에 의해 error가 발생하면 무시하고 해당 블록을 계속 실행하도록 하고 있다.

```
x=[]
y=[]
for i in range(final_data.shape[0]):
    try:
        image=io.imread(final_data.loc[i]['image_url'])
        if (image.shape==(300,300,3)):
            x.append(image)
            y.append(final_data.loc[i]['please_select_the_gender_of_the_person_in_the_picture'])
    except:
        continue
```

위 프로그램에 의해 원래의 이미지 자료는 (300,300,3)으로 높이와 너비가 모두 300이며 컬러임을 알 수 있으며, append에 의해 x와 y를 차례로 생성하고 있다. 다음은 cv2 모듈을 이용하여 (300,300,3) 크기의 자료를 (50,50,3) 크기로 자료를 변환하고 y가 'male'이면 1로, 'female'이면 0으로 one-hot encoding 과정을 보여주고 있다.

```
!pip install opencv-python
import cv2
import numpy as np
x2=[]
y2=[]
for i in range(len(x)):
    img2=cv2.resize(x[i],(50,50))
    x2.append(img2)
    img_label=np.where(y[i]=='male',1,0)
    y2.append(img_label)
```

위 프로그램이 error를 출력하면 cv2를 설치해야 한다. cv2의 설치는 anaconda prompt에 pip install opencv-python을 입력하여 실행시키면 설치된다. 만약 컬러자료를 흑백자료로 변환하고 싶을 경우, img2=cv2.resize(x[i], (50,50))을

```
img=cv2.cvtColor(x[i],cv2.COLOR_BRG2GRY)
img2=cv2.resize(img,(50,50))
```

으로 변경하면 된다. np.where(a,b,c)는 a가 성립하면 b값을 부여하고 아니면 c값을 부여하라는 함수이다. 앞 프로그램의 x2와 y2는 자료형태가 list이므로 자료분석을 위해 텐서형태로 자료를 변환시켜야 한다.

```
x2=np.array(x2)
print(x2.shape)
y1=np.array(y2)
x1=x2.astype('float32')/255.
```

```
(1745, 50, 50, 3)
```

x2는 이제 크기가 (1745,50,50,3)인 4D텐서 자료로 전환되었고 0 ~ 1 사이의 값으로 정규화(normalization)되었다. astype('float32')는 255로 나누기 이전에 x2를 실수로 만드는 함수로 tensorflow의 float32와 일치시키기 위함이다. 반드시 필요한 것은 아니나, numpy는 float64의 실수로 정의하므로 계산속도를 조금이라도 높이기 위함이다. 이제 텐서 자료로 전환하였으므로 자료를 학습데이터와 검증데이터로 나누어 보자. 아래 프로그램은 시험자료의 크기를 전체 자료의 10%로 책정하고 있다.

```
from sklearn.model_selection import train_test_split
x_train,x_test,y_train,y_test=train_test_split(x1,y1,test_size=0.1,random_state=1,stratify=y)
print(x_train.shape,x_test.shape,y_train.shape,y_test.shape)
```

```
(1570, 50, 50, 3) (175, 50, 50, 3) (1570,) (175,)
```

2,000개 표본에서 오직 1,745개만이 정상적인 (300,300,3)인 이미지 자료였음을 알 수 있는데, 이제 x_train과 x_test 데이터는 4D텐서의 컬러이미지 자료이고 y_train과 y_test는 1D텐서 자료임을 보여주고 있다. 아래 그림은 x_train 데이터 중 여성 한 명의 이미지 사진을 보여주고 있다.

```
import matplotlib.pyplot as plt
plt.imshow(x_train[1])
plt.show()
```

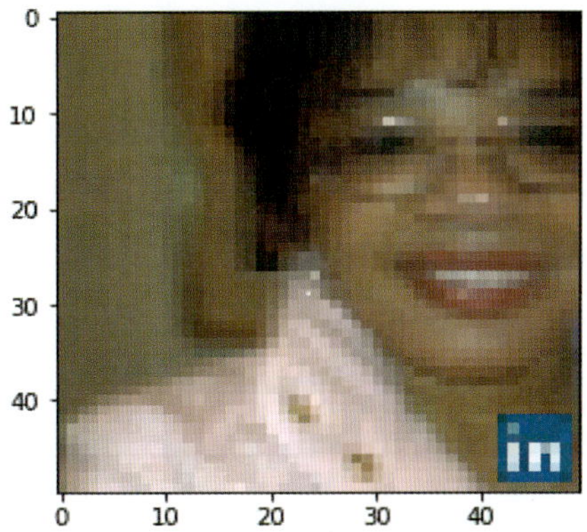

```
from tensorflow.keras.layers import Conv2D,MaxPooling2D,Flatten,Dense
from tensorflow.keras.models import Sequential
model=Sequential()
model.add(Conv2D(32,(3,3),activation='relu',input_shape=[50,50,3]))
model.add(MaxPooling2D((2,2)))
model.add(Conv2D(64,(3,3),activation='relu',padding='same'))
model.add(MaxPooling2D((2,2)))
model.add(Conv2D(128,(3,3),activation='relu',padding='same'))
model.add(MaxPooling2D((2,2)))
model.add(Conv2D(256,(3,3),activation='relu',padding='same'))
model.add(Flatten())
model.add(Dense(100,activation='relu'))
model.add(Dense(1,activation='sigmoid'))
model.summary()
```

```
Model: "sequential_1"
_________________________________________________________________
Layer (type)                 Output Shape              Param #
=================================================================
conv2d_1 (Conv2D)            (None, 48, 48, 32)        896
_________________________________________________________________
max_pooling2d_1 (MaxPooling2(None, 24, 24, 32)        0
_________________________________________________________________
conv2d_2 (Conv2D)            (None, 24, 24, 64)        18496
_________________________________________________________________
max_pooling2d_2 (MaxPooling2(None, 12, 12, 64)        0
_________________________________________________________________
conv2d_3 (Conv2D)            (None, 12, 12, 128)       73856
_________________________________________________________________
max_pooling2d_3 (MaxPooling2(None, 6, 6, 128)         0
_________________________________________________________________
conv2d_4 (Conv2D)            (None, 6, 6, 256)         295168
_________________________________________________________________
flatten_1 (Flatten)          (None, 9216)              0
_________________________________________________________________
dense_1 (Dense)              (None, 100)               921700
_________________________________________________________________
dense_2 (Dense)              (None, 1)                 101
=================================================================
Total params: 1,310,217
Trainable params: 1,310,217
Non-trainable params: 0
```

위 프로그램과 같이 MaxPooling에 의해 픽셀의 크기가 줄어드는 대신 채널의 수가 2배씩 증가하는 것을 알 수 있다. 그러나 MLP층과 연결할 때 지나치게 많은 모수가 필요하게 되어 병목현상(bottleneck)이 발생하는 것을 방지해야 한다.

conv2d_1에 입력되는 채널의 수가 3개이고 (3,3) 커널을 사용하기 때문에 출력 채널 하나당 $3\times3\times3+1$개의 모수가 있어 conv2d_1의 총 모수는 $28\times32=896$개가 있으며, conv2d_2에서는 입력채널이 32개, 커널 (3,3)이므로 $(3\times3\times32+1)\times64=18,496$개의 모수가 있다. 동일한 방법으로 conv2d_3에서는 $(3\times3\times64+1)\times128=73,856$개의 모수, 그리고 conv2d_4에서는 $(3\times3\times128+1)\times256=295,168$개의 모수가 있다. dense_1에서는 9,216개의 은닉층값이 입력되고 노드가 100개이므로 $9,216\times100+100=921,700$개의 모수가 있고 dense_2에서는 1개의 노드가 있으므로 $100+1=101$개의 모수가 필요하게 된다.

사람의 이미지로부터 성별을 구분하는 문제이므로 손실함수는 binary cross entropy

를 사용하였고 분류 정밀도를 살펴보기 위해 metric에 accuracy를 지정하였다.

```
model.compile(loss='binary_crossentropy',optimizer='adam',metrics=['acc'])
result=model.fit(x_train,y_train,batch_size=32,epochs=30,validation_data=(x_test,y_test))
score=model.evaluate(x_test,y_test)
```

위 프로그램에서 result는 'loss', 'val_loss', 'acc', 'val_acc'를 변수로 1 ~ 30 에폭까지 결과를 가지고 있다. 'loss'는 학습데이터의 손실값을, 'val_loss'는 검증데이터의 손실값을, 'acc'는 학습데이터의 정밀도를, 그리고 'val_acc'는 검증데이터의 정밀도를 나타내는 변수이다. <그림 6-1>은 result에 저장된 손실값과 정밀도를 에폭의 증가에 따라 그린 그림이다. 학습데이터의 정밀도는 1에 도달하였지만 검증데이터의 정밀도는 70%에도 미치지 못하고 검증데이터의 손실함수값은 계속해서 증가하는 모습을 보이고 있어 과대적합이 심각하게 발생하고 있음을 볼 수 있다. 130만 개 이상의 모수에 비해 1,745개의 표본이 너무 적기 때문에 발생하는 당연한 현상이다.

```
import matplotlib.pyplot as plt
acc=result.history['acc']
val_acc=result.history['val_acc']
loss=result.history['loss']
val_loss=result.history['val_loss']
epochs=range(1,len(acc)+1)
plt.plot(epochs,acc,'bo',label='training accuracy')
plt.plot(epochs,val_acc,'b',label='validation accuracy')
plt.title('training and validation accuracy')
plt.legend()
plt.figure()
plt.plot(epochs,loss,'bo',label='training loss')
plt.plot(epochs,val_loss,'b',label='validation loss')
plt.title('training and validation loss')
plt.legend()
plt.show()
```

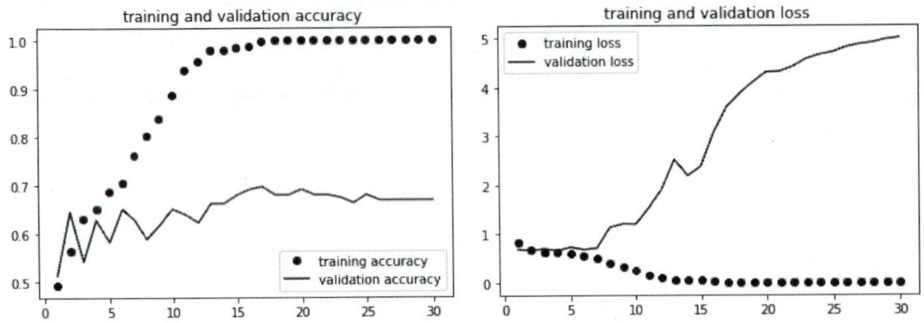

그림 6-1 (50,50,3) 텐서에서의 정밀도와 손실함수

앞 프로그램에서는 원래의 3D텐서 (300,300,3)를 (50,50,3) 텐서로 줄여서 사용하였다. 픽셀의 크기가 CNN에 미치는 영향을 살펴보기 위해, (300,300,3)을 그대로 사용하여 앞의 프로그램을 다시 적용하여 보자. 모든 프로그램은 동일하며 x2와 y2를 생성하는 프로그램을 다음과 같이 변경하면 된다.

```
import cv2
import numpy as np
x4=[]
y4=[]
for i in range(len(x)):
    img2=cv2.resize(x[i],(300,300))
    x4.append(img2)
    img_label=np.where(y[i]=='male',1,0)
    y4.append(img_label)
x4=np.array(x4)
print(x4.shape)
y3=np.array(y4)
x3=x4.astype('float32')/255.
from sklearn.model_selection import train_test_split
x_train,x_test,y_train,y_test=train_test_split(x3,y3,test_size=0.1,random_state=1,stratify=y)
print(x_train.shape,x_test.shape,y_train.shape,y_test.shape)
from tensorflow.keras.layers import Conv2D, MaxPooling2D,Flatten,Dense
from tensorflow.keras.models import Sequential
model=Sequential()
model.add(Conv2D(32,(3,3),activation='relu',input_shape=[300,300,3]))
model.add(MaxPooling2D((2,2)))
```

```
model.add(Conv2D(64,(3,3),activation='relu',padding='same'))
model.add(MaxPooling2D((2,2)))
model.add(Conv2D(128,(3,3),activation='relu',padding='same'))
model.add(MaxPooling2D((2,2)))
model.add(Conv2D(256,(3,3),activation='relu',padding='same'))
model.add(Flatten())
model.add(Dense(100,activation='relu'))
model.add(Dense(1,activation='sigmoid'))
model.summary()
model.compile(loss='binary_crossentropy',optimizer='adam',metrics=['acc'])
result=model.fit(x_train,y_train,batch_size=32,epochs=30,validation_data=(x_test,y_test))
score=model.evaluate(x_test,y_test)
print(score)
(1745, 300, 300, 3)
(1570, 300, 300, 3) (175, 300, 300, 3) (1570,) (175,)
Model: "sequential_2"
```

Layer (type)	Output Shape	Param #
conv2d_5 (Conv2D)	(None, 298, 298, 32)	896
max_pooling2d_4 (MaxPooling2	(None, 149, 149, 32)	0
conv2d_6 (Conv2D)	(None, 149, 149, 64)	18496
max_pooling2d_5 (MaxPooling2	(None, 74, 74, 64)	0
conv2d_7 (Conv2D)	(None, 74, 74, 128)	73856
max_pooling2d_6 (MaxPooling2	(None, 37, 37, 128)	0
conv2d_8 (Conv2D)	(None, 37, 37, 256)	295168
flatten_2 (Flatten)	(None, 350464)	0
dense_3 (Dense)	(None, 100)	35046500
dense_4 (Dense)	(None, 1)	101

```
Total params: 35,435,017
Trainable params: 35,435,017
Non-trainable params: 0
```

```
import matplotlib.pyplot as plt
acc=result.history['acc']
```

```
val_acc=result.history['val_acc']
loss=result.history['loss']
val_loss=result.history['val_loss']
epochs=range(1,len(acc)+1)
plt.plot(epochs,acc,'bo',label='training accuracy')
plt.plot(epochs,val_acc,'b',label='validation accuracy')
plt.title('training and validation accuracy')
plt.legend()
plt.figure()
plt.plot(epochs,loss,'bo',label='training loss')
plt.plot(epochs,val_loss,'b',label='validation loss')
plt.title('training and validation loss')
plt.legend()
plt.show()
```

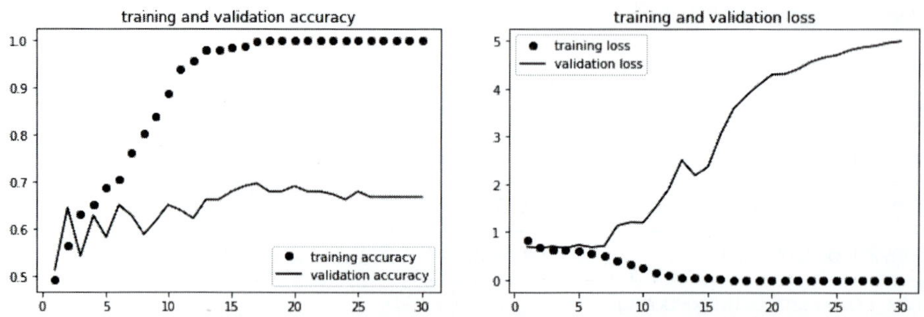

그림 6-2 (300,300,3) 텐서에서의 정밀도와 손실함수

<그림 6-1>과 <그림 6-2>를 비교해보면 입력자료의 크기가 (50,50,3)일 때가 (300,300,3)일 때에 비해 CNN의 성능이 약간 더 좋게 나타났고 계산속도는 훨씬 빠르게 나타났다. 이러한 이유 중의 하나는 dense_3의 모수가 3천5백만 개 이상으로 급격하게 증가하여 병목현상이 일어났기 때문이다. 그러므로 CNN의 아키텍처는 max-pooling 등의 pooling을 사용하여 이미지의 크기를 줄이고, 대신 채널수를 증가시켜 다양한 이미지의 특징을 추출하는 구조를 일반적으로 가지게 된다.

6.2 이전학습(transfer learning)

이미지식별이나 머신번역을 위한 딥러닝 모형을 새롭게 설계하고 학습시키기 위해 사전정리과정을 걸쳐 정제된 대규모 데이터가 필요하다. 또한 모형의 최적화를 위해 수많은 초모수를 조절해야 하고 이를 실행하기 위한 우수한 성능을 가진 컴퓨터가 필요하다. 즉, 소규모 자료와 일반적인 성능을 가진 대부분의 사람에게는 새로운 딥러닝 설계와 학습은 거의 불가능하다는 의미이다. 이전학습(transfer learning)은 소규모 데이터와 보통의 성능을 가지고도 원하는 만큼의 정밀도를 가진 딥러닝 모형을 구축할 수 있는 방법이다.

22,000개의 범주로 분류된 1,400만 개의 이미지 데이터로 구성된 Imagenet이나 객체식별(object detection)과 위치화(localization)를 위해 328,000개의 이미지로 구성된 MS COCO 데이터와 9,000,000개 이상의 이미지로 구성된 Google Open Images 데이터가 대표적인 대규모 이미지 식별을 위한 open 데이터들이다. 104개 언어로 구성된 Wikipedia 텍스트자료와 Toronto BookCorpus 데이터는 머신번역 딥러닝 모형을 구축하는 데 사용하고 있는 대규모 데이터들이다. 이전학습은 이러한 대단위 데이터를 이용하여 미리 학습된 딥러닝 모형의 전부 또는 일부를 이용하여 맞춤형 딥러닝 모형을 설계하고 학습시키는 방법이다. 예를 들어, 이미지 식별의 경우, VGGNet, Inception, ResNet 등이 Imagenet과 같은 대규모 자료를 이용하여 미리 학습된 모형의 대표적인 사전학습모형들이다. 머신번역인 경우, BERT, RoBERTa, DistilBERT 등이 머신번역의 사전학습모형에 해당된다.

<그림 6-3>은 이미지식별 사전학습모형인 VGGNet, Inception, ResNet 등의 모형구조를 보여주고 있다. 이들 모형에 대한 구체적인 논의는 제9장에서 다룰 것이다.

<그림 6-3>에서 freeze는 입력층으로부터 freeze 표시가 있는 CNN층까지 사전학습된 모수추정치를 이전학습에서 그대로 사용한다는 의미이다. 만약 가지고 있

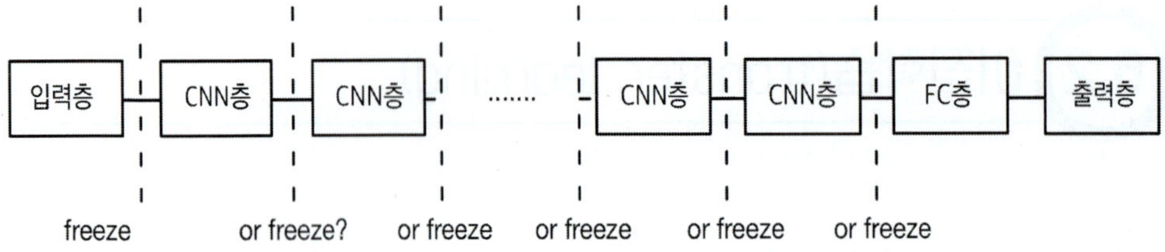

그림 6-3 사전학습된 모형의 구조와 모수고정 위치

는 자료가 소규모일 때 사전학습된 모형의 모수를 재추정하면 필연적으로 과대적합이 발생하게 된다. VGGNet, Inception, ResNet 등의 모형은 은닉층이 매우 깊고 모수의 수가 수백만 개 이상이기 때문이다.

이미지 자료가 입력되면 첫 번째 은닉층은 직선, 엣지, 또는 작은 점 등의 특성변수를 만들어 내고 이어지는 은닉층은 이를 모아서 커브, 원, 사각형 등을 만들며, 연속된 은닉층은 점차적으로 고수준 대표성을 가진 특성변수를 만들어 간다. 그러므로 입력층에 가까운 은닉층의 특성변수는 과제(task)와 관계없이 사용할 수 있는 일반적인 특성을 가지게 된다. 이런 이유로 사전학습된 초기은닉층의 모수를 새로운 데이터를 이용한 모형 구축에 그대로 사용하면 빠르고 효율적인 학습이 될 수 있다.

이제 새롭게 학습하고자 하는 데이터의 크기와 이미지 소스의 관점에서 이전학습을 분류해 보자. 만약 사전학습모형의 이미지 소스가 자동차, 동물 등인데 적용하고자 하는 이미지 소스가 X-ray 사진이면 이미지 소스의 유사성이 다르다고 할 수 있다.

첫 번째로, 데이터 크기가 작고 이미지 소스가 사전학습모형과 유사할 경우에는 <그림 6-3>의 FC 층 직전까지의 모든 CNN층의 모수를 고정(freeze)한 후, 오직 FC층의 모수만 새롭게 학습시키는 이전학습을 실행한다.

두 번째 경우는 데이터의 크기가 작으면서 이미지 소스도 다를 경우이다. FC층에 가까운 은닉층의 모수를 사용하게 되면 사전학습 모형의 고수준 대표성을 가진 특성변수를 사용하게 되므로 이미지 소스가 다른 이전학습모형의 성능에 악영향을 미치게 된다. 일반적으로 첫 1/2 정도의 CNN층을 고정시켜 사전학습을 시도한 후,

점차적으로 은닉층 모수의 고정을 조절해야 한다. 이와 같이 마지막 CNN 은닉층의 일부를 고정하지 않고 재추정하는 사전학습을 미세조정(fine tuning)이라고 한다.

세 번째 경우는 데이터의 크기가 크고 이미지 소스가 다를 경우이다. 이 경우에는 입력층 바로 다음에 있는 은닉층부터 모수를 재추정하는 미세조정 이전학습을 한다. 데이터가 크기 때문에 처음부터(from scratch) 완전히 새로운 딥러닝 모형을 설계하고 학습할 수 있지만, 사전학습된 모형의 아키텍처를 그대로 사용하는 것이 모형의 성능과 수렴속도 향상에 도움을 주기 때문이다. 완전하게 새로운 딥러닝 모형을 구축하면 임의로 주어진 모수 초기치로 인해 수렴속도가 매우 느리므로, 수많은 초모수가 최적화되어 있고 사전학습된 모수를 초기치로 사용하면 수렴속도를 크게 향상시킬 수 있다.

마지막으로 데이터의 크기가 크고 이미지 소스도 유사할 경우이다. 데이터 크기가 작고 이미지 소스가 유사할 때와 동일하게 오직 FC층만 재추정할 수 있지만, 첫 60 ~ 80%의 CNN층을 고정시키고 나머지 은닉층과 FC층을 재추정하는 미세조정 이전학습을 고려할 만하다. 추가적으로 이전학습 이미지 소스가 사전학습 이미지 소스와 완전하게 같지 않는 한, 이전학습모형의 과대적합을 방지해주는 역할을 한다. 이미지 소스의 불일치가 모형학습과정에서 잡음(noise) 역할을 하기 때문이다.

이전학습을 하지 않은 경우와 앞에서 논의한 4가지 경우의 이전학습을 실습하고자 한다. 특히 directory에 저장된 데이터를 직접 불러내 사용하기 위한 ImageDataGenerator 사용법을 소개할 것이다. ImageDataGenerator는 image의 픽셀을 조절할 수 있고, 배치크기를 직접 조절하고 표준화도 할 수 있다. 동시에 기존 image 자료를 회전시키고 확대하고 뒤집어서 자료를 증대시킬 수 있는 기능도 가지고 있다. 이러한 자료증대는 변환 및 스케일 불변성(translational and scale invariance)을 갖는 딥러닝 모형을 구축하는 데 중요한 역할을 한다.

6.1절에서 논의한 2,000개의 이미지 자료로 남녀를 구분하는 딥러닝 성능을 높이기 위해, 140만 개의 이미지 자료로 사전학습된 VGG16 모형을 기초로 한 이전학습을 논의하고자 한다.

```
from tensorflow.keras.applications import VGG16
vgg16_model=VGG16(weights='imagenet',include_top=False,input_shape=(300,300,3))
vgg16_model.summary()
```

```
Model: "vgg16"
_________________________________________________________________
Layer (type)                 Output Shape              Param #
=================================================================
input_1 (InputLayer)         (None, 300, 300, 3)       0
_________________________________________________________________
block1_conv1 (Conv2D)        (None, 300, 300, 64)      1792
_________________________________________________________________
block1_conv2 (Conv2D)        (None, 300, 300, 64)      36928
_________________________________________________________________
block1_pool (MaxPooling2D)   (None, 150, 150, 64)      0
_________________________________________________________________
block2_conv1 (Conv2D)        (None, 150, 150, 128)     73856
_________________________________________________________________
block2_conv2 (Conv2D)        (None, 150, 150, 128)     147584
_________________________________________________________________
block2_pool (MaxPooling2D)   (None, 75, 75, 128)       0
_________________________________________________________________
block3_conv1 (Conv2D)        (None, 75, 75, 256)       295168
_________________________________________________________________
block3_conv2 (Conv2D)        (None, 75, 75, 256)       590080
_________________________________________________________________
block3_conv3 (Conv2D)        (None, 75, 75, 256)       590080
_________________________________________________________________
block3_pool (MaxPooling2D)   (None, 37, 37, 256)       0
_________________________________________________________________
block4_conv1 (Conv2D)        (None, 37, 37, 512)       1180160
_________________________________________________________________
block4_conv2 (Conv2D)        (None, 37, 37, 512)       2359808
_________________________________________________________________
block4_conv3 (Conv2D)        (None, 37, 37, 512)       2359808
_________________________________________________________________
block4_pool (MaxPooling2D)   (None, 18, 18, 512)       0
_________________________________________________________________
block5_conv1 (Conv2D)        (None, 18, 18, 512)       2359808
_________________________________________________________________
block5_conv2 (Conv2D)        (None, 18, 18, 512)       2359808
_________________________________________________________________
block5_conv3 (Conv2D)        (None, 18, 18, 512)       2359808
_________________________________________________________________
block5_pool (MaxPooling2D)   (None, 9, 9, 512)         0
=================================================================
Total params: 14,714,688
Trainable params: 14,714,688
Non-trainable params: 0
```

VGG16은 tf.keras에 내장되어 있다. VGG16 아키텍처는 총 5개의 convolution 블록으로 구성되어 있으며 최종 블록의 출력은 크기가 (표본수, 9, 9, 512)인 4D텐서임을 알 수 있다. 6.1절에서 논의한 2,000개의 남녀 사진자료를 VGG16 아키텍처에 통과시켜 구한 (표본수, 9, 9, 512)를 입력데이터로 하여 이전학습을 하고자 한다. VGG16 아키텍처에서의 입력은 (300,300,3)이지만 적용하고자 하는 자료의 픽셀의 크기에 따라, 예를 들어

```
VGG16(weights='imagenet', include_top=False, input_shape=(150,150,3))
```

으로 변경하여도 관계가 없다. convolution kernel 모수는 픽셀크기에 의존하지 않고 오직 convolution kernel의 크기에만 의존하기 때문이다. weights='imagenet'을 부여하여 VGG16에서 추정된 모수를 사용한다는 것을 의미하고 weights=None을 부여하면 모수를 초기화하게 된다. 모수를 초기화하면 VGG16 아키텍처에 있는 모든 모수를 재추정해야 하므로 VGG16에서 이미 학습한 모든 모수는 사용하지 않게 된다. 특별한 이유가 없는 한 weights=None을 쓰지 말아야 한다. include_top=False는 VGG16의 최종 FC층인 MLP 모수를 사용하지 않겠다고 선언한 것이다. 6.1절에서 정의한 x_train, y_train, x_test, y_test 데이터를 이용하여 아래 프로그램과 같이 VGG16의 최종 은닉층 'block5_pool'의 출력을 받기 위해

```
for layer in vgg_base.layers:
    layer.trainable=False
```

로 VGG16의 모든 모수 추정치를 고정(freeze)한다. FC층을 제외한 모든 VGG16의 은닉층의 모수추정치를 그대로 사용하기 위함이다. VGG16 학습을 위해 사용한 Imagenet 데이터의 이미지 소스와 적용하고자 하는 남녀이미지 소스가 매우 유사하여, VGG16의 FC층의 모수만 재추정하고자 한다.

```
last_layer=vgg_base.get_layer('block5_pool')
last_output=last_layer.output
```

으로 VGG16 최종 은닉층 출력을 아래 프로그램과 같이 새로운 FC층에 연결한

이전학습모형을 구축하고 있다. VGG16 모형에 1,745개의 남녀이미지 사진을 입력하면 (9,9,512) 특성맵(feature map)이 출력된 것을 볼 수 있으며, 여기에 모수를 줄이기 위해 pooling 층을 추가하고 FC층을 연결한 것을 볼 수 있다. Dropout(0.5)를 부여하여 과대적합을 방지하고 있다.

```
from tensorflow.keras.applications import VGG16
from tensorflow.keras.models import Model
from tensorflow.keras.layers import Dense, Dropout, Flatten,
                                    BatchNormalization,MaxPooling2D
from tensorflow.keras import optimizers

vgg_base=VGG16(weights='imagenet',include_top=False, input_shape=(300,300,3))
for layer in vgg_base.layers:
    layer.trainable=False
last_layer=vgg_base.get_layer('block5_pool')
last_output=last_layer.output
x=MaxPooling2D((3,3))(last_output)
x=Flatten()(x)
x=Dense(64, activation='relu',name='FC_2')(x)
x=BatchNormalization()(x)
x=Dropout(0.5)(x)
x=Dense(1, activation='sigmoid',name='output')(x)

vgg_model=Model(inputs=vgg_base.input, outputs=x)
vgg_model.summary()
```

Layer (type)	Output Shape	Param #
input_5 (InputLayer)	[(None, 300, 300, 3)]	0
block1_conv1 (Conv2D)	(None, 300, 300, 64)	1792
block1_conv2 (Conv2D)	(None, 300, 300, 64)	36928
block1_pool (MaxPooling2D)	(None, 150, 150, 64)	0
block2_conv1 (Conv2D)	(None, 150, 150, 128)	73856
block2_conv2 (Conv2D)	(None, 150, 150, 128)	147584
block2_pool (MaxPooling2D)	(None, 75, 75, 128)	0

block3_conv1 (Conv2D)	(None, 75, 75, 256)	295168
block3_conv2 (Conv2D)	(None, 75, 75, 256)	590080
block3_conv3 (Conv2D)	(None, 75, 75, 256)	590080
block3_pool (MaxPooling2D)	(None, 37, 37, 256)	0
block4_conv1 (Conv2D)	(None, 37, 37, 512)	1180160
block4_conv2 (Conv2D)	(None, 37, 37, 512)	2359808
block4_conv3 (Conv2D)	(None, 37, 37, 512)	2359808
block4_pool (MaxPooling2D)	(None, 18, 18, 512)	0
block5_conv1 (Conv2D)	(None, 18, 18, 512)	2359808
block5_conv2 (Conv2D)	(None, 18, 18, 512)	2359808
block5_conv3 (Conv2D)	(None, 18, 18, 512)	2359808
block5_pool (MaxPooling2D)	(None, 9, 9, 512)	0
max_pooling2d_2 (MaxPooling2	(None, 3, 3, 512)	0
flatten_1 (Flatten)	(None, 4608)	0
FC_2 (Dense)	(None, 64)	294976
batch_normalization_1 (Batch	(None, 64)	256
dropout_1 (Dropout)	(None, 64)	0
output (Dense)	(None, 1)	65

Total params: 15,009,985
Trainable params: 295,169
Non-trainable params: 14,714,816

아래 프로그램은 최적화 Adam의 학습률을 10^{-5}으로 조절하여 최적 모수값에서의 진동을 방지하고 있다. VGG16 모수가 이미 최적화되어 있기 때문이다. 이전학습을 하지 않은 모형의 accuracy가 61.85%인 것에 비해 아래의 이전학습 모형 accuracy는 79.77%로 나타났고 과대적합도 발생하지 않은 것으로 나타났다.

```
vgg_model.compile(loss='binary_crossentropy', optimizer=optimizers.Adam(lr=1e-5),
                  metrics=['accuracy'])
history_vgg16=vgg_model.fit(x_train,y_train,batch_size=32,epochs=20,
                            validation_data=(x_test,y_test))
```

```
Epoch 16/20
49/49 [==============================] - 453s 9s/step - loss: 0.4600 - accuracy: 0.7787 - val_loss: 0.4100 - val_accuracy: 0.7861
Epoch 17/20
49/49 [==============================] - 471s 10s/step - loss: 0.4279 - accuracy: 0.8178 - val_loss: 0.4045 - val_accuracy: 0.7919
Epoch 18/20
49/49 [==============================] - 477s 10s/step - loss: 0.4420 - accuracy: 0.8006 - val_loss: 0.4091 - val_accuracy: 0.7919
Epoch 19/20
49/49 [==============================] - 475s 10s/step - loss: 0.4222 - accuracy: 0.8049 - val_loss: 0.3992 - val_accuracy: 0.8035
Epoch 20/20
49/49 [==============================] - 466s 10s/step - loss: 0.4350 - accuracy: 0.8058 - val_loss: 0.4036 - val_accuracy: 0.7977
```

6.3 Image Generator를 이용한 CNN과 자료증대(data augmentation)

이번 절의 프로그램은 해설을 추가하고 논리 전개상의 차이점이 있으나 Chollet (2018)의 프로그램을 기반으로 작성된 것이다. 개와 고양이의 이미지 자료에서 개와 고양이를 분류하는 CNN 모형을 구축하고자 한다. 다음과 같이 두 단계를 거쳐 ImageDataGenerator의 효과를 살펴보고자 한다. 첫 번째로 2,000개의 개와 고양이(각각 1,000개) 이미지 자료만을 이용하여 다소 복잡한 CNN 모형을 적합시켜 과대적합이 발생하게 한 후, 두 번째로 간단한 과대적합 해소방안을 논의하고 ImageDataGenerator를 이용한 자료증대가 과대적합 해소에 미치는 영향을 살펴볼 것이다.

먼저 www.kaggle.com/c/dogs-cats/data에서 자료를 내려받아 ~/yspark/all_dogs_cats에 unzip한 자료를 저장하였다고 가정한다. data를 unzip하면 폴더 내에 이미지 자료가 있는데 이 이미지 자료를 all_dogs_cats에 옮겨 놓아야 한다.

아래 프로그램은 file 형태의 데이터를 download하여 file 형태로 저장하는 방법을 제공하고 있다.

```
import os, shutil
original_data_dir='C:/Users/ysp/Desktop/Deep Learning/all_dogs_cats'
# original_data_dir로부터 일부 데이터를 추출하여 base_dir에 저장하기 위해 만듦
base_dir='C:/Users/ysp/Desktop/Deep Learning/dogs and cats_small'
os.mkdir(base_dir)
train_dir=os.path.join(base_dir,'train')# dog_cats_small폴더 내에 train폴더 생성
os.mkdir(train_dir)
validation_dir=os.path.join(base_dir,'validation')# dog_cats_small폴더 내에 validation폴더 생성
os.mkdir(validation_dir)
test_dir=os.path.join(base_dir,'test')# dog_cats_small폴더 내에 test폴더 생성
os.mkdir(test_dir)

train_cats_dir=os.path.join(train_dir,'cats')# train폴더 내에 cats폴더 생성
os.mkdir(train_cats_dir)
train_dogs_dir=os.path.join(train_dir,'dogs')# train폴더 내에 dogs폴더 생성
os.mkdir(train_dogs_dir)
validation_cats_dir=os.path.join(validation_dir,'cats')# validation폴더 내에 cats폴더 생성
os.mkdir(validation_cats_dir)
validation_dogs_dir=os.path.join(validation_dir,'dogs')# validation폴더 내에 dogs폴더 생성
os.mkdir(validation_dogs_dir)
test_cats_dir=os.path.join(test_dir,'cats')# test폴더 내에 cats폴더 생성
os.mkdir(test_cats_dir)
test_dogs_dir=os.path.join(test_dir,'dogs')# test폴더 내에 dogs폴더 생성
os.mkdir(test_dogs_dir)
```

```
fnames=['cat.{}.jpg'.format(i) for i in range(1000)]
for fname in fnames:# original_dat_dir에 있는 1000개의 고양이 이미지를 train_cats_dir에 copy
    src=os.path.join(original_data_dir,fname)
    dst=os.path.join(train_cats_dir,fname)
    shutil.copyfile(src,dst)
fnames=['cat.{}.jpg'.format(i) for i in range(1000,1500)]
for fname in fnames:# original_dat_dir에 있는 500개의 고양이 이미지를 validatio_cats_dir에 copy
    src=os.path.join(original_data_dir,fname)
    dst=os.path.join(validation_cats_dir,fname)
    shutil.copyfile(src,dst)
fnames=['cat.{}.jpg'.format(i) for i in range(1500,2000)]
for fname in fnames:# original_dat_dir에 있는 500개의 고양이 이미지를 test_cats_dir에 copy
    src=os.path.join(original_data_dir,fname)
    dst=os.path.join(test_cats_dir,fname)
    shutil.copyfile(src,dst)
```

```
fnames=['dog.{}.jpg'.format(i) for i in range(1000)]
for fname in fnames:# original_dat_dir에 있는 1000개의 개 이미지를 train_dogs_dir에 copy
    src=os.path.join(original_data_dir,fname)
    dst=os.path.join(train_dogs_dir,fname)
    shutil.copyfile(src,dst)
fnames=['dog.{}.jpg'.format(i) for i in range(1000,1500)]
for fname in fnames:# original_dat_dir에 있는 500개의 개 이미지를 validatio_dogs_dir에 copy
    src=os.path.join(original_data_dir,fname)
    dst=os.path.join(validation_dogs_dir,fname)
    shutil.copyfile(src,dst)
fnames=['dog.{}.jpg'.format(i) for i in range(1500,2000)]
for fname in fnames:# original_dat_dir에 있는 500개의 개 이미지를 test_dogs_dir에 copy
    src=os.path.join(original_data_dir,fname)
    dst=os.path.join(test_dogs_dir,fname)
    shutil.copyfile(src,dst)

print(len(os.listdir(train_cats_dir)));print(len(os.listdir(train_dogs_dir)))
print(len(os.listdir(validation_cats_dir)));print(len(os.listdir(validation_dogs_dir)))
print(len(os.listdir(test_cats_dir)));print(len(os.listdir(test_dogs_dir)))
```

```
1000, 1000, 500, 500, 500, 500
```

위 프로그램에 의해 train_dir에 train_cats_dir과 train_dogs_dir이 있고, 각자의 dir에는 1,000개의 이미지가 있으며, validation_dir과 test_dir에는 고양이와 개의 이미지가 각각 500개씩 저장되어 있다. 이렇게 file 형태로 저장된 자료를 아래 프로그램과 같이 ImageDataGenerator 클래스의 flow_from_directory로 원하는 만큼씩 읽어서 분석에 사용된다.

이미지 자료는 RGB 이미지뿐만 아니라 PNG, JPG, BMP, PPM 또는 TIF 이미지 형태가 있다. CNN 아키텍처를 위해 이러한 이미지는 모두 RGB 이미지 자료로 전환해야 하고 이를 텐서(4D텐서)로 변환하여야 한다. 이 텐서 자료의 픽셀 크기(높이×너비)를 적절하게 조절해야 하고 CNN 모형의 성능향상을 위해 픽셀의 값을 0~1 사이의 값으로 치환하여야 한다. 또한 흑백으로 할지, 컬러로 할지도 결정해야 하며 목적변수 y를 이항, 다항 또는 sparse(one-hot 벡터가 아닌, 0, 1, 2, 3 등과 같이 클래스를 구분하는 방법)로 할지도 결정해야 한다. 적절한 자료변환도

```
from tensorflow.keras.layers import Conv2D,MaxPooling2D,Flatten,Dense
from tensorflow.keras import models
cat_dog_model=models.Sequential()
# train_generator에서 target_size=(150,150)으로 하였고 color_mode의 default는 'rgb'이므
로 # input_shape=(150,150,3)으로 지정함
cat_dog_model.add(Conv2D(32,(3,3),activation='relu',input_shape=(150,150,3)))
cat_dog_model.add(MaxPooling2D(2,2))
cat_dog_model.add(Conv2D(64,(3,3),activation='relu'))
cat_dog_model.add(MaxPooling2D(2,2))
cat_dog_model.add(Conv2D(128,(3,3),activation='relu'))
cat_dog_model.add(MaxPooling2D(2,2))
cat_dog_model.add(Flatten())
cat_dog_model.add(Dense(512,activation='relu'))
cat_dog_model.add(Dense(1,activation='sigmoid'))
cat_dog_model.summary()
```

Model: "sequential_4"

Layer (type)	Output Shape	Param #
conv2d_6 (Conv2D)	(None, 148, 148, 32)	896
max_pooling2d_4 (MaxPooling2	(None, 74, 74, 32)	0
conv2d_7 (Conv2D)	(None, 72, 72, 64)	18496
max_pooling2d_5 (MaxPooling2	(None, 36, 36, 64)	0
conv2d_8 (Conv2D)	(None, 34, 34, 128)	73856
max_pooling2d_6 (MaxPooling2	(None, 17, 17, 128)	0
flatten_2 (Flatten)	(None, 36992)	0
dense_3 (Dense)	(None, 512)	18940416
dense_4 (Dense)	(None, 1)	513

Total params: 19,034,177
Trainable params: 19,034,177
Non-trainable params: 0

Conv2D(32, (3,3))에 의해 convolution kernel의 크기가 (3,3)이고 입력데이터의 채널수가 3이므로 $3 \times 3 \times 3 = 27$개의 모수가 32개의 채널 각각에 있고, 각 채널에 있는 한 개의 bias가 있으므로 $27 \times 32 + 32 = 896$개의 모수가 있다. 두 번째 Conv2D

(64, (3,3))는 convolution이 (3,3)이고, 입력채널수가 32개이므로 $3 \times 3 \times 32$개의 모수가 64개 채널 각각에 있고, 64개 채널 각각은 한 개의 bias를 가지고 있으므로 $(3 \times 3 \times 32 + 1) \times 64 = 18,496$개의 모수가 있다. 세 번째 Conv2D(128, (3,3))는 입력채널수가 64개이므로 $(3 \times 3 \times 64 + 1) \times 128 = 147,584$개의 모수가 있다. MaxPooling2D는 픽셀의 크기를 $\frac{1}{2}$로 줄여주는 것을 볼 수 있으며 Flatten()에 의해 (7,7,128)을 $17 \times 17 \times 128 = 36,992$개의 2D텐서 자료를 출력하고 있다. Dense(512)는 $(36,992 + 1) \times 512 = 18,940,416$개의 모수를 만들고 있으며 마지막 출력층인 Dense(1, activation='sigmoid')에 512개의 노드(실질적 특성변수)를 전달한다. 마지막 출력층인 Dense(1, activation='sigmoid')는 이 512개의 노드값을 선형결합한 후 sigmoid 함수로 0 ~ 1값을 출력한다. 이 출력값은 입력된 이미지가 개 이미지일 확률로 해석하면 된다.

```
from tensorflow.keras import optimizers
opt=optimizers.RMSprop(lr=1e-4)
cat_dog_model.compile(loss='binary_crossentropy', optimizer=opt, metrics=['acc'])

cat_dog_result=cat_dog_model.fit(train_generator,steps_per_epoch=100,
                        epochs=10,validation_data=validation_generator,validation_step
                        s=50)
```

```
Epoch 8/10
100/100 [==============================] - 30s 297ms/step - loss: 0.3913 - acc: 0.8280 - val_loss: 0.4473 - val_acc: 0.7060
Epoch 9/10
100/100 [==============================] - 30s 299ms/step - loss: 0.3672 - acc: 0.8395 - val_loss: 0.3237 - val_acc: 0.7100
Epoch 10/10
100/100 [==============================] - 30s 303ms/step - loss: 0.3261 - acc: 0.8560 - val_loss: 0.5773 - val_acc: 0.6960
```

ImageDataGenerator를 사용하면 모형 적합을 위해 fit 함수 내의 steps_per_epoch을 이용한다. steps_per_epoch는 1 에폭당 몇 개의 배치를 쓸 것인지를 지정하며 steps_per_epoch×배치=총 표본수를 만족해야 한다. 그러므로 배치의 크기가 20개이고 총 표본수가 2,000개이므로 steps_per_epoch=100으로 지정해야 한다. 검증데이터의 크기는 1,000개이고 validation_generator는 배치의 크기를 20으로 지정하였으므로 validation_steps=50을 지정해야 한다. 시간이 많이 걸려 10 에폭만 실행하였지만 약 70%의 정밀도를 보여주고 있다. 학습데이터가 비교적 작은 규모인 2,000개이므로 70%의 정밀도는 나쁘지 않지만 과대적합이 발생하고 있다는 것을 알 수 있다.

```
import matplotlib.pyplot as plt
acc=cat_dog_result.history['acc']
val_acc=cat_dog_result.history['val_acc']
loss=cat_dog_result.history['loss']
val_loss=cat_dog_result.history['val_loss']
epochs=range(1,len(acc)+1)
plt.plot(epochs,acc,'b',label='training acc')
plt.plot(epochs,val_acc,'bo',label='validation acc')
plt.title('training and validation accuracy')
plt.legend()
plt.figure()
plt.plot(epochs,loss,'b',label='training loss')
plt.plot(epochs,val_loss,'bo',label='validation loss')
plt.title('training and validation loss')
plt.legend()
plt.show()
```

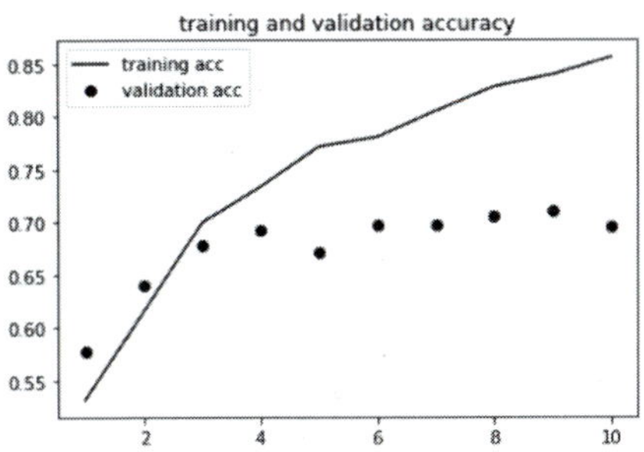

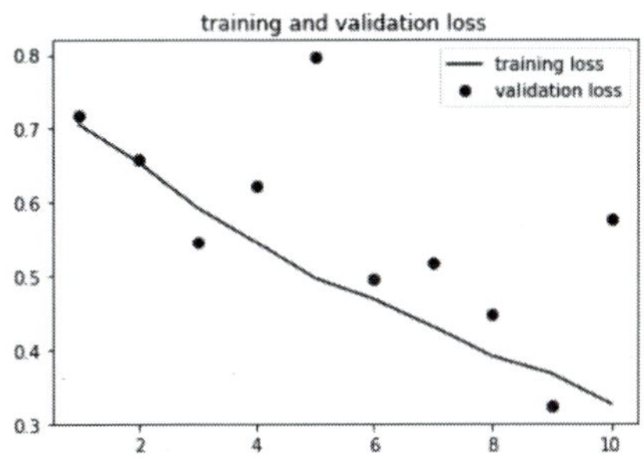

과대적합의 첫 번째 원인은 2,000개의 자료에 비해 1,900만 개 이상의 모수를 추정해야 하기 때문이다. 이를 완화하기 위한 방법으로 실질적 특성변수인 출력층 직전의 은닉층의 노드수를 줄여보는 것을 시도해볼 만하다. 앞 프로그램에서 출력층 직전의 은닉층은 Dense(512, activation='relu')로 정의된 MLP 층으로, 512개의 노드수를 32개로 줄여서 실행한 프로그램[단순하게 Dense(32, activation='relu')로 고치면 됨]의 결과만 제시하면 다음과 같다. 아래 그림에서 볼 수 있듯이 출력층 직전의 은닉층의 노드수를 32개로 줄임으로써, 정밀도는 약 69%이고 과대적합문제는 거의 사라진 것을 볼 수 있다. 에폭수를 증가시키면 정밀도는 증가할 것으로 보인다. 통계적 관점에서 볼 때 2,000개의 표본에 512개의 특성변수를 적용하면 필연적으로 과대적합이 발생할 수밖에 없기 때문에, 이를 32개의 특성변수로 대폭 감소시켜 과대적합을 해소한 것으로 해석할 수 있다.

```
Epoch 8/10
100/100 [==============================] - 38s 382ms/step - loss: 0.5869 - acc: 0.6834 - val_loss: 0.5766 - val_acc: 0.6392
Epoch 9/10
100/100 [==============================] - 38s 377ms/step - loss: 0.5856 - acc: 0.6856 - val_loss: 0.5749 - val_acc: 0.6778
Epoch 10/10
100/100 [==============================] - 37s 371ms/step - loss: 0.5810 - acc: 0.6910 - val_loss: 0.4594 - val_acc: 0.6923
```

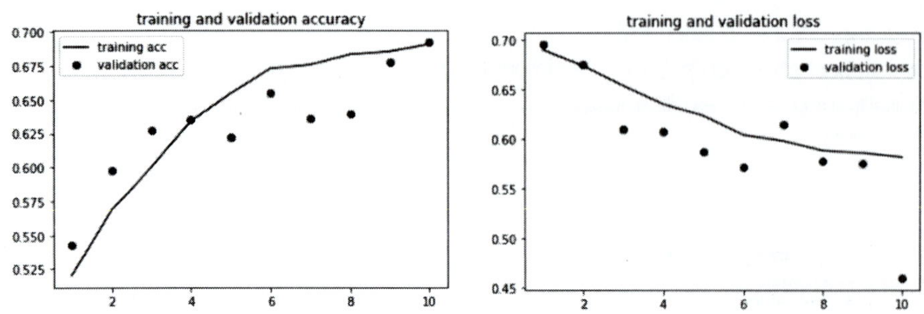

그러나 에폭이 증가하면서 validation 데이터의 손실과 정밀도가 흔들리는 것으로 보아 에폭수를 10으로 해야 하는가에 대한 의문이 발생한다. 우선, accuracy가 흔들리는 이유가 모수 추정치의 진동 때문인지 학습률을 줄여서 점검해야 한다. 출력층의 입력변수 수를 512개에서 특별한 기준 없이 임의로 32개로 줄이기보다는 출력층에 L_1 규제화를 통해 입력변수 수를 조절하는 것이 좀 더 좋은 통계적 접근방법이다. 앞의 cat_dog_model에서

```
cat_dog_model.add(Dense(1,activation='sigmoid'))
```

를

```
cat_dog_model.add(Dense(1,activation='sigmoid',kernel_regularizer=tf.keras.r
egularizers.l1(0.1)))
```

으로 변경하면 된다. 그 결과는 다음과 같다. training data와 validation data가 손실이 수렴하고 있고, 특히 validation 손실이 안정적으로 줄어들고 있어 과대적합문제가 해결되었으며 에폭의 크기를 10으로 하면 약 70% 정도의 정밀도를 구현할 수 있을 것으로 보인다. 최종적으로 test 데이터를 통해 과대적합 여부를 판정하고 일반화 여부를 결정하면 된다.

```
Epoch 8/10
100/100 [==============================] - 2s 23ms/step - loss: 0.8435 - acc: 0.7760 - val_loss: 0.8571 - val_acc: 0.7010
Epoch 9/10
100/100 [==============================] - 2s 23ms/step - loss: 0.7362 - acc: 0.7750 - val_loss: 0.7751 - val_acc: 0.7030
Epoch 10/10
100/100 [==============================] - 2s 23ms/step - loss: 0.6591 - acc: 0.7720 - val_loss: 0.7209 - val_acc: 0.7030
```

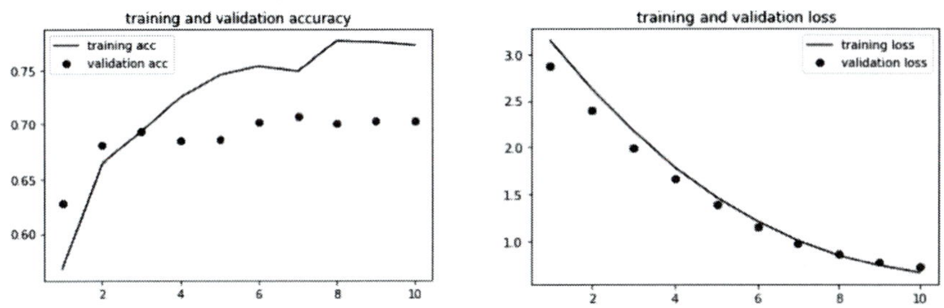

과대적합을 완화하기 위한 또 다른 방법은 자료를 인위적으로 증대시키는 방법이다. 원래의 자료를 이동시키거나, 좌우대칭으로 바꾸거나, 이미지의 일부를 잘라내거나, 또는 이미지의 일부만 확대시켜 원래의 자료수를 늘리는 방법을 말한다. ImageDataGenerator는 자료증대(data augmentation)기법을 제공하고 있다.

```
train_datagen=ImageDataGenerator(rescale=1./255,rotation_range=40,
                        width_shift_range=0.2, height_shift_range=0.2, shear_range=0.2,
                        zoom_range=0.2, horizontal_flip=True, fill_mode='nearest')
validation_datagen=ImageDataGenerator(rescale=1./255)
train_generator=train_datagen.flow_from_directory(train_dir, target_size=(150,150),
                                    batch_size=20, class_mode='binary')
validation_generator=validation_datagen.flow_from_directory(validation_dir,target_size=(150,150),
                                    batch_size=20, class_mode='binary')
```

```
Found 2000 images belonging to 2 classes.
Found 1000 images belonging to 2 classes.
```

위 프로그램에서 데이터의 증대를 위해 rotation_range=40은 0°~40° 사이를 임의로 선택하여 회전시키고, width_shift_range, height_shift_range=0.2는 전체 width와 height의 20% 내에서 임의로 수평 또는 수직으로 이미지를 이동시킨다. 그리고 shear_range=0.2는 이미지의 0~20%에서 임의로 이미지를 절단하고 zoom_range=0.2는 0~20%에서 이미지를 확대한다. 또한 horizontal_flip은 이미지를 임의로 수평적으로 뒤집고 fill_mode='nearest'는 이미지의 회전, 이동, 절단에 의해 생긴 빈 공간을 가장 가까운 이미지로 채워서 자료를 증대할 수 있다. 앞에서 언급했듯이 이러한 데이터의 증대는 모형이 자료의 변환과 크기에 불변(invariance)한 특성을 갖게 하는 역할을 한다. 제공된 이미지 내의 객체가 어디에 있든, 크기가 크든 작든, 객체를 보는 위치가 어디든, 객체가 밝든 어둡든 간에 관계없이 모형이 잘 학습하는 데 크게 도움이 된다. ImageDatagenerator에 의한 자료증대는 제공된 이미지 데이터에 잡음을 추가한 것이므로 여기에서 잘 학습한다는 의미는 과대적합이 발생하지 않는다는 의미가 된다. ImageDatagenerator 대신에 OpenCV나 PIL.Image를 이용하여 동일한 데이터 증대를 할 수 있다. 주의해야 할 것은 검증데이터는 자료증대를 하지 않아야 한다는 점이다. 학습데이터의 자료증대도 검증데이터를 이용하여 평가할 대상이기 때문이다. 다음과 같이 새로운 CNN 아키텍처를 구성하여 모형을 적합해 보도록 하자.

```
from tensorflow.keras.layers import Conv2D,MaxPooling2D,Flatten,Dense, Dropout
from tensorflow.keras import models
aug_model=models.Sequential()
aug_model.add(Conv2D(32,(3,3),activation='relu',input_shape=(150,150,3)))
aug_model.add(MaxPooling2D(2,2))
aug_model.add(Conv2D(64,(3,3),activation='relu'))
aug_model.add(MaxPooling2D(2,2))
aug_model.add(Conv2D(128,(3,3),activation='relu'))
aug_model.add(MaxPooling2D(2,2))
aug_model.add(Flatten())
aug_model.add(Dropout(0.5))
aug_model.add(Dense(512,activation='relu'))
aug_model.add(Dense(1,activation='sigmoid',kernel_regularizer=tensorflow.keras.regularizers.
l1(0.1)))
aug_model.summary()
```

Model: "sequential_5"

Layer (type)	Output Shape	Param #
conv2d_13 (Conv2D)	(None, 148, 148, 32)	896
max_pooling2d_13 (MaxPooling	(None, 74, 74, 32)	0
conv2d_14 (Conv2D)	(None, 72, 72, 64)	18496
max_pooling2d_14 (MaxPooling	(None, 36, 36, 64)	0
conv2d_15 (Conv2D)	(None, 34, 34, 128)	73856
max_pooling2d_15 (MaxPooling	(None, 17, 17, 128)	0
flatten_5 (Flatten)	(None, 36992)	0
dropout_2 (Dropout)	(None, 36992)	0
dense_9 (Dense)	(None, 512)	18940416
dense_10 (Dense)	(None, 1)	513

Total params: 19,034,177
Trainable params: 19,034,177
Non-trainable params: 0

아래 프로그램을 살펴보면 배치의 크기가 20개이므로 steps_per_epoch=100으로 지정하였고 epoch-30으로 증가시킨 것을 볼 수 있다. ImageDataGenerator를 사용하지 않으면 epoch마다 동일한 표본을 사용하지만, ImageDataGenerator를 사용하면 배치마다 임의로 생성된 배치를 사용하므로 epoch이 다르면 표본도 다르게 된다. 그러므로 ImageDataGenerator에서는 epoch을 증가시키면 표본을 증가시키는 효과를 가지게 된다. 학습데이터와 검증데이터의 batch_size는 가급적 일치시켜야 한다. 배치의 크기에 의한 손실함수값의 변동을 피하기 위해서이다.

```
from tensorflow.keras import optimizers
aug_model.compile(loss='binary_crossentropy',optimizer=optimizers.RMSprop(lr=1e-4),
                  metrics=['acc'])
aug_result=cat_dog_model.fit(train_generator,steps_per_epoch=100,epochs=30,
                             validation_data=validation_generator,validation_steps=31)
```

```
Epoch 21/30
100/100 [==============================] - 14s 142ms/step - loss: 0.6047 - acc: 0.6978 - val_loss: 0.6026 - val_acc: 0.7014
Epoch 27/30
100/100 [==============================] - 14s 142ms/step - loss: 0.5940 - acc: 0.7056 - val_loss: 0.5911 - val_acc: 0.6952
Epoch 28/30
100/100 [==============================] - 14s 143ms/step - loss: 0.5902 - acc: 0.7103 - val_loss: 0.5955 - val_acc: 0.7056
Epoch 29/30
100/100 [==============================] - 14s 142ms/step - loss: 0.5814 - acc: 0.7112 - val_loss: 0.5942 - val_acc: 0.6860
Epoch 30/30
100/100 [==============================] - 14s 142ms/step - loss: 0.5805 - acc: 0.7103 - val_loss: 0.5893 - val_acc: 0.6942
```

아래의 결과를 보면 자료증대에 의해 검증데이터의 정밀도가 자료증대하지 않았을 때보다 더 좋아졌다고 할 수 없다. 앞에서 논의한 바와 같이 최종 출력층의 노드수를 줄이거나 L_1 규제화와 같이 자료증대도 과대적합문제를 해소했지만 자료증대의 의미는 매우 다르다고 할 수 있다. 자료증대는 정밀도를 높이기 위해 적용한 모형보다 훨씬 복잡한 모형을 구축할 수 있도록 자료의 크기와 다양성을 증가시켜 주지만, 노드수의 감소나 L_1 규제화는 적용한 모형을 개선할 여지를 제공하지 않는다.

6.4 ImageDataGenerator를 이용한 이전학습

ImageDataGenerator는 pandas 데이터와 directory에 file 형태로 저장된 이미지 데이터를 손쉽게 추출하고 픽셀크기를 조절할 수 있을 뿐만 아니라, 자료증대를 통해 과대적합문제를 해결할 수 있다는 것을 논의한 바 있다. 이 절에서는 6.3절에서 적용했던 dogs and cats 데이터를 이용하여 이전학습을 좀 더 논의하고자 한다. ImageData Generator를 이용하여 학습, 검증, 시험데이터를 추출한 후, VGG16 사전학습모형을 세 가지 경우로 나누어 고려하고자 한다. 첫 번째는 VGG16의 이미지 소스인 imagenet이 dogs and cats의 이미지 소스가 유사하므로 FC층만 추가하는 경우이고, 두 번째는 ImageDataGenerator를 이용하여 자료증대를 한 후 첫 번째와 동일한 이전학습모형을 고려할 것이다. 세 번째로 자료증대를 한 후, Imagenet과 dogs and cats 데이터의 이미지 소스가 비슷하지만 다르다고 가정하고 VGG16 모형의 마지막 5개 CNN층을 재학습시키는 미세조정(fine tuning) 사전학습모형을 고려할 것이다.

이를 위해 아래와 같이 ImageDataGenerator를 이용하여 train_batches, valid_batches, test_batches를 객체화한다.

```
import os
from tensorflow.keras.preprocessing.image import ImageDataGenerator
base_dir='C:/Users/ysp/Desktop/Deep Learning/dogs and cats_small'
train_dir=os.path.join(base_dir,'train')
validation_dir=os.path.join(base_dir,'validation')
test_dir=os.path.join(base_dir,'test')
imagegen=ImageDataGenerator(rescale=1./255)
train_batches=imagegen.flow_from_directory(train_dir, target_size=(150,150),
                                            batch_size=20,
                                            class_mode='binary')
valid_batches=imagegen.flow_from_directory(validation_dir, target_size=(150,150),
                                            batch_size=20, class_mode='binary')
test_batches=imagegen.flow_from_directory(test_dir, target_size=(150,150), batch_size=20,
                                            class_mode='binary', shuffle=False)
```

```
Found 2000 images belonging to 2 classes.
Found 1000 images belonging to 2 classes.
Found 1000 images belonging to 2 classes.
```

아래 프로그램은 VGG16에 FC층을 추가한 이전학습모형을 보여주고 있다.

```
from tensorflow.keras.applications import VGG16
from tensorflow.keras.models import Model
from tensorflow.keras.layers import Dense, Dropout, Flatten, BatchNormalization,
                                    MaxPooling2D
from tensorflow.keras import optimizers
vgg_base=VGG16(weights='imagenet',include_top=False, input_shape=(150,150,3))
for layer in vgg_base.layers:
    layer.trainable=False
last_layer=vgg_base.get_layer('block5_pool')
last_output=last_layer.output
x=Flatten()(last_output)
x=Dense(64, activation='relu',name='FC_2')(x)
x=BatchNormalization()(x)
x=Dropout(0.5)(x)
x=Dense(1, activation='sigmoid',name='output')(x)

model1=Model(inputs=vgg_base.input, outputs=x)
```

아래와 같이 RMSprop의 학습률을 10^{-5}으로 줄인 후, 10번의 epoch에서 87%의 accuracy를 보여주고 있다. train loss가 줄어들고 있어 epoch 수를 늘려 모수 최적화를 좀 더 할 필요가 있다. 그러나 6.3절의 결과와 비교할 때 이전학습이 매우 효과적이라는 사실을 보여주고 있다.

```
model1.compile(optimizer=optimizers.RMSprop(lr=1e-5),loss='binary_crossentropy',
               metrics=['acc'])
model1_result=model1.fit(train_batches,steps_per_epoch=100,validation_data=valid_batches,
                         validation_steps=50, epochs=10)
```

```
Epoch 8/10
100/100 [=====] - 178s 2s/step - loss: 0.3599 - acc: 0.8462 - val_loss: 0.3248 - val_acc: 0.8600
Epoch 9/10
100/100 [=====] - 180s 2s/step - loss: 0.3261 - acc: 0.8642 - val_loss: 0.3185 - val_acc: 0.8670
Epoch 10/10
100/100 [=====] - 179s 2s/step - loss: 0.3481 - acc: 0.8349 - val_loss: 0.3043 - val_acc: 0.8700
```

아래 프로그램은 두 번째 경우로, ImageDataGenerator를 이용하여 자료증대를 하고 이전학습모형을 학습시키고 있으며 epochs=30으로 늘려서 자료증대 효과를 모형적합에 반영하고 있다.

```
vgg_base.trainable=False
from tensorflow.keras.preprocessing.image import ImageDataGenerator
from tensorflow.keras import optimizers
train_datagen=ImageDataGenerator(rescale=1./255, rotation_range=40,
                width_shift_range=0.2, height_shift_range=0.2, shear_range=0.2,
                zoom_range=0.2, horizontal_flip=True, fill_mode='nearest')
validation_datagen=ImageDataGenerator(rescale=1./255)  #검증데이터는 자료증대를 하지
않아야 함.
train_generator=train_datagen.flow_from_directory(train_dir,target_size=(150,150),
                                        batch_size=20, class_mode='binary')
validation_generator=validation_datagen.flow_from_directory(validation_dir,
                        target_size=(150,150), batch_size=20, class_mode='binary')

vgg_base=VGG16(weights='imagenet',include_top=False, input_shape=(150,150,3))

for layer in vgg_base.layers:
    layer.trainable=False

last_layer=vgg_base.get_layer('block5_pool')
last_output=last_layer.output
x=MaxPooling2D(2)(last_output)
x=Flatten()(x)
x=Dense(256, activation='relu',name='FC_2')(x)
x=BatchNormalization()(x)
x=Dropout(0.5)(x)
x=Dense(1, activation='sigmoid',name='output')(x)

model_aug=Model(inputs=vgg_base.input, outputs=x)
```

```
model_aug.compile(optimizer=optimizers.RMSprop(lr=2e-5),loss='binary_crossentropy',
                  metrics=['acc'])
model_aug_result=model_aug.fit(train_generator,steps_per_epoch=100,epochs=30,
                               validation_data=validation_generator,validation_steps=50)
```

```
Epoch 25/30
100/100 [=====] - 195s 2s/step - loss: 0.4014 - acc: 0.8223 - val_loss: 0.2748 - val_acc: 0.8900
Epoch 26/30
100/100 [=====] - 196s 2s/step - loss: 0.4072 - acc: 0.8158 - val_loss: 0.2758 - val_acc: 0.8890
Epoch 27/30
100/100 [=====] - 196s 2s/step - loss: 0.4300 - acc: 0.8140 - val_loss: 0.2744 - val_acc: 0.8840
Epoch 28/30
100/100 [=====] - 196s 2s/step - loss: 0.4177 - acc: 0.8137 - val_loss: 0.2697 - val_acc: 0.8830
Epoch 29/30
100/100 [=====] - 197s 2s/step - loss: 0.4096 - acc: 0.8150 - val_loss: 0.2706 - val_acc: 0.8840
Epoch 30/30
100/100 [=====] - 198s 2s/step - loss: 0.3854 - acc: 0.8278 - val_loss: 0.2676 - val_acc: 0.8880
```

위 결과에서 볼 수 있듯이 88.8%의 accuracy를 보여주고 있지만 train_loss가 줄어들고 있어 epoch을 좀 더 증가시킬 필요가 있다.

이제 VGG16의 최종 5개 CNN층을 재추정하는 미세조정 이전학습을 논의하자. 아래 프로그램과 같이 VGG16 함수 내에 pool='avg'를 부여하면 VGG16의 마지막 층으로 GlobalAveragePooling층이 추가되어 1D텐서를 출력하게 한다. 이 Global AveragePooling층을 포함하여 VGG16의 마지막 5개층의 모수만 재추정하기 위해

```
for layer in base_model.layers[:-5]:
    layer.trainable=False
```

를 부여하여 VGG16의 끝에서 6번째 층까지를 고정(freeze)한다.

```
base_model=VGG16(weights='imagenet',include_top=False, input_shape=(150,150,3),
                 pooling='avg')

for layer in base_model.layers[:-5]:
    layer.trainable=False
```

```
last_output=base_model.output
x=Dense(256, activation='relu',name='FC_2')(last_output)
x=BatchNormalization()(x)
x=Dropout(0.5)(x)
x=Dense(1, activation='sigmoid',name='output')(x)

model_aug=Model(inputs=base_model.input, outputs=x)
```

Layer (type)	Output Shape	Param #
input_12 (InputLayer)	[(None, 150, 150, 3)]	0
block1_conv1 (Conv2D)	(None, 150, 150, 64)	1792
block1_conv2 (Conv2D)	(None, 150, 150, 64)	36928
block1_pool (MaxPooling2D)	(None, 75, 75, 64)	0
block2_conv1 (Conv2D)	(None, 75, 75, 128)	73856
block2_conv2 (Conv2D)	(None, 75, 75, 128)	147584
block2_pool (MaxPooling2D)	(None, 37, 37, 128)	0
block3_conv1 (Conv2D)	(None, 37, 37, 256)	295168
block3_conv2 (Conv2D)	(None, 37, 37, 256)	590080
block3_conv3 (Conv2D)	(None, 37, 37, 256)	590080
block3_pool (MaxPooling2D)	(None, 18, 18, 256)	0
block4_conv1 (Conv2D)	(None, 18, 18, 512)	1180160
block4_conv2 (Conv2D)	(None, 18, 18, 512)	2359808
block4_conv3 (Conv2D)	(None, 18, 18, 512)	2359808
block4_pool (MaxPooling2D)	(None, 9, 9, 512)	0
block5_conv1 (Conv2D)	(None, 9, 9, 512)	2359808
block5_conv2 (Conv2D)	(None, 9, 9, 512)	2359808
block5_conv3 (Conv2D)	(None, 9, 9, 512)	2359808
block5_pool (MaxPooling2D)	(None, 4, 4, 512)	0
global_average_pooling2d_5	(None, 512)	0
FC_2 (Dense)	(None, 256)	131328
batch_normalization_6 (Batch	(None, 256)	1024
dropout_6 (Dropout)	(None, 256)	0

```
output (Dense)                 (None, 1)              257
=================================================================
Total params: 14,847,297
Trainable params: 7,211,521
Non-trainable params: 7,635,776
_________________________________________________________________
```

위 모형구조에서 block5_conv1부터 global_average_pooling까지 VGG16의 마지막 5개층을 재추정하고 추가된 2개의 FC층을 추정하는 미세조정 이전학습모형을 보여주고 있다. 학습결과는 아래와 같이 accuracy가 92.6%까지 높아진 것을 볼 수 있다.

```
from tensorflow.keras import optimizers
model_aug.compile(optimizer=optimizers.RMSprop(lr=1e-5),loss='binary_crossentropy',
                  metrics=['acc'])
result_final=model_aug.fit(train_generator,steps_per_epoch=100, epochs=30,
                  validation_data=validation_generator,validation_steps=50)
```

```
Epoch 25/30
100/100 [======] - 228s 2s/step - loss: 0.1751 - acc: 0.9313 - val_loss: 0.1637 - val_acc: 0.9310
Epoch 26/30
100/100 [======] - 240s 2s/step - loss: 0.1252 - acc: 0.9500 - val_loss: 0.2029 - val_acc: 0.9130
Epoch 27/30
100/100 [======] - 243s 2s/step - loss: 0.1441 - acc: 0.9435 - val_loss: 0.1826 - val_acc: 0.9220
Epoch 28/30
100/100 [======] - 230s 2s/step - loss: 0.1469 - acc: 0.9456 - val_loss: 0.1536 - val_acc: 0.9330
Epoch 29/30
100/100 [======] - 250s 3s/step - loss: 0.1174 - acc: 0.9583 - val_loss: 0.1663 - val_acc: 0.9290
Epoch 30/30
100/100 [======] - 228s 2s/step - loss: 0.1327 - acc: 0.9529 - val_loss: 0.1609 - val_acc: 0.9260
```

아래 결과는 시험데이터에 model_aug를 적용한 것을 보여주고 있다.

```
test_datagen=ImageDataGenerator(rescale=1./255)
test_generator=test_datagen.flow_from_directory(test_dir,target_size=(150,150),
                                  batch_size=20, class_mode='binary')
loss, acc=model_aug.evaluate(test_generator,steps=50)
print(loss)
```

```
print(acc)
```

```
Found 1000 images belonging to 2 classes.
50/50 [======] - 43s 864ms/step - loss: 0.2210 - acc: 0.9330
0.22099395096302032
0.9330000281333923
```

7장

RNN을 이용한 Word Embedding과 시계열 분석

한글을 영어로 번역할 때 단어순서는 언어번역에 중요한 역할을 한다. 또한 내일의 주식가격을 예측하고자 할 때는 오늘의 주식가격을 일주일 전의 주식가격보다 좀 더 많은 비중을 주고 예측을 하게 된다. 이처럼 자료의 순서 및 시점이 중요한 역할을 할 때 적용되는 딥러닝이 RNN(recurrent neural networks)이다. RNN의 입력자료 형태는 3D텐서이며 (표본수, 시간스탭수, 특성변수수)의 크기를 가지고 있다. 그러므로 하나의 표본은 m개의 시간스탭(time steps)과 p개의 특성변수로 구성된 2D텐서가 된다.

텍스트 자료에서 표본은 분석의 목적에 따라 문장이 될 수도 있고 문서도 될 수 있다. 이해를 돕기 위해 하나의 문장(sentence)이 하나의 표본이라고 가정하자. 각 문장을 구성하는 서로 다른 단어의 집합이 특성변수이다. 그러나 각 문장의 길이가 다르므로 특성변수의 수가 다르게 되며 이로 인해 각 표본이 다른 크기의 특성변수를 가지게 되는 문제가 발생한다. 표본은 동일한 형태가 반복되어야만 문장 내 단어들 간에 존재하는 통계적 패턴을 찾을 수 있다. 그러므로 텍스트 자료분석을 위해서 각 문장의 특성변수수는 동일해야 하며 시간스탭 크기도 동일해야 한다.

주식가격을 예측하기 위해, 주식가격에 영향을 미치는 특성변수도 필요하지만 과거의 주식가격도 현재의 주식가격을 예측하는 데 중요한 특성변수가 된다. 그러므로 현재의 주식가격을 설명하기 위해 얼마나 먼 과거의 주식가격이 필요한지에 따라 시간스탭의 크기가 결정된다. 그러나 좀 더 중요한 것은 (시간스탭수, 특성변수수)로 구성된 2D텐서 표본이 n개 있을 때 n개의 표본이 동일한 분포를 가지고 있느냐가 보장되어야 한다는 점이다. 동일한 분포를 가지고 있어야만 n개의 반복된 표본에 의해 주식가격의 통계적 패턴을 찾을 수 있기 때문이다. 동일한 분포를 갖기 위한 최소한의 조건은 주식가격이 정상성(stationarity)을 만족해야 한다. 정상성을 직관적으로 이해하기 위해 최근 3일의 주식가격을 알면 내일 주식가격을 예측할 수 있다고 가정하자. 즉, y_t의 예측을 위해 y_{t-1}, y_{t-2}, y_{t-3}가 필요하다면 $(y_{t-1}, y_{t-2}, y_{t-3})$을 특성변수로 하고 y_t를 목적변수로 하여 딥러닝 모형을 구축하면 된다. 시점을 임의로 $t = 15, 10, 5, 20, 55$로 뽑았을 때

$$[(y_{14}, y_{13}, y_{12}), y_{15}], [(y_9, y_8, y_7), y_{10}], [(y_4, y_3, y_2), y_5], [(y_{19}, y_{18}, y_{17}), y_{20}],$$

$$[(y_{54}, y_{53}, y_{52}), y_{55}]$$

를 이용하여 딥러닝 모형의 모수를 추정하게 된다(물론, 실제 딥러닝을 적용하기 위해서는 훨씬 큰 표본이 필요하다). 딥러닝 모형은 이 5개의 자료를 이용하여 연속된 4개 시점 간의 선형 및 비선형 패턴을 구하는 문제이므로 이 5개 자료의 패턴은 서로 간에 비슷해야만 한다. 통계적인 관점에서 살펴볼 때, 이 5개 자료는 숨겨진 공통의 패턴에 오차가 추가된 형태로 관측된 것으로 이해하여야 한다. 공통의 패턴은 통계모형으로 적합하게 된다.

그러므로 5개 자료가, 예를 들어 평균이 다르거나(이는 평균값이 시점에 의존해서 시점이 증가하면서 증가하거나 감소하는 경향) 자기상관관계(autocorrelation)가 다르면 공통의 패턴이 없다는 의미이므로 통계모형을 적용할 방법이 없게 된다. 이러한 특성을 가진 시계열 자료는 정상성을 위배하는 대표적인 예이다. 그러므로 딥러닝 모형에 시계열 자료를 적용할 때, 자료가 정상성인지를 점검하여야 하며 정상성이 아닐 경우 적절한 차분(differencing)을 통해 정상성자료로 변환시켜야 한다. 이에 대한 좀 더 자세한 내용은 박유성·김기환(2016)을 참고하길 바란다.

7.1 Word2Vec과 Glove

SNS 등의 댓글을 특정 주제에 대해 찬성 또는 반대로 분류하거나, 신문기사가 사회, 경제, 정치에 관련된 내용인지를 분류하고, 특정 소설의 문장과 구성을 통해 저자 및 출판연도를 맞추거나, 영어를 불어로 번역하는 것 등은 모두 텍스트 자료를 기반으로 하는 딥러닝 관심분야이다. 텍스트 자료를 분석하기 위해서는 텍스트 자료의 수량화가 필요하다. 특정 주제에 대한 SNS상에 나타난 댓글은 하나의 표본이 되고 신문기사의 경우 기사가 하나의 표본이 된다. 이러한 표본의 수량화는 표본을 구성하는 단어(word)나 문자(character)를 토큰화(tokenize)하고 토큰에 인덱스(index)를 할당한 후, 인덱스에 의미를 부여(이를 word embedding representa- tion이라고 함)하는 과정으로 요약할 수 있다.

가장 일반적인 토큰은 단어이며 전체 표본에 나타난 유일한 단어를 모아서 각각의 단어에 1:1로 대응되는 인덱스를 부여한다. 예를 들어, “The cat sits on the mat”, “The other cat runs over the mats”라는 두 개의 문장이 있을 때 각 문장은 1개의 표본이 되고 전체 표본은 2개인 간단한 예제이다. 전체 표본을 구성하는 단어의 집합(유일한 단어)은 ‘the’, ‘cat’, ‘sits’, ‘on’, ‘mat’, ‘other’, ‘runs’, ‘over’, ‘mats’이다. 이러한 단어의 분리가 토큰을 단어로 하는 토큰화이다.

‘the’는 4번, ‘cat’은 2번, 그리고 나머지는 한 번 나타나므로 발생빈도에 따라 ‘the’에 1, ‘cat’에 2, 나머지는 빈도가 동일하므로 표본의 차례대로 ‘sits’에 3, ‘on’에 4, ‘mat’에 5, ‘other’에 6, ‘runs’에 7, ‘over’에 8, ‘mats’에 9번을 부여한다. 빈도에 따라 인덱스를 부여하는 이유는 빈도가 높은 단어일수록 각 표본의 특성을 나타내는 데에 중요도가 낮아지기 때문이다. 그러므로 “The cat sits on the mat”는 [1,2,3,4,1,5]로 인덱스가 부여되고 “The other cat runs over the mats”는 [1,6,2,7,8,1,9]로 인덱스화한다. index 0은 결측치 및 뒤에서 설명할 padding을 지정할 때 사용한다.

텍스트 자료의 최종 수량화 과정은 인덱스 자료에 의미를 부여하는 과정이다. 신문자료와 같이 특정단어의 존재여부가 기사분류에 유용하면 다음과 같이 이항(binary) 인덱스로 전환한다. 즉, [1,2,3,4,1,5]를 [1,1,1,1,1,0,0,0,0]으로, [1,6,2,7,8,1,9]를 [1,1,0,0,0,1,1,1,1]로 자료를 전환한다. 즉, 첫 번째 열은 인덱스 1의 존재여부를, 두 번째 열은 인덱스 2의 존재여부를, ..., 그리고 아홉 번째 열은 인덱스 9의 존재여부(존재하면 1, 그렇지 않으면 0)를 나타낸 것이다. 각 표본을 9개의 값으로 재표현한 것으로 이 9개는 각 표본의 특성변수의 값으로 해석할 수 있다.

또 다른 수량화 과정은 자료의 빈도수로 표현할 수 있다. SNS에 있는 특정사안에 대한 댓글을 찬성과 반대로 분류하고자 할 때, 찬성과 반대에 빈번하게 나타나는 단어의 빈도가 중요한 특성변수의 값이 될 것이다. 첫 번째 표본에서는 인덱스 1이 2번, 인덱스 2, 3, 4, 5가 1번 나타났고 나머지 4개의 단어는 나타나지 않았으

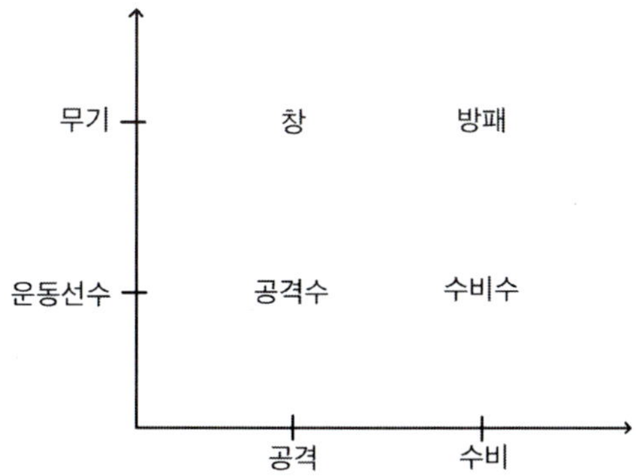

그림 7-1 단어의 특성

므로 첫 번째 표본은 [2,1,1,1,1,0,0,0,0]으로 수량화되고 같은 방법으로 두 번째 표본은 [2,1,0,0,0,1,1,1,1]으로 수량화한다. 이러한 수량화도 표본을 동일한 크기의 9개의 특성변수로 재표현한 것이다.

지금까지 논의한 텍스트의 수량화는 사람이 인지하는 단어들의 관계를 특성화하지 못하는 약점을 가지고 있다. <그림 7-1>은 '창', '방패', '공격수', '수비수'라는 네 개의 단어를 '공격', '수비'라는 추상적인 개념과 '무기', '운동선수'라는 개념으로 재분류하고 있다. 마치 사람과 같이 '창'과 '공격수'를 공격이라는 추상적인 개념으로 서로 연관되도록 수량화하고 '공격수'와 '수비수'를 운동선수라는 개념으로 연관시킬 수 있는 수량화가 필요하다. 또한 '여성'과 '왕'이라는 단어로 '여왕'이라는 단어를 추론할 수 있어야 하고, '아이'와 '아이들'은 단수와 복수의 관계로 이 두 단어가 거의 같다는 수량화가 필요하다.

이러한 수량화는 소위 word embedding을 통해 가능하며, word embedding은 단어들 간의 연관성을 거리 개념의 실수로 전환하는 과정이라고 할 수 있다. Word embedding의 개념은 <그림 7-1>의 확장으로 생각하면 된다. 공격수는 '공격', '운동선수'라는 개념도 있지만 '축구', '프리미어리그' 등 여러 개념으로도 설명할 수 있듯이, 예를 들어, '공격수', '스트라이커'를 10개의 실수값을 갖는 특성변수로 전환하여 이 특성변수가 상관관계를 갖도록 하는 것이 word embedding의 목표이다.

단어들의 구문론적 의미를 부여하는 word embedding의 대표적인 embedding은

word2vec과 Glove(global vectors for word representation)이다. word2vec과 Glove는 딥러닝 모형이 아니며 은닉층 하나로 구성된 간단한 MLP 모형이다. 이해를 돕기 위해 다음과 같은 간단한 두 문장(즉, 2개의 표본)만 가지고 word2vec의 개념을 설명하고자 한다.

'I am a good player', 'I am a nice player'

이 문장에서 'good'과 'nice'는 거의 동일한 의미를 가지고 있다. 우선 토큰화를 통해 단어를 분류한 후 유일한 단어에 인덱스를 부여하면

{'i':1, 'am':2, 'a':3, 'good':4, 'player':5, 'nice':6}

으로 정리할 수 있다. 다음과 같이 입력자료(특성변수)와 출력자료(목적변수)를 정의해 보자.

입력	출력
am, a, good	i
i, a, good	am
i, am, good	a
i, am, a	good
am, a, good	player
am, a, nice	i
i, a, nice	am
i, am, nice	a
i, am, a	nice
am, a, nice	player

(a) CBOW 모형

입력	출력
i	am, a, good
am	i, a, good
a	i, am, good
good	i, am, a
player	am, a, good
i	am, a, nice
am	i, a, nice
a	i, am, nice
nice	i, am, a
player	am, a, nice

(b) skip-gram 모형

그림 7-2 word2vec embedding의 입력자료와 출력자료

word2vec embedding은 CBOW(continuous bag of words)와 skip-gram 두 개의 모형이 있다. <그림 7-2>에서 볼 수 있듯이 CBOW는 출력단어에 인접한 3개의 단어로 구성된 입력자료와 하나의 단어로 구성된 출력단어를 예측하는 입·출력층의 자료구조를 가지고 있고 skip-gram 모형은 CBOW와 정반대의 입·출력층의 자료

구조를 가지고 있다. <그림 7-2>에서 볼 수 있듯이 CBOW 모형에서 'good'과 'nice'는 동일한 입력자료를 가지고 있고 skip-gram 모형에서는 동일한 출력자료를 가지고 있으므로 'good'과 'nice'는 거의 동일한 구문론적 의미를 가지게 될 것이다(물론, 'nice'를 'bad'로 고치더라도 동일한 결과를 보일 것이다. 그러나 구문론적 의미는 수백만 개의 문장을 이용하므로 실제 문제에서는 이러한 오류가 발생하지 않는다).

토큰화를 통해 생성된 유일한 단어들의 집합[이를 BOW(bag-of-words)라고 한다] 안의 단어 각각을 one-hot 벡터로 전환한다.

{'i':1, 'am':2, 'a':3, 'good':4, 'player':5, 'nice':6}

이므로

I → [1,0,0,0,0,0], am → [0,1,0,0,0,0], a → [0,0,1,0,0,0], good → [0,0,0,1,0,0], player → [0,0,0,0,1,0], nice → [0,0,0,0,0,1]

와 같이 벡터로 전환한다. 일반적으로 BOW의 크기가 V일 때(많게는 수백만 개 이상), one-hot 벡터의 크기는 V이며 V개 단어 각각에 인덱스를 부여하고 이 인덱스 위치에만 1이고 나머지 V-1 인덱스들은 모두 0인 벡터이다. 이러한 인텍스는 범주형자료의 one-hot encoding과 동일하다.

BOW 안에 있는 V개의 단어들을 one-hot encoding한 후, CBOW에서는 입력 one-hot encoding의 평균을 입력하고 출력 one-hot encoding을 예측하는 모형이고, skip-gram은 하나의 one-hot-encoding을 입력하고 2개 이상의 one-hot encoding을 출력하는 모형이다. 우리의 예제에서 CBOW는 'am', 'a', 'good'이 입력이면 'i'가 출력되므로

$$\frac{1}{3}([0,1,0,0,0,0]+[0,0,1,0,0,0]+[0,0,0,1,0,0])=(0,\frac{1}{3},\frac{1}{3},\frac{1}{3},0,0)$$

가 입력되고 출력은 [1,0,0,0,0,0]이 된다. skip-gram 모형은 'i'가 입력이고 'am', 'a', 'good'이 출력이므로 [1,0,0,0,0,0]가 입력되고 [[0,1,0,0,0,0],[0,0,1,0,0,0],[0,0,0,1,0,0]]이 출력되는 구조이다.

CBOW와 skip-gram 모형은 은닉층이 하나인 MLP 모형이다. 단, 선형결합에서 bias가 없으며 비선형변환을 하지 않는 FC층으로 구성된 MLP 모형이다. 즉, CBOW와 skip-gram 모형의 입력은 크기가 (V,)인 1D텐서이므로 이를 노드수가 k개인 은닉층에 입력하면 (k,) 1D텐서가 출력된다. 이 1D텐서를 word embedding 이라고 하며 이 word embedding이 출력층에 입력된다. CBOW의 출력층은 범주수가 V개인 softmax 함수로 구성되고, skip-gram은 다중 출력층으로 구성되어 있고 각 출력층은 범주수가 V개인 softmax 함수로 구성되어 있다. 그러므로 CBOW의 손실함수는 categorical crossentropy이고 skip-gram은 출력층수만큼의 categorical crossentropy의 합이 된다.

우리의 예제에서 은닉층의 노드수가 10개이면 은닉층의 출력은 (10,) 1D텐서이다. CBOW 모형에서는 활성함수가 softmax이고 노드수가 6개인 FC층에 이 (10,) 1D텐서가 입력되어 6개 범주(즉, 6개 단어) 각각에 속할 확률을 출력하게 된다. skip-gram 모형에서는 (10,) 1D텐서가 3개의 다중출력층으로 입력되어 2D 출력을 softmax 함수로 예측하게 된다. 즉, 3개의 출력층은 각각 활성함수가 softmax이고 노드수가 6인 FC층이며, 손실함수는 3개의 categorical cross entropy의 합이다.

GLOVE(global vectors for word representation)는 word2vec과 다르게 단어들 간의 빈도수(frequency)를 이용한 word embedding이다. 간단한 예를 통해 기본적인 구조를 이해하도록 하자. 두 개의 문장(그러므로 2개의 표본) 'you are a girl', 'you are a boy'가 있을 때 토큰화를 통해 bag-of-words를 만들면 {'you', 'are', 'a', 'girl', 'boy'}가 된다. 이를 이용하여 두 문장에서 발생한 발생빈도를 정리하면

	you	are	a	girl	boy
you	0	2	2	1	1
are	0	0	2	1	1
a	0	0	0	1	1
girl	0	0	0	0	0
boy	0	0	0	0	0

가 된다. 'you'와 'are'는 두 문장에서 모두 발생하므로 2, 'you'와 'a'도 두 문장 모두에서 발생하므로 2, 그리고 'you'와 'girl'은 첫 문장에서만 발생하므로 빈도수 1을 갖는다. 두 문장에서 다 나타나지 않으면 0의 빈도를 가진 위의 표가 단어들 간의 빈도이다. 그러나 위 빈도는 해당 단어들이 동시에 나타난 표본 빈도수이므로 거리의 개념이 없다. 그리하여 단어들 간의 떨어진 단어 간격으로 나누어 단어의 거리를 조절할 필요가 있다.

	you	are	a	girl	boy
you	0	2	1	0.33	0.33
are	0	0	2	0.5	0.5
a	0	0	0	1	1
girl	0	0	0	0	0
boy	0	0	0	0	0

여기에 추가적으로 window를 적용하여 단어간격이 2 이상이면 가중치를 0으로 재조정하면

표 7-1 단어의 동시 발생빈도

	you	are	a	girl	boy
you	0	2	1	0	0
are	0	0	2	0.5	0.5
a	0	0	0	1	1
girl	0	0	0	0	0
boy	0	0	0	0	0

이 된다. 실제 문제에서는 총 단어수가 V개이므로 <표 7-1> 단어의 동시 발생빈도 표는 $V \times V$ 크기를 갖게 된다. 단어수가 많아지면 동일단어 간의 단어거리가 표본마다 다를 수 있다. 이 경우, 표본마다 window를 적용하여 window 크기보다 단어거리가 긴 것을 0으로 먼저 조정한 후, 이 조정된 빈도를 합산하여 발생빈도를 구하면 된다.

GLOVE의 손실함수는 다음과 같다.

$$\ell = \sum_{i,j=1}^{V} f(x_{ij})(\boldsymbol{w}_i^T \boldsymbol{w}_j + b_i + b_j - log\, x_{ij})$$

여기에서 x_{ij}는 <표 7-1>에 정리된 i번째 단어와 j번째 단어의 동시발생빈도이며

$$f(x_{ij}) = \begin{cases} 0 & \text{if } x_{ij} = 0 \\ \dfrac{x_{ij}}{100} & \text{if } x_{ij} < 100 \\ 1 & \text{if } x_{ij} \geq 100 \end{cases}$$

이다. 또한 $\boldsymbol{w}_i$와 $\boldsymbol{w}_j$는 모두 $k \times 1$벡터이고 b_i와 b_j는 bias이며 스칼라이다. 즉, $\begin{pmatrix} \boldsymbol{w}_i \\ b_i \end{pmatrix}$는 i번째 단어의 word embedding이고 $\begin{pmatrix} \boldsymbol{w}_j \\ b_j \end{pmatrix}$는 j번째 단어의 word embedding 이다. 그러므로 GLOVE는 각 단어를 $(k+1) \times 1$ 벡터로 전환하는 word embedding 이라고 할 수 있다.

Word2vec과 GLOVE는 주로 사전학습모형으로 사용되었지만, 14 ~ 17장에서 다루는 Transformer, BERT, GPT의 등장과 함께 이제는 거의 사용하지 않고 있다.

7.2 텍스트 자료에 특화된 Word Embedding

앞 절에서 논의한 word2vec이나 GLOVE에 의한 word embedding은 단어들 간의 구문론적 의미를 비교적 잘 전달하지만 인간의 언어는 환경과 문화에 따라 그 의미가 다른 경우가 많다. 예를 들어, 법률에 관련된 텍스트와 연애소설에 관련된 텍스트는 동일한 언어를 쓰더라도 단어들의 구조나 구성이 매우 다르고 의미 또한 다를 경우가 많다. 이러한 배경에 의해 분석대상 텍스트에 특화된 word embedding 이 필요한 경우가 많다.

앞에서 논의한 word2vec에서는 전체 표본에 있는 유일한 단어의 수만큼의 크기를 가진 one-hot encoding을 이용하여 각 단어를 수량화한 바 있다. 그러므로 전체

표본에서 차지하는 단어수가 많으면 단어를 나타내는 one-hot encoding의 크기도 클 수밖에 없다. 즉, 각 단어는 자신의 index에 해당하는 위치만 1값을 가지고 있고 나머지는 모두 0으로 구성되어 있는 희소벡터(sparse vector)로 표현된다.

분석 텍스트에 특화된 word embedding은 각 단어를 밀집벡터(dense vector)로 표현하는 기법이다. 예를 들어, 총 단어가 5개 있을 때 첫 단어를 [1,0,0,0,0]로 재표현한 것이 희소벡터이고 이와 같은 one-hot encoding이 아닌, 예를 들어 실수값을 갖는 [0.2,0.7]로 표현한 것이 밀집벡터이다. 밀집벡터를 이용하면 희소벡터보다 훨씬 적은 크기의 벡터로 각 단어를 표현할 수 있으며, 텍스트 자료분석의 목적에 따라 동일한 단어도 다른 밀집벡터로 표현할 수 있는 유연성을 가지게 된다. 이처럼 밀집벡터로의 전환은 매우 간단하다. 입력된 one-hot encoding을 bias가 없는 k개의 선형결합을 하면 $(k,)$ 1D 밀집벡터로 전환된다. 이러한 의미에서 앞에서 논의한 Word2Vec이나 GLOVE도 희소벡터를 밀집벡터로 전환한 word embedding에 해당된다.

텍스트 분석을 위해서 각 표본은 동일한 텐서로 구성되어야 한다. padding 과정에서 0은 결측치로 인식하게 된다. padding에 의해 모든 표본의 길이가 m개로 통일되었고 각 단어를 크기가 k인 밀집벡터로 word embedding하면 각 표본은 크기가 (m,k)인 2D텐서 자료가 된다. 즉, m은 RNN 모형에서 정의된 시간스탭(timestep)이 되고 k는 특성변수수가 된다.

7.1절에서 논의한 텍스트 자료의 토큰화, 단어에 인덱스 부여하기, 각 표본의 단어를 인덱스의 계열(sequence) 표현하기, 그리고 padding 등의 과정을 아래와 같이 간략한 예로 구현해 보기로 하자.

```
from tensorflow.keras.preprocessing.text import Tokenizer
from tensorflow.keras.preprocessing import sequence
samples=['The cat sits on the mat','The other cat % $ # @ runs over the mats']
tokenizer=Tokenizer(num_words=12)
tokenizer.fit_on_texts(samples)
word_id=tokenizer.word_index
print(word_id)
```

```
seq=tokenizer.texts_to_sequences(samples)
print(seq)
xx=sequence.pad_sequences(seq,maxlen=7)
print(xx)
xx1=tokenizer.sequences_to_matrix(seq,mode='binary')
print(xx1)
```

```
{'the': 1, 'cat': 2, 'sits': 3, 'on': 4, 'mat': 5, 'other': 6, 'runs': 7, 'over': 8, 'mats': 9}
[[1, 2, 3, 4, 1, 5], [1, 6, 2, 7, 8, 1, 9]]
[[0 1 2 3 4 1 5]
 [1 6 2 7 8 1 9]]
[[0. 1. 1. 1. 1. 1. 0. 0. 0. 0. 0. 0.]
 [0. 1. 1. 0. 0. 0. 1. 1. 1. 1. 0. 0.]]
```

위 프로그램을 설명하면 다음과 같다. Tokenizer 클래스를 import한 후 총 12개의 단어로 토큰화하도록 하였고 표본을 fit_on_texts 함수에 적용하여 토큰화를 실행하고 있다. 이 결과는 word_id로 확인할 수 있으며 %, $ 등의 기호는 default로 제거하고 대문자는 모두 소문자로 전환하여 토큰화하는 것을 확인할 수 있다. 또한, sample에는 총 9개의 단어가 있으며 대응되는 인덱스를 dictionary 자료로 보여주고 있다. texts_to_sequences( ) 함수로 각 표본을 인덱스 계열(sequence)로 전환하였다. 이 계열은 sequences.pad_sequence( ) 함수를 이용하여 최대 7개 길이의 자료 행렬로 padding하고 있다.

최대 단어수에 미치지 못하면 pad_sequences(padding='pre')로 앞부분에 0으로 padding하고, pad_sequences(padding='post')로 뒷부분에 0으로 padding한다. 여기에서 default는 'pre'이다. 첫 번째 표본인 'The cat sits on the mat'은 단어 길이가 6이므로 첫 열에 0이 padding된 것을 확인할 수 있다. 최대 단어수보다 많으면 default로 앞에서부터 단어를 잘라낸다(truncating='post'로 바꾸면 뒤에서부터 잘라낸다).

계열자료인 seq를 행렬로 전환하기 위해 tokenizer.sequence_to_matrix(mode='binary') 함수를 시행하면 Tokenizer(num_words=12)에 의해 12개 열로 구성된 이항자료로 전환한다. 첫 열은 0으로 padding하였고, 총 단어수가 9개이므로 인덱스의 존재여부에 따라 1 또는 0을 부여하고 나머지 2개의 열은 0으로 채워져 있다. 만약 Tokenizer(num_words=9)로 변경하면 tokenizer.sequence_to_matrix(mode='binary')의 출력은 9개 열로 구성되고 첫 열은 0으로 무조건 padding하여 0을 결측치로 인식하게 하므로 결과적으로 8개 단어만 이용한 word embedding이 된다. 그러므로 9개 단어 모두를 word embedding하려면 Tokenizer(num_words=10)으로 지정하여야 한다.

tokenizer.sequence_to_matrix(mode='binary')에서 텍스트 자료의 분석목적에 따라 mode='count' 또는 mode='tfidt'를 부여할 수 있다. 이러한 텍스트 자료의 벡터화는 Tokenizer.texts_to_matrix( ) 함수를 사용하여 아래와 같이 행렬로 전환할 수 있다.

```
token=Tokenizer(num_words=4)
texts=['a b b c c c','a b c c']
token.fit_on_texts(texts)
matrix1=token.texts_to_matrix(texts,mode='binary')
matrix2=token.texts_to_matrix(texts,mode='count')
matrix3=token.texts_to_matrix(texts,mode='tfidf')
print(matrix1)
print(matrix2)
print(matrix3)
```

```
[[0. 1. 1. 1.]
 [0. 1. 1. 1.]]
[[0. 3. 2. 1.]
 [0. 2. 1. 1.]]
[[0.   1.07202493 0.86490296 0.51082562]
 [0.   0.86490296 0.51082562 0.51082562]]
```

위 프로그램에서 살펴볼 수 있듯이 토큰화된 인덱스 벡터화는 빈도가 가장 높은 c에 1을 부여하고 가장 낮은 a에 3을 부여하여 빈도수 차례로 인덱스를 부여하고 있음을 볼 수 있다. texts_to_matrix의 첫 열은 0으로 항상 채워져 있음을 알 수 있다. 만약 Tokenizer(num_words=3)로 지정하면 오직 2개의 단어만 벡터화하므로 가장 빈도수가 낮은 a는 제외된다. 그러므로 만약 1,000개의 단어를 벡터화하고자 한다면 Tokenizer(num_words=1001)로 해야 한다.

텍스트에 특화된 word embedding은 딥러닝 모형의 첫 번째 은닉층에 주로 사용되며

```
from tensorflow.keras.layers import Embedding
Embedding(maxwords, nodes, input_length=maxlen)
```

으로 실행된다. 여기에서 maxwords는 전체 데이터에 있는 단어 중 빈도 기준으로 사용될 단어수에 1을 더한 정수로 Tokenizer(num_words=maxwords)와 동일한 기능을 한다. 여기에서 1을 더한 이유는 Tokenizer.texts_to_matrix( ) 함수와 동일하게 0으로 인덱스된 단어를 결측치로 학습시키기 위함이다. nodes는 은닉층의 노드수로 밀집벡터의 크기를 나타내고 각 단어를 대표하는 출력이 된다. input_length는 pad_sequence(seq, maxlen=input_length)와 동일한 기능으로, input_length의 길이로 인덱스된 각 표본을 입력되게 하는 명령어이다. 예를 들어, 총 99개의 단어를 10개의 계열로 word embedding 하고자 하면

```
Embedding(100, 10, input_length=5)
```

으로 하면 된다. 이 Embedding layer는 99개의 단어를 빈도순으로 1번부터 99번까지 index화된 정수와 결측치를 의미하는 0을 입력하면 각 정수별로 크기가 10인 밀집벡터를 출력하는 MLP 모형이다. 각 표본은 5개의 padding된 인덱스화된 단어로, 예를 들어 첫 번째 표본이 [0,1,4,1,89]이면 대응되는 100×1인 one-hot encoding 자료로 5개의 정수가 차례대로 전환된 후, 순서대로 입력된다. 그러므로 표본 1개당 5개의 100×1 one-hot encoding 자료가 입력되고 이를 선형결합하므로 100개의 모수가 필요하게 된다. 밀집벡터의 크기가 10(즉 10개의 노드)이므로 10개의 다른 선형결합이 필요하므로 총 $100 \times 10 = 1{,}000$개의 모수가 필요하게 된다. Embedding layer에서는 bias를 사용하지 않으며 표본 1개당 출력은 5개의 단어이므로 (5,10) 2D텐서가 된다.

7.3 Word Embedding 사례분석

IMDB(internet movie database)는 인터넷에 50,000개의 영화평으로 영화평가에 "긍정적", "부정적"으로 분류된 텍스트 자료이다. 이 중 25,000개의 글은 학습데이터로, 나머지 25,000개의 글은 시험데이터로 미리 분류되어 있으며 모든 단어는 인덱스화되어 있다.

```
from tensorflow.keras.datasets import imdb
from tensorflow.keras.preprocessing import sequence
(x_train, train_label), (x_test, test_label)=imdb.load_data(num_words=10000)
print(x_train.shape)
print(x_test.shape)
```

```
(25000,)
(25000,)
```

num_words=10,000은 전체 영화평가 단어 중 빈도수를 기준으로 10,000개의 단어를 이용한다는 옵션이다.

```
print(x_train[0])
print(train_label[0])
```

```
[1, 14, 22, 16, 43, 530, 973, 1622, 1385, 65, 458, 4468, 66, 3941, 4, 173, 36,
256, 5, 25, 100, 43, 838, 112, 50, 670, 2, 9, 35, 480, 284, 5, 150, 4, 172, 112,
167, 2, 336, 385, 39, 4, 172, 4536, 1111, 17, 546, 38, 13, 447, 4, 192, 50, 16, 6,
147, 2025, 19, 14, 22, 4, 1920, 4613, 469, 4, 22, 71, 87, 12, 16, 43, 530, 38, 76,
15, 13, 1247, 4, 22, 17, 515, 17, 12, 16, 626, 18, 2, 5, 62, 386, 12, 8, 316, 8,
106, 5, 4, 2223, 5244, 16, 480, 66, 3785, 33, 4, 130, 12, 16, 38, 619, 5, 25, 124,
51, 36, 135, 48, 25, 1415, 33, 6, 22, 12, 215, 28, 77, 52, 5, 14, 407, 16, 82, 2, 8,
4, 107, 117, 5952, 15, 256, 4, 2, 7, 3766, 5, 723, 36, 71, 43, 530, 476, 26, 400,
317, 46, 7, 4, 2, 1029, 13, 104, 88, 4, 381, 15, 297, 98, 32, 2071, 56, 26, 141, 6,
```

```
194, 7486, 18, 4, 226, 22, 21, 134, 476, 26, 480, 5, 144, 30, 5535, 18, 51, 36, 28,
224, 92, 25, 104, 4, 226, 65, 16, 38, 1334, 88, 12, 16, 283, 5, 16, 4472, 113, 103,
32, 15, 16, 5345, 19, 178, 32]

1
```

x_train의 첫 번째 영화평가가 인덱스 계열로 구성되어 있으며 train_label은 영화평가가 긍정적으로 1이 부여되었다는 것을 알 수 있다. x_train과 x_test에 있는 문장의 길이가 다르므로 최초의 100개의 단어(실제로는 99개 단어. 0번째 열 값은 항상 0으로 하기 때문)만으로 모든 문장을 정리하기 위해 아래 프로그램과 같이 pad_sequence로 길이가 100이 되도록 하였다.

```
x_train=sequence.pad_sequences(x_train,maxlen=100)
x_test=sequence.pad_sequences(x_test,maxlen=100)
from tensorflow.keras.models import Sequential
from tensorflow.keras.layers import Flatten,Dense,Embedding,Dropout
imdb=Sequential()
imdb.add(Embedding(10000,95, input_length=100))
imdb.add(Dropout(0.5))
imdb.add(Flatten())
imdb.add(Dropout(0.5))
imdb.add(Dense(1,activation='sigmoid'))
imdb.summary()
```

Model: "sequential_6"

Layer (type)	Output Shape	Param #
embedding_6 (Embedding)	(None, 100, 95)	950000
dropout_4 (Dropout)	(None, 100, 95)	0
flatten_6 (Flatten)	(None, 9500)	0
dropout_5 (Dropout)	(None, 9500)	0
dense_9 (Dense)	(None, 1)	9501

```
Total params: 959,501
Trainable params: 959,501
Non-trainable params: 0
_________________________________________________________________
```

각 표본 텍스트의 길이를 100개로 했으므로 Embedding 층의 input_length=100이 되어야 한다. 총 10,000개의 단어 길이로 표현된 100개의 인덱스 계열이 Embedding 층에 입력되고 출력으로 95개의 노드값으로 word embedding하고 있다. 그러므로 Embedding 층의 입력은 (batch_size, 10000)이고 출력은 (batch_size, 100, 95)가 된다. 과대적합을 방지하기 위해 Dropout(0.5)를 사용하였다. 영화평가가 부정적인지 긍정적인지를 분류해야 하므로 최종 출력은 하나의 노드만 가지고 있으며 영화평가가 긍정일 확률을 출력하기 위해 sigmoid 함수를 활성함수로 사용하고 있다.

```
imdb.compile(optimizer='rmsprop', loss='binary_crossentropy', metrics=['acc'])
result=imdb.fit(x_train, train_label, epochs=10,batch_size=32,
                    validation_split=0.15)
```

```
import matplotlib.pyplot as plt
acc=result.history['acc']
val_acc=result.history['val_acc']
loss=result.history['loss']
val_loss=result.history['val_loss']
epochs=range(1,len(acc)+1)
plt.plot(epochs,acc,'b',label='training acc')
plt.plot(epochs,val_acc,'bo',label='validation acc')
plt.title('training and validation accuracy')
plt.legend()
plt.figure()
plt.plot(epochs,loss,'b',label='training loss')
plt.plot(epochs,val_loss,'bo',label='validation loss')
plt.title('training and validation loss')
plt.legend()
plt.show()
```

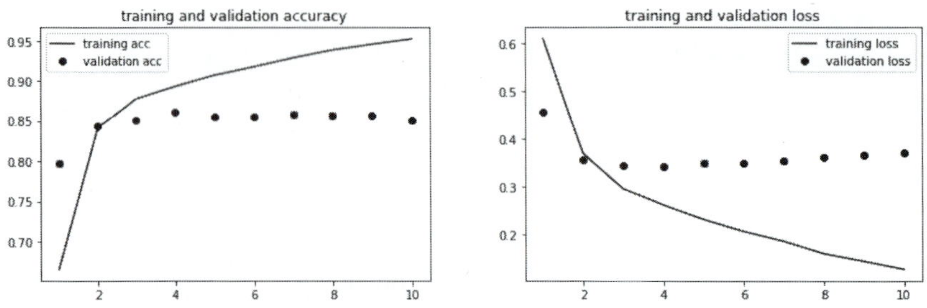

위 그림을 보면 데이터에 특화된 word embedding은 정밀도가 약 85%를 보여주고 있으며 과대적합문제가 발생한 것을 볼 수 있다. 각 표본 글의 길이가 오직 100개이므로 이러한 결과가 나올 수 있으며 input_length를 증가시킬 필요가 있다. Embedding layer의 출력이 표본당 (100,95)인 2D텐서로, 100은 표본에 나타나는 첫 100개의 단어순서를 나타내는 시간순서이므로 Embedding 층에 이어지는 은닉층은 MLP보다는 RNN 모형이 더 적합하다.

7.4 RNN 모형의 비교

RNN(recurrent neural networks)은 입력자료의 순서가 중요한 정보를 가지고 있을 때 유용한 딥러닝 모형이다. 언어의 이해 또는 머신번역에서 단어의 순서는 매우 중요한 정보전달 수단이며, 주식가격과 같은 시계열 자료에서 주식가격예측을 위해 최근의 주식가격 또는 주식정보는 매우 중요한 특성변수가 된다. 이러한 자료는 한 시점 또는 일정시점 앞의 관측치가 목적변수가 되고, 현 시점을 포함하여 과거시점의 관측치가 특성변수가 된다. 그러므로 RNN의 기본구조는 (m,k) 2D텐서가 은닉층에 입력되고 은닉층은 (m,k') 2D텐서를 출력하여 다음 은닉층의 입력으로 전달하는 구조를 가지게 된다. 여기에서 m은 time step이며 모든 은닉층의

time step은 동일해야 하고 k'은 은닉층의 노드수이다. 시점 $t(t=0,1,\cdots,m-1)$에서 은닉층은 두 개의 입력데이터를 가지고 있다. t시점 입력값과 $(t-1)$시점 출력값이다. $(t-1)$시점 출력값을 입력받음으로써 과거시점 정보가 특성변수 역할을 할 수 있게 된다.

그러나 이미 제2장에서 논의했듯이, 이러한 반복적인 은닉층의 입력과 출력은 backpropagation 과정에서 미분사라짐(vanishing gradient) 현상이 발생하게 된다. 이에 대한 대안이 LSTM(long short term memory)과 GRU(gated recurrent unit)이다. 기본적으로 과거 시점 은닉층의 정보가 현시점 은닉층에 간접적으로 입력되는 구조를 가지고 있다. LSTM은 4개의 gate를 이용하여 상태벡터 c_t와 은닉층 벡터 h_t를 출력하고 GRU는 3개의 gate를 이용하여 h_t를 출력한다. 좀 더 자세한 논의는 제2장을 복습하길 바란다.

7.3절에서 논의한 IMDB 데이터를 이용하여 simple RNN, LSTM, GRU, Bidirectional RNN 등을 비교하고자 한다.

```
import numpy as np
from tensorflow.keras.datasets import imdb
max_features=10000
(x_train,y_train),(x_test,y_test)=imdb.load_data(num_words=max_features)
print(type(x_train));print(type(y_train))
print(x_train.shape)
print(x_test.shape)
print(y_train.shape)
```

```
<class 'numpy.ndarray'>
<class 'numpy.ndarray'>
(25000,)
(25000,)
(25000,)
```

위 프로그램에서와 같이 type( )를 이용하면 4개 데이터가 모두 numpy 자료임을 확인할 수 있다. x_train과 x_test는 모두 25,000개의 열벡터 자료이고 y_train과

y_test도 모두 25000×1벡터 자료이다.

```
unique,count=np.unique(y_train,return_counts=True)
print(dict(zip(unique,count)))
unique,count=np.unique(y_test,return_counts=True)
print(dict(zip(unique,count)))
```

```
{0: 12500, 1: 12500}
{0: 12500, 1: 12500}
```

np.unique(dataset, return_counts=True)에 의해 y_train과 y_test는 두 개의 값 0과 1을 가지고 있으며 zip(unique, counts)에 의해 y_train과 y_test의 분포를 알 수 있다. 이항분류로 12,500개씩 1:1의 비율임을 알 수 있다.

```
print(x_train[0])
print(len(x_train[0]))
wordindex=imdb.get_word_index()
print(len(wordindex))
print(len(wordindex))
print(type(wordindex))
for key,value in wordindex.items():
    if value==1500:
        print(key)
```

```
[1, 14, 22, 16, 43, 530, 973, 1622, 1385, 65, 458, 4468, 66, 3941, 4, 173, 36,
256, 5, 25, 100, 43, 838, 112, 50, 670, 2, 9, 35, 480, 284, 5, 150, 4, 172, 112,
167, 2, 336, 385, 39, 4, 172, 4536, 1111, 17, 546, 38, 13, 447, 4, 192, 50, 16, 6,
147, 2025, 19, 14, 22, 4, 1920, 4613, 469, 4, 22, 71, 87, 12, 16, 43, 530, 38, 76,
15, 13, 1247, 4, 22, 17, 515, 17, 12, 16, 626, 18, 2, 5, 62, 386, 12, 8, 316, 8,
106, 5, 4, 2223, 5244, 16, 480, 66, 3785, 33, 4, 130, 12, 16, 38, 619, 5, 25, 124,
51, 36, 135, 48, 25, 1415, 33, 6, 22, 12, 215, 28, 77, 52, 5, 14, 407, 16, 82, 2, 8,
4, 107, 117, 5952, 15, 256, 4, 2, 7, 3766, 5, 723, 36, 71, 43, 530, 476, 26, 400,
317, 46, 7, 4, 2, 1029, 13, 104, 88, 4, 381, 15, 297, 98, 32, 2071, 56, 26, 141, 6,
194, 7486, 18, 4, 226, 22, 21, 134, 476, 26, 480, 5, 144, 30, 5535, 18, 51, 36, 28,
224, 92, 25, 104, 4, 226, 65, 16, 38, 1334, 88, 12, 16, 283, 5, 16, 4472, 113, 103,
32, 15, 16, 5345, 19, 178, 32]
218
```

```
88584
<class 'dict'>
lacks
```

IMDB는 len(wordindex)에 의해 총 88,584개의 단어로 구성되어 있으며 type(wordindex)에 의해 wordindex는 dictionary 자료임을 알 수 있다. num_words=10000으로 지정했으므로 이 중 9,999개의 단어를 사용한다. x_train[0]는 218개의 단어가 있으며 각 단어에 대응하는 인덱스 계열을 보여주고 있다. 1500으로 인덱스된 단어는 lacks이며 lacks는 IMDB에 있는 단어 중 1,500번째로 빈도가 높다는 것을 알 수 있다.

인덱스 계열로 이루어진 x_train[0]를 원래의 문장으로 환원하기 위해 wordindex의 key와 value를 자리바꿈(swap)한 후, 처음 세 개의 계열값(padding, 계열의 시작, unknown)을 제외한 x_train[0]의 내용은 다음과 같다.

```
exchindex=dict([(value,key) for (key,value) in wordindex.items()])
review=''.join([exchindex.get(i-3,'!') for i in x_train[0]])
print(review)
```

```
!thisfilmwasjustbrilliantcastinglocationscenerystorydirectioneveryone'sreallysuitedthepartttheypla
yedandyoucouldjustimaginebeingthererobert!isanamazingactorandnowthesamebeingdirector!f
athercamefromthesamescottishislandasmyselfsoilovedthefacttherewasarealconnectionwiththisfi
lmthewittyremarksthroughoutthefilmweregreatitwasjustbrilliantsomuchthatiboughtthefilmassoon
asitwasreleasedfor!andwouldrecommendittoeveryonetowatchandtheflyfishingwasamazingreall
ycriedattheenditwassosadandyouknowwhattheysayifyoucryatafilmitmusthavebeengoodandthi
sdefinitelywasalso!tothetwolittleboy'sthatplayedthe!ofnormanandpaultheywerejustbrilliantchildre
nareoftenleftoutofthe!listithinkbecausethestarsthatplaythemallgrownuparesuchabigprofileforthe
wholefilmbutthesechildrenareamazingandshouldbepraisedforwhattheyhavedonedon'tyouthinkt
hewholestorywassolovelybecauseitwastrueandwassomeone'slifeafterallthatwassharedwithusal
l
```

```
from tensorflow.keras.preprocessing import sequence
lenmax=700
input_train=sequence.pad_sequences(x_train,maxlen=lenmax)
input_test=sequence.pad_sequences(x_test,maxlen=lenmax)
print(input_train.shape)
print(input_test.shape)
```

```
(25000, 700)
(25000, 700)
```

위 프로그램과 같이 x_train과 x_test의 각 표본은 700개의 시간스텝으로 padding하였으며, 예를 들어 x_train[0]는 218개의 계열이므로 앞에서부터 482개의 0 padding이 채워지게 된다. input_train과 input_test는 모두 크기가 (25000,700)인 2D텐서임을 알 수 있다.

이제 정리된 자료를 simple RNN에 적용하여 보자.

```
from tensorflow.keras.layers import Dense, Embedding, SimpleRNN
from tensorflow.keras.models import Sequential
srnn=Sequential()
srnn.add(Embedding(max_features,32))
srnn.add(SimpleRNN(32))
srnn.add(Dense(1,activation='sigmoid'))
srnn.summary()
```

Model: "sequential_1"

Layer (type)	Output Shape	Param #
embedding_1 (Embedding)	(None, None, 32)	320000
simple_rnn_1 (SimpleRNN)	(None, 32)	2080
dense_1 (Dense)	(None, 1)	33

Total params: 322,113
Trainable params: 322,113
Non-trainable params: 0

Embedding 층에 의해(10000×32개의 모수) 각 단어가 32개의 노드로 32개의 실수값으로 word embedding되므로 Embedding 층의 입력은 (batch_size, max_ features) =(128, 10000)이고 출력은 (batch_size, lenmax, embedding)=(128,700,32)가 된다. (128,700,32)가 SimpleRNN 층의 입력이 되므로 700은 시간스탭(time steps)을 나타내고 32는 각 시간스탭에 따라 입력되는 word embedding x_t 크기이다. simple RNN의 노드 h_t의 크기는 32이므로 SimpleRNN의 출력은 (128,32)이며 모수의 수는 $32(32+32)+32$가 된다. $32(32+32)$에서 맨 처음 나오는 32는 h_t의 크기이고 괄호 안의 첫 32는 x_t, 뒤 32는 h_{t-1}의 크기이다. 마지막 32는 h_t에 대응되는 bias의 수이다.

```
srnn.compile(optimizer='rmsprop',loss='binary_crossentropy',metrics=['acc'])
srnn.fit(input_train,y_train,epochs=10,batch_size=128)
train_loss_acc=srnn.evaluate(input_train,y_train)
test_loss_acc=srnn.evaluate(input_test,y_test)
print(train_loss_acc)
print(test_loss_acc)

[0.14247505063295365, 0.9520000219345093]
[0.47568165253162387, 0.7996000051498413]
```

Simple RNN의 정밀도는 학습데이터에서 95.2%, 시험데이터에서 80%로 과대적합되어 있다. 다음으로 LSTM을 적용하여 보자.

```
from tensorflow.keras.layers import LSTM
from tensorflow.keras.models import Sequential
m_lstm=Sequential()
m_lstm.add(Embedding(max_features,32))
m_lstm.add(LSTM(32))
m_lstm.add(Dense(1,activation='sigmoid'))
m_lstm.summary()
```

```
Model: "sequential_6"
_________________________________________________________________
Layer (type)                 Output Shape              Param #
=================================================================
embedding_6 (Embedding)      (None, None, 32)          320000
_________________________________________________________________
lstm_4 (LSTM)                (None, 32)                8320
_________________________________________________________________
dense_6 (Dense)              (None, 1)                 33
=================================================================
Total params: 328,353
Trainable params: 328,353
Non-trainable params: 0
```

LSTM의 노드수는 32이므로 simple RNN과 동일하게 gate마다 $32(32+32)+32$개의 모수를 가지고 있다. LSTM에서는 4개의 gate가 있으므로 총 $(32(32+32)+32)\times 4$개의 모수가 있다.

```
m_lstm.compile(optimizer='rmsprop',loss='binary_crossentropy',metrics=['acc'])
m_lstm.fit(input_train,y_train,epochs=10,batch_size=128)


train_loss_acc=m_lstm.evaluate(input_train,y_train)
test_loss_acc=m_lstm.evaluate(input_test,y_test)
print(train_loss_acc)
print(test_loss_acc)
```

```
[0.10286183683037758, 0.9681199789047241]
[0.4097904998731613, 0.8678399920463562]
```

LSTM의 정밀도는 학습데이터와 시험데이터에서 모두 simple RNN보다 우수한 것으로 나타났으나, 과대적합문제는 계속 이어지고 있다. 동일한 자료에 대해 GRU를 적용하면 다음과 같다.

```
from tensorflow.keras.layers import GRU
from tensorflow.keras.models import Sequential
m_gru=Sequential()
m_gru.add(Embedding(max_features,32))
m_gru.add(GRU(32))
m_gru.add(Dense(1,activation='sigmoid'))
m_gru.summary()
m_gru.compile(optimizer='rmsprop',loss='binary_crossentropy',metrics=['acc'])
m_gru.fit(input_train,y_train,epochs=10,batch_size=128)
train_loss_acc=m_gru.evaluate(input_train,y_train)
test_loss_acc=m_gru.evaluate(input_test,y_test)
print(train_loss_acc)
print(test_loss_acc)
```

```
Model: "sequential_5"

Layer (type)                 Output Shape              Param #
=================================================================
embedding_5 (Embedding)      (None, None, 32)          320000
_________________________________________________________________
gru_1 (GRU)                  (None, 32)                6240
_________________________________________________________________
dense_5 (Dense)              (None, 1)                 33
=================================================================
Total params: 326,273
Trainable params: 326,273
Non-trainable params: 0

[0.09908104753017426, 0.9683200120925903]
[0.3692723410415649, 0.8626800179481506]
```

GRU 모형의 모수는 LSTM에 비해 작지만 정밀도는 LSTM과 거의 비슷하게 나온 것을 볼 수 있다.

지금까지 한 개의 RNN 모형을 사용하였으나 정밀도를 높이기 위해 RNN 모형을 반복해서 사용하여 보자. 모형이 복잡해질수록 정밀도는 높아지지만 과대적합 문제가 발생할 가능성은 높아진다. 그러나 과대적합문제가 발생하기 전까지 모형을 복잡하게 할 필요는 있다.

```
from tensorflow.keras.layers import GRU, Embedding, Dense, LSTM
from tensorflow.keras.models import Sequential
model=Sequential()
model.add(Embedding(max_features,32))
model.add(LSTM(32, dropout=0.3, recurrent_dropout=0.5, return_sequences=True))
model.add(LSTM(64, dropout=0.5, recurrent_dropout=0.5))
model.add(Dense(1,activation='sigmoid'))
model.summary()
```

```
Model: "sequential_11"
_________________________________________________________________
Layer (type)                 Output Shape              Param #
=================================================================
embedding_12 (Embedding)     (None, None, 32)          320000
_________________________________________________________________
lstm_11 (LSTM)               (None, None, 32)          8320
_________________________________________________________________
lstm_12 (LSTM)               (None, 64)                24832
_________________________________________________________________
dense_9 (Dense)              (None, 1)                 65
=================================================================
Total params: 353,217
Trainable params: 353,217
Non-trainable params: 0
```

앞 프로그램을 살펴보면, LSTM은 4가지 함수 dropout, recurrent_dropout, return_sequence를 사용하고 있으며, 추가적으로 return_state를 사용할 수 있다. dropout와 recurrent_dropout는 과대적합을 방지하기 위해 0~1 사이의 값을 부여한다. dropout=0.3은 입력자료 x_t의 30%를, 예를 들어 x_t가 10개이면 반복마다(즉, 배치마다) 이 중 3개를 임의로 빼고 학습시키라는 의미가 된다. recurrent_dropout=0.3은 LSTM 모형에서 입력게이트 I_t 노드 중 30%를 임의로 빼고 모수를 추정하라는 옵션이다. 여기에서 뺀다는 의미는 입력값을 0으로 놓는다는 의미이다. GRU에서 recurrent_dropout를 이용하면 최신화 게이트 g_t를 dropout하게 된다. GRU에는 입력게이트가 없기 때문이다.

LSTM 모형을 포함하여 2개 이상의 RNN 모형을 연속해서 사용할 경우, dropout와 recurrent_dropout를 작게 주면 모수사라짐(weight vanishing) 현상이 일어나 모형이 완전히 무너지는 결과를 초래할 수 있다. dropout와 recurrent_dropout 값을 높여주면 모수사라짐 현상을 방지할 수 있다.

return_sequences=True는 LSTM 모형이 연달아 연결될 때 사용하는 옵션으로 시간스탭(time steps)만큼의 은닉층 h_t를 다음 층의 입력으로 전달하기 위함이다. 위 프로그램에서 첫 번째 LSTM은 700개의 시간스탭을 가지고 있다. 그러므로 첫 번째 LSTM은 크기가 각각 32×1인 $h_1^{(1)}, h_2^{(1)}, \cdots, h_{700}^{(1)}$가 두 번째 LSTM에 입력된다. return_state=True를 부여하면 마지막 시점의 상태벡터를 다음 층에 전달한다. 다음 RNN 층의 초기 상태벡터로 사용하기 위함이다. 예를 들어, 첫 번째 LSTM에 return_state=True를 부여하면 $h_{700}^{(1)}$과 $c_{700}^{(1)}$만 두 번째 LSTM에 전달한다.

return_sequences와 return_state의 역할을 첫 번째 LSTM 층에 적용하여 좀 더 자세하게 설명하기로 하자. return_sequences와 return_state를 생략하면 default로 return_sequences=False와 return_state=False를 의미하고 오직 $h_{700}^{(1)}$만 출력하여 다음 층에 전달한다. return_sequences=True와 return_state=False이면 $h_1^{(1)}, h_2^{(1)}, \cdots, h_{700}^{(1)}$를 출력하며 return_sequences=False와 return_state=True이면 $h_{700}^{(1)}$, $h_{700}^{(1)}$, $c_{700}^{(1)}$을 출력한다. 즉, $h_{700}^{(1)}$를 두 번 반복하여 전달한다. return_sequences=True와 return_state=True를 부여하면 $[h_1^{(1)}, h_2^{(1)}, \cdots, h_{700}^{(1)}]$, $h_{700}^{(1)}, c_{700}^{(1)}$를 출력하게 된다. Sequential API에서는 오직 하나의 입력값만 받을 수 있다. 따라서 첫 번째 LSTM에 return_sequences=True와 return_state=True를 주면 error가 발생하므로 주의해야 한다. 2개 이상의 출력이 있는 LSTM을 사용하기 위해서는 functional API를 사용하여야 한다. 이러한 관점에서 두 번째 LSTM은 return_sequences=False (default)이고 return_state=False이므로 크기가 64×1인 마지막 $h_{700}^{(2)}$만 출력하여 다음 층에 입력한다. simple RNN과 GRU는 상태벡터가 없기 때문에 return_state는 사용하지 않지만 return_sequences는 LSTM과 동일하게 사용된다.

```
model.compile(optimizer='rmsprop',loss='binary_crossentropy',metrics=['acc'])
model.fit(input_train,y_train,epochs=10,batch_size=128)
train_loss_acc=model.evaluate(input_train,y_train)
test_loss_acc=model.evaluate(input_test,y_test)
print(train_loss_acc)
print(test_loss_acc)
```

```
[0.19449921979904175, 0.9313200116157532]
[0.3647528399848938, 0.8488399982452393]
```

비록 2개의 LSTM 모형을 연결하여 좀 더 복잡한 딥러닝 아키텍처를 구성했지만 정밀도는 오히려 나빠졌음을 알 수 있다. 데이터의 크기에 비해 모형이 복잡하면 이러한 현상이 일반적으로 발생한다. 제5장의 여러 가지 딥러닝 모형 성능향상을 적용하여 과대적합문제를 해결해야 할 것이다.

7.5 다른 형태의 RNN 모형

지금까지 논의한 RNN은 자료가 시간차례대로(chronological order) 입력된다. 시간차례가 7.6절에서 다룰 시계열과 같이 주요한 정보를 가지고 있기 때문이다. 그러나 시간이 과거에서 현재로 전달해야만 RNN 모형이 좋은 성능을 보이는 것은 아니다. 예를 들어, IMDB 자료와 같이 문장을 구성하는 단어순서보다 단어구성이 좀 더 중요할 경우, 시간반대방향(anti-chronological order)으로 제공된 자료도 중요한 정보를 가질 수 있다.

시간의 양방향 정보를 모두 이용하는 모형을 양방향 RNN(bidirectional RNN)이라고 한다. 양방향 RNN은 simple RNN, LSTM, GRU 모두 사용 가능하며 아래와 같이 IMDB 데이터에 적용할 수 있다.

```
from tensorflow.keras.datasets import imdb
from tensorflow.keras.preprocessing import sequence
from tensorflow.keras.layers import Embedding, Bidirectional, Dense, LSTM
from tensorflow.keras.models import Sequential
max_features=10000
lenmax=700
(x_train,y_train),(x_test,y_test)=imdb.load_data(num_words=max_features)
x_train=sequence.pad_sequences(x_train,maxlen=lenmax)
x_test=sequence.pad_sequences(x_test,maxlen=lenmax)
m_bd=Sequential()
m_bd.add(Embedding(max_features,32))
m_bd.add(Bidirectional(LSTM(32),merge_mode='concat'))
m_bd.add(Dense(1, activation='sigmoid'))
m_bd.summary()
```

```
Model: "sequential_7"
_________________________________________________________________
Layer (type)                 Output Shape              Param #
=================================================================
embedding_7 (Embedding)      (None, None, 32)          320000
_________________________________________________________________
bidirectional_4 (Bidirection (None, 64)                16640
_________________________________________________________________
dense_5 (Dense)              (None, 1)                 65
=================================================================
Total params: 336,705
Trainable params: 336,705
Non-trainable params: 0
```

양방향 RNN 모형의 모수는 적용한 RNN 모형이 가지고 있는 모수의 2배이다. 그러므로 과대적합 가능성을 항상 염두에 두어야 한다. 그러므로 dropout이나 recurrent_dropout로 과대적합문제에 대응할 필요가 있다. Bidirectional(LSTM(32)) 대신 Birectional(SimpleRNN(32)) 또는 Birectional(GRU(32))를 사용할 수 있다.

```
m_bd.compile(optimizer='rmsprop',loss='binary_crossentropy',metrics=['acc'])
m_bd.fit(x_train,y_train, epochs=10,batch_size=128)
tr_loss_acc=m_bd.evaluate(x_train,y_train)
test_loss_acc=m_bd.evaluate(x_test,y_test)
```

```
print(tr_loss_acc)
print(test_loss_acc)
```

```
[0.10423608524084091, 0.9620000123977661]
[0.44331171208381653, 0.8578400015830994]
```

양방향 LSTM 모형의 정밀도는 학습데이터에서 96.2%, 시험데이터에서 85.8%로 나타났다.

RNN 자료구조에서 시간스탭(time steps)이 지나치게 클 경우, CNN의 1D convolution을 이용하여 RNN 분석을 대체할 수 있다. RNN 자료는 각 표본이 (timesteps, features)로 2D텐서 자료이다. 이미 제2장에서 설명을 했지만, 1D convolution을 RNN 데이터 구조에서 이해하기 위해 <그림 7-3>과 같이 2D텐서 자료를 표현하여 보자. 6개의 시간스탭과 3개의 특성변수로 구성된 2D텐서 자료에 (3,1) 커널을 적용한 예를 보여주고 있다. stride=1을 가정하면 2D텐서 자료를 한 줄씩 밑으로 이동하면서 계산한 후 bias를 더해주고 이 값을 활성함수에 적용하여 출력하게 된다. 그러므로 6×3 2D텐서가 입력되면 4×1 1D텐서를 출력하게 된다. 이제 이러한 1D convolution을 이용하여 IMDB RNN 자료를 CNN 모형으로 분석하여 보자.

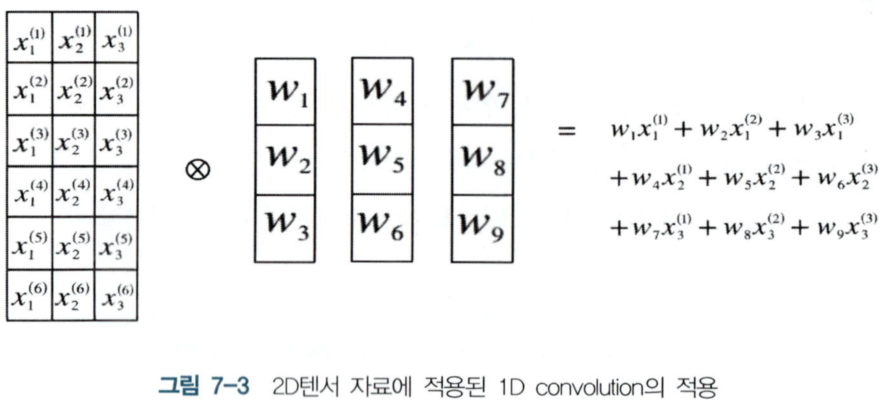

그림 7-3 2D텐서 자료에 적용된 1D convolution의 적용

```
from tensorflow.keras.layers import Embedding, Conv1D, MaxPooling1D,
                                    GlobalMaxPooling1D, Dense, Dropout
from tensorflow.keras.models import Sequential
conv_model=Sequential()
conv_model.add(Embedding(max_features,32, input_length=700))
conv_model.add(Dropout(0.2))
conv_model.add(Conv1D(32,7,activation='relu'))
conv_model.add(MaxPooling1D(5))
conv_model.add(Conv1D(32,7,activation='relu'))
conv_model.add(GlobalMaxPooling1D())
conv_model.add(Dense(1, activation='sigmoid'))
conv_model.summary()
```

```
Model: "sequential_9"
```

Layer (type)	Output Shape	Param #
embedding_9 (Embedding)	(None, 700, 32)	320000
dropout_1 (Dropout)	(None, 700, 32)	0
conv1d_6 (Conv1D)	(None, 694, 32)	7200
max_pooling1d_3 (MaxPooling	(None, 138, 32)	0
conv1d_7 (Conv1D)	(None, 132, 32)	7200
global_max_pooling1d_3 (Glob	(None, 32)	0
dense_7 (Dense)	(None, 1)	33

```
Total params: 334,433
Trainable params: 334,433
Non-trainable params: 0
```

Embedding 층의 표본별 출력은 크기가 (700,32)인 2D텐서이다. 이 2D텐서가 Conv1D로 입력되어 32개의 (7,) 1D convolution 커널을 적용하므로 Conv1D층의 모수 수는 $(7\times32+1)\times32$개가 있다. GlobalMaxPooling1D는 마지막 축을 기준으로 maxpooling을 하기 때문에 2D텐서를 1D텐서로 전환하는 역할을 하게 된다. 시간스탭(time steps)이 매우 클 때 1D convolution을 적용하여 time steps를 줄여준 후, RNN을 적용하면 CNN과 RNN을 동시에 쓸 수 있다. 기존의 LSTM이나

GRU와 비교하여 CNN + RNN 모형이 우수하다면, 1D convolution의 계산이 매우 빠르기 때문에 CNN + RNN 모형은 권장할 만한 모형이다.

```
conv_model.compile(optimizer='rmsprop',loss='binary_crossentropy',metrics=['acc'])
conv_model.fit(x_train,y_train, epochs=10,batch_size=128)
tr_loss_acc=conv_model.evaluate(x_train,y_train)
test_loss_acc=conv_model.evaluate(x_test,y_test)
print(tr_loss_acc)
print(test_loss_acc)
```

```
0.058256155515909194, 0.98444002866745]
[0.44275501527786254, 0.8503199815750122]
```

텍스트 자료를 CNN 아키텍처로 분석한 결과, 위 프로그램 결과에서 볼 수 있듯이 LSTM이나 GRU에 견줄만한 성능을 보여주고 있다. 적절한 규제화를 통해 과대적합문제만 해결하면 1D convolution 커널을 이용한 CNN 모형도 좋은 결과를 보여주고 있다. 특히, 1D convolution 커널을 일변량 및 다변량 시계열 모형에 이용하면 좋은 성과가 있을 것이다.

7.6 딥러닝을 이용한 시계열 자료분석

시계열 자료는 하나의 관측대상에 대해 시간의 순서에 따라 반복적으로 자료가 수집된다. 따라서 관측치들이 서로 간에 상호의존적이며 이는 지금까지 딥러닝에서 다룬 데이터와 가장 큰 차이점이다. MLP에서 각 표본은 1D텐서의 특성변수로 구성되어 있으며 이 특성변수가 주어졌다는 가정에서 목적변수가 서로 간에 독립일 때 MLP 모형의 성능이 가장 좋게 된다. 이와 동일하게 CNN 모형에서는 3D 텐서로 구성된 특성변수가 주어져 있을 때, RNN 모형에서는 2D텐서로 구성된 특성변수가 주어져 있을 때, 목적변수 y가 독립이면 좋은 성능을 구현할 수 있다. 이러한 특성을 가진 자료를 시계열(time series) 자료와 대비되는 횡단면(cross-sectional) 자료라고 한다.

시계열 자료는 자료의 순서가 매우 중요한 정보이므로 딥러닝의 아키텍처 중 RNN이 좋은 후보모형이다. RNN의 자료구조는 (sample, time-steps, features)로 3D텐서이며 (time-steps, features) 2D텐서가 입력되는 구조이다. 시점 t에서 관측된 주식 가격 y_t가 있을 때 y_t를 목적변수로, $y_{t-1}, y_{t-2}, \cdots, y_{t-p}$를 특성변수(물론 y_t를 설명하는 다른 특성변수, 예를 들어 거래량, 시작가, 최저가 등이 있을 수 있으나 논의의 간략함을 위해 생략하기로 한다)로 정의하고 RNN 모형을 적용하게 된다. 이 경우, time-steps=p가 되고 features=1이 된다. 거의 모든 딥러닝 교재에서는 이러한 자료구조를 가진 RNN 모형으로 시계열 자료분석을 하고 있다. 그러나 이러한 접근은 두 가지의 근본적인 문제점을 가지고 있다.

첫 번째는 임의의 시점 t를 n개 뽑아 n개의 표본을 만들면(Chollet, 2018), 이 n개의 서로 다른 시점에서의 조건부 y_t(즉, $y_{t-1}, y_{t-2}, \cdots, y_{t-p}$가 주어졌다는 가정에서의 y_t)를 $y_t | y_{t-1}, y_{t-2}, \cdots, y_{t-p}$으로 표기할 때, 즉,

$$y_t = \alpha_0 + \alpha_1 y_{t-1} + \alpha_2 y_{t-2} + \cdots + \alpha_p y_{t-p} + \epsilon_t$$

일 때 $y_t | y_{t-1}, y_{t-2}, \cdots, y_{t-p}$는 ϵ_t와 평균만 다른 동일한 분포를 가지고 있어야 한다. ϵ_t는 $i.i.d$이므로 n개의 조건부 y_t가 서로 간에 독립이라는 가정이 성립해야 하지만 일반적으로 성립하지 않는다. 이러한 조건부 y_t는 상관관계가 매우 높은 경우가 많으므로 RNN 모형의 성능은 떨어질 수밖에 없으며 RNN 모형을 사용할 수도 없다. 두 번째는 특성변수 $y_{t-1}, y_{t-2}, \cdots, y_{t-p}$를 목적변수 y_t에 직접 연결하지 못하고, RNN 모형의 특성상 y_{t-1}부터 y_{t-p}까지 간접적으로 y_t에 연결하는 모형을 사용한다. 즉, y_{t-p}가 입력되고 이를 이용한 은닉노드 h_{t-p}를 만든 후, y_{t-p+1}와 h_{t-p}를 결합하여 은닉노드 h_{t-p+1}를 산출한다. 이를 반복하여 y_{t-1}와 h_{t-2}를 결합하여 최종적으로 y_t를 설명하는 모형이 RNN 모형이기 때문이다.

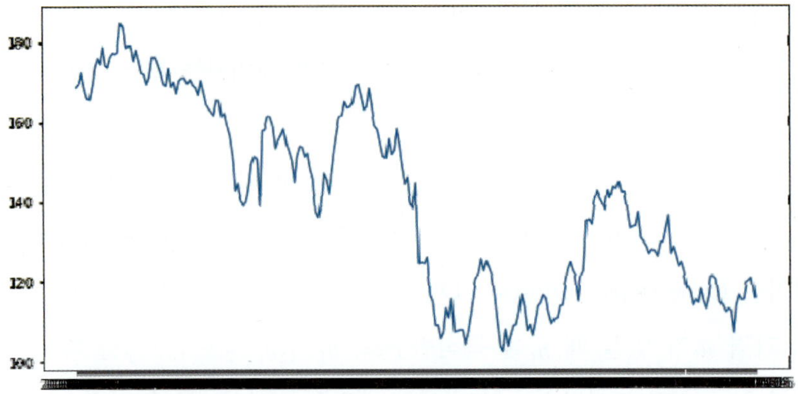

그림 7-4 NASDAQ GS 주식의 일일 종가(2021/10/26 ~ 2022/10/26)

첫 번째 문제의 발생원인은 시계열 자료의 정상성(stationarity) 결여 때문이다. 비정상시계열(non-stationary time series)의 전형적인 예는 시계열의 전반적인 추세(general trend)에서 어떤 시점의 값이 이 추세를 벗어나면 이 시점 이후 일정 시간 동안 추세를 벗어나 있다가 느리게 전반적인 추세로 돌아오거나 아예 돌아오지 않은 시계열 플롯을 보일 때이다. <그림 7-4>는 NASDAQ_GS stock(2021년 10월 26일 ~ 2022년 10월 26일)에 대한 총 253일 동안의 일일 종가 플롯이다. <그림 7-4>에서 볼 수 있듯이 전반적인 추세를 3차식으로 보더라도 3차식을 벗어나면 일정 시간 지속되다가 추세선으로 돌아오는 전형적인 비정상시계열을 보여주고 있다.

실제적으로 시계열의 정상성여부는 Dickey-Fuller의 단위근 검정(unit-root test)을 통해 점검한다. 단위근 검정의 귀무가설은 H_0 :"단위근이 있다"(비정상시계열)이고 대립가설은 H_a :"단위근이 없다"(정상시계열)이다. Dickey-Fuller의 단위근 검정결과 귀무가설을 기각하지 못하면 먼저 시계열 자료를 차분하여 자료를 정상시계열로 전환하여야 한다. $y_t - y_{t-d}$를 차분이라고 하며, 가장 많이 쓰이는 차분은 $d=1$일 때, 즉 $y_t - y_{t-1}$로 자료를 전환하여 모형에 적합한다[Dickey-Fuller의 단위근 검정과 차분(differencing)에 대한 더 자세한 내용은 박유성 · 김기환(2016)을 참고하길 바란다].

y_t가 시점 t에서의 주식가격이라고 할 때 $log\,y_t - log\,y_{t-1} = log\dfrac{y_t}{y_{t-1}}$을 로그

수익률이라고 하며 이 수익률을 분석자료로 이용한다. 근본적인 이유는 주식가격 y_t는 비정상시계열로 통계적 분석대상이 될 수 없지만, 차분을 취해 구한 로그수익률은 정상시계열로 통계적 모형(동일하게 머신러닝 또는 딥러닝 모형)의 대상이 되기 때문이다. 정상시계열을 만든 후, 예를 들어 $z_t = log\frac{y_t}{y_{t-1}}$로 정의하면 조건부 $z_t | z_{t-1}, z_{t-2}, \cdots, z_{t-p}$가 서로 간에 독립이기 위한 p를 결정해야 한다. 즉,

$$z_t = \alpha_0 + \alpha_1 z_{t-1} + \alpha_2 z_{t-2} + \cdots + \alpha_p z_{t-p} + \epsilon_t$$

에서 ϵ_t가 $i.i.d$가 되는 p를 결정해야 한다. 이 p는 자기상관함수(autocorrelation function, acf)와 편자기상관함수(partial autocorrelation function, pacf)를 이용하여 구할 수 있다[자세한 논의는 박유성 · 김기환(2016)을 참고하길 바란다]. acf와 pacf는 자료가 정상성이면 p가 증가하면서 지수적 감소 또는 절단(cut-off) 형태이어야 한다. 만약 둘 중 하나라도 느리게 감소하거나 증가하면 시계열 자료가 비정상이므로 적절한 차분을 통해 자료를 정상성으로 만들어야 한다. acf와 pacf를 통해 p가 결정되면 z_t는 목적변수가 되고 $z_{t-1}, z_{t-2}, \cdots, z_{t-p}$는 특성변수가 된다.

지금까지 논의한 내용을 구현하기 위해 https://finance.yahoo.com/quote/AMZN/history/에서 NASDAQ GS 주식자료를 다운받은 후, 적절한 폴더에 저장하여 다음 프로그램을 실행한다.

```
import pandas as pd
data=pd.read_csv('C:/Users/yspark/Desktop/Deep Learning/AMZN.csv',header=0,
index_col="Date")
data.info()
```

```
<class 'pandas.core.frame.DataFrame'>
Index: 253 entries, 2021-10-26 to 2022-10-26
Data columns (total 6 columns):
 #    Column    Non-Null Count    Dtype
---   ------    --------------    -----
 0    Open      253 non-null      float64
 1    High      253 non-null      float64
 2    Low       253 non-null      float64
```

```
 3    Close       253 non-null    float64
 4    Adj Close   253 non-null    float64
 5    Volume      253 non-null    int64
dtypes: float64(5), int64(1)
memory usage: 13.8+ KB
```

내려받은 자료(AMZN.csv)는 Deep Learning이라는 폴더에 저장되어 있고 index로 Date열(index_col="Date")로 정의한 데이터를 만들고 있다. 총 자료의 수는 253개이며 특성변수는 6개로 구성되어 있다. 데이터의 구조는 다음과 같다.

```
print(data.head())
```

```
                  Open        High         Low       Close   Adj Close
Date
2021-10-26  167.475494  170.806000  167.199005  168.803497  168.803497
2021-10-27  169.399994  171.850006  168.572495  169.624496  169.624496
2021-10-28  170.104996  173.949997  169.300003  172.328506  172.328506
2021-10-29  165.001007  168.740997  163.666000  168.621506  168.621506
2021-11-01  168.089996  168.792999  164.600998  165.905502  165.905502

               Volume
Date
2021-10-26   53966000
2021-10-27   54044000
2021-10-28  114174000
2021-10-29  129722000
2021-11-01   72178000
```

아래 프로그램은 일일 시작가(open), 일일 최고가(high), 일일 최저가(low), 일일 종가(close) 모두의 최솟값과 최댓값 차이가 많이 나므로 주식가의 변동성이 매우 크다는 것을 보여주고 있다.

```
data.describe()
```

	Open	High	Low	Close	Adj Close	Volume
count	253.00	253.00	253.00	253.00	253.00	2.53e+02
mean	141.01	143.29	138.62	140.89	140.89	7.19e+07
std	23.52	23.38	23.49	23.37	23.37	3.12e+07
min	102.75	104.58	101.26	102.30	102.30	3.57e+07
25%	118.00	120.38	115.67	118.20	118.20	5.33e+07
50%	142.05	144.22	139.35	140.80	140.80	6.36e+07
75%	163.45	165.24	161.09	162.99	162.99	8.05e+07
max	185.63	188.10	183.78	184.80	184.80	2.72e+0

다음은 <그림 7-4>의 플롯을 위한 프로그램이다.

```
import matplotlib.pyplot as plt
plt.figure(figsize=(10,5))
plt.plot(data['Close'])
plt.show()
```

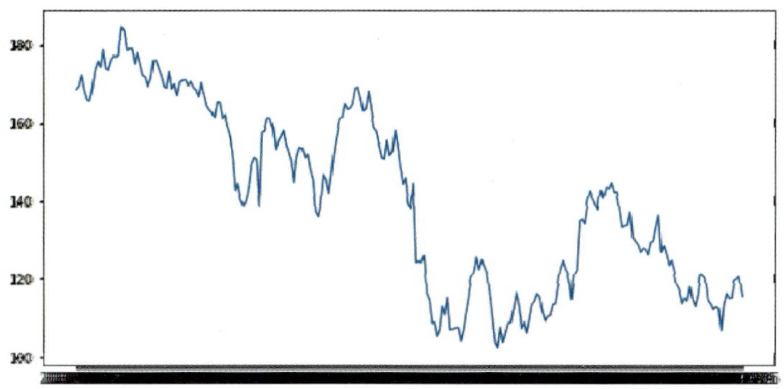

Dickey-Fuller의 단위근 검정을 통해 일일 종가의 정상성 여부를 점검하여 보자.

```
!pip install statsmodels
from statsmodels.tsa.stattools import adfuller
result=adfuller(data['Close'])
print(result)
```

```
(-1.3912019910932767, 0.5864866510789066, 0, 252, {'1%': -3.4565688966099373,
'5%': -2.8730786194395455, '10%': -2.5729189953388762}, 1326.3965624082623)
```

result[0]는 Dickey-Fuller 단위근 검정통계량을, result[1]=0.586은 p-value이고 이 p-value가 0.05보다 크므로 귀무가설을 기각하지 못한다. 그러므로 일일 종가는 비정상성과정이다. 이 일일 종가의 자기상관함수와 편자기상관함수를 그려보면 다음과 같다.

```
from statsmodels.graphics.tsaplots import plot_acf, plot_pacf
plot_acf(data['Close'])
plot_pacf(data['Close'])
plt.show()
```

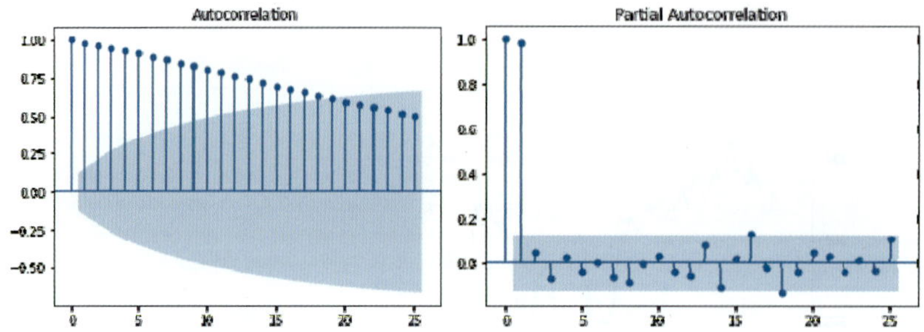

acf가 선형적으로 느리게 감소하므로 일일 종가는 비정상시계열이고 차분을 통해 정상시계열로 전환하여야 한다.

```
import numpy as np
datapct=data.pct_change()
logreturn=np.log(1+datapct)
logreturn.head()
print(logreturn.describe())
plt.figure(figsize=(10,5))
plt.plot(logreturn['Close'])
plt.show()
```

	Open	High	Low	Close	Adj Close	Volume
count	252.000000	252.000000	252.000000	252.000000	252.000000	252.000000
mean	−0.001457	−0.001422	−0.001493	−0.001500	−0.001500	0.000964
std	0.029472	0.024968	0.027278	0.029438	0.029438	0.287736
min	−0.090708	−0.109807	−0.142840	−0.151398	−0.151398	−0.904118
25%	−0.018906	−0.014943	−0.015561	−0.017530	−0.017530	−0.160018
50%	−0.001797	−0.001726	−0.000617	−0.001397	−0.001397	0.004247
75%	0.014860	0.011039	0.013458	0.015844	0.015844	0.154798
max	0.104043	0.113832	0.114541	0.126949	0.126949	0.948768

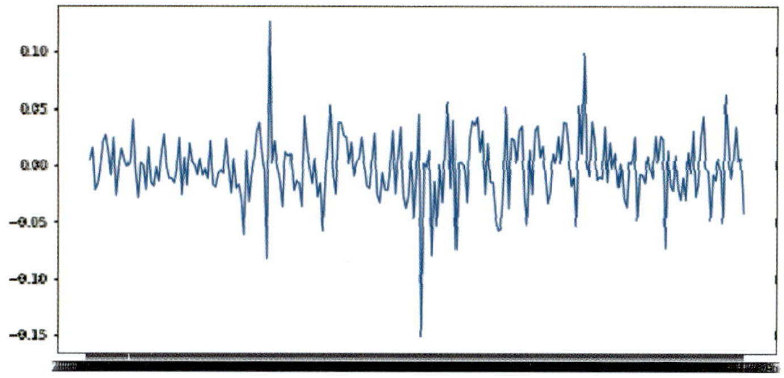

pct_change는 $\frac{y_t - y_{t-1}}{y_{t-1}}$ 을 정의하고 logreturn=(1+datapct)는 각 특성변수를 로그수익률로 전환하고 있다. 일일 종가 로그수익률의 플롯은 0을 중심으로 빠르게 움직이고 있음을 볼 수 있다. 정상시계열은 평균선을 빠르게 cross-over하는 현상이 나타난다. 그러므로 이 로그수익률은 정상시계열일 가능성이 높다. 이를 확인하기 위해 Dickey-Fuller 검정을 실시하면 다음과 같다.

```
from statsmodels.tsa.stattools import adfuller
logreturn=logreturn.dropna()
result=adfuller(logreturn['Close'])
print(result)
```

```
(−16.255391483426177, 3.610392670761461e−29, 0, 251, {'1%': −3.4566744514553016,
'5%': −2.8731248767783426, '10%': −2.5729436702592023}, −977.5053512248646)
```

위 프로그램에서 로그수익률의 첫 값은 차분에 의해 결측이므로 이 결측을 제거한 후(logreturn.dropna()), 산출된 p-value가 3.6×10^{-29}으로 매우 작아 귀무가설을 기각하여 일일 종가 로그수익률은 정상시계열임을 확인할 수 있다.

```
from statsmodels.graphics.tsaplots import plot_acf, plot_pacf
plot_acf(logreturn['Close'])
plot_pacf(logreturn['Close'])
plt.show()
```

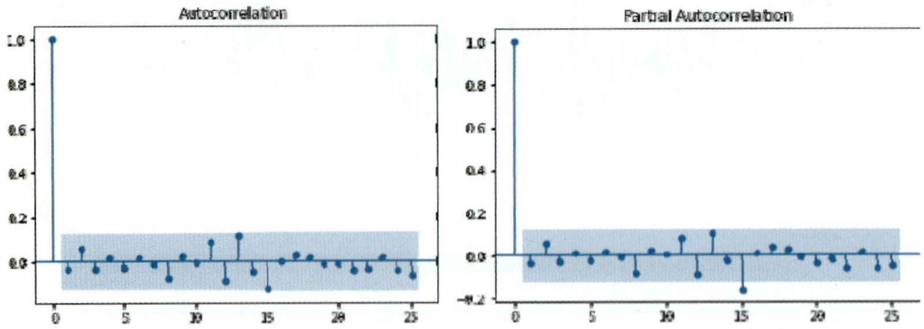

acf와 pacf를 그린 결과, 일일 종가 로그수익률의 acf와 pacf는 모두 절단형태(x축을 중심으로 어두운 부분이 95% 신뢰구간이므로 막대로 표현된 값이 이 신뢰구간 안에 들어오면 0으로 간주함)이며 p는 pacf의 최종 절단값으로 결정한다. 그러므로 $p = 15$가 되며, 일일 종가 로그수익률 z_t는 목적변수, $z_{t-1}, z_{t-2}, \cdots, z_{t-15}$는 특성변수가 된다.

이를 위해 다음과 같이 자료를 정리하여야 한다. logreturn은 252×1인 열벡터이고 pandas 데이터 형식이므로 분석을 위해 numpy 데이터로 환원한 후(logr1), 열벡터를 행벡터(1×252)로 전환한다(logr). $p = 15$이므로 inte=15로 지정하였으며, 각 표본을 목표변수 z_t, 특성변수 $z_{t-1}, z_{t-2}, \cdots, z_{t-15}$로 재정리하고 있다. 그러므로 입력변수 x는 (237,15), 출력변수 y는 (237,)로 재정리하였다. 학습데이터와 시험데이터는 기존의 train_test_split( ) 함수를 사용할 수 없다. train_test_split 함수는 표본데이터를 임의로 뽑기 때문에 시계열의 순서를 완전히 무시하게 된다. 시계열

순서를 유지하는 x_train, x_test, y_train, y_test를 정의하기 위해 학습데이터는 시간스탭으로 첫 210개 시점의 로그수익률을, 뒤따르는 나머지 16개의 시점의 일일 종가 로그수익률을 시험데이터로 할당하고 있다.

```
logr1=logreturn['Close'].values
print(logr1.shape)
logr=logr1.reshape(1,-1)
print(logr.shape)
inte=15
x=[]
y=[]
for i in range(logr.shape[1]):
    if i+inte>logr.shape[1]-1:
        break
    else:
        xx=logr[0,i:i+inte]
        x.append(xx)
        yy=logr[0,i+inte]
        y.append(yy)
x=np.asarray(x)
y=np.asarray(y)
print(x.shape)
print(y.shape)
x_train=x[:210]
x_test=x[210:]
y_train=y[:210]
y_test=y[210:]
```

```
(1, 252)
(237, 15)
(237,)
```

기준 모형으로 시계열모형 중 하나인 자기회귀모형(autoregressive model)인 AR(15) 모형을 다음과 같이 MLP 아키텍처를 이용하여 구현하여 보자.

```
from tensorflow.keras.models import Sequential
from tensorflow.keras.layers import Dense,GRU,LSTM
from tensorflow.keras import regularizers
model=Sequential()
model.add(Dense(1,input_shape=(15,)))
model.compile(optimizer='rmsprop', loss='mse',metrics=['mae'])
model.fit(x_train,y_train,epochs=30,batch_size=32)
loss_acc=model.evaluate(x_train,y_train)
los_test=model.evaluate(x_test,y_test)
print(loss_acc)
print(los_test)
```

```
[0.001472 0.028912]
[0.0012103660264983773, 0.027189442887790226]
```

이 AR(15) 모형은 loss_acc가 (1.4×10^{-3}, 0.029)로 MSE가 1.4×10^{-3}, MAE가 0.029이며 시험데이터의 MSE와 MAE는 각각 1.2×10^{-3}와 0.027로 나타났다. 이제 앞의 MLP 모형에 은닉층을 하나 추가하면 다음과 같다. 사실 AR(15) 모형은 15개의 특성변수를 가진 통계학의 선형회귀모형과 같다. 아래 프로그램과 같이 노드가 32인 MLP층을 추가하면 서로 다른 32개의 선형회귀모형을 적합시킨 것으로 볼 수 있으며, 이어지는 노드가 1개인 MLP층은 32개의 선형회귀모형에 대한 일종의 가중합으로 해석할 수 있다.

```
from tensorflow.keras.models import Sequential
from tensorflow.keras.layers import Dense,GRU,LSTM
model=Sequential()
model.add(Dense(32,activation='relu',input_shape=(15,)))
model.add(Dense(1))

model.compile(optimizer='rmsprop', loss='mse',metrics=['mae'])
model.fit(x_train,y_train,epochs=30,batch_size=32)
loss_acc=model.evaluate(x_train,y_train)
los_test=model.evaluate(x_test,y_test)
print(loss_acc)
print(los_test)-
```

```
[0.013745920732617378, 0.021740201860666275]
[0.01358405314385891, 0.020765123888850212]
```

학습데이터의 MSE=0.014, MAE=0.022이고 시험데이터의 MSE=0.0136, MAE=0.021로 기준모형인 AR(15) 모형의 MAE보다 작게 나타났다.

LSTM 모형을 적용하기 위해 입력자료를 (sample, timesteps, features)의 형태로 전환해야 한다. $z_t \mid z_{t-1}, z_{t-2}, \cdots, z_{t-15}$가 서로 간에 독립이 성립하므로 timesteps=1로 하고 features를 $z_{t-1}, z_{t-2}, \cdots, z_{t-15}$로 설정하면 (sample,1,14)인 크기의 입력자료가 정의된다.

```
x_train=x_train.reshape(-1,1,15)
x_test=x_test.reshape(-1,1,15)
from tensorflow.keras.models import Sequential
from tensorflow.keras.layers import Dense,GRU,LSTM
model=Sequential()
model.add(LSTM(32, input_shape=(1,15)))
model.add(Dense(1))
model.compile(optimizer='rmsprop', loss='mse',metrics=['mae'])
model.fit(x_train,y_train,epochs=30,batch_size=32)
loss_acc=model.evaluate(x_train,y_train)
los_test=model.evaluate(x_test,y_test)
print(loss_acc)
print(los_test)
```

```
[0.0008663867483846843, 0.02145053818821907]
[0.0007713718805462122, 0.02240721322596073]
```

학습데이터의 MSE=8.6×10^{-4}, MAE=0.021이고 시험데이터의 MSE=7.7×10^{-4}, MAE=0.022로 기준모형인 AR(14) 모형보다 우수하지만 MLP 모형의 MAE와 거의 같은 것으로 나타났다. GRU 모형도 LSTM과 거의 유사한 결과를 보여주어 생략하였다. 표본의 크기가 237개에 불과한 작은 데이터셋에서도 기존의 시계열 모형인 AR(15) 모형보다 딥러닝 모형이 좀 더 우수한 결과를 보여주고 있다.

종가의 로그 수익률을 좀 더 잘 예측하기 위해 $\log\frac{x_t}{x_{t-1}}$으로 변환한 시작가(Open), 일일최저가(Low), 일일최고가(High), 전시점의 종가, 일일거래량(Volume)을 모두 특성변수로 정의하여 종가의 로그수익률을 예측하고자 한다. 또한 로그수익률이 0보다 크면 전일대비 종가가 올랐다는 의미이고 0보다 작으면 종가가 내렸다는 의미이므로 로그수익률의 예측을 범주형으로 전환하여 논의하고자 한다.

아래 프로그램은 이러한 특성변수와 목적변수를 정의하고 있다. 특성변수는 (231,21,5) 3D텐서로 정의하고 목적변수인 종가 로그수익률은 y로, 범주형 목적변수는 y_c로 정의하고 있다. $(z_{1t}, z_{2t}, z_{3t}, z_{4t}, z_{5t})$를 각각 시점 t에서의 Open, High, Low, Close, Volume의 로그수익률 변환이라고 정의할 때, 목적변수 $y_t = z_{4,t+1}$, y_{ct}는 $y_t > 0$이면 1 그렇지 않으면 0으로 정의되어 있다. 그러므로 목적변수는 특성변수보다 1시점 앞선 종가 로그수익률 또는 종가의 상승여부를 의미한다.

(231,21,5)에서 제1축의 21은 시간스텝으로 1달간의 가격 및 거래정보를 모형에 반영하기 위해서 선택한 것이며, 앞에서 논의한 AR(p) 모형에서 p=15로, 15거래일 이전 정보가 현재의 종가에 영향을 미치는 것으로 나타났으므로 이를 종가예측에 반영하기 위해 시간스텝의 길이를 21로 정의하였다.

```
import numpy as np
x_1=logreturn.drop(['Adj Close'],axis=1)
x=[]
y=[]
length=21
for i in range(x_1.shape[0]):
    if i+length>x_1.shape[0]-1:
        break
    else:
        xx_1=x_1.iloc[i:i+length].values
        x.append(xx_1)
        yy_1=x_1.iloc[i+length,:]
        y.append(yy_1['Close'])

x=np.array(x)
y=np.array(y)
```

```
y_c=np.where(y>0,1,0)
print(x.shape)
print(y.shape)
```

```
(231, 21, 5)
(231,)
```

아래 프로그램은 2D텐서로 제공되는 특성변수들의 시간정보를 Conv1D로 처리하고 있다. 일주일간의 거래정보를 부분 선형결합하기 위해 (5,) 1D convolurion kernel을 적용하고 있다. 그러므로 첫 번째 Conv1D의 출력 11번째~15번째 시간스텝까지 AR(p)의 p=15의 종가 정보를 가지게 된다. 시계열 분석에서 convolution kernel을 사용할 때, 특별한 이유가 없는 한 padding을 사용하지 않는 것이 좋다. 시간스텝을 유지하기 위한 padding은 인접한 특성변수를 단순 복제하므로 시계열 예측에는 오히려 악영향을 미칠 수 있기 때문이다. 아래에서 볼 수 있듯이 종가 로그 수익률(y_t)의 예측오차는 학습데이터의 MSE=0.00048, 시험데이터의 MSE=0.0015로 약간 과대적합된 것으로 나타났다.

```
x_train=x[:200]
x_test=x[200:]
y_train=y[:200]
y_test=y[200:]
y_c_train=y_c[:200]
y_c_test=y_c[200:]
```

```
from tensorflow.keras.models import Sequential
from tensorflow.keras.layers import Dense,GRU,LSTM, Conv1D,Flatten
from tensorflow.keras import regularizers
model=Sequential()
model.add(Conv1D(32,5,input_shape=(21,5)))
model.add(Conv1D(16,5))
model.add(Flatten())
```

```
model.add(Dense(10, activation='relu'))
model.add(Dense(1))

model.compile(optimizer='rmsprop', loss='mse',metrics=['mae'])
model.fit(x_train,y_train,epochs=20,batch_size=32,validation_data=(x_test,y_test))
loss_acc=model.evaluate(x_train,y_train)
los_test=model.evaluate(x_test,y_test,batch_size=11)
print(loss_acc)
print(los_test)
```

```
[0.0004848829412367195, 0.016824645921587944]
[0.0014661266468465328, 0.028526941314339638]
```

아래 프로그램은 목적변수를 y_c로 변경하여 시계열 예측을 범주화한 것이다. 목적변수를 y로 했을 때인 직전 프로그램과 비교하여 마지막 dense층의 activation='sigmoid'로 변경하고 손실함수를 binary_crossentropy로, metric=['acc']로 변경한 것을 제외하고 모두 동일한 것을 볼 수 있다.

```
from tensorflow.keras.models import Sequential
from tensorflow.keras.layers import Dense,GRU,LSTM, Conv1D,Flatten
from tensorflow.keras import regularizers
model_c=Sequential()
model_c.add(Conv1D(32,5,input_shape=(21,5)))
model_c.add(Conv1D(10,5))
model_c.add(Flatten())
model_c.add(Dense(10, activation='relu'))
model_c.add(Dense(1,activation='sigmoid'))
model_c.summary()
model_c.compile(optimizer='Adam', loss='binary_crossentropy',metrics=['acc'])
model_c.fit(x_train,y_c_train,epochs=30,batch_size=32,validation_data=(x_test,y_c_test))
```

아래의 출력에서 볼 수 있듯이 학습데이터에서의 accuracy는 77%, 검증데이터의 accuracy는 65%로 과대적합 문제를 해소하면 실제 응용 가능성이 있는 모형으로 나타났다.

```
from sklearn.metrics import confusion_matrix,accuracy_score,classification_report
y_pred=model_c.predict(x_train)
y_pred_test=model_c.predict(x_test)

print(classification_report(y_c_train,y_pred>0.5))
print(classification_report(y_c_test,y_pred_test>0.5))
```

```
              precision    recall  f1-score   support

           0       0.76      0.81      0.78       104
           1       0.78      0.72      0.75        96

    accuracy                           0.77       200
   macro avg       0.77      0.76      0.76       200
weighted avg       0.77      0.77      0.76       200

              precision    recall  f1-score   support

           0       0.68      0.72      0.70        18
           1       0.58      0.54      0.56        13

    accuracy                           0.65        31
   macro avg       0.63      0.63      0.63        31
weighted avg       0.64      0.65      0.64        31
```

아래 프로그램은 Conv1D를 이용한 모형과 비교하기 위해 LSTM 모형을 적용한 결과를 보여주고 있다. LSTM모형의 accuracy는 Conv1D 모형보다 많이 낮은 것을 볼 수 있다. 학습데이터의 accuracy=0.55이고 시험데이터의 accuracy=0.419로 나타났다.

```
from tensorflow.keras.models import Sequential
from tensorflow.keras.layers import Dense,GRU,LSTM
model=Sequential()
model.add(LSTM(32,return_sequences=True, input_shape=(21,5)))
model.add(LSTM(32))
model.add(Dense(10,activation='relu'))
```

```
model.add(Dense(1,activation='sigmoid'))
model.summary()
model.compile(optimizer='Adam', loss='binary_crossentropy',metrics=['acc'])
model.fit(x_train,y_c_train,epochs=30,batch_size=32)
loss_acc=model.evaluate(x_train,y_c_train)
los_test=model.evaluate(x_test,y_c_test,batch_size=11)
print(loss_acc)
print(los_test)
```

```
[0.6855232119560242, 0.550000011920929]
[0.7030370235443115, 0.4193548262119293]
```

8장

다중 입출력, 병렬형, 비순환 딥러닝 아키텍처

Sequential API를 이용하면 딥러닝 아키텍처는 일방통행(one-way)적 구조를 가지고 있다. 입력층, 은닉층, 출력층이 일렬로 늘어서서 현재 층의 출력은 다음 층의 입력으로 전달되는 구조로 되어 있다. 이러한 일방통행적 딥러닝 구조는 2개 이상의 입력 또는 출력이 있을 경우나 입력층, 은닉층, 출력층이 비순환적(acyclic) 구조일 경우에는 적용이 불가능하다. 중고차량의 가격을 예측하기 위해 차량사진, 전문가의 차량평가에 대한 텍스트 자료, 연식 등 3가지의 입력자료가 있을 경우, 차량사진은 CNN, 텍스트 자료는 RNN, 그리고 연식은 MLP를 독립적으로 각각 적용하여 아키텍처별 차량가격을 예측할 수 있을 것이다. 그러나 3가지 가격예측치의 선택도 문제이지만, 차량사진, 텍스트 자료, 연식은 상호 간에 연관성이 높으므로 이들 3개의 입력자료를 하나의 딥러닝 모형에 입력하여 사용하는 것이 좀 더 정도가 높은 차량가격 예측이 될 것이다. 통계적인 관점에서 주변분포(marginal distribution)보다는 결합분포(joint distribution)가 주는 정보를 이용하는 것이 정보의 손실을 최소화할 수 있기 때문이다.

출력이 2개 이상인 경우도 고려하여 보자. 차량사진이 입력자료이고 이 차량사진을 이용하여 차종, 메이커, 차량가격을 예측하고자 하면 입력은 1개이지만 출력은 3개가 된다. 차종, 메이커, 차량가격은 서로 간에 연관되어 있으므로 동시에 예측하는 것이 예측의 정밀도를 높일 수 있다. 차종과 메이커는 범주형(categorical)이고 차량가격은 실수자료이므로 서로 다른 손실함수를 써야 하며 최종 출력으로 차종과 메이커는 softmax 함수를, 차량가격은 항등함수를 써야 할 것이다.

일방통행형 CNN에서는 서로 다른 convolution을 직렬로 연결하지만, 병렬로 연결할 뿐만 아니라 은닉층의 깊이도 다르게 하면 이미지 자료에 대한 특성을 직렬형보다 훨씬 유연하게 추출해낼 수 있을 것이다. <그림 8-1>은 직렬형 CNN 아키텍처를 보여주고 있고 <그림 8-2>는 병렬형 CNN 아키텍처를 보여주고 있다.

이미지 자료에서 2개 이상의 채널이 있을 때 채널별로 독립적인 convolution을

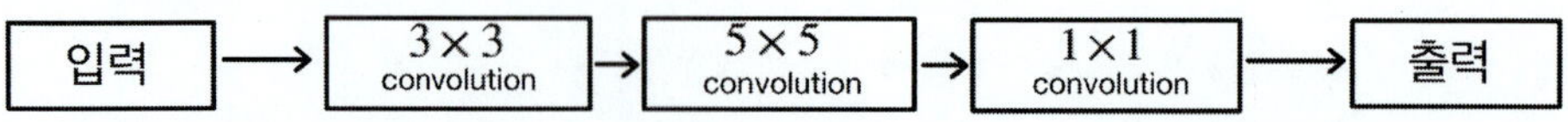

그림 8-1 직렬형 CNN

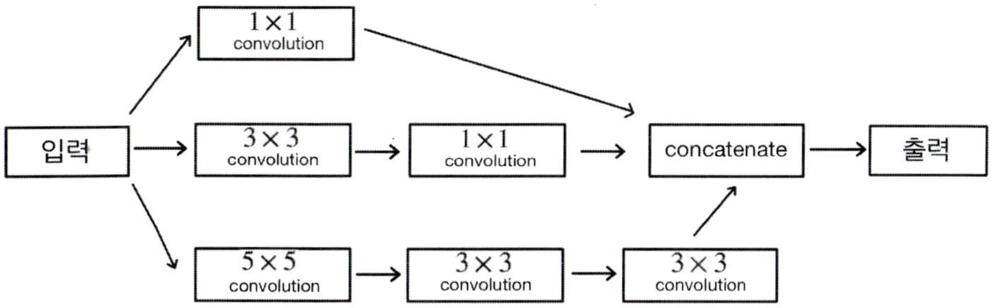

그림 8-2 병렬형 CNN

적용할 수 있다. 각 채널 내의 이미지가 상관관계가 높고 채널 간은 독립적인 이미지 정보를 가질 때 사용하는 convolution 방법이다. 이러한 convolution은 개념적으로 병렬형 convolution에 해당한다. 이와 같은 유연한 딥러닝 아키텍처를 가능하게 하는 도구가 tf.keras의 functional API이다. 말 그대로 입력층, 은닉층, 출력층의 연결을 파이썬의 함수처럼 사용하게 만든 응용프로그램 인터페이스이다. 다음 세 개의 프로그램은 동일한 프로그램이다. 첫 번째 프로그램은 기존의 Sequential API를 이용한 MLP 아키텍처이고 나머지 2개의 프로그램은 functional API로 구현한 MLP 아키텍처이다.

```
from tensorflow.keras.models import Sequential
from tensorflow.keras.layers import Dense
one_way_model=Sequential()
one_way_model.add(Dense(32,activation='relu', input_shape=(50,)))
one_way_model.add(Dense(1,activation='sigmoid'))
one_way_model.summary()
```

```
Layer (type)                 Output Shape              Param #
=================================================================
dense_1 (Dense)              (None, 32)                1632
_________________________________________________________________
dense_2 (Dense)              (None, 1)                 33
=================================================================
Total params: 1,665
Trainable params: 1,665
Non-trainable params: 0
```

```
from tensorflow.keras.models import Model
from tensorflow.keras.layers import Dense
from tensorflow.keras import Input
input_1=Input(shape=(50,))
dense_1=Dense(32,activation='relu')
x=dense_1(input_1)
dense_2=Dense(1,activation='sigmoid')
out_1=dense_2(x)
model_1=Model(input_1,out_1)
model_1.summary()
```

```
Layer (type)                 Output Shape              Param #
=================================================================
input_1 (InputLayer)         (None, 50)                0
_________________________________________________________________
dense_3 (Dense)              (None, 32)                1632
_________________________________________________________________
dense_4 (Dense)              (None, 1)                 33
=================================================================
Total params: 1,665
Trainable params: 1,665
Non-trainable params: 0
```

```
from tensorflow.keras.models import Model
from tensorflow.keras.layers import Dense
from tensorflow.keras import Input
input_2=Input(shape=(50,))
x=Dense(32,activation='relu')(input_2)
y=Dense(1,activation='sigmoid')(x)
model_2=Model(input_2,y)
model_2.summary()
```

```
Layer (type)                 Output Shape              Param #
=================================================================
input_2 (InputLayer)         (None, 50)                0
_________________________________________________________________
dense_5 (Dense)              (None, 32)                1632
_________________________________________________________________
dense_6 (Dense)              (None, 1)                 33
=================================================================
Total params: 1,665
Trainable params: 1,665
Non-trainable params: 0
```

출력결과를 통해 3개의 프로그램은 동일한 MLP 아키텍처를 구성하고 있음을 알 수 있다. 함수적 API는 Model(입력층, 출력층)로 모형을 정의하고 입력층에서 출발하여 출력층까지 도달하기 위해 중간에 거쳐야 할 모든 층을 포함하도록 설계되어 있다.

8.1 다중입력(multi-inputs)과 다중출력(multi-outputs) 딥러닝

입력자료가 중고차의 사진, 전문가 평가, 연식이고 목적변수가 중고차 가격이면 다중입력 모형이 되며 <그림 8-3>과 같은 아키텍처를 구성할 수 있다.

아래 프로그램은 <그림 8-3>을 구현한 프로그램이다. 자료가 image, text, age로 구성되어 있다고 가정하고 있다. image 데이터는 4D텐서로 크기가 (batch, 128, 128, 3)으로 128×128 픽셀의 컬러이미지 자료를 가정하고 있다. text는 빈도 기준으로 10,000개의 단어로 각 전문가의 평가를 500개 길이로 padding되어 있다는 가정으로 (batch, 500) 2D텐서를 가정하고 있다. 마지막으로 age와 y_train은 (batch, 1)인 2D 텐서를 가정하고 있다. 이미지 자료는 GlobalMaxPooling2D에 의해 표본별로 1D텐서 자료를 출력하고, 텍스트 자료는 Embedding 층에 의해 표본별로 2D텐서가 되고 LSTM 층에 의해 1D텐서를 출력한다. age는 표본별로 MLP 층을 걸쳐 1D텐서를 출력한다. 그러므로 image 자료의 최종출력은 (batch, 64), text 자료의 최종출력은 (batch, 32), 그리고 age 자료의 최종출력은 (batch, 5)가 된다. 이 세 개의 최종출력은

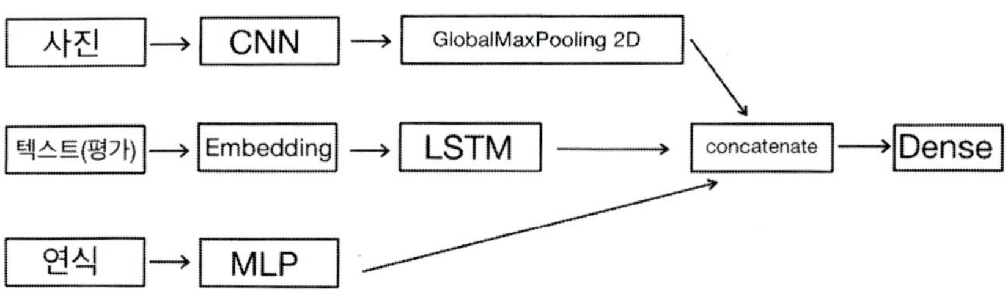

그림 8-3 다중입력 아키텍처

하나로 통합해야 차량가격 예측을 위한 마지막 MLP 층으로 전달할 수 있다. concatenate 층이 이 역할을 한다. 자료의 형태가 무엇이든 간에 맨 마지막 axis가 특성변수를 나타내므로 axis=-1을 부여하여 다음과 같이 프로그램을 실행하면

```
concatenated=concatenate([image_pool, text_lstm, age_layer], axis=-1)
```

그 결과로 크기가 (batch, 64+32+5)인 2D텐서를 이어지는 MLP 층에 전달한다.

아래 프로그램에서 3개의 입력자료에 다음과 같이 이름을 부여할 수 있다.

```
image_input=Input(shape=(128,128,3), name='imageinput')
text_input=Input(shape=(maxlen,), name='textinput')
age_input=Input(shape=(1,), name='ageinput')
```

이처럼 3개의 입력자료에 이름을 부여하면 model.fit을 아래와 같이 dictionary 형태로 명확하게 정의할 수 있다.

```
model.fit({'imageinput':image, 'textinput':text, 'ageinput':age}, y_train,
            epochs=20, batch_size=128)
```

```
from tensorflow.keras.models import Model
from tensorflow.keras.layers import Conv2D,GlobalMaxPooling2D,Embedding,LSTM,Dense,concatenate
from tensorflow.keras import Input

image_input=Input(shape=(128,128,3))
image_layer=Conv2D(64,(3,3), activation='relu')(image_input)
image_pool=GlobalMaxPooling2D()(image_layer)

maxlen=500
text_input=Input(shape=(maxlen,))
text_layer=Embedding(10000,120)(text_input)
text_lstm=LSTM(32)(text_layer)

age_input=Input(shape=(1,))
age_layer=Dense(5)(age_input)
concatenated=concatenate([image_pool, text_lstm, age_layer], axis=-1)
```

```
price=Dense(1)(concatenated)
model=Model([image_input, text_input, age_input], price)
model.summary()

model.compile(optimizer='rmsprop', loss='mse', metrics=['mae'])
model.fit([image, text, age], y_train, epochs=20, batch_size=128)
```

Layer (type)	Output Shape	Param #	Connected to
input_3 (InputLayer)	(None, 128, 128, 3)	0	
input_4 (InputLayer)	(None, 500)	0	
conv2d_1 (Conv2D)	(None, 126, 126, 64)	1792	input_3[0][0]
embedding_1 (Embedding)	(None, 500, 120)	1200000	input_4[0][0]
input_5 (InputLayer)	(None, 1)	0	
global_max_pooling2d_1 (GlobalM	(None, 64)	0	conv2d_1[0][0]
lstm_1 (LSTM)	(None, 32)	19584	embedding_1[0][0]
dense_7 (Dense)	(None, 5)	10	input_5[0][0]
concatenate_1 (Concatenate)	(None, 101)	0	global_max_ pooling2d_1[0][0] lstm_1[0][0] dense_7[0][0]
dense_8 (Dense)	(None, 1)	102	concatenate_1[0][0]

Total params: 1,221,488
Trainable params: 1,221,488
Non-trainable params: 0

<그림 8-4>는 다중출력모형으로, 소셜미디어의 게시글로 글쓴이의 성별, 연령, 그리고 직업을 예측하는 딥러닝 아키텍처이다.

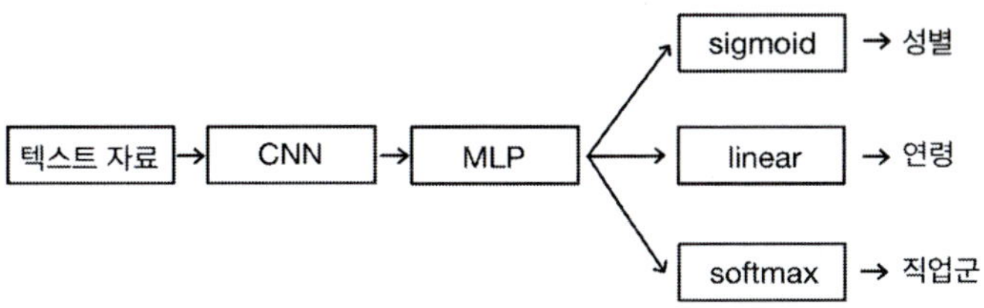

그림 8-4 다중출력 아키텍처

```
from tensorflow.keras.models import Model
from tensorflow.keras.layers import Conv1D, MaxPooling1D, GlobalMaxPooling1D,
Embedding, Dense
from tensorflow.keras import Input

maxlen=500
text_input=Input(shape=(maxlen,))
embedding_text=Embedding(10000,128)(text_input)
x=Conv1D(256,7,activation='relu')(embedding_text)
x=MaxPooling1D(5)(x)
x=Conv1D(512,5,activation='relu')(x)
x=GlobalMaxPooling1D()(x)
x=Dense(128,activation='relu')(x)
sex_out=Dense(1,activation='sigmoid',name='sex')(x)
age_out=Dense(1,name='age')(x)
job_out=Dense(10,activation='softmax',name='job')(x)
model=Model(text_input,[sex_out,age_out,job_out])
model.summary()

model.compile(optimizer='rmsprop',loss=['binary_crossentropy','mse','categorical_crossentropy'])
```

Model: "model_2"

Layer (type)	Output Shape	Param #	Connected to
input_4 (InputLayer)	(None, 500)	0	
embedding_4 (Embedding)	(None, 500, 128)	1280000	input_4[0][0]
conv1d_7 (Conv1D)	(None, 494, 256)	229632	embedding_4[0][0]
max_pooling1d_4 (MaxPooling1D)	(None, 98, 256)	0	conv1d_7[0][0]
conv1d_8 (Conv1D)	(None, 94, 512)	655872	max_pooling1d_4[0][0]
global_max_pooling1d_3 (GlobalM	(None, 512)	0	conv1d_8[0][0]
dense_3 (Dense)	(None, 128)	65664	global_max_pooling1d_3[0][0]
sex (Dense)	(None, 1)	129	dense_3[0][0]
age (Dense)	(None, 1)	129	dense_3[0][0]
job (Dense)	(None, 10)	1290	dense_3[0][0]

Total params: 2,232,716
Trainable params: 2,232,716
Non-trainable params: 0

위 프로그램은 <그림 8-4>를 구현한 딥러닝 아키텍처로, 크기가 (batch, 500)인 2D 텐서 자료가 입력되었다고 가정하고 있다. Embedding 층에 의해 각 표본은 (500,128) 2D텐서로 word embedding되었다. 입력 텍스트 자료를 빈도순으로 10,000개의 단어를 128개의 노드로 word embedding하므로 1,280,000개의 모수가 Embedding 층에 소요된다. 첫 번째 1D convolution은 커널의 크기가 (7,1)이므로 각 노드당 $(7\times128+1)$개의 모수가 필요하고, 노드수가 256개이므로 $(7\times128+1)\times256$개의 모수가 소요된다. 직업범주는 10개를 가정하고 있다. 프로그램에서 볼 수 있듯이 출력이 3개이므로 출력변수의 특성에 따라 각자의 손실함수를 정의하고 backpropagation을 위해 이 3개의 손실함수를 단순합하여 최소화하게 된다. 그러나 mse가 다른 손실함수값에 비해 훨씬 크기 때문에, 손실함수의 단순합을 최소로 하는 것은 mse만을 최소화하는 것과 같은 결과를 초래한다. 이를 방지하기 위해 각 손실함수에 다른 비중을 부여하여 각 손실함수의 중요도를 아래 프로그램같이 조정할 수 있다.

```
model.compile(optimizer='rmsprop',
        loss={'sex':'binary_crossentropy',
        'age':'mse', 'job':'categorical_crossentropy'},
        loss_weights={'sex':10., 'age':0.25, 'job':1.})
```

또는

```
model.compile(optimizer='rmsprop',
          loss=['binary_crossentropy', 'mse', 'categorical_crossentropy'],
          loss_weights=[10., 0.25, 1.])
```

을 사용하여 손실함수의 비중을 조절한다. 모형적합은

```
model.fit(texts, [sex_y, age_y, job_y], epochs=20, batch_size=64)
```

또는

```
model.fit(texts, {'sex':sex_y, 'age':age_y, 'job':job_y}, epochs=20, batch_size=64)
```

를 사용한다. 여기에서 texts는 입력자료를 저장하고 있는 변수로 크기가 (batch, 500) 2D텐서 자료이고, sex_y는 0과 1로, age_y는 크기가 (batch,1)인 2D텐서, job_y는 10개 범주자료를 one-hot encoding한 목적변수임을 가정하고 있다.

8.2 비순환형(acyclic) 딥러닝 아키텍처

MLP 모형에서 사용하는 2D텐서는 열(column)이 특성변수를 나타내고, RNN의 3D텐서 자료에서 word embedding에 해당하는 마지막 축(axis)이 특성변수를 나타내듯이, CNN의 4D텐서에서는 마지막 축인 채널(channel)이 특성변수의 다양성으로 해석할 수 있다. 지금까지 CNN에서는 2D convolution을 이용하여 공간적 정보(spatial information)[즉, (height,width)를 convolution 하여 획득한 정보]만을 사용하였으나, (1,1) 2D convolution을 사용하면 특성변수의 다양성인 채널 정보를 구할 수 있다. (3,3)나 (5,5) 2D convolution과 달리 (1,1) 2D convolution은 공간정보는 전혀 이용하지 않고 오직 채널만 convolution 하기 때문이다. 예를 들어, (1,1) 2D convolution은 채널이 3개이면 각 픽셀에 대해 3개의 모수로 3개의 채널을 선형결합한다. 이미지 자료의 공간정보뿐만 아니라 채널정보를 동시에 이용하는 CNN 모형을 구축하고자 할 때 <그림 8-5>와 같이 병렬형 CNN 아키텍처를 구성하게 된다.

<그림 8-5>의 아키텍처는 아래에 나오는 프로그램과 같이 구현될 수 있다. 아래 프로그램에서 padding='same', strides=2, AveragePooling2D(2)를 사용한 이유는 4개의 병렬형 CNN을 병합(concatenate)하기 위해 픽셀의 크기를 일치시켜야 하기 때문이다. 아래 프로그램의 입력 이미지 데이터의 크기는 (batch, 300, 300, 3)으로 가정하였다. 4개의 병렬형 CNN은 (batch, 150, 150, 64)인 4D텐서를 출력하고

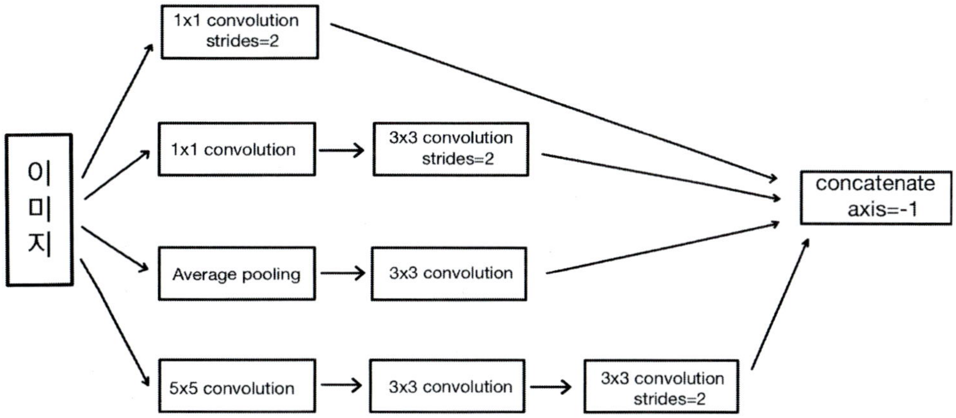

그림 8-5 공간정보와 채널정보를 이용한 병렬형 CNN

concatenate 층에 의해 (batch, 150, 150, 64×4)으로 변경되었음을 확인할 수 있다. 최종 Dense 층에 모수숫자가 많아서 필연적으로 과대적합이 발생하게 되므로 이에 대한 해결책도 모색해야 할 것이다. 우선 300×300인 픽셀의 크기를 대폭 줄이는 것을 고려해 보길 바란다.

```
from tensorflow.keras.layers import Conv2D, AveragePooling2D, concatenate, Dense
from tensorflow.keras.models import Model
from tensorflow.keras import Input
image_input=Input(shape=(300,300,3))
branch_a=Conv2D(64,1,activation='relu',strides=2)(image_input)
branch_b=Conv2D(64,1,activation='relu')(image_input)
branch_b=Conv2D(64,3, activation='relu',padding='same',strides=2)(branch_b)
branch_c=AveragePooling2D(2)(image_input)
branch_c=Conv2D(64,3,activation='relu',padding='same')(branch_c)
branch_d=Conv2D(64,5,activation='relu',padding='same')(image_input)
branch_d=Conv2D(64,3,activation='relu',padding='same')(branch_d)
branch_d=Conv2D(64,3,activation='relu',padding='same',strides=2)(branch_d)
concatenated=concatenate([branch_a,branch_b,branch_c,branch_d],axis=-1)
out2=Dense(1)(concatenated)
out1=Flatten()(out2)
out=Dense(1, activation='sigmoid')(out1)
model=Model(image_input,out)
model.summary()
```

Model: "model_2"

Layer (type)	Output Shape	Param #	Connected to
input_5 (InputLayer)	(None, 300, 300, 3)	0	
conv2d_33 (Conv2D)	(None, 300, 300, 64)	4864	input_5[0][0]
conv2d_30 (Conv2D)	(None, 300, 300, 64)	256	input_5[0][0]
average_pooling2d_5 (AveragePoo	(None, 150, 150, 3)	0	input_5[0][0]
conv2d_34 (Conv2D)	(None, 300, 300, 64)	36928	conv2d_33[0][0]
conv2d_29 (Conv2D)	(None, 150, 150, 64)	256	input_5[0][0]
conv2d_31 (Conv2D)	(None, 150, 150, 64)	36928	conv2d_30[0][0]
conv2d_32 (Conv2D)	(None, 150, 150, 64)	1792	average_pooling2d_5[0][0]
conv2d_35 (Conv2D)	(None, 150, 150, 64)	36928	conv2d_34[0][0]
concatenate_4 (Concatenate)	(None, 150, 150, 256	0	conv2d_29[0][0] conv2d_31[0][0] conv2d_32[0][0] conv2d_35[0][0]
dense_3 (Dense)	(None, 150, 150, 1)	257	concatenate_4[0][0]
flatten_2 (Flatten) Dense	(None, 22500) (None, 1)	0 22501	concatenate_2[0][0]

Total params: 118,209
Trainable params: 118,209
Non-trainable params: 0

<그림 8-5>와 같은 병렬형 CNN 아키텍처를 반복적으로 쌓아서 수백만 개의 이미지 자료를 분류해 놓는 모형이 있는데 대표적으로 InceptionV3가 있다. 이미 구축된 InceptionV3를 이용하여, 작은 크기의 이미지 자료를 이전학습(transfer learning)으로 학습시켜 보기로 하자. 이미 6.1절에서 사용한 적이 있는 남녀 이미지사진을 다시 이용하고자 한다. 번거로움을 피하기 위해 6.1절에 제공된 자료의 사전작업 프로그램을 아래와 같이 다시 제시한다. 아래 프로그램에 의해 크기가 (300,300,3)인 1,740장의 남녀 이미지사진 데이터를 추출하였다.

```
import pandas as pd
from skimage import io
data=pd.read_csv('C:/Users/ysp/Desktop/Deep Learning/a943287.csv')

data_male=data[data['please_select_the_gender_of_the_person_in_the_picture']=='male']
data_female=data[data['please_select_the_gender_of_the_person_in_the_picture']=='female']
final_data=pd.concat([data_male[:1000],data_female[:1000]], axis=0).reset_index(drop=True)

x_p=[]
y_p=[]
for i in range(final_data.shape[0]):
    try:
        image=io.imread(final_data.loc[i]['image_url'])
        if (image.shape==(300,300,3)):
            x_p.append(image)
            y_p.append(final_data.loc[i]['please_select_the_gender_of_the_person_in_the_picture'])
    except:
        continue
```

```
import numpy as np
x1=[]
y1=[]
for i in range(len(x_p)):
    x1.append(x_p[i])
    img_label=np.where(y_p[i]=='male',1,0)
    y1.append(img_label)
x=np.array(x1)
y=np.array(y1)
print(np.unique(y))
print(x.shape)
```

```
[0 1]
(1740, 300, 300, 3)
```

이렇게 만든 (1740,300,300,3)인 4D텐서 자료를 이미 학습된 InceptionV3 모형에 적용하는 이전학습을 아래와 같이 구현한다. 다음 프로그램은 Ayyadevara(2019)가 제공한 프로그램이다.

```
from tensorflow.keras.applications import inception_v3
from tensorflow.keras.applications.inception_v3 import preprocess_input
incep_model=inception_v3.InceptionV3(include_top=False,
                            weights='imagenet',input_shape=(300,300,3))

x2=[]
for i in range(len(x)):
    img=x[i]
    img=preprocess_input(img.reshape(1,300,300,3))
    img_new=incep_model.predict(img)
    x2.append(img_new)
x2=np.array(x2)/255.
print(x2.shape)
x2=x2.reshape(x2.shape[0],x2.shape[2], x2.shape[3], x2.shape[4])

from sklearn.model_selection import train_test_split
x_train, x_test, y_train, y_test=train_test_split(x2, y, test_size=0.15)
print(x_train.shape)
print(x_test.shape)
print(y_train.shape)
```

```
(1740, 1, 8, 8, 2048)
(1479, 8, 8, 2048)
(261, 8, 8, 2048)
(1479,)
```

위 프로그램에서 InceptionV3 모형을 통과한 자료는 크기가 (1740,1,8,8,2048)인 5D텐서이고 axis=1에 있는 shape은 불필요하므로 이를 제거한 후, 최종적으로 학습데이터와 시험데이터를 만들고 있다.

x_train은 크기가 (1479,8,8,2048)인 4D텐서이므로 (8,8,2048)이 입력되는 특성변수 크기이다.

```
from tensorflow.keras.models import Sequential
from tensorflow.keras.layers import Conv2D, MaxPooling2D, Flatten, Dense, Dropout
from tensorflow.keras import regularizers
model_v3=Sequential()
```

```
model_v3.add(Conv2D(512,3,activation='relu',input_shape=(x_train.shape[1],x_train.shape[2]
,x_train.shape[3])))
model_v3.add(Flatten())
model_v3.add(Dense(512,activation='relu'))
model_v3.add(Dropout(0.7))
model_v3.add(Dense(1,activation='sigmoid'))
model_v3.summary()
```

Layer (type)	Output Shape	Param #
conv2d_100 (Conv2D)	(None, 6, 6, 512)	9437696
flatten_3 (Flatten)	(None, 18432)	0
dense_6 (Dense)	(None, 512)	9437696
dropout_3 (Dropout)	(None, 512)	0
dense_7 (Dense)	(None, 1)	513

```
Total params: 18,875,905
Trainable params: 18,875,905
Non-trainable params: 0
```

```
model_v3.compile(loss='binary_crossentropy',optimizer='adam',metrics=['acc'])
history_v3=model_v3.fit(x_train,y_train,batch_size=32,epochs=15,validation_data=(x_test,y_t
est))
```

```
Train on 1479 samples, validate on 261 samples
Epoch 14/15
1479/1479 [==============================] - 1s 893us/sample - loss: 0.0819 - acc: 0.9716 - val_loss: 0.5350 - val_acc: 0.8582
Epoch 15/15
1479/1479 [==============================] - 1s 889us/sample - loss: 0.0166 - acc: 0.9953 - val_loss: 0.4963 - val_acc: 0.8889
```

InceptionV3 모형으로의 이전학습은 12 에폭에 이르면 training data의 정밀도는 1이고 validation data에서는 0.9로, 다소 과대적합되었지만 좋은 성능을 보여주고 있다. 이전학습을 하지 않은 6.1절의 CNN 모형의 정밀도가 70% 정도인 것에 비교할 때 InceptionV3 이전학습은 만족할 만한 수준으로 나타났다. 병렬형 아키텍처인 InceptionV3 모형의 효과라고 할 수 있다. 이전학습 대신 <그림 8-5>의 병렬형

CNN 아키텍처의 적용은 각자가 실습하여 이전학습과 비교하길 바란다.

병렬형 CNN 아키텍처의 특성을 separable 2D convolution으로 구현할 수 있다. separable 2D convolution은 4D텐서로 제공되는 이미지 자료에 대해 채널별로 독립적인 convolution을 적용한 후, 채널별 convolution 결과를 (1,1) 2D convolution을 적용한다. 그러므로 채널별 2D convolution에 의해 채널별 공간정보를 추출하고 (1,1) 2D convolution에 의해 채널정보를 추출해낸다. 채널별로 convolution을 적용할 때는 활성함수가 없지만 (1,1) 2D convolution에는 활성함수를 사용한다. 다음은 separable 2D convolution을 사용한 예이다.

```
from tensorflow.keras.models import Sequential
from tensorflow.keras.layers import SeparableConv2D, GlobalAveragePooling2D,Dense
model=Sequential()
model.add(SeparableConv2D(32,3,activation='relu',input_shape=(128,128,3)))
model.add(SeparableConv2D(64,5,activation='relu'))
model.add(GlobalAveragePooling2D())
model.add(Dense(32,activation='relu'))
model.add(Dense(5,activation='softmax'))
model.summary()
```

```
Model: "sequential_1"
_________________________________________________________________
Layer (type)                 Output Shape              Param #
=================================================================
separable_conv2d_1 (Separabl (None, 126, 126, 32)      155
_________________________________________________________________
separable_conv2d_2 (Separabl (None, 122, 122, 64)      2912
_________________________________________________________________
global_average_pooling2d_1 ( (None, 64)                0
_________________________________________________________________
dense_1 (Dense)              (None, 32)                2080
_________________________________________________________________
dense_2 (Dense)              (None, 5)                 165
=================================================================
Total params: 5,312
Trainable params: 5,312
Non-trainable params: 0
_________________________________________________________________
```

위 프로그램에서 각 표본의 이미지는 128×128픽셀을 가진 컬러이미지가 입력되고 첫 번째 SeparableConv2D에 의해 각 채널별로 (3,3) 커널을 적용하므로 126×126픽셀로 줄어든다. 이 (126,126,3)에 (1,1) 2D convolution을 적용한 후, ReLU 함수를 통과하면 (126,126,1) 텐서가 된다. 32개의 노드가 있으므로 첫 번째 SeparableConv2D 층의 출력은 표본당 (126,126,32) 3D텐서가 된다. 첫 번째 SeparableConv2D 층의 모수를 계산하여 보자. 채널별로 (3,3) 커널이 적용되므로 총 27개의 모수가 필요하고 3개의 채널에 (1,1) 2D convolution이 적용되므로 3개의 모수와 1개의 bias가 필요하여 4개의 모수가 있다. 32개의 노드는 오직 32개의 (1,1) 2D convolution에만 적용되므로 (128,128,3) 3D텐서에서 (126,126,32) 3D텐서로 전환하기 위해 필요한 모수는 27+(3+1)×32=155개가 된다. 만약 보통의 Conv2D(32,3)을 적용하면 필요모수는 (27+1)×32=896개가 필요하다. 이런 관점에서 볼 때 SeparableConv2D는 모수의 수를 획기적으로 줄이는 convolution이다. 그러므로 Separable convolution은 보통의 convolution에 비해 계산 속도를 획기적으로 줄여주고 공간정보와 채널정보를 동시에 추출하는 매우 유용한 convolution이라고 할 수 있다.

두 번째 SeparableConv2D도 동일하게 작동하며 필요모수는 25×32+(32+1)×64=2,912개이다. GlobalAveragePooling2D는 (122,122,64)에 적용되고 (64,)를 출력하므로 채널별로 평균값을 계산하여 출력하게 된다.

9장

CNN 아키텍처의 진화과정

딥러닝 모형은 은닉층이 많을수록 고수준 대표성(high-level representation)을 가진 특성변수를 만들지만, 추정해야 할 모수의 수가 기하급수적으로 증가하여 수렴 속도가 늦어질 뿐만 아니라 미분 사라짐(gradient vanishing) 또는 미분 폭발(gradient exploding) 현상이 일어나 모형 자체가 무너질 수 있다.

완전연결(fully connected) 모형인 MLP나 timestep별로 완전연결하는 RNN은 은닉층이 증가함에 따라 노드수를 상수로 하거나 감소시키면 모형의 성능이 잘 유지되는 것으로 알려져 있다. 그러나 이미지 데이터를 처리하는 CNN은 부분연결(locally connected) 모형으로 은닉층의 개수, 노드수, 커널의 크기, stride, pooling 층의 사용여부 등에 따라 모형의 성능이 크게 다르게 된다. CNN 아키텍처에서 이러한 초모수의 선택은 try and error에 의해서 결정되지만, 대표적 CNN 아키텍처에 대한 선행연구의 깊이 있는 논의는 초모수 결정에 대한 좋은 지침을 제공한다. 1998년에 발표된 LeNet-5, 2012년에 발표된 AlexNet, 2014년에 발표된 VGGNet과 Inception, 그리고 2015년에 발표된 ResNet을 통해 CNN 모형의 기본구조를 살펴본 후, 이 모형을 기반으로 이후의 CNN모형들이 어떻게 진화하고 있는지를 논의하여 최적의 딥러닝 모형을 설계할 수 있는 길잡이를 제공하고자 한다. 이들 연구들의 개선 방향을 종합하면 은닉층은 깊고 넓어지지만 가벼운 모형(즉, 추정해야 할 모수 수는 감소하는 모형)을 추구하고 있다.

CNN을 이용한 이미지 분류 문제에 대한 기본구조는 아래 그림과 같다.

그림 9-1 이미지 분류를 위한 CNN의 기본구조

<그림 9-1>에서 CNN 블록은 2개 이상의 CNN과 pooling 층의 반복을 의미하고 FC층은 MLP 층을 말한다.

9.1 LeNet-5

LeNet-5는 1998년에 발표된(Lecun et al.) 모형으로 다음 그림과 같은 구조를 가진 CNN 모형이다.

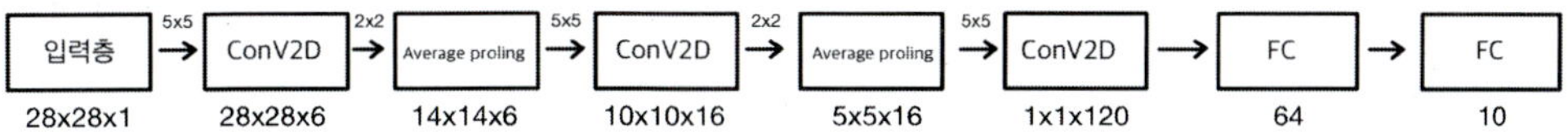

그림 9-2 LeNet-6의 구조

<그림 9-2>에서 볼 수 있듯이 LeNet-5는 5개의 모수층(pooling 층은 모수가 없음)으로 구성되어 있으며 입력층에 $28 \times 28 \times 1$ 3D텐서인 흑백 이미지가 입력된 경우를 가정하고 있다. Lenet의 은닉층은 conv2D-Average pooling 쌍이 2번 반복된 후, 2D convolution 층과 FC(fully connected, 64개의 노드)로 구성되어 있으며 출력층은 10개의 범주를 분류하는 것을 가정하고 있다. 이 LeNet-5를 mnist 데이터에 적용하기 위해 아래와 같이 데이터의 사전정리과정을 통해 x_train을 4D텐서로 수정하고 to_categorical 함수로 목적변수 y를 one-hot encoding하였다.

```
from tensorflow.keras.datasets import mnist
from tensorflow.keras.utils import to_categorical, plot_model

(X_train, y_train), (X_test, y_test) = mnist.load_data()
mean = np.mean(X_train)
std = np.std(X_train)
X_train = (X_train-mean)/(std)
X_test = (X_test-mean)/(std)
num_classes = 10
y_train = to_categorical(y_train, num_classes)
y_test = to_categorical(y_test, num_classes)

img_rows, img_cols = 28, 28
```

```
X_train = X_train.reshape(X_train.shape[0], img_rows, img_cols, 1)
X_test = X_test.reshape(X_test.shape[0], img_rows, img_cols, 1)

print('x_train shape:', X_train.shape)
```

```
x_train shape: (60000, 28, 28, 1)
```

<그림 9-2>의 LeNet-5의 실행코드는 다음과 같다. LeNet-5가 발표될 당시에는 ReLU 활성함수가 발표되지 않아 tanh를 활성함수로 사용하고 있다.

```
from tensorflow.keras.models import Sequential
from tensorflow.keras.layers import Conv2D, AveragePooling2D, Flatten, Dense
from tensorflow.keras.callbacks import ModelCheckpoint, LearningRateScheduler

model = Sequential()
model.add(Conv2D(6, kernel_size=(5, 5), activation='tanh', input_shape=input_shape,
                 padding='same'))
model.add(AveragePooling2D(pool_size=(2, 2), strides=2, padding='valid'))
model.add(Conv2D(16, 5, activation='tanh'))
model.add(AveragePooling2D(2))
model.add(Conv2D(120, 5, activation='tanh'))
model.add(Flatten())
model.add(Dense(64, activation='tanh'))
model.add(Dense(10, activation='softmax'))

model.summary()
```

Model: "sequential"

Layer (type)	Output Shape	Param #
conv2d (Conv2D)	(None, 28, 28, 6)	156
average_pooling2d (AveragePo	(None, 14, 14, 6)	0
conv2d_1 (Conv2D)	(None, 10, 10, 16)	2416
average_pooling2d_1 (Average	(None, 5, 5, 16)	0
conv2d_2 (Conv2D)	(None, 1, 1, 120)	48120

```
flatten (Flatten)            (None, 120)        0
_________________________________________________________________
dense (Dense)                (None, 64)         7744
_________________________________________________________________
dense_1 (Dense)              (None, 10)         650
=================================================================
Total params: 59,086
Trainable params: 59,086
Non-trainable params: 0
_________________________________________________________________
```

LeNet-5의 은닉층이 깊어짐에 따라 pixel의 크기는 줄이고 노드수는 늘리는 것이 가장 눈에 띄는 LeNet-5의 구조이다. 이러한 구조는 이후의 모든 CNN 모형에서 공통적으로 사용하고 있다. LeNet-5에서는 다음과 같이 epoch이 증가함에 따라 학습률을 조절하여 callbacks에 반영하였으며 accuracy는 99%로 매우 우수한 성능을 보여주고 있다. mnist 데이터가 흑백이미지이고 0 ~ 9까지 10개의 숫자를 분류하는 비교적 간단한 실행과제이기 때문이다.

```
model.compile(loss='categorical_crossentropy', optimizer='adam', metrics=['accuracy'])

def lr_schedule(epoch):
    if epoch <= 2:
        lr = 5e-4
    elif epoch > 2 and epoch <= 5:
        lr = 2e-4
    elif epoch > 5 and epoch <= 9:
        lr = 5e-5
    else:
        lr = 1e-5
    return lr

lr_scheduler = LearningRateScheduler(lr_schedule)
checkpointer = ModelCheckpoint(filepath='model.weights.best.hdf5', verbose=1)
hist = model.fit(X_train, y_train, batch_size=32, epochs=20,
                 validation_data=(X_test, y_test), callbacks=[checkpointer, lr_scheduler])
```

```
Epoch 19/20
1875/1875 [==========] - loss: 0.0122 - accuracy: 0.9975 - val_loss: 0.0295 - val_accuracy: 0.9901

Epoch 00019: saving model to model.weights.best.hdf5
```

```
Epoch 20/20
1875/1875 [======] - loss: 0.0114 - accuracy: 0.9973 - val_loss: 0.0296 - val_accuracy: 0.9903

Epoch 00020: saving model to model.weights.best.hdf5
```

LeNet-5의 성능에 좀 더 복잡한 과제인 cifar10을 적용하기 위해 다음과 같이 cifar10 데이터를 호출하고 표준화하였다. cifar10의 각 이미지는 (32,32,3) 3D 컬러 이미지이며 10개의 클래스로 구성되어 있으며 구체적인 이미지는 아래와 같이 볼 수 있다.

```
from tensorflow.keras.datasets import cifar10
import numpy as np
from tensorflow.keras.utils import to_categorical, plot_model
(x_train,y_train),(x_test,y_test)=cifar10.load_data()
print(x_train.shape,x_test.shape)
print(y_train.shape,y_test.shape)
print(np.unique(y_train))

mean = np.mean(x_train)
std = np.std(x_train)
x_train = (x_train-mean)/(std)
x_test = (x_test-mean)/(std)

num_classes = 10

y_train = to_categorical(y_train, num_classes)
y_test = to_categorical(y_test, num_classes)
```

```
(50000, 32, 32, 3) (10000, 32, 32, 3)
(50000, 1) (10000, 1)
[0 1 2 3 4 5 6 7 8 9]
```

```
import numpy as np
import matplotlib.pyplot as plt
indices=np.random.randint(0,x_train.shape[0],size=25)
```

```
images=x_train[indices]
labels=y_train[indices]
# 4개 표본 그림그리기
plt.figure(figsize=(5,5))
for i in range(len(indices)):
    plt.subplot(5,5,i+1)
    image=images[i]
    plt.imshow(image)
    plt.grid('off')
plt.show()
```

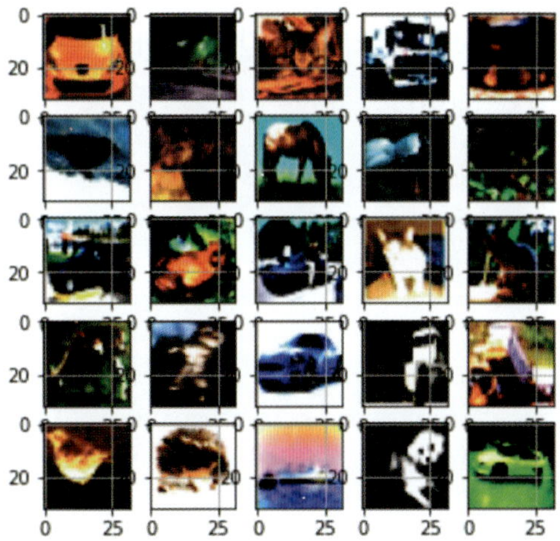

cifar10에 적용한 LeNet-5 실행코드는 아래와 같이 minist와 동일하며, mnist의 학습률 조절을 포함하여 compile이 동일하므로 생략한다. 총모수의 개수는 82,426개임을 보여주고 있다. 참고로 CNN 층의 출력은 입력된 텐서의 픽셀의 크기, 커널 크기, stride, 그리고 padding 수에 의해 결정되며 다음과 같이 출력 width가 계산된다. 물론 출력 height도 동일하게 계산된다.

$$출력\,width = [\frac{입력\,width + padding\,수 - 커널크기}{stride}] + 1$$

여기에서 커널과 stride의 크기는 width에 해당하는 크기이며, 예를 들어 stride=(3,2)이면 stride=2가 된다. 또한 [ ]은 integer operator이다. 2번째 층인 Average

Pooling2D를 적용해보면 첫 번째 층의 출력이 (32,32,6)이고 두 번째 층의 pooling_size=(2,2), strides=2이므로 출력 width와 height는 동일한 값을 가지게 된다. 즉,

$$[\frac{32+0-2}{2}]+1=16$$

이므로 (16,16,6) 3D텐서를 출력하게 된다.

학습 결과만 제시하면 50번의 epoch에도 불구하고 accuracy가 약 54%로 나타나, 복잡한 과제에 비해 LeNet-5의 은닉층이 깊지 않아 고수준 대표성을 가진 특성변수를 만들지 못한 것으로 보인다.

```
from tensorflow.keras.models import Sequential
from tensorflow.keras.layers import Conv2D, AveragePooling2D, Flatten, Dense

model = Sequential()
model.add(Conv2D(6, 5, activation='tanh', input_shape=(32,32,3), padding='same'))
model.add(AveragePooling2D(2))
model.add(Conv2D(16, 5, activation='tanh'))
model.add(AveragePooling2D(2))
model.add(Conv2D(120, 5, activation='tanh'))
model.add(Flatten())
model.add(Dense(64, activation='tanh'))
model.add(Dense(10, activation='softmax'))

model.summary()
```

```
Model: "sequential_1"
_________________________________________________________________
Layer (type)                 Output Shape              Param #
=================================================================
conv2d_3 (Conv2D)            (None, 32, 32, 6)         456
_________________________________________________________________
average_pooling2d_2 (Average (None, 16, 16, 6)         0
_________________________________________________________________
conv2d_4 (Conv2D)            (None, 12, 12, 16)        2416
_________________________________________________________________
average_pooling2d_3 (Average (None, 6, 6, 16)          0
_________________________________________________________________
```

conv2d_5 (Conv2D)	(None, 2, 2, 120)	48120
flatten_1 (Flatten)	(None, 480)	0
dense_2 (Dense)	(None, 64)	30784
dense_3 (Dense)	(None, 10)	650

Total params: 82,426
Trainable params: 82,426
Non-trainable params: 0

9.2 AlexNet

2012년에 발표된 AlexNet(Krizhevsky et al.(2012))은 LeNet-5의 약점을 보완하기 위해 Maxpooling, dropout, ReLU 활성함수, 배치정규화(batch normalization)를 도입하였다. ReLU 활성함수는 tanh나 sigmoid 활성함수의 미분사라짐 현상을 방지하고, dropout는 노드 간의 독립성을 확보하기 위해 임의로 노드를 drop하여 Fully connected 층에 반영하고, 배치정규화는 층간(between layers) 의존성을 최소화하여 층간 학습의 독립성을 강화하고(사실, 현재의 배치정규화를 도입한 것이 아니라 개념적으로 비슷한 local response normalization을 도입함), 과대적합을 방지하기 위해 L2 규제화를 도입하였다.

AlexNet은 (227,227,3) 3D텐서를 입력하여 5개의 CNN 그룹과 2개의 Fully connected 층 그룹으로 구성되어 총 추정모수 수가 62,383,848개인 것을 아래 프로그램에서 볼 수 있다.

```
from tensorflow.keras.models import Sequential
from tensorflow.keras.layers import Conv2D, Flatten, Dense, Activation, MaxPool2D,
BatchNormalization, Dropout
from tensorflow.keras.regularizers import l2
from tensorflow.keras.utils import to_categorical, plot_model

model = Sequential(name="Alexnet")

model.add(Conv2D(filters= 96, kernel_size= (11,11), strides=(4,4), padding='valid',
                 kernel_regularizer=l2(0.0005),input_shape = (227,227,3)))
model.add(Activation('relu'))
model.add(MaxPool2D(pool_size=(3,3), strides= (2,2), padding='valid'))
model.add(BatchNormalization())

model.add(Conv2D(filters=256, kernel_size=(5,5), strides=(1,1), padding='same',
                 kernel_regularizer=l2(0.0005)))
model.add(Activation('relu'))
model.add(MaxPool2D(pool_size=(3,3), strides=(2,2), padding='valid'))
model.add(BatchNormalization())

model.add(Conv2D(filters=384, kernel_size=(3,3), strides=(1,1), padding='same',
                 kernel_regularizer=l2(0.0005)))
model.add(Activation('relu'))
model.add(BatchNormalization())

model.add(Conv2D(filters=384, kernel_size=(3,3), strides=(1,1), padding='same',
                 kernel_regularizer=l2(0.0005)))
model.add(Activation('relu'))
model.add(BatchNormalization())

model.add(Conv2D(filters=256, kernel_size=(3,3), strides=(1,1), padding='same',
                 kernel_regularizer=l2(0.0005)))
model.add(Activation('relu'))
model.add(BatchNormalization())
model.add(MaxPool2D(pool_size=(3,3), strides=(2,2), padding='valid'))

model.add(Flatten())

model.add(Dense(units = 4096, activation = 'relu'))
model.add(Dropout(0.5))

model.add(Dense(units = 4096, activation = 'relu'))
model.add(Dropout(0.5))
```

```
model.add(Dense(units = 1000, activation = 'softmax'))

model.summary()
```

```
Total params: 62,383,848
Trainable params: 62,381,096
Non-trainable params: 2,752
```

LeNet-5 모형과 비교를 위해 cifar10 데이터를 AlexNet에 적용할 수 있도록 원래의 AlexNet을 약간 변형하고자 한다. cifar10 입력텐서가 (32,32,3)이므로 픽셀의 크기를 줄일 때 1보다 작은 픽셀이 발생하는 오류를 방지하기 위해, 첫 번째 Conv2D에서 padding='same'으로 변경하였고 MaxPool2D에서 padding='same'으로 변경하였다. LeNet-5에서 정의한 cifar10 데이터를 학습한 결과는 아래와 같이 accuracy가 62.56%로 LeNet-5보다 우수한 것으로 나타났다. 원래의 ImageNet 데이터 대신 cifar10 데이터를 AlexNet에 적용했기 때문에 전형적인 과대적합이 발생하고 있다. CNN 아키텍처를 구성하는 초모수는 적용하는 데이터에 크게 의존하기 때문이다.

```
from tensorflow.keras.callbacks import ReduceLROnPlateau

lr_scheduler=ReduceLROnPlateau(monitor='val_loss', factor=np.sqrt(0.1))
model.compile(loss='categorical_crossentropy', optimizer='SGD', metrics=['accuracy'])
hist = model.fit(x_train, y_train, batch_size=128, epochs=50,
          validation_data=(x_test, y_test), callbacks=[lr_scheduler])
```

```
Epoch 49/50
391/391 [======] - loss: 0.5053 - accuracy: 0.8929 - val_loss: 1.7390 - val_accuracy: 0.6237
Epoch 50/50
391/391 [======] - loss: 0.5080 - accuracy: 0.8907 - val_loss: 1.7484 - val_accuracy: 0.6256
```

9.3 VGGNet

AlexNet은 computer vision에 CNN을 본격적으로 사용하는 계기가 되었지만 $11\times11, 5\times5, 3\times3$ 등의 convolution 커널 크기를 결정하는 것은 수많은 try and error를 통해 결정되는 초모수이다. 이러한 커널 크기의 선택 문제를 해결한 CNN 아키텍처가 2014년에 발표된 VGGNet(Simonyand & Zisserman, 2014)이다. VGGNet은 모든 convolution의 커널 크기를 3×3로 통일하였고 Pooling 층의 커널 크기도 2×2로 통일하여 CNN 아키텍처를 구성하였다.

이미 언급했듯이 커널 크기가 작을수록 입력데이터의 세밀한 특성을 잘 찾아내고 커널 크기가 클수록 입력데이터의 선, 점, 등고선 등과 같은 추상적 특성을 잘 찾아내는 경향이 있다. LeNet-5나 AlexNet에서는 추상적 특성을 추출하기 위해 각각 5×5 kernel과 11×11 kernel을 사용한 것을 9.1절과 9.2절에서 확인할 수 있다. kernel의 크기가 클수록 추상적 특성을 추출하는 데 유리하지만 추정해야 할 모수가 많아지므로 VGGNet은 두 개의 3×3 커널을 연속으로 적용하여 추상적 특성을 추출할 수 있다는 것을 보여주었다. 예를 들어, (32,32,3) 3D텐서가 입력되었을 때, 2개의 연속적인 3×3 커널을 가진 10개의 노드는 $(3\times3\times3+1)\times10\times2=560$개의 모수가 필요하지만 5×5 커널을 가진 10개의 노드는 $(5\times5\times3+1)\times10=760$개의 모수가 소요된다.

VGGNet의 기본구조는 AlexNet과 동일하게 은닉층이 FC(Fully connected) 층에 가까워질수록 픽셀의 크기를 줄이고 채널은 증가시킨 튜브 형태를 따르고 있다. 아래 VGGNet 실행코드에서 볼 수 있듯이 5개의 convolution block과 1개의 FC block으로 연결되어 모수층이 모두 16개로 구성되어 있다. 이런 이유로 이 모형을 VGG16이라고 한다. VGG16의 입력 텐서는 원래 (224,224,3)이지만 (32,32,3) 3D 텐서인 cifar10을 적용하므로, 5번째 convolution block을 제외하였다. 아래 프로그램과 같이 은닉층은 더 깊어졌으나 총 모수는 677,722개로 AlexNet의 모수수

716,106개보다 줄어들었음을 볼 수 있다.

```
from tensorflow.keras.models import Sequential
from tensorflow.keras.layers import *
from tensorflow.keras.utils import to_categorical, plot_model

from tensorflow.keras.datasets import cifar10
import numpy as np
(x_train,y_train),(x_test,y_test)=cifar10.load_data()

x_train = x_train/255.
x_test = x_test/255.

num_classes = 10

y_train = to_categorical(y_train, num_classes)
y_test = to_categorical(y_test, num_classes)
```

```
model = Sequential()

# first block
model.add(Conv2D(filters=16, kernel_size=3, activation='relu', padding='same' ,input_shape=(32,32, 3)))
model.add(Conv2D(filters=16, kernel_size=3, activation='relu', padding='same'))
model.add(MaxPooling2D(2))

# second block
model.add(Conv2D(32, 3, activation='relu', padding='same'))
model.add(Conv2D(32, 3, activation='relu', padding='same'))
model.add(MaxPooling2D(2))

# third block
model.add(Conv2D(64, 3, activation='relu', padding='same'))
model.add(Conv2D(64, 3, activation='relu', padding='same'))
model.add(Conv2D(64, 3, activation='relu', padding='same'))
model.add(MaxPooling2D(2))

# forth block
model.add(Conv2D(128, 3, activation='relu', padding='same'))
model.add(Conv2D(128, 3, activation='relu', padding='same'))
```

```
model.add(Conv2D(128, 3, activation='relu', padding='same'))
model.add(MaxPooling2D(2))

# fifth block
#model.add(Conv2D(512, 3, activation='relu', padding='same'))
#model.add(Conv2D(512, 3, activation='relu', padding='same'))
#model.add(Conv2D(512, 3, activation='relu', padding='same'))
#model.add(MaxPooling2D(2))

# sixth block (classifier)
model.add(Flatten())
model.add(Dense(256, activation='relu'))
model.add(Dropout(0.5))
model.add(Dense(256, activation='relu'))
model.add(Dropout(0.5))
model.add(Dense(10, activation='softmax'))
model.summary()
```

```
Total params: 677,722
Trainable params: 677,722
Non-trainable params: 0
```

위 프로그램에서 볼 수 있듯이 Conv2D는 모두 동일한 3×3 커널을 적용하고 있으며 MaxPool2D는 모두 2×2 커널과 strides=(2,2)를 적용한 것을 확인할 수 있다. 아래의 출력에서 볼 수 있듯이 VGG16은 매 10번의 epoch 동안 val_loss가 줄어들지 않으면 $\sqrt{0.1}$ 배씩 학습률을 줄이는 스케줄을 적용하고 있다. 비록 과대적합이 발생했으나 성능은 74.38%로 모수가 많은 AlexNet보다 우수한 것으로 나타났다.

```
from tensorflow.keras.callbacks import ReduceLROnPlateau

lr_scheduler=ReduceLROnPlateau(monitor='val_loss', factor=np.sqrt(0.1))
model.compile(loss='categorical_crossentropy', optimizer='adam', metrics=['accuracy'])
hist = model.fit(x_train, y_train, batch_size=128, epochs=50,
          validation_data=(x_test, y_test), callbacks=[lr_scheduler])
```

```
Epoch 37/50
391/391 [======] - loss: 0.0024 - accuracy: 0.9994 - val_loss: 2.9868 - val_accuracy: 0.7441
Epoch 38/50
391/391 [======] - loss: 0.0068 - accuracy: 0.9981 - val_loss: 2.9422 - val_accuracy: 0.7438
```

9.4 ResNet

ResNet의 가장 큰 특징은 은닉층을 차례대로 연결한 전통적인 딥러닝 아키텍처에 하위 은닉층에서 이어지는 은닉층을 건너뛰어서 직접 상위 은닉층에 연결하는 지름길층(shortcut layer)을 추가한 것이다. 딥러닝에서 은닉층의 깊이가 깊어질수록 고수준 대표성을 가진 특성변수를 만들어 낼 수 있지만, 모수를 update하기 위한 backpropagation 과정에서 입력층에 가까운 초기 은닉층의 모수는 소위 미분사라짐(gradient vanishing) 현상 때문에 초기 은닉층의 모수를 update하지 못하게 되어 모형 전체가 무너지는 현상이 발생한다. 이러한 문제의 해결책이 ResNet의 지름길층이며 이 지름길층 덕분에 딥러닝 모형의 깊이가 더욱더 깊어질 수 있게 되었다. 지름길층이 하위 은닉층에서 상위 은닉층으로 직접 연결되어 상위 은닉층에서 중간 은닉층을 거치지 않고 하위 은닉층에 바로 backpropagation을 적용할 수 있기 때문이다.

<그림 9-3>과 같이 ResNet의 모듈은 CNN 층과 지름길층을 합산한 후, 활성함수 ReLU로 비선형 변환하는 구조를 가지고 있다. 각 CNN 층은 convolution+Batch normalization+ReLU(ConV+BN+RE)로 구성되어 있으며 1×1 ConV는 stride=2를 사용하여 픽셀의 크기를 $\frac{1}{2}$로 줄이는 역할을 하게 된다. 1×1 ConV는 노드의 증가에 따른 모수 수를 줄이기 위해 일반적으로 사용한다. 예를 들어, (32,32,200) 3D텐서가 입력되었을 때 32개의 5×5 커널을 적용하면 (32,32,32) 3D텐서가 출력된다. 이때 소요되는 모수는

$$(5\times5\times200+1)\times32=160{,}032$$

가 된다. 한편, (32,32,200)에 1×1 커널 16개를 적용한 후, 출력인 (32,32,16)에 5×5 커널 32개를 적용하면 (32,32,32) 3D텐서를 출력하게 된다. 이 경우, 총모수의 수는

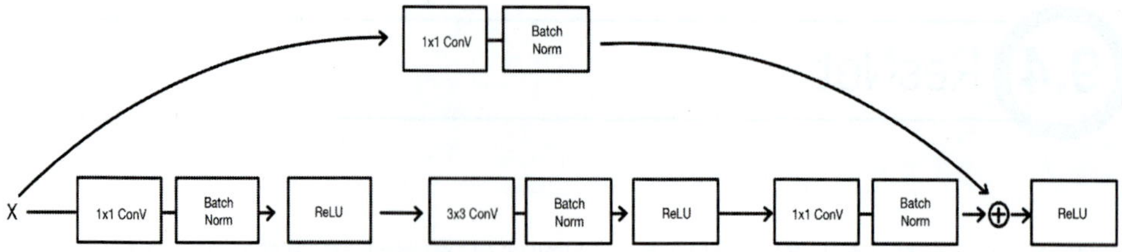

그림 9-3 ResNet 모듈의 구조

$$(1\times1\times200+1)\times16+(5\times5\times16+1)\times32=16,032$$

가 되어 모수의 수가 $\frac{1}{10}$ 수준으로 줄어들게 된다. 즉, 1×1 커널을 이용하여 노드수를 줄인 후 원래의 커널과 노드수를 적용하면 추정해야 할 모수를 많이 줄일 수 있다. 이러한 의미에서 작은 수의 노드를 가진 1×1 커널층을 병목층(bottleneck layer)이라고 한다. ResNet의 특징을 요약하면 자름길층을 도입하여 딥러닝 모형을 깊게 설계할 수 있도록 하였고 1×1 convolution 커널로 모수 수를 줄였고 각 covolution 층을 ConV+BN+RE로 블록화하여 미분사라짐과 미분폭발현상을 방지하는 장치를 도입하였다.

지름길층은 <그림 9-3>과 다르게 1×1 ConV와 Batch Norm 없이 ⊕로 직접 연결해도 된다. 다음의 residual_block 함수는 ResNet의 모듈을 정의하고 있다.

```
def residual_block(X, f, filters, stage, block, reduce=False, s=2):

    conv_name_base = 'res' + str(stage) + block + '_branch'
    bn_name_base = 'bn' + str(stage) + block + '_branch'

    F1, F2, F3 = filters

    X_shortcut = X

    if reduce:
        X = Conv2D(filters = F1, kernel_size = (1, 1), strides = (s,s), padding = 'valid',
                   name = conv_name_base + '2a', kernel_initializer =
                   glorot_uniform(seed=0))(X)
```

```
        X = BatchNormalization(axis = 3, name = bn_name_base + '2a')(X)
        X = Activation('relu')(X)

        X_shortcut = Conv2D(filters = F3, kernel_size = (1, 1), strides = (s,s), padding = 'valid',
                    name = conv_name_base + '1', kernel_initializer =
                    glorot_uniform(seed=0))(X_shortcut)
        X_shortcut = BatchNormalization(axis = 3, name = bn_name_base +
                     '1')(X_shortcut)
    else:
        X = Conv2D(filters = F1, kernel_size = (1, 1), strides = (1,1), padding = 'valid',
                     name = conv_name_base + '2a', kernel_initializer =
                     glorot_uniform(seed=0))(X)
        X = BatchNormalization(axis = 3, name = bn_name_base + '2a')(X)
        X = Activation('relu')(X)


    X = Conv2D(filters = F2, kernel_size = (f, f), strides = (1,1), padding = 'same',
                name = conv_name_base + '2b', kernel_initializer =
                glorot_uniform(seed=0))(X)
    X = BatchNormalization(axis = 3, name = bn_name_base + '2b')(X)
    X = Activation('relu')(X)


    X = Conv2D(filters = F3, kernel_size = (1, 1), strides = (1,1), padding = 'valid',
                name = conv_name_base + '2c', kernel_initializer =
                glorot_uniform(seed=0))(X)
    X = BatchNormalization(axis = 3, name = bn_name_base + '2c')(X)

    X = Add()([X, X_shortcut])
    X = Activation('relu')(X)

    return X
```

위 residual_block에서 reduce=True이면 CNN 층을 통과시켜 픽셀크기를 줄인 지름길층을 정의하고, reduce=False이면 지름길층을 직접 Add( )에 연결한다. 다음은 ResNet의 실행코드로, 원래의 ResNet50과 비교하여 9개의 추가적인 residual_block을 생략한 25개의 모수층이라는 의미인 ResNet25이다.

```
def ResNet25(input_shape, classes):

    X_input = Input(input_shape)

    # Stage 1
    X = Conv2D(64, (7, 7), strides=(2, 2), name='conv1',
                kernel_initializer=glorot_uniform(seed=0))(X_input)
    X = BatchNormalization(axis=3, name='bn_conv1')(X)
    X = Activation('relu')(X)
    X = MaxPooling2D((3, 3), strides=(2, 2))(X)

    # Stage 2
    X = residual_block(X, 3, [64, 64, 256], stage=2, block='a', reduce=True, s=1)
    X = residual_block(X, 3, [64, 64, 256], stage=2, block='b')
    X = residual_block(X, 3, [64, 64, 256], stage=2, block='c')

    # Stage 3
    X = residual_block(X, 3, [128, 128, 512], stage=3, block='a', reduce=True, s=2)
    X = residual_block(X, 3, [128, 128, 512], stage=3, block='b')
    X = residual_block(X, 3, [128, 128, 512], stage=3, block='c')
    X = residual_block(X, 3, [128, 128, 512], stage=3, block='d')

    X = AveragePooling2D((1,1), name="avg_pool")(X)

    # output layer
    X = Flatten()(X)
    X = Dropout(0.5)(X)
    X = Dense(classes, activation='softmax', name='fc' + str(classes),
              kernel_initializer = glorot_uniform(seed=0))(X)

    model = Model(inputs = X_input, outputs = X, name='ResNet50')

    return model
```

다음은 cifar10 데이터에 ResNet25를 학습시킨 결과이다. 비록 과대적합되었지만 accuracy가 0.7678로 VGGNet 모형보다 우수한 것으로 나타났다.

```
from tensorflow.keras.callbacks import ReduceLROnPlateau
```

```
model = ResNet25(input_shape = (32, 32, 3), classes = 10)

lr_scheduler=ReduceLROnPlateau(monitor='val_loss', factor=np.sqrt(0.1), patience=5)
model.compile(loss='categorical_crossentropy', optimizer='adam', metrics=['accuracy'])

hist = model.fit(x_train, y_train, batch_size=128, epochs=50,
          validation_data=(x_test, y_test), callbacks=[lr_scheduler])
```

```
Epoch 49/50
391/391 [==========]- loss: 0.0010 - accuracy: 0.9997 - val_loss: 2.2900 - val_accuracy: 0.7673
Epoch 50/50
391/391 [==========]- loss: 0.0011 - accuracy: 0.9997 - val_loss: 2.3055 - val_accuracy: 0.7678
```

9.5 Inception

은닉층을 계속 쌓아 딥러닝 모형을 깊게 하면 모형의 성능은 좋아지지만 가장 큰 문제는 backpropagation 과정에서 발생하는 미분사라짐(gradient vanishing)이나 미분폭발(gradient exploding) 현상의 발생이다. 이러한 문제는 2015년부터 도입된 batch normalization과 ResNet의 지름길층으로 상당부분 해소되었다. 그러나 딥러닝 모형이 깊어질수록 모형이 학습(learning)하는 것이 아니라, 잡음(noise)마저 기억(memorizing)하는 과대적합(overfitting) 문제가 발생하게 된다. 물론 dropout이나 모수규제화로 잡음을 추가하여 과대적합을 일부분 해소할 수 있지만 근본적인 해결책은 아니다. 하나의 해결책으로 제시된 모형이 Inception 모형으로, 딥러닝 모형을 깊게 설계하는 대신 병렬형(parallel)으로 설계하는 것이 핵심적인 특징이다.

Szegedy et al. (2014)에 의해 발표된 Inception은 AlexNet에서 사용한 3×3, 5×5, 11×11 등의 커널을 병렬식(parallel)으로 연결하여 이 covolution 커널을 모두 사용한다는 점에서 VGGNet과 차별화된다. Inception은 1×1 커널을 추가하여 채널 정보를 학습하게 하였으며 동시에 1×1 커널로 노드의 증가에 따른 모수 수

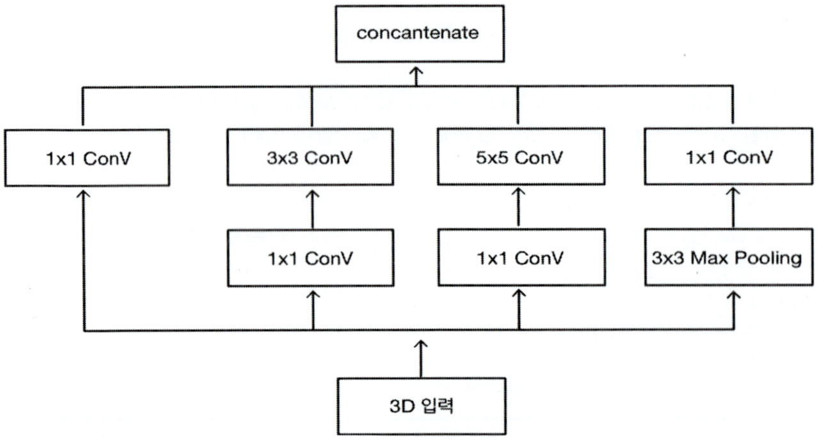

그림 9-4 Inception 모듈의 구조

의 증가를 억제하였다. <그림 9-4>는 Inception 모듈을 보여주고 있으며 1×1 커널 층을 이용하여 모수 수를 줄여주고 있는 것을 볼 수 있다. 추가적으로 병렬식 covolution 층을 concatenate하여 노드수를 증가시키는 효과도 보여주고 있다.

아래 프로그램은 Inception 모듈 함수를 정의하고 있다.

```
def inception_module(x, filters_1x1, filters_3x3_reduce, filters_3x3, filters_5x5_reduce,
                     filters_5x5, filters_pool_proj, name=None):

    conv_1x1 = Conv2D(filters_1x1, (1, 1), padding='same', activation='relu',
                      kernel_initializer=kernel_init, bias_initializer=bias_init)(x)

    conv_3x3 = Conv2D(filters_3x3_reduce, (1, 1), padding='same', activation='relu',
                      kernel_initializer=kernel_init, bias_initializer=bias_init)(x)
    conv_3x3 = Conv2D(filters_3x3, (3, 3), padding='same', activation='relu',
                      kernel_initializer=kernel_init, bias_initializer=bias_init)(conv_3x3)

    conv_5x5 = Conv2D(filters_5x5_reduce, (1, 1), padding='same', activation='relu',
                      kernel_initializer=kernel_init, bias_initializer=bias_init)(x)
    conv_5x5 = Conv2D(filters_5x5, (5, 5), padding='same', activation='relu',
                      kernel_initializer=kernel_init, bias_initializer=bias_init)(conv_5x5)

    pool_proj = MaxPool2D((3, 3), strides=(1, 1), padding='same')(x)
    pool_proj = Conv2D(filters_pool_proj, (1, 1), padding='same', activation='relu',
```

```
                    kernel_initializer=kernel_init, bias_initializer=bias_init)(pool_proj)
    output = concatenate([conv_1x1, conv_3x3, conv_5x5, pool_proj], axis=3, name=name)

    return output
```

Inception 실행코드는 아래와 같다. 즉 CNN 층 → Inception_module → Inception_module → MaxPooling → Inception_module → FC 층으로 구성되어 있다. 물론 원래의 Inception 모형은 FC층 이전에 Inception_module → Inception_module → MaxPooling을 두 번 더 반복하였지만 여기에서는 입력데이터의 크기가 작아 포함시키지 않았다. 모수의 초기치는 glorot uniform을 사용하였고 bias의 초기치는 0.2를 부여한 것을 볼 수 있다.

```
kernel_init = tf.keras.initializers.glorot_uniform()
bias_init = tf.keras.initializers.Constant(value=0.2)
```

```
input_layer = Input(shape=(32, 32, 3))

x = Conv2D(64, (7, 7), padding='same', strides=(2, 2), activation='relu',
           name='conv_1_7x7/2', kernel_initializer=kernel_init,
           bias_initializer=bias_init)(input_layer)
x = MaxPool2D((3, 3), padding='same', strides=(2, 2), name='max_pool_1_3x3/2')(x)
x = Conv2D(192, (3, 3), padding='same', strides=(1, 1), activation='relu',
           name='conv_2b_3x3/1')(x)
x = MaxPool2D((3, 3), padding='same', strides=(2, 2), name='max_pool_2_3x3/2')(x)

x = inception_module(x, filters_1x1=64, filters_3x3_reduce=96, filters_3x3=128,
                     filters_5x5_reduce=16, filters_5x5=32, filters_pool_proj=32,
                     name='inception_3a')

x = inception_module(x, filters_1x1=128, filters_3x3_reduce=128, filters_3x3=192,
                     filters_5x5_reduce=32, filters_5x5=96, filters_pool_proj=64,
                     name='inception_3b')
```

```
x = MaxPool2D((3, 3), padding='same', strides=(2, 2), name='max_pool_3_3x3/2')(x)

x = inception_module(x, filters_1x1=192, filters_3x3_reduce=96, filters_3x3=208,
                     filters_5x5_reduce=16, filters_5x5=48, filters_pool_proj=64,
                     name='inception_4a')

classifier_1 = AveragePooling2D((2, 2), strides=2)(x)
classifier_1 = Conv2D(128, (1, 1), padding='same', activation='relu')(classifier_1)
classifier_1 = Flatten()(classifier_1)
classifier_1 = Dense(128, activation='relu')(classifier_1)
classifier_1 = Dropout(0.5)(classifier_1)
classifier_1 = Dense(10, activation='softmax', name='auxilliary_output_1')(classifier_1)

model = Model(input_layer, classifier_1, name='googlenet')
```

총 모수의 수는 1,132,330개이고 아래와 같이 학습률의 스케줄로(즉, 매 8개의 epoch마다 학습률을 4%씩 감소) 학습시키면 약 73.23%의 accuracy로 VGGNet과 거의 같은 성능을 보여주고 있다. 비록 cifar10 데이터에 적용한 Inception 모형이 VGGNet보다 모수도 많고 성능 또한 우수하지 않지만, 원래의 Inception 모형은 총 22개의 모수 층으로 구성되어 VGGNet보다 더 깊은 은닉층을 가지고 있고 병목층 덕분에 VGGNet보다 모수 수도 $\frac{1}{12}$ 정도로 줄인 모형이다. 또한 Imagenet 데이터에서 VGGNet보다 더 우수한 성능을 보여준 것으로 나타났다.

```
epochs = 25
initial_lrate = 0.01

def decay(epoch, steps=100):
    initial_lrate = 0.01
    drop = 0.96
    epochs_drop = 8
    lrate = initial_lrate * tf.math.pow(drop, tf.math.floor((1+epoch)/epochs_drop))
    return lrate

sgd = SGD(lr=initial_lrate, momentum=0.9, nesterov=False)
```

```
lr_sc = LearningRateScheduler(decay, verbose=1)

model.compile(loss='categorical_crossentropy', optimizer=sgd, metrics=['accuracy'])

history = model.fit(X_train, y_train, validation_data=(X_test, y_test),
                    epochs=epochs, batch_size=128, callbacks=[lr_sc])
```

```
Epoch 00024: LearningRateScheduler reducing learning rate to tf.Tensor(0.00884736, shape=(), dtype=float32).
391/391 [==============================] - 65s 167ms/step - loss: 0.3069 - accuracy: 0.8959 -
val_loss: 0.9636 - val_accuracy: 0.7377
Epoch 25/25

Epoch 00025: LearningRateScheduler reducing learning rate to tf.Tensor(0.00884736, shape=(), dtype=float32).
391/391 [==============================] - 86s 221ms/step - loss: 0.2623 - accuracy: 0.9113 -
val_loss: 1.0702 - val_accuracy: 0.7323
```

지금까지 논의한 CNN 아키텍처를 정리하면 다음과 같다. LeNet-5는 5개의 모수층으로 구성되어 있고 AlexNet은 8개의 모수층으로 구성된 전형적인 입력층-CNN 층-출력층 구조를 가지고 있다. VGGNet은 CNN과 Pooling 층의 커널 크기를 통일시켜 커널 크기에 대한 선택 문제를 해결한 반면, Inception은 사용 가능한 커널을 병렬로 연결하여 커널 크기의 선택 문제를 해결하고 있다. ResNet은 지름길층(shortcut layer)으로 미분사라짐 현상을 방지하여 은닉층의 깊이를 본격적으로 깊게 설계할 수 있도록 하였다.

이러한 CNN 모형의 진화과정에서 살펴볼 때, 가능한 한 깊은 은닉층과 출력층에 가까울수록 튜브 형태의 딥러닝 설계를 하되, 병렬형 아키텍처를 이용하고, 가능한 한 작은 크기의 커널을 반복적으로 사용하고, 1×1 커널을 이용하여 모수의 수를 줄이며, 지름길층을 사용하여 미분사라짐 현상을 방지하는 CNN 모형 설계가 좀 더 우수한 성능을 가진다고 할 수 있다.

9.6 Stem-Learner-Task 아키텍처

2017년부터 딥러닝 모형의 디자인 패턴은 stem-learner-task 아키텍처로 변경되었다. 주된 이유는 딥러닝 모형의 설계와 코딩을 절차적 형태로 정리하여 다양한 딥러닝 과제에 재사용하거나 재응용하기 위해서이다.

Stem은 데이터 사전정리과정, 입력층, 그리고 입력된 자료의 선, 곡선, 점, 곡면 등 추상적 특성(abstract features)을 추출하는 LC(locally connected) 층 또는 FC(fully connected) 층의 모임을 말하며, learner는 입력자료의 세밀한 특성(detailed features)을 추출하여 고수준 대표성(high-level representation)을 가진 특성변수를 만들어 내는 딥러닝 모형의 그룹(group)들로 구성되어 있다. 각 그룹은 다시 블록(block)들로 구성되어 있고 각 블록은 LC 층 또는 FC 층으로 구성되어 있다. 끝으로 task는 learner로부터 입력된 고수준 특성변수를 분류 또는 회귀과제에 따라 차원을 축소하고 최종 추정치를 출력하는 딥러닝 층으로 구성되어 있다. Tabular 데이터나 자연어처리를 위한 모형에서도 동일한 구조로 설명이 가능하지만, 앞 절과의 일관성과 논의의 편의를 위해 입력데이터가 이미지인 CNN 모형을 중심으로 논의하고자 한다.

앞에서 논의한 VGG, ResNet, Inception을 stem-learner-task 아키텍처로 재정리하여 stem, learner, task의 개념을 구체적으로 정립하고 이를 기반으로 VGG, ResNet, Inception 이후의 CNN 모형의 진화과정을 논의하고자 한다.

9.3절에서 논의한 VGG를 stem-learner-task 구조로 재정리하면 아래와 같다. 아래 프로그램은 VGG의 stem을 정의하고 있다.

```
import tensorflow as tf
from tensorflow.keras import Input, Model
from tensorflow.keras.layers import Conv2D, MaxPooling2D, Flatten, Dense, Dropout
```

```
def stem(inputs):
    x = Conv2D(16, (3, 3), strides=(1, 1), padding="same", activation="relu")(inputs)
    x = Conv2D(16, (3, 3), strides=(1, 1), padding="same", activation="relu")(x)
    x = MaxPooling2D(2)(x)
    return x
```

위 프로그램에서 볼 수 있듯이 연속적인 2개의 3×3 kernel convolution를 적용하여 입력 이미지 (224,224,3) 3D텐서의 추상적 특성을 추출하고 있다. 또 다른 stem의 특성은 노드수를 급격하게 증가시켜 출력 채널수를 증가시키고 pooling을 적용하여 픽셀의 크기를 줄여 계산부담을 줄여주고 있다. 이러한 stem의 특징은 VGG16에 뚜렷하게 반영되지 않았지만 VGG 이후에 공통적으로 유지되고 있다.

다음 프로그램은 VGG의 learner를 보여주고 있다. VGG16은 총 5개의 group으로 구성되어 있으며 각 그룹은 하나의 block을 가지고 있다. 각 block은 (n_layers, n_filters)으로 CNN 은닉층의 수와 노드수를 지정해 주고 있다. n_layers는 CNN 층수를, n_filters는 노드수를 의미한다. 예를 들어, 첫 번째 block의 (n_layers, n_filters)=(2, 32)로 3×3 convolution 커널을 가진 CNN층을 2번 반복하고 출력 채널이 32가 되도록 노드수를 32로 지정하고 있다.

```
def learner(x, blocks):
    for n_layers, n_filters in blocks:
        x = group(x, n_layers, n_filters)
    return x

def group(x, n_layers, n_filters):
    for n in range(n_layers):
        x = Conv2D(n_filters, (3, 3), strides=(1, 1), padding="same", activation="relu")(x)

    x = MaxPooling2D(2, strides=(2, 2))(x)
    return x
```

아래 프로그램은 VGG의 task인 classifier를 보여주고 있다.

```
def classifier(x, n_classes):
    x = Flatten()(x)
    x = Dense(4096, activation='relu')(x)
    x = Dropout(0.5)(x)
    x = Dense(4096, activation='relu')(x)
    x = Dropout(0.5)(x)
    # Output layer for classification
    x = Dense(n_classes, activation='softmax')(x)
    return x
```

위 프로그램에서 볼 수 있듯이 3D텐서(batch를 포함하면 4D텐서)를 1D텐서로 차원(dimensionality)을 줄여주고 최종적으로 범주에 속할 확률을 출력하고 있다.

아래 프로그램은 앞에서 정의한 stem, learner, task를 실행하기 위해 groups를 지정하고 stem의 입력 이미지의 텐서 (224,224,3)을 정의하고 있다. groups는 dictionary 데이터로 VGG16과 VGG19을 key로 정의하고 있으며 각 모형에 대한 5개 그룹의 (n_layers, n_filters)를 value로 제공하고 있다. dictionary 데이터로 주어진 learner 내 group의 특징을 살펴보면 group 내 노드수(n_filters)는 모두 같고 후행 그룹의 노드수는 선행그룹의 노드수보다 큰 것(일반적으로 2배씩 증가함)을 볼 수 있다. 동시에 각 그룹의 마지막 층은 maxpooling을 사용하여 픽셀의 크기를 1/2로 줄여주고 있다. 즉, learner에서는 group이 task 쪽으로 진행하면서 픽셀의 크기는 줄이고 노드수는 증가시켜, 입력이미지의 미세한 특성을 모아 점차적으로 고수준 대표성을 가진 특성변수를 만들고 있다.

```
groups = { 16 : [ (2, 32), (3, 128), (3, 256), (3, 512), (3, 512) ],# VGG16
           19 : [ (1, 64), (2, 128), (4, 256), (4, 512), (4, 512) ] }# VGG19

# The input vector
inputs = Input( (224, 224, 3) )

# The stem group
x = stem(inputs)
```

```
# The learner
x = learner(x, groups[16])

# The classifier
outputs = classifier(x, 1000)

# Instantiate the Model
model = Model(inputs, outputs)
model.summary()
```

다음 프로그램은 ResNet 모형의 stem을 보여주고 있다. 입력이미지의 추상적 특성을 추출하기 위해 7×7 Conv 커널을 사용한 것을 볼 수 있다. 이 7×7 Conv는 5×5 Conv로 바뀐 후 현재는 VGG에서 사용한 2개의 연속된 3×3 Conv로 대체되어 사용되고 있다. 노드수는 64개로 VGG의 16개보다 대폭 증가하였고 픽셀의 크기는 1/2로 줄인 것을 볼 수 있다. stem에서의 노드수 64개는 이후의 딥러닝 모형에서 일반적으로 사용되고 있다.

```
import tensorflow as tf
from tensorflow.keras import Model, Input
from tensorflow.keras.layers import Conv2D, MaxPooling2D, ZeroPadding2D, BatchNormalization, ReLU
from tensorflow.keras.layers import Dense, GlobalAveragePooling2D, Add, Dropout, Flatten

def stem(inputs):
    x = Conv2D(64, (7, 7), strides=(2, 2), kernel_initializer='glorot_uniform')(inputs)
    x = BatchNormalization()(x)
    x = ReLU()(x)
    x = MaxPooling2D((3, 3), strides=(2, 2))(x)
    return x
```

다음은 ResNet learner를 정의하고 있으며 4개의 그룹에 대한 (n_filters, n_blocks)로 그룹별 노드수(n_filters)와 block 수(n_blocks)를 부여하고 있으며 각 group은

<그림 9-3>에 제시된 projection_block과 1×1 Conv와 Batch normalization이 없는 지름길층으로 정의된 identity_block으로 구성되어 있다. 참고로 <그림 9-3>의 ResNet block은 ConV+BN+RE로 구성되어 있으나 아래 프로그램의 projection_block과 identity_block은 BN+RE+ConV로 차례가 바뀐 것을 볼 수 있다. 이러한 변경이 좀 더 빠른 학습이 되었기 때문이다(ResNet-v2).

```
def learner(x, groups):
    #groups: list of groups: number of filters and blocks

    n_filters, n_blocks = groups.pop(0)#not strided
    x = group(x, n_filters, n_blocks, strides=(1, 1))

    for n_filters, n_blocks in groups:#strided pop(0)에 의해 0번째 dict element는 삭제됨
        x = group(x, n_filters, n_blocks)
    return x

def group(x, n_filters, n_blocks, strides=(2, 2)):
    """ n_filters : number of filters for the group
        n_blocks  : number of residual blocks with identity link
    """
    x = projection_block(x, n_filters, strides=strides)

    for _ in range(n_blocks):
        x = identity_block(x, n_filters)
    return x
```

```
def identity_block(x, n_filters):

    shortcut = x

    x = BatchNormalization()(x)
    x = ReLU()(x)
    x = Conv2D(n_filters, (1, 1), strides=(1, 1), use_bias=False, kernel_initializer='he_normal')(x)

    x = BatchNormalization()(x)
```

```
    x = ReLU()(x)
    x = Conv2D(n_filters, (3, 3), strides=(1, 1), padding="same", use_bias=False,
               kernel_initializer='he_normal')(x)

    x = BatchNormalization()(x)
    x = ReLU()(x)
    x = Conv2D(n_filters * 4, (1, 1), strides=(1, 1), use_bias=False,
               kernel_initializer='he_normal')(x)

    # Add the identity link (input) to the output of the residual block
    x = Add()([shortcut, x])
    return x

def projection_block(x, n_filters, strides=(2,2)):

    shortcut = BatchNormalization()(x)
    shortcut = Conv2D(4 * n_filters, (1, 1), strides=strides, use_bias=False,
                      kernel_initializer='he_normal')(shortcut)

    x = BatchNormalization()(x)
    x = ReLU()(x)
    x = Conv2D(n_filters, (1, 1), strides=(1,1), use_bias=False,
               kernel_initializer='he_normal')(x)

    x = BatchNormalization()(x)
    x = ReLU()(x)
    x = Conv2D(n_filters, (3, 3), strides=strides, padding='same', use_bias=False,
               kernel_initializer='he_normal')(x)

    x = BatchNormalization()(x)
    x = ReLU()(x)
    x = Conv2D(4 * n_filters, (1, 1), strides=(1, 1), use_bias=False, kernel_initializer='he_normal')(x)

    x = Add()([x, shortcut])
    return x
```

다음 프로그램은 분류과제를 실행하기 위한 ResNet task를 보여주고 있다. learner로부터의 입력텐서를 1D텐서로 차원 축소하기 위해 Dense 대신 GlobalAverage Pooling을 사용하여 모수가 필요 없게 하고 있다. 최근의 task에서 일반적으로 사용되고 있는 차원 축소 기법이다.

```
def classifier(x, n_classes):
    x = GlobalAveragePooling2D()(x)
    outputs = Dense(n_classes, activation='softmax', kernel_initializer='he_normal')(x)
    return outputs
```

```
groups = { 50 : [ (64, 3), (128, 4), (256, 6),  (512, 3) ],          # ResNet50
          101: [ (64, 3), (128, 4), (256, 23), (512, 3) ],           # ResNet101
          152: [ (64, 3), (128, 8), (256, 36), (512, 3) ]            # ResNet152
        }

inputs = Input(shape=(224, 224, 3))

x = stem(inputs)
x = learner(x, groups[50])
outputs = classifier(x, 1000)

model = Model(inputs, outputs)
model.summary()
```

다음 프로그램은 Inception-v1의 stem을 보여주고 있다.

```
import tensorflow as tf
from tensorflow.keras import Model, Input
from tensorflow.keras.layers import Conv2D, ReLU, ZeroPadding2D, Flatten, Dropout
from tensorflow.keras.layers import MaxPooling2D, Dense, Concatenate, AveragePooling2D

def stem(inputs):
    x = Conv2D(64, (7, 7), strides=(2, 2), padding='same', activation='relu',
               kernel_initializer='glorot_uniform')(inputs)
    x = MaxPooling2D((3, 3), strides=(2, 2))(x)
    x = Conv2D(192, (1, 1), strides=(1, 1), padding='same', activation='relu',
               kernel_initializer='glorot_uniform')(x)
    x = MaxPooling2D((3, 3), strides=(2, 2))(x)
    return x
```

다음 프로그램은 Inception-v1의 learner를 보여주고 있다. learner는 3개의 group으로 구성되어 있고 첫 번째 group은 2개의 연속된 <그림 9-4>의 inception block과 픽셀의 크기를 1/2로 줄이는 maxpooling으로 구성되어 있다. 두 번째 group은 첫 번째 group과 비교하여 노드수(filter)를 증가시키고 block 수를 5개로 증가시키고 있으며 세 번째 group은 maxpooling이 포함되지 않고 2개의 block으로 구성되어 있다.

```
def learner(x, n_classes):

    x = group(x, [((64,),  (96,128),   (16, 32), (32,)),          # 3a
                  ((128,), (128, 192), (32, 96), (64,))])         # 3b

    x = group(x, [((192,),  (96, 208), (16, 48), (64,)),          # 4a
                  ((160,), (112, 224), (24, 64), (64,)),          # 4b
                  ((128,), (128, 256), (24, 64), (64,)),          # 4c
                  ((112,), (144, 288), (32, 64), (64,)),          # 4d
                  ((256,), (160, 320), (32, 128), (128,))],       # 4e
                  n_classes=n_classes)
    x = group(x, [((256,), (160, 320), (32, 128), (128,)),        # 5a
                  ((384,), (192, 384), (48, 128), (128,))],       # 5b
                  pooling=False)
    return x

def group(x, blocks, pooling=True, n_classes=1000):
    for block in blocks:
        x = inception_block(x, block[0], block[1], block[2], block[3])

    if pooling:
        x = MaxPooling2D((3, 3), padding='same', strides=2)(x)
    return x

def inception_block(x, f1x1, f3x3, f5x5, fpool):
    """ Construct an Inception block (module)
        x     : input to the block
        f1x1  : filters for 1x1 branch
        f3x3  : filters for 3x3 branch
        f5x5  : filters for 5x5 branch
        fpool : filters for pooling branch
```

```
    """
    # 1x1 branch
    b1x1 = Conv2D(f1x1[0], (1, 1), strides=1, padding='same', activation='relu',
                  kernel_initializer='glorot_uniform')(x)

    # 3x3 branch
    # 1x1 reduction
    b3x3 = Conv2D(f3x3[0], (1, 1), strides=1, padding='same', activation='relu',
                  kernel_initializer='glorot_uniform')(x)
    b3x3 = Conv2D(f3x3[1], (3, 3), strides=1, padding='same', activation='relu',
                  kernel_initializer='glorot_uniform')(b3x3)

    # 5x5 branch
    # 1x1 reduction
    b5x5 = Conv2D(f5x5[0], (1, 1), strides=1, padding='same', activation='relu',
                  kernel_initializer='glorot_uniform')(x)
    b5x5 = Conv2D(f5x5[1], (5, 5), strides=1, padding='same', activation='relu',
                  kernel_initializer='glorot_uniform')(b5x5)

    # Pooling branch
    bpool = MaxPooling2D((3, 3), strides=1, padding='same')(x)
    # 1x1 projection
    bpool = Conv2D(fpool[0], (1, 1), strides=1, padding='same', activation='relu',
                   kernel_initializer='glorot_uniform')(bpool)

    # Concatenate the outputs (filters) of the branches
    x = Concatenate()([b1x1, b3x3, b5x5, bpool])
    return x
```

다음 프로그램은 Inception-v1의 task와 stem, learner, task로 정의된 Inception_v1 모형을 구축하고 있다.

```
def classifier(x, n_classes, dropout=0.4):
    x = AveragePooling2D((7, 7))(x)
    x = Flatten()(x)
    x = Dropout(dropout)(x)
    outputs = Dense(n_classes, activation='softmax', kernel_initializer='glorot_uniform')(x)
    return outputs
```

```
inputs = Input(shape=(224, 224, 3))
x = stem(inputs)
x = learner(x, 1000)
outputs = classifier(x, 1000)

model = Model(inputs, outputs)
model.summary()
```

9.7 딥러닝의 진화

딥러닝 모형을 좀 더 깊게(deeper), 넓게(wider) 할수록 입력 특성변수의 정보 손실 없이 고수준 대표성을 가진 특성변수를 만들게 되므로 딥러닝 모형의 성능은 향상된다. 여기에서 “좀 더 깊게”는 learner에 있는 은닉층수를 증가시킨다는 의미이고 “좀 더 넓게”는 은닉층의 노드수를 증가시킨다는 의미이다.

일반적인 규칙을 정리하면, learner의 group 내에 있는 모든 은닉층은 동일한 노드수를 가지고 있고, task 방향으로 group이 이동할 때 노드수를 2배로 증가시키고 픽셀의 크기는 1/2로 줄어들게 설계한다. 픽셀의 크기를 줄이는 이유는 kernel convolution의 계산부담을 줄이기 위해서이고, 점진적으로 줄이는 이유는 특성변수의 대표성 손실을 최소화하기 위해서이다.

그러나 딥러닝 모형을 깊고 넓게 설계하면 딥러닝 모형의 모수 수가 기하급수적으로 증가하여 필연적으로 모수수렴 문제와 과대적합 문제가 발생하게 된다. 그러므로 딥러닝 모형 설계의 진화는 모형을 좀 더 깊고 넓게 하되, 모수수렴 문제와 과대적합 문제가 발생하지 않고 모수를 줄이기 위한 convolution 분해로 요약할 수 있다.

9.7.1 모수수렴 문제 해결을 위한 진화

딥러닝 모형의 지름길층(shortcut layer)은 딥러닝 모형을 깊게 설계할 수 있도록 하였다. 지름길층은 2015년에 발표된 ResNet에 처음 등장하였고 ConV+BN+RE로 covolution을 그룹화하여 모형학습속도를 향상시켰다. 이미 앞 절에서 논의되었지만 지름길층은 projection block과 Identity block에 아래 그림과 같이 적용되었다.

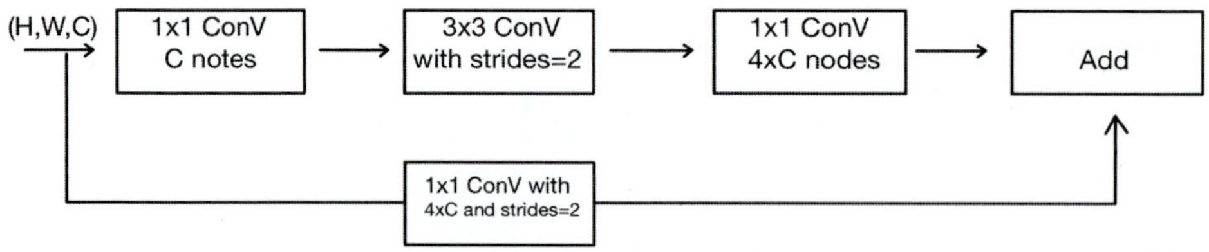

그림 9-5 projection block

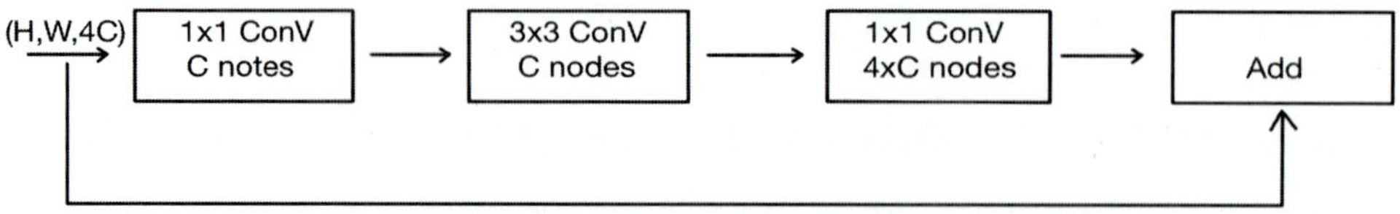

그림 9-6 Identity block

위 그림에서 볼 수 있듯이 projection block의 지름길층은 1×1 Conv를 이용하여 단순(static)하게 입력자료를 연결하는 것이 아니라 모수를 사용하여 변할 수 있는 동적(dynamic) 지름길층을 사용한 반면, Identity block의 지름길층은 단순연결을 하고 있다. Resnet-v1에서의 <그림 9-5>의 projection block과 <그림 9-6>의 Identity block에 있는 모든 convolution 층은

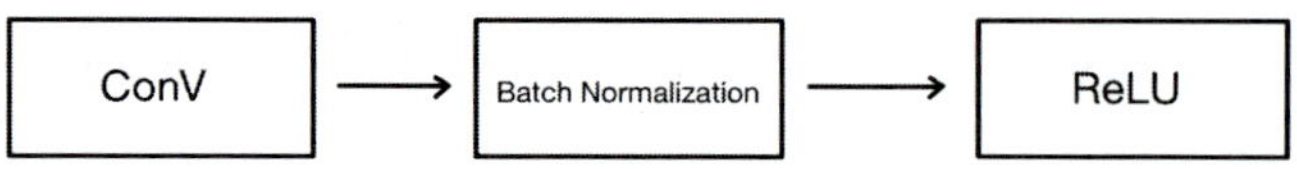

으로 구성되어 있다. 이런 구조를 post-activation이라고 하며 ConV-BN-RE라고 표기한다. 그러나 ResNet-v2와 2016년에 발표된 WRN(wide residual network)에서는 소위 pre-activation, 즉 BN-RE-ConV의 구조로 바뀌게 된다. 수렴 속도가 좀 더 빠르다는 것을 알게 되었기 때문이다.

<그림 9-5>와 <그림 9-6>에서 볼 수 있듯이 지름길층은 Add() 함수로 연결되어

block의 입력과 출력을 합산해주고 있다. 이러한 합산은 모형이 깊어질수록 입력특성변수의 정보가 점차적으로 희석(dilute)되는 약점이 있어, 2017년에 발표된 DenseNet에서는 Add() 대신 Concatenate() 함수로 지름길층을 연결하여 입력특성변수의 손실이 없도록 하였다. 반복된 Concatenate() 함수의 적용은 노드수를 급격하게 증가시키므로 DenseNet의 각 block 끝에 소위 transition block을 배치하여 노드수를 줄이게 된다. 참고로 DenseNet에서는 pre-activation을 사용한다.

9.7.2 Kernel Convolution의 분해

입력자료가 이미지일 때 딥러닝 모형을 깊고 넓게 유지하면서 모형의 수렴문제와 과대적합 문제를 해결하는 가장 좋은 방법은 모수 수를 줄이는 convolution kernel의 분해이다. convolution kernel의 분해는 convolution의 인수화(factoring convolution), spatial separable convolution, depthwise separable convolution, group convolution 등이 있다. 각 convolution 분해에 의한 모수 수를 비교하기 위해 입력 텐서가 (20,20,16) 3D텐서, 출력이 (20,20,32) 3D텐서, 그리고 적용하는 kernel convolution이 5×5이라고 가정하자. 보통의 5×5 convolution의 모수 수는 $(5 \times 5 \times 16 + 1) \times 32 = 12,832$개가 된다.

convolution 인수화는 커널 크기 5×5를 그대로 유지하고 1×1 convolution을 앞뒤로 연결하는 방법과 5×5 커널을 연속된 2개의 3×3 convolution으로 인수화하는 두 가지 방법이 있다. 예를 들어,

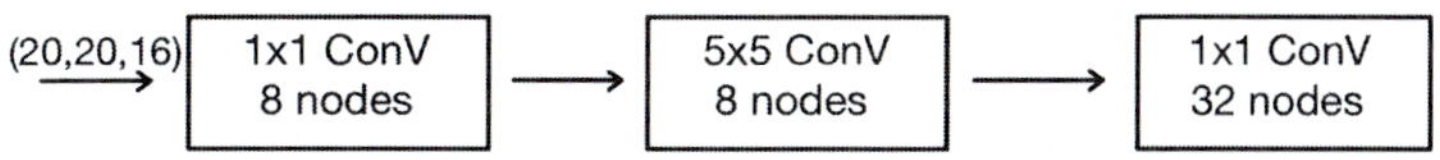

즉, 5×5 Conv 앞의 1×1 2D Conv는 입력된 채널을 줄이고 5×5 Conv 뒤의 1×1 2D Conv는 32개의 노드로 채널을 늘려주면 원하는 (20,20,32) 3D텐서를 출력하게 된다. 이처럼 1×1 2D ConV로 노드수를 줄였다가 다시 늘려주는 것을 squeeze-excitation이라고 한다. 모수 수는 $(16+1) \times 8 + (5 \times 5 \times 8 + 1) \times 8 + (8 + 1) \times 32 = 2,032$개로 대폭 줄어든 것을 알 수 있다. 이러한 1×1 Conv는 2016년

에 발표된 ResNeXt부터 일반화되어 사용되고 있다. 한편, 연속된 2개의 3×3 convolution으로 인수화하되 첫 번째 3×3 convolution는 16개의 노드를 적용하여 노드를 점진적으로 증가시키면 $(3\times3\times16+1)\times16+(3\times3\times16+1)\times32=6{,}960$개의 모수가 소요된다. 이와 같은 점진적 노드의 증가를 가진 연속적 convolution 인수화는 특성변수의 특성을 잘 추출하는 것으로 나타났고 2015년에 발표된 Inception-v2와 v3부터 사용되고 있다.

Spatial separable convolution은 5×5 convolution을 5×1 2D convolution 커널과 1×5 2D convolution 커널로 분해하여 모수를 줄이는 convolution 분해 기법이다. 입력이미지의 추상적 특성을 추출하기 위해 7×7 convolution(ResNet이나 Inception에서 사용)과 같이 비교적 큰 convolution에 spatial separable convolution은 모수를 대폭 줄이는 데 매우 유용하다. Spatial separable은 Inception-v3에 적용된 이후 병렬형 CNN 모형에서 일반적으로 사용되고 있다.

$5\times1(16\ nodes)\rightarrow1\times5(32\ nodes)$로 forward 분해할 때, 필요한 모수 수를 계산해 보면 $(5\times1\times16+1)\times16+(1\times5\times16+1)\times32=3{,}888$개의 모수가 필요하고, 아래 그림과 같이 병렬형 분해이면

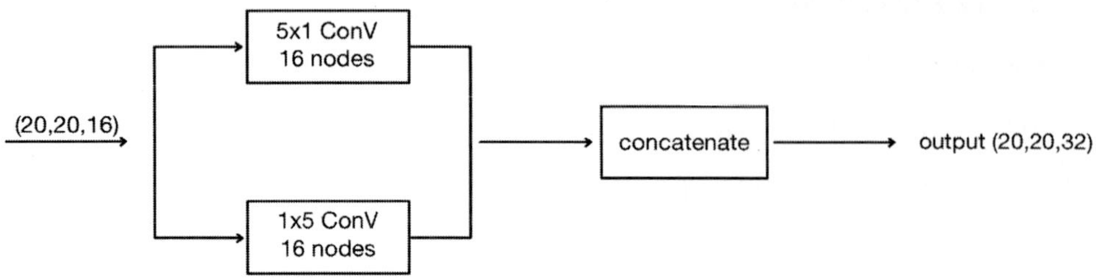

모수 수가 $((5\times1\times16+1)+(1\times5\times16+1))\times16=2{,}592$개가 된다.

Depthwise separable convolution은 2017년 Xception(extreme inception)에서 도입된 convolution 분해로 $height\times width$로 구성된 공간정보와 채널 간의 동조화현상(coupling)을 완화하는 기능을 한다. 5×5 convolution을 적용할 때, 각 채널별로 bias가 없는 5×5 2D convolution 커널을 적용한 후, (20,20,32) 3D텐서를 출력하기 위해 노드가 32개인 1×1 2D convolution 커널을 적용한다. 그러므로 $(5\times5\times$

16) + (1 × 1 × 16 + 1) × 32 = 944개의 모수가 소요된다.

끝으로 group convolution은 입력된 (h, w, c) 3D텐서의 c개의 채널을 2개 이상의 그룹으로 분류한 후, 그룹별로 convolution을 적용하는 분해기법이다. 우리의 예제에서 입력된 채널이 16개이므로 4개씩 4개의 그룹으로 나눈 후, 그룹별로 노드 수가 8개인 5 × 5 convolution을 적용하면 그룹별로 (20,20,8) 3D텐서를 출력한다. 이 4개의 출력 텐서를 concatenate하면 목적하는 (20,20,32) 3D텐서를 출력하게 된다. 모수 수는 $(5 \times 5 \times 4 + 1) \times 8 \times 4 = 3,232$개가 된다. 다음은 group convolution을 적용한 ResNeXt의 block 코드이다.

```
Def Indentity_block(inputs,cardinality):
    shortcut=inputs
    channel=inputs.shape[-1]//2
    x=Conv2D(channel,(1,1),strides=(1,1),padding='same')(shortcut)
    x=BatchNormalization()(x)
    x=ReLU()(x)

    filters=channel//cardinality #cardinality is the number of groups
    groups=[]
    for i in range(cardinality):
        group=Lambda(lambda z: z[:,:,:,i*filters:(i+1)*filters])(x)
        group=Conv2D(filters,(5,5), padding='same')(group)
        groups.append(group)
    x=Concatenate()(groups)
    x=BatchNormalization(x)
    x=ReLU()(x)
    x=Conv2D(inputs.shape[-1],(1,1),padding='same')(x)
    x=BatchNormalization(x)
    x=Add()([shortcut,x])
    x=ReLU()(x)
    return x
```

위 프로그램에서 볼 수 있듯이 ResNeXt는 지름길층으로 identity_block을 사용한 것을 알 수 있으며 cardinality 수만큼 채널을 그룹화하고 그룹별로 5 × 5 convolution 커널을 적용하고 있다.

9.7.3 WRN과 SE-link

2016년에 발표된 WRN(wide residual network)에서는 learner 내 그룹이 이동할 때 노드수를 기존의 2배보다 큰 k배씩 증가시켜 딥러닝 모형을 적극적으로 넓게 설계한 모형이다. Inception 모형과 같이 병렬식 convolution의 설계로 모형의 깊이를 줄이는 대신, WRN은 group의 노드수를 k배로 증가시켜 shallow 딥러닝 모형을 추구하고 있는 모형이다.

2017년에 발표된 SE-link(squeeze-excitation link)는 제13장과 제14장에서 논의하게 될 자연어처리 모형에서 핵심적인 역할을 하는 attention의 개념을 도입한 CNN 모형이라고 할 수 있다. SE-link는 모형이 아닌 모듈이므로 기존의 모형에 SE-link를 추가하면, 예를 들어 SE-ResNet, SE-ResNeXt, SE-Inception 등으로 정의한다. 아래 그림은 ResNet block에 SE-link를 추가한 개념도를 보여주고 있다.

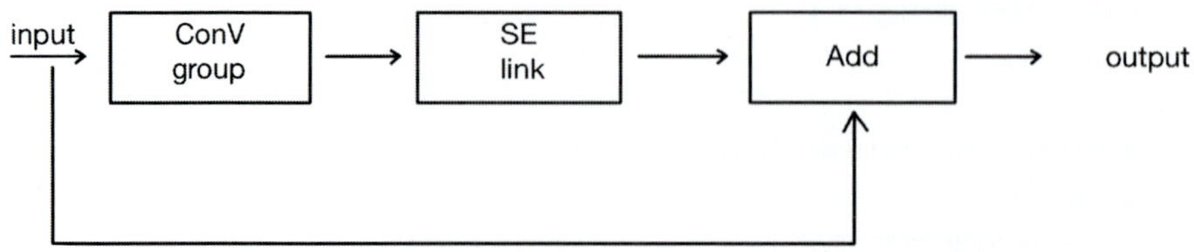

그림 9-7 SE-ResNet block

<그림 9-7>에서 볼 수 있듯이 SE-link는 지름길층이 ADD() 함수로 연결되기 직전에 추가된 것을 볼 수 있다. 이제 SE-link에 대해 자세하게 살펴보자. 아래 그림은 SE-link의 개념을 설명해 주고 있다.

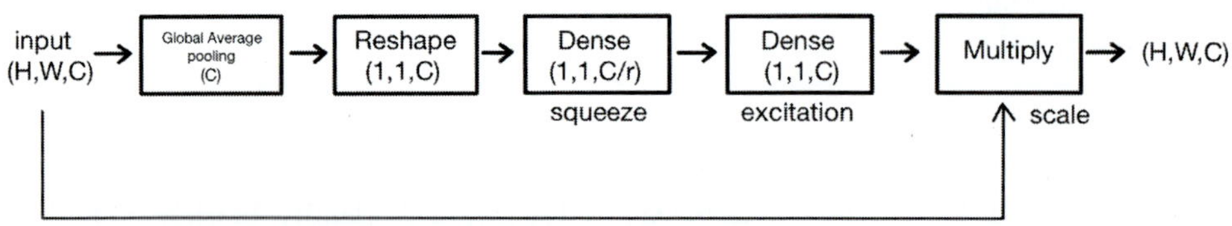

그림 9-8 SE-link의 구조

<그림 9-8>을 살펴보면, (h,w,c) 3D텐서가 입력되면 GlobalAveragePooling으로 (c,)

1D텐서로 차원축소한 후, 이를 (1,1,c) 3D텐서로 reshape한다. 이렇게 3D텐서로 reshape한 이유는 원래의 (h,w,c) 3D텐서에 broadcasting 곱을 해주기 위함이다. (1,1,c) 3D텐서에 노드수가 $\frac{c}{r}$인 Dense 층에 입력하여 채널수를 줄여주고(squeeze), 다시 또 다른 Dense 층으로 원래의 채널수 c로 복원(excitation)해주고 있다. excitation의 출력은 (1,1,c) 3D텐서로 채널별로 하나의 값만 존재하므로 활성함수로 softmax 함수를 사용하면 채널별 중요도가 된다. 채널별 중요도인 excitation을 원래의 입력 특성변수 (h,w,c) 3D텐서에 broadcasting 곱을 해주면 채널별 중요도가 반영된 새로운 (h,w,c) 3D텐서가 만들어진다. 이를 scale이라고 말하므로 SE-link는 squeeze-excitation-scale 패턴이라고도 한다.

9.7.4 Stem과 Task의 진화

Stem 내에 있는 convolution 층은 초기은닉층이므로 backpropagation 과정에서 출력층에 가까운 은닉층의 모수보다 수렴속도가 느려서, 후기은닉층은 과대적합되고 초기은닉층은 과소적합되는 경우가 많다. 그러므로 stem 내의 convolution 층은 pre-activation(즉, BN-RE-ConV) 또는 post-activation(즉, ConV-BN-RE)로 설계하여야 불균형한 모수수렴 문제가 발생하지 않는다. 특성변수가 stem에 입력되면 연속적인 두 개의 3×3 convolution을 적용하여 출력 채널수가 64개가 되도록 하고, 첫 번째 3×3 convolution의 strides=1, 두 번째 3×3 convolution의 strides=2로 하여 픽셀의 크기를 1/2로 줄여주는 패턴을 일반적으로 따른다. 연속적인 3×3 convolution 대신, 추상적인 특성치를 추출하기 위해 7×7이나 11×11 convolution의 분해기법인 spatial separable, depthwise separable, 또는 group convolution도 좋은 대안이 될 수 있다.

Task의 최종목적은 분류 또는 회귀이므로 Task에서는 차원축소를 해야 한다. 즉, learner로부터 입력된 고차원 고수준 특성변수(high dimensional and high-level representative features)를 저차원 특성변수로 전환해야 한다. 입력된 고차원 입력자료를 encoding이라고 하며 저차원으로 전환한 특성변수를 embedding이라고 한다.

embedding을 위해 ResNet-v1에서는 $Flatten \rightarrow Dense \rightarrow Dense \rightarrow output$으로, ResNet-v3에서는 $GlobalAveragePooling \rightarrow Dense \rightarrow output$으로, 그리고 2016년에 발표된 SqueezeNet에서는 $1 \times 1\ convolution \rightarrow GlobalAveragePooling \rightarrow output$으로 점차적으로 FC 층인 Dense 층을 없애는 방향으로 발전하고 있다. Task에서 Dense 층을 사용하지 않으면 모수 수를 많이 줄일 수 있기 때문이다.

3부. 컴퓨터 비전

10장

자율자동차의 이미지분석

교통표식 인식, 여러 이미지 중에서 특정 이미지(예를 들어, 자동차)를 분리인식, 그리고 여러 물체를 종류별로 동시에 구별해서 인식하는 것은 자율자동차를 운행하기 위한 필수적인 사항이다. 자동차는 낮과 밤에 관계없이 운행되므로 교통표식이나 이미지의 밝기는 낮과 밤이 뚜렷한 차이가 있으며 이미지 크기 또한 다를 경우가 많다. 이는 이미지 자료의 사전자료정리과정이 필수적임을 의미한다. 입력이미지의 크기가 동일해야 하므로 pixel의 크기를 조절하고, 분류나 회귀 과제가 색의 밝기에 의해 영향받지 않도록 입력 이미지의 명도에 대한 표준화가 선행되어야 한다. 이 장에서 제공되는 프로그램은 비록 해설이 추가되고 프로그램의 오류 수정, 그리고 약간의 프로그램 변경이 있지만 Ayyadevara(2019)의 프로그램을 기반으로 작성된 것이다.

10.1 교통표식의 식별

총 43개 종류의 교통표식 이미지를 식별하기 위해 CNN 아키텍처를 사용하고자 한다. 교통표식 컬러이미지 자료가 낮과 밤에 찍힌 것을 포함하여 다양한 색의 밝기를 가진 자료로 제공되어 있으므로 교통표식을 색의 질, 색의 선명도, 색의 밝기로 분리한 후 색의 밝기를 표준화할 것이다. 이를 구체적으로 논의하기 위해 다음 자료를 내려받도록 하자.

https://sid.erda.dk/public/archives/daaeac0d7ce1152aea9b61d9f1e19370/GTSRB_Final_Training_Images.zip

내려받은 데이터는 C:/Users/ysp/Desktop/Deep Learning 내의 GTSRB_Final_ Training_ Images 폴더에 저장되어 있다. 하위 폴더는 GTSRB, Final_training, 그리고 Images가 있으며 Images 폴더에 교통표식 이미지 자료가 들어있다.

```
root_dir='C:/Users/ysp/Desktop/Deep Learning/GTSRB_Final_Training_Images/GTSRB/
         Final_Training/Images/'
```

아래 프로그램에서 glob는 */*.ppm처럼 root_dir 내에 있는 확장자가 ppm인 모든 파일을 부를 때 쓰는 glob 함수이다. 만약 root_dir 안의 모든 파일을 불러내고 싶을 경우, "*.*"로 하면 된다.

```
from skimage import io
import os
import glob
all_img_paths = glob.glob(os.path.join(root_dir, '*/*.ppm'))
all_img_paths[-5:]
```

```
['C:/Users/ysp/Desktop/Deep Learning/GTSRB_Final_Training_Images/GTSRB/Final_Training
/Images₩₩00042₩₩00007_00025.ppm',
 'C:/Users/ysp/Desktop/Deep Learning/GTSRB_Final_Training_Images/GTSRB/Final_Training
/Images₩₩00042₩₩00007_00026.ppm',
 'C:/Users/ysp/Desktop/Deep Learning/GTSRB_Final_Training_Images/GTSRB/Final_Training
/Images₩₩00042₩₩00007_00027.ppm',
 'C:/Users/ysp/Desktop/Deep Learning/GTSRB_Final_Training_Images/GTSRB/Final_Training
/Images₩₩00042₩₩00007_00028.ppm',
 'C:/Users/ysp/Desktop/Deep Learning/GTSRB_Final_Training_Images/GTSRB/Final_Training
/Images₩₩00042₩₩00007_00029.ppm']
```

위 프로그램에서 images에 저장된 마지막 5개의 자료를 출력하고 있다. 끝에서 두 번째에 나타나는 00042는 0 ~ 42까지의 label을 가진 43번째 교통표식을 나타내고 있다. 그러므로 총 43개 종류의 교통표식 이미지가 있으며 이 교통표식을 인식하는 것이 목적이 된다. 아래 프로그램은 3개의 교통표식 이미지를 보여주고 있다. plt.imshow() 함수를 이용한 것으로, 0 ~ 1 사이의 실수값 또는 0 ~ 255 사이의 정수값으로 주어진 픽셀데이터를 입력데이터로 받아 이미지를 출력하는 함수이다. 3개의 이미지를 보면 동일한 이미지이지만 이미지의 크기뿐만 아니라 밝기도 다름을 알 수 있다. 이러한 교통표식의 차이, 특히 밝기는 이미지 픽셀값을 나타내므로(어두울수록 0에 가깝고 1.0 또는 255에 가까우면 흰색) 동일한 교통표식이더라도 다른 교통표식으로 인식하게 되는 원치 않은 결과를 초래하게 된다.

```
import matplotlib.pyplot as plt
import cv2
for img_path in all_img_paths[0:30:10]:
    img=cv2.imread(img_path)
    plt.imshow(img)
    plt.grid('off')
    plt.show()
```

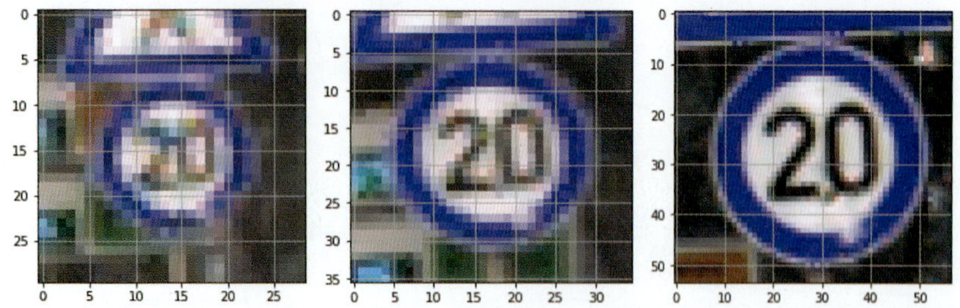

아래 프로그램에서 img는 3D텐서 자료로 3번째 축은 (red,green,blue)의 3가지 색상으로 구성된 컬러이미지 자료를 가정하고 있다. color.rgb2hsv는 rgb 3D텐서 자료를 hsv 3D텐서 자료로 전환하는 함수이다. 여기에서 h는 hue를 말하며 빨강, 노랑, 파랑으로 표현되는 색의 질을 의미하고 s는 saturation으로 색의 선명도인 채도, 그리고 v는 value로 색의 밝기인 명도를 나타낸다. hsv 이미지의 제1축과 제2축은 rgb 이미지 자료와 동일하게 각각 height와 width를 나타내므로 hsv[:,:,2]는 이미지의 명도를 나타내는 크기가 (height,width,1)인 3D텐서가 된다. exposure. equalize_hist (hsv[:,:,2])는 색의 밝기를 나타내는 픽셀 내 숫자의 histogram을 균등분포로 전환하는 함수로 각 이미지를 평균적으로 유사한 밝기를 가진 이미지 자료로 전환하고 픽셀 내 숫자를 0 ~ 1 사이의 값으로 반환한다. color.hsv2rgb(hsv) 함수를 이용하여 명도가 조정된 hsv 자료를 원래의 rgb 이미지 자료로 전환하고 transform.resize 함수는 서로 다른 교통표식 픽셀크기를 동일하게 바꾸는 함수이다.

```
import numpy as np
from skimage import color, exposure, transform

IMG_SIZE = 40

def preprocess_img(img):
    hsv = color.rgb2hsv(img)
    hsv[:, :, 2] = exposure.equalize_hist(hsv[:, :, 2])
    img = color.hsv2rgb(hsv)
    img = transform.resize(img, (IMG_SIZE, IMG_SIZE))
    return img
```

아래 프로그램은 preprocess_img 함수를 적용하여 이미지의 크기가 표준화된 (40, 40,3)으로 출력되고 40 × 40 픽셀 내의 숫자가 0 ~ 1 사이의 실수값으로 반환된 것을 확인할 수 있다. 또한 원래 이미지 픽셀의 숫자는 0 ~ 255 사이의 정수인 것을 확인할 수 있다.

```
img_eg=np.array(preprocess_img(io.imread(all_img_paths[0])))
print(img_eg.shape)
max_1=np.max(img_eg)
print(max_1)
max_2=np.array(io.imread(all_img_paths[0]))
max_2=np.max(max_2)
print(max_2)
```

```
(40, 40, 3)
1.0
255
```

아래 프로그램은 preprocess_img 함수를 통과한 이미지를 출력하고 있다. 앞에서 보여준 원래 이미지보다 명암의 분포가 골고루 되어 있고, 첫 번째 이미지는 원래의 이미지보다 명암의 대조가 좀 더 뚜렷하게 나타나며, 픽셀의 크기가 동일하게 40 × 40으로 표준화된 것을 볼 수 있다.

```
import matplotlib.pyplot as plt
import cv2
for img_path in all_img_paths[0:30:10]:
    img = cv2.imread(img_path)
    img = preprocess_img(img)
    plt.imshow(img)
    plt.grid('off')
    plt.title('Transformed image')
    plt.show()
```

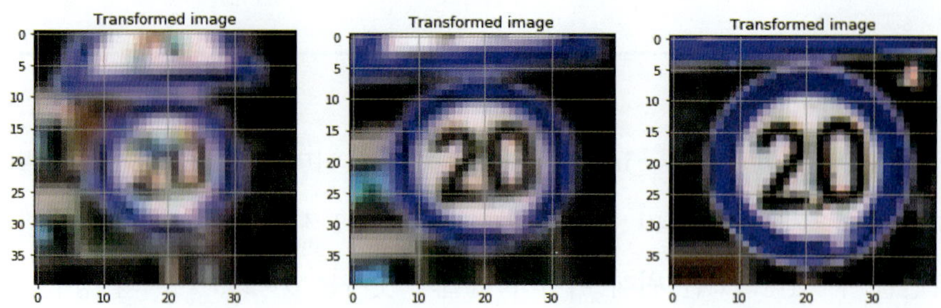


```
from tensorflow.keras.utils import to_categorical

imgs = []
labels = []
for img_path in all_img_paths:
    img = preprocess_img(io.imread(img_path))
    label = img_path.split('₩₩')[-2]
    imgs.append(img)
    labels.append(label)

X=np.array(imgs)
print(np.max(X))
classes=len(set(np.array(labels)))
print(classes)
y=to_categorical(labels,num_classes=classes)
```

```
1.0000000000000004
43
```

위 프로그램은 명도가 조정된 이미지 자료(X: 특성변수)와 목적변수인 교통표식 label 자료를 정리하고 있다. 이미지 자료는 0 ~ 1 사이의 값을 가지고 있고 총 교통표식은 43개 종류가 있음을 보여주고 있다. to_categorical 함수로 교통표식 label을 one-hot encoding하고 있다.

```
from sklearn.model_selection import train_test_split
x_train, x_test,y_train,y_test=train_test_split(X,y,test_size=0.2, random_state=2)
print(x_train.shape, y_train.shape)
```

```
(31367, 40, 40, 3) (31367, 43)
```

위 결과에서 볼 수 있듯이 총 이미지 자료는 39,209개(이 중 31,367개는 학습데이터)이고 목적변수는 크기가 (43,)인 one-hot encoding 자료임을 알 수 있다.

다음은 CNN 아키텍처와 과적합을 방지하기 위해 Dropout 층을 사용하였고 픽셀의 크기를 1/2로 줄이기 위해 MaxPooling2D(pool_size=(2,2))를 사용하고 있다. 최적화 알고리즘으로 adam을 이용하였으며 10번의 에폭에 의해 약 99%의 정밀도를 보여주고 있다.

```
from tensorflow.keras.models import Sequential
from tensorflow.keras.layers import Dense, Dropout, Flatten, Conv2D, MaxPooling2D

model = Sequential()
model.add(Conv2D(32, (3, 3), padding='same',
                 input_shape=(IMG_SIZE, IMG_SIZE, 3), activation='relu'))
model.add(Conv2D(32, (3, 3), activation='relu'))
model.add(MaxPooling2D(pool_size=(2, 2)))
model.add(Dropout(0.2))
model.add(Conv2D(64, (3, 3), padding='same', activation='relu'))
model.add(Conv2D(64, (3, 3), activation='relu'))
model.add(MaxPooling2D(pool_size=(2, 2)))
model.add(Dropout(0.2))
```

```
model.add(Conv2D(128, (3, 3), padding='same', activation='relu'))
model.add(Conv2D(128, (3, 3), activation='relu'))
model.add(MaxPooling2D(pool_size=(2, 2)))
model.add(Dropout(0.2))

model.add(Flatten())
model.add(Dense(512, activation='relu'))
model.add(Dropout(0.5))
model.add(Dense(classes, activation='softmax'))
model.summary()
```

Model: "sequential_1"

Layer (type)	Output Shape	Param #
conv2d_1 (Conv2D)	(None, 40, 40, 32)	896
conv2d_2 (Conv2D)	(None, 38, 38, 32)	9248
max_pooling2d_1 (MaxPooling2	(None, 19, 19, 32)	0
dropout_1 (Dropout)	(None, 19, 19, 32)	0
conv2d_3 (Conv2D)	(None, 19, 19, 64)	18496
conv2d_4 (Conv2D)	(None, 17, 17, 64)	36928
max_pooling2d_2 (MaxPooling2	(None, 8, 8, 64)	0
dropout_2 (Dropout)	(None, 8, 8, 64)	0
conv2d_5 (Conv2D)	(None, 8, 8, 128)	73856
conv2d_6 (Conv2D)	(None, 6, 6, 128)	147584
max_pooling2d_3 (MaxPooling2	(None, 3, 3, 128)	0
dropout_3 (Dropout)	(None, 3, 3, 128)	0
flatten_1 (Flatten)	(None, 1152)	0
dense_1 (Dense)	(None, 512)	590336
dropout_4 (Dropout)	(None, 512)	0
dense_2 (Dense)	(None, 43)	22059

Total params: 899,403
Trainable params: 899,403
Non-trainable params: 0

```
model.compile(loss='categorical_crossentropy', optimizer='adam', metrics=['acc'])

history = model.fit(x_train, y_train, batch_size=32, epochs=10,
          validation_data=(x_test, y_test) )
```

```
Train on 31367 samples, validate on 7842 samples
Epoch 9/10
31367/31367 [==============================] - 2662s 85ms/step - loss: 0.0588 - acc: 0.9829 - val_loss:
0.0411 - val_acc: 0.9895
Epoch 10/10
31367/31367 [==============================] - 2666s 85ms/step - loss: 0.0622 - acc: 0.9825 - val_loss:
0.0249 - val_acc: 0.9927
```

10.2 객체분할

객체분할(instance segmentation)은 다음 절에서 논의할 객체의 의미분할(semantic segmentation of objects)과 구별된다. 객체분할은 이미지에서 하나의 객체만을 분할·인식하는 데에 목적이 있지만, 객체의 의미분할은 이미지에서 2개 이상의 객체를 의미론적 관점에서 분할·인식하는 데에 목적이 있다. 여기에서 의미론적 관점이란, 사람, 건물, 자동차, 나무 등의 일반명사적인 관점에서의 분할을 의미한다. 객체분할은 사람과 같이 일반명사적인 관점에서 하나의 객체를 인식하기도 하지만 특정인이라는 고유명사적 관점에서 하나의 객체를 인식하는 것을 목적으로 할 수 있다. 이 절에서 다루는 객체분할은 일반명사적인 관점에서 자동차를 인식하는 데에 목적을 두고 있다.

객체분할의 정밀도를 높이기 위해 이미 제6장에서 다룬 바 있는 사전 학습된 VGG16 모형의 이전학습과 딥러닝 모형의 성능향상을 위한 잔차연결(residual connection)을 이용할 것이다. 제9장에서 논의했듯이 딥러닝의 은닉층이 너무 많을 때, 잔차연결은 초기 은닉층의 모수사라짐을 방지하기 위해 초기 은닉층을 후반부 은닉층에 직접 연결하는 기법이다. 먼저 자료를 아래 주소에서 내려받도록 하자.

https://www.dropbox.com/s/0pigmmmynbf9xwq/dataset1.zip

내려받은 데이터 이름은 dataset1이며 경로 "C:/Users/ysp/Desktop/Deep Learning"에 저장하였다. dataset1은 annotations_prepped_train, annotations_prepped_test, image_prepped_train, 그리고 image_prepped_test 하위 폴더로 구성되어 있다. image_prepped는 확장자가 png인 이미지 데이터이고 annotations_prepped는 각 image_prepped 이미지에 나타난, 사람, 자동차 등의 총 12개의 이미지 객체 라벨을 붙인 이미지다. 예를 들어 정수 8은 자동차를 의미하고 이미지 내의 자동차 이미지를 정수 8로 표식(annotation)하므로 하나의 이미지에 0 ~ 11의 정수로 객체의 형태를 표식한 데이터가 annotations_prepped이다.

```
dir_data = "C:/Users/ysp/Desktop/Deep Learning/dataset1"
dir_seg = dir_data + "/annotations_prepped_train/"
dir_img = dir_data + "/images_prepped_train/"
```

아래 프로그램은 dir_img에 있는 자료를 all_img_paths에 저장하고 있으며 첫 5개의 자료를 출력해 보면 각 이미지 자료가 있는 path를 출력해 주는 것을 볼 수 있다. 그러므로 예를 들어, all_img_paths의 첫 번째 이미지를 불러내기 위해서는 all_img_paths[0].split('\\')[-1]로 하면 된다.

```
import glob, os
all_img_paths = glob.glob(os.path.join(dir_img, '*.png'))
all_img_paths[:5]
```

```
['C:/Users/ysp/Desktop/Deep Learning/dataset1/images_prepped_train\\0001TP_006690.png',
 'C:/Users/ysp/Desktop/Deep Learning/dataset1/images_prepped_train\\0001TP_006720.png',
 'C:/Users/ysp/Desktop/Deep Learning/dataset1/images_prepped_train\\0001TP_006750.png',
 'C:/Users/ysp/Desktop/Deep Learning/dataset1/images_prepped_train\\0001TP_006780.png',
 'C:/Users/ysp/Desktop/Deep Learning/dataset1/images_prepped_train\\0001TP_006810.png']
```

```
import glob, os
all_mask_paths = glob.glob(os.path.join(dir_seg, '*.png'))
all_mask_paths[:5]
```

```
['C:/Users/ysp/Desktop/Deep Learning/dataset1/annotations_prepped_train\\0001TP_006690.png',
 'C:/Users/ysp/Desktop/Deep Learning/dataset1/annotations_prepped_train\\0001TP_006720.png',
 'C:/Users/ysp/Desktop/Deep Learning/dataset1/annotations_prepped_train\\0001TP_006750.png',
 'C:/Users/ysp/Desktop/Deep Learning/dataset1/annotations_prepped_train\\0001TP_006780.png',
 'C:/Users/ysp/Desktop/Deep Learning/dataset1/annotations_prepped_train\\0001TP_006810.png']
```

아래 프로그램은 all_img_paths에 있는 첫 번째 이미지를 불러왔으며 0001은 교통표식의 label을 나타낸 것으로 0000 ~ 00011의 값을 갖는다.

```
all_img_paths[0].split('\\')[-1]
```

```
'0001TP_006690.png'
```

아래 프로그램은 x에 이미지 자료를 list로 저장하고 있다. 또한 각 x에 대응된 객체표식 이미지를 목적변수 y에 저장하기 위해 dir_seg에 dir_img에 있는 이미지(all_img_ paths[i].split('\\')[-1]) 주소를 연결하여 이미지와 표식이미지를 1:1로 대응시키고 있다. 특성변수 x는 image_prepped에 있는 이미지 데이터이고 y는 annotations_prepped에 있는 표식이미지 데이터이다. 총 관측치의 개수는 367개로 딥러닝을 적용하기에는 매우 적은 관측치임을 알 수 있다.

```
x = []
y = []
import cv2
for i in range(len(all_img_paths)):
    img = cv2.imread(all_img_paths[i])
    img = cv2.resize(img,(224,224))
    mask_path = dir_seg+all_img_paths[i].split('\\')[-1]
```

```
    img_mask = cv2.imread(mask_path)
    img_mask = cv2.resize(img_mask,(224,224))
    x.append(img)
    y.append(img_mask)

import numpy as np
print(np.array(y).shape)
print(np.array(x).shape)
```

```
(367, 224, 224, 3)
(367, 224, 224, 3)
```

다음 프로그램은 x와 y를 텐서 데이터로 전환하였고 y의 모든 pixel값은 0 ~ 11의 정수값으로 구성되었다는 것을 확인할 수 있다. 세 번째 목적변수 y[2]는 1, 0, 3, 8 차례로 픽셀의 크기를 차지하고 있는 표식이미지임을 보여주고 있다.

```
from collections import Counter
import matplotlib.pyplot as plt
x = np.array(x)
y = np.array(y)
print(np.unique(y))
print(Counter(y[2].flatten()))
```

```
[ 0  1  2  3  4  5  6  7  8  9 10 11]

Counter({1: 61341, 0: 21456, 3: 19554, 8: 14874, 4: 11745, 11: 8673, 6: 5469,
5: 2472, 9: 2094, 2: 2079, 7: 393, 10: 378})
```

아래 프로그램은 자동차이미지(y==8)이면 1.0으로 y1 값을 지정하고 아니면 0.으로 지정하여 새로운 목적변수 y1을 정의하고 있다. 일반적으로 y1을 1 또는 0으로 이항변수값인 정수값으로 하지 않은 이유는 y1 = 0 또는 1이면 plt.imshow()는 검은색만 보이게 되기 때문이다(0에 가까운 숫자는 검은색이고 255이면 흰색이기 때문). 그러나 0.과 1.으로 값을 부여하면 plt.imshow()는 실수로 인식하게 된다. 즉, 0.에 가까우면 검은색, 1.에 가까우면 흰색으로 인식하여 y1을 시각적으로 아래 프로그램과 같이 인식할 수 있기 때문이다.

x는 원래의 이미지이고 y는 표식이미지, 그리고 y1은 자동차 흑백이미지이다. y는 0 ~ 11의 정수이므로 검은색에 가까운 이미지(seg_image)를 보여 주고 있고 이 중 정수 8을 추출한 것이 Masked_image이다.

```
y1 = np.where(y==8,1.,0.)
import matplotlib.pyplot as plt
%matplotlib inline
plt.subplot(131)
plt.imshow(x[2])
plt.title('Original image')
plt.subplot(132)
plt.imshow(y[2])
plt.title('seg_image')
plt.subplot(133)
plt.imshow(y1[2])
plt.title('Masked image')
plt.show()
```

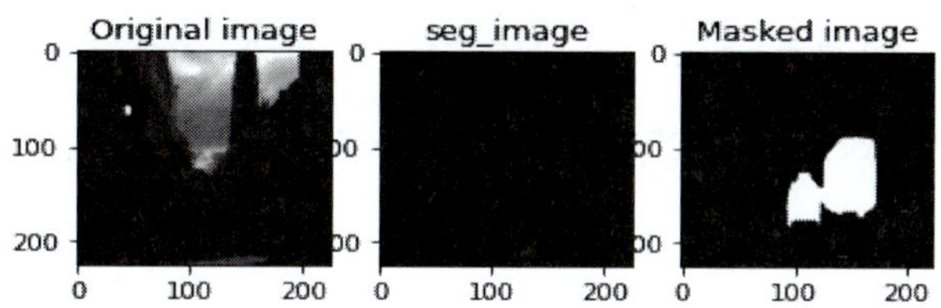

y1은 컬러이미지이지만 각 이미지는 컬러(rgb channel)에 관계없이 동일한 위치에 동일한 픽셀값(즉, 0. 또는 1.)을 가지고 있으므로 y1의 마지막 축인 channel을 하나로 줄일 필요가 있다. 아래 프로그램은 첫 번째 channel로 만들어진 최종 목적변수로 크기가 (367,224,224,1)인 4D텐서 y2를 만들고 있다.

```
x = np.array(x)
y2 = np.array(y1)[:,:,:,0]
y2 = y2.reshape(y2.shape[0],y2.shape[1],y2.shape[2],1)
```

```
print(x.shape, y2.shape)
x=x/255
```

```
(367, 224, 224, 3) (367, 224, 224, 1)
```

367개의 이미지 자료를 사전학습된 VGG16 모형에 이전학습하기 위해 아래와 같이 VGG16 모형을 호출하였고 VGG16 모형 내의 학습된 모수를 이용하여 367개 자료의 은닉층의 값을 산출해야 하기 때문에 base_vgg16.trainable=False를 부여하고 있다.

```
from tensorflow.keras.applications.vgg16 import VGG16
base_vgg16 = VGG16(input_shape = (224,224,3), include_top = False, weights = 'imagenet')
base_vgg16.trainable = False
```

다음 프로그램은 367개 이미지를 VGG16 모형에 적용하여 VGG16 모형의 "block1_conv2", "block2_conv2", "block3_conv3", "block4_conv3", "block5_conv3" 은닉층의 값을 산출하는 프로그램이다.

```
from tensorflow.keras.layers import Input, Conv2D, MaxPooling2D,UpSampling2D, Dropout,
                                        concatenate, BatchNormalization
from tensorflow.keras.optimizers import Adam
from tensorflow.keras.models import Model

conv1 =
Model(inputs=base_vgg16.input,outputs=base_vgg16.get_layer('block1_conv2').output).output
conv2 =
Model(inputs=base_vgg16.input,outputs=base_vgg16.get_layer('block2_conv2').output).output
conv3 =
Model(inputs=base_vgg16.input,outputs=base_vgg16.get_layer('block3_conv3').output).output
conv4 =
```

```
Model(inputs=base_vgg16.input,outputs=base_vgg16.get_layer('block4_conv3').output).output
drop4 = Dropout(0.5)(conv4)
conv5 =
Model(inputs=base_vgg16.input,outputs=base_vgg16.get_layer('block5_conv3').output).output
drop5 = Dropout(0.5)(conv5)
```

이미 CNN에서 설명하였듯이 CNN의 은닉층은 입력층에 가까울수록 이미지의 엣지나 경계선 등 일반화가 용이한 이미지의 기초요소를 주로 표현하고, 출력층에 가까우면 개나 고양이 같은 구체적인 이미지를 표현한다. 그러나 VGG16에서의 은닉층의 개수가 18개에 이르고 367개의 이미지를 인식하기 위해 이 18개의 은닉층에 또 다른 은닉층을 추가적으로 쌓게 되면 conv1의 정보손실은 conv5의 정보손실보다 더 크게 된다. 그 이유는 backpropagation에 의해 출력층에 가장 가까운 은닉층의 모수를 최신화하고 차례로 가까운 순으로 은닉층의 모수를 최신화하므로, 출력층에서 가장 먼 은닉층의 모수는 최신화 정도가 아주 적거나 없을 가능성이 높아지게 되기 때문이다. 이를 방지하기 위한 방법 중의 하나가 초기 은닉층의 출력값을 출력층에 가까운 후기 은닉층에 직접 연결하는 잔차연결(residual connection)이다.

```
up6 = Conv2D(512, 2, activation = 'relu', padding = 'same',
kernel_initializer='he_normal')(UpSampling2D(size =(2,2))(drop5))
merge6 = concatenate([drop4,up6], axis = -1)

conv6 = Conv2D(512, 3, activation = 'relu', padding = 'same',
kernel_initializer='he_normal')(merge6)
conv6 = Conv2D(512, 3, activation = 'relu', padding = 'same',
kernel_initializer='he_normal')(conv6)
conv6 = BatchNormalization()(conv6)
up7 = Conv2D(256, 2, activation = 'relu', padding = 'same',
kernel_initializer='he_normal')(UpSampling2D(size =(2,2))(conv6))
merge7 = concatenate([conv3,up7], axis = -1)
```

```
conv7 = Conv2D(256, 3, activation = 'relu', padding = 'same',
kernel_initializer='he_normal')(merge7)
conv7 = Conv2D(256, 3, activation = 'relu', padding = 'same',
kernel_initializer='he_normal')(conv7)
conv7 = BatchNormalization()(conv7)
up8 = Conv2D(128, 2, activation = 'relu', padding = 'same',
kernel_initializer='he_normal')(UpSampling2D(size =(2,2))(conv7))
merge8 = concatenate([conv2,up8],axis = -1)
conv8 = Conv2D(128, 3, activation = 'relu', padding = 'same',
kernel_initializer='he_normal')(merge8)
conv8 = Conv2D(128, 3, activation = 'relu', padding = 'same',
kernel_initializer='he_normal')(conv8)
conv8 = BatchNormalization()(conv8)

up9 = Conv2D(64, 2, activation = 'relu', padding = 'same',
kernel_initializer='he_normal')(UpSampling2D(size =(2,2))(conv8))
merge9 = concatenate([conv1,up9], axis = -1)
conv9 = Conv2D(64, 3, activation = 'relu', padding = 'same',
kernel_initializer='he_normal')(merge9)
conv9 = Conv2D(64, 3, activation = 'relu', padding = 'same',
kernel_initializer='he_normal')(conv9)
conv9 = Conv2D(64, 3, activation = 'relu', padding = 'same',
kernel_initializer='he_normal')(conv9)
conv9 = BatchNormalization()(conv9)

conv10 = Conv2D(1, 1, activation = 'sigmoid')(conv9)
```

위 프로그램을 설명하기 위해 아래에 제공된 model.summary()를 이용하기로 하자. 우리가 가지고 있는 367개 각각의 이미지는 (224,224,3)인 3D텐서이므로 VGG16에 (224,224,3) 3D텐서를 입력하고 최종적으로 VGG16의 "dropout_2"(은닉층명 drop5)에 의해 (14,14,512) 3D텐서를 출력하고 있다. 목적변수 y2의 크기가 (224,224,1)이므로 28×28 픽셀의 크기를 224×224까지 증가시켜야 한다. 픽셀의 크기를 증가시키는 가장 단순한 방법은 upsampling이다. UpSampling2D(size=(2,2))는 단순하게 행과 열을 2배로 증가시키는 함수이다. 예를 들어,

$$\begin{pmatrix} 1\,2 \\ 3\,4 \end{pmatrix}$$

에 UpSampling2D(size=(2,2)) 함수를 적용하면 각 행을 2번씩 복사한 후 각 열을 2번씩 복사하여

$$\begin{pmatrix} 1\,1\,2\,2 \\ 1\,1\,2\,2 \\ 3\,3\,4\,4 \\ 3\,3\,4\,4 \end{pmatrix}$$

을 출력하게 된다. 그러므로 UpSampling2D(size(3,4))를 적용하면 각 행을 3번씩 복사하고 각 열은 4번씩 복사하게 되어 2×2 행렬을 6×8 행렬로 만들게 된다. 이러한 단순한 Upsampling 대신에 조금 더 정교한 upsampling은 Transpose convolution이며 이에 대한 자세한 논의는 제18장에서 자세하게 논의하게 될 것이다. merge6, merge7, merge8, merge9은 잔차연결이며 잔차연결은 마지막 축인 channel(batch 축을 포함하여 axis=3, 또는 axis=-1)을 cancatenate하고 있다. 예를 들어, conv3가 (56,56,256)이고 up7도 (56,56,256)이므로 merge7은 (56,56, 512)가 된다. 최종출력인 conv10의 출력은 (224,224,1)이고 activation='sigmoid'에 의해 224×224 셀 각각은 0 ~ 1이 출력된다.

Batch normalization의 모수는 alpha 그리고 beta(5.4.3절 참조)로 2개이지만, normalization을 위한 평균과 분산까지 합하여 채널별로 4개의 모수가 필요하다. 물론 채널별 평균과 분산은 학습되지 않고(nontrainable), 자료를 기초로 표본평균과 표본분산으로 계산된다. 예를 들어,

```
conv9=BatchNormalization(conv9)
```

에서 conv9의 크기는 (224,224,64)이므로 $64 \times 4 = 256$개의 모수가 필요하게 된다.

```
model = Model(input = base_vgg16.input, output = conv10)
model.summary()
```

```
Layer (type)                  Output Shape           Param #   Connected to
==================================================================================
input_1 (InputLayer)          (None, 224, 224, 3)       0
__________________________________________________________________________________
```

block1_conv1 (Conv2D)	(None, 224, 224, 64)	1792	input_1[0][0]
block1_conv2 (Conv2D)	(None, 224, 224, 64)	36928	block1_conv1[0][0]
block1_pool (MaxPooling2D)	(None, 112, 112, 64)	0	block1_conv2[0][0]
block2_conv1 (Conv2D)	(None, 112, 112, 128	73856	block1_pool[0][0]
block2_conv2 (Conv2D)	(None, 112, 112, 128)	147584	block2_conv1[0][0]
block2_pool (MaxPooling2D)	(None, 56, 56, 128)	0	block2_conv2[0][0]
block3_conv1 (Conv2D)	(None, 56, 56, 256)	295168	block2_pool[0][0]
block3_conv2 (Conv2D)	(None, 56, 56, 256)	590080	block3_conv1[0][0]
block3_conv3 (Conv2D)	(None, 56, 56, 256)	590080	block3_conv2[0][0]
block3_pool (MaxPooling2D)	(None, 28, 28, 256)	0	block3_conv3[0][0]
block4_conv1 (Conv2D)	(None, 28, 28, 512)	1180160	block3_pool[0][0]
block4_conv2 (Conv2D)	(None, 28, 28, 512)	2359808	block4_conv1[0][0]
block4_conv3 (Conv2D)	(None, 28, 28, 512)	2359808	block4_conv2[0][0]
block4_pool (MaxPooling2D)	(None, 14, 14, 512)	0	block4_conv3[0][0]
block5_conv1 (Conv2D)	(None, 14, 14, 512)	2359808	block4_pool[0][0]
block5_conv2 (Conv2D)	(None, 14, 14, 512)	2359808	block5_conv1[0][0]
block5_conv3 (Conv2D)	(None, 14, 14, 512)	2359808	block5_conv2[0][0]
dropout_2 (Dropout)	(None, 14, 14, 512)	0	block5_conv3[0][0]
up_sampling2d_1 (UpSampling2D)	(None, 28, 28, 512)	0	dropout_2[0][0]
dropout_1 (Dropout)	(None, 28, 28, 512)	0	block4_conv3[0][0]
conv2d_1 (Conv2D)	(None, 28, 28, 512)	1049088	up_sampling2d_1[0][0]
concatenate_1 (Concatenate)	(None, 28, 28, 1024)	0	dropout_1[0][0] conv2d_1[0][0]
conv2d_2 (Conv2D)	(None, 28, 28, 512)	4719104	concatenate_1[0][0]
conv2d_3 (Conv2D)	(None, 28, 28, 512)	2359808	conv2d_2[0][0]
batch_normalization_1 (BatchNor	(None, 28, 28, 512)	2048	conv2d_3[0][0]
up_sampling2d_2 (UpSampling2D)	(None, 56, 56, 512)	0	batch_normalization_1[0][0]
conv2d_4 (Conv2D)	(None, 56, 56, 256)	524544	up_sampling2d_2[0][0]
concatenate_2 (Concatenate)	(None, 56, 56, 512	0	block3_conv3[0][0]
conv2d_5 (Conv2D)	(None, 56, 56, 256)	1179904	concatenate_2[0][0]
conv2d_6 (Conv2D)	(None, 56, 56, 256)	590080	conv2d_5[0][0]
batch_normalization_2 (BatchNor	(None, 56, 56, 256)	1024	conv2d_6[0][0]
up_sampling2d_3 (UpSampling2D)	(None, 112, 112, 256	0	batch_normalization_2[0][0]

```
conv2d_7 (Conv2D)              (None, 112, 112, 128   131200  up_sampling2d_3[0][0]
concatenate_3 (Concatenate)    (None, 112, 112, 256        0  block2_conv2[0][0]
                                                              conv2d_7[0][0]
conv2d_8 (Conv2D)              (None, 112, 112, 128   295040  concatenate_3[0][0]
conv2d_9 (Conv2D)              (None, 112, 112, 128   147584  conv2d_8[0][0]
batch_normalization_3 (BatchNor (None, 112, 112, 128     512  conv2d_9[0][0]
up_sampling2d_4 (UpSampling2D) (None, 224, 224, 128        0  batch_normalization_3[0][0]
conv2d_10 (Conv2D)             (None, 224, 224, 64)    32832  up_sampling2d_4[0][0]
concatenate_4 (Concatenate)    (None, 224, 224, 128        0  block1_conv2[0][0]
                                                              conv2d_10[0][0]
conv2d_11 (Conv2D)             (None, 224, 224, 64)    73792  concatenate_4[0][0]
conv2d_12 (Conv2D)             (None, 224, 224, 64)    36928  conv2d_11[0][0]
conv2d_13 (Conv2D)             (None, 224, 224, 64)    36928  conv2d_12[0][0]
batch_normalization_4          (BatchNor (None, 224, 224, 64)256  conv2d_13[0][0]
conv2d_14 (Conv2D)             (None, 224, 224, 1)        65  batch_normalization_4[0][0]
==========================================================================================
Total params: 25,895,425
Trainable params: 25,893,505
Non-trainable params: 1,920
```

위 모형의 아키텍처에서 최초 18개의 은닉층은 이미 학습된 VGG16 모형의 모수를 통한 출력을 이용하므로 다음과 같이 모수를 고정(freeze)해야 한다.

```
for layer in model.layers[:18]:
    layer.trainable = False
```

아래 프로그램에서 볼 수 있듯이 목적변수 y2는 (224,224,1) 3D텐서이고 입력자료 x로부터 최종출력은 (224,224,1)이다. y2의 픽셀값은 1 또는 0이므로 224×224 각 셀에 대해 binary crossentropy 손실함수를 적용하게 된다. 물론 최종 손실함수는 224×224개 binary crossentropy 손실함수의 평균이다. 224×224의 각 셀마다 1 또는 0으로 클래스를 분류해야 하므로 픽셀의 크기가 커야 좋은 결과를 얻을 수 있다. 이는 제6장과 다른 관점이다. 제6장에서는 이미지 전체를 1 또는 0으로 분류하는 문제로 픽셀의 크기가 작아야 좋은 성능을 기대할 수 있었다.

```
model.compile(optimizer=Adam(1e-3, decay = 1e-6),
              loss='binary_crossentropy', metrics = ['accuracy'])

history = model.fit(x,y2,epochs=10,batch_size=1,validation_split=0.1)
```

```
Train on 330 samples, validate on 37 samples
Epoch 9/10
330/330 [==============================] - 319s 968ms/step - loss: 0.0331 - accuracy: 0.9899 - val_loss: 0.0795 - val_accuracy: 0.9839
Epoch 10/10
330/330 [==============================] - 319s 966ms/step - loss: 0.0324 - accuracy: 0.9900 - val_loss: 0.0647 - val_accuracy: 0.9847
```

비록 367개의 이미지 자료에 불과하지만 이전학습과 잔차연결을 이용하여, 98.5%의 정밀도를 보여 성공적으로 자동차를 인식하고 있음을 보여주고 있다.

10.3 객체의 의미분할

객체의 의미분할(semantic segmentation of objects)은 객체분할(instance segmentation)의 일반화로 생각하면 쉽게 이해할 수 있다. 즉, 논리적으로 2개 이상의 객체분할이 객체의 의미분할로 해석할 수 있다. 객체분할에서 자동차 label이 8이면 1, 그렇지 않으면 0을 부여한 (224,224,1)인 channel이 하나인 목적변수 y2를 생성한 바 있다. 만약 객체가 12개 있다면 channel을 12개로 늘려서 (224,224,12)로 목적변수를 정의하면 된다. 물론 각 channel은 해당 객체에 따라 1 또는 0값을 갖도록 한다. 이러한 목적변수의 구성으로 손실함수는 categorical crossentropy가 되며, 224×224개의 각 셀에는 12개의 channel이 존재하므로 categorical crossentropy에 대응하는 softmax 함수에 의해 각 셀이 12개 channel 각각에 포함될 확률을 부여하게 된다. 그러므로 손실함수는 224×224개의 categorical crossentropy의 평균이 된다.

아래 프로그램에서는 특성변수 x와 목적변수 y를 정의하고 있다. cv2.imread는 자료를 rgb 형식으로 3개의 channel을 가진 4D텐서 형태로 출력하지만 imageio.imread는 확장자가 png로 끝나는 이미지 자료 형태로 읽고 출력하여 아래 프로그램에서 볼 수 있듯이 3D텐서 자료로 출력하여 준다. y변수가 3D텐서로 출력되어야만 12개의 channel을 가진 목적변수를 만들 수 있기 때문이다. 아래 출력결과에서 볼 수 있듯이 x는 (367,224,224,3) 4D텐서이고, y는 (367,224,224) 3D텐서 이미지 자료이다.

```
import cv2
import imageio
for i in range(len(all_img_paths)):
  img = cv2.imread(all_img_paths[i])
  img = cv2.resize(img,(224,224))
  mask_path = dir_seg+all_img_paths[i].split('₩₩')[-1]
  img_mask = imageio.imread(mask_path)    # Changed to skimage read
  img_mask = cv2.resize(img_mask,(224,224))
  x.append(img)
  y.append(img_mask)

import numpy as np
print(np.array(y).shape)
print(np.array(x).shape)
```

```
(367, 224, 224)
(367, 224, 224, 3)
```

아래 프로그램은 원래 이미지 x와 표식이미지 y를 보여주고 있다.

```
import matplotlib.pyplot as plt
plt.subplot(121)
plt.imshow(x[2])
plt.title('Original image')
plt.subplot(122)
plt.imshow(y[2])
plt.title('seg_image')
```

```
plt.show()
```

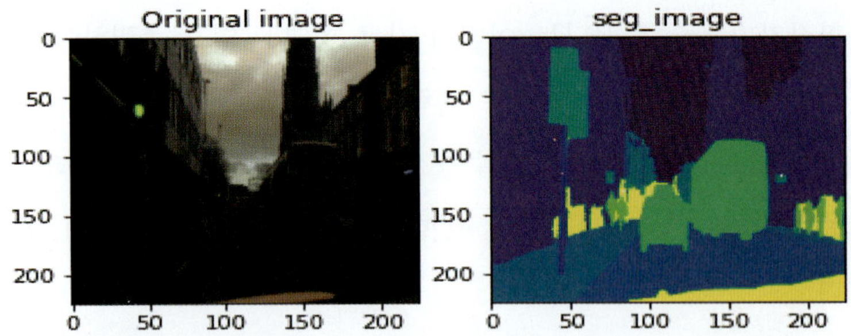

아래 프로그램은 목적변수 y2를 만들어 주는 함수 getsegnum을 정의하고 있다. y를 하나씩 입력시켜서 0 ~ 11까지의 label에 따라 대응하는 channel에 label의 형태와 존재여부를 나타내는 1 또는 0으로 값을 부여하고 있다. 참고로 y[2]가 0 ~ 11의 숫자로 구성되어 있다.

```
def getsegnum(img):
  seg_labels = np.zeros((224, 224, 12))
  for c in range(12):
    seg_labels[: , : , c ] = (img == c ).astype(int)
  return seg_labels

y2 = []
for i in range(len(y)):
  y2.append(getsegnum(y[i]))
```

아래 프로그램에 의해 x는 (367,224,224,3) 4D텐서로 전환하였으며 최종 목적변수 y2는 (367,224,224,12)인 4D텐서로 정의되었다. y2의 각 channel은 1 또는 0 값을 갖는다는 것을 확인할 수 있다.

```
x = np.array(x)/255
y2 = np.array(y2)
print(x.shape, y2.shape)
print(np.unique(y2))
```

```
(367, 224, 224, 3) (367, 224, 224, 12)
[0. 1.]
```

이제 X와 y2를 이용하여 모형을 적용하고 12개의 객체를 인식해 보도록 하자. 10.2절 프로그램과 비교하여 conv10만 제외하고 동일하다. 즉,

```
conv10 = Conv2D(1, 1, activation = 'sigmoid')(conv9)
```

을

```
conv10 = Conv2D(12, 1, activation = 'softmax')(conv9)
```

으로 수정하면 된다. 최종 출력이 12개의 클래스이므로 최종 층인 conv10의 노드 수는 12이고 활성함수는 softmax 함수이기 때문이다.

아래의 결과에 의해 약 82%의 정밀도를 보여주고 있으며 약간의 과대적합문제가 발생하고 있음을 확인할 수 있다.

```
model.compile(optimizer=Adam(1e-3, decay = 1e-6),
              loss='categorical_crossentropy', metrics = ['accuracy'])
history = model.fit(x,y2,epochs=10,batch_size=1,validation_split=0.1)
```

```
Epoch 9/10
330/330 [==============================] - 336s 1s/step - loss: 0.3775 - accuracy: 0.8922 - val_loss: 0.8100 - val_accuracy: 0.7839
Epoch 10/10
330/330 [==============================] - 336s 1s/step - loss: 0.3650 - accuracy: 0.8953 - val_loss: 0.6852 - val_accuracy: 0.8048
```

시험데이터를 이용한 예측을 위해 맨 마지막 2개의 자료를 입력하여 아래와 같이

예측값 y_pred를 출력한다. y_pred의 크기는 (2,224,224,12) 맨 마지막 축인 channel에 확률값이 있으며 224×224 각 셀별로 12개의 channel의 합은 1이 되므로 np.argmax(y_pred, axis=-1)은 각 셀별로 가장 큰 확률을 가진 channel 인덱스를 출력하게 된다. 그러므로 y_predi의 크기는 (2,224,224)이 된다. 동일하게 목적변수 y2도 각 셀별로 1을 가진 channel 인덱스를 추출하여 총 2×224×224개의 셀 중 얼마나 일치하는지를 점검한 결과(np.mean(y_predi==y_test)), 약 81.4%의 일치성을 보여주고 있다.

```
y_pred = model.predict(x[-2:])
y_predi = np.argmax(y_pred, axis=-1)
y_testi = np.argmax(y2[-2:], axis=-1)

np.mean(y_predi == y_testi)
```

```
0.813835299744898
```

다음 프로그램에 의해 실제 이미지, marked 이미지, 그리고 예측된 marked 이미지를 보여주고 있다.

```
import matplotlib.pyplot as plt
plt.subplot(131)
plt.imshow(x[-1])
plt.title('Original image')
plt.subplot(132)
plt.imshow(y[-1])
plt.title('seg_image')
plt.subplot(133)
plt.imshow(y_predi[-1])
plt.title('Predicted seg_image')
plt.show()
```

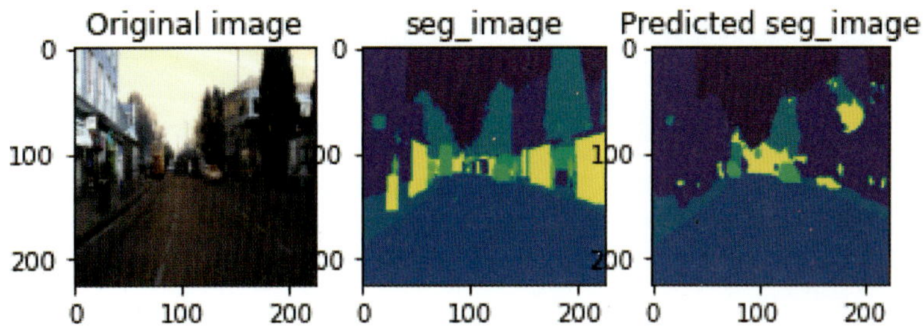

다음 그림은 이 절에서 정의한 CNN 아키텍처 일부를 보여주고 있다.

```
from tensorflow.keras.utils import plot_model
plot_model(model, show_shapes=True, show_layer_names=True, to_file='model.png')
from IPython.display import Image
Image(retina=True, filename='model.png')
```

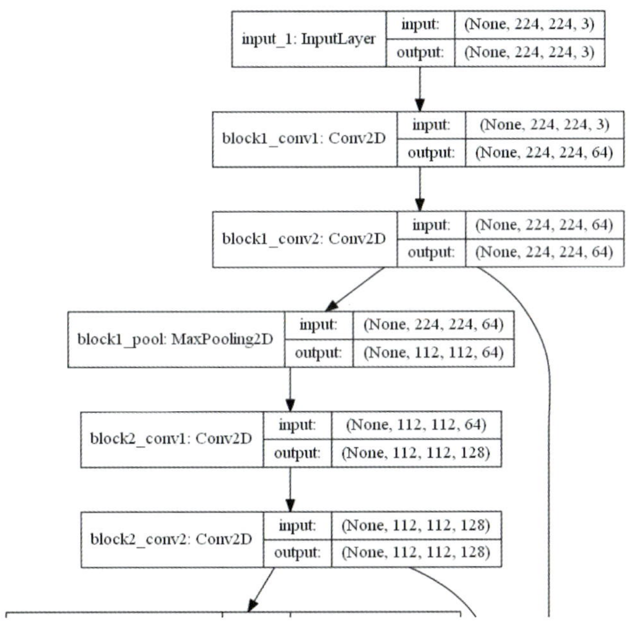

11장

이미지 객체인식과 위치화

컴퓨터 비전에는 이미지 분류(image classification), 이미지 분할(image segmentation), 객체탐지(object detection) 등으로 구분할 수 있다. 이미지 분류는 이미지 내 객체를 분류하는 것으로 제10장 교통표식의 식별이 대표적이다. 이미지 분할은 제10장의 객체분할(instance segmentation)과 객체의 의미분할(semantic segmentation of objects)이 대표적인 예로, 이미지 자료의 픽셀별로 라벨(label)을 부여하여 객체의 형태(shape)를 파악하는 것이 목적이다. 한편, 객체탐지는 이미지 내에 있는 객체의 분류와 객체를 둘러싸고 있는 정밀한 사각박스를 그려 객체를 탐지하는 것이 목적이다.

따라서 객체의 의미분할과 객체탐지는 거의 비슷한 컴퓨터 비전 분야이지만, 객체의 의미분할은 사람, 건물, 자동차 등 일반명사적으로 객체를 분류하고, 객체탐지는 A라는 사람인지를 분류할 수 있다는 차이점이 있다. 또한, 객체의 의미분할은 객체의 구체적 형태(shape)를 구현해야 하기 때문에 학습자료의 준비에 많은 비용이 들지만, 객체탐지는 이미지 내의 각 객체를 둘러싼 사각박스의 좌표만 필요하므로 학습자료의 준비가 비교적 쉽고 학습된 모형을 실시간으로 적용할 수 있다는 장점을 가지고 있다. 이러한 이유로 객체탐지는 자율자동차, 감시카메라 등과 같이 실시간 객체탐지가 필요한 분야에 사용되고 있다.

자율자동차의 경우, 객체의 탐지와 위치화를 빠르고 정확하게 해야 자동차로부터 객체의 거리 및 방향을 측정할 수 있기 때문에, 이미지 내의 객체를 인지(recognition)하고 분류(classification)하는 것뿐만 아니라, 객체를 적절한 사각형 박스로 위치화하는 것이 필수적이다. 이를 위해 이미지 분류뿐만 아니라 이미지 내에 매우 정밀한(tight) 사각박스(bounding box)를 그려야 한다. 사각박스는 $(x, y, width, height)$로 정의되어 있으며 $(x,y)=(0,0)$은 이미지 최상단 왼쪽 코너를 의미한다. 이미지 분류와 위치화를 위해 R-CNN(region proposal based CNN)과 YOLO(you only look once)를 논의하고자 한다.

11.1 R-CNN(Regional Proposal based CNN)

R-CNN은 <그림 11-1>과 같이 객체를 둘러싼 사각박스를 추정하고, 사각박스 안 객체클래스의 라벨(비행기, 요트 등)의 분류를 목적으로 한다. 따라서 목적변수는 객체를 둘러싼 사각박스의 왼쪽상단 좌표 (x_1, y_1)과 오른쪽 하단좌표 (x_2, y_2), 그리고 사각박스 내 객체의 라벨이 된다. 이렇게 정의된 목적변수를 딥러닝 모형으로 구현할 수 있는 가장 간단한 방법은 사각박스 이미지를 하나씩 떼어내서(<그림 11-1>에서 4개의 사각박스를 하나씩 떼어내서) VGG16이나 ResNet과 같은 사전 학습모형에 입력하여 FC 층 직전의 CNN 층 특성맵으로 전환한 후, 이 특성맵을 입력변수로 하여 객체의 라벨을 분류하기 위한 딥러닝층과 사각박스 좌표를 예측하는 딥러닝층을 추가한 모형을 고려할 수 있다. 그러나 이러한 접근 방법은 입력변수로 이용한 특성맵이 사각박스의 위치정보를 갖지 못하고 <그림 11-1>과 같이 서로 다른 크기의 요트로 인해 같은 라벨의 사각박스 크기가 다르기 때문에 성능이 낮은 모형의 원인이 된다.

그림 11-1 객체탐지를 위한 참사각박스(ground truth)
(이미지 출처: https://medium.com/swlh/object-detection-and-instance-segmentation-a-detailed-overview-94ca109274f2)

R-CNN은 이러한 문제를 해결하기 위해 참사각박스별로 다수의 anchor(즉, 후보박스)를 도입하게 된다. 아래 <그림 11-2>는 자동차의 참사각박스와 2개의 anchor를 보여주고 있다. 자동차를 정밀하게 둘러싸고 있는 사각박스가 참사각박스이다. 참사각박스와 anchor들 간의 좌표차를 구하고 각 anchor에 참사각박스의 라벨을 부여하여 목적변수를 정의한다. <그림 11-2>에서 anchor가 2개이므로 2쌍의 목적변수가 만들어진다. R-CNN에서는 참사각박스를 사전학습모형에 입력하는 대신, anchor의 이미지를 사전학습모형에 입력하여 만든 출력 특성맵을 만든 후, 이 특성맵을 분류와 회귀 딥러닝 모형에 입력하여 학습시키는 객체탐지모형이다.

따라서 R-CNN 모형은 비교적 간단한 딥러닝 모형이지만 특성맵과 목적변수를 정의하는 데 복잡한 과정을 거쳐야 한다. R-CNN 모형에서 특성맵을 만들기 위한 anchor의 생성은 select-search 함수를 이용한다. select-search 함수는 표본이미지가 입력되면 컬러, 색감(texture), 이미지 크기, 명암, 이미지 형태 등으로 anchor(즉, 사각박스)들을 만들어 내는 알고리즘이다. select-search 함수는 표본이미지별로 많

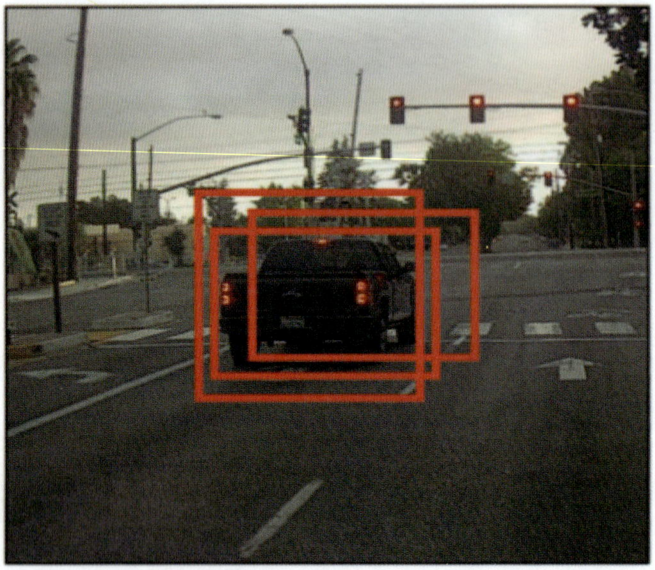

그림 11-2 참사각박스(ground truth)와 2개의 anchors
(이미지 출처: https://medium.com/swlh/object-detection-and-instance-segmentation-a-detailed-overview-94ca109274f2)

게는 수천 개의 anchor들을 만들기 때문에 참사각박스에 근접한 anchor들을 선택하여야 한다. anchor들의 선택은 소위 IoU(intersection over union)를 이용하는데, IoU의 정의는 <그림 11-3>과 같이 참사각박스와 anchor가 겹치는 비율로 정의된다.

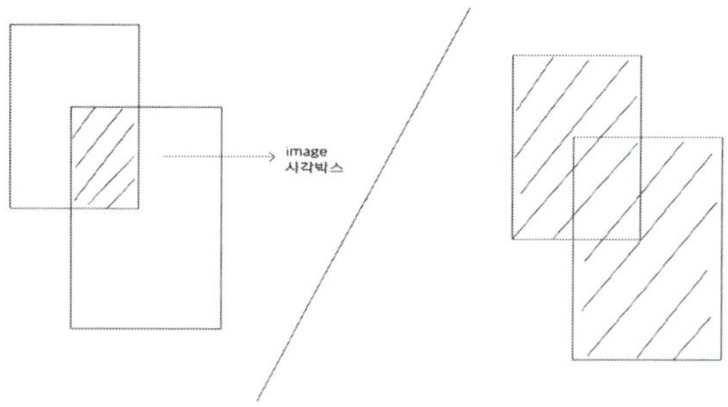

그림 11-3 IoU의 계산

각 참사각박스별로 일정한 값 이상의 IoU를 가진 anchor들만 모아서 사전학습모형에 입력하여 R-CNN의 특성맵을 만들게 된다. 여기에서 특성맵이란 사전학습모형에서 출력된 3D텐서를 말한다. 지금까지 논의한 R-CNN 모형을 정리하면 <그림 11-4>와 같다.

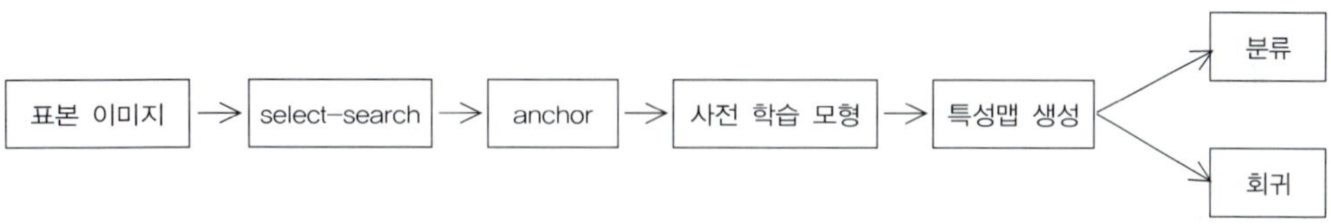

그림 11-4 R-CNN 모형의 구조

<그림 11-4>에서 사전학습모형 대신 맞춤형 딥러닝 모형을 사용해도 된다. 일반적인 딥러닝 모형에서는 표본이미지 하나에 하나의 특성맵이 만들어지지만, R-CNN에서는 표본이미지당 여러 개의 anchor들이 존재하므로 <그림 11-4>에서의 특성맵은 선택된 anchor 수만큼 특성맵이 만들어진다. 즉 <그림 11-4>에서 표본이미지 하나가 입력되면 이미지 내의 참사각박스 수와 참사각박스별 anchor들의

수에 의존하여 표본특성맵이 생성된다. 이처럼 anchor의 도입으로 표본수를 대폭 늘리는 효과 덕분에 기존의 anchor가 없는 객체탐지 모형에 비해 R-CNN의 성능이 매우 우수한 것으로 나타났다.

<그림 11-4>의 R-CNN 모형을 학습시킨 후, 새로운 이미지를 R-CNN 모형에 입력하면 이미지 내의 객체별로 다수의 사각박스(anchor를 수정한 사각박스)가 출력되게 된다. 객체별로 오직 하나의 사각박스가 필요하므로 소위 NMS(non-maximum suppression)로 이 문제를 해결하게 된다. NMS의 원리는 비교적 간단하다. 출력된 모든 사각박스를 클래스 확률을 기준으로 내림차순으로 정리한 후, 가장 큰 확률을 가진 사각박스와 다른 사각박스와의 IoU를 구한다. IoU가 일정값(0.5 ~ 0.9) 이상인 사각박스를 제거하고 가장 큰 확률을 가진 사각박스는 저장한다. IoU가 일정 수준 이상인 사각박스는 가장 큰 확률을 가진 사각박스와 동일한 객체를 둘러싼 사각박스로 판단하기 때문이다. 나머지 사각박스에 대해서 동일한 절차를 반복하며 사각박스가 더 이상 남지 않을 때까지 반복하여 최종적으로 저장된 사각박스만을 출력한다.

지금까지 설명한 객체식별과 위치화를 프로그램으로 구현하여 보자. 이 프로그램은 해설을 추가하고 일부 프로그램의 수정이 있지만 Ayyadevara(2019)를 참고로 작성한 것이다. 인터넷에서 파일을 직접 받기 위해 Windows 10에 wget을 설치해야 한다.

https://eternallybored.org/misc/wget/

에서 wget을 내려받고

c:\windows\system32

에 저장하면 된다. 아래 프로그램과 같이 자료의 확장자가 tar이므로, tar 아카이브를 현재 디렉토리에 풀기 위해 !tar xvf VOCtrainval_11-May-2012.tar을 입력하고 실행해야 한다. 그러면 현재 프로그램이 실행되고 있는 디렉토리에 VOCdevkit 폴더가 생성되고 데이터가 저장된 것을 확인할 수 있을 것이다.

```
!wget http://host.robots.ox.ac.uk/pascal/VOC/voc2012/VOCtrainval_11-May-2012.tar
!tar xvf VOCtrainval_11-May-2012.tar
```

selection_search( ) 함수를 실행하기 위해 pip를 이용하여 다음을 설치하여야 한다.

pip install selectivesearch

selection_search( ) 함수에 이미지를 입력하면 아래 그림과 같이 anchor들을 만들어 낸다.

아래 프로그램과 같이 자료분석에 필요한 라이브러리 및 함수를 호출한다.

```
import matplotlib.pyplot as plt
%matplotlib inline
import tensorflow as tf
config = tf.compat.v1.ConfigProto()
config.gpu_options.allow_growth=True
```

```
sess = tf.compat.v1.Session(config=config)
import json, scipy, os
import numpy as np, pandas as pd
import argparse, time, sys, gc, cv2

import xmltodict
from copy import deepcopy
import selectivesearch
```

아래 프로그램은 VOCdevkit/VOC2012/Annotations 폴더에 저장된 list 10개를 출력한 결과 확장자가 xml인 것을 볼 수 있고 총 파일의 개수가 17,125개라는 것을 확인할 수 있다.

```
xmls_root ="VOCdevkit/VOC2012/"          # Path to the root folder of rtaining data
                                         # to be provided here
annotations = xmls_root + "Annotations/"
jpegs = xmls_root + "JPEGImages/"
XMLs = os.listdir(annotations)
print(XMLs[:10]); print(len(XMLs))
```

```
['2007_000027.xml', '2007_000032.xml', '2007_000033.xml', '2007_000039.xml',
'2007_000042.xml', '2007_000061.xml', '2007_000063.xml', '2007_000068.xml',
'2007_000121.xml', '2007_000123.xml']
17125
```

아래 프로그램은 IoU를 계산하고 selective_search( ) 함수를 이용하여 입력이미지에 대응하는 anchor들을 만드는 함수를 정의하고 있다. 먼저 extract_iou2( )는 $(x, y, width, height)$로 입력된 anchor(프로그램에서 candidate)와 이미지 객체를 둘러싸고 있는 참사각박스(프로그램에서 current_y)의 IoU를 계산하여 IoU를 반환한다. 참사각박스(current_y)는 xml 파일에서 실수값 $(x_{\min}, y_{\min}, x_{\max}, y_{\max})$으로 제공된다. img_shape은 입력이미지의 픽셀크기[즉, $(height, width)$]이므로 iou_img1은 anchor를 1로 표현하고 있고 iou_img2는 참사각박스를 1로 표현하고 있다. iou_img1과 iou_img2를 곱하여 참사각박스와 anchor가 겹치는 부분을 계산하고 있다.

extract_candidates( ) 함수는 표본이미지 자료를 입력하면 anchor를 만드는 함수로, anchor의 좌표 $(x,y,width,height)$를 유일한 r('rect')으로 걸러낸 후 anchor가 입력 이미지 픽셀크기의 5% 미만이거나 입력 표본이미지보다 거의 같거나 큰 anchor(99% 이상)는 제외하고 있다.

```
def extract_iou2(candidate, current_y, img_shape):
  boxA = deepcopy(candidate)
  boxB = deepcopy(current_y)
  boxA[2] += boxA[0]
  boxA[3] += boxA[1]
  iou_img1 = np.zeros(img_shape)
  iou_img1[boxA[1]:boxA[3],boxA[0]:boxA[2]]=1

  iou_img2 = np.zeros(img_shape)
  iou_img2[int(boxB[1]):int(boxB[3]),int(boxB[0]):int(boxB[2])]=1
  iou = np.sum(iou_img1*iou_img2)/(np.sum(iou_img1)+np.sum(iou_img2)
                                     -np.sum(iou_img1*iou_img2))
  return iou

def extract_candidates(img):
    img_lbl, regions = selectivesearch.selective_search(img, scale=100, min_size=100)
    img_area = np.prod(img.shape[:2])
    candidates = []
    for r in regions:
        # excluding same rectangle (with different segments)
        if r['rect'] in candidates:
            continue
        # excluding regions smaller than 2000 pixels
        if r['size'] < (0.05*img_area):
            continue
        if r['size'] > (0.99*img_area):
            continue
        # distorted rects
 x, y, w, h = r['rect']

        candidates.append(list(r['rect']))
```

```
return candidates
```

다음은 XMLs로 저장된 파일 list의 이미지 정보를 파악하기 위해, 임의로 한 이미지를 선택하여 ordered dictionary 데이터 형태로 제공된 자료구조를 보여주고 있다.

sample_xml['annotation']['size']

는 이미지의 픽셀크기와 channel 수를 말하고

sample_xml['annotation']['object']

가 list 형태이면 이미지 내에 2개 이상의 객체가 있다는 것을 의미하고 아래 예제에서는 2마리의 양이 있는 것을 보여 주고 있다.

sample_xml['annotation']['object']['name']

은 객체의 이름을 보여 주고

sample_xml['annotation']['object']['bndbox']

는 객체를 둘러싸고 있는 참사각박스의 좌표 $(x_{\min}, y_{\min}, x_{\max}, y_{\max})$를 제공하고 있다. 이상이 표본이미지로부터 anchor에 대응하는 입력이미지 자료를 만들기 위한 필요한 정보이다. 기타 다른 dictionary 데이터의 key는 구글링을 통해 의미를 파악하기 바란다.

```
ix = np.random.randint(len(XMLs))
sample_xml = XMLs[ix]
sample_xml = '{}/{}'.format(annotations, sample_xml)
with open(sample_xml, "rb") as f:      # notice the "rb" mode
    d = xmltodict.parse(f, xml_attribs=True)
d
```

```
OrderedDict([('annotation',
              OrderedDict([('folder', 'VOC2012'),
                           ('filename', '2007_007621.jpg'),
                           ('source',
                            OrderedDict([('database', 'The VOC2007 Database'),
                                         ('annotation', 'PASCAL VOC2007'),
                                         ('image', 'flickr')])),
                           ('size',
                            OrderedDict([('width', '500'),
                                         ('height', '375'),
                                         ('depth', '3')])),
                           ('segmented', '1'),
                           ('object',
                            [OrderedDict([('name', 'sheep'),
                                          ('pose', 'Frontal'),
                                          ('truncated', '1'),
                                          ('difficult', '0'),
                                          ('bndbox',
                                           OrderedDict([('xmin', '301'),
                                                        ('ymin', '102'),
                                                        ('xmax', '411'),
                                                        ('ymax', '202')]))]),
                             OrderedDict([('name', 'sheep'),
                                          ('pose', 'Frontal'),
                                          ('truncated', '1'),
                                          ('difficult', '0'),
                                          ('bndbox',
                                           OrderedDict([('xmin', '175'),
                                                        ('ymin', '113'),
                                                        ('xmax', '285'),
                                                        ('ymax', '209')]))])])]))])
```

다음은 이전학습을 하기 위한 VGG16 모형을 호출하여 vgg16_model로 객체화하였으며 입력이미지의 픽셀크기는 224 × 224이다. 그러므로 우리의 입력이미지 자료의 픽셀의 크기를 모두 224 × 224로 조절하여야 한다.

```
from tensorflow.keras.applications import vgg16
from tensorflow.keras.utils import plot_model
vgg16_model = vgg16.VGG16(include_top=False, weights='imagenet')
```

아래의 긴 프로그램은 객체를 분류하고 객체를 사각박스로 위치화하기 위한, 학습 데이터를 준비하는 과정이다.

```
training_data_size = N=500

final_cls = []
final_delta = []
iou_list = []
imgs = []

for ix, xml in enumerate(XMLs[:N]):

    xml_file = annotations + xml
    fname = xml.split('.')[0]

    with open(xml_file, "rb") as f:     # notice the "rb" mode
        xml = xmltodict.parse(f, xml_attribs=True)
        l = []
         # 2개 이상 객체가 있는 이미지 제외
        if isinstance(xml["annotation"]["object"], list):
            continue

        bndbox = xml['annotation']['object']['bndbox']

        for key in bndbox:
          bndbox[key] = float(bndbox[key])
        x1, x2, y1, y2 = [bndbox[key] for key in ['xmin', 'xmax', 'ymin', 'ymax']]

        img_size = xml['annotation']['size']
        for key in img_size:
          img_size[key] = float(img_size[key])
        w, h = img_size['width'], img_size['height']

        #' bndbox를 0~1로
```

```
x1 /= w; x2 /= w; y1 /= h; y2 /= h
label = xml['annotation']['object']['name']

y = [x1, y1, x2-x1, y2-y1, label] # i.e., top-left x & y, width and height

filename = jpegs+fname+'.jpg' # Path to the image files to be provided here

img = cv2.resize(cv2.imread(filename), (224,224)) # since VGG's input shape is
                224x224
candidates = extract_candidates(img)

for jx, candidate in enumerate(candidates):

    current_y2 = [int(i*224) for i in [x1,y1,x2,y2]] # [int(x1*224), int(y1*224),
                int(x2*224), int(y2*224)]

    iou = extract_iou2(candidate, current_y2, (224, 224))

    candidate_region_coordinates = c_x1, c_y1, c_w, c_h = np.array(candidate)/224

    dx = c_x1 - x1
    dy = c_y1 - y1
    dw = c_w - (x2-x1)
    dh = c_h - (y2-y1)

    final_delta.append([dx,dy,dw,dh])

    if(iou>0.3):
        final_cls.append(label)
    else:
        final_cls.append('background')

    # anchor 이미지를 VGG16에 통과
    l = int(c_x1 * 224)
    r = int((c_x1 + c_w) * 224)
    t = int(c_y1 * 224)
    b = int((c_y1 + c_h) * 224)

    img2 = img[t:b,l:r,:3]
    img3 = cv2.resize(img2,(224,224))/255
    img4 = vgg16_model.predict(img3.reshape(1,224,224,3))
    imgs.append(img4)

    iou_list.append(iou)
```

위 프로그램에서 xml file 중, 논의의 간편함을 위해 xml['annotation']['object']가 list로 주어져 있으면 제외하고 있다. xml['annotation']['object']['bndbox']는 이미지의 참사각박스 좌표로서 x1, x2, y1, y2로 정의하고 있다. 이를 너비 w와 높이 h로 나누어 주어 x1, x2, y1, y2가 0 ~ 1 값을 갖도록 조절하고 있다. 이러한 표준화는 anchor와의 IoU를 계산할 때 픽셀의 크기를 통일시키고 VGG16의 입력 픽셀로 조절하기 위해 필요하다. cv2.resize로 이미지의 픽셀을 224 × 224로 조절한 후, extract_candidates( ) 함수에 입력하여 픽셀의 크기가 224 × 224인 anchor를 만들고 있다.

224 × 224 픽셀로 조절된 참사각박스를 current_y로 정의한 후, extract_iou2( ) 함수로 anchor와의 IoU를 계산하고 iou_list에 저장한다. dx, dy, dw, dh는 anchor와 참사각박스의 표준화된 (x,y,w,h)의 차를 나타내며 이는 anchor의 좌표조절의 정밀도를 높이기 위한 회귀 딥러닝 모형의 목적변수로 이용한다. l, r, t, b는 각각 anchor 0축 range의 시작과 끝, 1축의 시작과 끝을 나타내고 이 값에 대응하는 이미지를 떼어 내어 VGG16에 입력한다.

출력으로 나온 이미지데이터가 이미지의 객체를 인식하기 위한 딥러닝 모형의 학습데이터가 된다. 여기까지가 <그림 11-4>에서 표본이미지 ~ 특성맵 생성까지의 과정이다. 아래 프로그램은 이 학습데이터에 대응하는 목적변수인 label을 one-hot encoding한 y_train으로 정의하고 있다. 'background'는 '1'로 인덱스된 것을 알 수 있다.

```
targets = pd.DataFrame(final_cls, columns=['label'])
print(targets.head())
labels = pd.get_dummies(targets['label']).columns
print(labels[:5])
y_train = pd.get_dummies(targets['label']).values.astype(float)
print(y_train[:5])
```

```
        label
0  background
1  background
```

```
1    background
2    background
3    background
4    background
Index(['aeroplane', 'background', 'bicycle', 'bird', 'boat'], dtype='object')
[[0. 1. 0. 0. 0. 0. 0. 0. 0. 0. 0. 0. 0. 0. 0. 0. 0. 0. 0. 0. 0.]
 [0. 1. 0. 0. 0. 0. 0. 0. 0. 0. 0. 0. 0. 0. 0. 0. 0. 0. 0. 0. 0.]
 [0. 1. 0. 0. 0. 0. 0. 0. 0. 0. 0. 0. 0. 0. 0. 0. 0. 0. 0. 0. 0.]
 [0. 1. 0. 0. 0. 0. 0. 0. 0. 0. 0. 0. 0. 0. 0. 0. 0. 0. 0. 0. 0.]
 [0. 1. 0. 0. 0. 0. 0. 0. 0. 0. 0. 0. 0. 0. 0. 0. 0. 0. 0. 0. 0.]]
```

x_train은 anchor 이미지를 하나씩 VGG16 모형에 입력하여 구하므로 불필요한 1축을 아래와 같이 제거해야 한다. 총 7,302개의 학습데이터가 만들어졌고 분류해야 할 객체는 21개인 것을 볼 수 있다.

```
x_train = np.array(imgs)
x_train.shape
```

```
(7302, 1, 7, 7, 512)
```

```
x_train = x_train.reshape(x_train.shape[0],x_train.shape[2],
                          x_train.shape[3],x_train.shape[4])
print(x_train.shape, y_train.shape, x_train.max())
```

```
(7302, 7, 7, 512) (7302, 21) 10.930451
```

아래 프로그램은 위에서 정의된 학습데이터를 이용하여 21개의 객체를 분류하기 위한 딥러닝 모형을 정의하고 손실함수는 binary crossentropy를 사용하여 OvR(one versus rest)로 객체를 분류하고 있다.

```
from tensorflow.keras.layers import Input, Conv2D, MaxPooling2D, UpSampling2D,
Dropout, Cropping2D, concatenate
from tensorflow.keras.models import Sequential
from tensorflow.keras.layers import Dense, Dropout, Activation, Flatten
from tensorflow.keras.layers import Conv2D
from tensorflow.keras.layers import MaxPooling2D
from tensorflow.keras.optimizers import Adam
from tensorflow.keras.callbacks import ModelCheckpoint, LearningRateScheduler
from tensorflow.keras import backend as K
from tensorflow.keras.models import Model

model = Sequential()
model.add(Flatten(input_shape=((7,7,512))))
model.add(Dropout(0.5))
model.add(Dense(512, activation='relu'))
model.add(Dropout(0.5))
model.add(Dense(y_train.shape[1],activation='softmax'))
model.summary()

model.compile(loss='binary_crossentropy', optimizer='adam', metrics=['accuracy'])
```

```
Model: "sequential_1"
_________________________________________________________________
Layer (type)                Output Shape              Param #
=================================================================
flatten_1 (Flatten)         (None, 25088)             0
_________________________________________________________________
dropout (Dropout)           (None, 25088)             0
_________________________________________________________________
dense_2 (Dense)             (None, 512)               12845568
_________________________________________________________________
dropout_1 (Dropout)         (None, 512)               0
_________________________________________________________________
dense_3 (Dense)             (None, 21)                10773
=================================================================
Total params: 12,856,341
Trainable params: 12,856,341
Non-trainable params: 0
_________________________________________________________________
```

위 딥러닝 모형은 약 78.5%의 정밀도를 보여주고 있다.

```
history = model.fit(x_train/x_train.max(), y_train, validation_split=0.1, epochs=5,
batch_size=64, verbose=1)
```

```
Epoch 1/5
103/103 [==============================] - 14s 133ms/step - loss: 0.1658 - accuracy:
0.6219 - val_loss: 0.0643 - val_accuracy: 0.7729
Epoch 2/5
103/103 [==============================] - 14s 136ms/step - loss: 0.0544 - accuracy:
0.8158 - val_loss: 0.0613 - val_accuracy: 0.7934
Epoch 3/5
103/103 [==============================] - 14s 141ms/step - loss: 0.0369 - accuracy:
0.8847 - val_loss: 0.0614 - val_accuracy: 0.7921
Epoch 4/5
103/103 [==============================] - 15s 142ms/step - loss: 0.0289 - accuracy:
0.9209 - val_loss: 0.0605 - val_accuracy: 0.7880
Epoch 5/5
103/103 [==============================] - 15s 141ms/step - loss: 0.0224 - accuracy:
0.9393 - val_loss: 0.0604 - val_accuracy: 0.7852
```

다음 프로그램은 학습된 딥러닝을 이용하여 새로운 이미지 파일을 입력했을 때 이 이미지 파일에 있는 객체를 인식하고 이 인식된 객체에 대응하는 사각박스를 출력하는 함수를 정의하고 있다.

입력된 이미지 파일을 cv2로 읽고 픽셀의 크기를 224 × 224로 조절한 후, 그림을 그리고 extract_candates( ) 함수에 입력하여 이미지 파일에 대응하는 anchor 좌표 ((x,y,w,h))를 candidates에 저장하고 있다. 저장된 좌표를 이용하여 anchor에 해당되는 이미지를 정의하고(img2), cv2로 img2를 224 × 224 픽셀로 조정하고 표준화(img3)한 후, img3를 VGG16의 입력이미지 텐서로 입력하여 출력으로 img4를 받고 있다. 이 img4를 앞에서 학습시킨 분류딥러닝 모형인 model에 입력하면 21개 객체에 대한 확률을 구할 수 있다. 이 확률 중 가장 큰 값을 갖는 확률을 pred에 저장하고, 대응되는 클래스를 pre_class에 저장한다.

이 과정을 모든 anchor에 실행하면, 예를 들어 10개의 anchor가 있다면 pred는 10개의 확률을 list 형태로 가지게 되고, pred_class는 대응되는 10개의 객체 class를 list 형태로 정의되게 된다. pred2, pred_class2, candidates2는 pre_class=1(background)를 제외한 pred, pred_class, candidates(anchor)를 정의하고 있다. 최종적으로 pred2가

가장 큰 candidate(anchor)의 좌표를 정의하고(x,y,w,h=candidates2[np.argmax(pred2)]) pred2가 가장 큰 객체 클래스(pred_class2[np.argmax(pred2)])를 정의하여 이를 그림으로 보여주도록 하고 있다.

```
def test_predictions(filename):
    img = cv2.resize(cv2.imread(filename), (224,224))
    candidates = extract_candidates(img)

    _, ax = plt.subplots(1, 2)

    ax[0].imshow(img)
    ax[0].grid('off')
    ax[0].set_title(filename.split('/')[-1])


    pred = []
    pred_class = []

    for ix, candidate in enumerate(candidates):

        l, t, w, h = np.array(candidate).astype(int)

        img2 = img[t:t+h,l:l+w,:3]
        img3 = cv2.resize(img2,(224,224))/255
        img4 = vgg16_model.predict(img3.reshape(1,224,224,3))
        final_pred = model.predict(img4/x_train.max())
        pred.append(np.max(final_pred))
        pred_class.append(np.argmax(final_pred))

    pred = np.array(pred)
    pred_class = np.array(pred_class)

    pred2 = pred[pred_class!=1]
    pred_class2 = pred_class[pred_class!=1]

    candidates2 = np.array(candidates)[pred_class!=1]

    x, y, w, h = candidates2[np.argmax(pred2)]

    ax[1].set_title(labels[pred_class2[np.argmax(pred2)]])
```

```
ax[1].imshow(img)
ax[1].grid('off')
rect = mpatches.Rectangle((x, y), w, h, fill=False, edgecolor='blue', linewidth=3)
ax[1].add_patch(rect)
```

위에서 정의된 test_prediction( ) 함수를 아래와 같이 학습데이터로 사용한 XMLs 파일에서 임의의 파일을 뽑아 적용할 수 있으나, Hemanvi라는 이름을 가진 아이 사진을 직접 내려받아 적용하여 보자. 아래 3개의 그림 중, 두 번째 행 오른쪽 그림의 타이틀이 인식한 객체의 label('person')이고 파란색 테두리가 선택된 anchor를 보여주고 있다. anchor가 다소 정밀성이 떨어진 것으로 보이므로 수정할 필요가 있는 것으로 보인다.

```
# ix = np.random.randint(N, len(XMLs))
# filename = jpegs + XMLs[ix].replace('xml', 'jpg')


!wget https://www.dropbox.com/s/qdoximctirsy1a9/Hemanvi.jpg

filename = './Hemanvi.jpg'
img=cv2.imread(filename)
plt.imshow(img)
test_predictions(filename)
```

그림 11-5 Hemanvi 사진의 식별과 위치화 I

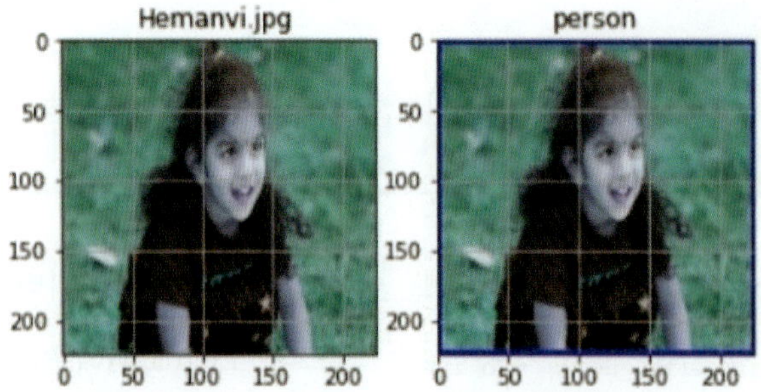

그림 11-5 (계속)

아래 프로그램은 dx, dy, dw, dh 값을 저장하고 있는 final_delta를 목적변수로 이용하여 위 프로그램의 anchor를 정밀화하고자 한다. dx=c_x1-x1, dy=c_y1-y1, dw=c_w-(x2-x1), dh=c_h-(y2-y1)으로 정의되어 있다. 여기에서 c_x1은 anchor의 최상단 x 좌표를, x1은 대응하는 참사각박스의 x 좌표를 나타내며 나머지도 y 좌표, 너비, 높이에 대응하는 표기이다. 그러므로 VGG16의 출력[test_prediction( ) 함수 내에 정의된 img4]을 입력하여 dx, dy, dw, dh를 추정한 후, c_x1-dx, c_y1-dy, c_w-dw, c_h-dh로 anchor 좌표를 수정하면 참사각박스에 근접한 사각박스를 출력할 수 있다. 물론 c_x1, x1, c_y1 등을 모두 원래의 이미지 크기로 환원해야 한다.

```
model2 = Sequential()
model2.add(Flatten(input_shape=((7,7,512))))
model2.add(Dense(512, activation='relu'))
model2.add(Dense(4,activation='linear'))
model2.summary()
```

Model: "sequential_1"

Layer (type)	Output Shape	Param #
flatten_1 (Flatten)	(None, 25088)	0
dense_2 (Dense)	(None, 512)	12845568

```
dense_3 (Dense)              (None, 4)                  2052
=================================================================
Total params: 12,847,620
Trainable params: 12,847,620
Non-trainable params: 0
_________________________________________________________________
```

아래의 x_train은 model2의 입력으로 사용할 것이고 목적변수 final_delta의 4개 좌표의 최댓값을 보면 좌표 값이 표준화된 것을 고려할 때 후보박스와 주어진 이미지 사각박스의 차이가 비교적 크다는 것을 알 수 있다.

```
print(x_train.shape)
np.max(np.array(final_delta), axis=0)
```

```
(7302, 7, 7, 512)
array([0.86340476, 0.86407143, 0.92553571, 0.95820238])
```

model2는 회귀가 목적이므로 손실함수를 mean absolute error로 설정하고 x_train으로부터 임의의 표본을 500개 뽑아서 pred_class가 'background'인 클래스를 제외한 학습데이터(x_train2)와 대응하는 목적변수(final_delta2)를 정의하여 model2를 학습시킨다. 이 과정을 1,000번 반복하여 모형의 성능을 높이고 있다.

```
model2.compile(loss='mean_absolute_error',optimizer='adam')

for i in range(1000):
  if(i%100==0):
    print(i)
  samp=random.sample(range(len(x_train)),500)
  x_train2=[x_train[i] for i in samp if pred_class[i]!=1]
  x_train2 = np.array(x_train2)
  final_delta2 = [final_delta[i] for i in samp if pred_class[i]!=1]
```

```
model2.fit(x_train2/x_train.max(), np.array(final_delta2), validation_split = 0.1, epochs=1,
           batch_size=32, verbose=0)
```

다음 프로그램은 test_predictions2( ) 함수를 정의하고 있다. 앞에서 이미 논의한 test_predictions( ) 함수와 비교하여 test_prediction2( ) 함수는 model2를 추가한 함수로 anchor를 수정한 것이다.

```
import matplotlib.patches as mpatches

def test_predictions2(filename):
    img = cv2.resize(cv2.imread(filename), (224,224))
    candidates = extract_candidates(img)

    _, ax = plt.subplots(1, 2)

    ax[0].imshow(img)
    ax[0].grid('off')
    ax[0].set_title(filename.split('/')[-1])


    pred = []
    pred_class = []
    del_new = []

    for ix, candidate in enumerate(candidates):

        l, t, w, h = np.array(candidate).astype(int)

        img2 = img[t:t+h,l:l+w,:3]
        img3 = cv2.resize(img2,(224,224))/255
        img4 = vgg16_model.predict(img3.reshape(1,224,224,3))

        '''BATCH PROCESS THESE'''
        final_pred = model.predict(img4/x_train.max())
        delta_new = model2.predict(img4/x_train.max())[0]#2D텐서임(1,4)2D텐서

        pred.append(np.max(final_pred))
        pred_class.append(np.argmax(final_pred))
```

```
        del_new.append(delta_new)
    print('pred',pred)
    print('pred_class',pred_class)
    print('del_new',del_new)
    pred = np.array(pred)
    pred_class = np.array(pred_class)

    non_bgs = (pred_class!=1)
    print('non_bgs',non_bgs)
    pred = pred[non_bgs]
    pred_class = pred_class[non_bgs]

    del_new = np.array(del_new)
    del_new = del_new[non_bgs]
    del_pred = del_new*224

    candidates = np.array(candidates)[non_bgs]

    bbs_pred = candidates - del_pred
    bbs_pred = np.clip(bbs_pred, 0, 224)
    print('candidtes:', candidates, del_pred, bbs_pred)

    kk=np.argmax(pred)
    print('kk',kk)
    final_bbs_pred = bbs_pred[np.argmax(pred)]

    print('final_bbs_pred',final_bbs_pred)

    x, y, w, h = final_bbs_pred
    ax[1].imshow(img)
    ax[1].grid('off')
    rect = mpatches.Rectangle((x, y), w, h, fill=False, edgecolor='blue', linewidth=3)
    ax[1].add_patch(rect)
    ax[1].set_title(labels[pred_class[np.argmax(pred)]])
```

위 프로그램에서 model.predict에 의해 만들어진 final_pred와 이를 이용해서 만든 pred와 pred_class는 test_predictions( ) 함수에서 정의된 것과 동일하다.

```
delta_new=model2.predict(img4/x_train.max())[0]
```

로 [[dx,dy,dw,dh]]를 [dx,dy,dw,dh]으로 받아서 delta_new에 저장하고 있다. pred, pred_class와 동일하게 delta_new도 'background' 클래스를 제외하고 정의하였고, 224를 곱해 주어서 원래의 픽셀 크기로 전환한 delta_new를 del_pred로 정의하고 있다.

del_pred는 anchor와 주어진 참사각박스 간의 좌표 차이므로, 추정된 anchor 좌표-(anchor 좌표-사각박스 좌표)(즉, candidates-del_pred)으로 anchor를 조절해 주고 이를 bbs_pred로 정의하였다. pred에서 가장 큰 확률 값을 갖는 bbs_pred (final_bbs_pred)를 산출하여 그림을 그리면 다음과 같다. model2를 사용하지 않은 test_predictions( ) 함수에 의한 anchor(<그림 11-5>)보다 많이 정밀화된 사각박스 (<그림 11-6>)를 출력한 것을 볼 수 있다.

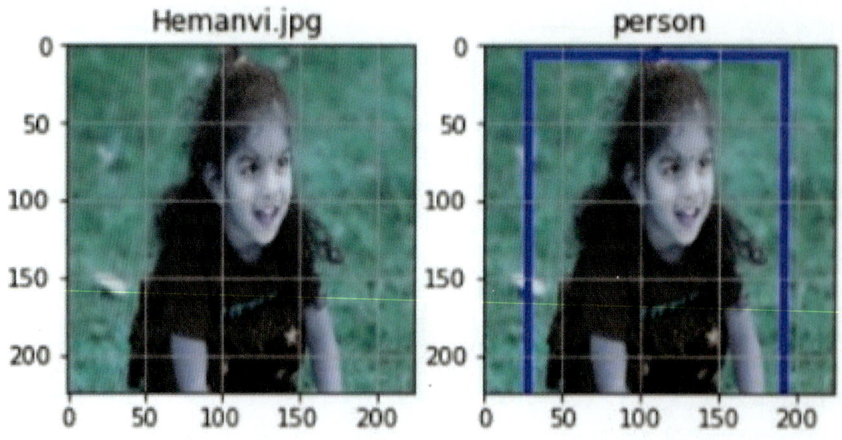

그림 11-6 Hemanvi 사진의 식별과 위치화 II

이제 이미지 내에 2개 이상의 객체를 식별하고 위치화를 위한 non-maximum suppression에 대해 논의해 보자. 비록 Hemanvi 사진은 오직 한 개의 객체만 가지고 있지만 NMS를 설명하기에 충분한 예제이므로, 아래의 Hemanvi 사진 이미지를 extract_candidates( ) 함수를 적용하여 anchor를 만든다. 앞에서 논의한 동일한 방법으로 model.predict와 model2.predict를 이용하여 pred, pred_class, del_pred를 만든다. 아래의 두 개의 프로그램이 이를 실행하고 있다.

```
img = cv2.imread(filename)
img = cv2.resize(img,(224,224))
img_area = img.shape[0]*img.shape[1]
candidates = extract_candidates(img)
plt.imshow(img)
plt.grid('off')
```

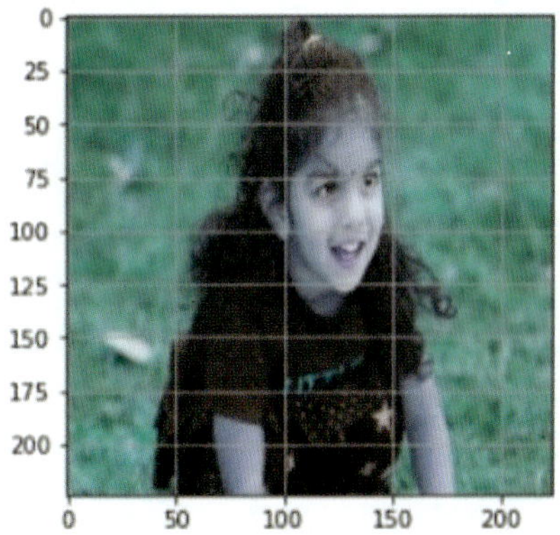


```
pred = []
pred_class = []
del_new = []

for ix, candidate in enumerate(candidates):

    l, t, w, h = np.array(candidate).astype(int)

    img2 = img[t:t+h,l:l+w,:3]
    img3 = cv2.resize(img2,(224,224))/255
    img4 = vgg16_model.predict(img3.reshape(1,224,224,3))
    final_pred = model.predict(img4/x_train.max())
    delta_new = model2.predict(img4/x_train.max())[0]

    pred.append(np.max(final_pred))
    pred_class.append(np.argmax(final_pred))
    del_new.append(delta_new)
```

```
pred = np.array(pred)
pred_class = np.array(pred_class)
non_bgs = ((pred_class!=1))
pred = pred[non_bgs]
pred_class = pred_class[non_bgs]

del_new = np.array(del_new)
del_new = del_new[non_bgs]
del_pred = del_new*224
```

각 사각박스의 최대확률의 모임인 pred를 출력해보면 총 16개의 사각박스가 생성된 것을 알 수 있다. index=10을 가진 11번째 anchor가 가장 높은 확률을 가지고 있는 것으로 나타났고 이 결과로 이 11번째 사각박스와 나머지 사각박스와의 IoU를 구해 일정 수준 이하의 IoU를 가진 사각박스만 남긴다. 남겨진 사각박스 중 가장 높은 확률을 가진 사각박스와 나머지 사각박스 간의 IoU를 구해 앞의 과정을 반복하게 된다.

```
pred
```

```
array([0.55482423, 0.55482423, 0.7299799 , 0.6581323 , 0.6581323 ,
       0.6581323 , 0.9961825 , 0.9826019 , 0.9824377 , 0.9943956 ,
       0.99844956, 0.9824377 , 0.9824377 , 0.9824377 , 0.9824377 ,
       0.9446034 ], dtype=float32)
```

우선 model2로 anchor들의 좌표를 조절(bbs_pred)한 후, 조절된 좌표 값이 음수가 되지 않도록 하고 224보다 크지 않도록 아래와 같이 조절한다.

```
candidates =  np.array(candidates)[non_bgs]

bbs_pred = candidates - del_pred
bbs_pred = np.clip(bbs_pred, 0, 224)
```

```
bbs_pred[:,2] -= bbs_pred[:,0]
bbs_pred[:,3] -= bbs_pred[:,1]

bbs_pred = np.clip(bbs_pred, 0, 224)

bbs_pred2 = bbs_pred[(bbs_pred[:,2]>0) & (bbs_pred[:,3]>0)]
pred = pred[(bbs_pred[:,2]>0) & (bbs_pred[:,3]>0)]
pred_class = pred_class[(bbs_pred[:,2]>0) & (bbs_pred[:,3]>0)]
```

위 프로그램에서 조절된 anchor를 그리면 다음과 같다.

```
import matplotlib.patches as mpatches
fig, ax = plt.subplots(ncols=1, nrows=1, figsize=(6, 6))
ax.imshow(img)
for ix, (x, y, w, h) in enumerate(bbs_pred2):
    rect = mpatches.Rectangle(
        (x, y), w, h, fill=False, edgecolor='red', linewidth=1)
    ax.add_patch(rect)

plt.axis('off')
plt.show()
```

다음 프로그램은 NMS를 실행하는 nms_boxes( ) 함수를 정의하고 있다. nms_boxes( ) 함수에 입력되는 boxes는 좌표 조절된 anchor bbs_pred2이고 scores는 사각박스가 포함하고 있는 객체 예측확률인 pred이다. order는 pred가 큰 순서대로 index를 저장한다. 그러므로 앞에서 논의한 바와 같이 11번째 사각박스의 확률이 가장 크므로 order[0]=10이 된다. keep에는 10이 저장되고 index 10을 가진 11번째 사각박스와 나머지 사각박스와 IoU를 계산하고 IoU가 threshold(0.3)보다 작은 사각박스만 남겨둔다.

```
inds=np.where(ovr<=threshold)[0]
```

으로 threshold보다 작거나 같은 ovr 인덱스를 inds에 저장하게 된다. order[0]인 사각박스와 ovr을 구했으므로 이 인덱스는 사각박스의 인덱스보다 하나 줄어들게 된다. 그러므로

```
order=order[inds+1]
```

로 order를 재조정하여 while order.size>0을 만족할 때까지 이를 반복하여 keep에 사각박스의 index를 모아 이를 반환한다. 예를 들어 최초의 order=[3 5 1 4 2]이고 inds=[0 2]이면 order[inds+1]=order[1 3]이므로 order[1 3]=[5 4]가 된다. 그러므로 다음 반복에서 order[0]=5가 된다.

```
def nms_boxes(threshold, boxes, scores):

        x = boxes[:, 0]
        y = boxes[:, 1]
        w = boxes[:, 2]
        h = boxes[:, 3]

        areas = w * h
        order = scores.argsort()[::-1]

        keep = []
        while order.size > 0:
```

```
        i = order[0]
        keep.append(i)

        xx1 = np.maximum(x[i], x[order[1:]])
        yy1 = np.maximum(y[i], y[order[1:]])
        xx2 = np.minimum(x[i] + w[i], x[order[1:]] + w[order[1:]])
        yy2 = np.minimum(y[i] + h[i], y[order[1:]] + h[order[1:]])
        w1 = np.maximum(0.0, xx2 - xx1 + 1)
        h1 = np.maximum(0.0, yy2 - yy1 + 1)
        inter = w1 * h1

        ovr = inter / (areas[i] + areas[order[1:]] - inter)
        inds = np.where(ovr <= threshold)[0]
        order = order[inds + 1]

    keep = np.array(keep)

    return keep
```

아래 프로그램과 같이 threshold=0.3으로 주고 nms_boxes( )함수를 호출하면 index=10인 사각박스 하나만 남아 있게 됨을 알 수 있다.

```
keep_box_ixs = nms_boxes(0.3, bbs_pred2, pred)
print(keep_box_ixs)
```

```
array([10], dtype=int64)
```

keep_box_ixs가 2개 이상의 값을 가지고 있다는 가정하에서 keep_box_ixs에 있는 조절된 사각박스와 이 사각박스의 객체 그리고 이 객체일 확률을 모두 출력하면 아래와 같다.

```
import matplotlib.patches as mpatches
fig, ax = plt.subplots(ncols=1, nrows=1, figsize=(6, 6))
```

```
ax.imshow(img)
for ix, (x, y, w, h) in enumerate(bbs_pred2):
    if ix not in keep_box_ixs:
        continue
    rect = mpatches.Rectangle(
        (x, y), w, h, fill=False, edgecolor='blue', linewidth=3.)
    ax.add_patch(rect)
    centerx = x + w/2
    centery = y + h - 10
    plt.text(centerx, centery,labels[pred_class[ix]]+" "+str(round(pred[ix],2)),fontsize =
        20,color='red')

plt.axis('off')
plt.show()
```

11.2 Fast R-CNN

R-CNN의 약점은 매 anchor[이를 region proposal 또는 RoI(region of interest)라고 말하기도 함]마다 사전학습모형에 적용하여 특성맵을 만들어 내야 한다는 데 있다. 학습시간이 오래 걸릴 뿐만 아니라 학습된 R-CNN 모형에 새로운 이미지를

입력하면 select-search 함수로 anchor를 만들고 이를 하나씩 사전학습모형에 입력하여 특성맵을 만들어야 하기 때문에 실시간 객체탐지가 불가능하다는 약점을 가지고 있다. 이러한 약점을 보완하기 위해 제시된 모형이 Fast R-CNN이다.

Fast R-CNN에서는 표본이미지를 사전학습모형에 적용하여 생성된 특성맵을 select-search 함수에 입력하여 anchor를 생성한다. 그러므로 Fast R-CNN은 R-CNN과 다르게 표본이미지를 오직 한 번 사전학습모형에 적용하므로 실행속도를 높힐 수 있게 되었다. 사실, anchor가 특성맵에서 생성되는 것이 아니라, R-CNN과 동일하게 표본이미지에 select-search 함수를 적용하여 anchor를 만들어서 특성맵에 그대로 투영하게 된다. 좀 더 자세하게 설명하면, 표본이미지에 있는 참사각박스와 일정값 이상의 IoU 값을 갖는 anchor를 선택한 후, anchor에 참사각박스의 객체 라벨과 참사각박스와의 좌표차이를 계산하여 목적변수를 정의한다. 이렇게 만들어진 anchor의 특성맵은 사전학습모형의 특성맵에 비례하여 반영된다. 예를 들어, 특성맵의 픽셀의 크기가 원래 이미지의 $\frac{1}{16}$로 줄었다면, anchor의 특성맵도 원래 이미지의 anchor 위치와 크기를 $\frac{1}{16}$로 줄여 반영한다. 그러나 특성맵으로 정의된 anchor의 픽셀크기가 동일하지 않으므로 anchor 이미지를 딥러닝의 입력자료로 쓸 수 없게 된다. 이를 해결하기 위해 RoI pooling을 도입하게 된다. RoI pooling은 다양한 크기의 픽셀을 가진 anchor를 동일한 크기의 픽셀을 가진 anchor로 바꿔주는 pooling 층이다. 예를 들어, <그림 11-7>의 검은 사각형과 같이 5×7 픽셀을 가진 anchor를 2×2 픽셀을 가진 anchor로 전환하는 RoI pooling은 $5/2 \times 7/2 = 2.5 \times 2.5$으로 픽셀 크기를 분할하면 된다. 그러나 픽셀 크기는 정수이므로, 예를 들어 height는 3:2, width는 4:3으로 <그림 11-7>과 같이 2×2로 섹터(sector)를 나눈 후 섹터별 최댓값으로 2×2 픽셀 값을 만드는 것이 RoI pooling 층이다.

<그림 11-7>에서 픽셀 내의 숫자는 사전학습모형으로 만들어진 특성맵 값이며 5×7 픽셀 크기를 가진 anchor를 RoI pooling 층에 통과시킨 후, 오른쪽에 있는 2×2 픽셀로 RoI pooling 출력 결과를 보여주고 있다. RoI pooling과 MaxPooling은 거의 비슷한 기능을 하지만, RoI pooling에는 다양한 크기의 픽셀을 입력하고

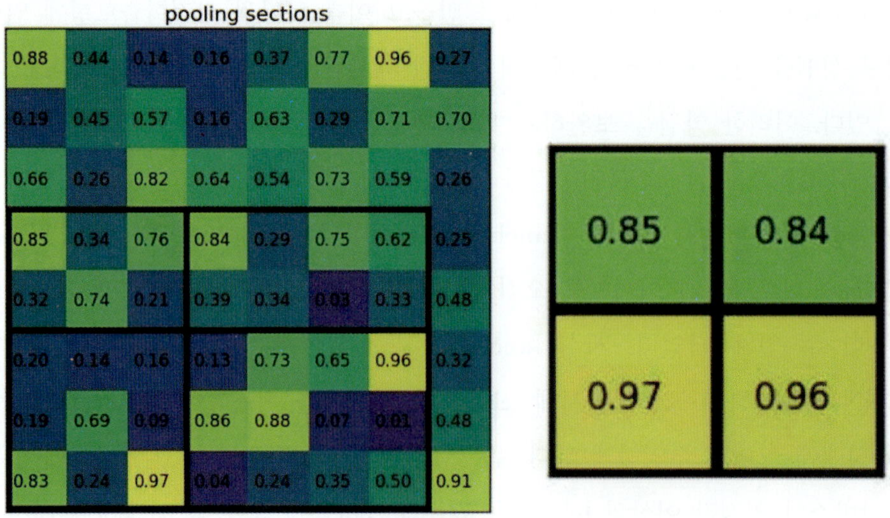

그림 11-7 RoI pooling 층
(이미지 출처: https://deepsense.ai/region-of-interest-pooling-explained/)

MaxPoooling에는 같은 크기의 픽셀을 입력하는 차이가 있다. 지금까지 논의한 Fast R-CNN의 구조는 <그림 11-8>과 같이 정리할 수 있다.

<그림 11-8>에서 볼 수 있듯이 표본이미지를 select-search 함수에 입력하여 anchor들을 생성한 후, 이를 사전학습모형에 입력하여 high-level 대표성을 가진 특성맵으로 전환한 anchor들을 생성하게 된다. 이 anchor들은 객체의 라벨과 참사각박스와의 좌표차를 목적변수로 가지고 있다. 이 anchor들을 RoI pooling에 입력하여 동일한 크기의 픽셀로 조정된 anchor를 출력하고 이를 분류 및 회귀모형에 입력변수로 사용한다.

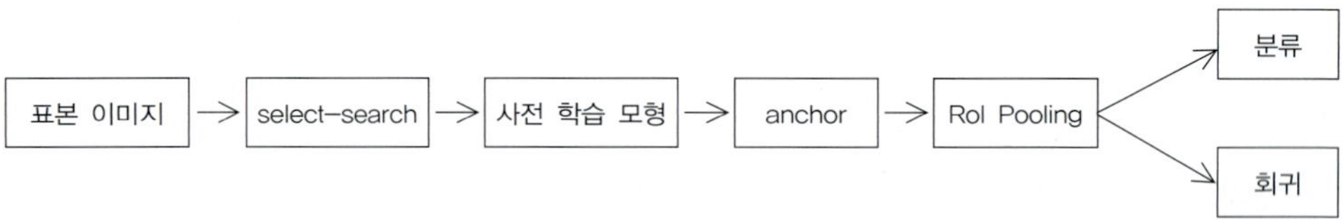

그림 11-8 Fast R-CNN의 구조

11.3 Faster R-CNN

Fast R-CNN의 최대 약점은 학습이 불가능한 select-search 함수를 이용하여 anchor를 만든다는 것이다. 학습된 Fast R-CNN 모형에 새로운 이미지 데이터를 입력하더라도 여전히 select-search 함수를 이용해서 anchor를 생성해야 하기 때문에 실시간으로 모형을 적합하는 데 문제가 될 수밖에 없다. Faster R-CNN은 select-search 함수를 이용하지 않고 anchor를 학습시켜 생성할 수 있는 RPN(region proposal network)을 추가한 객체탐지 모형이다.

Faster R-CNN에서는 anchor를 학습하여 생성하기 전, 입력된 이미지의 어느 지점에 몇 개의 anchor들을 생성해야 하는지를 결정한다. 이해를 쉽게 하기 위해, 지금부터 (512,512,3) 3D텐서 컬러이미지가 이전학습모형에 입력되고 이 모형의 최종 CNN 층의 출력(특성맵)이 (32,32,512) 3D텐서라고 가정하자. Faster R-CNN에서는 이 32×32 픽셀 각각에 9개의 anchor를 정의한다. 예를 들어 64×64, 128×128, 256×256 픽셀을 기반으로 높이:너비=1:1, 1:2, 2:1로 변화를 준 9개의 anchor들을 만든 후, 이 9개의 anchor를 각 셀에 적용한다. 32×32 픽셀에서 하나의 픽셀을 원래의 이미지로 환원하면 16×16 픽셀이 되므로(즉, 원래의 512×512 픽셀을 높이와 너비를 16등분한 것이므로), 대응하는 원래 이미지의 위치에 anchor를 자리매김할 수 있다. 그러므로 (32,32,512) 3D 특성맵에서 9개의 anchor들의 pixel의 크기도 1/16으로 줄어든다. 각 anchor가 객체를 포함하고 있는지 여부와 객체를 포함하고 있다면, 참사각박스와 IoU도 산출할 수 있으며 참사각박스와 anchor의 좌표차도 쉽게 계산할 수 있다.

계산된 IoU를 기준으로 anchor를 positive와 negative로 분류한다. IoU가 0.7 이상인 anchor나 IoU가 0.7 이하이지만 9개의 anchor 중 참사각박스와의 IoU가 가장 큰 anchor는 positive 라벨을, IoU가 0.3 이하이면 negative 라벨을 부여한다. 이외의 후보박스는 RPN의 학습에 이용하지 않는다. positive anchor에 object_score=1을 부여하고 참사각박스와의 좌표차를 RPN 모형의 목적변수로 정의한다. 그러므로

$32 \times 32 \times 9 = 9{,}216$개의 anchor들 각각은 object_score=1 또는 0 그리고 참사각박스와의 좌표차로 목적변수가 정의된다. IoU가 0인 anchor의 좌표차는 임의(arbitrary)로 부여해도 된다. object_score=0인 anchor는 좌표차를 예측하는데 이용되지 않기 때문이다. 목적변수는 특성맵 각 셀별로

$$[s_0, dx_0, dy_0, dw_0, dh_0, s_1, dx_1, dy_1, dw_1, dh_1, \cdots, s_8, dx_8, dy_8, dw_8, dh_8] \qquad (11.1)$$

으로 입력된다. 여기에서 s_i는 i번째 anchor의 object_score이고 dx_i, dy_i, dw_i, dh_i는 i번째 anchor와 참사각박스와의 좌표차이다. RPN의 구조는 사전학습모형의 출력이 (32,32,512) 3D텐서일 경우를 가정했을 때 <그림 11-9>와 같다.

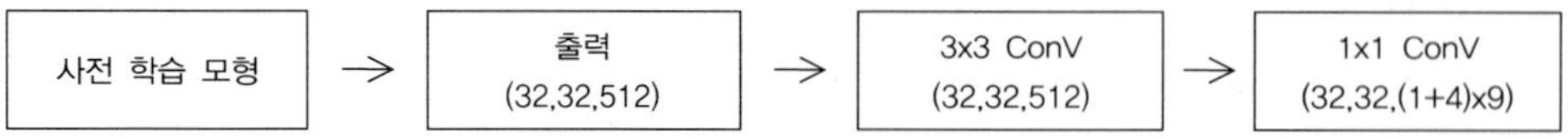

그림 11-9 RPN의 입력이 (batch,32,32,512)일 때의 RPN의 구조

<그림 11-9>에서 볼 수 있듯이 사전학습모형의 출력 (batch,32,32,512)가 입력되면 노드가 512개인 3×3 2D 커널을 적용하여 (32,32,512) 3D텐서를 출력한 후, 여기에 노드수가 $(1+4) \times 9$개인 1×1 2D 커널을 적용하여 $(32, 32, (1+4) \times 9)$ 3D텐서를 출력한다. 즉, 32×32 각 셀별로 정의된 목적변수 (11.1)에 대응하는 예측치

$$[\hat{s}_0, \widehat{dx}_0, \widehat{dy}_0, \widehat{dw}_0, \widehat{dh}_0, \hat{s}_1, \widehat{dx}_1, \widehat{dy}_1, \widehat{dw}_1, \widehat{dh}_1, \cdots, \hat{s}_8, \widehat{dx}_8, \widehat{dy}_8, \widehat{dw}_8, \widehat{dh}_8]$$

를 출력한다. <그림 11-9>에 정의된 RPN 모수를 추정하기 위한 손실함수는

$$L(s,t) = \frac{1}{N_{cls}} \sum_{i \in batch} L_{cls}(s_i, \hat{s}_i) + \lambda \frac{1}{N_{reg}} \sum_i s_i L_{reg}(t_i, \hat{t}_i) \qquad (11.2)$$

으로 정의된다. 여기에서 i는 아래에서 정의되는 배치 내에 있는 i번째 anchor이며 $t_i = [dx_i, dy_i, dw_i, dh_i]$이고 $\hat{t}_i = [\widehat{dx}_i, \widehat{dy}_i, \widehat{dw}_i, \widehat{dh}_i]$이다. (11.2)의 손실함수는 표본이 미지별로 계산되기 때문에 SGD(stochastic gradient descent)로 RPN 모형의 모수

를 update한다. <그림 11-9>에서 표본 하나에는 $32 \times 32 \times 9$개의 anchor들이 정의되지만, negative anchor가 positive anchor보다 훨씬 많기 때문에 negative anchor에 과대적합되게 된다. 이를 방지하기 위해 positive anchor의 일부를 임의로 뽑고 (Faster R-CNN에서는 128개), negative도 128개만 뽑아 batch를 구성하여 (11.2)의 첫 번째 손실을 정의한다. N_{cls}는 배치크기(Faster R-CNN에서는 256개)이며 L_{cls}는 binary cross-entropy이다. 만약 positive anchor 수가 128개보다 작은 표본이미지가 있으면 positive anchor는 batch에 모두 포함시키고 총 256개의 anchor가 되도록 나머지는 negative anchor로 채운다. (11.2) 손실에서 N_{reg}는 표본이미지에 있는 모든 positive anchor들의 수이며 λ는 초모수이다. (11.2)의 L_{reg}는

$$L_{reg}(t_i, \hat{t}_i) = \begin{cases} 0.5(t_i - \hat{t}_i)^2 & \text{if } \mid t_i - \hat{t}_i \mid < 1 \mid \\ \mid t_i - \hat{t}_i \mid - 0.5 & otherwise \end{cases} \tag{11.3}$$

으로 정의된다. (11.3)을 smooth L1 손실함수라고 한다.

RPN으로부터 셀별로 좌표 조절된 anchor들은 <그림 11-9>의 사전학습모형 출력 (32,32,512) 3D텐서에 재적용된다. Faster R-CNN의 최종 출력층은 Fast R-CNN의 최종층과 동일하다. 즉, RPN에 의해 셀별로 좌표 조절된 anchor들이 학습된 anchor들이며 이를 RoI pooling 층에 입력하여 동일한 픽셀로 출력한 후, 객체를 분류하고 참사각박스와 anchor의 좌표차를 예측하는 딥러닝 모형에 입력한다. Faster R-CNN의 최종출력층의 손실함수(Fast R-CNN도 동일한 손실함수를 가짐)는 다음과 같다.

$$L(c, t^f) = L_{cls}(c, \hat{c}) + \lambda I_{[c \neq 0]} L_{reg}(t^f, \hat{t^f})$$

여기에서 c는 입력된 anchor의 one-hot encoding된 클래스변수이며 L_{cls}는 categorical cross-entropy이다. $c = 0$는 배경(background)을 의미하므로 $I_{[c \neq 0]}$에 의해 배경을 제외한 참사각박스와 anchor의 좌표차의 손실함수가 L_{reg}이며 이 손실함수는 (11.3)의 smooth L1 손실함수이다. <그림 11-9>와 연계하여 Faster R-CNN의 구조를 그림으로 표현하면 다음과 같다.

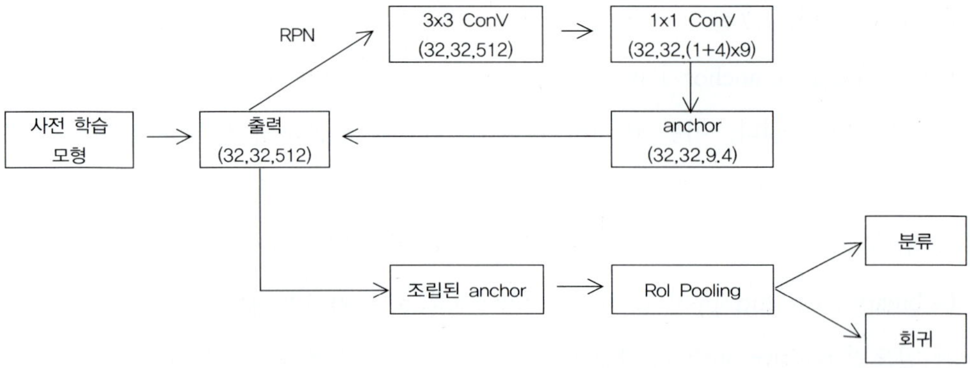

그림 11-10 Faster R-CNN의 구조

<그림 11-10>에서 RPN 층에서 실행되는 분류는 객체가 있는지 여부를 말하지만, 최종출력층의 분류모형은 객체가 특정 클래스에 속할 확률을 예측하게 된다. 셀별로 정의된 9개의 anchor는 RPN과 최종출력층의 회귀 출력층에서 두 번 조절되는 것을 볼 수 있다. 이런 이유로 RPN에서 생성된 anchor를 최종출력층에 전달해서 재조정된 anchor를 RPN의 초기치로 사용하는 학습스케줄을 따르기도 하고 단순하게 RPN의 anchor를 최종출력층의 입력으로 이용하는 학습스케줄을 따르기도 한다.

11.4 YOLO_v3(You Only Look Once version 3)

YOLO는 이름에서 알 수 있듯이, R-CNN에서 anchor별로 입력하여 출력하는 대신 모든 anchor를 한꺼번에 입력하여 출력을 한다는 의미를 강조한 객체탐지 딥러닝 모형이다. YOLO v1은 anchor 없는 첫 YOLO 모형이며 YOLO v2에서 anchor를 도입하여 성능을 대폭향상시켰다. YOLO v3는 사전학습모형으로 잔차연결(residual connection)을 도입하여 은닉층을 늘려 모형의 성능을 향상시키고 있다. 이후 다양한 YOLO version이 발표되고 있으나 YOLO v3를 이해하면 다른

version을 이해하는 데 큰 어려움이 없을 것이다. 사실, YOLO v3는 Faster R-CNN의 RPN과 개념적으로 동일하다. Faster R-CNN이 YOLO보다 늦게 발표되었으므로 RPN이 YOLO의 개념을 도입한 것으로 판단된다.

사전학습모형이나 직접 설계한 맞춤형 딥러닝으로부터 고수준 대표성(high-level representation)을 가진 (h,w,D) 텐서를 출력받았다고 가정할 때, YOLO v3에서는 입력된 표본이미지를 $h \times w$ 그리드셀(grid cell)로 분할한다. 그러므로 왼쪽 최상단의 그리드는 (0,0)으로, 오른쪽 최하단 그리드는 $(h-1, w-1)$로 표현된다. <그림 11-11>은 $h \times w$의 그리드 중 (a,b)에 위치한 그리드셀 하나를 보여주고 있으며 그리드셀에 있는 자동차의 중심점을 (bx, by)로 표현하고 있는데 왼쪽 상단좌표가 (a,b)가 된다.

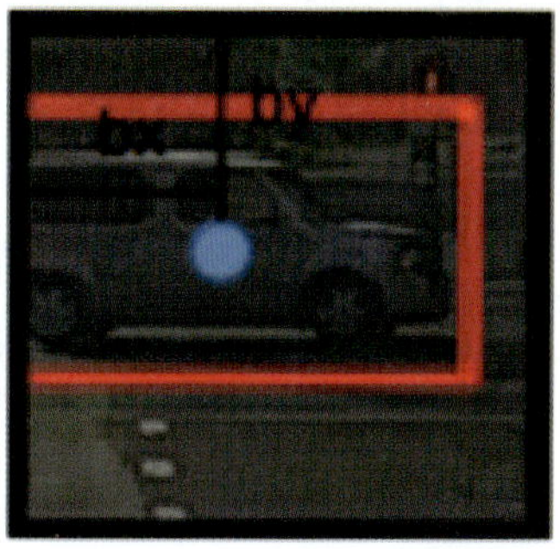

그림 11-11 그리드 (a,b)에 있는 객체의 중심점 (bx, by)

<그림 11-11>에서 볼 수 있듯이 참사각박스(ground truth)는 중심점와 너비와 높이인 (bx, by, w, h)로 표현되며 추정하고자 하는 목표변수이다. 그림에서 높이 h는 그리드셀 안에 있지만 너비는 그리드셀 밖에 위치하고 있다. <그림 11-11>의 자동차는 한 그리드셀 안에 거의 들어가 있지만 객체의 크기에 따라 여러 그리드셀에 걸쳐 있을 수 있다. 하지만 객체의 중심점은 객체의 크기에 관계없이 특정 그리드셀에 존재한다. Faster R-CNN과 동일하게 각 그리드셀마다 동일한 개수의 anchor가 정의된다. 후보박스의 너비와 높이를 Faster R-CNN과 같은 방법으로 9가지 종류의 anchor를 만들 수도 있고 참사각박스의 너비와 높이를 k-means++와 같은 군집분석으로 군집의 개수만큼 anchor의 너비와 높이를 결정할 수 있다. 지금부터 9

개의 anchor가 있다고 가정하자. 이 9개의 anchor들은 각 그리드셀에 정의되고 anchor의 중심점은 그리드셀의 중심점으로 정의된다. 각 그리드셀별로 9개 anchor의 목적변수는

$$[tx_0,ty_0,tw_0,th_0,c_0,p_{00},p_{01},\cdots,p_{0,l-1},\ \cdots,\ tx_8,ty_8,tw_8,th_8,c_8,p_{80},p_{81},\cdots,p_{8,l-1}] \tag{11.4}$$

으로 정의된다. tx_i, ty_i는 i번째 anchor와 참사각박스와의 중심점 좌표차이를, tw_i, th_i는 너비와 높이 좌표차이를 나타내며, c_i는 i번째 anchor가 객체를 포함하고 있으면 1 아니면 0값을 갖는다. $p_{i0},p_{i1},\cdots,p_{i,l-1}$은 l개의 클래스가 있다고 가정했을 때의 one-hot encoding 값이다. 이와 같이 정의된 목적변수를 예측하기 위한 YOLO v3의 구조는 다음 그림과 같다.

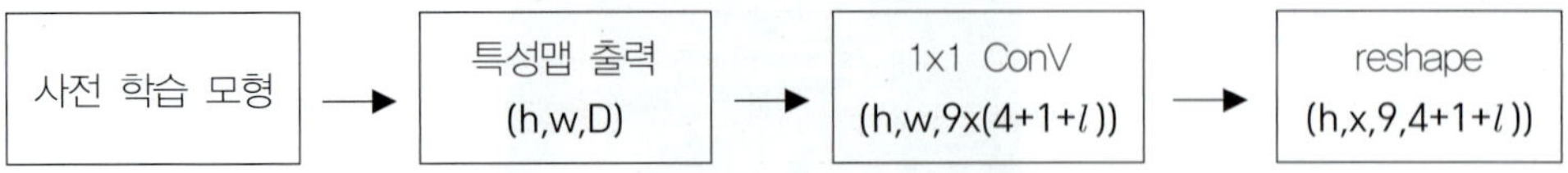

그림 11-12 anchor가 9개일 때의 YOLO v3의 구조

<그림 11-12>에서 사전학습모형 대신 맞춤형 딥러닝 모형을 사용해도 된다. 표본이미지별로 (h,w,D) 텐서 특성맵(또는 특성변수) 출력을 노드수가 $9\times(4+1+l)$개인 1×1 2D 커널 CNN 층에 입력하여 $(h,w,9(4+1+l))$ 3D텐서를 출력한 후, reshape을 통해 $(h,w,9,4+1+l)$ 4D텐서를 최종 출력한다. 그러므로 <그림 11-12>에서 1×1 ConV 층은 anchor별로 $h\times w$ 개의 $(D,)$ 1D텐서를 MLP 층에 입력하여 $(4+1+l,)$ 1D텐서를 출력하는 FC 층을 9번 반복하는 구조와 동일하다. reshape 층을 통해 최종 출력된 $(h,w,9,4+1+l)$ 4D텐서는 (11.4)의 목적변수와 비교하여 YOLO v3의 손실을 다음과 같이 정의할 수 있다.

anchor 손실

$$\lambda_1 \sum_{i=0}^{G}\sum_{j=0}^{B} I_{ij}^{obj}[(x_i-\hat{x}_i)^2+(y_i-\hat{y}_i)^2]+\lambda_2 \sum_{i=0}^{G}\sum_{j=0}^{B} I_{ij}^{obj}[(\sqrt{w_i}-\sqrt{\hat{w}_i})^2+(\sqrt{h_i}-\sqrt{\hat{h}_i})^2] \tag{11.5}$$

여기에서 $G=(w-1)\times(h-1)$로 총 그리드수이고 B는 anchor 수를 말한다. 우리의 예에서는 $B=8$이다. $I_{ij}^{obj}=1$ 또는 0값을 갖는데, i번째 그리드셀에 객체의 중심점이 존재하고 참사각박스와 가장 큰 IoU를 갖는 anchor가 j번째 anchor이면 1, 그렇지 않으면 0이 된다. (11.5)에서 x_i와 y_i는 i번째 그리드셀에 있는 객체의 중심점이고, w_i와 h_i는 참사각박스의 너비와 높이이며 $\hat{x}_i, \hat{y}_i, \hat{w}_i, \hat{h}_i$는 YOLO v3에 의한 예측치이다. (11.5)에서 사용한 제곱근은 작은 값을 갖는 w_i와 h_i(즉, 작은 객체)의 정밀하게 추정하기 위해 작은 w_i와 h_i의 오차 가중치를 높이기 위함이다.

객체인식 손실

$$\lambda_3 \sum_{i=0}^{G}\sum_{j=0}^{B} I_{ij}^{obj}(c_{ij}-\hat{c}_{ij})^2+\lambda_4 \sum_{i=0}^{G}\sum_{j=0}^{B} I_{ij}^{noobj}(c_{ij}-\hat{c}_{ij})^2 \tag{11.6}$$

여기에서 $c_{ij}=1$ 또는 0으로 i번째 그리드셀에 객체가 있으면 1이다. $I_{ij}^{noobj}=1$ 또는 0값을 가지며, $I_{ij}^{obj}=0$이면서 j번째 anchor가 모든 다른 참사각박스와 IoU가 특정값(보통 0.6)보다 작으면 $I_{ij}^{noobj}=1$이 된다.

분류손실

$$\sum_{i=0}^{G}\sum_{j=1}^{B} I_{ij}^{obj}\sum_{c=0}^{C}(p_i(c)-\hat{p}_{ij}(c))^2 \tag{11.7}$$

여기에서 $p_i(c)$는 one-hot encoding으로 i번째 그리드셀에 객체 c가 존재하면 $p_i(c)=1$이고 그렇지 않으면 0이다. I_{ij}^{obj}에 의해 i번째 그리드셀에 객체의 중심점이 있고 j번째 anchor와 참사각박스와의 IoU가 가장 크다면, j번째 anchor에 의해 추정된 클래스 확률 $\hat{p}_{ij}(c)$를 이용하여 (11.7)을 계산한다.

YOLO v3의 최종손실은 (11.5)의 anchor 손실, (11.6)의 객체인식 손실, (11.7)의 분류손실의 합으로 정의되며 초모수 $\lambda_1, \lambda_2, \lambda_3, \lambda_4$는 손실의 중요도에 따라 조절한다.

YOLO v3를 학습한 후, 새로운 이미지 데이터를 입력하여 객체탐지를 하는 추론(inference)을 해야 한다. 새로운 이미지를 학습된 YOLO v3에 입력하면 그리드별 anchor별 객체를 포함할 확률 $\hat{O}$과 클래스 확률 $\hat{p}_0, \hat{p}_1, \cdots, \hat{p}_C$를 곱하여

$$[s_0, s_1, \cdots .s_C] = [\hat{p}_0, \hat{p}_1, \cdots, \hat{p}_C] \times \hat{O}$$

를 구한 후, s_i가 특정값(예를 들어 0.3)을 넘지 않으면 0으로 대체하여 이를 filtered_scores로 정의한다.

```
class_id=np.argmax(filtered_scores)
class_label=CLASS_LABELS[class_id]
```

으로 C개의 클래스에서 가장 큰 확률값을 갖는 클래스를 class_label 값으로 지정하게 된다. 이 결과로 <그림 11-13>의 왼쪽 그림과 같이 객체가 있는 그리드셀에 중복된 anchor들을 가지게 된다.

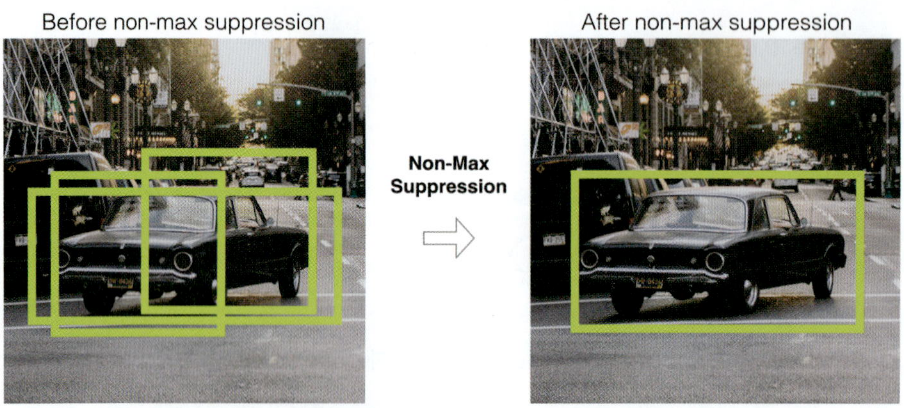

그림 11-13 중복된 anchor와 NMS 적용
이미지출처: https://appsilon.com/object-detection-yolo-algorithm/

최종적으로 <그림 11-13>의 오른쪽 그림처럼 NMS(non-maximum suppression) 과정으로 최종 사각박스를 선택하게 된다. NMS는 11.1절에 설명되어 있다. YOLO v3의 실행코드는 사전자료준비과정, 참사각박스와 anchor 좌표차의 조정, 추론과정 등이 복잡하고 정교해야 한다. 제한된 지면에 하나하나 설명하기보다는 비교적 코드 설명이 잘 되어 있는 아래 주소를 방문하여 YOLO v3를 실행해 보길 바란다.

machinelearningmastery.com/how-to-perform-object-detection-yolov3-in-keras

12장

채널 시각화, 딥드림, 그리고 스타일이전

컴퓨터 비전에서 CNN 층을 반복적으로 쌓아올려 입력이미지에 대한 분류(classification), 객체분할(object segmentation), 객체탐지(object detection) 등을 논의한 바 있다. 입력층에 가까운 CNN 층은 선, 점, 사선 등 기초적인 저수준 대표성(low-level representation)을 가진 특성맵(feature map)을 생성하고 이를 모아서 은닉층이 깊어질수록 고수준 대표성(high-level representation)을 가진 특성맵을 만들어 간다는 것을 논의한 바 있다. 그러나 구체적인 형태는 블랙박스(black box)로 남아있어, 은닉층의 채널별 시각화(visualization)를 통해 블랙박스의 일부를 열어보고자 한다. 채널별 시각화를 통해 CNN 층은 이미지 자료를 어떻게 보고 해석하는지를 알 수 있게 되어, 보다 효율적인 은닉층 설계와 모형 성능향상에 기여하게 되며 설명 가능한 AI(explainable AI, XAI)를 위한 좋은 수단을 제공하게 된다.

12.1 채널 시각화(ConvNet Visualization)

사전학습된 모형에 이미지 자료를 입력하면 은닉층에서는 추정된 모수를 곱하여 새로운 3D 특성맵을 출력하고 이를 다음 은닉층에 입력하게 된다. 은닉층 모수는 손실함수를 미분하강법(gradient descent)으로 구하는 반면, 채널시각화는 은닉층 특성맵의 평균을 손실함수로 정의하고 이 손실함수를 미분상승법(gradient ascent)으로 은닉층에 입력된 이미지를 최신화한다. 즉, 입력된 이미지의 픽셀 값을 모수로 하여 이 픽셀값을 최신화함으로써 입력된 이미지에 은닉층의 특성맵을 최대로 이식시키는 방법을 채널시각화라고 할 수 있다. 채널시각화는 은닉층의 채널별 특성맵을 빈 이미지(blank image) 또는 잡음이미지(noise)에 최대로 이식시켜 채널의 특성을 파악하는 기법이다. 수학적으로 표현하면, 잡음(noise)을 적절한 사전학습모형에 입력하여 관심있는 은닉층 채널 평균을 손실함수로 정의하고 이 손실함수를 잡음에 대해 미분한 후,

$$\text{잡음}^{(t)} = \text{잡음}^{(t-1)} + \eta \frac{\partial \text{손실함수}}{\partial \text{잡음}} \tag{12.1}$$

으로 채널평균(손실함수)을 잡음에 최대로 이식하는 과정이 채널시각화이다. 사실 채널시각화에서는 채널평균을 반드시 최대로 할 필요는 없다. (12.1)에 의한 최신화로 은닉층의 특성맵이 인식가능할 정도로 잡음이미지가 변할 때까지 반복을 하면 충분하기 때문이다.

다음 코드는 tensorflow.org/tutorials/generative/deepdream을 참고로 하여 작성한 것이다. 아래와 같이 필요한 라이브러리를 호출한 후 입력이미지를 정규화하기 위한 deprocess 함수와 그림을 그리기 위한 show 함수를 정의하고 있다.

```
import numpy as np
import tensorflow as tf
import matplotlib as mpl
import IPython.display as display
import PIL.Image

from tensorflow.keras.preprocessing import image
from tensorflow.keras.applications.vgg19 import VGG19

def deprocess(img):
  img = 255*(img + 1.0)/2.0
  return tf.cast(img, tf.uint8)

def show(img):
  display.display(PIL.Image.fromarray(np.array(img)))
```

아래 VGG19은 사전학습모형으로 학습된 은닉층을 이용하여 채널별 시각화를 구현하기 위해 model로 객체화하고 있다.

```
model = VGG19(weights='imagenet', include_top=False)

model.summary()
```

아래와 같이 채널별 시각화를 실행할 은닉층을 선택하고 functional API인 Model의 입력은 model.input으로, 출력은 시각화를 실행할 은닉층의 출력으로 지정하고 있다. Model에 의한 이러한 구조화는 이어지는 손실함수를 정의하기 위해 반드시 필요한 부분이다.

```
layers = model.get_layer('block5_pool').output

dream_model = tf.keras.Model(inputs=model.input, outputs=layers)
```

아래 프로그램은 VGG19의 마지막 층인 block5_pool의 512개 채널 중 첫 번째 채널(layer_activation[:,:,:,0])의 평균을 손실함수로 정의하고 있으며 입력이미지 img의 함수임을 볼 수 있다. 그러므로 layer_activations의 마지막축 값을 변경하면 원하는 채널의 시각화를 할 수 있다.

```
def calc_loss(img, model):

  img_batch = tf.expand_dims(img, axis=0)
  layer_activations = model(img_batch)
  loss = tf.reduce_mean(layer_activations[:,:,:,0])
  return  loss
```

다음의 DeepDream 클래스는 앞에서 정의한 dream_model을 입력하여 calc_loss 함수로 손실함수를 정의하고 이 손실함수를 img에 대해 미분(tape.watch(img))한 후, steps만큼 img를 update하고 있다. @tf.function의 input_signature를 이용하여 __call__ 함수의 img, steps, step_size의 자료크기와 자료타입을 제어해 주고 있다. 다른 크기의 이미지나 다른 steps, step_size가 입력되는 것을 방지하기 위함이다.

```
class DeepDream(tf.Module):
  def __init__(self, model):
    self.model = model

  @tf.function(
      input_signature=(
        tf.TensorSpec(shape=[None,None,3], dtype=tf.float32),
        tf.TensorSpec(shape=[], dtype=tf.int32),
        tf.TensorSpec(shape=[], dtype=tf.float32),)
  )
  def __call__(self, img, steps, step_size):
        for n in tf.range(steps):
          with tf.GradientTape() as tape:
            tape.watch(img)
            loss = calc_loss(img, self.model)

          gradients = tape.gradient(loss, img)
          gradients /= tf.math.reduce_std(gradients) + 1e-8

          img = img + gradients*step_size
          img = tf.clip_by_value(img, -1, 1)

        return loss, img
```

다음은 시각화 결과를 보여주는 프로그램으로 잡음이미지를 입력하여 100번을 update 하도록 하고 있다.

```
deepdream = DeepDream(dream_model)

def run_deep_dream_simple(img, steps=100, step_size=0.01):
  img = tf.keras.applications.vgg19.preprocess_input(img)

  loss, img = deepdream(img, steps, step_size)
  result = deprocess(img)
  show(result)

  return result
```

아래와 같이 Uniform(0,1)에서 잡음이미지를 생성하여 run_deep_simple의 img로 입력하고 있다. 잡음이미지의 자료타입이 float64이므로 DeepDream 클래스의 입력이미지 자료타입인 float32로 수정해 주고 있다. 아래 시각화 결과를 통해 VGG19의 block5_pool 층은 거북이 등 무늬와 같은 특성맵을 가지고 있는 것으로 나타났다.

```
import numpy as np
noise_img=np.random.random((224,224,3))*20+128
noise_img=tf.cast(noise_img,dtype=tf.float32)

convet_img = run_deep_dream_simple(img=noise_img,
                                   steps=100, step_size=0.01)
```

참고로 VGG19의 block2_conv1, block3_conv2, block5_conv3에서 각각 3개씩의 채널을 선택하여 채널시각화를 하면 다음 그림과 같다.

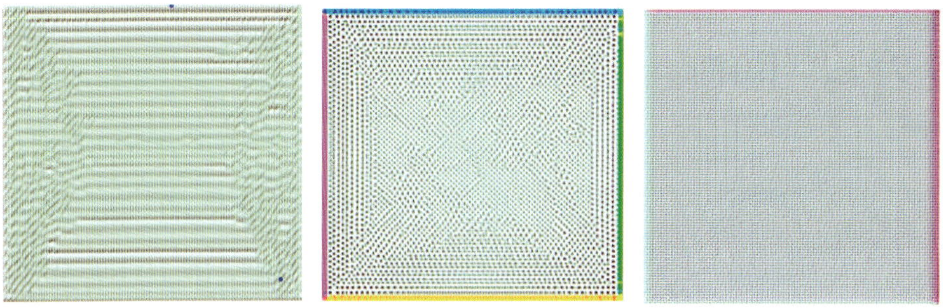

그림 12-1 VGG19 block2 conv1의 시각화

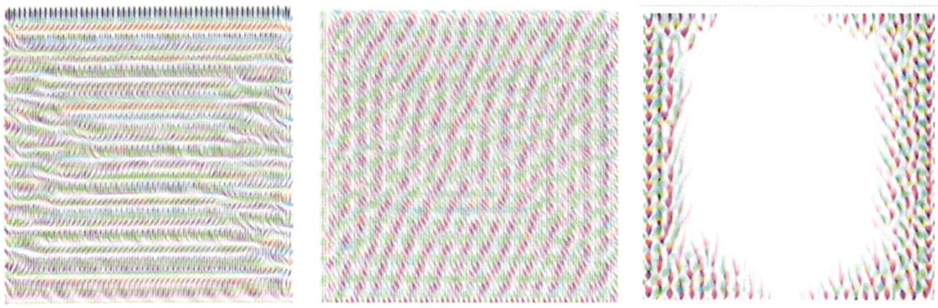

그림 12-2 VGG19 block3 conv2의 시각화

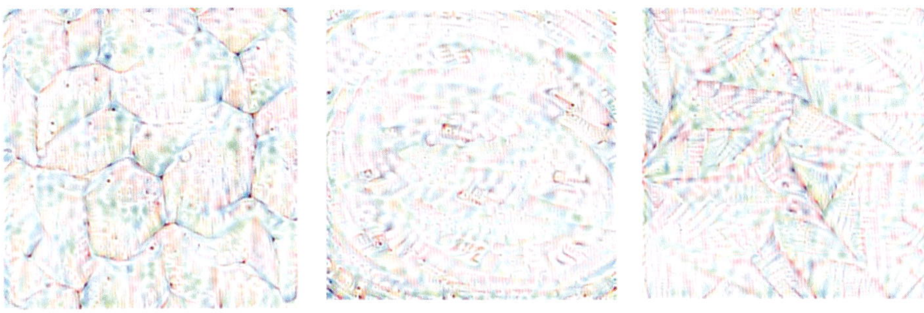

그림 12-3 VGG19 block5 conv3의 시각화

<그림 12-1>에서 볼 수 있듯이 초기 은닉층은 선분 및 점 등과 같은 일반적인 특성맵을 보여주고 있고 중간 정도의 은닉층에서는 <그림 12-2>와 같이 초기 은닉층의 기본 특성맵을 모아 좀 더 가시화된 특성맵을 보여주고 있다. 고수준 대표성을 가지고 있는 VGG19의 block5_conv3는 거북이등 모양과 새부리와 같은 특성맵을 볼 수 있다.

12.2 딥드림(Deep Dream)

딥드림은 인간의 창조력을 바탕으로 한, 순수예술에 대한 딥러닝적 시도라고 할 수 있다. 딥드림은 사진과 같은 입력이미지에 예술가적 색감, 질감, 그리고 스타일을 이식하여 딥러닝적 예술작품을 만드는 것을 목표로 한다. 채널시각화는 잡음이미지에 은닉층의 특성맵이 드러나도록 한 반면, 딥드림은 실제 이미지에 은닉층의 특성맵이 드러나도록 한다는 차이점이 있다.

추가적으로, 채널시각화에서는 특성맵의 특정 채널 평균을 최대로 하여 잡음이미지에 특성맵을 이식하지만, 딥드림에서는 다수 은닉층의 특성맵 전체 평균을 최대로 하여 입력이미지에 특성맵을 이식시킨다. 다수 은닉층의 특성맵들을 입력이미지에 이식시켜 복합적인 이미지를 창출하기 위함이다. 또한 딥드림에서는 다양한 크기의 스케일로 조절된 입력이미지를 작은 스케일부터 큰 스케일순으로 입력하여 특성맵의 이식을 질적으로 향상시키는 과정을 추가한다. 축소된 픽셀 수의 픽셀 이미지는 아주 작은 객체나 잡음을 제거하는 역할을 하므로, 가장 작은 픽셀로 줄인 원래 입력이미지에 deepdream을 적용한 이미지를 출력한다. 이 출력이미지의 픽셀 수를 증가시킨 후 이를 입력이미지로 하여 deepdream을 적용한 이미지를 출력한다. 이 과정을 만족할 만큼의 이미지를 구할 때까지 반복한다. 이러한 스케일 조절회수를 octave라고 한다.

딥드림 알고리즘을 구현하기 위해 아래와 같이 url 주소로부터 입력이미지를 불러내어 original_img로 정의한다. download 함수는 이미지 높이와 너비가 max_dim을 넘지 않도록 크기를 조절(img.thumnail((max_dim,max_dim)))한 후, 텐서로 전환한 이미지를 반환하고 있다. deprocess와 show 함수는 12.1절에서 논의했으므로 생략한다. original_img는 (412,500,3) 3D텐서인 래브라도 리트리버 이미지이다.

```
url =
'https://storage.googleapis.com/download.tensorflow.org/example_images/YellowLabradorL
ooking_new.jpg'
def download(url, max_dim=None):
  name = url.split('/')[-1]
  image_path = tf.keras.utils.get_file(name, origin=url)
  img = PIL.Image.open(image_path)
  if max_dim:
    img.thumbnail((max_dim, max_dim))
  return np.array(img)

def deprocess(img):
  img = 255*(img + 1.0)/2.0
  return tf.cast(img, tf.uint8)

def show(img):
  display.display(PIL.Image.fromarray(np.array(img)))

original_img = download(url, max_dim=500)
show(original_img)
print(original_img.shape)
```

```
(412, 500, 3)
```

시각화를 위한 사전학습모형으로 InceptionV3를 사용하기 위해 아래와 같이 inception_v3를 호출한다. InceptionV3는 은닉층의 깊이가 매우 깊은 모형으로 자세한 구조는 제9장을 참조하길 바란다.

InceptionV3의 4개층 mixed2~mixed5에서 생성된 특성맵을 리트리버 이미지에 반영하기 위해 다음과 같이 dream_model을 정의한다.

```
from tensorflow.keras.applications.inception_v3 import InceptionV3

model = InceptionV3(weights='imagenet', include_top=False)
print('Model loaded.')
model.summary()

names = ['mixed2','mixed3', 'mixed4','mixed5']
layers = [model.get_layer(name).output for name in names]

dream_model = tf.keras.Model(inputs=model.input, outputs=layers)
```

아래 프로그램은 손실함수를 계산하기 위한 calc_loss 함수를 정의하고 있다. 12.1절의 calc_loss 함수와 거의 동일하지만, 은닉층의 특성맵 전체평균을 계산한 후, 적용할 4개 은닉층의 가중치(layer_contributions)를 부여하여 가중평균(w_loss)으로 손실함수를 정의하고 있다.

```
def calc_loss(img, model):
  img_batch = tf.expand_dims(img, axis=0)
  layer_activations = model(img_batch)
  if len(layer_activations) == 1:
    layer_activations = [layer_activations]

  losses = []
  for act in layer_activations:
    loss = tf.math.reduce_mean(act)
    losses.append(loss)
  layer_contributions={'mixed2':0.3,'mixed3':2,'mixed4':1.5,'mixed5':2}
```

```
w_loss=0.0
for i,name in enumerate(layer_contributions):
  w_loss=w_loss+losses[i]*layer_contributions[name]
return  w_loss
```

최종적으로 run_deep_dream_simple 함수를 적용하면 아래와 같이 은닉층의 특성맵이 이식된 리트리버가 만들어진다. run_deep_dream_simple 함수는 12.1절과 동일하며 이 함수를 정의하기 위한 DeepDream 클래스도 12.1절과 동일하다.

```
dream_img = run_deep_dream_simple(img=original_img,steps=100, step_size=0.01)
```

위 리트리버 이미지를 자세하게 보면 잡음과 같은 매우 작은 원이나 점들이 많은 것을 볼 수 있다. 이러한 잡음을 제거하고 좀 더 예술적 스타일을 가진 리트리버 이미지를 만들기 위해 4번의 octave를 적용하는 프로그램은 다음과 같다. octave=1일 때(n=-4) 원래의 리트리버 이미지가 입력되어 픽셀의 크기를 1.3^{-4} 만큼 줄여서 run_deep_dream_simple를 적용하고 이미지를 1.3배 증가시켜 앞 절차를 반복한다. octave=4(n=0)가 될 때까지 반복하면 아래와 같이 다소 환각적인 리트리버 이미지를 만들 수 있다.

```
OCTAVE_SCALE = 1.30

img = np.array(original_img)
base_shape = tf.shape(img)[:-1]
float_base_shape = tf.cast(base_shape, tf.float32)
for n in range(-4, 1):
  new_shape = tf.cast(float_base_shape*(OCTAVE_SCALE**n), tf.int32)

  img = tf.image.resize(img, new_shape).numpy()
  img = run_deep_dream_simple(img=img, steps=50, step_size=0.01)

display.clear_output(wait=True)
img = tf.image.resize(img, base_shape)
img = tf.image.convert_image_dtype(img/255.0, dtype=tf.uint8)
show(img)
```

```
28.246817111968994
```

12.3 스타일이전(style transfer)

스타일이전 알고리즘은 특정이미지의 콘텐츠(content)에 다른 이미지의 스타일을 이식하는 것을 목적으로 한다. 여기에서 스타일은 컬러, 색감, 질감 등을 말한다. <그림 12-4>는 12.2절에서 다룬 리트리버 콘텐츠에 러시아 화가 Vassily Kandinsky의 화풍을 이식시켜 만들어낸 스타일이전 학습결과를 보여주고 있다.

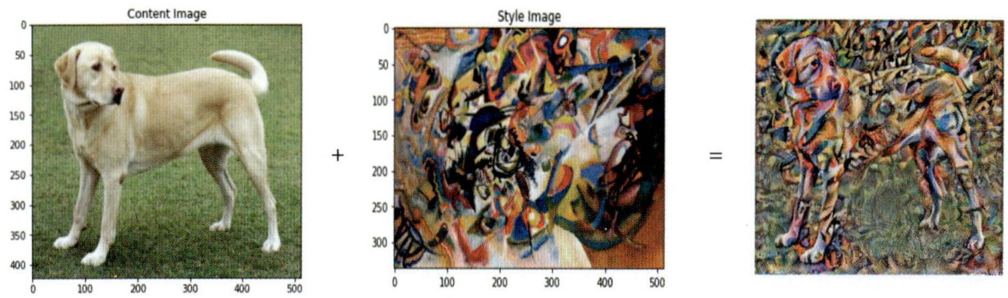

그림 12-4 스타일 전이학습

딥드림에서는 이미지를 입력하여 이미지 자체가 만들어낸 은닉층의 특성맵을 입력이미지에 이식시키기 때문에 의도한 대로 예술적 스타일을 만들어 내는 것은 쉽지 않다. 반면에 스타일이전(style transfer)은 원하는 스타일을 자유롭게 선택하여 콘텐츠에 상상하는 대로 이식할 수 있는 예술적 공학(artistic engineering)의 영역이다.

<그림 12-4>를 이용하여 스타일이전 알고리즘을 설명해 보자. 리트리버 이미지에 리트리버 콘텐츠와 Kandinsky의 화풍을 이식해야 하므로, 사전학습모형에 리트리버 이미지를 입력하여 사전학습모형의 특정 은닉층 특성맵을 추출한다. 또한 <그림 12-4>의 두 번째 그림인 Kandinsky 작품을 동일한 사전학습모형에 입력하여 은닉층의 특성맵을 추출한다. 리트리버의 콘텐츠가 필요하므로 리트리버 특성맵은 일반적으로 최고수준 대표성(highest-level representation)을 가진 사전학습모형의 마지막 은닉층의 특성맵으로 선택한다. Kindinsky의 화풍은 저수준, 중수준, 고수준 대표성을 가진 사전학습모형의 특성맵을 모두 반영하여 Kindinsky의 색감, 질감

등의 속성을 리트리버 이미지에 이식할 수 있도록 한다. 이러한 콘텐츠 특성맵과 스타일 특성맵은 손실함수의 최소화 대상인 목적변수가 된다.

목적변수를 예측하기 위해 리트리버 이미지를 동일한 사전학습모형에 입력하여 콘텐츠 특성맵을 추출한 은닉층 값과 스타일 특성맵을 추출한 은닉층 값을 출력한다. 이 출력값이 앞에서 정의한 목적변수인 콘탠츠 특성맵과 스타일 특성맵의 예측치이다. 이 예측치와 목적변수를 이용하여 아래에 정의된 손실함수를 최소화하도록 리트리버 이미지를 최신화하면 스타일 이전학습이 완료된다.

스타일이전은 콘텐츠손실, 스타일손실, 총변동(total variance)손실 등 3개의 손실의 합으로 손실함수를 정의한다.

콘텐츠손실

콘텐츠 특성맵과 콘텐츠 예측치는 동일한 은닉층 값이므로 이들 간 차이에 대한 평균제곱합(mean squared error, MSE)으로 정의된다. 동일한 리트리버 이미지가 입력되고 동일한 은닉층의 값이 목적변수와 예측치가 되므로 gradient descent의 첫 반복의 콘텐츠 손실은 0이 된다. 그러나 두 번째 반복부터는 스타일 이전의 손실이 콘텐츠손실+스타일손실+총변동손실이므로 콘텐츠 손실이 0과 다르게 된다.

스타일손실

스타일 특성맵의 상관계수와 스타일 예측치의 상관계수 차에 대한 MSE로 정의된다. 스타일 특성맵이 (h,w,c) 3D텐서일 때 스타일 특성맵의 채널 간 상관계수는 (c,c) 2D텐서가 된다. 이에 대응되는 스타일 예측치의 채널 간 상관계수도 동일한 크기의 (c,c) 2D텐서이다. 스타일 손실은 스타일 특성맵의 채널 간 상관계수와 스타일 예측치의 채널 간 상관계수차의 MSE로 정의되며 이 MSE를 최소로 하여 스타일 특성맵을 최대로 이전하도록 한다.

총변동손실

총변동손실은 콘텐츠와 스타일이 이식된 이미지에서 잡음(noise)을 제거하기 위한 손실로, 콘텐츠와 스타일이 이식된 이미지가 한 픽셀의 이동에 대해 영향을 받지 않도록 하는 역할을 하게 된다. 주어진 이미지에서 우측으로 한 픽셀을 이동시킨 이미지와 이동 전 원래 이미지와의 차이에 대한 평균절대오차(mean absolute error, MAE), 그리고 주어진 이미지에서 한 픽셀 아래로 이동시킨 이미지와 이동 전 원래 이미지와의 차이에 대한 MAE의 합으로 총손실오차는 정의된다.

지금까지의 논의를 바탕으로 스타일 전이학습 알고리즘을 코드로 구현해 보자. 이 코드는 tensorflow.org/tutorials/generative/style_transfer를 기초로 작성되었다. 다음과 같이 필요한 라이브러리를 호출하고 rcParams를 이용하여 matplotlib 그림 크기를 (12,12)로 지정하고 grid를 제거하도록 하고 있다.

```
import IPython.display as display

import matplotlib.pyplot as plt
import matplotlib as mpl
mpl.rcParams['figure.figsize'] = (12,12)
mpl.rcParams['axes.grid'] = False

import tensorflow as tf
import numpy as np
import PIL.Image
import time
```

다음은 0 ~ 1 값을 가지고 있는 텐서가 입력되었을 때 0 ~ 255 정수값을 갖는 텐서로 전환해주고 array로 정의된 텐서를 이미지값으로 변환하는 함수이다.

```
def tensor_to_image(tensor):
  tensor = tensor*255
  tensor = np.array(tensor, dtype=np.uint8)
```

```
    if np.ndim(tensor)>3:
      assert tensor.shape[0] == 1
      tensor = tensor[0]
    return PIL.Image.fromarray(tensor)
```

아래와 같이 콘텐츠 이미지와 스타일 이미지를 불러내기 위해 path를 지정하고 load_img 함수로 픽셀의 크기를 최대 512로 수정한 후, 4D텐서로 입력이미지를 반환하는 함수를 정의하고 있다.

```
content_path = tf.keras.utils.get_file('YellowLabradorLooking_new.jpg',
'https://storage.googleapis.com/download.tensorflow.org/example_images/YellowLabradorL
ooking_new.jpg')

style_path = tf.keras.utils.get_file('kandinsky5.jpg',
'https://storage.googleapis.com/download.tensorflow.org/example_images/Vassily_Kandinsk
y%2C_1913_-_Composition_7.jpg')

def load_img(path_to_img):
  max_dim = 512
  img = tf.io.read_file(path_to_img)
  img = tf.image.decode_image(img, channels=3)
  img = tf.image.convert_image_dtype(img, tf.float32)

  shape = tf.cast(tf.shape(img)[:-1], tf.float32)
  long_dim = max(shape)
  scale = max_dim / long_dim

  new_shape = tf.cast(shape * scale, tf.int32)

  img = tf.image.resize(img, new_shape)
  img = img[tf.newaxis, :]
  return img
```

다음에 정의된 imshow 함수로 0축을 제거하고 리트리버 이미지와 Kandinsky의 스타일 이미지를 출력하고 있다.

```
def imshow(image, title=None):
  if len(image.shape) > 3:
    image = tf.squeeze(image, axis=0)

  plt.imshow(image)
  if title:
    plt.title(title)

content_image = load_img(content_path)
style_image = load_img(style_path)
print(content_image.shape)
print(style_image.shape)

plt.subplot(1, 2, 1)
imshow(content_image, 'Content Image')

plt.subplot(1, 2, 2)
imshow(style_image, 'Style Image')
```

```
(1, 422, 512, 3)
(1, 336, 512, 3)
```

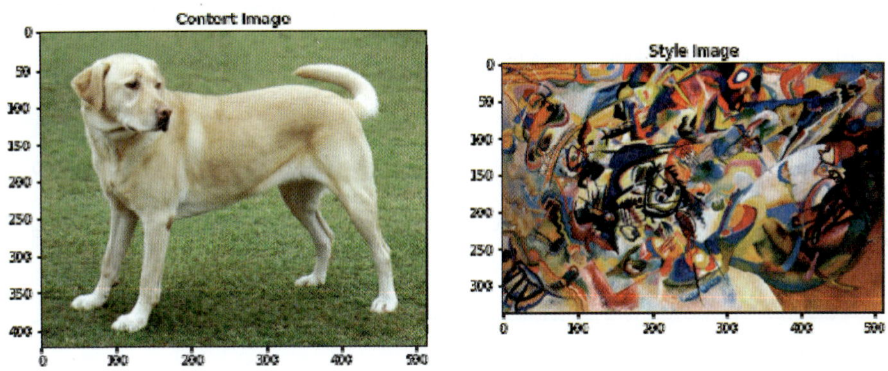

스타일 전이학습을 위해 VGG19를 이용하고자 한다. 콘텐츠 이미지를 정확하게 예측하는지를 살펴보기 위해 include_top=True를 부여한다. 리트리버 이미지를 입력하면 아래와 같이 1,000개의 객체를 분류하는 확률을 제공하고 있으며 가장 높은 확률은 Labrador_retriever로 정확하게 예측하고 있다.

```
x = tf.keras.applications.vgg19.preprocess_input(content_image*255)
x = tf.image.resize(x, (224, 224))
vgg = tf.keras.applications.VGG19(include_top=True, weights='imagenet')
prediction_probabilities = vgg(x)
print(prediction_probabilities.shape)
predicted_top_5 = tf.keras.applications.vgg19.decode_predictions(prediction_probabilities.numpy())[0]
[(class_name, prob) for (number, class_name, prob) in predicted_top_5]
```

```
(1, 1000)

Out[10]:
[('Labrador_retriever', 0.493172),
 ('golden_retriever', 0.23665246),
 ('kuvasz', 0.036357306),
 ('Chesapeake_Bay_retriever', 0.024182834),
 ('Greater_Swiss_Mountain_dog', 0.018646013)]
```

사전학습모형 VGG19 은닉층 특성맵을 리트리버 이미지에 이식시키고 이식시킬 은닉층을 선택하기 위해 include_top=False로 지정하고 있다. 은닉층의 이름을 출력하여 'block5_conv2'를 콘텐츠 은닉층으로 정의하고, 낮은 수준의 대표성을 가진 'block1_conv1'으로부터 고수준 대표성을 가진 'block5_con1'까지 스타일 은닉층으로 정의하고 있다. 이처럼 여러 개의 은닉층을 스타일 은닉층으로 정의한 이유는 Kandinsky 화풍의 잠재적 요소까지 리트리버 입력이미지에 이식시키기 위함이다.

```
vgg = tf.keras.applications.VGG19(include_top=False, weights='imagenet')

for layer in vgg.layers:
  print(layer.name)

content_layers = ['block5_conv2']
style_layers = ['block1_conv1', 'block2_conv1', 'block3_conv1', 'block4_conv1', 'block5_conv1']

num_content_layers = len(content_layers)
num_style_layers = len(style_layers)
print(content_layers+style_layers)
```

```
['block5_conv2', 'block1_conv1', 'block2_conv1', 'block3_conv1', 'block4_conv1',
'block5_conv1']
```

다음은 VGG19의 은닉층 이름을 입력하여 해당 은닉층을 출력하는 모형을 반환하는, vgg_layers 함수를 정의하고 있다. 이어지는 프로그램과 같이 style_layers를 입력하여 모형을 호출한 후, 스타일이미지를 vgg.input으로 입력하여 구한 출력을 style_outputs에 저장하고 있다.

```
def vgg_layers(layer_names):
  vgg = tf.keras.applications.VGG19(include_top=False, weights='imagenet')
  vgg.trainable = False

  outputs = [vgg.get_layer(name).output for name in layer_names]

  model = tf.keras.Model(vgg.input, outputs)
  return model
```

```
style_extractor = vgg_layers(style_layers)
style_outputs = style_extractor(style_image*255)

for name, output in zip(style_layers, style_outputs):
  print(name)
  print("  shape: ", output.shape)
```

```
block1_conv1
  shape: (1, 336, 512, 64)
block2_conv1
  shape: (1, 168, 256, 128)
block3_conv1
  shape: (1, 84, 128, 256)
block4_conv1
  shape: (1, 42, 64, 512)
block5_conv1
  shape: (1, 21, 32, 512)
```

위 출력에서 스타일 은닉층 출력의 크기는 block1_conv1이 (1,336,512,64) 4D텐서이고 block5_conv1은 (1,21,32,512) 4D텐서임을 알 수 있다. block1_conv1의 출력을 $A(b,i,j,d)$로 표현했을 때 표본별 채널 d_1과 d_2 간의 상관계수는

$$C_{d_1,d_2} = \sum_i \sum_j A(b,i,j,d_1) \times A(b,i,j,d_2)/(336 \times 512)$$

으로 계산된다. block1_conv1의 채널이 64개이고 batch=1이므로 block1_conv1의 상관계수는 (1,64,64) 3D텐서로 출력된다. 같은 방법으로 block5_conv1의 상관계수는 (1,512,512) 3D텐서가 된다. 이러한 상관계수는 아래 프로그램의 gram_matrix 함수를 이용하여 계산한다. 아래 코드 중

```
tf.einsum('bijc, bijd->bcd', A, B)
```

에서 'bijc, bijd->bcd'는 einsum의 function으로 4D텐서 A의 $A(b,i,j,c)$와 4D텐서 B의 $B(b,i,j,d)$를 첨자 i와 j에 대해 내적합[즉, $\sum_i \sum_j A(b,i,j,c) \times B(b,i,j,d)$)]으로 (b,c,d) 3D텐서를 출력한다.

```
def gram_matrix(input_tensor):
  result = tf.einsum('bijc,bijd->bcd', input_tensor, input_tensor)
  input_shape = tf.shape(input_tensor)
  num_locations = tf.cast(input_shape[1]*input_shape[2], tf.float32)
  return result/(num_locations)
```

아래 StyleContentModel 클래스는 tf.keras.models.Model를 부모클래스로 하여 style_layers와 content_layers로 초기화하고 style_image 또는 content_image를 입력하여 스타일은닉층과 콘텐츠은닉층의 출력을 각각 style_outputs과 content_outputs로 저장하고 있다. style_outputs은 다시 gram_matrix 함수에 입력하여 상관계수 텐서를 출력한 후, dictionary 형태로 content_outputs과 상관계수인 style_outputs을

반환해 주고 있다. 여기에서 VGG19는 non-trainable로 지정해야 한다. 뒤에서 built-in 최적화 알고리즘을 이용하여 리트리버 이미지를 update하기 때문이다.

```
class StyleContentModel(tf.keras.models.Model):
  def __init__(self, style_layers, content_layers):
    super(StyleContentModel, self).__init__()
    self.vgg =  vgg_layers(style_layers + content_layers)
    self.style_layers = style_layers
    self.content_layers = content_layers
    self.num_style_layers = len(style_layers)
    self.vgg.trainable = False

  def call(self, inputs):
    inputs = inputs*255.0
    preprocessed_input = tf.keras.applications.vgg19.preprocess_input(inputs)
    outputs = self.vgg(preprocessed_input)
    style_outputs, content_outputs = (outputs[:self.num_style_layers],
                                      outputs[self.num_style_layers:])

    style_outputs = [gram_matrix(style_output)
                     for style_output in style_outputs]

    content_dict = {content_name:value
                    for content_name, value
                    in zip(self.content_layers, content_outputs)}

    style_dict = {style_name:value
                  for style_name, value
                  in zip(self.style_layers, style_outputs)}

    return {'content':content_dict, 'style':style_dict}
```

아래는 StyleContentModel을 이용하여 목적변수인 style_targets와 content_targets를 생성하고 있다. 아래 프로그램에서 볼 수 있듯이 style_targets는 style_image를 입력하고 contents_targets는 content_image를 입력하여 목적변수를 정의하고 있다.

```
extractor = StyleContentModel(style_layers, content_layers)
style_targets = extractor(style_image)['style']
content_targets = extractor(content_image)['content']
```

리트리버 이미지에 리트리버 콘텐츠와 Kandinsky의 화풍을 이식시켜야 하므로 content_image를 update할 수 있도록 image=tf.Variable(content_image)로 정의하고 있다. 아래에서 손실함수를 정의한 후, 이 손실함수를 최소화하는 image를 구하게 될 것이다.

```
image = tf.Variable(content_image)
```

아래와 같이 image를 0 ~ 1 값을 갖도록 조절해주고, 최적화도 built-in Adam을 사용하며, style_weight는 10^{-1} 그리고 content_weight=10^4을 부여하고 있다.

```
def clip_0_1(image):
  return tf.clip_by_value(image, clip_value_min=0.0, clip_value_max=1.0)

opt = tf.optimizers.Adam(learning_rate=0.02, beta_1=0.99, epsilon=1e-1)

style_weight=1e-1
content_weight=1e4
```

다음은 스타일손실과 콘텐츠손실을 계산하는 함수로, style_outputs과 목적변수인 style_targets 간의 MSE 그리고 content_outputs와 대응하는 목적변수 content_targets과의 MSE로 각각의 손실이 정의된다. add_n은 list 안에 있는 값의 합을 구하는 함수이다. style_outputs과 content_outputs는 각각 image=tf.Variable(content_image)를 StyleContentModel에 입력하여 구한 style_targets와 content_targets의 예

측치이다.

```
def style_content_loss(outputs):
    style_outputs = outputs['style']
    content_outputs = outputs['content']
    style_loss = tf.add_n([tf.reduce_mean((style_outputs[name]-style_targets[name])**2)
                           for name in style_outputs.keys()])
    style_loss *= style_weight / num_style_layers

    content_loss = tf.add_n([tf.reduce_mean((content_outputs[name]-content_targets[name])**2)
                             for name in content_outputs.keys()])
    content_loss *= content_weight / num_content_layers
    loss = style_loss + content_loss
    return loss
```

다음 프로그램은 손실함수를 image로 미분하여 최적화 알고리즘 Adam으로 update 한 image를 반환하는 train_step 함수를 정의하고 있다.

```
@tf.function()
def train_step(image):
  with tf.GradientTape() as tape:
    outputs = extractor(image)
    loss = style_content_loss(outputs)

  grad = tape.gradient(loss, image)
  opt.apply_gradients([(grad, image)])
  image.assign(clip_0_1(image))
```

아래와 같이 총 1,000번의 반복을 통해 완성된 스타일이전 학습 결과를 보여주고 있다.

```
import time
start = time.time()
```

```
epochs = 10
steps_per_epoch = 100

step = 0
for n in range(epochs):
  for m in range(steps_per_epoch):
    step += 1
    train_step(image)
    print(".", end='')
  display.clear_output(wait=True)
  display.display(tensor_to_image(image))
  print("훈련 스텝: {}".format(step))

end = time.time()
print("전체 소요 시간: {:.1f}".format(end-start))
```

```
훈련 스텝: 1000
전체 소요 시간: 2264.3
```

위 출력은 아직 총변동손실을 고려하지 않았다. 다음과 같이 우측으로 한 픽셀 옮긴 후 원래 이미지와의 차이를 x_var로 정의하고, 높이를 한 픽셀 내린 후 원래 이미지와의 차이를 y_var로 정의한 high_pass_x_y 함수를 보여주고 있다. 이어지는 프로그램은 리트리버 이미지(content_image)를 high_pass_x_y 함수에 입력했을 때와 스타일 이전 학습된 이미지를 입력했을 때의 결과를 보여주고 있다. 이미지의 경계선을 뚜렷하게 보여주고 있어 총변동손실은 경계선탐지(edge detection)의 도구로도 사용할 수 있다.

```
def high_pass_x_y(image):
  x_var = image[:,:,1:,:] - image[:,:,:-1,:]
  y_var = image[:,1:,:,:] - image[:,:-1,:,:]

  return x_var, y_var
```

```
x_deltas, y_deltas = high_pass_x_y(content_image)

plt.figure(figsize=(14,10))
plt.subplot(2,2,1)
imshow(clip_0_1(2*y_deltas+0.5), "Horizontal Deltas: Original")

plt.subplot(2,2,2)
imshow(clip_0_1(2*x_deltas+0.5), "Vertical Deltas: Original")

x_deltas, y_deltas = high_pass_x_y(image)

plt.subplot(2,2,3)
imshow(clip_0_1(2*y_deltas+0.5), "Horizontal Deltas: Styled")

plt.subplot(2,2,4)
imshow(clip_0_1(2*x_deltas+0.5), "Vertical Deltas: Styled")
```

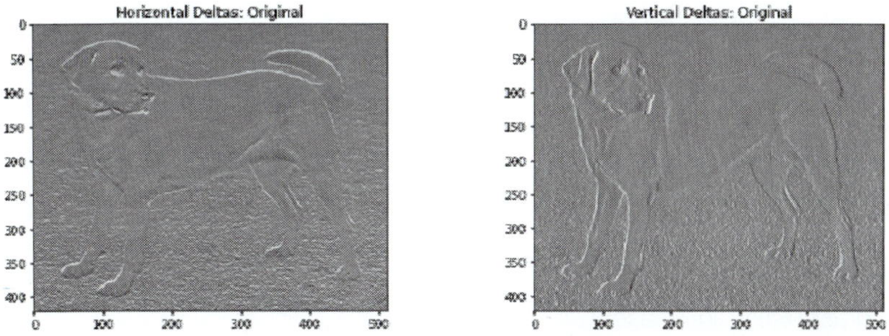

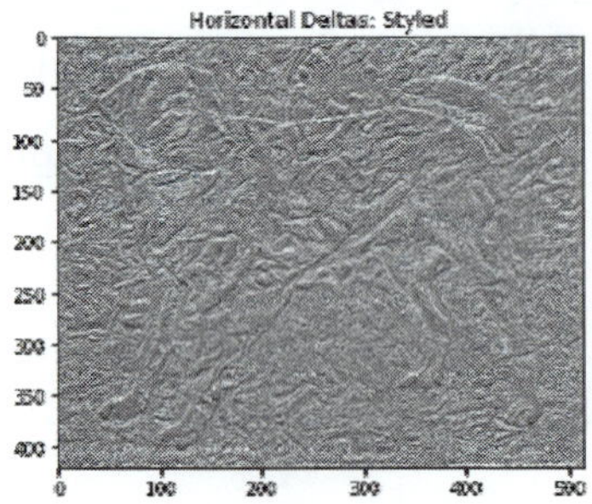

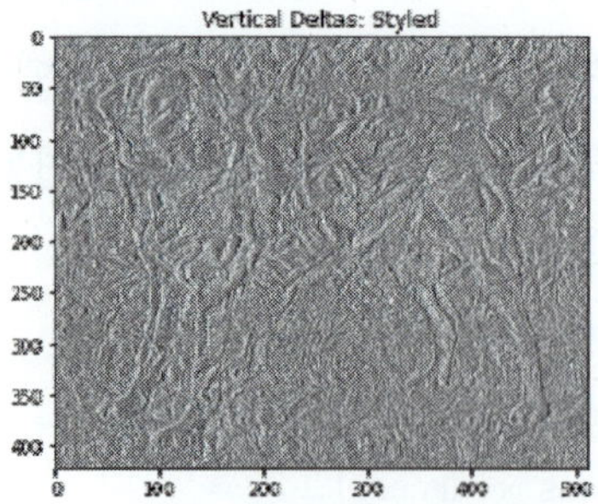

아래와 같이 총변동손실을 정의하고 가중치를 50을 부여하고 있다.

```
def total_variation_loss(image):
  x_deltas, y_deltas = high_pass_x_y(image)
  return tf.reduce_sum(tf.abs(x_deltas)) + tf.reduce_sum(tf.abs(y_deltas))

total_variation_weight=50
```

아래 프로그램과 같이 기존의 스타일손실 + 콘텐츠손실에 총변동손실을 더해주고 입력된 image를 update하도록 train_step 함수를 재정의한다. 위에서 정의한 total_variation_loss는 built-in tensorflow.image.total_variation() 함수로 아래와 같이 대체할 수 있다.

```
@tf.function()
def train_step(image):
  with tf.GradientTape() as tape:
    outputs = extractor(image)
    loss = style_content_loss(outputs)
    loss += total_variation_weight*tf.image.total_variation(image)

  grad = tape.gradient(loss, image)
  opt.apply_gradients([(grad, image)])
  image.assign(clip_0_1(image))
```

image가 앞에서 스타일이전 학습된 이미지이므로 아래와 같이 최초의 리트리버 이미지로 초기화한 후, 재학습시키면 아래와 같은 스타일 전이학습 결과를 구할 수 있다.

```
image = tf.Variable(content_image)
```

```
import time
start = time.time()

epochs = 10
steps_per_epoch = 100

step = 0
for n in range(epochs):
  for m in range(steps_per_epoch):
    step += 1
    train_step(image)
    print(".", end='')
  display.clear_output(wait=True)
  display.display(tensor_to_image(image))
  print("훈련 스텝: {}".format(step))

end = time.time()
print("전체 소요 시간: {:.1f}".format(end-start))
```

훈련 스텝: 1000
전체 소요 시간: 2290.1

4부.

자연어처리

13장

머신번역

머신번역은 sequence-to-sequence 학습의 대표적인 응용분야이다. 머신번역은 제 8장에서 논의한 function API를 이용하여 여러 개의 입력과 여러 개의 출력(many-to-many) 아키텍처를 적용한 딥러닝 모형이다. 그러나 딥러닝의 난제 중의 하나인 머신번역에 적용된 many-to-many 아키텍처는 기대만큼 좋은 성능을 보여주지 못하고 있다. 좀 더 개선된 두 번째 머신번역 모형으로, 번역된 언어를 입력 데이터로 재사용하는 방법을 논의할 것이다. 예를 들어 영어를 프랑스어로 번역할 때, 영어뿐만 아니라 영어 단어에 대응되는 프랑스어 단어를 동시에 입력하여 이어지는 프랑스어로의 번역 정밀도를 높이는 sequence-to-sequence 학습방법이다. 목적변수인 프랑스어를 입력으로 이용하는 방법을 teacher forcing이라고 한다. teacher forcing을 이용한 머신번역은 2개의 입력을 가지고 있으므로 이 2개의 입력을 연결하기 위해 encoder 모형과 decoder 모형으로 구성되어 있다.

세 번째 머신번역 모형은 소위 attention을 이용한 머신번역이다. attention은 입력언어와 출력언어의 의미상 유사성을 도출한 후, 이 유사성에 비례한 가중치를 입력언어에 부여하여 머신번역의 성능을 향상시키는 기법이다. 비록 적지 않은 수정과 프로그램에 대한 해설을 추가하였지만, 이 장에서 제공하는 프로그램은 Ayyadevara (2019)의 프로그램을 기반으로 작성된 것이다.

13.1 자료의 사전정리

텍스트 자료에 제공된 언어의 번역은 순서가 매우 중요하므로 RNN 모형을 적용하기 위한 자료의 사전정리는 매우 중요하다. 먼저 다음과 같이 자료를 내려받도록 하자(내려받지 못할 경우, 출판사 홈페이지에서 내려받기 바람).

https://www.dropbox.com/s/2vag8w6yov9clqz/english%20to%20french.txt

```
import pandas as pd
import numpy as np
import string
lines = pd.read_table('C:/Users/ysp/Desktop/Deep Learning/english to french.txt', names
=['eng', 'fr'])
```

위 프로그램에서 pd.read_table은 텍스트 자료가 '\t' 또는 공백(' ')으로 구분되어 있을 때, 텍스트 자료를 읽는 함수이다. english to french.txt는 하나의 행에 영어가 있고 몇 개의 공간을 띄우고 번역된 프랑스어가 있는 텍스트 자료이므로 pd.read_table을 사용하고 있다. 참고로 텍스트 자료가 ','로 구분되어 있으면 pd.read_csv를 사용한다. 원래의 자료는 총 140,000개의 문장으로 구성되어 있지만 학습시간을 줄이기 위해 아래와 같이 첫 50,000개의 문장으로 데이터를 구성하였고, 예제에서 볼 수 있듯이 영어 문장과 프랑스어로 해석된 문장으로 구성되어 있다. 영어와 프랑스어는 빈칸으로 구별되어 있고, 대문자와 소문자가 섞여있으며 느낌표 등의 punctuation을 포함하고 있다.

```
lines = lines[0:50000]
print(lines.head(3))
print(lines.tail(3))
```

```
     eng        fr
0    Go.       Va !
1   Run!    Cours !
2   Run!   Courez !
                              eng                               fr
49997  They go to work on foot.        Ils vont au travail à pied.
49998     They got into the train.    Ils montèrent dans le train.
49999     They got into the train.  Elles montèrent dans le train.
```

아래 프로그램에서는 x.lower() 함수를 이용하여 영어 및 프랑스어 단어를 모두 소문자로 만들었고, string.punctuation을 이용하여 "#, }, *, <, !" 등의 부호를 문장에

서 제거하고 있다.

```
'apple, pear, grape'.split(',')=['apple','pear','grape']
```

이고

```
' '.join(['apple','pear','grape'])='apple pear grape'
```

이므로 아래 프로그램 결과에서 볼 수 있듯이 각 문장의 단어는 빈칸으로 구분된 것을 볼 수 있다.

```
lines['eng']=lines['eng'].apply(lambda x: x.lower())
lines['fr']=lines['fr'].apply(lambda x: x.lower())

exclude = set(string.punctuation)
lines.eng=lines.eng.apply(lambda x: ''.join(ch for ch in x if ch not in exclude))
lines.fr=lines.fr.apply(lambda x: ''.join(ch for ch in x if ch not in exclude))

print(lines.head(3))
print(lines.tail(3))
```

```
     eng        fr
0     go        va
1    run     cours
2    run    courez
                            eng                                  fr
49997  they go to work on foot        ils vont au travail à pied
49998     they got into the train      ils montèrent dans le train
49999     they got into the train    elles montèrent dans le train
```

```
lines.fr = lines.fr.apply(lambda x : 'start '+ x + ' end')
print(lines.head(3))
print(lines.tail(3))
print(lines.shape)
```

```
     eng                  fr
```

```
0      go        start va   end
1     run      start cours   end
2     run    start courez   end
                            eng                                          fr
49997  they go to work on foot        start ils vont au travail à pied end
49998      they got into the train      start ils montèrent dans le train end
49999      they got into the train    start elles montèrent dans le train end

(50000, 2)
```

위 프로그램과 같이 번역될 프랑스어 문장은 모두 'start'로 시작하고 'end'로 끝나도록 하고 있다. 13.2절과 13.3절에서 decoder 입력자료의 예측치를 정의할 때 유용하기 때문이다. 프로그램에서 사용된 lines.eng와 lines.fr은 lines['eng']와 lines['fr']과 동일하다. lines의 크기는 (50000,2)인 것을 확인할 수 있다. 다음 프로그램은 영어와 프랑스어를 토큰화하여 빈도수를 기준으로 80%까지 차지하는 토큰(단어)으로 자료를 재구성하고 있다.

아래와 같이 Tokenizer( ) 함수를 적용한 객체화 변수 eng_tokenizer나 fr_tokenizer에 word_counts 속성을 부여하면, 즉

eng_tokenizer.word_counts 또는 fr_tokenizer.word_counts

를 부여하면 단어와 발생빈도(words and their counts)가 관측순서대로 정리된 dictionary 데이터가 만들어진다. 이를 OrderedDict라고 한다. 그러나 이러한 dictionary 데이터는 pandas의 DataFrame으로 읽을 수가 없다. 그러므로 이 데이터를 순수 dictionary로 바꿔야 하며 json.dumps( ) 함수를 이용하여 ordereddict 형태의 자료를 json 형식으로 바꾼 후, 다시 jason.loads( ) 함수를 이용하여 python 형태의 자료로 전환하면 순수 dictionary 자료를 출력하게 된다. pd.DataFrame ([eng_dict.keys(),eng_dict.values()])는 제1행은 index를, 제2행은 단어를, 그리고 제3행은 해당 단어의 빈도수로 구성되어 있어 이 자료를 전치(transpose)하여야 한다. 그러므로 전치한 행렬은 영어인 경우 6083×2이고 프랑스어의 경우 14075×2 행렬이

된다. 즉, 영어는 6,083개의 유일한 단어가 있고 프랑스어는 14,075개의 유일한 단어로 구성되어 있다.

아래 프로그램 결과에 의해, 80%까지 차지하는 총 단어의 수는 영어인 경우 384 단어이고 프랑스는 총 357단어인 것으로 나타났다. 이 단어들은 final_eng_words와 final_fr_words에 각각 저장하였다. 80%에 해당하지 않은 단어를 하나의 단어클래스로 하면, 385개의 영어 단어를 입력하여 358개 프랑스 단어를 구별하는 문제로 요약할 수 있다. 즉, 클래스가 358개인 분류문제가 되고 손실함수는 softmax 함수에 의해 계산된 categorical crossentropy가 된다.

```
from tensorflow.keras.preprocessing.text import Tokenizer
def create_tokenizer(lines):
    tokenizer = Tokenizer()
    tokenizer.fit_on_texts(lines)
    return tokenizer

import json
eng_tokenizer = create_tokenizer(lines['eng'])
eng_dict=json.loads(json.dumps(eng_tokenizer.word_counts))
df =pd.DataFrame([eng_dict.keys(), eng_dict.values()]).T
df.columns = ['word','count']
df = df.sort_values(by='count',ascending = False)
df['cum_count'] = df['count'].cumsum()
df['cum_perc'] = df['cum_count']/df['cum_count'].max()
final_eng_words = df[df['cum_perc']<0.8]['word'].values

fr_tokenizer = create_tokenizer(lines['fr'])
fr_dict = json.loads(json.dumps(fr_tokenizer.word_counts))
df = pd.DataFrame([fr_dict.keys(), fr_dict.values()]).T
df.columns = ['word','count']
df = df.sort_values(by='count',ascending = False)
df['cum_count'] = df['count'].cumsum()
df['cum_perc'] = df['cum_count']/df['cum_count'].max()
final_fr_words = df[df['cum_perc']<0.8]['word'].values

print(len(final_eng_words),len(final_fr_words))
```

```
384 357
```

아래 프로그램은 80%에 포함되지 않은 단어를 unknown이라는 의미인 'unk'로 바꾸고 단어 사이를 빈칸으로 만들어서 단어를 구별하고 있다. 아래 예제에서 'extremely'는 'unk'에 속하는 단어임을 알 수 있다.

```
def filter_eng_words(x):
  t = []
  x = x.split()
  for i in range(len(x)):
    if x[i] in final_eng_words:
      t.append(x[i])
    else:
      t.append('unk')
  x3 = ''
  for i in range(len(t)):
    x3 = x3+t[i]+' '
  return x3

filter_eng_words('he is extremely good')
```

```
'he is unk good '
```

아래 프로그램에서도 80%에 해당하지 않은 프랑스어도 동일하게 'unk'로 전환하고 있다. 그런데 filter_eng_words(x)나 filter_fr_words(x)는 행단위로 자료를 처리하도록 코딩되어 있으므로 입력되는 x가 하나의 행이면, 예를 들어 lines['eng']가 하나의 행이면 일반적인 함수적용 방법대로 filter_ eng_words(lines['eng'])를 적용하면 원하는 결과를 구할 수 있다. 그러나 lines['eng']나 lines['fr']은 2D텐서 자료이므로

```
lines['eng']=lines['eng'].apply(filter_eng_words)
```

그리고

```
lines['fr']=lines['fr'].apply(filter_fr_words)
```

로 하면 lines['eng']와 lines['fr']을 한 행씩 각각의 filter_eng_words와 filter_fr_words

함수를 적용한다. 물론 apply( ) 함수에 axis를 줘서 다른 axis에도 적용할 수 있다. default는 axis=0이다.

```
def filter_fr_words(x):
  t = []
  x = x.split()
  for i in range(len(x)):
    if x[i] in final_fr_words:
      t.append(x[i])
    else:
      t.append('unk')
  x3 = ''
  for i in range(len(t)):
    x3 = x3+t[i]+' '
  return x3

lines['eng']=lines['eng'].apply(filter_eng_words)
lines['fr']=lines['fr'].apply(filter_fr_words)
```

다음 프로그램은 데이터에 있는 유일한 영어와 프랑스어 단어의 집합을 만들고 있다.

```
all_eng_words=set()
for eng in lines.eng:
    for word in eng.split():
        if word not in all_eng_words:
            all_eng_words.add(word)

all_french_words=set()
for fr in lines.fr:
    for word in fr.split():
        if word not in all_french_words:
            all_french_words.add(word)

input_words = sorted(list(all_eng_words))
target_words = sorted(list(all_french_words))
num_encoder_tokens = len(all_eng_words)
```

```
num_decoder_tokens = len(all_french_words)
```

아래 프로그램에 의해 all_french_words와 final_fr_words의 차이는 추가한 'unk'임을 보여 주고 있으며 all_eng_words는 'unk'를 포함하여 총 385개 단어, all_french_words는 'unk'를 포함하여 358개의 단어를 가지고 있다.

```
print(set(all_french_words) - set(final_fr_words))
print(len(all_eng_words))
print(len(all_french_words))
```

```
{'unk'}
385
358
```

다음 프로그램은 input_words와 target_words를 dictionary 자료형태로 바꾸어 주는 과정이다. {word, index}의 형태로 만들고 있으며 index는 1부터 시작하도록 하였다. 아래와 같이 'unk'는 336번으로 index가 부여되었고 'start'는 284, 그리고 'end'는 89번으로 index가 부여되었다. 역으로 index를 부여하고 대응되는 단어를 찾기 위해서는 index-1를 주어야 한다. index를 부여할 때 1부터 부여했기 때문이다.

```
input_token_index = dict(
    [(word, i+1) for i, word in enumerate(input_words)])
target_token_index = dict(
    [(word, i+1) for i, word in enumerate(target_words)])

print(input_token_index['unk'])
print(target_token_index['start'])
print(target_token_index['end'])
print(list(input_token_index.keys())[335])
```

```
print(list(target_token_index.keys())[283])
print(list(target_token_index.keys())[88])
```

```
336
284
89
unk
start
end
```

다음은 RNN 자료에서 시간스탭(time steps)을 정의하기 위해 가장 긴 문장을 찾아내고 그 문장 내에 있는 단어수를 정의하고 있다. 영어의 경우 8개 단어로 구성된 문장이 가장 긴 문장이고, 프랑스어의 경우 17개 단어로 구성된 문장이 가장 긴 문장인 것으로 나타났다. 이러한 8과 17은 모든 문장의 시간스탭으로 정의하게 된다.

```
length_list=[]
for l in lines.fr:
    length_list.append(len(l.split(' ')))
fr_max_length = np.max(length_list)

length_list=[]
for l in lines.eng:
    length_list.append(len(l.split(' ')))
eng_max_length = np.max(length_list)

print(eng_max_length)
print(fr_max_length)
```

```
8
17
```

아래 프로그램은 두 개의 입력변수 encoder_input_data, decoder_input_data와 목적변수 decoder_target_data를 정의하고 있다. encoder_input_data는 (50000,8), decoder_input_data는 (50000,17), 그리고 decoder_target_data는 (50000,17,359)의 크기를 가지고 있다. decoder_target_data의 마지막 축이 num_decoder_tokens+1인 이유는

target_token_index에서 index=0은 그냥 빈 공간으로 정의하였기 때문이다.

```
encoder_input_data=np.zeros((len(lines['eng']),eng_max_length),dtype='float32')
decoder_input_data=np.zeros((len(lines['fr']),fr_max_length),dtype='float32')
decoder_target_data = np.zeros((len(lines['fr']), fr_max_length,
                                num_decoder_tokens+1), dtype='float32')

decoder_target_data.shape
```

```
(50000, 17, 359)
```

다음 프로그램에 의해 영어 문장은 encoder_input_data에 저장된다. decoder_input_data는 영어 문장에 대응되는 프랑스어 문장을 저장하고 있다. decoder_target_data는 decoder_input_data보다 1시점 앞서게 하여 번역을 예측문제로 전환하고 있다. 즉, 현재의 영어 단어와 한 단어 앞의 프랑스어 단어로 다음에 오는 프랑스어 단어를 예측하는 문제로 전환한 것이다. 이는 머신번역의 근본적인 한계이며 사람의 번역인 의미상의 번역과는 차이가 있다. 예를 들어,

they got into the train

이 encoder_input_data이고 이에 대응하는 출력 프랑스어가

start elles montèrent dans le train end

일 때 decoder_input_data는 "start elles montèrent dans le train"이고 decoder_target_data는 "elles montèrent dans le train end"으로 구성된 2D텐서 자료가 된다. 즉, decoder_target_data는 t=1부터 시작하므로 프랑스어 문장의 시작을 나타내는 'start'가 제외된다. 또한 t=len(target_text.split( ))-1부터 'end'가 나타나므로 프랑스어 문장의 최대 시간스탭인 17까지 모두 index=89자리(axis=2의 89자리)에 1로 one-hot encoding 하고 있다. 그러므로 decoder_target_data는 3D텐서 자료이고 제1축인 axis=0는 표본, axis=1는 17개의 시간스탭, 그리고 axis=2는 359개의 one-hot encoding된 특성변수로 구성되어 있다. 즉, 제2축은 제1축에 대응하는 단어의

index 자리(359개의 index 자리 중)에 1을 부여하고 나머지 358개 index 자리에 0을 부여하는 one-hot encoding 자료 구조를 가지고 있다. 그러므로 각 문장은 크기가 (17,359)인 one-hot encoding 자료이며 영어 문장 하나가 입력되면 359개의 클래스를 연속적으로 17번 예측하여 대응하는 프랑스어 문장을 만드는 다중출력(multiple outputs) 구조가 된다. softmax 함수를 이용하여 각 시간스탭에 있는 359개 인덱스에 속할 확률을 예측하게 되므로 총 17개의 categorical crossentropy 손실함수가 계산되며 최종 손실함수는 이러한 17개 손실함수의 합으로 정의된다.

아래 프로그램을 쉽게 이해하기 위해, 50,000번째 영어 문장과 대응하는 프랑스어 문장은 'they got into the train'이고 'start elles montèrent dans le train end'이다. 영어 문장이 5개 단어이고 나머지 3자리는 0으로 padding하므로

```
encoder_input_data[49999]=[312. 124. 162. 307. 336.   0.   0.   0.]
```

이 되고 decoder_input_data는 'start elles montèrent dans le train'이므로

```
decoder_input_data[49999]=[284.  86. 320.  63. 149. 307.  89.   0.
0.  0.  0.  0.  0.  0.  0.  0.  0.]
```

이 된다. 이 1D텐서는 Embedding층의 입력텐서로 사용하게 될 것이며 decoder_target_data는 'elles montèrent dans le train end'이므로 대응하는 index는 [86,320, 63,149,307,89]가 된다. 앞에서 설명했듯이 수량화된 encoder_input_data와 (또는) decoder_input_data를 입력하여 총 359개 단어 중 6개 단어(11개의 시간스탭이 0으로 padding 되었으므로 실제적으로는 17개 단어)를 시간 차례대로 예측하므로 86은 359개 클래스 중 89번째 클래스, 320은 320번째 클래스로 해석해야 한다. 그러므로 86은 총 356자리에서 86자리만 1이고 나머지 자리는 0은 one-hot-encoding으로 변환하여야 한다. 아래 프로그램의 decoder_target_data를 이러한 자료구조를 가지고 있다. 문장 하나(표본하나)가 입력되면 decoder_target_data의 shape이 (17,359) 2D텐서이므로 머신번역 모형의 출력도 (17,359)이어야 하며 활성함수는 softmax이

어야 한다.

```
for i, (input_text, target_text) in enumerate(zip(lines['eng'], lines['fr'])):
    for t, word in enumerate(input_text.split()):
        encoder_input_data[i, t] = input_token_index[word]
    for t, word in enumerate(target_text.split()):
        decoder_input_data[i, t] = target_token_index[word]
        if t>0:
            decoder_target_data[i, t-1, target_token_index[word]] = 1
            if t== len(target_text.split())-1:
                decoder_target_data[i, t:, 89] = 1

print(decoder_input_data.shape,encoder_input_data.shape,decoder_target_data.shape)
```

```
(50000, 17) (50000, 8) (50000, 17, 359)
```

끝으로 아래와 같이 decoder_input_data에서 0은 모두 89로 대체한다. index로 채워지고 남은 0은 모두 'end' 이후에 나타나므로 'end'를 의미하도록 하기 위함이다.

```
for i in range(decoder_input_data.shape[0]):
    for j in range(decoder_input_data.shape[1]):
        if(decoder_input_data[i][j]==0):
            decoder_input_data[i][j] = 89
```

13.2 sequence-to-sequence 학습

오직 encoder_input_data만 이용한 가장 간단한 sequence-to-sequence 모형을 고려하여 보자. 총 영어 단어가 385개이고 각 영어 문장은 8개의 시간스탭이므로 Embedding 층의 input_dim=386이며 input_length=8이 된다. (8,128) 2D텐서를 출력

하여 Bidirectional 층에 전달하고 Bidirectional 층의 출력노드는 default로 concatenate 되므로 마지막 시간스텝에 대응하는 512개의 h_8을 출력한다. 최종 출력이 decoder_target_data의 (batch,17,359)가 되어야 하므로 RepeatVector(17)을 주어 Bidirectional 층의 출력인 (batch,512)를 단순하게 17번 복사하여 (batch,17,512)를 출력하게 하고 있다. LSTM 층에 return_sequences=True를 부여했으므로 17개의 시간스텝 노드 모두를 출력하므로 (batch,17,256)를 출력한다. 이어지는 Dense는 입력된 (17,256)을 마치 17개의 표본인 것처럼 처리하고 17개의 시간스텝에 동일한 모수를 적용하여 (batch,17,359)를 출력하게 된다. 17개 시간스텝에 동일한 모수를 적용하므로 필요한 모수는 $256 \times 359 + 359 = 92,263$개가 된다.

```
from tensorflow.keras.models import Sequential, Model
from tensorflow.keras.layers import Input, LSTM, Dense, Embedding, Bidirectional,
                                    RepeatVector, Dropout
model1 = Sequential()
model1.add(Embedding(len(input_words)+1, 128, input_length=eng_max_length))
model1.add(Bidirectional(LSTM(256)))
model1.add(RepeatVector(fr_max_length))
model1.add((LSTM(256, return_sequences=True)))
model1.add((Dense(len(target_token_index)+1, activation='softmax')))
model1.summary()
```

```
Model: "sequential_1"
_________________________________________________________________
Layer (type)                 Output Shape              Param #
=================================================================
embedding_1 (Embedding)      (None, 8, 128)            49408
_________________________________________________________________
bidirectional_1 (Bidirection (None, 512)               788480
_________________________________________________________________
repeat_vector_1 (RepeatVecto (None, 17, 512)           0
_________________________________________________________________
lstm_2 (LSTM)                (None, 17, 256)           787456
_________________________________________________________________
dense_1 (Dense)              (None, 17, 359)           92263
=================================================================
Total params: 1,717,607
Trainable params: 1,717,607
Non-trainable params: 0
_________________________________________________________________
```

```
model1.compile(optimizer='adam', loss='categorical_crossentropy',metrics=['acc'])

history = model1.fit(encoder_input_data, decoder_target_data,
            batch_size=128, epochs=5, validation_split=0.05)
```

```
Epoch 4/5
47500/47500 [==============================] - 73s 2ms/step - loss: 0.6953 - acc: 0.8458 - val_loss: 0.9580 - val_acc: 0.7928
Epoch 5/5
47500/47500 [==============================] - 74s 2ms/step - loss: 0.6331 - acc: 0.8530 - val_loss: 0.8998 - val_acc: 0.7979
```

adam을 이용하여 손실함수를 최적화하였고 아래 그림과 같이 약 80%의 정밀도를 보여주고 있으나 과대적합된 것으로 보인다. 그러나 이러한 정밀도 계산은 문장의 끝을 나타내는 89로 decoder_target_data의 끝을 모두 채워 넣었으므로 89를 제외한 정밀도를 계산하여야 한다.

다음 프로그램은 89를 제외한 정밀도를 계산하고 있다. validation_split=0.05를 부여했으므로 마지막 2,500개의 문장으로 정밀도를 계산하고 있다.

```
count = 0
correct_count = 0
pred = model1.predict(encoder_input_data[47500:])
for i in range(2500):


    t=np.argmax(pred[i], axis=-1)
    act=np.argmax(decoder_target_data[47500+i], axis=-1)
    correct_count += np.sum((act==t) & (act!=89))
    count += np.sum(act!=89)
print(correct_count, count)
print(correct_count/count)
```

```
5324 13426
0.3965440190674 81
```

argmax는 axis=-1이므로 356개 범주 중 가장 큰 확률값을 갖는 범주를 선택하게 되고 이 결과로 t와 act의 크기는 (17,) 1D텐서이다. index가 89가 아닌 총 13,426

개의 단어 중 5,324개를 맞게 추정했으므로 실제 정밀도는 39.7%이다.

다음은 끝에서 2,400번째 영어 문장을 학습된 모형을 이용하여 프랑스어로 번역한 예를 보여주고 있다.

```
encoder_input_data[-2400]
```

```
array([155.,  98., 185., 336.,    0.,    0.,    0.,    0.], dtype=float32)
```

아래 프로그램에서 encoder_input_data.shape[1]=8, decoder_input_data.shape[1]=17, 그리고 num_decoder_token=358로, 8은 영어 문장의 최대 길이, 17은 프랑스어 문장의 최대 길이이며 358은 총 프랑스어 단어수이다. 그러므로 t2는 encoder_input_data[-2400]에 대응하는 17개 단어를 정의하고 있다. 17개의 프랑스어 단어는 대응되는 각 행에서 최대 확률을 가진 단어를 선택하여 프랑스어로 번역하고 있다.

```
t=model1.predict(encoder_input_data[-2400].reshape(1,encoder_input_data.shape[1])).resh
ape(decoder_input_data.shape[1], num_decoder_tokens+1)
t2=np.argmax(t,axis=1)
for i in range(len(t2)):
  if int(t2[i])!=0:
    print(list(target_token_index.keys())[int(t2[i]-1)])
    if int(t2[i])==89:
      break
```

```
je
me
unk
unk
unk
end
```

13.3 머신번역을 위한 Encoder-Decoder 아키텍처

앞 절에서는 프랑스어로 구성된 decoder_input_data를 이용하지 않고 오직 영어로만 구성된 encoder_input_data만을 이용했기 때문에, 소위 teacher forcing을 이용하지 않았다. 이전 시간스탭의 단어로 다음 시간스탭의 단어를 예측하는 데 decoder_input_data를 이용하므로 decoder_input_data를 teacher forcing이라고 한다. 그러나 decoder_input_data는 모형을 학습시키는 데에 사용할 수는 있지만 실제 번역에서는 decoder_input_data가 존재하지 않기 때문에 번역된 단어를 재사용하여 decoder_input_data를 구성한 후, 이를 teacher forcing로 사용하게 된다는 점을 주의해야 한다. 이에 대한 사항은 이 절의 끝부분에서 논의할 것이다.

Encoder-Decoder 아키텍처는 아래 프로그램과 같이 encoder 모형과 decoder 모형으로 구성되어 있다. encoder 모형에서 사용하는 LSTM 층에 return_state=True만 부여했으므로 마지막 시간스탭의 은닉노드 state_h와 상태노드 state_c를 출력하게 된다. 여기에서 encoder_outputs는 state_h와 동일하며 state_h와 state_c의 크기는 (batch,256)인 2D텐서이다. 이 state_h와 state_c는 encoder_states로 decoder 모형의 LSTM의 상태 및 은닉노드의 초깃값으로 전달된다. decoder 모형의 LSTM 층에 return_sequences=True를 부여했으므로 decoder_outputs은 모든 시간스탭의 은닉층 값을 가지게 되므로 (batch,17,256) 3D텐서 자료가 된다. decoder_lstm(dex, initial_state=encoder_states)으로 지정하여 encoder의 출력인 encoder_states를 초기치로 사용하여 encoder와 decoder를 연결하고 있다. Encoder-Decoder 아키텍처는 입력이 2개이고 출력이 다중이며 encoder 모형과 decoder 모형이 연결되므로 function API를 사용하여야 한다.

```
from tensorflow.keras.models import Model
from tensorflow.keras.layers import Input, LSTM, Dense, Embedding, Bidirectional,
```

```
                                     RepeatVector, Dropout
encoder_inputs = Input(shape=(eng_max_length,))
en_x =  Embedding(num_encoder_tokens+1, 128)(encoder_inputs)
encoder = LSTM(256, return_state=True)
encoder_outputs, state_h, state_c = encoder(en_x)
encoder_states = [state_h, state_c]

decoder_inputs = Input(shape=(fr_max_length,))
dex = Embedding(num_decoder_tokens+1, 128)(decoder_inputs)
decoder_lstm = LSTM(256, return_sequences=True, return_state=True)
decoder_outputs, _, _ = decoder_lstm(dex, initial_state=encoder_states)
decoder_outputs = Dense(2000, activation='tanh')(decoder_outputs)
decoder_dense = Dense(num_decoder_tokens+1, activation='softmax')(decoder_outputs)

model2 = Model([encoder_inputs, decoder_inputs], decoder_dense)
model2.compile(optimizer='adam', loss='categorical_crossentropy', metrics=['acc'])
model2.summary()
```

Model: "model_2"

Layer (type)	Output Shape	Param #	Connected to
input_4 (InputLayer)	(None, 8)	0	
input_5 (InputLayer)	(None, 17)	0	
embedding_3 (Embedding)	(None, 8, 128)	49408	input_4[0][0]
embedding_4 (Embedding)	(None, 17, 128)	45952	input_5[0][0]
lstm_3 (LSTM)	[(None, 256), (None,	394240	embedding_3[0][0]
lstm_4 (LSTM)	[(None, 17, 256), (N	394240	embedding_4[0][0] lstm_3[0][1] lstm_3[0][2]
dense_3 (Dense)	(None, 17, 2000)	514000	lstm_4[0][0]
dense_4 (Dense)	(None, 17, 359)	718359	dense_3[0][0]

Total params: 2,116,199
Trainable params: 2,116,199
Non-trainable params: 0

Teacher Forcing을 이용한 Encoder-Decoder 아키텍처를 학습시키면 다음과 같다.

정밀도가 약 85%로, 오직 encoder_input_data를 이용한 모형보다 더 우수한 것으로 나타났다.

```
history2 = model2.fit([encoder_input_data, decoder_input_data],
               decoder_target_data,batch_size=128,epochs=5, validation_split=0.05)
```

```
Train on 47500 samples, validate on 2500 samples
Epoch 4/5
47500/47500 [==============================] - 57s 1ms/step - loss: 0.4354 - acc: 0.8903 - val_loss: 0.6166 - val_acc: 0.8464
Epoch 5/5
47500/47500 [==============================] - 58s 1ms/step - loss: 0.3844 - acc: 0.8995 - val_loss: 0.5830 - val_acc: 0.8516
```

index=89를 제외하고 2,500개 문장의 번역 정밀도를 구해보면 다음과 같이 45.7%로 정밀도가 높아졌음을 확인할 수 있다.

```
act = np.argmax(decoder_target_data, axis=2)

count = 0
correct_count = 0


pred = model2.predict([encoder_input_data[47500:],decoder_input_data[47500:]])
for i in range(2500):
  t = np.argmax(pred[i], axis=-1)
  correct_count += np.sum((act[47500+i]==t) & (act[47500+i]!=89))
  count += np.sum(decoder_input_data[47500+i]!=89)
print(correct_count,count)
print(correct_count/count)
```

```
7279 15926
0.45705136255180207
```

이미 언급했듯이, 실제 번역에서는 목적변수인 decoder_target_data보다 한 시점 빠른 프랑스 단어로 구성된 decoder_input_data가 존재하지 않는다. 그러므로 학습된 teacher forcing을 이용한 머신번역 모형을 이용하기 위해서는 decoder_input_ data를 예측해서 구축하여야 한다. decoder_input_data의 모든 문장은 index=284를 가진 'start'로 출발하므로 encoder_input_data를 이용하여 'start' 다음에 올 프랑스어 단어를 예측하고 이를 decoder_input_data에 저장한다. 다음 단계로 encoder_input_data와 예측된 단어를 가진 decoder_input_data를 이용하여 두 번째 시간스탭에 나타날 프랑스어 단어를 예측하고 이를 decoder_input_data에 저장한다. 이를 최종 시간스탭까지 반복하여 입력된 영어 문장의 번역을 완성한다.

다음 프로그램은 이를 구현한 프로그램이다. decoder_input_data_pred는 decoder_input_data의 예측치이고 final_pred는 encoder_input_data와 decoder_input_data_pred를 이용하여 번역된 프랑스어 문장이다.

```
decoder_input_data_pred = np.zeros(
    (len(lines['fr']), fr_max_length),
    dtype='float32')

final_pred = []
for i in range(2500):
  word = 284
  for j in range(17):
    decoder_input_data_pred[(47500+i), j] = word
    pred = model2.predict([encoder_input_data[(47500+i)].reshape(1,8),
              decoder_input_data_pred[47500+i].reshape(1,17)])
    t = np.argmax(pred[0][j])
    word = t
    if word==89:
      break
  final_pred.append(list(decoder_input_data_pred[47500+i]))

final_pred2 = np.array(final_pred)
print(final_pred2.shape)
```

```
(2500, 17)
```

위 프로그램에서 pred는 크기가 (1,17,359)인 3D텐서이므로 np.argmax(pred[0][j])는 axis=2에 대해 가장 큰 확률을 가진 index(동일하게 단어)를 저장하게 된다.

아래는 final_pred를 이용한 실제 정밀도를 계산하고 있으며 약 48.2%의 정밀도를 보여주고 있다.

```
count = 0
correct_count = 0
for i in range(2500):
  correct_count += np.sum((decoder_input_data[47500+i]==final_pred2[i])
                          & (decoder_input_data[47500+i]!=89))
  count += np.sum(decoder_input_data[47500+i]!=89)
correct_count/count
```

```
0.48160241115157604
```

13.4 Attention을 이용한 머신번역

decoder_input_data를 이용한 teacher forcing으로 머신번역의 성능을 향상시킨 앞 절의 모형에 attention을 추가한 머신번역 모형을 논의하고자 한다. attention은 앞 절에서 논의한 encoder_input_data 중 decoder_input_data를 잘 설명해주는 단어에 좀 더 가중치를 부여해 주는 기법을 말한다. teacher forcing을 이용한 encoder-decoder 아키텍처는 encoder 모형의 은닉층을 decoder LSTM 층에 연결하여 encoder의 정보를 이용하였다. 이 절에서 사용할 attention을 이용한 encoder-decoder 아키텍처도 앞 절의 아키텍처와 동일한 구조를 가지고 있다. 그러나 추가적으로 encoder 모형과 decoder 모형의 출력값을 이용하여 encoder와 decoder의 유사성(similarity)으로 해석되는 attention을 encoder에 적용하여 가중 encoder를 모형에 반영한다.

다음 프로그램은 teacher forcing의 encoder 모형과 decoder 모형과 유사하나, encoder 모형의 LSTM 층에 return_sequences=True를 추가하여 encoder_outputs의

크기가 (batch,8,256)으로 3D텐서로 증가하였고 과대적합을 방지하기 위해 Dropout 층을 추가하였다. decoder 모형에서도 Dropout 층을 추가하였으며 LSTM에서는 return_state=True를 제거하였고 마지막 Dense 층을 제거하였다.

```
from tensorflow.keras.models import Model
from tensorflow.keras.layers import Input, LSTM, Dense, Embedding, Dropout, Activation,
                                    concatenate
encoder_inputs = Input(shape=(eng_max_length,))
en_x = Embedding(num_encoder_tokens+1, 128)(encoder_inputs)
en_x = Dropout(0.1)(en_x)
encoder_outputs, state_h, state_c = LSTM(256, return_sequences=True, return_state=True)(en_x)
encoder_states = [state_h, state_c]

decoder_inputs = Input(shape=(fr_max_length,))
dex=  Embedding(num_decoder_tokens+1,128)(decoder_inputs)
decoder = Dropout(0.1)(dex)
decoder = LSTM(256, return_sequences=True)(decoder, initial_state=encoder_states)
print('decoder', decoder)
```

```
decoder Tensor("lstm_2/transpose_1:0", shape=(None, 17, 256), dtype=float32)
```

다음은 encoder의 encoder_outputs과 decoder의 출력값의 유사성인 attention을 계산하여 encoder_outputs에 가중치를 부여하는 은닉층이다. encoder_outputs의 크기는 (batch,8,256)이고 decoder는 (batch,17,256)이므로, 다음의 Dense 은닉층을 적용하면 t는 (batch,8,5000)이 되고 t1은 (batch,17,5000)이 된다. 따라서 t1의 axis=2와 t의 axis=2를 행렬곱하면 attention 층은 크기가 (batch,17,8)인 3D텐서를 출력하게 된다.

```
t = Dense(5000, activation='tanh')(encoder_outputs)
t1 = Dense(5000, activation='tanh')(decoder)
print(t)
print(t1)
```

```
from tensorflow.keras.layers import dot
attention = dot([t1, t], axes=[2, 2])
attention
```

```
Tensor("dense_1/Tanh:0", shape=(None, 8, 5000), dtype=float32)
Tensor("dense_2/Tanh:0", shape=(None, 17, 5000), dtype=float32)

<tf.Tensor 'dot_1/MatMul:0' shape=(None, 17, 8) dtype=float32>
```

아래 프로그램에서 볼 수 있듯이 attention을 softmax로 변환하게 되면 (batch,17,8)은 제1축별로 8개의 합이 1이 되도록 조절하게 된다. 표본별로 영어 단어 8개가 프랑스어 단어 17개에 미치는 영향을 가중치로 표현한 것으로 해석할 수 있다. encoder_outputs (batch,8,256) 3D텐서는 표본에 있는 8개 영어 단어를 256 밀집벡터로 표현한 것이므로 attention을 encoder_outputs에 행렬곱하면 (batch,17,256)인 3D텐서를 출력하게 된다. 이 3D텐서는 프랑스어 단어 각각에 영어 단어의 가중치가 반영된 프랑스어 단어의 밀집벡터로 해석할 수 있다. 이처럼 가중치가 부여된 encoder_outputs와 크기가 (batch,17,216)인 decoder를 concatenate하여 (batch, 17,512)를 출력한다.

```
attention = Dense(eng_max_length, activation='tanh')(attention)
attention = Activation('softmax')(attention)
context = dot([attention, encoder_outputs], axes = [2,1])
print('attention', attention)
print('context', context)

decoder_combined_context = concatenate([context, decoder])
print('decoder_combined_context', decoder_combined_context)
```

```
attention Tensor("activation_1/truediv:0", shape=(None, 17, 8), dtype=float32)
context Tensor("dot_2/MatMul:0", shape=(None, 17, 256), dtype=float32)


decoder_combined_context Tensor("concatenate_1/concat:0", shape=(None, 17, 512),
dtype=float32)
```

끝으로 아래와 같이 Dense 층을 적용하여 최종 목적함수의 크기와 같은 (batch, 17,359)인 3D텐서를 출력하게 된다. 359개의 프랑스어 단어에 대한 분류를 이용하여 머신번역을 실행하므로 활성함수는 softmax 함수를 사용한다. functional API를 이용하여 두 개의 입력 [encoder_inputs, decoder_inputs] 층부터 output 층까지를 모형으로 정의하고 있다.

```
decoder_combined_context = Dense(2000, activation='tanh')(decoder_combined_context)
output = Dense( num_decoder_tokens+1, activation="softmax")(decoder_combined_context)
print('output', output)
```

```
output Tensor("dense_5/truediv:0", shape=(None, 17, 359), dtype=float32)
```

```
model3 = Model(inputs=[encoder_inputs, decoder_inputs], outputs=[output])
model3.compile(optimizer='adam', loss='categorical_crossentropy', metrics = ['accuracy'])
model3.summary()
```

Model: "model_1"

Layer (type)	Output Shape	Param #	Connected to
input_1 (InputLayer)	(None, 8)	0	
input_2 (InputLayer)	(None, 17)	0	
embedding_1 (Embedding)	(None, 8, 128)	49408	input_1[0][0]
embedding_2 (Embedding)	(None, 17, 128)	45952	input_2[0][0]
dropout_1 (Dropout)	(None, 8, 128)	0	embedding_1[0][0]
dropout_2 (Dropout)	(None, 17, 128)	0	embedding_2[0][0]
lstm_1 (LSTM)	[(None, 8, 256), (No	394240	dropout_1[0][0]
lstm_2 (LSTM)	(None, 17, 256)	394240	dropout_2[0][0] lstm_1[0][1] lstm_1[0][2]
dense_2 (Dense)	(None, 17, 5000)	1285000	lstm_2[0][0]
dense_1 (Dense)	(None, 8, 5000)	1285000	lstm_1[0][0]

```
dot_1 (Dot)                     (None, 17, 8)        0        dense_2[0][0]
                                                              dense_1[0][0]
________________________________________________________________________________
dense_3 (Dense)                 (None, 17, 8)        72       dot_1[0][0]
________________________________________________________________________________
activation_1 (Activation)       (None, 17, 8)        0        dense_3[0][0]
________________________________________________________________________________
dot_2 (Dot)                     (None, 17, 256)      0        activation_1[0][0]
                                                              lstm_1[0][0]
________________________________________________________________________________
concatenate_1 (Concatenate)     (None, 17, 512)      0        dot_2[0][0]
                                                              lstm_2[0][0]
________________________________________________________________________________
dense_4 (Dense)                 (None, 17, 2000)     1026000  concatenate_1[0][0]
________________________________________________________________________________
dense_5 (Dense)                 (None, 17, 359)      718359   dense_4[0][0]
================================================================================
Total params: 5,198,271
Trainable params: 5,198,271
Non-trainable params: 0
________________________________________________________________________________
```

앞에 제시된 아키텍처를 그림으로 보여주면 다음과 같다. to_file='model.png'는 이 프로그램이 저장되어 있는 폴더에 'model.png'로 저장된다.

```
from tensorflow.keras.utils import plot_model
plot_model(model3, show_shapes=True, show_layer_names=True, to_file='model.png')
from IPython.display import Image
Image(retina=True, filename='model.png')
```

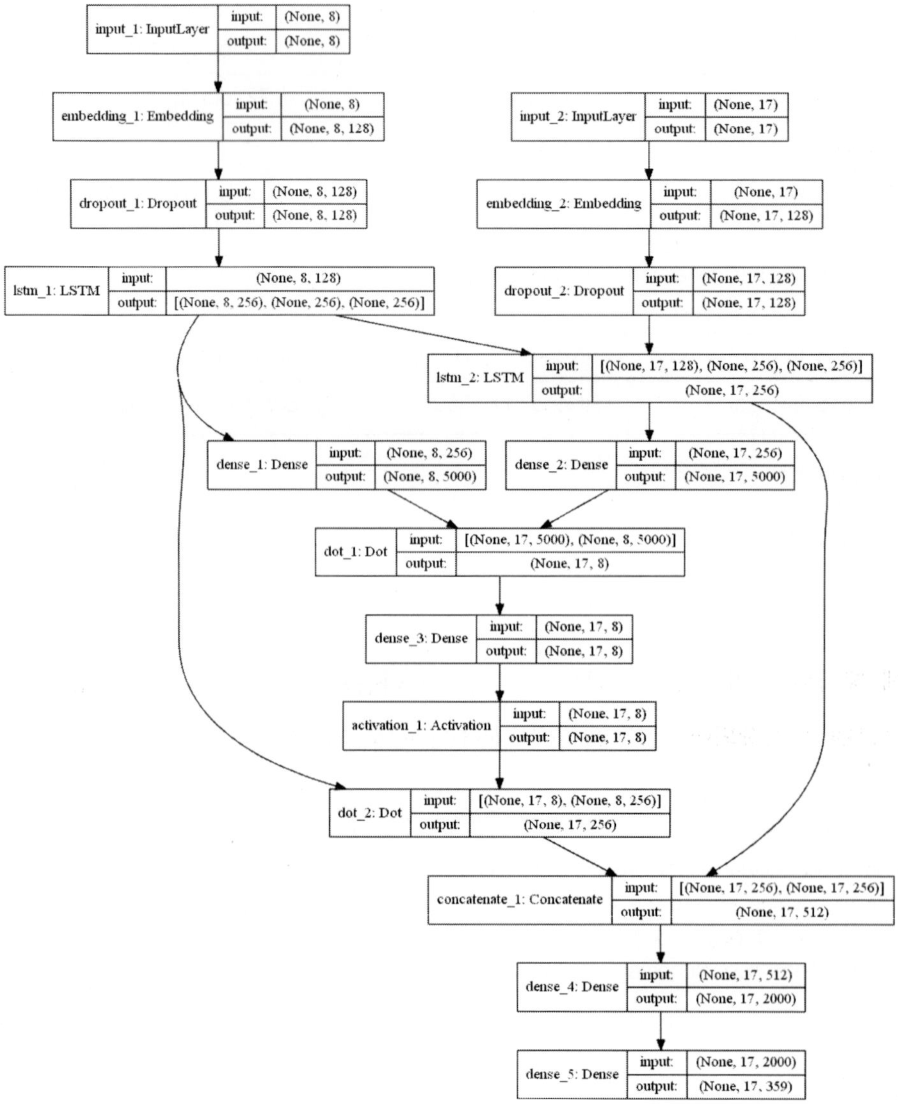

지금까지 논의한 attention을 이용한 머신번역모형의 정밀도는 아래와 같이 약 86.6%인 것을 보여주고 있다.

```
history3 = model3.fit([encoder_input_data, decoder_input_data], decoder_target_data,
           batch_size=32, epochs=5, validation_split=0.05)
```

```
Train on 47500 samples, validate on 2500 samples
Epoch 4/5
47500/47500 [==============================] - 158s 3ms/step - loss: 0.3340 - accuracy: 0.9087 - val_loss: 0.5182 - val_accuracy: 0.8658
Epoch 5/5
47500/47500 [==============================] - 158s 3ms/step - loss: 0.3114 - accuracy: 0.9135 - val_loss: 0.5100 - val_accuracy: 0.8659
```

다음은 실제 정밀도를 구하는 프로그램으로 약 51.2%의 정밀도를 보여주고 있다.

```
decoder_input_data_pred = np.zeros(
    (len(lines.fr), fr_max_length),
    dtype='float32')

final_pred_att = []
for i in range(2500):
  word = 284
  for j in range(17):
    decoder_input_data_pred[(47500+i), j] = word
    pred = model3.predict([encoder_input_data[(47500+i)].reshape(1,8),
                           decoder_input_data_pred[47500+i].reshape(1,17)])
    t = np.argmax(pred[0][j])
    word = t
    if word==89:
      break
  final_pred_att.append(list(decoder_input_data_pred[47500+i]))

final_pred2_att = np.array(final_pred_att)
count = 0
correct_count = 0

for i in range(2500):
  correct_count += np.sum((decoder_input_data[47500+i]==final_pred2_att[i]) &
                          (decoder_input_data[47500+i]!=89))
  count += np.sum(decoder_input_data[47500+i]!=89)
correct_count/count
```

```
0.5117418058520659
```

다음은 끝에서 2,400번째 영어 문장을 입력한 후, 머신번역된 프랑스어와 사람이 번역한 프랑스어를 차례대로 보여주고 있다. 머신번역과 실제 번역이 일치하는 것을 보여주고 있다.

```
k = -2400
t = model3.predict([encoder_input_data[k].reshape(1,encoder_input_data.shape[1]),
                    decoder_input_data[k].reshape(1,
                    decoder_input_data.shape[1])]).reshape(decoder_input_data.shape[1],
                    num_decoder_tokens+1)
for i in range(len(encoder_input_data[k])):
  if int(encoder_input_data[k][i])!=0:
    print(list(input_token_index.keys())[int(encoder_input_data[k][i]-1)])
```

```
i
need
you
to
leave
now
```

```
t2 = np.argmax(t,axis=1)
for i in range(len(t2)):
  if int(t2[i])!=0:
    print(list(target_token_index.keys())[int(t2[i]-1)])
    if int(t2[i])==89:
      break
```

```
jai
besoin
que
tu
unk
maintenant
end
```

```
t2 = decoder_input_data[k]
for i in range(len(t2)):
  if int(t2[i])!=0:
    print(list(target_token_index.keys())[int(t2[i]-1)])
    if int(t2[i])==89:
      break
```

```
start
jai
besoin
que
tu
unk
maintenant
end
```

14장

Transformer

Transformer의 구조를 이해하기 위해 제13장에서 논의한 teaching force와 attention의 역할과 의미를 살펴보자. 영어를 불어로 번역하는 머신번역 모형을 학습시키기 위해

they got into the train

을 encoder에 입력하여

start elles montèrent dans le train end

를 decoder로 출력하는 방법을 간단한 예를 통해 살펴보도록 하자. 제12장에서 영어를 8개의 시간스탭으로 padding하였고 불어를 17개의 시간스탭으로 padding한 바 있다. Decoder에는 teaching force 역할을 하는 decoder 입력과 목적변수인 decoder 출력이 있다. 위의 예제에서

start elles montèrent dans le train

는 decoder 입력자료가 되고

elles montèrent dans le train end

는 decoder 출력자료인 목적변수가 된다. decoder 입력자료 단어를 차례로 입력하여 decoder 출력자료에 있는 다음 단어를 예측하는 역할을 하는 것이 decoder 입력자료이다. 즉, 출발단어를 의미하는 start(decoder 입력)를 입력하여 elles(decoder 출력)를 예측하고, 다음 단계에서는 start elles(decoder 입력)를 입력하여 decoder 출력의 montèrent를 예측하며, 이를 반복하여 decoder 입력자료로 start elles montèrent dans le train을 입력하여 decoder 출력의 end를 예측하면 예측을 마치게 된다. 이러한 의미에서 decoder 입력자료는 teaching force가 된다. attention은 decoder 입력자료에 대응하는 encoder 입력자료의 기여도를 구한 후, 즉 decoder 입력 elles montèrent dans le train 단어 각각에 대응하는 they got into the train의

영어 단어 각각의 기여도를 산출한 후, 이를 영어 단어 embedding에 반영하는 절차를 말한다. 그러므로 attention은 영어 단어의 유사성을 산출하는 word embedding에 불어단어 각각에 대한 영어 단어의 기여도를 추가하는 개념으로 이해할 수 있다. 여기에서 기여도는 통계학에서 흔히 사용하는 상관관계를 이용하여 계산된다.

Transformer에서는 encoder 입력자료와 decoder 입력자료 간의 attention뿐만 아니라, encoder 자료 자체 attention과 decoder 입력자료 자체의 attention도 정의하여 encoder 자료의 decoder 목적변수에 대한 예측력을 향상하는 데 이용하고 있다. encoder 자료 자체의 attention은 각 표본에 있는 encoder 단어들 간의 유사성을 산출한 후, encoder 단어들 간의 중요도를 encoder 단어의 embedding에 반영한다. 유사하게 decoder 단어의 embedding에도 decoder 단어들 간의 중요도를 attention을 통해 반영한다. 추가적으로, encoder 자료 자체 attention과 decoder 입력자료 자체 attention은 단어의 순서와 배열을 반영하므로 단어의 순서를 모형에 반영하는 RNN은 Transformer에서는 사용하지 않는다.

Encoder 입력자료와 decoder 입력자료의 시간스탭을 정의할 때, padding을 이용하여 표본문장 길이를 일치시킨다. 그러나 padding은 단순하게 결측자료를 의미하므로 attention의 중요도에 기여하지 않는다. Transformer에서는 padding의 중요도를 0에 가깝도록 만들기 위해 소위 마스킹(masking)을 실행한다. Transformer는

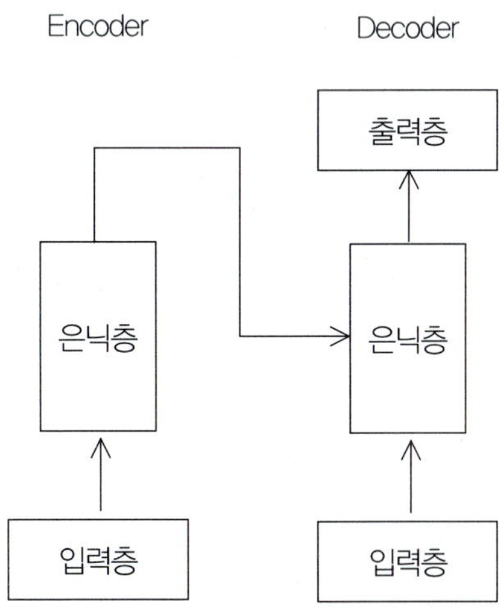

그림 14-1 Transformer의 구조

<그림 14-1>과 같이 encoder와 decoder로 구성되어 있으며 encoder는 입력층과 은닉층으로, decoder는 입력층, encoder의 출력과 연결된 은닉층, 출력층으로 구성되어 있다. 이를 기반으로 각 층의 상세 구조를 살펴보기로 하자.

14.1 Transformer의 입력층

먼저 encoder 입력층을 살펴보면 encoder 입력층은 embedding된 입력자료, 시간스탭의 위치를 반영하기 위한 positional encoding, 입력자료의 padding 위치 표식을 위한 mask로 구성되어 있다. embedding 입력자료는 source 언어의 총 어휘 크기만큼의 one-hot enconding을 bias가 없는 FC층(즉, Embedding 층)에 입력하여 source 언어의 token을 embedding하여 정의한다. 제13장에서 영어를 불어로 번역하는 사례를 예로 하면, 영어가 source 언어이고 총 어휘가 359개 token으로 구성되어 있고 노드수가 128개인 Embedding 층에 통과시켜 embedding 입력자료를 정의한다. 각 영어 문장을 8개의 시간스탭으로 만들었으므로 각 영어 입력 문장은 (배치,8,128)인 3D텐서로 embedding 입력자료가 만들어진다. 이렇게 정의된 Transformer의 입력 embedding 입력자료는 RNN에서와 같이 시간스탭별 차례로 입력되지 않고 source 언어의 문장별(시간스탭, embedding 크기) 2D텐서[영어인 경우, (8,128) 2D텐서]가 동시에 입력된다. 이는 Transformer의 attention을 정의하기 위한 전제조건이다. 그러나 이러한 형태의 source 언어 입력은 문장 내의 단어 순서를 반영하지 않는다. 단어의 순서는 자연어 분석에서 매우 중요한 역할을 한다.

단어 순서를 입력 embedding에 반영하기 위해 다음과 같이 positional encoding을 정의한다. positional encoding은 $i=0,1,\cdots,127$에 대해

$$i\text{가 짝수일 때 } PE(time\,step, 2i) = \sin\left(\frac{time\,step}{10000^{2i/128}}\right)$$

$$i\text{가 홀수일 때 } PE(time\,step, 2i+1) = \cos\left(\frac{time\,step}{10000^{2i/128}}\right)$$

으로 정의한다. sine과 cosine은 $-1 \sim 1$의 작은 값이며 영어 encoder의 경우, 크기가 (1,8,128)인 텐서로 PE가 정의된다. 여기에서 i는 i번째 embedding 값의 위치이므로 positional encoding은 시간스탭의 위치와 embedding의 위치에 따라 다른 값을 가지게 된다. 그러므로 embedding 입력자료에 PE를 더해주면, 즉 embedding(배치,8,128) + PE(1,8,128)으로 embedding의 유사성에 PE의 위치정보를 추가하게 된다. 결과적으로 같은 token이더라도 위치가 다르면 token의 embedding이 다르게 된다. 그러나 encoder 입력 embedding에 대한 지나친 PE의 영향을 방지하기 위해 일반적으로 token embedding에 1보다 큰 상수를 곱해 준 후, positional encoding 값을 더해준다.

token의 위치정보를 위해 PE와 같은 함수를 반드시 써야 하는 것은 아니다. 시간스탭을 직접 embedding하여 PE를 대체할 수 있다. 영어의 예에서 시간스탭이 8이므로 0 ~ 7의 시간스탭을 one-hot-encoding 한 후, 이를 노드수가 128개인 Embedding층을 통과시키면 (1,8,128) 3D텐서로 positional encoding을 할 수 있다. 유일한 차이점은 원래의 PE는 모수가 없어 학습이 필요하지 않지만 Embedding층을 통과한 positional encoding은 학습이 필요하다. 다음 <그림 14-2>는 앞에서 논의한 transformer encoder 입력자료를 보여주고 있다.

Encoder의 입력층에서는 mask가 생성된다. 이 mask는 attention을 정의할 때 사

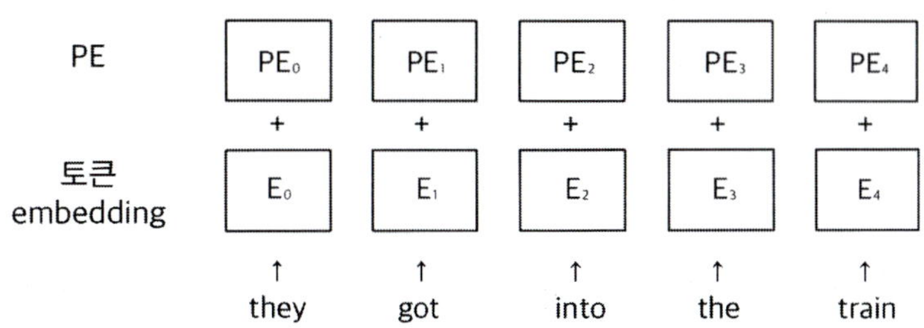

그림 14-2 transformer encoder 입력층

용될 것이다. Mask는 단어의 embedding 이전단계인 padding 과정에서 정의된다. 예를 들어, 1000번째 영어 문장을 길이가 8이 되도록 padding하면

[63 8 0 0 0 0 0 0]

이 된다. 0으로 padding된 위치를 masking하면

[0 0 1 1 1 1 1 1]

으로 mask가 정의되며 크기는 (배치,1,1,시간스탭수)=(배치,1,1,8)인 4D텐서이다. 이 mask의 역할은 attention을 설명할 때 다시 논의하기로 한다.

Decoder의 입력층은 embedding된 토큰입력자료, positional encoding, mask, 그리고 추가적으로 look ahead mask로 구성되어 있다. 새롭게 추가된 look ahead mask를 제외하고 decoder 입력자료의 토큰 embedding, positional encoding, mask는 encoder와 같으므로, 제13장의 decoder인 불어의 경우로 간략하게 살펴보기로 하자. 불어는 시간스탭을 17로 하여 decoder 입력자료를 (배치,17,128)인 3D텐서로 embedding하고, mask는 17개의 시간스탭에서 padding된 위치에는 1, 그리고 다른 위치에는 0을 부여하여 (배치,1,1,17)인 4D텐서로 정의된다. positional encoding은 불어의 시간스탭이 17개이므로 (1,17,128) 3D텐서로 정의된다.

look ahead mask는 teacher force 역할을 하는 decoder 입력자료 전체를 읽지 못하게 하도록 정의된다. 앞에서 예로 사용한

start elles montèrent dans le train

에서 start를 읽을 때 elles montèrent dans le train을 읽지 못하게 하고, start elles를 읽을 때 montèrent dans le train을 읽지 못하도록 한다. 이를 반복하여 끝으로 start elles montèrent dans le를 읽을 때 train을 읽지 못하도록 하는 역할을 look ahead mask가 하게 된다. start가 입력될 때 elles를 목적변수로 예측해야 하고, start elles가 입력되었을 때 montèrent를 예측해야 하고, …, start elles montèrent dans le가 입력되면 train을 예측해야 하는데 decoder 입력자료에서 예측해야 할 목적변수 값

을 미리 안다는 가정은 성립할 수 없기 때문이다. look ahead mask는 크기가 (배치,1,시간스탭수,시간스탭수)인 4D텐서로 제공되며 decoder가 불어인 경우 (배치,1,17,17)이다. 구체적인 mask의 값은 2축, 3축의 17×17 행렬에서 i번째 행과 j번째 열의 값을 l_{ij}로 표현할 때

$$l_{ij} = \begin{cases} 1, j > i \\ 0, j \leq i \end{cases}$$

으로 정의된다. 여기에서 i는 i번째 시간스탭의 단어이고 j는 j번째 시간스탭에 있는 단어이므로 $j > i$인 경우, j는 i 시간스탭 기준으로 미래 시간스탭의 단어에 해당한다. <그림 14-3>은 "start elles montèrent dans le train"에 대한 look ahead mask를 그림으로 표현한 것을 보여주고 있다.

	start	elles	montérent	dans	le	train
start	0	1	1	1	1	1
elles	0	0	1	1	1	1
montérent	0	0	0	1	1	1
dans	0	0	0	0	1	1
le	0	0	0	0	0	1
train	0	0	0	0	0	0

그림 14-3 look ahead mask 예(프랑스어가 목적언어일 때)

14.2 Transformer의 은닉층

은닉층은 입력층으로부터 크기가 (배치, 시간스탭수, embedding 노드수)인 3D텐서를 입력받아[영어 encoder의 경우 (배치,8,128), 불어 decoder 입력자료의 경우 (배치,17,128)] attention을 정의하고 적용하는, 2개 이상의 동일한 은닉층 그룹으로 구성되어 있다. 참고로 Transformer 논문에서는 embedding 노드수를 512로 설정하였으나, 영어-불어의 경우 비교적 단어수가 작아 embedding 노드수를 128로 설정하였다. transformer의 encoder와 decoder의 embedding 노드수는 같아야 한다

14.2.1 Encoder 은닉층의 구조

아래 그림과 같이 encoder 은닉층은 6개의 encoder들로 구성되어 있다. 원래의 논문에서 6개의 encoder 층을 사용했지만 반드시 6개 층일 필요는 없다. 앞에서 설명한 입력층의 입력 embedding+positional encoding이 encoder1에 입력된다. 이때 입력 embedding의 크기는 (배치, 시간스탭수, embedding 노드수)이다. 이 입력자료에 attention을 적용하여 동일한 크기의 3D텐서를 출력하고 이 출력 3D텐서는 encoder2에 입력된다. 이 입력텐서는 다시 encoder2에서 attention이 적용되어 입력텐서와 동일한 크기의 3D텐서를 출력하고 이를 encoder3에 입력한다. 이 과정을 encoder6까지 반복하여 최종적으로 입력층과 동일한 크기의 3D텐서를 출력하게 된다. encoder1 ~ encoder6의 내부구조는 <그림 14-5>와 같이 모두 동일한 구조를 가지고 있다. <그림 14-4>의 출력 embedding은 입력층의 embedding에 비해, source 언어의 문맥상 구조와 단어들 사이의 연관성, 그리고 문장의 단어순서 정보가 반영된 토큰의 대표성을 잘 반영한 embedding이라고 할 수 있다. 입력층부터 출력층까지 모든 입력과 출력은 모두 동일하게 (배치, 시간스탭수, embedding 노드수) 3D텐서이므로 출력층은 입력층 토큰과 1:1 매칭된 embedding이 된다. 영어의

경우, (배치,8,128)이 입력층에 입력되고 출력 embedding도 (배치,8,128)이 된다.

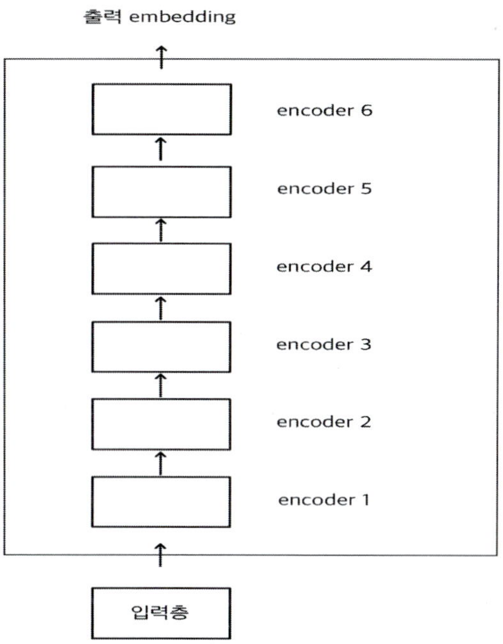

그림 14-4 Encoder 은닉층의 구조

Encoder 은닉층 내에 있는 encoder1 ~ encoder6은 동일한 구조를 가지고 있으므로 encoder1의 구조를 <그림 14-5>를 통해 살펴보자.

<그림 14-5>에서 볼 수 있듯이 (배치,8,128) 3D텐서인 영어 문장이 입력되면 다중헤드 자체 attention(multihead self attention)층을 통과하여 attention된 (배치,8,128) 3D텐서를 출력하게 된다. 이 3D텐서를 입력층의 3D텐서와 합산하는 잔차연결(residual connection)을 한 후, 층정규화(layer normalization)를 하여 이를 노드가 128개인 MLP층에 입력한다. 이 MLP층의 입력은 출력인 (배치,8,128) 3D텐서와 잔차연결을 또 한 번 반복하고 층정규화를 한 후, 다음 은닉층 그룹으로 입력된다. 여기까지가 encoder1의 구조이고 출력은 (배치,8,128) 3D텐서이다. 이 출력 텐서는 동일한 구조를 가진 encoder2에 입력된다. 반복 적용된 동일한 구조를 가진 encoder1 ~ encoder6이므로 encoder6의 최종출력은 (배치,8,128) 3D텐서이다. 여기에서 시간스탭 8과 embedding 노드 128은 영어 문장 입력을 가정하였기 때문이며

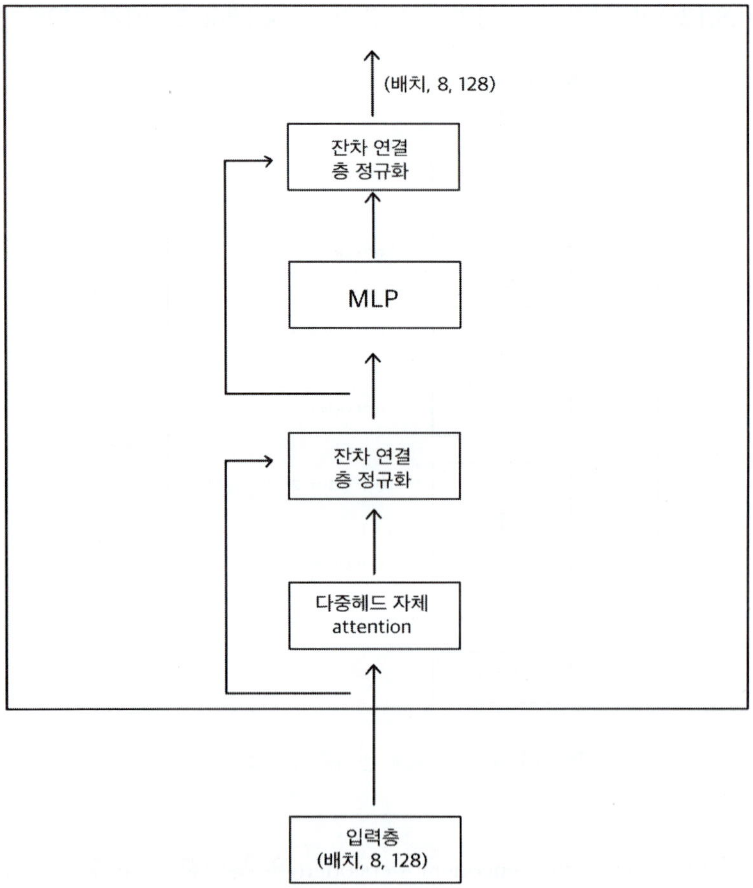

그림 14-5 encoder1의 구조

입력자료에 따라 변경이 가능하다. 이제 transformer에서 핵심 중의 하나인 다중헤드 자체 attention에 대해 논의해 보자.

다중헤드 자체 attetion 층에 (배치,8,128) 3D텐서 영어 문장이 입력되면 이를 3개의 독립인 MLP (노드수: 128) 층에 입력하여 각각 (배치,8,128) 3D텐서를 출력한다. <그림 14-6>과 같이 3개의 (배치,8,128) 3D텐서가 출력되고 이를 각각 query, key, 그리고 value라고 한다. query, key, value의 제3축을 4개로 나누어 4개의 3D텐서를 만든다. 즉, (배치,8,128)을 4개의 (배치,8,32) 3D텐서로 나눈 후 이를 각각 제1 head, 제2 head, 제3 head, 제4 head라고 한다. 원래의 Transformer 논문에서는 8개의 헤드로 나누었으나 우리의 예제에서는 논의의 간편을 위해 헤드 수를 4개로

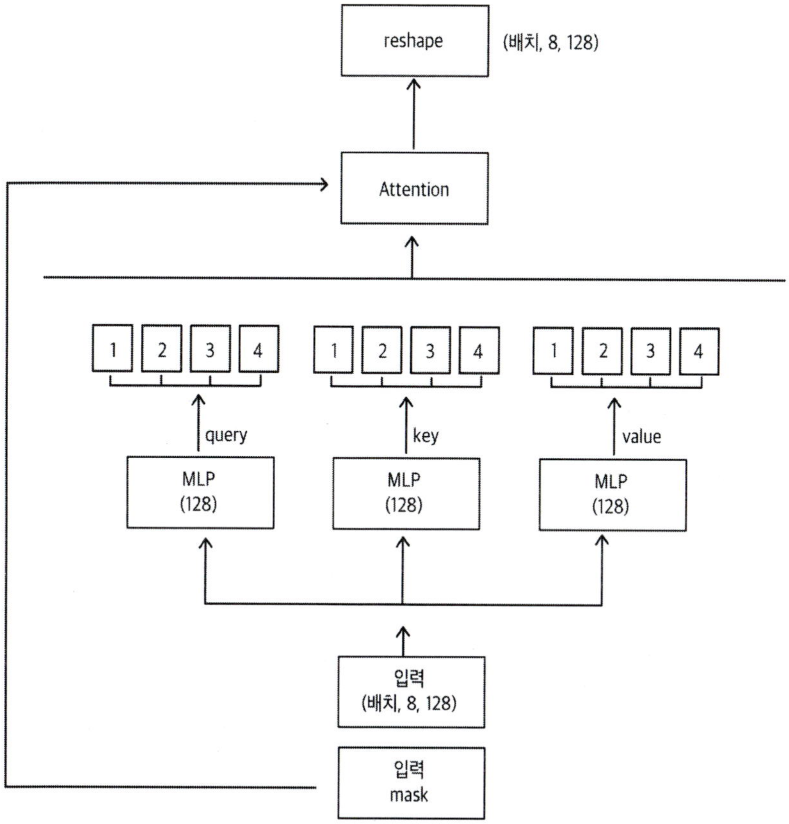

그림 14-6 다중헤드 자체 attetion의 구조

하였다. 이렇게 여러 개의 헤드로 나눈 이유는 attention으로 계산된 토큰의 중요도가 특정 토큰으로의 쏠림현상을 방지하기 위함이다. attention을 논의한 이후에 이에 대한 구체적인 예를 보일 예정이다. <그림 14-6>에서 볼 수 있듯이 query, key, value는 각각 크기가 (배치,heads,8,32)=(배치,4,8,32)인 4D텐서로 구성되어 있다. <그림 14-6>의 attention 층에서는 표본별·헤드별로

$$\frac{q \cdot k^T}{\sqrt{32}} + (mask \times -10^9) \tag{14.1}$$

를 계산한다. 여기에서 q는 query를 k는 key를 말한다. 식 (14.1)을 예를 들어 설명하면, head=2일 때 query의 head=2인 (8,32) 2D텐서와 key의 head=2인 (8,32) 2D

텐서의 전치행렬을 행열곱하여 (8,8) 2D텐서를 산출한다. 이 (8,8) 2D텐서의 각각의 값은 32개의 합으로 계산되므로 일종의 정규화(normalization)의 관점에서 $\sqrt{32}$로 나누어주고 있다. $q \cdot k^T / \sqrt{32}$는 표본에 있는 8개 영어 단어들 간의 상관도(similarity 또는 correlation)를 나타내며, r_{ij}를 i번째 행 j번째 열값이라고 표기할 때 시간스탭 기준으로 i번째 영어 단어에 대한 j번째 영어 단어의 기여도를 의미한다. 즉, i번째 행의 $r_{i0}, r_{i1}, r_{i2}, \cdots, r_{i7}$은 i번째 영어 단어에 대한 모든 다른 8개 영어 단어(자신을 포함하여)의 기여도를 의미한다. 그러나 예를 들어 7번째와 8번째 단어가 0으로 padding된 단어라면 이 padding은 기여도가 없으므로 기여도를 제거하여야 한다. 식 (14.1)의 mask=[0 0 0 0 0 0 1 1]이 되고 이 mask에 음의 큰 값을 곱해주어 broad casting 합산을 해준 후, softmax 함수를 취해주면, 즉 아래의 (8,8) 2D 행렬

$$softmax(\frac{q \cdot k^T}{\sqrt{32}} + (mask \times -10^9)) \tag{14.2}$$

를 계산한다. 그러면 각 행의 합은 1이 되는 확률로 전환되고, mask에 의해 마지막 2개의 열은 모두 0에 가까운 값으로 갖게 되어 padding된 단어의 기여도를 제거하게 된다. 식 (14.2)는 표본별·헤드별로 계산된 (배치,heads,8,8) 4D텐서이며 이 텐서에 (배치,heads,8,32)인 value를 곱하면, 즉 표본별·헤드별로 value v를 곱해주면

$$softmax(\frac{q \cdot k^T}{\sqrt{32}} + (mask \times -10^9)) \cdot v \tag{14.3}$$

(배치,heads,8,32)인 4D텐서가 된다. 식 (14.3)은 8개 영어 단어들 간의 상관도 및 기여도가 반영된 표본단어들의 embedding으로 해석할 수 있다. 4개의 헤드별로 나누어 계산된 식 (14.3)을 마지막 축으로 concatenate하면, (배치,8,128) 3D텐서가 되며 이는 8개 영어 단어를 크기가 128인 실수로 embedding한 것으로 볼 수 있다. 이와 같이 attention 과정으로 만들어진 embedding은, 입력층에서 입력된 embedding과 비교해서, 단어들 간의 유사성뿐만 아니라 기여도와 시간스탭 정보까

지 반영된 좀 더 향상된 embedding이라고 할 수 있다. attention은 영어단어들 간의 상관관계를 embedding된 영어단어를 통해 구한 후, 이 상관관계를 영어단어의 embedding에 부여하는 과정으로 해석할 수 있다.

지금까지 설명한 attention을 구체적으로 설명하기 위해 "I am good"이라는 단어의 attention을 고려해 보자. 먼저 token의 수가 3개이므로 mask=[0,0,0,1,1,1,1,1]이 된다. q와 k가 모두 크기가 (8,32)이지만 식 (14.2)에서처럼 mask에 매우 큰 음의 값을 더해주므로 softmax 함수에 의해 0값을 가지게 된다. 그러므로 padding된 부분은 $q \cdot k^T$를 해석하는 데에 의미가 없게 된다. 이런 이유로 $\frac{q \cdot k^T}{\sqrt{32}}$에서 "I am good"에 해당되는 첫 3×3행렬만 고려하면 attention의 기능을 해석할 수 있다. 만약,

$$softmax\left(\frac{q \cdot k^T}{\sqrt{32}}\right) = \begin{matrix} & \text{I} & \text{am} & \text{good} \\ \text{I} & 0.90 & 0.07 & 0.03 \\ \text{am} & 0.01 & 0.96 & 0.03 \\ \text{good} & 0.3 & 0.3 & 0.4 \end{matrix}$$

으로 계산되었다면 토큰 "I"에 대한 기여도는 "I"가 90%, "am"이 7%, 그리고 "good"이 3%이고, "am"에 대한 기여도는 "I"가 1%, "am"이 96%, 그리고 "good"이 3%라고 해석할 수 있다. 이를 value

$$v = \begin{matrix} \text{I} \\ \text{am} \\ \text{good} \end{matrix} \begin{pmatrix} 1.2 & 5.0 & \dots & 1.3 \\ 2.0 & 3.1 & \dots & 0.1 \\ 0.3 & 0.2 & \dots & 3.0 \end{pmatrix}$$

에 곱해주면

$$softmax\left(\frac{q \cdot k^T}{\sqrt{32}}\right) \cdot v = \begin{matrix} \text{I} \\ \text{am} \\ \text{good} \end{matrix} \begin{pmatrix} 0.9(1.2\ 5.0\ \dots\ 1.3) + 0.07(2.0\ 3.1\ \dots\ 0.1) + 0.03(0.3\ 0.2\ \dots\ 5.0) \\ 0.01(1.2\ 5.0\ \dots\ 1.3) + 0.96(2.0\ 3.1\ \dots\ 0.1) + 0.03(0.3\ 0.2\ \dots\ 5.0) \\ 0.3(1.2\ 5.0\ \dots\ 1.3) + 0.3(2.0\ 3.1\ \dots\ 0.1) + 0.4(0.3\ 0.2\ \dots\ 5.0) \end{pmatrix}$$

이 된다. value v는 문장 "I am good"의 embedding으로 해석할 수 있다. 그러므로 산출된 $softmax(\frac{q \cdot k^T}{\sqrt{32}}) \cdot v$는 embedding으로 표현된 token에 각 토큰의 기여

도를 가중치로 부여한 가중 embedding이라는 해석을 할 수 있다.

끝으로 입력자료의 embedding을 4개의 head로 나누는 이유를 살펴보자. 만약 q, k, v를 4개의 헤드로 나누지 않았다면 q, k, v는 (8,32) 2D텐서가 아닌 모두 (8,128) 2D텐서가 될 것이다. 그러면 앞의 예제에서 $softmax(\frac{q \cdot k^T}{\sqrt{32}}) \cdot v$는 토큰 "I"의 embedding은 토큰 "I"에 지배적인(90%) 가중치로 조정되고 토큰 "am"의 embedding은 자기 자신인 "am"에 지배적인(96%) 가중치로 조정되므로 정보의 편향(bias)이 일어나게 된다. 이런 이유로 2개 이상의 다중헤드로 q, k, v를 분리하면 이런 현상을 방지할 수 있게 된다.

14.2.2 Decoder 은닉층의 구조

다음 그림은 decoder 은닉층의 구조를 보여주고 있다. <그림 14-7>에서 볼 수 있듯이 decoder의 은닉층도 encoder의 은닉층과 같이 2개 이상의 decoder를 쌓아 마지막 decoder의 출력을 출력층으로 입력하고 있다. 출력층은 영어를 불어로 번역하므로 encoder의 입력층에 입력된 영어 문장에 대응하는 불어 문장을 출력하며 이에 따라 불어 어휘(우리의 예에서는 359개 토큰)를 선택할 확률을 출력하게 된다. 그러므로 출력층은 노드수가 불어 어휘 수가 되며 softmax 함수를 이용하여 다음 불어 토큰으로 선택될 확률을 계산하게 된다. 다중분류이므로 손실함수는 categorical crossentropy가 된다.

decoder의 입력층에는 불어인 decoder 입력자료가 입력되고 encoder 입력에서 했듯이 decoder 입력자료의 토큰 embedding과 positional encoding을 합한 embedding을 decoder 은닉층에 입력하게 된다. encoder와 다르게 decoder1 ~ decoder6는 모두 2개의 입력을 가지고 있다. 하나는 encoder의 최종 출력 embedding이며 다른 하나는 하위 layer로부터의 입력이다. 이 2개의 입력으로 각 decoder에서는 불어 입력자료에 영어 입력자료의 정보를 결합하게 된다. 불어의 경우를 예로 할 때, decoder 입력층의 출력은 (배치,17,128)이고 모든 decoder의 출력도 동일하므로 출력층의 입력도 (배치,17,128) 3D텐서가 된다.

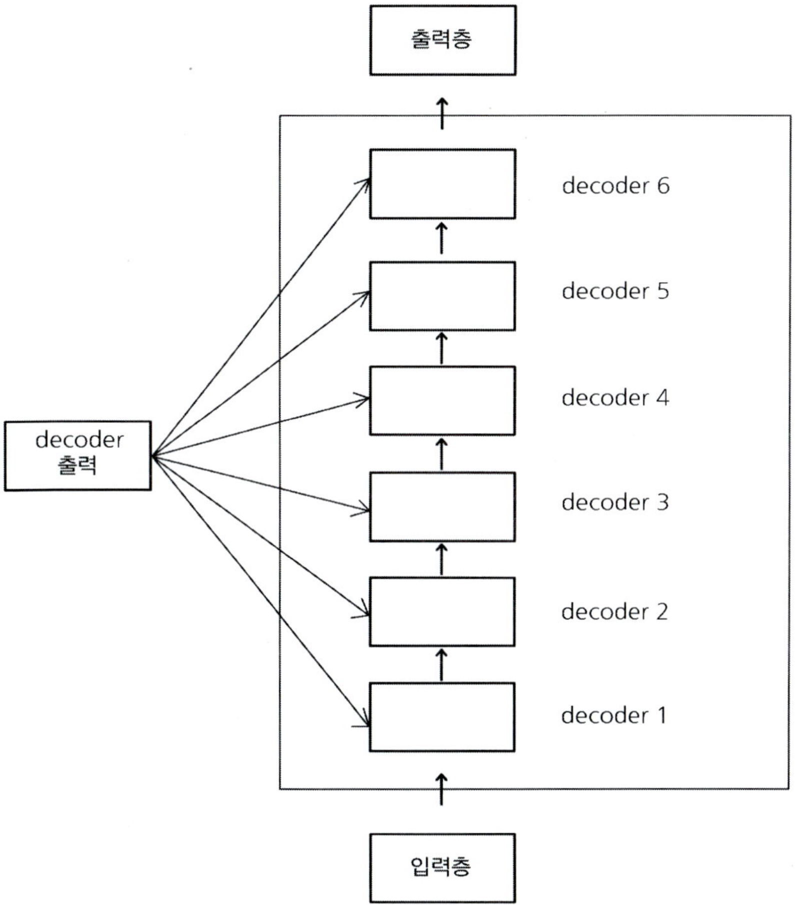

그림 14-7 Decoder 은닉층의 구조

<그림 14-7> decoder1의 구조를 좀 더 자세하게 살펴보도록 하자. decoder1 ~ decoder6의 구조는 <그림 14-8>과 같이 모두 동일한 구조를 가지고 있다.

<그림 14-8>에서 볼 수 있듯이 decoder 은닉층은 encoder 은닉층과 크게 다르지 않다는 것을 알 수 있다. decoder1 ~ decoder6의 구조가 동일하므로 <그림 14-8>은 오직 decoder1의 구조만 보여주고 있다. decoder1 ~ decoder6에 반복적으로 입력되는 encoder의 출력 embedding은 다중헤드 교차 attention(multihead cross attention)에 입력된다는 것을 보여주고 있다.

Decoder의 다중헤드 자체 attention은 encoder의 다중헤드 자체 attention과 비교

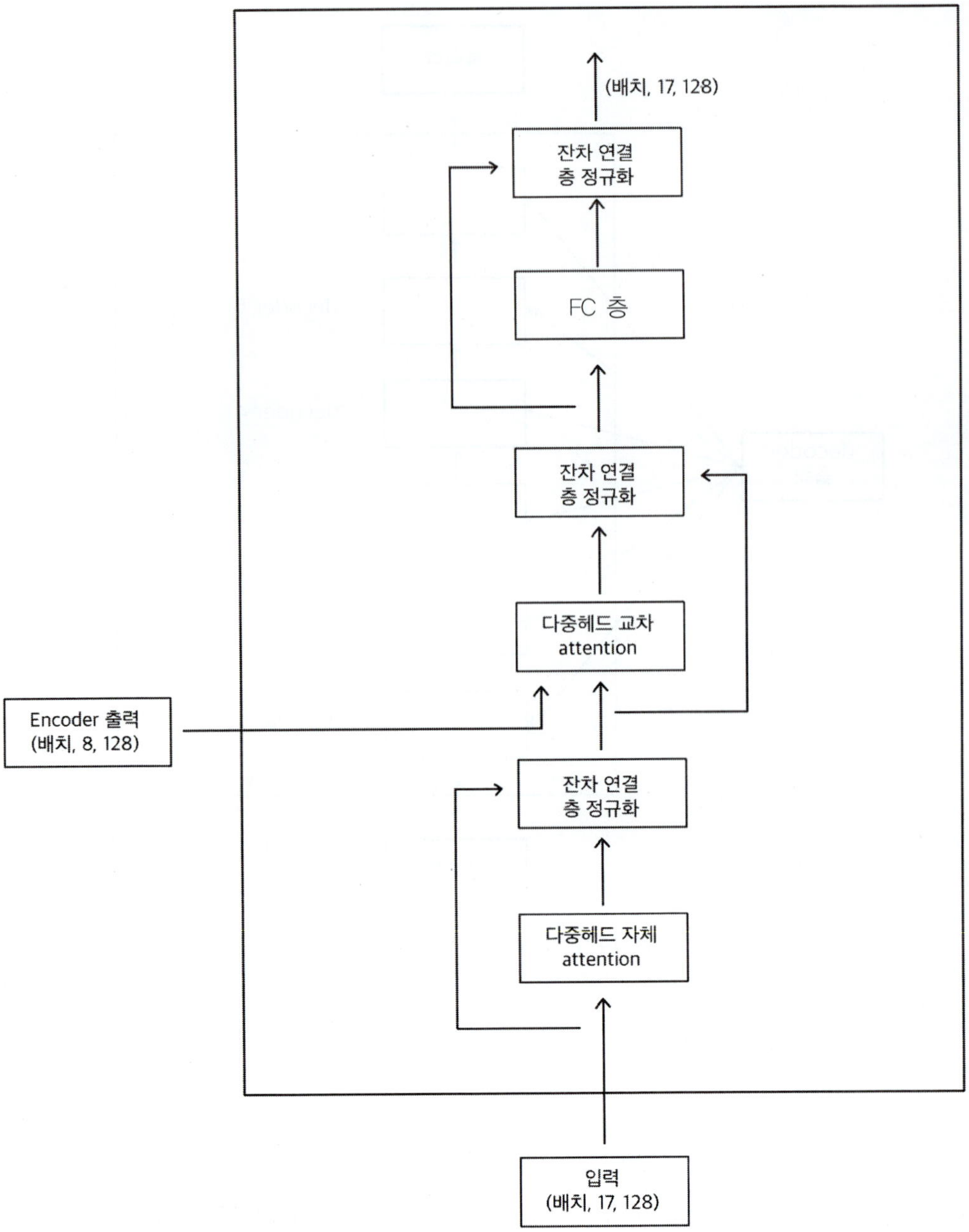

그림 14-8 decoder1의 구조

하여 mask만 제외하고 동일하다. 즉, encoder의 attention $\frac{q \cdot k^T}{\sqrt{32}} + (mask \times -10^9)$에서 mask를 아래와 같이 look ahead mask로 교체하면 된다.

$$\frac{q \cdot k^T}{\sqrt{32}} + (lookaheadmask \times -10^9) \tag{14.4}$$

여기에서 q와 k는 decoder 입력인 불어이므로 크기가 모두 (배치,heads,17,32)인 4D텐서이므로 표본별·헤드별로 $q \cdot k^T$는 (17,17) 2D텐서가 된다. 여기에 look ahead mask$\times-10^9$을 더해주면 식 (14.4)는 상삼각행렬(upper triangle matrix)이 매우 큰 음의 값을 갖는 (17,17) 행렬이 된다. 식 (14.4)에 softmax 함수를 적용한 후, 크기가 (배치,heads,17,32)인 4D텐서 value를 곱해주면

$$softmax(\frac{q \cdot k^T}{\sqrt{32}} + (lookaheadmask \times -10^9)) \cdot v \tag{14.5}$$

이 되고 크기는 (배치,heads,17,32)이다. 헤드별로 정의된 식 (14.5)를 합치면 (배치,17,128)로 되고 이는 17개의 시간스탭으로 구성된 표본별 불어단어들에 대한 상호 간의 유사성, 기여도, 그리고 시간스탭 정보를 가진 크기가 128인 embedding으로 해석할 수 있다.

다중헤드 교차 attention(multihead cross attention)은 2개의 입력을 가지고 있다. encoder의 최종 출력 embedding (배치,8,128) 3D텐서와 decoder의 다중분류 자체 attention과 잔차연결, 그리고 층정규화를 거쳐 출력된 (배치,17,128) 3D텐서이다. <그림 14-9>는 다중헤드 교차 attention의 구조를 보여주고 있다.

<그림 14-9>에서 볼 수 있듯이 encoder의 출력 (배치,8,128)은 노드수가 128개인 MLP층에 입력되어 크기가 각각 (배치,8,128)인 value와 key를 만들고, decoder 층정규화의 출력 (배치,17,128)은 노드가 128개인 또 다른 MLP층에 입력되어 query를 만들고 있다. query, key, value는 각각 4개의 헤드로 분리되어, query는 (배치,4,17,32), key와 value는 각각 (배치,4,8,32)로 정의된다. 표본별·헤드별로

$$\frac{q \cdot k^T}{\sqrt{32}} + (mask \times -10^9) \tag{14.6}$$

을 계산한다. 여기에서 mask는 encoder padding을 이용한 masking으로 encoder에

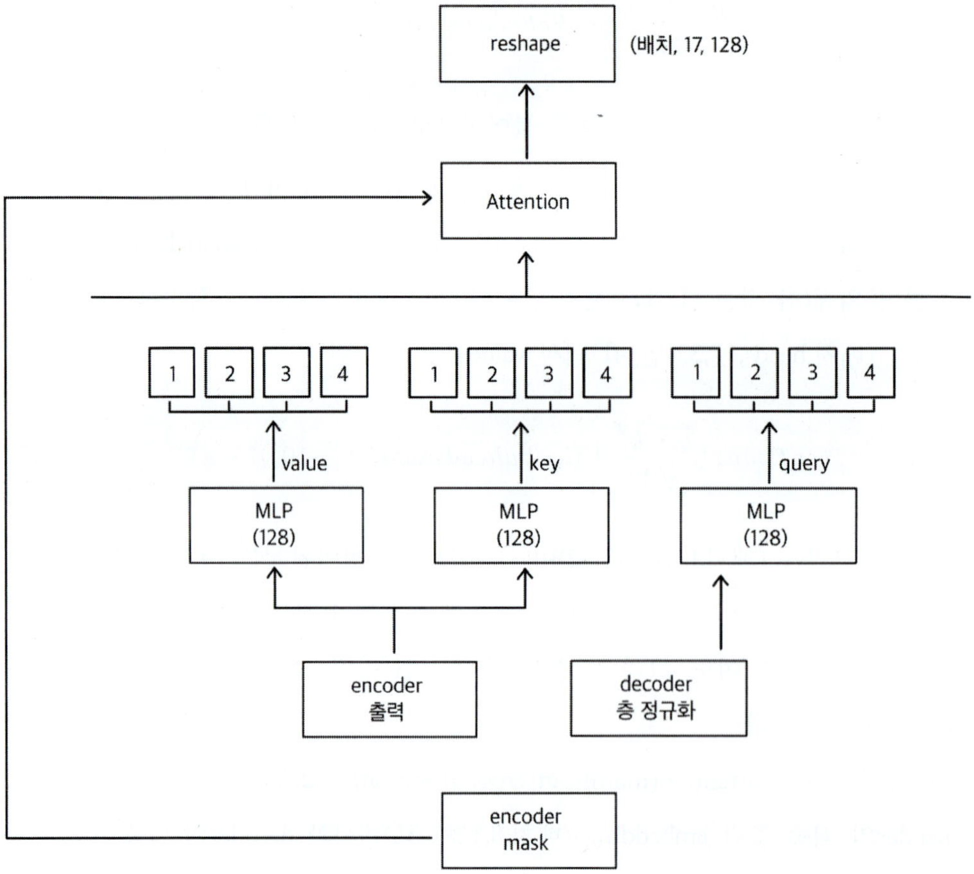

그림 14-9 decoder의 다중헤드 교차 attention

서 사용한 mask이다. 식 (14.6)은 표본별 · 헤드별로 (17,8) 2D텐서이며 각 행은 해당 시간스탭에 있는 불어단어에 대한 영어 단어의 기여도로 해석할 수 있다. (13.6)을 softmax 함수에 적용하여 각 행별로 확률이 되도록 조절한 후, value를 곱하여 (배치,4,17,32) 4D텐서를 만든다. 최종적으로 reshape을 통해 크기가 (배치,17,128)인 3D텐서를 출력하여 다음 은닉층 그룹의 입력으로 전달한다.

예를 들어, "I am good"를 불어 "Je vais bien"으로 번역하는 것으로 교차 attention의 의미를 설명해 보자. q는 "Je vais bien"에 대응하는 embedding (17, 128)이고 k와 v는 "I am good"에 대응하는 encoder의 출력 embedding에 해당된다.

그러므로 $softmax(\frac{q \cdot k^T}{\sqrt{32}} + (mask \times -10^9))$는 “Je vais bien”에 대한 “I am good”의 기여도를 계산한 (17,8) 2D텐서, 즉 이 2D텐서의 첫 3×3 행렬에서 첫 행은 “Je”에 대한 영어 토큰 “I”, “am”, “good”의 기여도이고 두 번째 행은 “vais”에 대한 “I”, “am”, “good”의 기여도, 그리고 세 번째 행은 “bien”에 대한 “I”, “am”, “good”의 기여도를 의미하게 된다. 이렇게 계산된 기여도를 v에 곱하면 (17,128)이 되며 이는 영어 토큰의 기여도가 반영된 “Je vais bien”의 embedding으로 해석할 수 있다.

결과적으로 이 embedding은 decoder 입력자료인 불어단어에 대한 가중 embedding으로, 불어단어에 대한 영어 단어의 기여도, 불어 자체의 기여도, 영어 간 유사성, 불어 간 유사성, 그리고 영어와 불어 간의 유사성과 시간스탭 정보까지 반영한 embedding으로 해석할 수 있다. decoder 은닉층 그룹은 구조가 동일하므로 (배치,17,128) 3D텐서를 최종 출력층에 입력한다. 출력층은 MLP 층으로 노드수는 전체 불어단어의 수가 된다.

지금까지 설명한 Transformer는 이미지 데이터에도 바로 적용할 수 있다. 이미지 데이터가 (batch, height, width, channel)인 4D텐서이므로 reshape(batch, -1,channel)로 (batch, height×width, channel)인 3D텐서로 바꾼 후, transformer를 적용하면 이미지 데이터 픽셀 간의 기여도를 반영한 이미지 분석을 할 수 있다. 이미지 분석에서는 일반적으로 Transformer에서 사용하는 mask를 사용하지 않으며 encoder만으로도 attention의 효과를 구현할 수 있다. 또한 Transformer의 decoder도 사용할 수 있다. 이 경우 encoder와 다른 픽셀로 정의된 input 이미지 또는 input 이미지를 CNN 아키텍처에 입력하여 픽셀의 크기를 조절한 자료를 사용하여 이미지 분석의 성능을 향상할 수 있다. 제9장에서 논의한 SE-link가 CNN 모형에서 attention의 개념을 적용한 대표적인 경우에 해당된다. 제7장에서 논의한 시계열 자료분석도 Transformer를 사용하면 좋은 결과를 기대할 수 있을 것이다. Transformer의 attention은 근본적으로 전통적인 시계열모형이 가지고 있는 모형구조를 잘 반영하고 있기 때문이다. LogTrans(2019), Pyraformer(2021), informer(2021) 그리고 Zeng 외(2022)가 Transformer를 시계열 예측에 적용한 대표적 연구들이다.

최근에는 Transformer가 머신번역, 이미지 자료분석뿐만 아니라 multimodel learning 영역까지 다양한 영역에 확장 적용되고 있다. 관심 있는 독자는 Hu and Singh(2021)을 읽어 보길 바란다.

14.3 Transformer의 적용

다음 프로그램은 영어를 불어로 번역하기 위해 제13장에서 사용한 프로그램을 그대로 옮겨온 것이다. 같은 데이터를 이용하여 Transformer의 성능을 제13장의 머신번역과 비교하기 위함이다. 제13장에서 설명한 텍스트 자료의 사전정리과정은 생략하고 encoder 입력자료, decoder 입력자료, decoder 목적변수를 정의하면 다음과 같다.

encoder의 입력데이터는 시간스탭이 8이 되도록 하고 있으며 decoder는 시간스탭이 17+1이 되도록 하고 있다. +1을 하는 이유는 decoder의 입력데이터는 각 문장의 맨 앞에 'start'를 추가하고 decoder의 출력데이터(목적변수)는 각 문장의 맨 끝에 'end'를 추가하기 때문이다.

```
encoder_input_data=np.zeros((len(lines['eng']), eng_max_length),dtype='float32')
decoder=np.zeros((len(lines['fr']), fr_max_length+1), dtype='float32')

decoder.shape
```

```
(50000, 18)
```

다음 프로그램은 제13장 프로그램에서 정의한 dictionary 데이터셋 input_token_index와 target_token_index를 이용하여, 구체적으로 decoder 입력데이터, encoder 입력데이터, 그리고 encoder 목적변수를 차례대로 수량화하고 있다. 앞 프로그램에서 np.zeros로 decoder와 encoder 데이터를 0으로 초기화하였기 때문에 수량화되지 않고 0으로 남는 부분은 padding된 부분이 된다. 프로그램에서 볼 수 있듯이 decoder 입력데이터는 'start'부터 -1까지(decoder[:,:-1]), decoder 출력데이터는 'start' 다음 단어부터 문장 끝까지(decoder[:,1:])로 정의하고 있다. 제13장의 decoder_target_data는 (50000,17,359)으로 정의하였으나 아래 프로그램에서는 decoder_target_data를 (50000,17)로 정의한 것을 주의하도록 하자. 목적변수를 one-hot encoding으로 표현하지 않았기 때문이고 이에 따라 손실함수를 Sparse Categorical crossentropy로 정의해야 한다.

```
for i, (input_text, target_text) in enumerate(zip(lines['eng'], lines['fr'])):
    for t, word in enumerate(input_text.split()):
        encoder_input_data[i, t] = input_token_index[word]
    for t, word in enumerate(target_text.split()):
        decoder[i, t] = target_token_index[word]
decoder_input_data=decoder[:,:-1]
decoder_target_data=decoder[:,1:]

print(encoder_input_data.shape,decoder_input_data.shape,decoder_target_data.shape)
```

```
(50000, 8) (50000, 17) (50000, 17)
```

아래 프로그램은 수량화 결과를 보여주고 있다. 50,000개의 문장 중 1001번째 문장의 수량화 결과를 보여주고 있다. 'start'는 284로 수량화되었고 'end'는 89로 수량화된 것을 볼 수 있다.

```
print(encoder_input_data[1000])
print(decoder_input_data[1000])
print(decoder_target_data[1000])
```

```
[63.  8.  0.  0.  0.  0.  0.  0.]
[284. 320. 274.  89.   0.   0.   0.   0.   0.   0.   0.   0.   0.   0.   0.   0.   0.]
[320. 274.  89.   0.   0.   0.   0.   0.   0.   0.   0.   0.   0.   0.   0.   0.   0.]
```

다음 프로그램은 positional encoding을 위한 함수를 정의하고 있다. pos는 시간스탭을 의미하고 d_model은 embedding의 크기인 128이다. positional_encoding에서 position은 시간스탭이며 (시간스탭수,1)인 열벡터로 전환되어 get_angles 함수의 pos로 입력되고, get_angles 함수의 i는 (1,128)행 벡터로 입력되어 pos_encoding은 크기가 (1,시간스탭수,128)인 3D텐서를 반환한다.

```
import tensorflow as tf
def get_angles(pos, i, d_model):
  angle_rates = 1 / np.power(10000, (2 * (i//2)) / np.float32(d_model))
  return pos * angle_rates
```

```
def positional_encoding(position, d_model):
  angle_rads = get_angles(np.arange(position)[:, np.newaxis],
                          np.arange(d_model)[np.newaxis, :],
                          d_model)

  # apply sin to even indices in the array; 2i
  angle_rads[:, 0::2] = np.sin(angle_rads[:, 0::2])

  # apply cos to odd indices in the array; 2i+1
  angle_rads[:, 1::2] = np.cos(angle_rads[:, 1::2])

  pos_encoding = angle_rads[np.newaxis, ...]

  return tf.cast(pos_encoding, dtype=tf.float32)#(1,time_steps,d_model)
```

다음 프로그램은 mask를 정의하고 있다. encoder 입력데이터의 시간스탭 중 padding 된 부분에 1값을 부여하고 그 이외는 0값을 부여하는 create_padding_mask( ) 함수를 정의하고 있다. 이 함수의 입력은 (배치,시간스탭수)인 2D텐서이며 출력은 (배치,1,1,시간스탭수)이다. 이 4D텐서는 attention의 (배치,heads,시간스탭*,시간스탭수)에 broad casting 합산되어 padding의 기여도를 제거하게 된다. 여기에서 시간스탭*는 encoder의 시간스탭 또는 decoder의 시간스탭을 의미한다.

```
def create_padding_mask(x):
  mask = tf.cast(tf.math.equal(x, 0), tf.float32)
  return mask[:, tf.newaxis, tf.newaxis, :]  # (batch_size, 1, 1, time_steps)
```

아래 프로그램은 look ahead mask를 정의하고 있으며 ts를 decoder의 시간스탭수로 정의할 때, 입력 x는 (배치,ts)인 2D텐서이고 출력은 (배치,1,ts,ts) 4D텐서로 decoder 자체 attention의 (배치,headers,ts,ts)에 broad casting 합산되어 목적변수값을 attention에서 제외하게 한다.

```
def create_look_ahead_mask(x):
    seq_len=tf.shape(x)[1]
    look_ahead_mask=1-tf.linalg.band_part(tf.ones((seq_len,seq_len)),-1,0)
    padding_mask=create_padding_mask(x)
    return tf.maximum(look_ahead_mask,padding_mask)
```

다음 프로그램은 다중분류 attention(자체 및 교차 attention 포함)의 attention을 실행하는 함수이다. 128노드로 제공되는 embedding을 4개의 헤더별로 정의된 크기가 (배치,headers,ts*,32) 4D텐서인 query, key, 그리고 value를 입력받는다. 여기에서 ts*는 encoder 또는 decoder의 시간스탭수를 말한다. 교차 attention인 경우, query는 (배치,headers,decoder시간스탭수,32)이고 key와 value는 (배치,headers,encoder시간스탭수,32)인 4D텐서이다.

$$softmax(\frac{q \cdot k^T}{\sqrt{32}} + (mask \times -10^9)) \cdot v$$

를 계산한 후, (배치,headers,ts*,32)=(배치,4,ts*,32)인 4D텐서를 반환한다. 만약 decoder 자체 attention이면 위 식에서 mask를 look ahead mask로 바꿔야 한다. 아

래 프로그램에서 attention_weights는 행별로 합이 1인 확률이고 크기는 자체 attention일 때 (배치,headers,ts*,ts*)인 4D텐서이고 교차 attention일 때 (배치, headers,decoder 시간스탭수,encoder 시간스탭수)인 4D텐서이다.

```
def scaled_dot_product_attention(q, k, v, mask):
  matmul_qk = tf.matmul(q, k, transpose_b=True)  # (..., seq_len_q, seq_len_k)

  # scale matmul_qk
  dk = tf.cast(tf.shape(k)[-1], tf.float32)
  scaled_attention_logits = matmul_qk / tf.math.sqrt(dk)

  # add the mask to the scaled tensor.
  if mask is not None:
    scaled_attention_logits += (mask * -1e9)

  attention_weights = tf.nn.softmax(scaled_attention_logits, axis=-1)
  output = tf.matmul(attention_weights, v)
  return output, attention_weights
```

다음 프로그램은 다중헤드 attention(자체 및 교차 포함) 층을 layer 클래스로 정의하고 있다. MultiHeadAttention 클래스는 tf.keras.layers.Layer를 부모클래스로 설정한 맞춤형 layer이다. MultiHeadAttention 클래스의 입력은 encoder 영어입력일 경우 (배치,8,128) 3D텐서로 시간스탭이 8이고 128은 embedding 크기이며, decoder 불어 입력인 경우 (배치,17,128) 3D텐서로 시간스탭이 17이고 128은 embedding 크기이다. 또한 다중분류 교차 attention일 때 encoder의 출력인 (배치,8,128) 3D텐서와 decoder의 층정규화의 출력인 (배치,17,128) 3D텐서가 입력된다.

그러므로 MultiheadAttention 클래스의 call( ) 함수에 encoder 입력자료일 경우, encoder 입력자료가 v (value), k (key), q (query)에 반복해서 입력되고, mask는 encoder의 padding으로 결정된 (배치,1,1,8) 3D텐서이다. 그리고 decoder 입력자료일 경우, decoder 입력자료가 v, k, q에 반복해서 입력되고, mask는 크기가 (배치,1,17,17)인 look ahead mask로 입력된다. 한편, 다중헤드 교차 attention인 경우

v와 k에는 encoder의 입력자료가 입력되고 q에는 decoder의 입력자료가 입력되며, mask에는 encoder mask가 입력된다. 이와 같이 입력된 v, k, q는 각각 노드수가 128개인 MLP 층에 입력된다. 그러므로 입력 텐서의 크기와 MLP 출력텐서의 크기는 같다.

v, k, q의 마지막 축은 모두 128이며 이 마지막 축은 split_heads( ) 함수에 의해 v, k, q를 (배치,시간스탭,heads,32)=(배치,시간스탭,4,32)로 reshape한 후, transpose 함수를 이용하여 (배치,heads,시간스탭,32)로 전치한다. 이 전치된 4D텐서와 mask (또는 look ahead mask)를 직전 프로그램에서 정의한 scaled_dot_product_attention( ) 함수에 입력한다. 그러면 (배치,heads,시간스탭,32)가 출력되고 이를 (배치,시간스탭,heads,32)로 전치시킨 후, (배치,시간스탭,heads×32)=(배치,시간스탭,128)으로 reshape한다. encoder의 경우 시간스탭은 8이고 decoder의 경우 시간스탭은 17이다. reshape된 (배치,시간스탭,128) 3D텐서를 노드수가 128인 MLP 층에 입력하므로 MultiHeadAttention 클래스의 최종출력도 (배치,시간스탭,128) 3D텐서가 된다.

```
class MultiHeadAttention(tf.keras.layers.Layer):
  def __init__(self, d_model, num_heads):
    super(MultiHeadAttention, self).__init__()
    self.num_heads = num_heads  #4
    self.d_model = d_model #128

    assert d_model % self.num_heads == 0

    self.depth = d_model // self.num_heads

    self.wq = tf.keras.layers.Dense(d_model) # (배치,시간스탭,128)
    self.wk = tf.keras.layers.Dense(d_model) # (배치,시간스탭,128)
    self.wv = tf.keras.layers.Dense(d_model) # (배치,시간스탭,128)

    self.dense = tf.keras.layers.Dense(d_model)

  def split_heads(self, x, batch_size):
    x = tf.reshape(x, (batch_size, -1, self.num_heads, self.depth))
```

```
        return tf.transpose(x, perm=[0, 2, 1, 3])

    def call(self, v, k, q, mask):
        batch_size = tf.shape(q)[0]

        q = self.wq(q)  # (배치,시간스탭,128) 여기에서 128=d_model=embedding_size
        k = self.wk(k)  # (배치,시간스탭,128)
        v = self.wv(v)  # (배치,시간스탭,128)

        q = self.split_heads(q, batch_size)  # (배치,4,시간스탭,32)
        k = self.split_heads(k, batch_size)  # (배치,4,시간스탭,32)
        v = self.split_heads(v, batch_size)  # (배치,4,시간스탭,32)


        scaled_attention, attention_weights = scaled_dot_product_attention(
            q, k, v, mask)

        scaled_attention = tf.transpose(scaled_attention, perm=[0, 2, 1, 3])
                                                    # (배치,시간스탭,4,32)

        concat_attention = tf.reshape(scaled_attention,
                                      (batch_size, -1, self.d_model))
                              # (배치,시간스탭,128)

        output = self.dense(concat_attention)  # (배치,시간스탭,128)

        return output, attention_weights
```

MultiHeadAttention 클래스의 출력은 다음과 같이 연속된 2개의 MLP 층을 통과시켜 (배치,시간스탭,128) 3D텐서를 출력한다.

```
def point_wise_feed_forward_network(d_model, dff):
    return tf.keras.Sequential([
        tf.keras.layers.Dense(dff, activation='relu'),  # (배치,시간스탭,dff)
        tf.keras.layers.Dense(d_model)  # (배치,시간스탭,128)
    ])
```

다음은 앞에서 정의된 MultiHeadAttention 클래스와 point_wise_feed_forward_network() 함수를 이용하여 encoder 은닉층의 제1은닉층그룹을 정의하고 있다. (배치,8,128) 3D텐서로 embedding된 encoder 입력자료와 mask를 MultiHeadAttention 클래스에 입력한 후, 결과로 나온 출력을 encoder 입력자료와 합하여 잔차연결(residual connection)하고 층정규화(layer normalization)를 하고 있다.

층정규화된 (배치,8,128) 3D텐서를 point_wise_feed_forward_network 함수에 입력하여 (배치,8,128) 3D텐서를 출력한다. 이 출력은 다시 point_wise_feed_ forward_network 함수에 입력된 (배치,8,128) 3D텐서와 잔차연결과 층정규화한 후 (배치,8,128) 3D텐서를 출력한다.

```
class EncoderLayer(tf.keras.layers.Layer):
  def __init__(self, d_model, num_heads, dff, rate=0.1):
    super(EncoderLayer, self).__init__()

    self.mha = MultiHeadAttention(d_model, num_heads)
    self.ffn = point_wise_feed_forward_network(d_model, dff)

    self.layernorm1 = tf.keras.layers.LayerNormalization(epsilon=1e-6)
    self.layernorm2 = tf.keras.layers.LayerNormalization(epsilon=1e-6)

    self.dropout1 = tf.keras.layers.Dropout(rate)
    self.dropout2 = tf.keras.layers.Dropout(rate)

  def call(self, x, mask):

    attn_output, _ = self.mha(x, x, x, mask)  # (배치,8,128)
    attn_output = self.dropout1(attn_output)
    out1 = self.layernorm1(x + attn_output)  # (배치,8,128)

    ffn_output = self.ffn(out1)  # (배치,8,128)
    ffn_output = self.dropout2(ffn_output)
    out2 = self.layernorm2(out1 + ffn_output)  # (배치,8,128)

    return out2
```

다음은 decoder 은닉층의 제1은닉층그룹을 정의하고 있다. 이미 논의했듯이 decoder 은닉층은 다중헤드 자체 attention과 다중헤드 교차 attention이 필요하므로, 2개의 MultiHeadAttention 클래스, mask, 그리고 look ahead mask가 필요하다. DecoderLayer 클래스의 첫 번째 MultiHeadAttention 클래스에 (배치,17,128) 3D텐서인 decoder 입력자료와 (배치,1,17,17) 4D텐서인 look ahead mask를 입력하고, 두 번째 MultiHeadAttention 클래스에는 (배치,8,128) 3D텐서인 encoder 출력, 첫 번째 MultiHeadAttention 클래스의 출력을 잔차연결한 후 층정규화의 출력, 그리고 encoder의 mask를 입력받아 (배치,17,128) 3D텐서를 출력한다. 이를 잔차연결과 층정규화를 한 후, point_wise_feed_forward_network에 입력한다. 최종적으로 또 한 번의 잔차연결과 층정규화를 거친 후 (배치,17,128) 3D텐서를 출력한다.

```
class DecoderLayer(tf.keras.layers.Layer):
  def __init__(self, d_model, num_heads, dff, rate=0.1):
    super(DecoderLayer, self).__init__()

    self.mha1 = MultiHeadAttention(d_model, num_heads)
    self.mha2 = MultiHeadAttention(d_model, num_heads)

    self.ffn = point_wise_feed_forward_network(d_model, dff)

    self.layernorm1 = tf.keras.layers.LayerNormalization(epsilon=1e-6)
    self.layernorm2 = tf.keras.layers.LayerNormalization(epsilon=1e-6)
    self.layernorm3 = tf.keras.layers.LayerNormalization(epsilon=1e-6)

    self.dropout1 = tf.keras.layers.Dropout(rate)
    self.dropout2 = tf.keras.layers.Dropout(rate)
    self.dropout3 = tf.keras.layers.Dropout(rate)

  def call(self, x, enc_output, look_ahead_mask, padding_mask):
    # enc_output:encoder 출력(배치,8,128) x: decoder 입력(배치,17,128)

    attn1, attn_weights_block1 = self.mha1(x, x, x, look_ahead_mask)
                                 # (배치,17,128)
    attn1 = self.dropout1(attn1)
    out1 = self.layernorm1(attn1 + x)
```

```
        attn2, attn_weights_block2 = self.mha2(enc_output, enc_output, out1, padding_mask)
                                         # (배치,17,128)
        attn2 = self.dropout2(attn2)
        out2 = self.layernorm2(attn2 + out1)  # (배치,17,128)

        ffn_output = self.ffn(out2)  # (배치,17,128)
        ffn_output = self.dropout3(ffn_output)
        out3 = self.layernorm3(ffn_output + out2)  # (배치,17,128)

        return out3, attn_weights_block1, attn_weights_block2
            # attn_weights_block1(배치,heads,17,17), attn_weights_block1(배치,heads,17,8)
```

다음 Encoder 클래스는 encoder 은닉층 전체를 정의하고 있다. padding된 영어 문장 (배치,8)과 이로부터 정의된 mask를 입력하고, 386개의 총 영어 단어를 이용하여 128개의 노드로 word embedding한다. 이 결과로 (배치,8,128)을 출력하게 되고 여기에 $\sqrt{128}$ 을 곱한 후, positional encoding한다. $\sqrt{128}$ 를 곱한 이유는 지나친 positional encoding 효과를 줄이기 위함이다. 다음 절차로 num_layers에 지정된 수만큼 Encoder 클래스를 반복하여 크기가 (배치,8,128)인 3D텐서를 출력한다.

```
class Encoder(tf.keras.layers.Layer):
  def __init__(self, num_layers, d_model, num_heads, dff, input_vocab_size,
               maximum_position_encoding, rate=0.1):
    super(Encoder, self).__init__()

    self.d_model = d_model
    self.num_layers = num_layers

    self.embedding = tf.keras.layers.Embedding(input_vocab_size, d_model)
    self.pos_encoding = positional_encoding(maximum_position_encoding,
                                            self.d_model)

    self.enc_layers = [EncoderLayer(d_model, num_heads, dff, rate)
                       for _ in range(num_layers)]

    self.dropout = tf.keras.layers.Dropout(rate)
```

```
def call(self, x, mask):

  seq_len = tf.shape(x)[1]  # x는 tokenized sentence with padding(배치,8)

  # adding embedding and position encoding.
  x = self.embedding(x)  # (배치,8,128)
  x *= tf.math.sqrt(tf.cast(self.d_model, tf.float32))
  x += self.pos_encoding[:, :seq_len, :]

  x = self.dropout(x)

  for i in range(self.num_layers):
    x = self.enc_layers[i](x, mask)

  return x  # (배치,8,128)
```

다음 Decoder 클래스는 Encoder 클래스처럼 decoder 은닉층 전체를 정의하고 있다. Decoder 클래스의 구조는 Encoder 클래스 구조와 동일하다. 다만 decoder 입력자료(불어)를 padding한 (배치,17) 2D텐서, Encoder 클래스 출력, encoder mask, 그리고 look ahead mask를 이용하고 EncoderLayer 클래스 대신 DecoderLayer 클래스로 크기가 (배치,17,128)인 3D텐서를 최종 출력한다.

```
class Decoder(tf.keras.layers.Layer):
  def __init__(self, num_layers, d_model, num_heads, dff, target_vocab_size,
               maximum_position_encoding, rate=0.1):
    super(Decoder, self).__init__()

    self.d_model = d_model
    self.num_layers = num_layers

    self.embedding = tf.keras.layers.Embedding(target_vocab_size, d_model)
    self.pos_encoding = positional_encoding(maximum_position_encoding, d_model)

    self.dec_layers = [DecoderLayer(d_model, num_heads, dff, rate)
                       for _ in range(num_layers)]
    self.dropout = tf.keras.layers.Dropout(rate)
```

```
def call(self, x, enc_output, look_ahead_mask, padding_mask):

  seq_len = tf.shape(x)[1]
  attention_weights = {}
  x = self.embedding(x)  # (배치,17,128)
  x *= tf.math.sqrt(tf.cast(self.d_model, tf.float32))
  x += self.pos_encoding[:, :seq_len, :]

  x = self.dropout(x)

  for i in range(self.num_layers):
    x, block1, block2 = self.dec_layers[i](x, enc_output,look_ahead_mask,
                                            padding_mask)

    attention_weights[f'decoder_layer{i+1}_block1'] = block1
    attention_weights[f'decoder_layer{i+1}_block2'] = block2

  # x.shape == (배치,17,128)
  return x, attention_weights
```

다음에 정의된 Transformer 함수는 앞에서 최종적으로 정의한 Encoder 클래스와 Decoder 클래스를 연결하여 Transformer의 최종 아키텍처를 완성하고 있다. mask와 look ahead mask를 정의한 create_padding_mask와 create_look_ahead_mask 함수를 맞춤형 layer로 정의하기 위해 tf.keras.layers.Lambda를 이용하였다.

아래 프로그램에서 enc_padding_mask와 dec_padding_mask는 입력이 enc_input으로 같은 텐서이다. 최종 출력층은 노드수가 target_vocab_size=359인 MLP 층이다. 활성 함수는 linear로 실수를 출력하고 있다. 이는 loss 함수로 SparseCategorical Entropy를 쓴다는 의미이고 option으로 from_logits=True를 준다는 것을 의미한다. SparseCategoricalEntropy( )는 목적변수가 class 번호를 나타내는 정수로 입력될 때 사용하는 손실함수이며 from_logits=True를 부여하면 목적함수의 예측치로 359개의 확률을 제공하지 않고 확률을 계산할 수 있는 logit값을 출력한다. 즉,

$$\log\frac{p_i}{p_{359}},\ i=1,2,\cdots,358$$

을 예측치로 출력한다. 만약 목적변수가 one-hot encoding이면 categoricalcrossentropy 손실함수를 써야 하고 목적변수의 예측치를 확률로 출력할 때는 activation='softmax'를 부여해야 한다. 그러므로 logits는 softmax 함수와 역함수관계이다.

```
def transformer(num_layers, d_model, num_heads, dff, input_vocab_size,
                target_vocab_size, ts_input, ts_target, rate=0.1):

    enc_input = tf.keras.Input(shape=(None,))
    dec_input = tf.keras.Input(shape=(None,))

    enc_padding_mask=tf.keras.layers.Lambda(create_padding_mask,output_shape=
                                            (1,1,None))(enc_input)
    look_ahead_mask=tf.keras.layers.Lambda(create_look_ahead_mask,output_shape=
                                           (1,None,None))(dec_input)
    dec_padding_mask=tf.keras.layers.Lambda(create_padding_mask,output_shape=
                                            (1,1,None))(enc_input)

    enc_output=Encoder(num_layers, d_model, num_heads, dff,
                       input_vocab_size, ts_input, rate)(enc_input,enc_padding_mask)
    dec_output,_ =Decoder(num_layers, d_model, num_heads, dff, target_vocab_size,
          ts_target, rate)(dec_input,enc_output,look_ahead_mask,dec_padding_mask)
                   outputs=tf.keras.layers.Dense(target_vocab_size)(dec_output)

    return tf.keras.Model(inputs=[enc_input, dec_input], outputs=outputs)
```

```
loss_object = tf.keras.losses.SparseCategoricalCrossentropy(from_logits=True)
```

다음은 손실함수와 정밀도를 정의하고 있다. 손실함수를 정의할 때 목적변수(y_true)가 padding된 부분을 제외한 sparse categorical crossentropy 손실함수값을 계산하고 있다. accuracy도 목적변수가 padding된 부분을 제외한 accuracy가 되도록

accuracy_function( ) 함수를 정의하고 있다.

```
def loss_function(y_true, y_pred):
    mask = tf.math.logical_not(tf.math.equal(y_true, 0))
    loss_ = loss_object(y_true, y_pred)

    mask = tf.cast(mask, dtype=loss_.dtype)
    loss_ *= mask

    return tf.reduce_sum(loss_)/tf.reduce_sum(mask) # padding을 제외한 loss


def accuracy_function(y_true, y_pred):
    y_hat=tf.cast(tf.argmax(y_pred,axis=2), dtype=tf.float32) # y_true가 float32이기 때문
    accuracies = tf.equal(y_true, y_hat)
    #accuracies = tf.equal(y_true, tf.argmax(y_pred, axis=2)) # True, False로 출력

    mask = tf.math.logical_not(tf.math.equal(y_true, 0))
    accuracies = tf.math.logical_and(mask, accuracies) # 둘 다 true일 때만 True

    accuracies = tf.cast(accuracies, dtype=tf.float32)
    mask = tf.cast(mask, dtype=tf.float32)
    return tf.reduce_sum(accuracies)/tf.reduce_sum(mask)
```

다음은 제4장에서 논의한 Data API를 이용하여 학습시킬 데이터셋을 64 배치단위로 구성하고 있다. 2개의 입력데이터셋이므로 이를 tuple로 묶고, 나머지 하나는 목적변수인 decoder_target_data를 정의하고 있다. 입력변수와 목적변수가 서로 간에 대응되어야 하므로 tuple로 묶어주고 있다. 자세한 내용은 제4장을 참고하길 바란다.

```
import tensorflow as tf
data_set=tf.data.Dataset.from_tensor_slices(((encoder_input_data,decoder_input_data),decod
er_target_data))
data_final=data_set.shuffle(1000).batch(64).prefetch(64) # memory를 차지하지 않음
```

최종적으로 필요한 초모수 값을 할당하고 Transformer를 학습시키면 다음과 같다. 30번의 epoch에서 accuracy=0.7607이고 epoch을 더 늘리면 정밀도는 좀 더 향상될 것으로 기대된다. 제12장의 머신번역에서 가장 성능이 높은 attetion을 이용한 머신번역의 정밀도가 0.5117인 것과 비교하면 Transformer의 정밀도는 매우 높다고 할 수 있다.

```
model=transformer(num_layers=3,d_model=128,num_heads=4,dff=256,
            input_vocab_size=386, target_vocab_size=359, ts_input=8,ts_target=17,rate=0.2)

optimizer = tf.keras.optimizers.Adam()
model.compile(optimizer=optimizer, loss=loss_function, metrics=[accuracy_function])
model.fit(data_final,epochs=30)
```

```
Epoch 25/30
782/782 [==========] - 91s 117ms/step - loss: 0.8368 - accuracy_ function: 0.7573
Epoch 26/30
782/782 [==========] - 108s 138ms/step - loss: 0.8311 - accuracy_ function: 0.7591
Epoch 27/30
782/782 [==========] - 95s 122ms/step - loss: 0.8240 - accuracy_ function: 0.7586
Epoch 28/30
782/782 [==========] - 114s 145ms/step - loss: 0.8196 - accuracy_f unction: 0.7598
Epoch 29/30
782/782 [==========] - 97s 124ms/step - loss: 0.8105 - accuracy_ function: 0.7608
Epoch 30/30
782/782 [==========] - 113s 145ms/step - loss: 0.8130 - accuracy_ function: 0.7607
```

14.4 한국어 챗봇(korean chatbot)

Transformer를 한국어에 응용하여 한국어 챗봇을 만들어 보고자 한다. 한국어의 말뭉치(corpus) 데이터가 종류와 크기 측면에서 충분하지 않지만, 한국어 자연처리를 위한 한국어 말뭉치 자료를 Korpora(korean corpora)라는 파이썬 라이브러리로 제공하고 있다.

```
pip install korpora
```

를 실행하면 Korpora라는 폴더가 생성되고(저자의 경우, C:/Users/user/Korpora에 자동으로 폴더가 생성되었다), 아래와 같이 Korpora에 있는 데이터를 확인할 수 있다. 이 데이터 중 "korean_chatbot_data"를 이용하여 14.3절에서 논의한 Transformer를 적용하여 한국어 챗봇을 학습시키고자 한다. 국립국어원과 AI Hub 데이터의 말뭉치는 별도의 인증과정을 걸친 후, 수작업으로 내려받아야 한다.

```
from Korpora import Korpora
Korpora.corpus_list()
```

```
{'kcbert': 'beomi@github 님이 만드신 KcBERT 학습데이터',
 'korean_chatbot_data': 'songys@github 님이 만드신 챗봇 문답 데이터',
 'korean_hate_speech': '{inmoonlight,warnikchow,beomi}@github 님이 만드신 혐오댓글데이터',
 'korean_parallel_koen_news': 'jungyeul@github 님이 만드신 병렬 말뭉치',
 'korean_petitions': 'lovit@github 님이 만드신 2017.08 ~ 2019.03 청와대 청원데이터',
 'kornli': 'KakaoBrain 에서 제공하는 Natural Language Inference (NLI) 데이터',
 'korsts': 'KakaoBrain 에서 제공하는 Semantic Textual Similarity (STS) 데이터',
 'kowikitext': 'lovit@github 님이 만드신 wikitext 형식의 한국어 위키피디아 데이터',
 'namuwikitext': 'lovit@github 님이 만드신 wikitext 형식의 나무위키 데이터',
 'naver_changwon_ner': '네이버 + 창원대 NER shared task data',
 'nsmc': 'e9t@github 님이 만드신 Naver sentiment movie corpus v1.0',
 'question_pair': 'songys@github 님이 만드신 질문쌍(Paired Question v.2)',
 'modu_news': '국립국어원에서 만든 모두의 말뭉치: 뉴스 말뭉치',
 'modu_messenger': '국립국어원에서 만든 모두의 말뭉치: 메신저 말뭉치',
 'modu_mp': '국립국어원에서 만든 모두의 말뭉치: 형태 분석 말뭉치',
 'modu_ne': '국립국어원에서 만든 모두의 말뭉치: 개체명 분석 말뭉치',
 'modu_spoken': '국립국어원에서 만든 모두의 말뭉치: 구어 말뭉치',
 'modu_web': '국립국어원에서 만든 모두의 말뭉치: 웹 말뭉치',
 'modu_written': '국립국어원에서 만든 모두의 말뭉치: 문어 말뭉치',
 'open_subtitles': 'Open parallel corpus (OPUS) 에서 제공하는 영화 자막 번역 병렬 말뭉치',
 'aihub_translation': 'AI Hub 에서 제공하는 번역용 병렬 말뭉치 (구어 + 대화 + 뉴스 + 한
 국문화 + 조례 + 지자체웹사이트)',
 'aihub_spoken_translation': 'AI Hub 에서 제공하는 번역용 병렬 말뭉치 (구어)',
```

```
'aihub_conversation_translation': 'AI Hub 에서 제공하는 번역용 병렬 말뭉치 (대화)',
'aihub_news_translation': 'AI Hub 에서 제공하는 번역용 병렬 말뭉치 (뉴스)',
'aihub_korean_culture_translation': 'AI Hub 에서 제공하는 번역용 병렬 말뭉치 (한국문화)',
'aihub_decree_translation': 'AI Hub 에서 제공하는 번역용 병렬 말뭉치 (조례)',
'aihub_government_website_translation': 'AI Hub 에서 제공하는 번역용 병렬 말뭉치 (지자
체웹사이트)'}
```

아래 프로그램과 같이 Korpora.load를 이용하여 데이터를 내려받으면 Kopora 폴더에 korean_chatbot_data가 저장된다. 아래 프로그램은 출력으로 데이터에 대한 간략한 설명이 있으며 총 11,823개의 문답 쌍으로 데이터가 구성되어 있고 0(일상다반사), 1(부정), 2(사랑)으로 분류되어 있다. 그러므로 이 데이터는 분류를 목적으로 할 때도 사용될 수 있다.

```
corpus=Korpora.load('korean_chatbot_data')
import pandas as pd
chat_data=pd.read_csv('C:/Users/user/Korpora/korean_chatbot_data/ChatbotData.csv')
```

데이터는 아래와 같이 질문(Q), 대답(A), 그리고 label로 구성되어 있으며 총 11,823개의 표본크기임을 알 수 있다.

```
print(chat_data.head())
print(chat_data.shape)
```

```
                 Q            A  label
0           12시 땡!   하루가 또 가네요.      0
1      1지망 학교 떨어졌어    위로해 드립니다.      0
2     3박4일 놀러가고 싶다  여행은 언제나 좋죠.      0
3  3박4일 정도 놀러가고 싶다  여행은 언제나 좋죠.      0
4          PPL 심하네   눈살이 찌푸려지죠.      0

(11823, 3)
```

아래 프로그램과 같이 불필요한 문장부호를 없앤 데이터셋 chat_data를 구성한다.

```
import string
exclude=set(string.punctuation)
chat_data.Q=chat_data.Q.apply(lambda x:''.join (ch for ch in x if ch not in exclude))
chat_data.A=chat_data.A.apply(lambda x:''.join (ch for ch in x if ch not in exclude))
print(chat_data.head())
```

```
                   Q              A  label
0              12시 땡     하루가 또 가네요      0
1        1지망 학교 떨어졌어      위로해 드립니다      0
2       3박4일 놀러가고 싶다   여행은 언제나 좋죠      0
3   3박4일 정도 놀러가고 싶다   여행은 언제나 좋죠      0
4            PPL 심하네     눈살이 찌푸려지죠      0
```

말뭉치가 vocabulary 파일에 저장되어 있을 때, 아래와 같이 tensorflow_datasets의 SubwordTextEncoder 클래스를 이용하여 토큰화를 실행할 수 있다. 좀 더 다양한 말뭉치를 확보하기 위해 chat_data['Q']와 chat_data['A']를 모두 이용하여 토큰화를 하고 있다. 총 어휘(vocabulary)는 8,510개로 목적변수인 클래스의 개수가 된다.

```
# !pip install tensorflow_datasets
import tensorflow_datasets as tfds
tokenizer = tfds.deprecated.text.SubwordTextEncoder.build_from_corpus(
    chat_data.Q+chat_data.A, target_vocab_size=2**13)
print(tokenizer.vocab_size)
```

```
8510
```

아래는 토큰의 수량화(encode)와 수량화된 문장을 원래의 문장으로 환원(decode)한 예제를 보여주고 있다.

```
ex_1=tokenizer.encode(chat_data.loc[20,'Q'])
```

```
print(ex_1)
ex_2=tokenizer.decode(ex_1)
print(ex_2)
```

```
[5871, 590, 3523, 127, 695, 3756, 833]
가스비 비싼데 감기 걸리겠어
```

다음과 같이 decoder 입력자료의 첫 번째 id를 8,510, 그리고 맨 마지막 id를 8,511로 추가적으로 부여해 주고 이 결과로 총 말뭉치는 8,512개가 된 것을 볼 수 있다.

```
START_TOKEN, END_TOKEN = [tokenizer.vocab_size], [tokenizer.vocab_size + 1]

VOCAB_SIZE = tokenizer.vocab_size + 2 # 2개의 token이 추가됨
print(VOCAB_SIZE)
```

```
8512
```

아래 프로그램에서는 수량화된 encoder 입력자료와 decoder 자료를 만들고 있다. decoder 자료는 항상 8,510으로 출발하고 8,511로 끝나는 것을 볼 수 있다. 이는 제13장에서 decoder의 'start'와 'end'의 역할과 동일하다.

```
tokenized_inputs, tokenized_outputs = [], []

for (sentence1, sentence2) in zip(chat_data.Q, chat_data.A):
    # decoder(토큰화 + 정수 인코딩), 시작 토큰과 종료 토큰 추가
    sentence1 = tokenizer.encode(sentence1)
    sentence2 = START_TOKEN + tokenizer.encode(sentence2) + END_TOKEN
    tokenized_inputs.append(sentence1)
    tokenized_outputs.append(sentence2)

print(tokenized_inputs[:5])
print(tokenized_outputs[:5])
```

```
[[8251, 1153, 3075], [8303, 47, 906, 8286, 976, 1715], [8305, 1433, 4683, 8286, 3666, 87], [8305, 1433, 4683, 8286, 1284, 3666, 87], [8334, 8334, 8330, 8286, 4213]]
[[8510, 3857, 64, 8230, 8511], [8510, 1824, 5586, 8511], [8510, 3409, 762, 120, 8511], [8510, 3409, 762, 120, 8511], [8510, 964, 2300, 1490, 2180, 4436, 40, 8511]]
```

encoder와 decoder의 시간스텝을 결정하기 위해 아래와 같이 tokenized_inputs과 tokenized_outputs 각각의 최대 길이를 구한 결과 20과 29인 것으로 나타났다.

```
import numpy as np
lenth_list=[]
for l in tokenized_inputs:
    lenth_list.append(len(l))
q_lenth_max=np.max(lenth_list)
print(q_lenth_max)

lenth_list=[]
for l in tokenized_outputs:
    lenth_list.append(len(l))
a_lenth_max=np.max(lenth_list)
print(a_lenth_max)
```

```
20
29
```

아래와 같이 questions의 크기가 20, answers의 크기가 29가 되도록 padding을 하고 있고 padding 0은 뒤에 채우고 있다. mask를 뒤쪽에 만들기 위함이다.

```
import tensorflow as tf

max_length_q=20
questions = tf.keras.preprocessing.sequence.pad_sequences(
        tokenized_inputs, maxlen=max_length_q, padding='post')

max_length_a=29
```

```
answers = tf.keras.preprocessing.sequence.pad_sequences(
        tokenized_outputs, maxlen=max_length_a, padding='post')
```

```
print(questions[:2])
print(answers[:2])
```

```
[[8251 1153 3075    0    0    0    0    0    0    0    0    0    0    0
     0    0    0    0    0    0]
 [8303   47  906 8286  976 1715    0    0    0    0    0    0    0    0
     0    0    0    0    0    0]]
[[8510 3857   64 8230 8511    0    0    0    0    0    0    0    0    0
     0    0    0    0    0    0    0    0    0    0    0    0    0    0
     0]
 [8510 1824 5586 8511    0    0    0    0    0    0    0    0    0    0
     0    0    0    0    0    0    0    0    0    0    0    0    0    0
     0]]
```

최종적으로 Dataset API를 이용하여 encoder는 question으로 decoder 입력자료는 0부터 27번째 수량화 자료까지, 목적변수인 decoder 출력자료는 1부터 마지막 자료까지 정의하고 있다. 그러므로 encoder는 크기가 (32,20), decoder 입력과 출력은 모두 (32,28)이 된다.

```
import tensorflow as tf
data_set=tf.data.Dataset.from_tensor_slices(((questions,answers[:,:-1]),answers[:,1:]))
data_final=data_set.shuffle(500).batch(32).prefetch(32)l
ds_test=next(iter(data_final))
print(np.array(ds_test[0][0].shape))
print(np.array(ds_test[1]).shape)
print(np.array(ds_test[0][1].shape))
```

```
[32 20]
(32, 28)
[32 28]
```

다음 프로그램과 같이 은닉층의 반복을 1회로 하였고 embedding의 크기를 128노드로 설정하여 Transformer 함수를 지정하였다. 데이터의 크기가 11,823개인 것에 비해 어휘의 수가 8,510개에 이르러 num_layers를 2번 이상 주면 decoder 출력에 대한 encoder 입력자료의 영향력이 현저하게 줄어든 반면, decoder 출력에 대한 decoder 입력자료의 영향력이 증가하여 chatbot의 성능에 결정적인 영향을 주는 것으로 나타났다. 그 이유를 살펴보면 다음과 같다.

첫 번째로 num_layers가 크면 클수록 Transformer가 수렴하지 않아 학습이 되질 않았다. 두 번째로 num_layers를 2번 이상 주고 embedding의 수와 dff를 줄이면 accuracy가 50 ~ 75%으로 향상되지만, encoder 입력자료가 무엇이든 관계없이 decoder 출력의 예측치는 동일한 문장을 출력하는 현상이 발생하였다. 이는 encoder 입력이 decoder 출력예측에 전혀 기여하지 못하고 decoder 입력자료가 항상 'start'로 출발하므로 동일한 decoder 출력예측치를 출력하는 것으로 해석된다.

이를 해결하기 위해 num_layers=1로 주어 encoder 입력자료의 효과를 최대화하였고, embedding 노드수를 128로 가능한 한 크지 않게 설정하였다. epochs=30으로 하였고, 아래는 오직 최종 5개의 epochs의 결과만 보여주고 있다. accuracy가 96.4%로 매우 좋은 결과를 보여주고 있다. 그러나 과대적합(ovefitting) 가능성을 배제할 수 없다.

```
model=transformer(num_layers=1,d_model=128,num_heads=4,dff=256,
                  input_vocab_size=VOCAB_SIZE-2, target_vocab_size=VOCAB_SIZE,
                  ts_input=20,ts_target=28,rate=0.1)

optimizer = tf.keras.optimizers.Adam()
model.compile(optimizer=optimizer, loss=loss_function, metrics=[accuracy_function])
model.fit(data_final,epochs=30)
```

```
Epoch 26/30
370/370 [======] - 38s 102ms/step - loss: 0.1381 - accuracy_function: 0.9610
Epoch 27/30
370/370 [======] - 43s 116ms/step - loss: 0.1352 - accuracy_function: 0.9621
Epoch 28/30
370/370 [======] - 54s 145ms/step - loss: 0.1398 - accuracy_function: 0.9612
```

```
Epoch 29/30
370/370 [=====] - 40s 107ms/step - loss: 0.1321 - accuracy_function: 0.9629
Epoch 30/30
370/370 [=====] - 38s 103ms/step - loss: 0.1278 - accuracy_function: 0.9643
```

다음에 정의되는 evaluate 함수는 문장부호 등을 제거하는 preprocess_sentence( ) 함수로 encoder 입력문장을 정리하고 있다. preprocess_sentence( ) 함수는 이어지는 프로그램에 정의되어 있다. 학습된 transformer 모형을 이용하여 encoder 입력자료와 decoder 입력자료의 첫 token인 START_TOKEN을 입력해서 decoder 입력자료의 다음 token을 예측한다. 따라서 이를 반복하여 decoder_input_pred를 정의하고 있다. 실제 chatbot에서는 decoder 입력을 알지 못하므로 이와 같이 예측된 decoder_input_pred를 이용하여 decoder 입력으로 사용한다. 아래 프로그램에서 model. predict는 크기가 (1,28,8512) 3D텐서를 출력하고 제2축은 제1축의 단어일 확률을 8,512차원으로 나타내므로 np.argmax(pred[0][i])는 제1축에 대응되는 token을 구하게 된다.

```
def evaluate(sentence):
  sentence_1 = preprocess_sentence(sentence)
  token_sentence=[]
  t_sentence=tokenizer.encode(sentence_1)
  token_sentence.append(t_sentence)
  encoder_input=tf.keras.preprocessing.sequence.pad_sequences(token_sentence,
                        maxlen=20, padding='post')
  decoder_input_pred=np.zeros((1,max_length_a-1),dtype='int32')
  word=START_TOKEN[0]
  for i in range(max_length_a-1):
     decoder_input_pred[:,i]=word
     pred=model.predict((encoder_input,decoder_input_pred))
     t=np.argmax(pred[0][i])
     word=t
     if word == END_TOKEN:
         break
  return encoder_input, decoder_input_pred
```

아래의 predict 함수는 문장을 입력하면 evaluate 함수에 의해 크기가 (1,20)인 encoder 입력자료(encode_input)와 크기가 (1,28)인 decoder 입력 예측치(decode_input)을 반환받는다. 이 자료를 모형에 대입하여 크기가 (1,28,8512) 3D텐서인 decoder 출력자료를 예측하게 된다. np.argmax(t, axis=2)로 제1축별로 가장 높은 확률값을 갖는 단어의 수량화 값을 선택한 후, 이를 tokenizer.decode에 입력하여 문장으로 환원하고 있다.

```
def predict(sentence):
  encode_input, decode_input = evaluate(sentence)

  t=model.predict([encode_input,decode_input])
  prediction=np.argmax(t,axis=2)
  # print(prediction)
  # print(prediction.shape)
  prediction=tf.squeeze(prediction,axis=0)

  predicted_sentence=[]
  for i in prediction:
    if i>8510:
      break
    else:
      predicted_sentence.append(tokenizer.decode([i]))

  print('Input: {}'.format(sentence))
  print('Output: {}'.format(predicted_sentence))

  return predicted_sentence
```

아래와 같이 preprocess_sentence 함수를 정의하고 “피곤하고 재미없다”를 predict 함수에 입력하면 출력과 같이 그럴듯한 답변을 하고 있다.

```
exclude=set(string.punctuation)
def preprocess_sentence(x):
    t=[]
```

```
    for i in range(len(x)):
        if x[i] not in exclude:
            t.append(x[i])
    # print(t)
    x3=''
    for i in range(len(t)):
        x3=x3+t[i]+''
    return x3

sentence='피곤하고 재미없다.'
predict(sentence)
```

```
Input: 피곤하고 재미없다.
Output: ['활', '기', '찬 ', '사람을 ', '만나보', '시면 ', '생각이 ', '바뀔 ', '수도 ', '있어요']
```

아래는 또 다른 예제이다. chatbot이 비교적 잘 작동하는 예제이다.

```
predict('3박4일 놀러가고 싶다')# 띄어쓰기에 영향받음
predict('카페 갈래')
```

```
Input: 3박4일 놀러가고 싶다
Output: ['여행은 ', '언제나 ', '좋죠']

Input: 카페 갈래
Output: ['카페 ', '데이트 ', '좋죠']
```

아래 예제는 chatbot이 잘 작동하지 않는 예를 보여주고 있다.

```
predict('밥 먹어라')
```

```
Input: 밥 먹어라
Output: ['계획을 ', '세워보세요']
```

위의 예제에서 "3박 4일 놀러가고 싶다"로 3박4일 대신 띄어쓰기를 달리하면 결과

가 완전히 다르게 나오고, “밥 먹어라” 대신 “밥 먹었니?”를 입력해도 완전히 다른, 그리고 이치에 맞지 않는 답변을 출력하는 점을 볼 수 있을 것이다. 보다 정제되고 우수한 한국어 말뭉치의 개발이 필요해 보인다.

15장

BERT와 GPT

RNN은 입력 토큰의 시간 차례대로 반복적인 선형결합으로 구성되어 있으므로 입력 토큰 간의 거리가 멀수록 더 많은 반복적인 선형결합이 필요하게 된다. 이러한 RNN의 구조는 모수 추정과정에서 보다 많은 저장공간이 필요하게 되고 궁극적으로 모수수렴 문제가 발생하게 된다. 제14장에서 논의했듯이 transformer의 encoder와 decoder는 입력된 모든 토큰을 한꺼번에 처리하고 attention을 통해 토큰 간의 관계를 모형에 반영하여 RNN과 같은 반복적인 선형결합 구조를 제거하였다. transformer는 자연어 처리의 성능을 획기적으로 높이는 계기를 제공했으며 transformer의 encoder만을 이용한 사전학습모형 BERT(Bidirectional Encoder Representation from Transformer)와 transformer의 decoder만을 이용한 사전학습모형 GPT(Generative Pre-trained Transformer)로 발전하고 있다. BERT와 GPT의 차이점을 논의하기 위해 먼저 언어모형(language model, LM)을 고려하여 보자.

언어모형(language model, LM)은 크게 자기회귀 언어모형(autoregressive LM)과 auto-encoding 언어모형으로 구분할 수 있다. $[x_0, x_1, \cdots, x_{T-1}]$을 일종의 단어인 T개의 토큰으로 구성된 문장이라고 할 때, 자기회귀모형의 우도함수는

$$\prod_{t=1}^{T} p_\theta(x_t \mid x_{t-1}, x_{t-1}, \cdots, x_0)$$

이고 목적함수

$$\sum_{t=1}^{T} \log p_\theta(x_t \mid x_{t-1}, x_{t-2}, \cdots, x_0)$$

를 최대로 하는 모수 θ를 추정하게 된다. 즉, 자기회귀 언어모형은 문장을 구성하는 토큰의 순서대로 좌에서 우방향(forward)으로 다음 토큰을 예측하는 모형을 말하며 RNN 모형이 대표적이다. 물론 우에서 좌방향(backward)으로 다음 토큰을 예측하는 모형도 자기회귀 언어모형에 해당된다. 목적함수에 의해 주어진 $x_0, x_1, \cdots, x_{t-1}$ 토큰을 이용하여 가장 높은 확률을 가진 토큰 x_t를 예측하게 된다. GPT는 이러한 autoregressive 언어모형을 사용한다.

auto-encoding 언어모형은 오염된 이미지를 입력하고 이를 원래의 이미지로 재생하는 제18장의 denoising auto-encoder 모형과 개념적으로 동일하다. 다시 말해, 원래의 $[x_0, x_1, \cdots, x_{T-1}]$ 토큰 중 일부를 마스킹(masking)하여(즉, 보이지 않게 가려서), 이를

$$\tilde{x} = [x_0, x_{mask1}, x_2, \cdots, x_{mask2}, \cdots, x_{T-1}]$$

로 표기할 때, auto-encoding 언어모형의 우도함수는

$$p(x_0, x_{1,} \cdots, x_{T-1} \mid \tilde{x}) \approx \prod_{t=0}^{T-1} p_\theta(x_t \mid \tilde{x})$$

이며 목적함수는

$$\sum_{t \in mask} \log p_\theta(x_t \mid \tilde{x})$$

이다. 즉, auto-encoding 언어모형에서는 $\tilde{x}$가 주어졌을 때 $x_0, x_1, \cdots, x_{T-1}$은 서로 간에 독립이라는 가정하에서 오직 마스킹된 x_t만 재생하므로 목적함수는 오직 마스킹된 x_t의 로그우도함수를 최대로 하는 모수 θ를 추정하게 된다. $\tilde{x}$에는 마스킹된 토큰의 전·후에 있는 토큰을 이용하여 x_{mask}를 예측하므로 양방향 토큰(bidirectional tokens)을 이용하게 된다. 즉, auto-encoding 언어모형은 양방향 예측모형이며 BERT에서 사용하는 언어모형이다. 예를 들어,

"Seoul is a beautiful city and I love Seoul"

문장에서 토큰 "city"를 예측하고자 할 때, 순방향 AR 모형(forward autoregressive model)은 "Seoul is a beautiful"을 이용하여 토큰 "city"를 예측하고, 역방향 AR 모형(backward autoregressive model)은 "and I love Seoul"을 이용하여 "city"를 예측한다. auto-encoding 모형에서는

"Seoul is a beautiful [MASK] and I love Seoul"

로 입력 문장을 수정한 후, "Seoul is a beautiful"과 "and I love Seoul"을 이용하여 [MASK]로 표시된 토큰을 예측하게 된다.

GPT는 transformer decoder에 있는 다중헤드 교차 attention은 제거하고 오직 look ahead mask를 적용한 다중헤드 자체 attention만 이용한다. look ahead mask를 가진 attention이 autoregressive 언어모형을 정의하기 때문이다.

자연어 처리에 대한 BERT와 GPT의 지향점은 매우 다르다. BERT는 자연어 과제별로, 즉 질의 응답(question-answering), 자연어 추론(natural language inference), 텍스트 생성(text generation), 문장분류(sentence classification), 머신번역(machine translation) 등의 과제별로 모형을 특화하므로 BERT를 과제별로 fine tunning한 특화된 사전학습모형으로 발전하고 있다. fine tunning을 위해 label이 된 목적변수가 있어야 하므로 BERT는 지도학습(supervised learning) 모형에 해당되며 비교적 소규모 데이터로 fine tunning을 할 수 있다.

한편, GPT는 현재까지 주어진 토큰으로 다음 토큰을 예측하는 구조를 가지고 있으므로 label된 목적변수가 필요 없다. GPT는 입력 텍스트 자체를 예측하는 반지도학습(semi-supervised learning) 언어 모형에 해당된다. 이러한 이유로 GPT는 과제별 fine tunning이 필요 없는 소위 zero-shot 언어 모형 구축을 궁극적인 목표로 한다. 즉, 사람과 같이 번역, 분류, 텍스트 생성, 문장요약 등의 다중과제를 동시에 실행할 수 있는 일반적 언어 지능(general language knowledge)을 가진 언어모형이 GPT의 목적이다. 이러한 이유로 GPT는 다중과제 실행이 가능할 만큼의 다양하고(다중언어, 대화체, 분류 형태, 소설체, 텍스트 요약 등) 대규모 데이터가 필수적이며 긴 문장으로 구성된 고차원 데이터를 처리할 수 있는 고사양의 컴퓨터가 요구된다.

15.1 BERT의 구조

BERT는 제14장에서 논의한 transformer의 encoder만을 이용하여 <그림 15-1>과 같은 구조를 가지고 있다.

<그림 15-1>에서 볼 수 있듯이 BERT는 4개의 층으로 구성되어 있으며 중간에 있는 transformer encoder 층은 제14장의 transformer의 encoder이다. 그러므로 토큰들로 구성된 문장이 입력층에 입력되면 출력 embedding은 transformer의 다중헤드 attention에 의해 각 토큰이 가지는 문맥상의 의미를 내포한 embedding이다. BERT의 목적은 <그림 15-1> 출력층의 과제를 실행하여 NLP 후속과제를 실행할 수 있는 출력 embedding을 생성하는 데 있다. 여기에서 토큰의 문맥상의 의미를 내포한 embedding이란, 예를 들어 먹는 "밤"과 저녁을 뜻하는 "밤"을 구별할 수 있는 embedding을 말한다. 이러한 이유로 출력 embedding을 각 토큰의 representation이

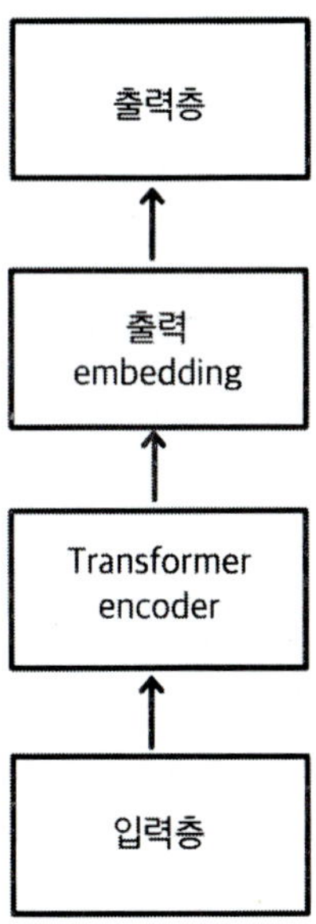

그림 15-1 BERT의 구조

라고 한다.

BERT의 configuration은 transformer encoder 층의 구성으로 결정된다. encoder 층의 개수를 L, 헤드의 수를 A, mbedding의 차원(dimension)을 H로 표기할 때, BERT-base는 L=12, A=12, H=768로 구성된 BERT 모형이며, BERT-large는 L=24, A=16, H=1024로 구성된 BERT 모형이다. 이외에도 다양한 BERT 모형도 L, A, H를 조절하여 구성할 수 있다. BERT-base와 BERT-large에서 H/A=64로 각 헤드당 embedding의 차원은 64인 것을 알 수 있다.

BERT의 입력층과 출력층의 구성을 설명하기 위해서 BERT의 두 가지 과제인 MLM(masked language model)과 NSP(next sentence prediction)를 먼저 논의해야 한다. BERT는 이미 언급한 바와 같이 사전학습모형이므로 BERT에서 만들어진 최종 embedding은 다양한 후속 NLP 과제를 실행하는 데 효과적이고 유용해야 한다. BERT의 MLM과 NSP 과제가 이를 가능하게 하며 BERT의 입력층과 출력층의 구조를 결정한다.

BERT의 MLM과 NSP 과제를 실행하여 구한 출력 embedding뿐만 아니라, transformer encoder 층 내의 encoder 출력이나 attention은 후속 NLP 과제를 수행하는 데 이용된다. 사전학습된 BERT를 이용하여 후속 NLP 과제를 실행하는 것을 fine tuning이라고 한다. fine tuning에는 BERT의 출력 embedding을 이용하는 특성변수 기반접근(feature-based approach)과 BERT의 모수를 초기추정치로 하여 BERT 모수를 후속 NLP 과제에 따라 재추정하는 방법이 있다. 이에 대한 방법은 다음 장에서 실제 적용사례를 통해 논의하게 될 것이다.

MLM을 간단한 예를 통해 이해해 보도록 하자.

"Seoul is a beautiful city. I love Seoul"

으로 구성된, 즉 2개의 문장으로 구성된 하나의 표본 입력자료를 고려하여 보자. 여기에서 표본 하나는 문장만을 의미하지 않는다. Question-answering 과제와 같이 때로는 하나의 표본이 문단(paragraph)이나 문서도 될 수 있기 때문이다. 위 2개의 문장을 토큰화하면 아래와 같다.

tokens=[Seoul, is, a, beautiful, city, I, love, Seoul]

여기에 표본 맨 앞에 [CLS]라는 토큰을 추가하고 매 문장의 끝에 [SEP]라는 토큰을 아래와 같이 추가한다.

tokens=[[CLS], Seoul, is, a, beautiful, city, [SEP], I, love, Seoul, [SEP]]

이러한 특별한 토큰 [CLS]와 [SEP]의 역할은 BERT의 출력층과 또 다른 과제 NSP를 논의할 때 설명될 것이다. 다음으로 위 토큰 중 15%를 임의로(random) 뽑아 [MASK]로 교체한다.

tokens=[[CLS], Seoul, [MASK], a, beautiful, [MASK], [SEP], I, love, Seoul, [SEP]] (15.1)

즉, 'is'와 'city'를 [MASK]로 교체한다. 이렇게 마스킹된 tokens를 입력하여 [MASK] 토큰을 예측하는 것이 MLM 과제이다. [CLS], Seoul, a, beautiful, [SEP], I, love, Seoul, [SEP]을 이용하여 두 개의 [MASK]를 예측하게 된다. 그러므로 MLM은 auto-encoding 언어모형으로 목적함수

$$\log p_\theta('is' \mid tokens) + \log p_\theta('city' \mid tokens)$$

를 최대로 하는 모수 θ를 추정하게 된다. 여기에서 tokens는 (15.1)의 tokens이다. 그런데 문장 (15.1)과 같은 마스킹은 두 가지 문제점이 있다. 첫 번째는 fine tuning에 사용되는 입력 토큰과의 불일치성이다. 사전학습된 BERT를 이용한 fine tuning의 입력 문장은 [MASK]를 만들지 않기 때문이다. 두 번째는 문장 (15.1)의 tokens에서 마스킹되지 않은 토큰들의 출력 embedding은 문맥상의 의미를 잘 반영하지 못할 가능성이 크다. MLM의 목적은 마스킹된 토큰만을 예측하는 데 있기 때문이

다. 이를 극복하기 위해 BERT에서는 15%의 마스킹 토큰 중 80%는 [MASK]로 하고, 10%는 임의의 다른 토큰으로 교체하며, 나머지 10%는 원래의 토큰으로 유지하는 방법을 제안하였다. 즉, (15.1)을

tokens=[[CLS], Seoul, pool, a, beautiful, city, [SEP], I, love, Seoul, [SEP] (15.2)

으로 수정한다. 문장 (15.2)는 논의의 편의를 위해 [MASK]가 모두 교체된 것으로 가정하고 있다. 첫 번째 [MASK]는 임의의 토큰 'pool'로, 두 번째 [MASK]는 원래의 토큰 'city'를 유지하는 것을 볼 수 있다. 즉, 문장 (15.2)의 토큰을 이용하여 'pool'을 'is'로, 'city'를 'city'로 예측하도록 출력 embedding을 학습시키는 것이 MLM 과제이다. 만약 90% [MASK] + 10% 임의 토큰으로 마스킹한다면 관측된 토큰('pool')은 무조건 틀린 것으로 학습하게 되는 문제점이 발생하고, 90% [MASK] + 10% 원래 토큰을 하면 'city'를 입력할 때 만든 입력 embedding을 출력 embedding이 그대로 승계하게 되므로 출력 embedding은 'city'의 문맥상의 의미를 내포할 수 없게 된다.

BERT의 두 번째 과제인 NSP를 고려해 보자. 두 개의 문장 A와 B가 있을 때 문장 A와 B가 연속된 문장이면 isNext라는 라벨을 부여하고 그렇지 않으면 notNext라는 라벨을 부여한다. isNext와 notNext의 비율은 5:5가 되도록 구성하며, 2개 이상의 documents로 구성된 모집단에서 연속된 두 문장을 뽑아 isNext를 부여하고 한 document에서 한 문장을 뽑고 다른 document에서 한 문장을 뽑아 이 문장 쌍에 notNext를 부여한다. 그러므로 NSP는 이항분류(binary classification)가 목적이 된다. 두 개 문장의 관계를 이해할 수 있는 출력 embedding은 question-answering이나 텍스트 생성 NLP 과제에 매우 유용하다.

지금까지 논의한 MLM과 NSP를 이용하여 BERT의 입력층과 출력층을 논의해 보자. 논의의 편의를 위해

문장 A: She cooked pasta, 문장 B: It was delicious

라는 문장 쌍이 BERT에 입력되었다고 가정하자. 그러면

[[CLS], she, cooked, pasta, [SEP], It, is, delicious, [SEP]]

으로 토큰화(tokenize)한 후, 15%를 임의로 8:1:1=[MASK]:임의 토큰:원래 토큰의 비율로 마스킹하여

[[CLS], she, [MASK], pasta, [SEP], It, is, delicious, [SEP]] (15.3)

으로 수정한다.

BERT는 512 시간스탭으로 입력 텍스트를 정의하므로 attention에 사용할 padding-mask를 입력층에 입력해야 한다. 토큰 (15.3)에 적용한 padding-mask는

padding-mask=[0 0 0 0 0 0 0 0 0 1 1 ⋯ 1]

이 된다. 여기에서 0은 9개이고 1은 503개이다. MLM 과제를 수행하기 위해 토큰 (15.3)은 BERT-base의 경우, (batch,512,768) 3D텐서 token-embedding이 입력된다. BERT는 Wikipedia와 Toronto BookCorpus를 이용하여 생성한 총 30,522개의 vocabulary를 token-embedding하므로 30,522 one-hot-encoding이 768개의 노드를 가진 Embedding 층에 입력되어 token-embedding된다. 그러므로 문장 (15.3)이 입력되면 (1,512,768) 3D텐서로 token-embedding이 생성된다. 논의의 편의를 위해 padding을 제외한 (1,9,768) 3D텐서로 표현하기로 하자. 즉, 9개 토큰 각각은 차원(dimension)이 768인 밀집표현(dense representation)으로 바뀐다는 것을 말한다.

BERT의 NSP 과제를 실행하기 위해 문장 A에는 0값을, 문장 B에는 1값으로 라벨값을 부여하여, 즉 (15.3)에 대해 [0,0,0,0,0,1,1,1,1]으로 라벨값을 부여한 후, 노드가 768개인 MLP 층에 통과시켜 (1,2,768) 3D텐서를 출력한다. 이를 segment-embedding이라고 한다. 끝으로 BERT는 transformer의 encoder를 사용하므로 positional-embedding이 필요하다. transformer의 embedding 방법과는 다르게 0 ~ 511을 Embedding 층에 입력하여 (1,512,768) 3D텐서를 출력해서 positional-embedding을 입력한다. 지금까지 설명을 기반으로 BERT의 입력층을 정리하면 <그림 15-2>와 같다.

<그림 15-2>는 하나의 표본 텍스트가 입력되었을 때의 입력층 구조를 보여주고 있

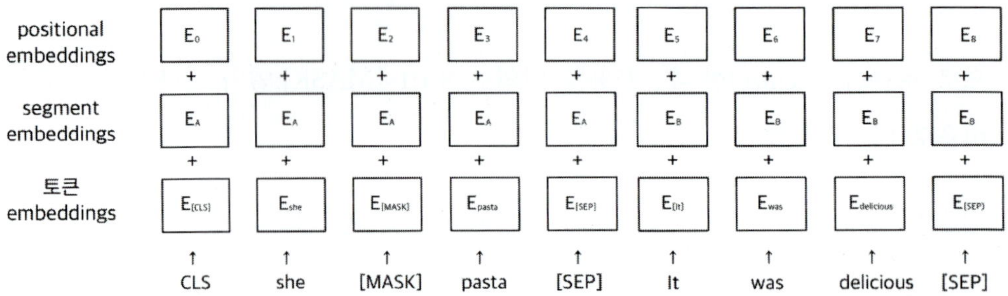

그림 15-2 BERT의 입력층

다. 3개의 embedding의 합으로 입력층의 입력이 정의되므로 입력층의 입력은 (1,512,768) 3D텐서가 된다. 배치단위로 MLP을 통해 학습되므로 일반적으로 (batch,512,768) 3D텐서로 transformer encoder 층에 입력된다. 그러므로 <그림 15-2>의 각 네모는 차원이 768인 실수값 계열을 말하며 512 시간스탭 중 불필요한 padding을 뺀 실제 토큰만으로 표현하였으므로 각 행은 9개의 네모로 구성되어 있다.

이제 BERT의 출력층에 대해 살펴보기로 하자. BERT의 과제가 MLM과 NSP이므로 출력층의 구조는 이 과제를 실행할 수 있는 구조가 되어야 한다. <그림 15-3>은 transformer encoder로부터의 최종 출력 embedding과 BERT의 출력층을 보여주고 있다.

<그림 15-3>에서 9개의 작은 사각형으로 표현된 출력 embeddings에서 볼 수 있듯이 transformer encoder의 최종 출력은 token-by-token embedding을 말한다. 즉, 출력 embedding은 (배치,512,768) 3D텐서를 출력하며, 예를 들어 R_{pasta}는 토큰 pasta의 최종 출력 embedding으로 차원은 768이다.

NSP 과제는 토큰 [CLS]에서 실행된다. 즉, (768,) 1D텐서인 $R_{[CLS]}$를 노드가 1개인 MLP 층에 입력하고 활성함수 logistic(sigmoid)으로 $p(isNext)$를 출력하게 된다. 그러므로 NSP의 손실함수는 binary crossentropy가 된다. MLM 과제는 마스킹된 토큰에 대해서만 예측오차를 고려하므로 $R_{[MASK]}$를 30,522개의 노드를 가진 MLP에 적용한 후, softmax 함수에 적용하면 30,522개의 vocabulary 각각에 해당할 확률을 계산한다. 최대 확률을 가진 vocabulary의 토큰이 [MASK]의 추정 토큰이 된다. 그러므

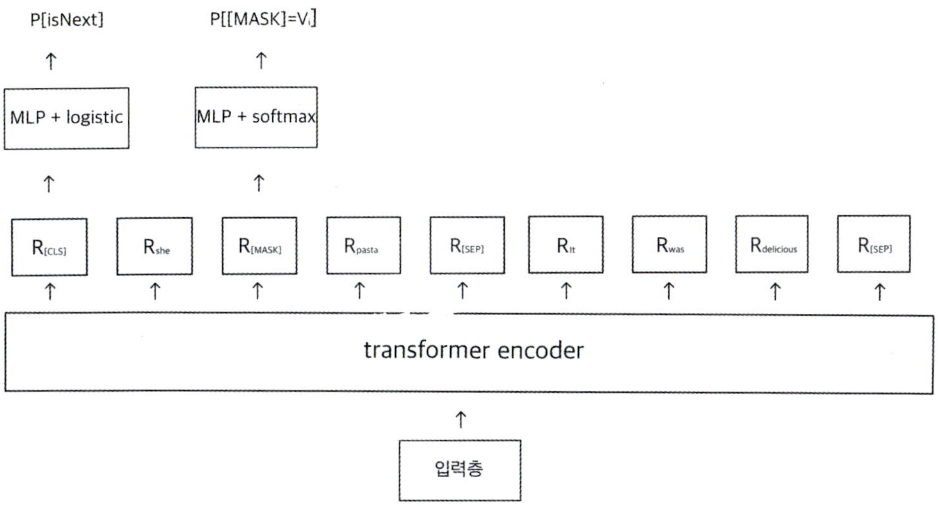

그림 15-3 BERT의 출력층

로 MLM의 손실함수는 categorical crossentropy가 된다. BERT에서는 손실함수를 NSP 손실+MLM 손실로 정의하여 NSP 과제와 MLM 과제를 동시에 실행한다. 참고로 BERT에서는 256개의 배치를 사용하며 transformer encoder에서 사용하였던 활성함수 RELU 대신 아래와 같이 정의된 활성함수 GELU(Gaussian Error Linear Unit)

$$\text{GELU}(x) = x\Phi(x)$$

를 사용한다. 여기에서 $\Phi(x)$는 표준정규분포의 분포함수를 말하며 활성함수 GELU는 다음과 같다.

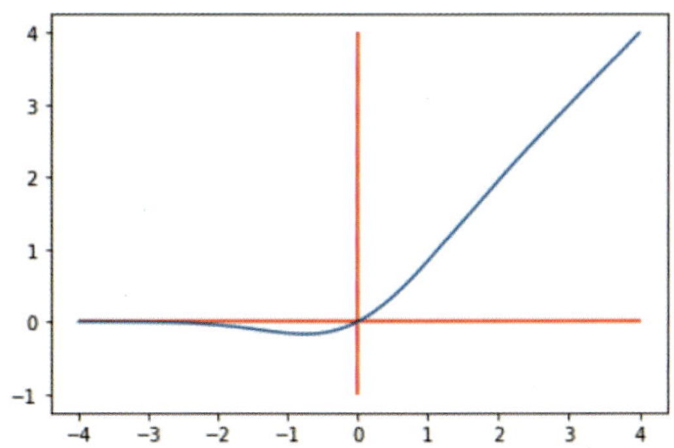

그림 15-4 활성함수 GELU

15.2 GPT와 텍스트 생성을 위한 sampling

GPT의 구조는 <그림 15-5>와 같이 transformer의 decoder로만 구성되어 있다. GPT는 2018년에 GPT-1이 발표된 이래로 decoder 층 수를 늘리고 context의 크기(즉, 한꺼번에 처리할 수 있는 시간스텝 길이)와 embedding 크기를 증가시켜 성능을 향상시키고 있다. 또한 GPT 모형은 다음의 조건부확률

$$P(output \mid \text{multi-tasks})$$

를 최대화 하도록, 즉 다중과제의 실행이 가능하도록 입력 context의 크기와 다양성을 증가시키고 있다. 여기에서 output은 텍스트 생성일 경우, 입력된 다음 단어를 가장 잘 맞추는 단어를 의미한다.

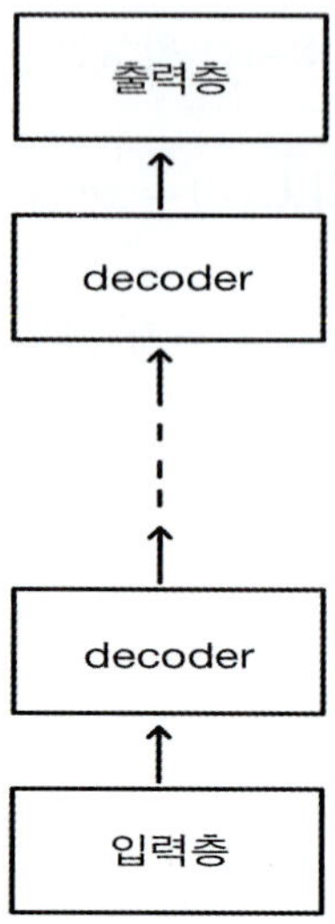

그림 15-5 Transformer decoder로 구성된 GPT의 구조

이런 이유로 <표 15-1>과 같이 GPT-1으로부터 GPT-3로 진화할수록 모수의 수가 크게 증가한 것을 볼 수 있다.

표 15-1 Transformer, BERT, GPT 모수 수

모형	모수 수	decoder 층수	embedding 크기
Transformer (2017)	65백만(base), 213백만(big)	6	512
BERT (2019)	110백만(base), 340백만(large)	12, 24	768, 1024
GPT-1 (2018)	117백만	12	512
GPT-2 (2019)	117백만, 345백만, 15억	48	768, 1024, 1600
GPT-3 (2020)	1750억	96	2048

<표 15-1>에서 볼 수 있듯이 GPT-1의 embedding 크기는 512, decoder 층수는 12개였으나 GPT-3에서는 2048 embedding, 96개 층의 decoder로 대폭 증가함에 따라, 추정해야 할 모수는 117백만 개에서 1750억 개로 증가한 것을 볼 수 있다. 배치크기는 GPT-1에서는 64개, GPT-2에서는 512개, GPT-3에서는 32백만 개로 대폭 증가하였다. 입력 텍스트의 토큰 계열수(즉, 시간스텝)는 GPT-1에서는 512개, GPT-2에서는 1024개, GPT-3에서는 12,288개로 증가시켜 성능을 향상시키고 있다. 처리할 수 있는 시간스텝이 길수록 attention으로 먼 거리에 있는 단어들 간의 관계를 모형에 좀 더 잘 반영할 수 있기 때문이다.

BERT가 서브워드 토큰화로 wordpiece를 사용한 반면, GPT는 BPE(byte pair encoding)를 사용하고 있다. wordpiece와 BPE는 다음 절에서 자세하게 논의될 것이다.

GPT decoder의 구조는 아래 그림 <그림 15-6>과 같이 제14장의 decoder에서 다중헤드 교차 attention을 제거한 decoder이다. GPT-2에서는 <그림 15-6>의 입력층 다음에 층정규화(layer normalization)를 추가하였다. 제14장 transformer와 동일하게 <그림 15-6>의 입력층에는 decoder input 데이터를 입력하고 목적변수는 decoder output 데이터로 정의하여 <그림 15-6>의 출력층 값으로 categorical crossentropy 손실함수를 산출하게 된다.

이미 언급하였듯이 GPT는 fine tunning이 불필요한 zero-shot 사전학습모형 구축을 목적으로 한다. 이러한 이유로 GPT에서 가장 흥미로운 적용 분야는 제시문장을 사전학습된 GPT에 입력하여 GPT가 계속된 문장을 생성하는 텍스트 생성

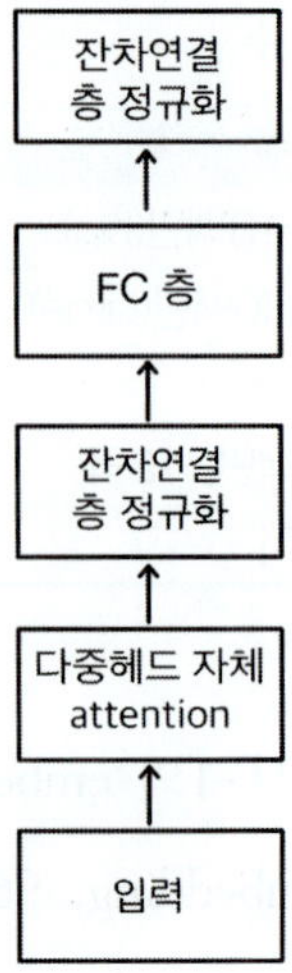

그림 15-6 GPT decoder의 구조

(text generation)이다. 사전학습된 GPT는 다음 장에서 자세하게 논의될 Hugging Face의 transformers 라이브러리로 쉽게 실행할 수 있다. 그러므로 이 절에서는 텍스트 생성을 위한 sampling 방법에 대해 논의하고 이를 transformers에 적용하는 방법을 논의하고자 한다.

GPT는 autoregressive 언어모형이므로

$$P_\theta(w_T, w_{T-1}, \cdots, w_1 \mid w_0) = \prod_{t=1}^{T} P_\theta(w_t \mid w_{t-1}, w_{t-2}, \cdots, w_1, w_0)$$

으로 표현된다. 여기에서 T는 <end>와 같이 문장의 끝을 나타내는 EOS(end of sequence)의 시간스텝을 의미한다. 참고로 GPT-2에서는 문장의 시작(BOS)과 EOS로 모두 <|endoftext|>를 사용한다. w_0는 시간스텝 0에서의 문장 또는 단어이지만, w_t, $t \ge 1$은 시간스텝 t에서의 단어이다.

텍스트 생성도 분류모형의 범주에 해당되므로, $w_0, w_1, \cdots, w_{t-1}$가 주어진 상태에서 조건부확률이 가장 큰 w_t로 시점 t의 단어로 선택하는 greedy search 방법을 사용한다. <그림 15-7>에 주어진 조건부확률로 greedy search를 설명하면, $w_0 = 'The'$가 주어진 조건에서 조건부확률 $P(w_1 \mid w_0 = 'The')$가 가장 높은

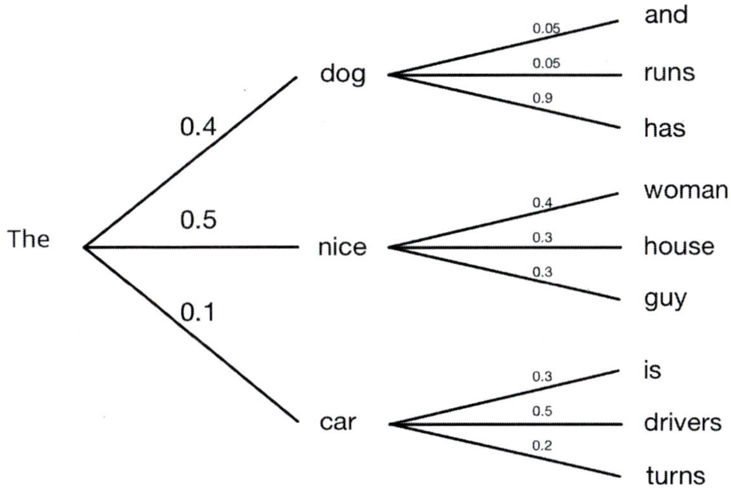

그림 15-7 $T=2$일 때의 $P(w_1 \mid w_0='The')$와 $P(w_2 \mid w_1,w_0='The')$

$w_1 =$'nice'이고 $P(w_2 \mid w_1 =$'nice',$w_0 = 'The')$가 가장 높은 $w_2 = 'woman'$이므로 greedy search에 의한 텍스트 생성은 "The nice woman"이 된다.

<그림 15-7>을 포함하여 아래에서 설명하는 내용은

https://huggingface.co/blog/how-to-generate

를 참조하였다.

사전학습된 GPT-2를 사용하기 위해 다음 장에서 설명한 대로 transformers를 설치했다는 가정에서 아래와 같이 필요한 클래스를 호출한다.

```
import tensorflow as tf
from transformers import TFGPT2LMHeadModel, GPT2Tokenizer

tokenizer = GPT2Tokenizer.from_pretrained("gpt2")

# add the EOS token as PAD token to avoid warnings
model=TFGPT2LMHeadModel.from_pretrained("gpt2", pad_token_id=tokenizer.eos_token_id)
```

위 프로그램에서 TFGPT2LMHeadModel은 GPT-2 자기회귀 언어모형인 것을 의미하고 TF는 tensorflow-2를 의미한다. 만약 GPT2LMHeadModel으로 호출하면 Pytorch를 사용하여야 GPT-2를 실행할 수 있다. 이에 대한 자세한 내용은 다음 장의 주제인 <Hugging Face를 이용한 BERT>를 참고하길 바란다. 참고로 TFGPT2DoubleHeadsModel은 출력층이 자기회귀 언어모형층과 텍스트 분류층 등 2개의 층으로 구성된 GPT-2 사전학습모형이다. 이외의 GPT 모형에 대한 사항은 "OpenAI GPT2-Hugging Face"를 key word로 구글링을 통해 공부하길 바란다. 위 프로그램에서 GPT2Tokenizer는 TFGPT2LMHeadModel과 짝지어 호출하여야 한다. GPT-2와 tokenizer는 유일하게 짝지어져 있기 때문이다. from_pretrained는 사전학습된 tokenizer와 모형의 모수를 호출할 때 사용한다.

아래 프로그램과 같이 "I enjoy walking with my cute dog"를 GPT-2 모형에 제시어로 주고 greedy search로 구현된 텍스트 생성 결과를 보여주고 있다. tokenizer.encode로 제시어를 tensor(return_tensors='tf')로 encoding한 후, model.generate로 제시어를 포함하여 50개의 단어길이의 문장(max_length=50)을 생성하고 있다.

```
input_ids = tokenizer.encode('I enjoy walking with my cute dog', return_tensors='tf')
greedy_output = model.generate(input_ids, max_length=50)

print("Output:₩n" + 100 * '-')
print(tokenizer.decode(greedy_output[0], skip_special_tokens=True))
```

```
Output: I enjoy walking with my cute dog, but I'm not sure if I'll ever be able to walk
        with my dog. I'm not sure if I'll ever be able to walk with my dog.

        I'm not sure if I'll
```

위 출력 결과에서 볼 수 있듯이 이어서 논의할 beam search와 더불어 greedy search의 가장 두드러진 문제점은 같은 문장이 반복 재생된다는 것이다. greedy search와 beam search는 가장 높은 확률을 가진 단어를 결정적(deterministic)으로 다음 단어로 선택하므로 앞 문장이 비슷하거나 같으면 다음 단어를 같은 것으로 선택하기 때문이다.

Beam search는 greedy search의 일반화로 해석할 수 있다. Beam search를 설명하기 위해 <그림 15-7>의 조건부확률을 다시 고려해 보자. beam의 길이가 2일 때, 'The'가 주어진 상태에서 beam=2이므로 시간스텝 1과 2를 동시에 고려하여 가장 높은 확률을 가진 두 단어 계열은 'dog has'로 $0.4 \times 0.9 = 0.36$이므로 시간스텝=1에서의 단어 선택은 'dog'가 된다. 그러므로 beam=1이면 beam search는 greedy search와 같게 된다. 다음은 beam의 길이를 num_beam=5로 설정하고 early_stopping =True를 지정하여 EOS 토큰이 나오면 텍스트 생성을 멈추게 하고 있다.

```
beam_output = model.generate(input_ids, max_length=50, num_beams=5,
                             early_stopping=True)

print("Output:\n" + 100 * '-')
print(tokenizer.decode(beam_output[0], skip_special_tokens=True))
```

```
Output: I enjoy walking with my cute dog, but I'm not sure if I'll ever be able to walk
        with him again.

        I'm not sure if I'll ever be able to walk with him again. I'm not sure if I'll
```

이미 논의했듯이 beam search도 같은 문장이 반복되는 것을 볼 수 있다. 이러한 문장의 반복은 n-gram 페널티로 손쉽게 해결할 수 있다. n-gram은 n개의 단어계열(sequence of words)을 의미하며 n-gram 페널티는 동일한 n개의 단어계열이 반복되지 않도록 한다. 그러므로 n-gram 페널티는 동일한 문장을 반복하지 않으려는 사람의 작문 습관을 모방한 것으로 해석할 수 있다. 아래 프로그램은 no_repeat_ngram_size =2를 부여하여 어떤 2개의 연속된 단어도 반복되지 않도록 하고 있다.

```
beam_output=model.generate(input_ids,max_length=50,num_beams=5,no_repeat_ngram_si
ze=2,
    early_stopping=True)
```

```
print("Output:\n" + 100 * '-')
print(tokenizer.decode(beam_output[0], skip_special_tokens=True))
```

```
Output: I enjoy walking with my cute dog, but I'm not sure if I'll ever be able to walk
        with him again.

        I've been thinking about this for a while now, and I think it's time for me to
        take a break
```

프로그램 결과에서 볼 수 있듯이 어느 연속된 두 단어도 중복되지 않은 것을 볼 수 있다. 그러나 New York과 같은 고유명사는 전체 텍스트에서 오직 한 번만 나타나게 되므로 n-gram 페널티는 조심스럽게 사용하여야 한다.

Beam search는 머신번역이나 텍스트 요약처럼 예측 가능한(predictable) 과제에는 우수한 성능을 보이는 것으로 나타났다(Murray and Chiang, 2018). 그러나 대화체나 소설 등의 텍스트 생성에는 beam search나 n-gram 페널티는 효과적이지 않은 것으로 나타났다(Yang et al., 2018). Holtzman et al. (2019)에 따르면 시나 수필과 같은 사람의 고급언어는 greedy search와 같이 가장 높은 확률을 가진 단어를 선택하는 대신, 예상치 못한 단어를 선택하는 경향이 있다는 사실을 <그림 15-8>

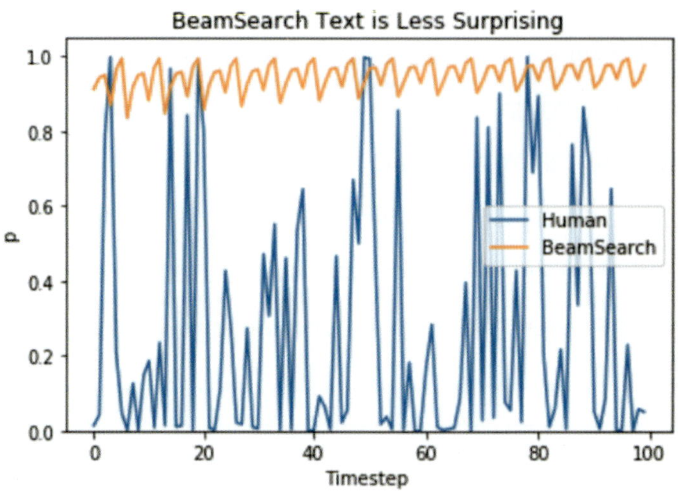

그림 15-8 beam search와 사람의 다음 단어 선택 확률
(그림 출처: Holtzman et al., 2019)

로 보여주고 있다.

<그림 15-8>에서 볼 수 있듯이 beam search는 매우 높은 확률을 가진 다음 단어를 선택하는 반면, 사람의 고급언어는 매우 낮은 확률을 가진 단어를 빈번하게 선택하는 경향을 뚜렷하게 보여주고 있다. 확률이 낮은 다음 단어를 선택하는 것은 예상하지 못하는 사람의 언어구사능력을 보여주며 이는 사람의 창의성을 대변해 주고 있다. 사람의 고급언어 구조를 모방하기 위해, 결정적 단어 선택을 하는 greeedy search나 beam search 대신 다음 단어 선택에 임의성(randomness)을 부여하는 임의표본(random sampling) 기법을 도입하게 되었다. <그림 15-7>의 시간스텝 1에서 조건부확률은

$$P('\text{nice}' \mid 'The') = 0.5, \quad P('dog' \mid 'The') = 0.4, \quad P('car' \mid 'The') = 0.1$$

이므로 시간 스텝 1에서의 단어 선택을 위 분포함수에 따라 임의추출하는 방법을 말한다. 만약, 임의추출된 단어가 'dog'이면

$$P('\text{and}' \mid 'The\, dog') = 0.05, \; P('runs' \mid 'The\, dog') = 0.05, \; P('has' \mid 'The\, dog') = 0.9$$

의 확률분포에 따라 다음 단어를 임의추출하여 시간스텝 2에서의 단어를 선택한다. 다음 프로그램과 같이 do_sampling=True와 top_k=0를 지정하여 임의성이 부여된 텍스트를 생성할 수 있다.

```
tf.random.set_seed(0)

sample_output = model.generate(input_ids,do_sample=True,max_length=50,top_k=0)

print("Output:\n" + 100 * '-')
print(tokenizer.decode(sample_output[0], skip_special_tokens=True))
```

```
Output: I enjoy walking with my cute dog Max ranking blue Route 13 as the will of
        the gods. Nothing underneath. I hope to see each other again, cos I am faster
        so humans can do things at a higher rate, and at least fight back better
```

그러나 이러한 임의성은 위 출력 결과에서 볼 수 있듯이 "Max ranking blue Route 13"과 같이 전혀 문맥에 맞지 않은 문장과 함께 전체적으로 이상한 문장을 생성하는 경향이 있다. 지나친 임의성 때문에 발생하는 문제이다. 이를 방지하기 위해 임의성을 부여하되, 낮은 확률을 가진 단어가 다음 단어로 선택되지 않도록 해야 한다.

Temperature

조건부확률을 계산하는 softmax 함수에 확률을 조절하는 소위 temperature를 이용하여 확률이 큰 단어는 뽑힐 확률을 더욱 크게, 확률이 작은 단어는 뽑힐 확률을 더욱 작게 조절하여 지나친 임의성을 줄여 준다. 즉,

$$p(x_i) = \frac{\exp(z_i/T)}{\sum_{i=1}^{K} \exp(z_i/T)}$$

으로 정의하여 1보다 작은 T값을 선택하여 i번째 단어 확률 $p(x_i)$을 조절한다. 여기에서 T를 temperature라고 한다. $T \to 0$으로 갈수록 확률이 큰 것은 더 크게, 확률이 작은 것은 더 작게 만들게 된다. 그러므로 $T \to 0$으로 갈수록 다음 단어를 선택하는 임의성은 점점 줄어들게 되고 0에 가까우면 greedy search와 동일하게 된다. temperature에 대한 좀 더 자세한 논의는 17.4절을 참고하길 바란다. 다음 프로그램은 temperature=0.7을 준 텍스트 생성 결과를 보여주고 있다. 출력 결과에서 볼 수 있듯이 어색한 문장이 많이 완화된 것을 볼 수 있다.

```
sample_output = model.generate(input_ids, do_sample=True, max_length=50,
    top_k=0, temperature=0.7)

print("Output:₩n" + 100 * '-')
print(tokenizer.decode(sample_output[0], skip_special_tokens=True))
```

```
Output: I enjoy walking with my cute dog, so I have a great deal of respect for her.
        Her ability to find me in a situation to help is invaluable. When I am alone
        with my dog, I will typically always be the one to lead her
```

Top-k-Top-p sampling

temperature를 이용하면 낮은 확률을 가진 단어가 임의추출될 확률을 낮추기는 하지만, 뽑힐 가능성을 없애지는 못한다. 이러한 가능성을 원천적으로 방지하는 방법이 Top-k-Top-p sampling이다.

GPT-2의 vocabulary 크기가 50,207개이므로 다음 단어를 선택할 조건부확률은 50,207개 범주 확률이 된다. Top-k sampling에서 k=50으로 하면 50,207개의 확률을 내림차순으로 정리한 후, 가장 큰 확률을 가진 50개의 단어 중에서 임의추출한다. 그러므로 Top-k sampling은 조건부확률에서 가장 큰 확률을 가진 k개의 단어들 중에서만 임의추출하는 텍스트 생성 방법이다. Top-p sampling은 가장 큰 확률을 가진 단어들의 확률합이 p를 최초로 넘는 단어까지, 이들 단어 중에서 임의추출하는 텍스트 생성 방법이다. p=0.9로 했을 때, 예를 들어 가장 큰 확률을 가진 52개 단어들의 확률합이 0.89이고 53번째로 큰 확률을 가진 단어를 포함하면 0.91이 된다고 가정하자. 그러면 이 53개 단어만을 대상으로 임의추출하는 것이 Top-0.9 sampling의 개념이다.

Top-k나 Top-p sampling 모두 각각 조건을 만족하는 단어들만을 대상으로 임의추출하기 때문에 단어들의 확률합이 1이 되도록 확률을 rescale 해야 한다. Top-k는 단어들의 분포형태에 관계없이 확률크기순으로 최초의 k개만 sampling의 대상이지만, Top-p는 단어들의 확률분포 형태에 따라 임의추출되는 단어 수가 다르게 된다. Top-p sampling에서는 분포의 형태가 평탄할수록 좀 더 많은 단어들이 임의추출 대상이 된다. 그러므로 Top-p sampling이 Top-k sampling보다 조건부확률에 더 유연하다고 할 수 있다. 다음 두 개의 프로그램은 Top-k sampling과 Top-p sampling을 차례로 보여 주고 있다. Top-p를 사용할 때는 top_k=0을 부여하여 Top-k가 작동하지 않도록 해야 한다.

```
sample_output = model.generate(input_ids, do_sample=True, max_length=50,
                               top_k=50)
```

```
print("Output:\n" + 100 * '-')
print(tokenizer.decode(sample_output[0], skip_special_tokens=True))
```

```
Output: I enjoy walking with my cute dog and this is my favorite piece of furniture in
        Paris. It contains a beautiful collection of pieces with beautiful details on the
        sides and there are many other colors to add.

        4. The Fanny Fish
```

```
sample_output = model.generate(input_ids, do_sample=True, max_length=50,
    top_p=0.92, top_k=0)

print("Output:\n" + 100 * '-')
print(tokenizer.decode(sample_output[0], skip_special_tokens=True))
```

```
Output: I enjoy walking with my cute dog. I'm very affectionate to him, and I love
        walking with my dog. She is a great model for younger women. My friends
        aren't as sweet. They definitely aren't small. But are you looking
```

Top-k sampling과 Top-p sampling은 동시에 사용할 수 있다. Top-k sampling으로 가장 확률이 큰 k개의 단어를 선택하여 확률 합이 1이 되도록 re-scale 한 후, Top-p sampling을 적용한다. 아래 프로그램은 top_k=50과 top_p=0.95를 부여하여 Top-k-Top-p sampling을 실행하고 있다. num_return_sequences=3을 부여하여 독립적으로 임의추출한 3개의 텍스트 생성 결과를 보여주고 있다.

```
sample_outputs = model.generate(input_ids,do_sample=True,max_length=50,
    top_k=50,top_p=0.95,num_return_sequences=3)

print("Output:\n" + 100 * '-')
for i, sample_output in enumerate(sample_outputs):
  print("{}: {}".format(i, tokenizer.decode(sample_output,
                                    skip_special_tokens=True)))
```

```
Output: 0: I enjoy walking with my cute dog but sometimes she won't show up. Her
           food comes from her friends' kitchen table and we get her to get out of our
           car. I love her so much." – Lyle, California

           Manny
           1: I enjoy walking with my cute dog," she said.

           In some way she also has found success as a family friend of mine who she
           considers her biggest supporter.

           "I don't know why I haven't been out in the open
           2: I enjoy walking with my cute dog and taking pictures in his crate.
```

15.3 서브워드 토큰화

자연어처리에서 단어(word) 중심의 토큰화는 필연적으로 OOV(out of vocabulary) 문제, 즉 모집단 documents에서 드물게 나타나는 단어를 'unknown'으로 처리하는 문제가 발생한다. 영어에서는 play, played, playing, plays 등을 하나씩 독립적인 단어로 토큰화하면 메모리 공간 부족뿐만 아니라, NLP 모형의 성능 저하요인이 된다. 이러한 OOV 문제의 해결책 중 하나가 서브워드 토큰화(subword tokenization) 알고리즘이다. 기본적인 아이디어는 play, played, playing, plays를 play, ed, ing, s로 subword 분리하면 이러한 조합에 의해 원래의 play, played, playing, plays를 만들 수 있을 뿐만 아니라 다른 단어, 예를 들어 walked, walking, walks도 walk만 새로운 토큰으로 등록하면 기존의 토큰 ed, ing, s로 쉽게 재조합할 수 있다. 간단한 예를 들어보자. 분석하고자 하는 텍스트 전체 자료에서 정의된 총 어휘(vocabulary)가

```
vocabulary_1=[game, I, play, the, enjoy]
```

라고 가정하자. 그러면 sentence='I played the game'이 입력되어 단어중심의 토큰화를 하게 되면 tokens_1=[I, played, the, game]이 된다. 그런데 token_1의 'played'는 vocabulary_1에 존재하지 않으므로

token_1=[I, [unk], the, game]

으로 토큰화가 되며 OOV가 발생한다. 그런데

vocabulary_2=[game, I, play, ed, the, enjoy]

로 서브워드 토큰화로 vocabulary를 정의하면 'I enjoyed the game'이 입력되면 enjoyed를 'enjoy'와 'ed'로 분리한 후

token_2=[I, enjoy, ##ed, the game]

으로 OOV 없이 토큰화가 가능하게 된다. ##은 앞 토큰과 연결될 서브워드라는 의미를 표기하기 위해 사용된다. 서브워드 토큰화 알고리즘은 Byte pair encoding, Byte-level byte pair encoding, Wordpiece 등 3가지가 있다.

15.2.1 Byte pair encoding(BPE)

BPE는 GPT 모형에서 사용되는 토큰화 알고리즘이다. 전체 텍스트 자료가 "cost menu best cost best men camel"이라고 가정하자. 단어와 단어 사이의 빈 공간(white space)을 기준으로

preliminary=[cost, menu, best, men, camel]

을 정의한다. 이 preliminary로부터 BPE를 이용한 크기가 14인 vocabulary를 만들어 보고자 한다. 영어의 알파벳은 1 byte이므로 위 preliminary에서 유일한 알파벳

의 집합은

vocabulary_1=[a,b,c,e,l,m,n,o,s,t,u]

이다. 현재의 어휘는 11개의 토큰으로 구성되어 있으므로 연속된 알파벳 쌍의 빈도수를 계산한다. preliminary에서 'cost'와 'best'는 두 번씩 반복되었으므로 's'와 't'가 총 4번으로 가장 빈도수가 높으므로 'st'를 vocabulary에 추가하여

vocabulary_2=[a,b,c,e,l,m,n,o,s,t,u,st]

을 만든다. vocabulary_2에 있는 토큰 쌍의 빈도수를 계산하면 'm'과 'e'가 menu, men, camel에 총 3번 나타나므로

vocabulary_3=[a,b,c,e,l,m,n,o,s,t,u,st,me]

가 된다. 같은 방법으로 vocabulary_3에서 토큰 쌍의 빈도수를 기준으로 'me'와 'n'이 menu와 men에 두 번 나타나므로(물론, ost, est, co, be 등도 빈도수가 2번이므로 vocabulary의 후보가 될 수 있다)

vocabulary=[a,b,c,e,l,m,n,o,s,t,u,st,me,men] (15.4)

이 되어 BPE를 기반으로 크기가 14인 vocabulary가 완성된다. 입력자료 "mean"이 입력되면 mean이 vocabulary (15.4)에 존재하지 않으므로 서브워드 "me"와 "an"으로 분리된다. "me"는 vocabulary (15.4)에 있지만, "an"은 존재하지 않으므로 'a'와 'n'으로 분리하면 vocabulary (15.4)에 있으므로 tokens=[me, ##a, ##n]으로 "mean"이 토큰화된다.

15.2.2 Byte-level byte pair encoding(BBPE)

BBPE는 서브워드 대신 byte를 이용한다는 것을 제외하고 BPE와 동일하다. 영어의 알파벳은 1 byte이므로 예를 들어, best를 BPE에서는 "b e s t"를 알파벳 기준으로 했다면 "b e s t"에 대응하는 byte "62 65 73 74"로 BPE와 동일한 방법으로 vocabulary를 구성한다. 그러므로 영어는 BPE와 BBPE는 같은 방법이라고 할 수 있다. 그러나 한글의 경우 글자 하나가 2 byte로 구성되어 있고, 한문의 경우 3개 byte로 구성되어 있으므로 한글은 글자 하나가 2개의 byte로 분해될 수 있으며 한문은 3개의 byte로 분해될 수 있다. BBPE는 제16장에서 논의할 다언어 NLP 모형에서 유용하게 사용하는 서브워드 토큰화 알고리즘이다.

15.2.3 WordPiece

BERT에 사용되는 WordPiece는 BPE와 거의 동일하다. 유일한 차이점은 BPE에서는 토큰 쌍의 빈도수를 가지고 토큰을 결합해 가지만 WordPiece에서는 일종의 가능도(likelihood)를 기반으로 토큰을 결합한다. 예를 들어, A와 B 두 개의 토큰이 있을 때 BPE는 A와 B가 동시에 발생할 확률 $p(A,B)$를 기준으로 하는 반면, WordPiece는 $\frac{p(A,B)}{p(A)p(B)}$를 기준으로 토큰을 생성하게 된다. BPE와 WordPiece의 차이점을 살펴보기 위해 앞에서 논의한

```
preliminary=[cost(2), menu(1), best(2), men(1), camel(1)]
```

을 다시 고려해 보자. 괄호 안의 숫자는 빈도수를 나타낸다. 모든 알파벳의 집합은

```
vocabulary_1=[a,b,c,e,l,m,n,o,s,t,u]
```

이고 preliminary에서 vocabulary_1의 연속된 토큰의 가능도 $\ell(A,B)=\frac{p(A,B)}{p(A)p(B)}$

는 $\frac{A\text{와 }B\text{가 동시에 발생하는 빈도수}}{A\text{의 빈도수} \times B\text{의 빈도수}}$로 추정되므로 $\ell(n,u) = \frac{1}{2\times 1} = \frac{1}{2}$로 계산되고 가장 높은 값을 갖는다. 그러므로

vocabulary_2=[a,b,c,e,l,m,n,o,s,t,u,nu]

가 되며, 같은 방법으로 vocabulary_2의 토큰 쌍 중 $\ell(c,a) = \frac{1}{3}$이 가장 크므로

vocabulary_3=[a,b,c,e,l,m,n,o,s,t,u,nu,ca]

이 된다. vocabulary_3에서 $\ell(ca,m) = \frac{1}{3}$으로 가장 큰 값을 가지므로

vocabulary= [a,b,c,e,l,m,n,o,s,t,u,nu,ca,cam]

으로 14개의 토큰으로 구성된 vocabulary를 만들게 된다. 이렇게 구성된 vocabulary에 예를 들어, “cameo”를 입력하면 tokens=[cam, ##e, ##o]로 토큰화를 하게 된다.

이미 14.1절에서 논의하였듯이 MLM 과제를 실행하기 위해 입력텍스트 자료의 15%를 마스킹한 바 있다. 예를 들어, “we start pretraining the model”이 입력되면 WordPiece 토큰화에 의해

tokens=[[CLS], we, start, pre, ##train, ##ing, the, model, [SEP]]

으로 토큰화한 후

tokens=[[CLS], [MASK], start, pre, [MASK], ##ing, the, model, [SEP]]

으로 마스킹하여 MLM 과제를 실행하게 된다. 그런데 마스킹 중 서브워드 ##train

이 마스킹된 것을 볼 수 있다. 만약 서브워드가 마스킹되면 전체 단어를 모두 마스킹하면 즉,

tokens=[[CLS], we, start, [MASK], [MASK], [MASK], the, model, [SEP]]

으로 마스킹을 변경하여 MLM 과제를 실행하면 이런 마스킹을 WWM(whole word masking)이라고 한다. 한편, "we"에 대한 마스킹은 무시된 것을 볼 수 있다. WWM에서 입력 문장의 서브워드 마스킹이 15%를 넘으면 다른 토큰의 마스킹은 무시되기 때문이다.

16장

Hugging Face를 이용한 BERT

구글의 Hugging Face를 이용하여 사전학습된 BERT를 적용하고자 한다. Hugging Face의 Transformers 라이브러리는 자연어처리를 위한 open source 라이브러리로 수천 개의 사전학습모형을 100개 이상의 언어로 제공하고 있다. Hugging Face가 제공하는 사전학습된 BERT와 BERT 변형모형, 그리고 GPT 모형을 이용하기 위해 먼저

```
pip install transformers
```

를 실행하여 transformers를 설치해야 한다. 이 장에서는 Hugging Face를 이용한 BERT 모형의 적용을 논의할 것이다. GPT 모형은 제15장에서 설명했고 사실 BERT 모형의 Hugging Face 적용을 알면 GPT 모형의 적용은 아주 쉽기 때문이다.

16.1 BERT의 적용

BERT를 실행하기 위해 다음과 같이 TFBertModel과 BertTokenizer를 Transformers에서 호출한다. Hugging Face는 Tensorflow와 Pytorch를 backend로 사용할 수 있다.

```
from transformers import TFBertModel, BertTokenizer
```

위 프로그램과 같이 TensorFlow를 이용하여 BERT를 실행하고자 할 때 TFBert Model을 호출해야 한다. BertModel을 호출하면 이 모형은 Pytorch에서 실행할 수 있다. 그러므로 Hugging Face에서 모형에 TF가 앞에 있으면 이 모형은 Tensor

Flow에서 실행할 수 있다는 의미가 된다. BERT를 포함하여 다음 장에서 자세하게 논의할 NLP 모형의 tokenizer는 모형에 따라 유일하게 결정되므로 위와 같이 TFBertModel과 BertTokenizer는 쌍으로 호출하여야 한다. Hugging Face의 documents에 모형별 tokenizer가 제공되어 있다.

다음 프로그램과 같이 TFBertModel과 BertTokenizer를 객체화한 후, from_pretrained 함수를 이용하여 BERT 모형의 추정된 모수와 WordPiece 토큰알고리즘으로 구성된 vocabulary를 upload한다.

```
model = TFBertModel.from_pretrained('bert-base-uncased', output_hidden_states = True)
tokenizer = BertTokenizer.from_pretrained('bert-base-uncased')
```

model에서 "bert-base-uncased"는 사전학습된 모형의 id로서 영어 텍스트를 기반으로 한 BERT-base 모형(즉, encoder의 수는 12개, embedding의 차원은 768, 그리고 헤드의 수는 12)을 의미한다. output_hidden=True는 embedding 출력과 encoder들의 출력을 모두 출력하고 싶을 때(그러므로 BERT-base의 경우, 총 13개의 출력 layer) 지정한다. 뒤에서 구체적인 예를 보면 쉽게 이해할 수 있을 것이다. default는 False이다. Hugging Face의 Advanced Guides내 "pretrained models"를 열어보면 아키텍처별 모형 id와 모형의 configuration을 볼 수 있을 것이다.

이제 간단한 문장을 통해 사전학습된 BERT 모형을 적용해 보자. "I love Seoul"을 아래 프로그램과 같이 sentence로 정의하고 BertTokenizer의 속성 tokenize를 이용하여 BERT의 vocabulary에 적용하면 다음과 같이 토큰화된다. BERT의 [CLS]와 [SEP]를 토큰으로 추가해야 하고 토큰의 최대 길이를 7로 가정했을 때 아래와 같이 [PAD]를 토큰으로 추가한다.

```
sentence = 'I love Seoul'
tokens = tokenizer.tokenize(sentence)
tokens = ['[CLS]'] + tokens + ['[SEP]']
```

```
print(tokens)

tokens = tokens + ['[PAD]'] + ['[PAD]']
print(tokens)
```

```
['[CLS]', 'i', 'love', 'seoul', '[SEP]']
['[CLS]', 'i', 'love', 'seoul', '[SEP]', '[PAD]', '[PAD]']
```

15.1절에서 설명한 바와 같이 BERT는 padding-mask, positional embedding, segment embedding, token embedding을 입력받아야 한다. embedding을 위해 index 값이 필요하며 다음과 같이 segment embedding을 위한 인덱스, padding-mask(프로그램에서 attention_mask), token embedding을 위한 인덱스를 생성하고 있다. positional embedding은 TFBertModel에서 built-in으로 생성되므로 별도의 인덱스가 불필요하다. attention_mask는 제15장과는 반대로 masking되는 부분을 0으로 index한 것을 볼 수 있다. token embedding을 위한 인덱스는 BERT의 vocabulary에서 정의되어야 하므로 아래와 같이 BertTokenizer의 속성 convert_to_ids를 이용하여 "I love Seoul"을 인덱스화하고 있다. 아래 결과를 보면 [CLS]는 101로, [SEP]는 102로, [PAD]는 0으로 index된 것을 볼 수 있다.

```
segment_id=[0 for _ in range(len(tokens))]
print(segment_id)
attention_mask = [1 if i!= '[PAD]' else 0 for i in tokens]
print(attention_mask)
```

```
[0, 0, 0, 0, 0, 0, 0]
[1, 1, 1, 1, 1, 0, 0]
```

```
token_ids = tokenizer.convert_tokens_to_ids(tokens)
print(token_ids)
```

```
[101, 1045, 2293, 10884, 102, 0, 0]
```

이렇게 정의된 index는 모두 (batch, index_size) 2D텐서로 TFBertModel에 입력해야 한다. np.array를 이용하여 list를 tensor로 전환하고 np.newaxis를 이용하여 1D텐서를 2D텐서로 아래와 같이 전환한다. 여기에서 index_size는 시간스탭과 동일하다.

```
import numpy as np
token_ids_1 = np.array(token_ids)
token_ids=token_ids_1[np.newaxis,:]
segment_id1=np.array(segment_id)
segment_ids=segment_id1[np.newaxis,:]
attention_mask_1 = np.array(attention_mask)
attention_mask=attention_mask_1[np.newaxis,:]
```

위와 같이 2D텐서로 정의된 index를 TFBertModel에 아래와 같이 입력하면 3개의 출력값을 반환받게 된다.

```
last_hidden_state, pooler_output, hidden_states =
                model(token_ids, token_type_ids=segment_ids,attention_mask =
                attention_mask)
```

last_hidden_state는 BERT의 마지막 encoder(즉, 12번째 encoder)의 출력으로

[[CLS], i, love, seoul, [SEP], [PAD],[PAD]]

에 대응하는 (batch, 시간스탭, 노드수) 3D텐서 최종 출력 embedding이다. 우리의 예에서 batch=1, 시간스탭(토큰수)=7, 노드수(embedding 차원)=768이므로 last_hidden_state는 (1,7,768) 3D텐서가 된다. 이 last_hidden_state는 NLP의 다양한 과제를 실행하는 데 유용한 입력자료로 사용할 수 있다.

```
last_hidden_state.shape
```

```
TensorShape([1, 7, 768])
```

다음과 같이 last_hidden_state를 concatenate하거나 sum 또는 average를 하여 새로운 후속 NLP 과제의 입력으로 사용할 수 있다. 제한된 모의실험에서 concatenate가 가장 좋은 것으로 나타났다.

```
import tensorflow as tf
last_hidden_state_concat=tf.reshape(last_hidden_state,(1,-1))
print(last_hidden_state_concat.shape)
```

```
(1, 5376)
```

```
last_hidden_state_sum=tf.reduce_sum(last_hidden_state, axis=1)
print(last_hidden_state_sum.shape)
```

```
(1, 768)
```

```
last_hidden_state_mean=tf.reduce_mean(last_hidden_state, axis=1)
print(last_hidden_state_mean.shape)
```

```
(1, 768)
```

pooler_output은 토큰 [CLS]에 대응하는 출력 embedding으로 last_hidden_state [:,0,:]과 동일하다. 즉, (batch,768) 2D텐서 출력 embedding이다.

```
pooler_output.shape
```

```
TensorShape([1, 768])
```

hidden_states는

```
model = TFBertModel.from_pretrained('bert-base-uncased',
                                     output_hidden_states = True)
```

에 의한 출력으로 tuple 형태로 출력된다. BERT-base가 총 12개의 encoder로 구성되어 있고 입력층의 출력을 포함하여 총 13개의 출력이 있으므로 hidden_states는 이들 13개의 출력으로 구성되어 있다. hidden_states[0]는 입력층의 출력, hidden_states[1]은 encoder1의 출력, 그리고 hidden_states[12]는 encoder12의 출력(최종 출력 embedding)으로 last_hidden_state와 같다.

```
len(hidden_states)
```

```
13
```

```
hidden_states[0].shape
```

```
TensorShape([1, 7, 768])
```

```
hidden_states[1].shape
```

```
TensorShape([1, 7, 768])
```

```
hidden_states[12].shape
```

```
TensorShape([1, 7, 768])
```

BERT 논문(Devlin 외 3인, 2019)에서는 BERT의 fine tuning에서 마지막 4개의

encoder 출력을 이용했을 때 가장 좋은 결과를 보인다고 주장하고 있다.

```
hidden_states_mean=tf.reduce_mean(hidden_states[4:-1],axis=0)
print(hidden_states_mean.shape)
```

```
(1, 7, 768)
```

지금까지 논의한 대로 token_id, token_type_id, padding_id를 일일이 정의하는 것은 여간 번거로운 일이 아니다. 다행스럽게도 BertTokenizer에 아래와 같이 직접 텍스트를 입력하면 input_ids=token_id, token_type_ids, attention_mask=padding_id를 쉽게 구할 수 있다.

```
tokenizer = BertTokenizer.from_pretrained('bert-base-uncased')
tokenizer('I love Paris')
```

```
{'input_ids': [101, 1045, 2293, 3000, 102], 'token_type_ids': [0, 0, 0, 0, 0],
'attention_mask': [1, 1, 1, 1, 1]}
```

```
tokenizer(['I love Paris', 'birds fly','snow fall'], padding = True, max_length=5)
```

```
{'input_ids': [[101, 1045, 2293, 3000, 102], [101, 5055, 4875, 102, 0], [101, 4586,
2991, 102, 0]], 'token_type_ids': [[0, 0, 0, 0, 0], [0, 0, 0, 0, 0], [0, 0, 0, 0, 0]],
'attention_mask': [[1, 1, 1, 1, 1], [1, 1, 1, 1, 0], [1, 1, 1, 1, 0]]}
```

16.2 NLP 데이터셋 API와 BERT의 적용

이 절에서는 Hugging Face에서 제공하는 10,000여 개의 NLP 실습데이터를 이용하기 위한 데이터 API를 설명하고, local data를 포함하여 Hugging 데이터를 사전학습된 BERT 및 BERT 변형모형에 적용하는 방법을 논의할 것이다. 이에 추가하여 다양한 fine tuning 방법과 TensorFlow의 데이터 API와의 연계도 논의할 것이다.

Hugging Face의 Transformers 라이브러리는 datasets라는 데이터셋 API를 제공하여 NLP에 관련된 10,195개(2022년 9월 기준)의 자료를 사용할 수 있도록 하고 input_ids, token_type_ids, padding_ids를 체계적으로 생성할 수 있도록 하고 있다. 우선

```
pip install datasets
```

를 입력하여 datasets를 설치한다.

다음 프로그램과 같이 list_datasets를 호출하면 datasets가 제공하는 data id를 출력할 수 있다. 지면상의 이유로 출력은 생략하였다.

```
from datasets import list_datasets
datasets_list = list_datasets()
print(len(datasets_list))

print(', '.join(dataset for dataset in datasets_list))
```

아래 프로그램과 같이 data id가 'glue'이고 configuration이 'mrpc'인 데이터를 load_dataset을 이용하여 데이터를 upload할 수 있으며 데이터의 구조는 dictionary로 제공하고 있다.

```
from datasets import load_dataset
dataset_glue = load_dataset('glue', 'mrpc')
print(dataset_glue)
```

```
DatasetDict({
    train: Dataset({
        features: ['sentence1', 'sentence2', 'label', 'idx'],
        num_rows: 3668
    })
    validation: Dataset({
        features: ['sentence1', 'sentence2', 'label', 'idx'],
        num_rows: 408
    })
    test: Dataset({
        features: ['sentence1', 'sentence2', 'label', 'idx'],
        num_rows: 1725
    })
})
```

구체적인 데이터 형태를 보기 위해 'train' split의 첫 번째 데이터를 아래와 같이 출력할 수 있으며 2개의 문장과 라벨이 1임을 보여주고 있다.

```
dataset_glue['train'][0]
```

```
{'sentence1': 'Amrozi accused his brother , whom he called " the witness " , of
deliberately distorting his evidence .',
 'sentence2': 'Referring to him as only " the witness " , Amrozi accused his brother of
deliberately distorting his evidence .',
 'label': 1,
 'idx': 0}
```

아래와 같이 feature 속성을 이용하여 label의 의미도 파악할 수 있다. 즉, 두 문장이 다른 의미이면 label=0이고 같은 의미이면 label=1임을 보여주고 있다. 그러므로 mrpc config의 'glue' 데이터는 2개의 문장이 같은 의미인지 여부를 구별하는 텍스트 분류에 이용되는 데이터이다. 이외에도 'glue' data id에는 8개의 config들이 있으며 config에 따라 다른 NLP 과제를 실행할 수 있는 데이터를 제공하고 있다.

```
dataset_glue['train'].features
```

```
{'sentence1': Value(dtype='string', id=None),


 'sentence2': Value(dtype='string', id=None),
 'label': ClassLabel(num_classes=2, names=['not_equivalent', 'equivalent'], names_file=None, id=None),
 'idx': Value(dtype='int32', id=None)}
```

아래 프로그램과 같이 split 옵션을 이용하여 데이터의 일부를 분리해 낼 수 있다. 원래의 dataset_glue에서 'train'이라는 key를 가진 데이터를 split에 지정하여 새로운 데이터를 만들 수 있다.

```
dataset_T=load_dataset('glue', 'mrpc',split='train')
print(dataset_T)
```

```
Dataset({
    features: ['sentence1', 'sentence2', 'label', 'idx'],
    num_rows: 3668
})
```

split 옵션을 이용하여 아래와 같이 'train'으로부터 최초의 10%, 'validation'으로부터 첫 10%, 그리고 'test'로부터 첫 10%로 새로운 데이터셋을 구성할 수도 있다.

```
dataset_partial=load_dataset('glue', 'mrpc',split='train[:10%]+validation[:10%]+test[:10%]')
print(dataset_partial)
```

```
Dataset({
    features: ['sentence1', 'sentence2', 'label', 'idx'],
    num_rows: 580
})
```

지금까지 설명한 'glue'와 같이 2개 이상의 config를 가진 data id도 있지만, 아래의 'squad'와 같이 오직 하나의 configuration만 가진 경우에는 config를 생략할 수 있다. 'squad'는 question-answering NLP 과제를 실습할 수 있는 데이터로 다음과 같이 split이 'train'과 'validation'으로 구성되어 있다.

```
dataset_squad = load_dataset('squad')
print(dataset_squad)
```

```
DatasetDict({
    train: Dataset({
        features: ['id', 'title', 'context', 'question', 'answers'],
        num_rows: 87599
    })
    validation: Dataset({
        features: ['id', 'title', 'context', 'question', 'answers'],
        num_rows: 10570
    })
})
```

아래 프로그램은 train 10%+validation 10%로 구성한 datasquad10을 보여주고 있다. 아래 출력에서 볼 수 있듯이 question-answering NLP 과제는

'question': 'To whom did the Virgin Mary allegedly appear in 1858 in Lourdes France?'

라는 질문에 대해 'context'에 주어진 비교적 긴 문단에서 ['Saint Bernadette Soubirous']라는 단답형 답을 찾도록 하는 NLP 과제이다. 즉, question-answering NLP 과제에서는 question과 context를 입력하여 구한 출력 embedding으로부터 'answer'를 위한 'context'의 시작 index와 끝 index를 찾는 분류 문제이다.

```
dataset_squad10 = load_dataset('squad',split='train[:10%]+validation[:10%]')
print(dataset_squad10)
dataset_squad10[0]
```

```
Dataset({
    features: ['id', 'title', 'context', 'question', 'answers'],
    num_rows: 9817
})

{'id': '5733be284776f41900661182',
 'title': 'University_of_Notre_Dame',
 'context': 'Architecturally, the school has a Catholic character. Atop the Main Building₩'s gold dome is a golden statue of the Virgin Mary. Immediately in front of the Main Building and facing it, is a copper statue of Christ with arms upraised with the legend "Venite Ad Me Omnes". Next to the Main Building is the Basilica of the Sacred Heart. Immediately behind the basilica is the Grotto, a Marian place of prayer and reflection. It is a replica of the grotto at Lourdes, France where the Virgin Mary reputedly appeared to Saint Bernadette Soubirous in 1858. At the end of the main drive (and in a direct line that connects through 3 statues and the Gold Dome), is a simple, modern stone statue of Mary.',
 'question': 'To whom did the Virgin Mary allegedly appear in 1858 in Lourdes France?',
 'answers': {'text': ['Saint Bernadette Soubirous'], 'answer_start': [515]}}
```

이제 앞에서 정의한 dataset_T=load_dataset('glue', 'mrpc',split='train')을 사전학습된 BERT 모형에 적용하여 BERT 모형을 NLP 과제에 따라 fine-tuning하는 과정을 살펴보도록 하자. 이를 위해 다음과 같이 TFBertForSequenceClassification과 BertTokenizer를 호출한다.

```
from transformers import TFBertForSequenceClassification, BertTokenizer
import numpy as np
```

BERT를 비롯하여 다음 장에서 논의할 BERT 변형모형들은 두 종류의 사전학습 모형을 제공한다. BERT의 경우로 설명하면, 제15장에서 설명한 BERT 사전학습 모형이 있고 사전학습된 BERT 모형 위에 NLP의 다양한 과제를 추가하여 fine-tuning한 사전학습모형들이 있다. 위 프로그램에서 TFBertForSequenceClassification은 BERT 모형 위에 문장의 분류를 목적으로 fine-tuning한 사전학습모형이다. 'glue' 데이터도 두 개의 문장이 같은 의미인지 아닌지를 구분하는 이항분류 문제이므로 사전학습된 BERT 모형보다는 BertForSequenceClassification 사전학습모형을 사용하는 것이 좀 더 좋은 성능을 기대할 수 있다. 그러므로 TFBert는 순수한 BERT 사전학습모형이고 TFBert 다음에 NLP 과제명이 있으면 예를 들어, TFBertForQuestionAnswering은 NLP의 Q/A 과제를 위해 fine-tuning된 사전학습모형으로 이해하면 된다.

아래 프로그램과 같이 사전학습모형을 upload한 후, 첫 표본 데이터의 sentence1과 sentence2의 토큰 index를 보면 다음과 같다. 두 개의 문장이 입력되므로 token_type_ids는 0과 1로 index가 부여되어 있다.

```
model_c = TFBertForSequenceClassification.from_pretrained("bert-base-cased")
tokenizer_c = BertTokenizer.from_pretrained('bert-base-cased')
print(tokenizer_c(dataset_T[0]['sentence1'], dataset_T[0]['sentence2']))
```

```
{'input_ids': [101, 7277, 2180, 5303, 4806, 1117, 1711, 117, 2292, 1119, 1270, 107,
1103, 7737, 107, 117, 1104, 9938, 4267, 12223, 21811, 1117, 2554, 119, 102,
11336, 6732, 3384, 1106, 1140, 1112, 1178, 107, 1103, 7737, 107, 117, 7277,
2180, 5303, 4806, 1117, 1711, 1104, 9938, 4267, 12223, 21811, 1117, 2554, 119,
102], 'token_type_ids': [0, 0, 0, 0, 0, 0, 0, 0, 0, 0, 0, 0, 0, 0, 0, 0, 0, 0, 0, 0, 0, 0,
0, 0, 0, 1, 1, 1, 1, 1, 1, 1, 1, 1, 1, 1, 1, 1, 1, 1, 1, 1, 1, 1, 1, 1, 1, 1, 1, 1, 1, 1],
'attention_mask': [1, 1, 1, 1, 1, 1, 1, 1, 1, 1, 1, 1, 1, 1, 1, 1, 1, 1, 1, 1, 1, 1, 1, 1,
1, 1, 1, 1, 1, 1, 1, 1, 1, 1, 1, 1, 1, 1, 1, 1, 1, 1, 1, 1, 1, 1, 1, 1, 1, 1, 1, 1]}
```

index로 바뀐 텍스트를 다시 텍스트로 환원하고 싶을 때는 아래와 같이 decode 속성을 이용하면 된다.

```
tokenizer_c.decode(tokenizer_c(dataset_T[0]['sentence1'], dataset_T[0]['sentence2'])
['input_ids'])
```

```
'[CLS] Amrozi accused his brother, whom he called " the witness ", of deliberately
distorting his evidence. [SEP] Referring to him as only " the witness ", Amrozi accused
his brother of deliberately distorting his evidence. [SEP]'
```

Hugging Face 데이터 API는 map 함수를 이용하여 텍스트 데이터셋 전체를 아래와 같이 index로 바꿀 수 있다. dataset_T[0]를 출력하면 attention_mask, input_ids, label, sentence1, sentence2, token_type_ids를 볼 수 있을 것이다.

```
def encode(sentences):
    return tokenizer_c(sentences['sentence1'], sentences['sentence2'], t
                        runcation=True, padding='max_length')

dataset_T = dataset_T.map(encode, batched=True)
print(dataset_T[0])
```

dataset_T는 dictionary 데이터이므로 TensorFlow 데이터로 전환해주어야 한다. Hugging Face의 데이터 API의 set_format을 이용하여 type='tensorflow'로 지정한 후, column명을 부여하고 tensor 데이터로 전환한다. 이와 같이 정리된 dataset_T를 사전학습된 TFBertForSequenceClassification에 적용하여 fine-tuning된 우리의 새로운 분류모형을 설정하고 학습시키기 위해 tf.keras를 이용하고자 한다.

tf.keras의 입력은 dictionary, tuple, tensor 등 세 가지 자료 타입이 가능하며 특성변수와 목적변수를 구분하여 입력해야 한다. 입력변수 input_ids, token_type_ids, attention_mask를 dictionary로 만들고 이를 features로 저장하고 있다. 이제 특성변수와 목적변수인 'label'을 짝지어서 적정한 크기의 batch로 tf.keras에 입력하기 위해 제4장에서 배운 TensorFlow 데이터 API를 이용하고자 한다. 즉, tf.data.Dataset.from_tensor_slices((features, dataset_T["label"])).batch(32)을 이용하여 특성변수와 목적변수를 짝지어서 객체화된 tfdataset이 호출될 때, 32개의 batch 단위로 데이터가 제공된다.

```
import tensorflow as tf
dataset_T.set_format(type='tensorflow', columns=['input_ids', 'token_type_ids',
                                                  'attention_mask', 'labels'])
features = {x: dataset_T[x] for x in ['input_ids', 'token_type_ids', 'attention_mask']}
```

```
tfdataset = tf.data.Dataset.from_tensor_slices((features, dataset_T["label"])).batch(32)
next(iter(tfdataset))tfdataset = tf.data.Dataset.from_tensor_slices((features, dataset_T["labels"])).batch(32)
next(iter(tfdataset))
```

```
({'input_ids': <tf.Tensor: shape=(32, 512), dtype=int64, numpy=
  array([[  101,  7277,  2180, ....      0,     0,     0],
         [  101, 10684,  2599, ....      0,     0,     0],
         [  101,  1220,  1125, ....      0,     0,     0],
         ....,
         [  101,  1109,  2026, ....      0,     0,     0],
         [  101, 22263,  1107, ....      0,     0,     0],
         [  101,   142,  1813, ....      0,     0,     0]], dtype=int64)>,
  'token_type_ids': <tf.Tensor: shape=(32, 512), dtype=int64, numpy=
  array([[0, 0, 0, .... 0, 0, 0],
         [0, 0, 0, .... 0, 0, 0],
         [0, 0, 0, .... 0, 0, 0],
          ....,
         [0, 0, 0, .... 0, 0, 0],
         [0, 0, 0, .... 0, 0, 0],
         [0, 0, 0, .... 0, 0, 0]], dtype=int64)>,
  'attention_mask': <tf.Tensor: shape=(32, 512), dtype=int64, numpy=
  array([[1, 1, 1, .... 0, 0, 0],
         [1, 1, 1, .... 0, 0, 0],
         [1, 1, 1, .... 0, 0, 0],
         ....,
         [1, 1, 1, .... 0, 0, 0],
         [1, 1, 1, .... 0, 0, 0],
         [1, 1, 1, .... 0, 0, 0]], dtype=int64)>},
 <tf.Tensor: shape=(32,), dtype=int64, numpy=
 array([1, 0, 1, 0, 1, 1, 0, 1, 0, 0, 0, 0, 1, 1, 0, 0, 0, 1, 0, 1, 1, 1,
        0, 1, 1, 1, 0, 0, 1, 1, 1, 0], dtype=int64)>)
```

다음 프로그램은 앞에서 정의한 tfdataset을 tf.keras 모형에 적용하고 있다. 손실함수를 정의하고 Adam 최적화 알고리즘을 사용하여 TFBertForSequenceClassification 사전학습모형을 fine-tuning하고 있다. 시간이 오래 걸려 중간에 중단시킨 결과만 보여주고 있다. GPU가 장착된 컴퓨터에서 결과를 도출해 보길 바란다. 여기에서 fine-tuning이라는 용어를 쓴 이유는 TFBertForSequenceClassification 모형의 모수를 새롭게 추정하지만 사전학습된 모수를 모수의 초기치로 사용하기 때문이다. 이러한 이유로 모수초기치를 임의로 부여한 모수추정보다 수렴속도가 훨씬 빠르게 된다.

```
loss_fn = tf.keras.losses.SparseCategoricalCrossentropy(reduction=tf.keras.losses.Reduction.
NONE, from_logits=True)
opt = tf.keras.optimizers.Adam(learning_rate=3e-5)
model_c.compile(optimizer=opt, loss=loss_fn, metrics=["accuracy"])
model_c.fit(tfdataset, epochs=3)
```

```
Epoch 1/3
  2/115 [..............................] - ETA: 5:08:59 - loss: 1.0373 - accuracy: 0.4297
```

Hugging Face는 Auto class를 제공하고 있다. 사전학습된 model id로부터 사전학습모형과 tokenizer를 알 수 있어서 아래와 같이 특정 사전학습모형 대신에

TFAutoModelForSequenceClassification과 AutoTokenizer

를 호출하고 'bert-base-uncased'를 입력하면

TFBertModelForSequenceClassification과 BertTokenizer

를 호출한 것과 동일한 모형이 된다. 좀 더 자세한 내용은 Hugging Face documents를 참고하길 바란다.

```
from transformers import TFAutoModelForSequenceClassification, AutoTokenizer
model_auto = TFAutoModelForSequenceClassification.from_pretrained("bert-base-cased")
```

```
tokenizer = AutoTokenizer.from_pretrained('bert-base-cased')
dataset.set_format(type='tensorflow', columns=['input_ids', 'token_type_ids', 'attention_mask',
'labels'])
features_auto = {x: dataset[x] for x in ['input_ids', 'token_type_ids', 'attention_mask']}
tfdataset_auto = tf.data.Dataset.from_tensor_slices((features_auto, dataset["label"])).batch(32)
```

```
next(iter(tfdataset_auto))
```

```
({'input_ids': <tf.Tensor: shape=(32, 512), dtype=int64, numpy=
  array([[   101,   7277,  2180, ...,      0,      0,      0],
         [   101,  10684,  2599, ...,      0,      0,      0],
         [   101,   1220,  1125, ...,      0,      0,      0],
         ...,
         [   101,   1109,  2026, ...,      0,      0,      0],
         [   101,  22263,  1107, ...,      0,      0,      0],
         [   101,    142,  1813, ...,      0,      0,      0]], dtype=int64)>,
  'token_type_ids': <tf.Tensor: shape=(32, 512), dtype=int64, numpy=
  array([[0, 0, 0, ..., 0, 0, 0],
         [0, 0, 0, ..., 0, 0, 0],
         [0, 0, 0, ..., 0, 0, 0],
         ...,
         [0, 0, 0, ..., 0, 0, 0],
         [0, 0, 0, ..., 0, 0, 0],
         [0, 0, 0, ..., 0, 0, 0]], dtype=int64)>,
  'attention_mask': <tf.Tensor: shape=(32, 512), dtype=int64, numpy=
  array([[1, 1, 1, ..., 0, 0, 0],
         [1, 1, 1, ..., 0, 0, 0],
         [1, 1, 1, ..., 0, 0, 0],
         ...,
         [1, 1, 1, ..., 0, 0, 0],
         [1, 1, 1, ..., 0, 0, 0],
         [1, 1, 1, ..., 0, 0, 0]], dtype=int64)>},
 <tf.Tensor: shape=(32,), dtype=int64, numpy=
 array([1, 0, 1, 0, 1, 1, 0, 1, 0, 0, 0, 0, 1, 1, 0, 0, 0, 1, 0, 1, 1, 1,
        0, 1, 1, 1, 0, 0, 1, 1, 1, 0], dtype=int64)>)
```

```
loss_fn = tf.keras.losses.SparseCategoricalCrossentropy(reduction=tf.keras.losses.Reduction.
NONE, from_logits=True)
opt = tf.keras.optimizers.Adam(learning_rate=3e-5)
model_auto.compile(optimizer=opt, loss=loss_fn, metrics=["accuracy"])
model_auto.fit(tfdataset, epochs=3)
```

```
Epoch 1/3
  1/115 [..............................] - ETA: 3:45:45 - loss: 0.7574 - accuracy: 0.5312
```

Hugging Face 데이터 API는 CSV, JSON, Text, pandas 파일로 저장된 개인 소장 local 파일에도 적용할 수 있다. 가지고 있는 local 파일이 CSV 파일일 때, load_dataset 함수에 'CSV'로 파일 형태를 지정하고 data_files에 CSV 파일이 저장된 path를 지정하면 된다. 아래와 같이 2개 이상의 파일을 동시에 저장할 수도 있고, Hugging Face의 데이터처럼 dictionary 형태로 파일에 key를 부여할 수도 있다.

```
from datasets import load_dataset
dataset = load_dataset('csv', data_files='my_file.csv')
dataset = load_dataset('csv', data_files=['my_file_1.csv', 'my_file_2.csv', 'my_file_3.csv'])
dataset = load_dataset('csv', data_files={'train': ['my_train_file_1.csv', 'my_train_file_2.csv']})
```

실제 local 파일을 적용한 사례를 보기 위해 아래와 같이 imdb 데이터를 내려받으면 현재 프로그램이 있는 path에 imdbs.csv 데이터가 저장되어 있을 것이다. 그러므로 data_files='./imdbs.csv'로 지정하여 data_imdb 데이터셋을 생성할 수 있다. IMDB 데이터는 이미 알고 있듯이 영화에 대한 평가로 sentimental analysis에 사용되는 데이터이다.

```
!pip install gdown
!gdown https://drive.google.com/uc?id=11_M4ootuT7I1G0RlihcC0cA3Elqotlc-
data_imdb = load_dataset('csv', data_files='./imdbs.csv', split='train')
```

```
data_imdb[0]
```

```
{'text': "One of the other reviewers has mentioned that after watching just 1 Oz episode you'll be hooked. They are right, as this is exactly what happened with me.<br /><br />The first thing that struck me about Oz was its brutality and unflinching scenes of violence, which set in right from the word GO. Trust me, this is not a show for the faint hearted or timid. This show pulls no punches with regards to drugs, sex or violence. Its is hardcore, in the classic use of the word.<br /><br />It is called OZ as vthat is the nickname given to the Oswald Maximum Security State Penitentary. It focuses
```

```
mainly on Emerald City, an experimental section of the prison where all the cells have glass fronts and face inwards, so privacy is not high on the agenda. Em City is home to many..Aryans, Muslims, gangstas, Latinos, Christians, Italians, Irish and more....so scuffles, death stares, dodgy dealings and shady agreements are never far away.<br /><br />I would say the main appeal of the show is due to the fact that it goes where other shows wouldn't dare. Forget pretty pictures painted for mainstream audiences, forget charm, forget romance...OZ doesn't mess around. The first episode I ever saw struck me as so nasty it was surreal, I couldn't say I was ready for it, but as I watched more, I developed a taste for Oz, and got accustomed to the high levels of graphic violence. Not just violence, but injustice (crooked guards who'll be sold out for a nickel, inmates who'll kill on order and get away with it, well mannered, middle class inmates being turned into prison bitches due to their lack of street skills or prison experience) Watching Oz, you may become comfortable with what is uncomfortable viewing....thats if you can get in touch with your darker side.",
 'label': 1}
```

```
data_imdb.features
```

```
{'text': Value(dtype='string', id=None),
 'label': Value(dtype='int64', id=None)}
```

Hugging Face 데이터 API는 sklearn의 train_test_split과 동일한 함수를 제공하고 있어, 아래와 같이 train 데이터와 test 데이터를 분리할 수 있다. Hugging Face의 datasets에 내장된 데이터와 동일한 형식으로 바뀐 것을 볼 수 있다.

```
data_imdb = data_imdb.train_test_split(test_size=0.3)
```

```
data_imdb
```

```
DatasetDict({
    train: Dataset({
        features: ['text', 'label'],
        num_rows: 70
```

```
    })
    test: Dataset({
        features: ['text', 'label'],
        num_rows: 30
    })
})
```

BertTokenizer를 이용하여 'glue' 데이터에서 진행했던 방법과 동일하게, train 데이터와 test 데이터 각각에 대해 아래와 같이 자료의 사전정리과정을 실행하여 tf_traindata와 tf_testdata를 생성한다.

```
train_set = data_imdb['train']
test_set = data_imdb['test']
train_set.shape
```

```
(70, 2)
```

```
tokenizer = BertTokenizer.from_pretrained('bert-base-uncased')

def encode(examples):
    return tokenizer(examples['text'], truncation=True, padding='max_length')

train_data = train_set.map(encode, batched=True)
test_data=test_set.map(encode,batched=True)
```

```
import tensorflow as tf
train_data.set_format(type='tensorflow', columns=['input_ids', 'attention_mask', 'labels'])
features_train = {x: train_data[x] for x in ['input_ids', 'attention_mask']}
tfdata_train = tf.data.Dataset.from_tensor_slices((features_train, train_data["label"])).batch(32)

test_data.set_format(type='tensorflow', columns=['input_ids', 'attention_mask', 'labels'])
features_test = {x: test_data[x] for x in ['input_ids', 'attention_mask']}
tfdata_test = tf.data.Dataset.from_tensor_slices((features_test, test_data["label"])).batch(32)
```

위 프로그램에서 볼 수 있듯이 train_data와 test_data를 정의할 때 columns에서 'token_type_ids'가 생략된 것을 볼 수 있다. 앞의 'glue' 데이터와 다르게 IMDB 데이터는 입력으로 한 문단씩 입력되기 때문이다. 물론 'token_type_ids'를 생략하지 않아도 된다.

이제 준비된 IMDB 데이터를 사전학습된 TFBertForSequenceClassification 모형에 적합하고 tfdata_test로 accuracy를 점검하면 아래 결과와 같다. 오직 epoch=3이므로 만족할 만한 성능은 아니지만 학습데이터 수가 불과 70개인 점을 고려하면 예상되는 모형성능이다. 여기에서 보여주는 실제 적용사례의 주안점은 모형성능보다는 실제 모형에 적용할 수 있는 사전데이터 정리과정에 있다.

```
from transformers import TFBertForSequenceClassification
model_tf=TFBertForSequenceClassification.from_pretrained('bert-base-uncased')
model_tf.compile(optimizer='adam', loss='binary_crossentropy', metrics=["accuracy"])
model_tf.fit(tfdata_train, epochs=3,validation_data=tfdata_test)
```

```
Epoch 1/3
3/3 [==============================] - 379s 123s/step - loss: 6.7235 - accuracy:
0.5865 - val_loss: 5.1416 - val_accuracy: 0.3333
Epoch 2/3
3/3 [==============================] - 407s 117s/step - loss: 6.7191 - accuracy:
0.4356 - val_loss: 5.1416 - val_accuracy: 0.3333
Epoch 3/3
3/3 [==============================] - 423s 120s/step - loss: 6.4966 - accuracy:
0.4356 - val_loss: 7.6539 - val_accuracy: 0.6667
```

다음은 제17장에서 논의할 BERT의 변형인 DistilBert 모형에 IMDB 데이터를 적용하고자 한다. DistilBert 모형도 BertTokenizer를 사용하므로 앞에서 정의된 Hugging Face의 데이터 API를 이용해서 정의한 train_data와 test_data를 그대로 사용할 수 있다. 사전학습된 TFDistilBertModel의 model id 'distilbert-base-uncased'를 지정한 후, tf.keras의 문법에 따라 IMDB 데이터의 input_ids와 attention_mask를 입력하기 위해 2개의 Input층을 먼저 정의하고 입력데이터의 최대 길이(즉, 시간스탭)는 512로 지정하고 있다. TFDistilBertModel은 tuple 형태로 출력되는데

tuple의 첫 번째 항은 최종 출력 embedding으로

```
embedding_layer = tfdist_model(input_ids_in, attention_mask=input_masks_in)[0]
```

을 지정하여 (batch,512,768) 3D텐서를 출력하도록 하고 있다. 이 중 (batch,0,768)은 토큰 '[CLS]'에 해당하므로 아래 프로그램과 같이 cls_token = embedding_layer[:,0,:]으로 '[CLS]'의 최종 embedding을 추출하고 있다. 이 embedding을 이용하여 IMDB 데이터를 분류하기 위함이다. 여기에 MLP 층과 Dropout 층을 추가하고 tf.keras.Model을 정의하고 있다. 사전학습된 TFDistilBert Model의 모수를 그대로 사용하기 위해 첫 3개 layer들의 모수를 고정(freeze)하고 있다. 그러므로 사전학습된 모형을 이전학습(transfer learning)하고 있다.

```
from transformers import TFDistilBertModel

tfdist_model = TFDistilBertModel.from_pretrained('distilbert-base-uncased')

input_ids_in = tf.keras.layers.Input(shape=(512,), name='input_token', dtype='int32')
input_masks_in = tf.keras.layers.Input(shape=(512,), name='masked_token', dtype='int32')

embedding_layer = tfdist_model(input_ids_in, attention_mask=input_masks_in)[0]
cls_token = embedding_layer[:,0,:]
X = tf.keras.layers.BatchNormalization()(cls_token)
X = tf.keras.layers.Dense(100, activation='relu')(X)
X = tf.keras.layers.Dropout(0.2)(X)
X = tf.keras.layers.Dense(1, activation='softmax')(X)
model = tf.keras.Model(inputs=[input_ids_in,input_masks_in], outputs = X)

for layer in model.layers[:3]:
  layer.trainable = False
model.summary()
```

```
Model: "model_1"
```

Layer (type)	Output Shape	Param #	Connected to
input_token (InputLayer)	[(None, 512)]	0	

masked_token (InputLayer)	[(None, 512)]	0	
tf_distil_bert_model_1 (TFDisti	((None, 512, 768),)	66362880	input_token[0][0] masked_token[0][0]
tf.__operators__.getitem_1 (Sli	(None, 768)	0	tf_distil_bert_model_1[0][0]
batch_normalization_1 (BatchNor	(None, 768)	3072	tf.__operators__.getitem_1[0][0]
dense_2 (Dense)	(None, 100)	76900	batch_normalization_1[0][0]
dropout_77 (Dropout)	(None, 100)	0	dense_2[0][0]
dense_3 (Dense)	(None, 1)	101	dropout_77[0][0]

```
Total params: 66,442,953
Trainable params: 78,537
Non-trainable params: 66,364,416
```

여기에서 주의해야 할 것은 위 프로그램과 같이 Input 층으로 구체적으로 input_ids와 attention_mask를 지정하면 TensorFlow의 데이터 API에서 아래와 같이 특성변수를 tuple로 묶어 목적변수 label과 따로 분리해 주어야 한다는 점이다. 직전 TFBertFor SequenceClassification 모형 적용사례와 비교해 보면 명확하게 차이점을 볼 수 있을 것이다. shuffle을 추가하여 표본의 임의성을 높혀 주었다.

```
tf_traindata = tf.data.Dataset.from_tensor_slices(((train_data['input_ids'],train_data['attention_mask']),
                train_data["label"])).shuffle(50).batch(8,drop_remainder=True)
```

```
tf_testdata = tf.data.Dataset.from_tensor_slices(((test_data['input_ids'],test_data['attention_mask']),
                test_data["label"])).shuffle(20).batch(8,drop_remainder=True)
```

앞에서 정의된 tf_traindata와 tf_testdata를 적용하여 아래 프로그램은 이전학습 결과를 보여주고 있다.

```
model.compile(optimizer='adam', loss='categorical_crossentropy', metrics=["accuracy"])
model.fit(tf_traindata, epochs=3,validation_data=tf_testdata)
```

```
Epoch 1/3
8/8 [==============================] - 33s 4s/step - loss: 0.0000e+00 - accuracy:
0.3911 - val_loss: 0.0000e+00 - val_accuracy: 0.5417
Epoch 2/3
8/8 [==============================] - 32s 4s/step - loss: 0.0000e+00 - accuracy:
0.3747 - val_loss: 0.0000e+00 - val_accuracy: 0.4583
Epoch 3/3
8/8 [==============================] - 34s 4s/step - loss: 0.0000e+00 - accuracy:
0.3575 - val_loss: 0.0000e+00 - val_accuracy: 0.5000
```

다음 프로그램은 앞에서 정의한 tf_traindata와 tf_testdata를 이용하여 차례대로 TFBertModel과 TFBertForSequenceClassification 모형의 이전학습 결과를 보여주고 있다.

```
from transformers import TFBertModel

tfbert_model = TFBertModel.from_pretrained('bert-base-uncased')
input_ids_in = tf.keras.layers.Input(shape=(512,), name='input_token', dtype='int32')
input_masks_in = tf.keras.layers.Input(shape=(512,), name='masked_token', dtype='int32')

embedding_layer = tfbert_model(input_ids_in, attention_mask=input_masks_in)[0]
cls_token = embedding_layer[:,0,:]
X = tf.keras.layers.BatchNormalization()(cls_token)
X = tf.keras.layers.Dense(100, activation='relu')(X)
X = tf.keras.layers.Dropout(0.2)(X)
X = tf.keras.layers.Dense(1, activation='softmax')(X)
model_bert = tf.keras.Model(inputs=[input_ids_in,input_masks_in], outputs = X)

for layer in model_bert.layers[:3]:
  layer.trainable = False
model_bert.summary()
```

```
Model: "model_2"
________________________________________________________________________________
Layer (type)                    Output Shape     Param #         Connected to
================================================================================
```

```
input_token (InputLayer)            [(None, 512)]          0

masked_token (InputLayer)           [(None, 512)]          0

tf_bert_model (TFBertModel)      ((None, 512, 768), (  109482240          input_token[0][0]
                                                                          masked_token[0][0]

tf.__operators__.getitem_2 (Sli      (None, 768)           0              tf_bert_model[0][0]

batch_normalization_2 (BatchNor      (None, 768)           3072  tf.__operators__.getitem_2[0][0]

dense_4 (Dense)                      (None, 100)           76900    batch_normalization_2[0][0]

dropout_115 (Dropout)                (None, 100)           0                  dense_4[0][0]

dense_5 (Dense)                      (None, 1)             101             dropout_115[0][0]
==========================================================================================
Total params: 109,562,313
Trainable params: 78,537
Non-trainable params: 109,483,776
```

```
model_bert.compile(optimizer='adam', loss='binary_crossentropy', metrics=["accuracy"])
model_bert.fit(tf_traindata, epochs=3,validation_data=tf_testdata)
```

```
Epoch 1/3
8/8 [==============================] - 72s 9s/step - loss: 0.9400 - accuracy:
0.4161 - val_loss: 0.5901 - val_accuracy: 0.5417
Epoch 2/3
8/8 [==============================] - 88s 12s/step - loss: 0.4630 - accuracy:
0.4207 - val_loss: 0.5304 - val_accuracy: 0.4583
Epoch 3/3
8/8 [==============================] - 110s 14s/step - loss: 0.6388 - accuracy:
0.4113 - val_loss: 0.4802 - val_accuracy: 0.5000
```

```
tfbert_cl = TFBertForSequenceClassification.from_pretrained('bert-base-uncased')

input_ids_in = tf.keras.layers.Input(shape=(512,), name='input_token', dtype='int32')
input_masks_in = tf.keras.layers.Input(shape=(512,), name='masked_token', dtype='int32')

embedding_layer = tfbert_cl(input_ids_in, attention_mask=input_masks_in)[0]

X = tf.keras.layers.BatchNormalization()(embedding_layer)
```

```
X = tf.keras.layers.Dense(100, activation='relu')(X)
X = tf.keras.layers.Dropout(0.2)(X)
X = tf.keras.layers.Dense(1, activation='softmax')(X)
model_cl = tf.keras.Model(inputs=[input_ids_in,input_masks_in], outputs = X)

for layer in model_cl.layers[:3]:
  layer.trainable = False
model_cl.summary()
```

```
Model: "model_3"
________________________________________________________________________________
Layer (type)                     Output Shape      Param #    Connected to
================================================================================
input_token (InputLayer)         [(None, 512)]     0
________________________________________________________________________________
masked_token (InputLayer)        [(None, 512)]     0
________________________________________________________________________________
tf_bert_for_sequence_classifica  ((None, 2),)      109483778  input_token[0][0]
                                                              masked_token[0][0]
________________________________________________________________________________
batch_normalization_3 (BatchNor  (None, 2)         8 tf_bert_for_sequence_classificati
________________________________________________________________________________
dense_6 (Dense)                  (None, 100)       300        batch_normalization_3[0][0]
________________________________________________________________________________
dropout_154 (Dropout)            (None, 100)       0          dense_6[0][0]
________________________________________________________________________________
dense_7 (Dense)                  (None, 1)         101        dropout_154[0][0]
================================================================================
Total params: 109,484,187
Trainable params: 405
Non-trainable params: 109,483,782
________________________________________________________________________________
```

```
model_cl.compile(optimizer='adam', loss='categorical_crossentropy', metrics=["accuracy"])
model_cl.fit(tf_traindata, epochs=3,validation_data=tf_testdata)
```

```
Epoch 1/3
8/8 [==============================] - 72s 9s/step - loss: 0.0000e+00 - accuracy: 
0.4191 - val_loss: 0.0000e+00 - val_accuracy: 0.4583
Epoch 2/3
8/8 [==============================] - 84s 11s/step - loss: 0.0000e+00 - accuracy: 
0.3850 - val_loss: 0.0000e+00 - val_accuracy: 0.5000
Epoch 3/3
8/8 [==============================] - 121s 15s/step - loss: 0.0000e+00 - 
accuracy: 0.4269 - val_loss: 0.0000e+00 - val_accuracy: 0.5000
```

17장

BERT 변형

BERT의 단점을 보완하고 성능을 개선하기 위해 BERT의 변형(BERT Variants)이 개발되어 왔다. ALBERT(A Lite version of BERT)는 BERT의 모수 수를 줄여서 수렴속도를 높이는 BERT 변형모형이며, RoBERTa(Robustly Optimized BERT pre-training Approach)는 BERT 과제 중에서 NSP를 제거하고 MSM 과제를 실행하기 위한 [MASK]를 동적 [MASK]로 교체하여 기존의 BERT 성능을 높힌 모형이다. ELECTRA(Efficiently Learning an Encoder that classifies Token Replacements Accurately)는 generator와 discriminator로 구분된 2개의 BERT를 학습시킨다. generator는 [MASK]를 예측하고 discriminator BERT는 각 토큰이 generator에서 예측된 것인지 아닌지를 구별하는 과제를 수행한다. 학습이 끝난 후의 discriminator를 ELECTRA라고 한다. DistilBERT는 스마트폰과 같이 초소형 기기에서도 사전학습된 question-answering과 같은 NLP 과제를 실시간으로 실행하기 위해, 소위 지식정제(knowledge distillation)를 통해 대규모 BERT 모형의 성능을 소규모 BERT 모형으로 옮기는 BERT 변형모형이다. 이 네 가지 BERT 변형모형의 작동원리와 Hugging Face를 통한 모형의 실행을 논의하게 될 것이다. 위의 BERT 변형은 모두 영어를 기반으로 한 단일언어모형(monolingual model)이다. 다중언어(multi-lingual) BERT 모형 중 XLM(cross-lingual language model)과 XLM-R (XLM-RoBERTa) 모형을 통해 다중언어 BERT 모형의 논의도 이 장에 포함한다.

17.1 ALBERT

BERT-base의 모수는 1억 1천만 개 정도이므로 근본적으로 계산 부담이 매우 큰 모형이다. ALBERT 모형은 encoder 층간의 모수공유(cross-layer parameter sharing)와 토큰 embedding의 인수분해 모수화(factorized embedding layer parameterization)를 통해 BERT encoder들의 모수를 대폭으로 줄인다.

먼저 cross-layer parameter sharing을 논의해 보자. BERT-base는 12개의 encoder로 구성되어 있다. 각 encoder에는 다중분류 자체 attention을 위한 3개의 MLP 층 모수, 층정규화 모수, 출력 MLP 층 모수가 있다. BERT에서는 이러한 모수로 구성된 12개 encoder들을 모두 추정해야 하지만, ALBERT에서는 첫 번째 encoder의 모수만 추정하고 나머지 11개의 encoder들의 모수는 추정된 첫 번째 모수를 복제해서 사용한다. 이를 all-shared라고 한다. 만약 첫 번째 encoder의 출력 MLP 층 모수만 공유하면 이를 shared feedforward network이라고 하며, 만약 첫 번째 encoder의 다중분류 자체 attention을 위한 3개의 MLP 층 모수만 공유하면 이를 shared attention이라고 한다. ALBERT에서는 default로 all-shared를 이용한다.

인수분해 모수화는 토큰 embedding 모수를 줄이기 위한 아주 간단한 방법이다. BERT 모형에서는 30,000여 개의 vocabulary를 이용하여 각각의 토큰을 768차원의 embedding을 하고 있다. 이를 위해 one-hot-encoding된 30,000개의 vocabulary를 768개의 노드를 가진 Embedding 층을 통과시키므로 총 $30,000 \times 768 = 23,040,000$개의 모수가 필요하게 된다. 그러나 예를 들어, 30,000개의 vocabulary를 128개의 노드를 가진 MLP 층을 통과시켜 128 밀집 차원값으로 변환한 후, 이를 노드가 768개인 MLP 층에 통과시키면 목적한 768차원의 embedding을 하게 된다. 여기에 소요되는 모수를 계산하면 30,000×128+128×768=3,938,304로 19,101,696개의 토큰 embedding 모수를 줄이게 된다.

ALBERT는 BERT와 동일하게 영어 Wikipedia와 Toronto BookCorpus 데이터셋을 이용한 사전학습모형이다. BERT는 MLM(masked language model)과 NSP(next sentence prediction)과제로 사전학습했지만 NSP는 기대만큼 유용하지 않다는 것이 지적되었다. 그래서 ALBERT는 MLM과 SOP(sentence order prediction) 과제를 통해 사전학습한다. SOP를 이해하기 위해 다음 문장을 고려해 보자.

sentence1: He cooked a fish
sentence2: It was delicious

위 두 문장은 연속된 2개의 문장이며 label은 'positive'로 부여하고, 2개의 문장 순

표 17-1 BERT와 ALBERT config의 비교

모형	모수 수	encoder 수	encoder embedding	토큰 embedding
BERT-base	1.1억	12	768	768
BERT-large	3.34억	24	1024	1024
ALBERT-base	0.12억	12	768	128
ALBERT-large	0.18억	24	1024	128
AlBERT-xlarge	0.6억	24	2048	128
ALBERT-xxlarge	2.35억	12	4096	128

서를 바꾸어(swap)

sentence1:It was delicious
sentence2: He cooked a fish

'negative' label을 부여한다. 즉, 두 개의 문장의 순서가 맞으면 'positive', 문장의 순서가 바뀌었으면 'negative'로 label을 부여하여 문장 간의 논리성(inter-sentence coherence)을 학습하도록 하는 과제가 SOP이다. 그러므로 ALBERT를 학습시키기 위해 모집단 텍스트로부터 2개의 연속된 문장을 뽑아 labels='positive', 그리고 이 문장을 교환하여 labels='negative'를 주어 데이터셋을 생성한 후, SOP 과제를 실행할 수 있도록 한다. <표 17-1>은 BERT와 ALBERT의 configuration을 보여주고 있다.

<표 17-1>에서 볼 수 있듯이 BERT에서는 토큰 embedding 차원과 encoder embedding 차원이 같지만, ALBERT는 factorized embedding parameterization에 의해 토큰 embedding이 작게 설정된 것을 볼 수 있다. <표 17-1>의 config는 Hugging Face의 "Pretrained models"의 model id에서 찾을 수 있다. ALBERT-xxlarge는 여러 NLP 과제에서 BERT를 능가하는 것으로 나타났다(https://arxiv.org/pdf/1909.11942.pdf).

Hugging Face에서 ALBERT의 적용은 제16장에서 논의한 BERT의 적용과 다를 바 없다. 다음과 같이 AlbertTokenizer와 TFAlbertModel을 호출하고 model id "albert-base-v1"을 입력한다.

```
from transformers import AlbertTokenizer, TFAlbertModel

tokenizer = AlbertTokenizer.from_pretrained('albert-base-v1')
model = TFAlbertModel.from_pretrained('albert-base-v1')
```

"albert-base-v1"의 config는 아래와 같이 출력할 수 있다.

```
model.config
```

```
AlbertConfig {
  "_name_or_path": "albert-base-v1",
  "architectures": [
    "AlbertForMaskedLM"
  ],
  "attention_probs_dropout_prob": 0.1,
  "bos_token_id": 2,
  "classifier_dropout_prob": 0.1,
  "down_scale_factor": 1,
  "embedding_size": 128,
  "eos_token_id": 3,
  "gap_size": 0,
  "hidden_act": "gelu",
  "hidden_dropout_prob": 0.1,
  "hidden_size": 768,
  "initializer_range": 0.02,
  "inner_group_num": 1,
  "intermediate_size": 3072,
  "layer_norm_eps": 1e-12,
  "max_position_embeddings": 512,
  "model_type": "albert",
  "net_structure_type": 0,
  "num_attention_heads": 12,
  "num_hidden_groups": 1,
  "num_hidden_layers": 12,
  "num_memory_blocks": 0,
  "pad_token_id": 0,
  "type_vocab_size": 2,
  "vocab_size": 30000
}
```

두 개의 문장으로 구성된 표본 2개를 tokenizer에 입력하고 그 결과를 사전학습된 ALBERT에 입력하면 아래와 같은 출력을 볼 수 있다. tokenizer에 입력되는 토큰의 크기를 동일하게 하기 위해 padding=True, truncation=True를 지정하고 있다.

```
inputs = tokenizer([["Hello, my dog is cute","my cat too"],
                    ["Seoul is the capital of Korea", "It is beautiful"]],
                    padding=True, truncation=True, return_tensors="tf")
hidden_rep, cls_rep = model(inputs)
```

AlbertTokenizer와 AlbertModel의 출력결과는 아래와 같이 BERT와 동일한 형태임을 알 수 있다. 즉, 사전학습된 BERT 모형과 BERT 변형모형의 출력은 최종 encoder 층 출력 embedding이 된다.

```
print(inputs)
```

```
{'input_ids': <tf.Tensor: shape=(2, 12), dtype=int32, numpy=
array([[    2, 10975,    15,    51,  1952,    25, 10901,     3,    51,
         2008,   266,     3],
       [    2, 12034,    25,    14,  1057,    16,  2758,     3,    32,
           25,  1632,     3]])>, 'token_type_ids': <tf.Tensor: shape=(2, 12), dtype=int32,
       numpy=
array([[0, 0, 0, 0, 0, 0, 0, 0, 1, 1, 1, 1],
       [0, 0, 0, 0, 0, 0, 0, 0, 1, 1, 1, 1]])>, 'attention_mask': <tf.Tensor: shape=(2, 12),
       dtype=int32, numpy=
array([[1, 1, 1, 1, 1, 1, 1, 1, 1, 1, 1, 1],
       [1, 1, 1, 1, 1, 1, 1, 1, 1, 1, 1, 1]])>}
```

```
print(hidden_rep.shape, cls_rep.shape)
```

```
(2, 12, 768) (2, 768)
```

17.2 RoBERTa

RoBERTa는 다음과 같이 네 가지의 변형을 제외하고 BERT와 동일한 모형이다.

1. BERT의 NSP 과제를 제외하고 오직 MLM 과제로 학습한다.
2. MLM 과제 실행을 위한 [MASK]를 BERT의 정적마스킹(static masking) 대신 동적마스킹(dynamic masking)으로 교체한다.
3. 큰 batch 크기로 학습한다.
4. BBPE(byte-level BPE)로 토큰화한다.

RoBERTa 논문(https://arxiv.org/pdf/1907.11692.pdf)에 따르면 BERT의 NSP는 유용성이 거의 없어서 RoBERTa에서는 NSP 과제를 제외하고 MLM 과제를 위한 15%의 [MASK]를 epoch마다 변경하는 동적마스킹을 사용하는 것으로 바꾸었다. BERT에서는 표본문장 토큰의 15%를 임의로 뽑아 8:1:1=[MASK]: 다른 토큰: 원래 토큰의 비율로 마스킹한 후, epoch을 반복하더라도 마스킹된 토큰은 변경하지 않는다. 이를 정적마스킹(static masking)이라고 한다. 그러나 RoBERTa에서는 epoch이 반복될 때마다 출력 embedding의 문맥상 대표성을 강화하기 위해 표본문장 토큰의 15%를 재표집하여 마스킹 토큰을 변경하는 동적마스킹(dynamic masking)을 사용한다. 추가적으로 RoBERTa는 BERT의 batch=256을 8,000으로 증가시키고 학습데이터의 규모를 대폭 증가시켜 수렴속도와 성능을 향상시켰다.

Transformers로부터 RobertaTokenizer와 TFRobertaModel을 아래와 같이 호출한 후,

```
from transformers import RobertaTokenizer, TFRobertaModel

tokenizer = RobertaTokenizer.from_pretrained('roberta-base')
model = TFRobertaModel.from_pretrained('roberta-base')
```

RobertaTokenizer를 통해 "Hello, my dog is cute"의 토큰화 결과를 보면 공백(white space)을 $\dot{G}$로 대체한 것을 볼 수 있다.

```
tokenizer.tokenize("Hello, my dog is cute")
```

```
['Hello', ',', 'Ġmy', 'Ġdog', 'Ġis', 'Ġcute']
```

아래 토큰화를 보면 $\dot{G}$의 역할을 볼 수 있다. 서브워드(subword)로 분리된 "MLM"과 "masking"에는 $\dot{G}$이 없기 때문에 두 번째 토큰 'M'은 'MLM'의 서브워드이고 'ing'는 'masking'의 서브워드임을 말하고 있다.

```
tokenizer.tokenize("MLM is dynamic masking")
```

```
['ML', 'M', 'Ġis', 'Ġdynamic', 'Ġmask', 'ing']
```

다음은 RobertaTokenizer와 TFRobertaModel의 출력결과를 보여주고 있으며 BERT의 출력과 동일한 형태임을 볼 수 있다.

```
inputs = tokenizer("Hello, my dog is cute", return_tensors="tf")

hidden_rep, cls_rep= model(inputs)
print(inputs)
print(hidden_rep.shape, cls_rep.shape)
```

```
{'input_ids': <tf.Tensor: shape=(1, 8), dtype=int32, numpy=array([[ 0, 31414, 6,
  127, 2335, 16, 11962, 2]])>, 'attention_mask': <tf.Tensor: shape=(1, 8), dtype=int32,
  numpy=array([[1, 1, 1, 1, 1, 1, 1, 1]])>}
(1, 8, 768) (1, 768)
```

17.3 ELECTRA

BERT 모형을 사전학습시키기 위해 MLM 과제의 [MASK] 토큰은 다양한 후속 NLP 과제에 나타나지 않으므로, BERT의 입력 토큰과 fine-tuning 모형의 입력 토큰의 불일치가 발생하게 된다. ELECTRA는 이러한 불일치를 해소하기 위해 제안된 BERT의 변형모형이다. 기본적인 아이디어는 아래 그림과 같이 매우 간단하다.

<그림 17-1>과 같이 ELECTRA는 두 개의 BERT로 구성되지만 BERT의 NSP 과제는 사용하지 않는다. "My dog is so cute"를 BERT에 입력하면 BERT의 MLM 과제에 의해 [MASK]를 예측하여 "dog"[MASK]를 "cat"으로, "cute"[MASK]를 "wild"로 잘못 예측하여 "dog"는 "cat"으로, "cute"는 "wild"로 교체된(replaced) "My cat is so wild"로 생성하고 있다. 그러므로 첫 번째 BERT를

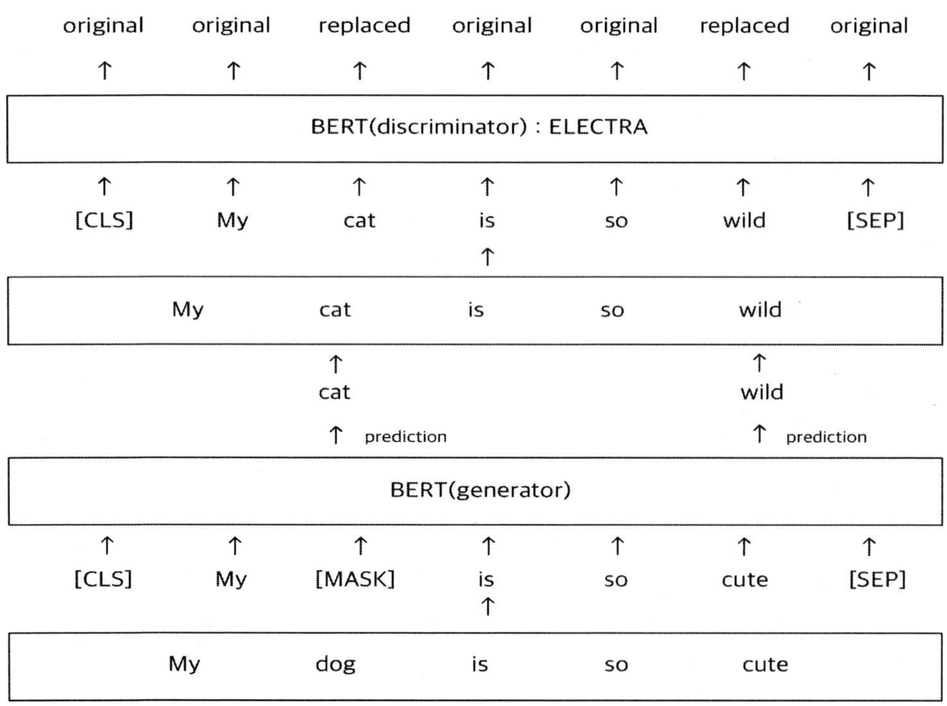

그림 17-1 ELECTRA의 구조

generator라고 한다. 이 genertor에서 생성된 "My cat is so wild"를 <그림 17-1>의 두 번째 BERT에 입력하고 입력된 token 각각이 'original'인지 'replaced'된 것인지를 분류하는 과제를 실행하게 된다. 이러한 과제 때문에 두 번째 BERT를 discriminator라고 말한다. 첫 번째 BERT에서 MLM 과제의 학습과 두 번째 BERT에서 교체된 토큰탐지과제(the replaced token detection task)의 학습을 완료하면 첫 번째 BERT는 사용하지 않고 학습된 두 번째 BERT를 ELECTRA로 이용하게 된다.

ELECTRA는 <그림 17-1>과 같이 두 개의 과제 즉, 첫 번째 BERT의 MLM 과제와 두 번째 BERT의 분류과제이므로 첫 번째 과제의 손실은 categorical cross entropy가 손실함수가 되며, 두 번째 과제의 손실은 binary cross entropy로 정의된다. 물론 첫 번째 과제의 손실은 [MASK]된 토큰의 categorical cross entropy의 평균이고 두 번째 과제의 손실은 모든 토큰에서 계산된 binary cross entropy의 평균이다. ELECTRA의 손실은 이들 두 평균의 가중합으로 정의된다.

BERT는 [MASK] 토큰만을 예측하여 출력 embedding이 문맥상의 의미를 반영하도록 학습시키지만, ELECTRA는 <그림 17-1>의 두 번째 BERT와 같이 입력된 모든 토큰을 분류하므로, 출력 embedding이 문맥상의 상호 의미를 좀 더 잘 반영하여 학습한다는 장점이 있다. ELECTRA는 12개의 encoder들과 256 출력 embedding으로 구성된 ELECTRA-small, 12개의 encoder들과 768 출력 embedding으로 구성된 ELECTRA-base, 그리고 24개의 encoder들과 1,024 출력 embedding으로 구성된 ELECTRA-large가 있다. 다음 프로그램은 ELECTRA-small을 호출한 후 ELECTRA-small의 config를 보여주고 있다.

```
from transformers import ElectraTokenizer, TFElectraModel

tokenizer = ElectraTokenizer.from_pretrained('google/electra-small-discriminator')
model = TFElectraModel.from_pretrained('google/electra-small-discriminator')
model.config
```

```
ElectraConfig {
  "_name_or_path": "google/electra-small-discriminator",
  "architectures": [
    "ElectraForPreTraining"
  ],
  "attention_probs_dropout_prob": 0.1,
  "embedding_size": 128,
  "hidden_act": "gelu",
  "hidden_dropout_prob": 0.1,
  "hidden_size": 256,
  "initializer_range": 0.02,
  "intermediate_size": 1024,
  "layer_norm_eps": 1e-12,
  "max_position_embeddings": 512,
  "model_type": "electra",
  "num_attention_heads": 4,
  "num_hidden_layers": 12,
  "pad_token_id": 0,
  "position_embedding_type": "absolute",
  "summary_activation": "gelu",
  "summary_last_dropout": 0.1,
  "summary_type": "first",
  "summary_use_proj": true,
  "transformers_version": "4.6.0.dev0",
  "type_vocab_size": 2,
  "vocab_size": 30522
}
```

다음은 ELECTRA-small 사전학습모형의 출력을 보여주고 있다. ELECTRA는 출력으로 오직 (batch, token 수, embedding 차원) 3D텐서인 최종 embedding만 tuple로 제공하므로 model(inputs)[0]으로 지정해야 TensorFlow 데이터 형식을 받을 수 있다.

```
inputs = tokenizer("Hello, my dog is cute", return_tensors="tf")
hidden_rep= model(inputs)[0]
print(inputs)
print(hidden_rep.shape)
```

```
{'input_ids': <tf.Tensor: shape=(1, 8), dtype=int32, numpy=array([[  101,  7592,  1010,
2026,  3899,  2003, 10140,    102]])>, 'token_type_ids': <tf.Tensor: shape=(1, 8),
dtype=int32, numpy=array([[0, 0, 0, 0, 0, 0, 0, 0]])>, 'attention_mask': <tf.Tensor:
shape=(1, 8), dtype=int32, numpy=array([[1, 1, 1, 1, 1, 1, 1, 1]])>}
(1, 8, 256)
```

한국어로 사전학습된 ELECTRA 모형인 KoELECTRA 모형은 아래와 같이 model id를 호출하여 이용할 수 있다.

```
from transformers import TFElectraModel, ElectraTokenizer

model = TFElectraModel.from_pretrained("monologg/koelectra-base-v3-discriminator")
tokenizer=ElectraTokenizer.from_pretrained("monologg/koelectra-base-v3-discriminator")
model.config
```

```
ElectraConfig {
  "_name_or_path": "monologg/koelectra-base-v3-discriminator",
  "architectures": [
    "ElectraForPreTraining"
  ],
  "attention_probs_dropout_prob": 0.1,
  "embedding_size": 768,
  "hidden_act": "gelu",
  "hidden_dropout_prob": 0.1,
  "hidden_size": 768,
  "initializer_range": 0.02,
  "intermediate_size": 3072,
  "layer_norm_eps": 1e-12,
  "max_position_embeddings": 512,
  "model_type": "electra",
  "num_attention_heads": 12,
  "num_hidden_layers": 12,
  "pad_token_id": 0,
  "summary_activation": "gelu",
  "summary_last_dropout": 0.1,
  "summary_type": "first",
  "summary_use_proj": true,
  "type_vocab_size": 2,
```

```
  "vocab_size": 35000
}
```

아래는 KoELECTRA를 이용한 한국어 토큰화를 보여주고 있다.

```
tokenizer.tokenize("안녕하세요. 내 강아지는 예뻐요")
```

```
['안녕', '##하', '##세요', '.', '내', '강아지', '##는', '예뻐', '##요']
```

```
inputs = tokenizer("안녕하세요. 내 강아지는 예뻐요", return_tensors="tf")
hidden_rep= model(inputs)[0]
print(inputs)
print(hidden_rep.shape)
```

```
{'input_ids': <tf.Tensor: shape=(1, 11), dtype=int32, numpy=
array([[    2, 11655,  4279,  8553,    18,  2252, 12274,  4034, 15342,
         4150,      3]])>, 'token_type_ids': <tf.Tensor: shape=(1, 11), dtype=int32,
numpy=array([[0, 0, 0, 0, 0, 0, 0, 0, 0, 0, 0]])>, 'attention_mask': <tf.Tensor: shape=(1,
11), dtype=int32, numpy=array([[1, 1, 1, 1, 1, 1, 1, 1, 1, 1, 1]])>}
(1, 11, 768)
```

17.4 DistilBERT

사전학습된 BERT 모형은 1억 개 이상의 모수를 가지고 있어서 휴대폰 같은 제한된 메모리 공간을 가진 첨단기기에 사용하기에는 무거운 모형이다. 여기서 무거운 모형이라는 의미는 휴대폰에 모형을 실행하는 것만으로도 몇십 초 이상의 시간이 걸린다는 의미이다. 예를 들어, 휴대폰에 question-answering 기능을 탑재한다고 가정해 보자. 사용가능한 question-answering 사전학습모형이 되려면 질문에 즉각적인 답변이 나올 만큼 모수가 적은 가벼운 모형일 뿐만 아니라 무거운 BERT 정도의 성능을 가져야 할 것이다. 이러한 필요 때문에 제안된 모형이 DistilBERT (Distilled version of BERT)이다.

사전학습된 BERT의 지식(knowledge)을 모수가 훨씬 작은 BERT 모형에 이식한다는 것이 DistilBERT 모형의 기본 아이디어이다. 이러한 지식 이식을 지식정제(knowledge distillation)라고 하며 지식을 가지고 있는 대형 BERT 모형을 teacher BERT, 그리고 지식을 이식받는 소형 BERT 모형을 student BERT라고 한다. 그러면 teacher network의 지식은 무엇일까? BERT 모형의 최종 출력 embedding으로부터 계산된 [MASK] 토큰에 대한 예측 확률분포이다. 간단한 예를 들어 설명해 보자. BERT에 "I completed writing my [MASK]"가 입력되었다는 가정에서 논의의 간편을 위해 vocabulary={Homework, Cake, Book, Assignment, Car}만 있다고 가정하자. 그러면 BERT 모형은 <그림 17-2>와 같이 softmax 함수를 이용하여 vocabulary가 [MASK]가 될 확률을 추정하게 된다.

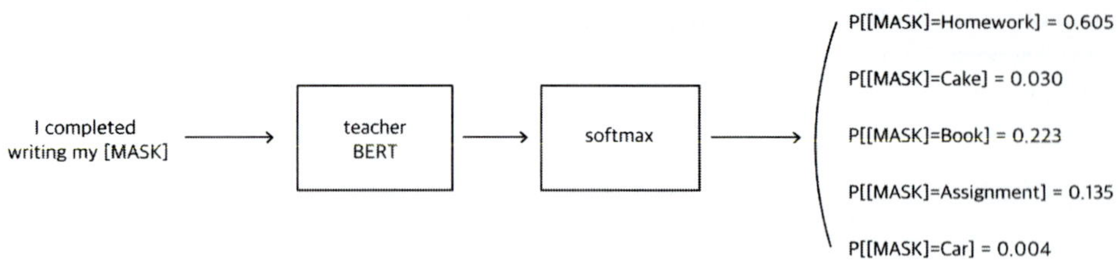

그림 17-2 Teacher BERT

<그림 17-2>에서 볼 수 있듯이 $p([MASK] = Homework) = 0.605$로 가장 높은 확률을 보이므로 [MASK]는 Homework으로 예측하게 된다. Student BERT는 <그림 17-2>에 출력된 teacher BERT의 출력예측분포를 그대로 이전하도록 학습하므로 출력예측분포가 teacher BERT의 지식(knowledge)이다.

<그림 17-2>를 좀 더 자세하게 살펴보면 [MASK]는 Homework뿐만 아니라 Book과 Assignment도 비교적 큰 확률을 가지고 있음을 볼 수 있다. 이렇게 비교적 큰 확률을 가진 토큰들을 dark knowledge라고 하며 student BERT를 학습시키는

데 유용한 정보를 제공한다. 그 이유를 살펴보면 다음과 같다. 두 개의 분포함수 $p(x)$와 $q(x)$가 있을 때 두 분포의 거리는 다음과 같이 정의된 Kullback-Leibler (KL) divergence로 측정하게 된다.

$$KL(p,q) = \int \log \frac{p(x)}{q(x)} \cdot p(x)dx$$

만약 $p(x) = q(x)$이면 $KL = 0$이며 $KL(p,q)$의 최솟값은 0이다. 이러한 KL divergence의 특성은 제18장에서 자세하게 논의될 것이다. 분포함수 $p(x)$와 $q(x)$가 이산형(discrete)이면

$$KL(p,q) = \sum_{k=1}^{K} \log \frac{p(x_i)}{q(x_i)} \cdot p(x_i)$$

가 된다. <그림 17-2>에서

$$p([MASK] = Homework] = p(x_1),\ \cdots,\ p([MASK] = Car) = p(x_5)$$

으로 놓으면 $q(x_i)$는 student BERT의 출력예측분포가 된다. 그러므로

$$KL(p,q) = \sum_{k=1}^{5} \log \frac{p(x_i)}{q(x_i)} \cdot p(x_i)$$

가 student BERT의 손실함수가 되며 $p(x_i) = q(x_i), i = 1,2,\cdots,5$이면, 즉

teacher BERT의 출력예측분포=student BERT의 출력예측분포

이면 student BERT의 손실은 최소가 된다. 그런데 $KL(p,q) = \sum_{k=1}^{K} \log \frac{p(x_i)}{q(x_i)} \cdot p(x_i)$으로 정의되어 있으므로 $p(x_i) \approx 0$이면 손실함수 KL에 기여하지 못한다. 따라서 $p(x_i) \approx 0$인 토큰 x_i는 dark knowledge에서 제외되게 된다. 그런데 teacher BERT 출력예측 확률분포가 Homework일 확률이 1에 가깝다면 dark knowledge가 형성되지 않게 된다. 이럴 경우, teacher BERT의 출력확률분포가 dark knowledge를 형성하도록 만들어야 한다. 즉, teacher BERT 출력예측 확률분포가 특정 토큰

에 속할 확률이 1에 가깝더라도 dark knowledge를 형성하기 위해, 소위 temperature T를 softmax 함수에 다음과 같이 적용한다.

$$p(x_i) = \frac{\exp(z_i/T)}{\sum_{j=1}^{K}(z_j/T)}$$

여기에서 $T=1$이면 표준 softmax 함수이다. $T\rightarrow\infty$이면 $p(x_i)=\frac{1}{K}$가 되므로 T가 클수록 $p(x_i)$는 균등분포(Uniform distribution)에 접근하게 된다. 그러므로 1보다 큰 temperature T를 선택해서 teacher BERT가 dark knowledge를 형성하도록 한다. <그림 17-2>에서 1보다 큰 temperature를 적용하여 구한 teacher BERT의 출력 예측분포 $p(x_i)$를 soft target이라고 하고 $KL(p,q)=\sum_{k=1}^{K}\log\frac{p(x_i)}{q(x_i)}\cdot p(x_i)$를 distillation 손실이라고 한다.

"I completed writing my [MASK]"에서 실제 [MASK]=Homework이면 목적변수는 [Homework,Cake,Book,Assignment,Car]=[1,0,0,0,0]으로 one-hot-encoding하여 입력하게 된다. 이를 hard target이라고 한다. student BERT는 categorical cross entropy를 손실함수로 하여 목적변수인 hard target을 추정하게 된다. 사실 categorical cross entropy는 distillation 손실의 특수한 경우이다. one-hot-encoding [1,0,0,0,0]는 $p(x_1)=1$이고 $p(x_i)=0, i=2,\cdots,5$이기 때문에 이를 distillation 손실함수에 대입하면 쉽게 이해할 수 있을 것이다.

DistilBERT의 학습방법을 그림으로 정리하면 다음과 같다. <그림 17-3>에서 teacher BERT는 사전학습된 BERT 모형이므로 텍스트를 입력하면 그림과 같이 vocabulary 내의 토큰이 [MASK]가 될 예측분포 $p(x)$를 출력한다. student BERT는 표준 encoder의 수를 대폭 줄인 소형 BERT로 DistilBERT라고 하며 distillation loss와 student loss를 최소화하도록 학습시킨다.

teacher BERT의 출력예측분포 $p(x)$는 soft target이고 student BERT의 출력예측분포 $q(x)$는 <그림 17-3>의 soft prediction이다. $p(x)$와 $q(x)$의 KL divergence

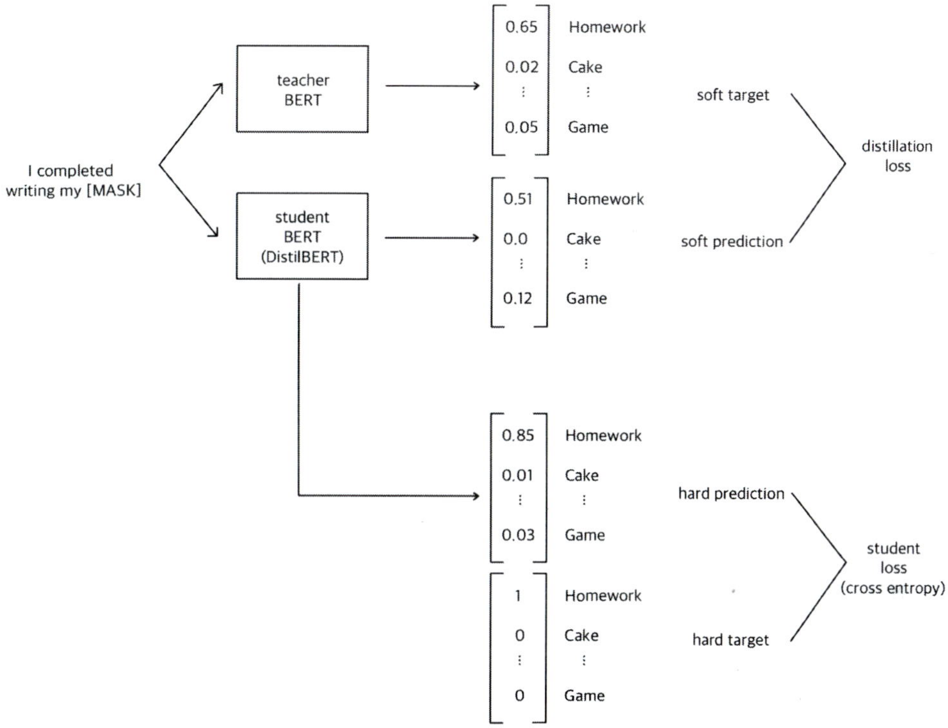

그림 17-3 DistilBERT의 학습

가 distilltation loss로 정의된다. [MASK]의 실제 토큰에 확률 1을 부여하고 다른 토큰에 0을 부여하면 목적변수 one-hot-encoding이기 때문에 hard target이 된다. <그림 17-3>에서 이 hard target을 추정한 student BERT의 출력예측분포를 hard prediction으로 정의하고 있다. hard target과 hard prediction의 차이는 categorical cross entropy로 측정되며 <그림 17-3>에서는 이를 student loss라고 정의하고 있다.

추가적으로 DistilBERT는 teacher BERT와 student BERT의 최종 출력 embedding의 상관관계를 최대로 하는 cosine loss를 통해 teacher BERT의 최종 출력 embedding과 가능한 한 가까운 student BERT의 최종 출력 embedding이 되도록 조정한다. 그러므로 DistilBERT의 최종 손실함수는

$$\text{DistilBERT 손실함수} = \alpha_1 \cdot \text{distillation loss} + \alpha_2 \cdot \text{student loss} + \alpha_3 \cdot \text{cosine loss}$$

로 정의된다.

DistilBERT는 BERT의 MLM 과제만 실행하며 MLM의 [MASK]는 동적마스킹을 이용한다. 이런 결과로 DistilBERT(즉, student BERT)는 더 작고, 더 빠르고, 더 가볍고, 더 저렴한 BERT version이라고 할 수 있으며 iphone에 실제로 탑재된 모형이다.

Hugging Face의 DistilBERT 모형을 적용하는 것은 BERT와 동일하다. 아래와 같이 적절한 model id를 DistilBertTokenizer와 TFDistilBertModel에 적용하면 된다.

```
from transformers import DistilBertTokenizer, TFDistilBertModel

tokenizer = DistilBertTokenizer.from_pretrained('distilbert-base-uncased')
model = TFDistilBertModel.from_pretrained('distilbert-base-uncased',output_hidden_states=True)
model.config
```

```
DistilBertConfig {
  "_name_or_path": "distilbert-base-uncased",
  "activation": "gelu",
  "architectures": [
    "DistilBertForMaskedLM"
  ],
  "attention_dropout": 0.1,
  "dim": 768,
  "dropout": 0.1,
  "hidden_dim": 3072,
  "initializer_range": 0.02,
  "max_position_embeddings": 512,
  "model_type": "distilbert",
  "n_heads": 12,
  "n_layers": 6,
  "output_hidden_states": true,
  "pad_token_id": 0,
  "qa_dropout": 0.1,
  "seq_classif_dropout": 0.2,
  "sinusoidal_pos_embds": false,
  "tie_weights_": true,
  "vocab_size": 30522
}
```

```
inputs = tokenizer("Hello, my dog is cute", return_tensors="tf")
hidden_rep, hidden_states= model(inputs)
print(inputs)
print(hidden_rep.shape, hidden_states[0].shape)
```

```
{'input_ids': <tf.Tensor: shape=(1, 8), dtype=int32, numpy=array([[  101,  7592,  1010,
2026,  3899,  2003, 10140,    102]])>, 'attention_mask': <tf.Tensor: shape=(1, 8),
dtype=int32, numpy=array([[1, 1, 1, 1, 1, 1, 1, 1]])>}
(1, 8, 768) (1, 8, 768)
```

지금까지 단일언어(monolingual) BERT 또는 BERT 변형모형들을 논의하였다. 다언어를 기반으로 사전학습된 BERT는 다양한 언어에서 NLP 과제를 수행할 수 있도록 한 일종의 language-free 모형이라고 할 수 있다. 다음 절에서는 다언어 BERT 모형인 M-BERT, XLM, XLM-R 모형에 대해 논의하고자 한다.

17.5 M-BERT, XLM, XLM-R

M-BERT는 multilingual BERT의 약자로서, 104개 언어로 작성된 Wikipedia 텍스트를 이용하여 사전학습된 BERT 모형이다. 즉, BERT는 단일언어를 입력하여 학습시켰지만, M-BERT는 104개 언어의 문장을 임의의 순서로 입력하여 사전학습한 모형이다. M-BERT는 104개 언어로부터 119,547개의 공통 vocabulary를 만들고(그러므로 104개 Wikipedia에 WordPiece를 적용하여 119,547개의 토큰) 104개 언어의 Wikipedia의 텍스트를 입력하여 MLM과 NSP 과제를 실행하여 학습시킨 모형이다. 따라서 M-BERT와 BERT의 유일한 차이점은 M-BERT의 입력 텍스트는 104개 언어 텍스트이고 BERT는 단일언어 텍스트라는 것이다. M-BERT에서는 영어와 같이 resource가 풍부한 언어는 undersampling하고 리소스가 부족한 언어는 oversampling하여 과대적합을 방지하고 있다. M-BERT는 BERT와 다를

바 없으므로 M-BERT는 Hugging Face에서 BERT를 통해서 실행된다. 즉, TFBertModel과 BertTokenizer를 호출하고 model id 'bert-base-multilingual-cased' 또는 'bert-base-multilingual-uncased'를 지정하면 된다.

```
from transformers import BertTokenizer, TFBertModel
tokenizer=BertTokenizer.from_pretrained('bert-base-multilingual-cased')
model=TFBertModel.from_pretrained('bert-base-multilingual-cased')
model.config
```

```
BertConfig {
  "_name_or_path": "bert-base-multilingual-cased",
  "architectures": [
    "BertForMaskedLM"
  ],
  "attention_probs_dropout_prob": 0.1,
  "directionality": "bidi",
  "gradient_checkpointing": false,
  "hidden_act": "gelu",
  "hidden_dropout_prob": 0.1,
  "hidden_size": 768,
  "initializer_range": 0.02,
  "intermediate_size": 3072,
  "layer_norm_eps": 1e-12,
  "max_position_embeddings": 512,
  "model_type": "bert",
  "num_attention_heads": 12,
  "num_hidden_layers": 12,
  "pad_token_id": 0,
  "pooler_fc_size": 768,
  "pooler_num_attention_heads": 12,
  "pooler_num_fc_layers": 3,
  "pooler_size_per_head": 128,
  "pooler_type": "first_token_transform",
  "type_vocab_size": 2,
  "vocab_size": 119547
}
```

아래와 같이 영어와 한글을 각각 토큰화하면 영어 토큰화는 비교적 의미 있는

subword로 토큰화된 반면, 한글의 말뭉치는 음이 하나씩 분리되어 토큰화의 의미가 많이 상실된 subword로 토큰화된 것을 볼 수 있다. 리소스가 풍부한 서구권 언어 중심으로 다중언어 토큰화가 이루어진 것이 이유 중의 하나일 것이다.

```
tokenizer.tokenize("Hello, my dog is cute")
```

```
['Hello', ',', 'my', 'dog', 'is', 'cut', '##e']
```

```
tokenizer.tokenize("안녕하세요, 내 강아지는 예뻐요")
```

```
['안','##녕', '##하', '##세', '##요', ',', '내', '강', '##아', '##지는', '예', '##뻐', '##요']
```

```
inputs = tokenizer("안녕하세요, 내 강아지는 예뻐요", "나는 집에 가야 해요", return_tensors="tf")
hidden_rep, cls_rep= model(inputs)
print(inputs)
print(cls_rep.shape,hidden_rep.shape)
```

```
{'input_ids': <tf.Tensor: shape=(1, 15), dtype=int32, numpy=
array([[   101,   9521, 118741,  35506,  24982,  48549,    117,   8996,
          8853,  16985,  32815,   9576, 119013,  48549,    102]])>,
'token_type_ids': <tf.Tensor: shape=(1, 15), dtype=int32, numpy=array([[0, 0, 0, 0, 0, 0,
0, 0, 0, 0, 0, 0, 0, 0, 0]])>, 'attention_mask': <tf.Tensor: shape=(1, 15), dtype=int32,
numpy=array([[1, 1, 1, 1, 1, 1, 1, 1, 1, 1, 1, 1, 1, 1, 1]])>}
(1, 768) (1, 15, 768)
```

특정언어의 NLP 과제를 사전학습된 M-BERT에 적용하여도 비교적 높은 성능을 보이는 것으로 나타났다. M-BERT의 모수가 특정 언어에 의존하지 않도록 추정되었기 때문이다. 그러나 이러한 이유로 언어의 리소스가 풍부한 서구권 언어에는 비교적 M-BERT의 성능을 유지할 수 있지만, 언어 순서가 완전히 다른 한국어, 중국어, 일본어 등에 대한 M-BERT의 성능은 기대에 미치지 못하는 것으로 나타났다. 이러한 현상은 앞에서 살펴본 한글의 토큰화에서 어느 정도 예상되는 결과라고 할 수 있다.

XLM은 cross-lingual language model의 약자이며 단일언어 데이터셋이나 병렬데이터셋(parallel dataset)으로 학습시킬 수 있다. 병렬데이터셋이란 두 개의 언어, 예를 들어 한글과 영어가 있을 때 한글과 한글을 번역한 영어를 짝지은 데이터셋을 말한다. XLM은 사전학습을 위해 CLM(causal language model), MLM(masked language model), TLM(translated language model) 등 세 가지 언어모형을 사용한다. CLM은 시간스탭 관점에서 $0 \sim t-1$ 시간스탭까지의 토큰이 주어진 상태에서 다음 토큰 w_t를 예측하는 언어모형이다. 전통적인 시계열 예측모형이라고 생각하면 된다. MLM은 BERT에서 정의한 MLM과 동일하지만, 입력되는 토큰의 수가 256개를 넘지 않으면 입력문장의 개수에 제한이 없다는 차이점이 있다. CLM과 MLM은 단일언어 데이터셋을 이용한다. 그러므로 입력언어에 대한 일종의 id인 언어 embedding이 필요하다. 즉, 다언어가 번갈아 가면서 단일언어로 입력되므로, CLM과 MLM에서는 언어 embedding을 추가적으로 입력하여 입력언어를 대표할 수 있도록 하였다. TLM은 병렬데이터셋을 사용하여 MLM 과제를 실행하는 언어모형을 말한다. 물론 TLM에서도 언어 embedding을 입력해야 한다. XLM 모형의 사전학습은 이러한 세 가지 언어모형을 이용하여 학습시키거나 MLM + TLM으로 학습시키게 된다. MLM + TLM을 사용하면 MLM과 TLM을 차례대로 한 번씩 입력하며 MLM + TLM이 가장 우수한 성능을 보이는 것으로 나타났다. Hugging Face는 'xlm-mlm-endo-1024'나 'xlm-clm-enfr-1024'처럼 영어-독일어, 영어-불어로 짝지어 학습한 2개 언어 XLM이 있으며 'xlm-mlm-17-1280'이나 'xlm-mlm-100-1280'처럼 17개 언어, 100개 언어 XLM 사전학습모형도 제공하고 있다.

아래 프로그램은 model id 'xlm-mlm-100-1280'을 이용한 XLM 모형의 적용사례를 보여주고 있다. 지면 관계상 configuration을 보여주지 않았지만 config에는 100개 언어의 index가 나타나 있으니 각자 출력하여 확인해 보길 바란다.

```
from transformers import XLMTokenizer, TFXLMModel
import tensorflow as tf

#16-layer, 1280-hidden, 16-heads
# XLM model trained with MLM (Masked Language Modeling) on 100 languages.
tokenizer = XLMTokenizer.from_pretrained('xlm-mlm-100-1280')
model = TFXLMModel.from_pretrained('xlm-mlm-100-1280')

model.config
```

아래는 'xlm-mlm-100-1280'을 이용한 영어와 한글의 토큰화 결과를 보여주고 있다. 토큰과 토큰의 공간(white space)은 <\w>로 표기되어 있으며 subword인 토큰은 <\w>가 없는 것을 볼 수 있다. M-BERT의 경우와 동일하게 한글의 토큰화는 한글의 언어구조를 전혀 반영하지 못한 토큰화를 보여주고 있다.

```
tokenizer.tokenize("Hello, my dog is cute")
```

```
['Hell', 'o,</w>', 'my</w>', 'dog</w>', 'is</w>', 'c', 'ute</w>']
```

```
tokenizer.tokenize("안녕하세요. 내 강아지는 예뻐요")
```

```
['안</w>', '녕</w>', '하</w>', '세</w>', '요</w>', '.</w>', '내</w>', '강</w>', '아</w>', '지</w>', '는
</w>', '예</w>', '뻐</w>', '요</w>']
```

아래는 두 개의 한국어 문장을 입력하여 생성한 입력 index와 TFXLMModel의 출력 embedding 텐서 크기를 보여주고 있다.

```
inputs = tokenizer(["안녕하세요. 내 강아지는 예뻐요", "난 집에 갑니다"], padding=True,
truncation=True, return_tensors="tf")
hidden_rep= model(inputs)[0]
```

```
print(inputs)
print(hidden_rep.shape)
```

```
{'input_ids': <tf.Tensor: shape=(2, 16), dtype=int32, numpy=
array([[     0,  48552, 178085,  66106,  32005,  83728,     14,  48596,
         63201,  24802,   9790,   2555, 108762, 198442,  83728,      1],
       [     0,  45091,  85848,   1687, 170503,  36443,  11137,      1,
             2,      2,      2,      2,      2,      2,      2,      2]])>,
       'token_type_ids': <tf.Tensor: shape=(2, 16), dtype=int32, numpy=
array([[0, 0, 0, 0, 0, 0, 0, 0, 0, 0, 0, 0, 0, 0, 0, 0],
       [0, 0, 0, 0, 0, 0, 0, 0, 0, 0, 0, 0, 0, 0, 0, 0]])>, 'attention_mask': <tf.Tensor:
       shape=(2, 16), dtype=int32, numpy=
array([[1, 1, 1, 1, 1, 1, 1, 1, 1, 1, 1, 1, 1, 1, 1, 1],
       [1, 1, 1, 1, 1, 1, 1, 1, 0, 0, 0, 0, 0, 0, 0, 0]])>}
(2, 16, 1280)
```

XLM-R은 XLM-RoBERTa의 약자로 다언어 RoBERTa 모형으로 해석하면 된다. 리소스가 부족한 언어에 대한 병렬형 데이터셋을 구성하는 것이 매우 어려운 경우가 많으므로 XLM-R에서는 단일언어 MLM 언어모형만 사용하여 학습시킨다. XLM-R은 100개 언어의 텍스트자료인 CommonCrawl 데이터셋으로부터 250,000 토큰으로 구성된 vocabulary를 정의하였다. Hugging Face에서는 'xlm-roberta-base'와 'xlm-roberta-large'의 2개의 사전학습모형을 제공하고 있다.

M-BERT, XLM, XLM-R은 영어 중심적 사전학습모형이므로 한글의 경우 좋은 성능을 기대하기 어렵다. 그러므로 TLM 과제를 실행할 수 있도록 한글과 타언어의 병렬형 데이터셋들을 구성하여, 앞에서 보여준 KoELECTRA와 같은 한글전용 XLM, XLM-R 모형을 만들 필요가 있다.

5부.

AutoEncoder와 GAN

18장

AutoEncoder와 Variational AutoEncoder

고차원 입력자료를 정보의 손실 없이 저차원의 잠재변수(latent variable)로 전환하는 것은 차원축소라는 주제의 전통적인 통계학 분야이다. 입력자료를 저차원의 잠재변수로 축약한 후 이 잠재변수로부터 재생한 입력자료가 원래의 입력자료를 그대로 구현하도록 하는 것이 autoencoder의 목적이다. 입력자료를 재현한다는 의미는 잠재변수로의 축약으로 인한 정보의 손실이 거의 없다는 것이다. <그림 18-1>은 autoencoder의 개념도이다.

<그림 18-1>을 살펴보면 입력변수 x를 encoder f에 적용하여 잠재변수 z를 출력하고 다시 decoder인 g로 $\tilde{x}$를 출력하게 된다. 그러므로 autoencoder의 성능은 x와 $\tilde{x}$가 얼마나 근접한가로 결정된다. 당연하게 x와 $\tilde{x}$는 동일한 크기의 텐서를 가지고 있어야 한다. 예를 들어, x가 (28,28,1) 3D텐서인 흑백이미지 자료이면 $\tilde{x}$도 같은 크기의 3D텐서 자료여야 한다. 이럴 경우, autoencoder의 손실함수는

$$\ell(x,\tilde{x}) = \sum_{j=1}^{28\times 28\times 1} (x_j - \tilde{x}_j)^2$$

가 된다. 여기에서 x_j는 입력자료 x의 j번째 픽셀을 의미하고 $\tilde{x}_j$는 출력자료 $\tilde{x}$의 j번째 픽셀을 말한다.

확률적 접근법으로 autoencoder를 설명하면 다음과 같다. 입력변수 x의 분포함수를 $p(x)$라고 할 때, z의 조건부분포함수 $p(z|x)$로부터 잠재변수 z를 추출하고 이어서 z가 주어졌다는 조건에서 조건부분포 $p(\tilde{x}|z)$로부터 $\tilde{x}$를 추출하여 이 $\tilde{x}$로 $p(x)$의 x를 구현하는 것이 autoencoder이며 목적이다. 그러므로 $p(z|x)$가 encoder가 되고 $p(\tilde{x}|z)$가 decoder가 된다. $p(\tilde{x}|z)$로부터의 $\tilde{x}$가 $p(x)$로부터의 x와 매우 근접하게 되면, 잠재변수 z는 차원이 축소되었는데도 불구하고 입력변수 x가 가지고 있는 정보를 거의 다 가지고 있는 좋은 잠재변수라고 할 수 있다. Autoencoder는

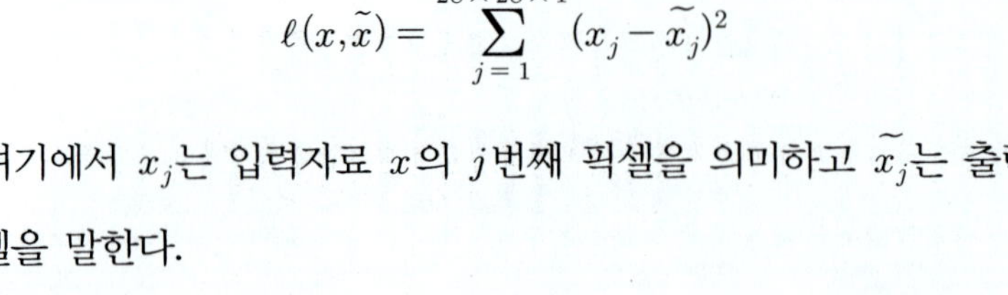

그림 18-1 autoencoder의 개념도

목적변수가 존재하지 않으므로 비지도학습(unsupervised learning)의 영역에 해당된다. Autoencoder의 대표적인 응용은 차원축소 이외에도 오염제거(denoising), 색채화(colorization) 등이 있다.

Variational autoencoder(VAE)는 autoencoder와 개념적으로 동일하지만 유일한 차이점은 잠재변수에 정규분포 잡음을 추가한 것이다. 잡음(noise)을 추가함으로써 결정적(deterministic) autoencoder의 잠재변수를 확률적 잠재변수로 바꾸게 된다. 확률적 잠재변수로 인해 잡음을 입력하여 원래 이미지를 만들(create) 뿐만 아니라, 이미지의 변화를 연속적으로 구현하는 효과도 가지게 된다. 예를 들어, VAE는 입력된 여성의 미소 이미지를 가지고 점차적으로 변화하는 여성의 미소를 구현할 수 있지만 autoencoder는 입력된 여성의 미소를 그대로 재현하는 데 그친다. VAE에서 잡음을 없애면 autoencoder와 같게 되므로 VAE는 autoencoder의 일반화라고 할 수 있다.

입력자료의 재생(reconstruction)은 autoencoder와 VAE뿐만 아니라 다음 장에서 다룰 GAN(generative adversarial networks)의 주제이기도 하다. 입력자료가 이미지 자료일 경우, 이미지의 재생을 위해 upsampling의 개념을 먼저 이해하여야 한다. CNN 아키텍처는 모형의 성능을 높이기 위해 다양성에 해당하는 channel 수를 늘리는 대신에 특성변수에 해당하는 픽셀의 개수를 stride나 pooling을 통해 줄이는 과정을 반복한다. 예를 들어, encoder에서 stride=2를 사용하여 픽셀의 크기를 $\frac{1}{2}$로 줄였다면 decoder에서는 원래의 이미지를 재생해야 하므로 픽셀의 크기를 2배로 증가시켜야 한다. 이를 upsampling이라고 한다. 여기에서 논의하는 upsampling은 제10장에서 논의한 단순 upsampling인 UpSampling2D와는 다르다. 다음의 간단한 예제를 통해 upsampling을 이해하도록 하자.

<그림 18-2>는 3×3 픽셀에 stride=1을 가진 (2,2) kernel을 적용하여 2×2 픽셀을 출력하는 과정을 보여주고 있다.

3×3 픽셀을 $(1\ \ 2\ \ 3\ \ 4\ \ 5\ \ 6\ \ 7\ \ 8\ \ 9)^T$로 전환하고 2×2 픽셀을 $(35\ \ 45\ \ 65\ \ 75)^T$으로 전환하면 (2,2) kernel은 다음과 같은 4×9 행렬로 표현할 수 있다. 즉, (2,2) kernel이 4개의 모수 (2,1,4,3)을 가진 4×9 행렬로 전환되어 <그림 18-2>와 동일

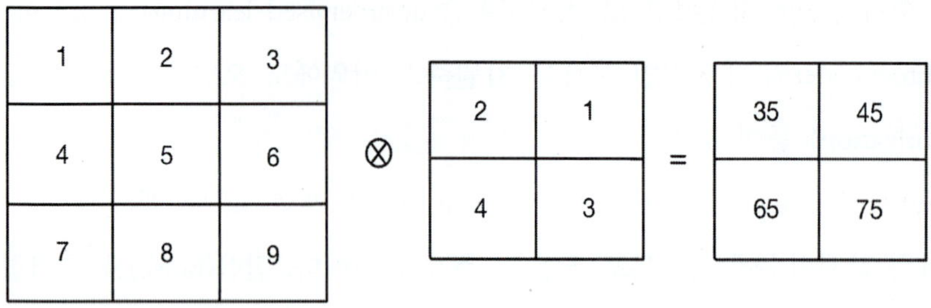

그림 18-2 3×3 픽셀을 2×2 픽셀로 전환하기

한 결과를 보여주고 있다.

$$\begin{pmatrix} 2&1&0&4&3&0&0&0&0 \\ 0&2&1&0&4&3&0&0&0 \\ 0&0&0&2&1&0&4&3&0 \\ 0&0&0&0&2&1&0&4&3 \end{pmatrix} \times \begin{pmatrix} 1\\2\\3\\4\\5\\6\\7\\8\\9 \end{pmatrix} = \begin{pmatrix} 35\\45\\65\\75 \end{pmatrix} \longrightarrow \text{reshape (2,2)} = \begin{array}{|c|c|} \hline 35 & 45 \\ \hline 65 & 75 \\ \hline \end{array}$$

이제 반대로 (2,2) kernel을 이용하여 2×2 픽셀에서 3×3 픽셀데이터로 전환하여 보자. 앞의 (2,2) kernel로 만들어진 4×9 행렬을 전치(transpose)하면 9×4 행렬이 되고 2×2 픽셀을 4×1 행렬로 만든 후 곱해주면 9×1 행렬이 된다. 이 9×1 행렬을 reshape(3,3) 함수를 적용하면 3×3 픽셀이 된다.

$$\begin{pmatrix} 2&0&0&0 \\ 1&2&0&0 \\ 0&1&0&0 \\ 4&0&2&0 \\ 3&4&1&2 \\ 0&3&0&1 \\ 0&0&4&0 \\ 0&0&3&4 \\ 0&0&0&3 \end{pmatrix} \times \begin{pmatrix} 1\\2\\3\\4 \end{pmatrix} = \begin{pmatrix} 2\\5\\2\\10\\22\\10\\12\\25\\12 \end{pmatrix} \longrightarrow \text{reshape (3,3)} = \begin{array}{|c|c|c|} \hline 2 & 5 & 2 \\ \hline 10 & 22 & 10 \\ \hline 12 & 25 & 12 \\ \hline \end{array}$$

즉, $\begin{bmatrix} 1 & 2 \\ 3 & 4 \end{bmatrix}$에 (2,2) kernel을 곱하여 $\begin{bmatrix} 2 & 5 & 2 \\ 10 & 22 & 10 \\ 12 & 25 & 12 \end{bmatrix}$으로 upsampling하고 있다. 원래의 (2,2) kernel 행렬의 전치행렬을 이용하였기 때문에 이를 2D Transpose convolution이라고 한다.

방금 설명한 2D Transpose convolution을 그림으로 설명하면 다음과 같다.

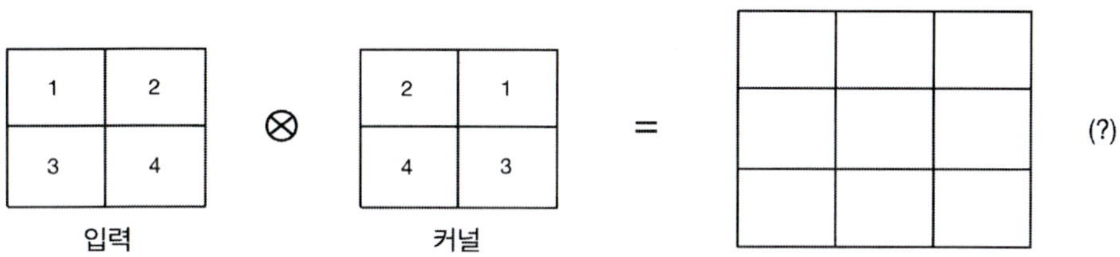

그림 18-3 2D Transpose convolution

<그림 18-3>은 2 × 2 픽셀 데이터에 (2,2) 커널을 적용하여 3 × 3 픽셀 데이터로 출력하는 2D Transpose convolution을 보여주고 있다. 일반적인 convolution에서 stride=2를 주면 출력 픽셀은 입력 픽셀의 $\frac{1}{2}$이 된다. 이러한 관점에서 <그림 18-3>의 출력 픽셀은 입력 픽셀의 $\frac{3}{2}$이므로 stride=$\frac{2}{3}$로 해석할 수 있다. 이런 이유로 Transpose convolution을 분수 스트라이드된(fractional strided) convolution이라고도 한다. <그림 18-4>는 2D convolution 과정을 보여주고 있다.

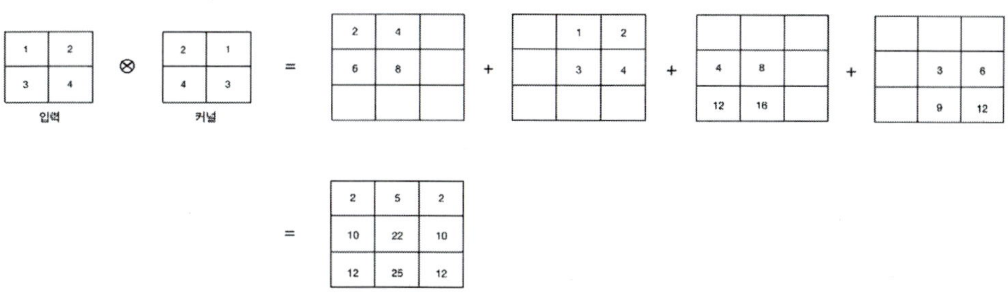

그림 18-4 2D Transpose convolution 계산과정

<그림 18-4>에서 볼 수 있듯이 입력데이터에 커널 값을 하나씩 곱한 후 이를 3 × 3 픽셀에 좌에서 우로, 위에서 아래로 한 칸씩 옮겨가면서 차례대로 배치하여 합하는 과정을 보여주고 있다. 이렇게 동일한 입력데이터를 반복 배치하므로 2D Transpose convolution은 물결 모양이나 체크무늬를 가진 출력이미지를 가지게 된다. 이러한 약점 때문에 단순 upsampling인 UpSampling 2D가 좀 더 선호되고 있다.

이제 strides=2인 convolution을 고려하여 보자.

$$\begin{bmatrix} 1 & 1 & 2 & 2 \\ 1 & 1 & 2 & 2 \\ 3 & 3 & 4 & 4 \\ 3 & 3 & 4 & 4 \end{bmatrix} \otimes \begin{bmatrix} 1 & 2 \\ 3 & 4 \end{bmatrix} = \begin{bmatrix} 10 & 20 \\ 30 & 40 \end{bmatrix}$$

그림 18-5 4×4 픽셀을 2×2 픽셀로 전환하기

<그림 18-5>는 stride=2를 가진 (2,2) kernel을 4×4 픽셀에 적용하여 2×2 픽셀로 픽셀의 크기를 $\frac{1}{2}$로 줄여주는 예를 보여주고 있다. 2D Transpose convolution을 적용하기 위해 (2,2) kernel을 4×16 행렬로 재표현하면 다음과 같다.

$$\begin{bmatrix} 1 & 2 \\ 3 & 4 \end{bmatrix} \longrightarrow \begin{pmatrix} 1 & 2 & 0 & 0 & 3 & 4 & 0 & 0 & 0 & 0 & 0 & 0 & 0 & 0 & 0 & 0 \\ 0 & 0 & 1 & 2 & 0 & 0 & 3 & 4 & 0 & 0 & 0 & 0 & 0 & 0 & 0 & 0 \\ 0 & 0 & 0 & 0 & 0 & 0 & 0 & 0 & 1 & 2 & 0 & 0 & 3 & 4 & 0 & 0 \\ 0 & 0 & 0 & 0 & 0 & 0 & 0 & 0 & 0 & 0 & 1 & 2 & 0 & 0 & 3 & 4 \end{pmatrix}$$

따라서 위의 전치행렬 16×4 행렬을 2×2 픽셀에 곱하면 픽셀의 크기를 2배로 한 4×4 픽셀을 만들 수 있다.

18.1 AutoEncoder 모형

Autoencoder는 입력자료를 잠재변수로 축약하는 encoder와 잠재변수를 입력자료로 재생하기 위한 decoder로 구성되어 있다. 손실함수는 입력자료와 입력자료 → encoder → decoder를 통해 재생된 입력자료와의 차이를 측정한다. 다음의 예제는 이미 여러 번 사용해 왔던 0 ~ 9의 이미지 자료인 MNIST 자료를 autoencoder 모형에 적용한 프로그램이다. 프로그램을 좀 더 풀어서 작성하였고 해설이 추가되긴 했지만 이 프로그램과 다음 절의 프로그램은 Atienza(2018)의 프로그램을 기초로 한 것이다.

```
from tensorflow.keras.layers import Dense, Input
from tensorflow.keras.layers import Conv2D, Flatten
from tensorflow.keras.layers import Reshape, Conv2DTranspose
from tensorflow.keras.models import Model
from tensorflow.keras.datasets import mnist
from tensorflow.keras.utils import plot_model

import numpy as np
import matplotlib.pyplot as plt
```

먼저 MNIST 자료를 불러와서 4D텐서 자료로 전환한 후, 이미지 자료에 대한 표준화를 다음과 같이 실행한다.

```
(x_train,y_train),(x_test,y_test)=mnist.load_data()
print(x_train.shape)
```

```
(60000, 28, 28)
```

```
image_size = x_train.shape[1]
x_train = np.reshape(x_train, [-1, image_size, image_size, 1])
x_test = np.reshape(x_test, [-1, image_size, image_size, 1])
x_train = x_train.astype('float32') / 255
x_test = x_test.astype('float32') / 255
x_train.shape
```

```
(60000, 28, 28, 1)
```

다음은 encoder 과정을 정의하고 있다. 아래 프로그램을 살펴보면 입력자료의 크기 (28,28,1)이 convolution 층에 의해 (14,14,32) → (7,7,64)로 변화하였다. 그러므로 x.shape으로 shape 변수에 (batch,7,7,64)가 저장된다. 이처럼 최종 은닉층의 shape을 저장하는 이유는 decoder에서 2D transpose convolution을 이용하여 원래의 입력자료로 재생하는 데 편리하기 때문이다. 최종 은닉층을 아래와 같이 16개의 잠재변수(latent_z)로 전환하는 것까지가 encoder에 해당한다. 즉, $p(z|x)$를 산출하는 과정까지가 encoder 모형에 해당한다.

```
inputs = Input(shape=(28,28,1))
x=Conv2D(32,3,activation='relu', strides=2, padding='same')(inputs)
x=Conv2D(64,3,activation='relu', strides=2, padding='same')(x)

shape = x.shape
x = Flatten()(x)
latent_z = Dense(16)(x)

encoder = Model(inputs,latent_z)
encoder.summary()
plot_model(encoder, to_file='encoder.png', show_shapes=True)
```

```
Model: "model_1"
_________________________________________________________________
Layer (type)                 Output Shape              Param #
=================================================================
input_1 (InputLayer)         (None, 28, 28, 1)         0
_________________________________________________________________
conv2d_1 (Conv2D)            (None, 14, 14, 32)        320
_________________________________________________________________
```

```
conv2d_2 (Conv2D)            (None, 7, 7, 64)       18496
_________________________________________________________________
flatten_1 (Flatten)          (None, 3136)           0
_________________________________________________________________
dense_1 (Dense)              (None, 16)             50192
=================================================================
Total params: 69,008
Trainable params: 69,008
Non-trainable params: 0
_________________________________________________________________
```

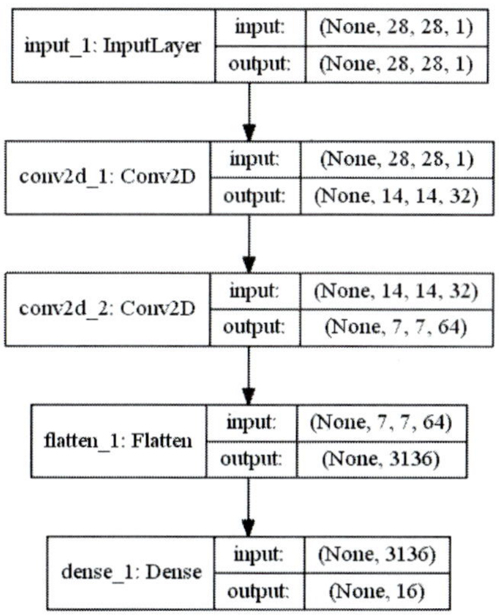

아래는 decoder 모형인 $p(\tilde{x}|z)$의 구조를 보여주고 있다. 16개의 잠재변수가 $7 \times 7 \times 64$개의 노드를 가진 Dense 층에 전달되고, 첫 번째 Conv2DTranspose에 의해 크기가 (batch,14,14,64)인 4D텐서가 출력된다. 두 번째 Conv2DTranspose에 의해 크기가 (batch,28,28,32)로 변한 후, 입력자료와 동일한 텐서크기인 (batch, 28,28,1)의 x_tilde를 출력하는 decoder 모형의 구조를 보여주고 있다.

```
latent_inputs = Input(shape=(16,))
x = Dense(shape[1] * shape[2] * shape[3])(latent_inputs)
x = Reshape((shape[1], shape[2], shape[3]))(x)
x = Conv2DTranspose(64,3,activation='relu',strides=2,padding='same')(x)
x = Conv2DTranspose(32,3,activation='relu',strides=2,padding='same')(x)
```

```
x_tilde= Conv2DTranspose(1,3,activation='sigmoid',padding='same')(x)

decoder = Model(latent_inputs, x_tilde, name='decoder')
decoder.summary()
plot_model(decoder, to_file='decoder.png', show_shapes=True)

autoencoder = Model(inputs,
                    decoder(encoder(inputs)))
autoencoder.summary()
plot_model(autoencoder,
           to_file='autoencoder.png',
           show_shapes=True)
```

```
Layer (type)                 Output Shape              Param #
=================================================================
input_2 (InputLayer)         (None, 16)                0
_________________________________________________________________
dense_2 (Dense)              (None, 3136)              53312
_________________________________________________________________
reshape_1 (Reshape)          (None, 7, 7, 64)          0
_________________________________________________________________
conv2d_transpose_1 (Conv2DTr (None, 14, 14, 64)        36928
_________________________________________________________________
conv2d_transpose_2 (Conv2DTr (None, 28, 28, 32)        18464
_________________________________________________________________
conv2d_transpose_3 (Conv2DTr (None, 28, 28, 1)         289
=================================================================
Total params: 108,993
Trainable params: 108,993
Non-trainable params: 0
_________________________________________________________________
Model: "model_2"
_________________________________________________________________
Layer (type)                 Output Shape              Param #
=================================================================
input_1 (InputLayer)         (None, 28, 28, 1)         0
_________________________________________________________________
model_1 (Model)              (None, 16)                69008
_________________________________________________________________
decoder (Model)              (None, 28, 28, 1)         108993
=================================================================
Total params: 178,001
Trainable params: 178,001
Non-trainable params: 0
_________________________________________________________________
```

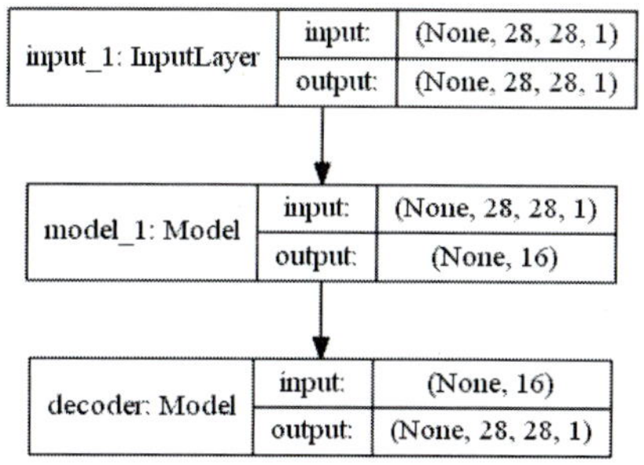

이제 encoder와 decoder를 연결하여 손실함수를 정의하고 이를 최소화하는 encoder와 decoder의 모수를 추정하여 보자. 위 프로그램을 살펴보면 autoencoder는 입력자료 inputs로부터 encoder를 걸쳐서 decoder까지 하나의 모형으로 아키텍처를 구성하고 있고, 아래 프로그램과 같이 autoencoder.fit은 x_train을 입력으로 x_train을 목적변수로 설정하고 있으며, 이 목적변수를 decoder의 x_tilde와 MSE를 통해 손실함수를 정의하고 있다.

```
autoencoder.compile(loss='mse', optimizer='adam')
autoencoder.fit(x_train, x_train, validation_data=(x_test, x_test), epochs=10, batch_size=32)
```

```
Train on 60000 samples, validate on 10000 samples
Epoch 9/10
60000/60000 [==============================] - 28s 465us/step - loss: 0.0070 - val_loss: 0.0073
Epoch 10/10
60000/60000 [==============================] - 28s 466us/step - loss: 0.0069 - val_loss: 0.007171
```

다음은 x_test 자료를 autoencoder에 적용하여 재생한 x_tilde와 원래 이미지 자료를 비교하고 있다. 아래 프로그램에서 imgs를 만들고 그 의미는 다음 장에서 자세하게 설명할 것이다. 여기에서는 단순하게 결과만 살펴보기로 한다.

```
x_decoded = autoencoder.predict(x_test)
imgs = np.concatenate([x_test[:8], x_decoded[:8]])
```

```
imgs = imgs.reshape((4, 4, image_size, image_size))
imgs = np.vstack([np.hstack(i) for i in imgs])

plt.figure()
plt.axis('off')
plt.title('True: 1st 2 rows, Reconstructed: last 2 rows')
plt.imshow(imgs, interpolation='none', cmap='gray')
plt.show()
```

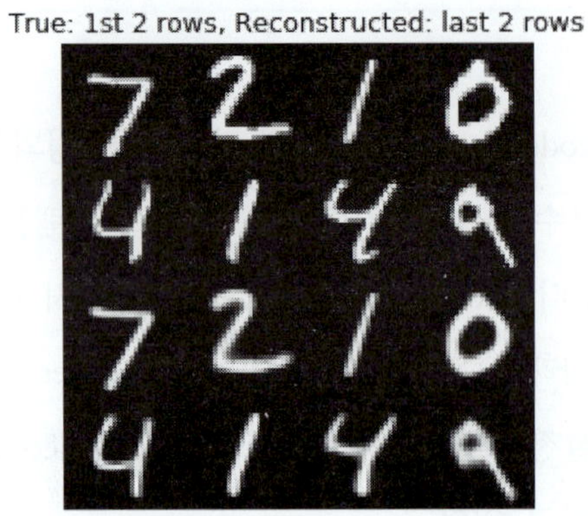

위의 그림에서 첫 2개의 행은 실제 이미지이고 나머지 2개 행은 재생한 이미지로 원래 이미지와 거의 차이가 없음을 알 수 있다.

18.2 오염제거 Autoencoder

오염제거(denoising) autoencoder는 오염된 입력자료를 오염되지 않은 원래의 자료로 재생하는 autoencoder 모형이다. 기존의 autoencoder와 비교하여 입력자료를 오염된 입력자료로 대체한 것을 제외하고 거의 동일하다.

```
noise = np.random.normal(loc=0.5, scale=0.5, size=x_train.shape)
x_train_noise = x_train + noise
noise = np.random.normal(loc=0.5, scale=0.5, size=x_test.shape)
x_test_noise = x_test + noise

# adding noise may exceed normalized pixel values>1.0 or <0.0
# clip pixel values >1.0 to 1.0 and <0.0 to 0.0
x_train_noise = np.clip(x_train_noise, 0., 1.)
x_test_noise = np.clip(x_test_noise, 0., 1.)
```

위 프로그램에서 x_train과 x_test는 앞 절에 정의된 것과 같다. 위 프로그램에서 noise는 평균이 0.5 분산이 0.25인 정규분포에서 생성되었고 이 noise를 0 ~ 1의 값으로 표준화된 x_train과 x_test과 합산하여 x_train_noise와 x_test_noise를 정의하고 있다. 그러나 noise가 $(-\infty, \infty)$의 값을 가지게 되므로 x_train_noise와 x_test_noise가 0 ~ 1의 값을 벗어날 수 있다. clip을 이용하여 0보다 작은 값은 0으로 1보다 큰 값은 1로 전환하여 x_train_noise와 x_test_noise를 0 ~ 1 값을 갖도록 조정하고 있다.

다음 프로그램은 encoder와 decoder 모형을 보여주고 있다. Autoencoder 모형과의 차이점은 autoencoder.fit에서 입력자료가 x_train_noise로 바뀌었고, 입력자료의 재생을 위한 x_decoded의 입력자료가 x_test_noise로 바뀌었다는 것이다.

```
inputs = Input(shape=(28,28,1))
x=Conv2D(32,3,activation='relu', strides=2, padding='same')(inputs)
x=Conv2D(64,3,activation='relu', strides=2, padding='same')(x)

shape = x.shape
x = Flatten()(x)
latent_z = Dense(16)(x)

encoder = Model(inputs,latent_z)

latent_inputs = Input(shape=(16,))
x = Dense(shape[1] * shape[2] * shape[3])(latent_inputs)
```

```
ix = Reshape((shape[1], shape[2], shape[3]))(x)
x = Conv2DTranspose(64,3,activation='relu',strides=2,padding='same')(x)
x = Conv2DTranspose(32,3,activation='relu',strides=2,padding='same')(x)
x_tilde= Conv2DTranspose(1,3,activation='sigmoid',padding='same')(x)

decoder = Model(latent_inputs, x_tilde, name='decoder')
autoencoder = Model(inputs,decoder(encoder(inputs)))
autoencoder.compile(loss='mse', optimizer='adam')

autoencoder.fit(x_train_noise, x_train, validation_data=(x_test_noise, x_test),
                epochs=10, batch_size=32)
x_decoded = autoencoder.predict(x_test_noise)
```

```
Epoch 8/10
60000/60000 [==============================] - 28s 475us/step - loss: 0.0154 - val_loss: 0.0158
Epoch 9/10
60000/60000 [==============================] - 28s 471us/step - loss: 0.0153 - val_loss: 0.0158
Epoch 10/10
60000/60000 [==============================] - 28s 474us/step - loss: 0.0151 - val_loss: 0.0155
```

오염제거 autoencoder의 결과를 살펴보기 위해 아래와 같이 실제 이미지 자료, 오염된 이미지 자료, 그리고 오염을 제거하고 재생된 이미지 자료를 비교하여 보자. 아래 프로그램을 이해하기 위해 4D텐서 크기인 (batch,28,28,1)에서 (28,28,1)을 하나의 기호로 고정하고 (batch,1)으로 해석하면 쉽게 이해할 수 있다. x_test[:27], x_test_noise[:27], x_decoded[:27]를 concatenate하면 (81,1)텐서[실제로는 (81,28,28,1) 텐서]를 출력한다. 첫 27개 행은 x_test, 두 번째 27개 행은 x_test_ noise, 나머지 27개 행은 x_decoded가 된다. 첫 번째 imgs.reshape은 (9,9)텐서[실제로는 (9,9,28,28)텐서]를 출력한다. (81,1)에서 첫 9개 행을 9개 열을 가진 하나의 행으로 만들고, 두 번째 9개 행을 9개 열을 가진 두 번째 행을 만든다. 이를 9번 반복하면 (9,9)텐서가 만들어진다. 그러므로 (9,9)에서 첫 3개 행은 x_test가 되고 다음 3개 행은 x_test_noise가 되며 마지막 3개 행은 x_decoded가 된다. np. vstack(np.split (imgs,3,axis=1))은 (9,9)텐서의 열을 삼등분하여, 두 번째 3개 열을 첫 번째 3개 열 밑에 옮기고, 세 번째 3개 열을 그 밑에 옮겨 (27,3)텐서를 만들게 된다. 그러므로 첫 9개 행은 3개 행씩 x_test, x_test_noise, 그리고 x_decoded로 구성되어 있다. 두 번째, 세 번째 9개 행도 동일한 구조를 가지고 있다. 두 번째 imgs. reshape는 (9,9) 텐서[실제로는 (9,9,28,28)텐서]를 출력한다. (9,9)텐서의 첫 번째, 네 번째, 일곱 번째 행은 x_test, 두 번째, 다섯 번째, 여덟 번째 행은 x_test_noise, 그리고 세 번째, 여섯 번째, 아홉 번째 행은 x_decoded로 구성되어 있다. 그 결과가 다음 그림과 같다. 오염의 정도가 숫자를 알아보기 힘들 정도로 심한 오염도 거의 제거한 것을 볼 수 있다.

```
imgs = np.concatenate([x_test[:27], x_test_noise[:27], x_decoded[:27]])
imgs = imgs.reshape((9,9, x_test.shape[1],x_test.shape[1]))
imgs = np.vstack(np.split(imgs, 3, axis=1))
imgs = imgs.reshape((9, -1, x_test.shape[1],x_test.shape[1]))
imgs = np.vstack([np.hstack(i) for i in imgs])
imgs = (imgs * 255).astype(np.uint8)
plt.figure()
plt.axis('off')
plt.title('Original images: top rows, '
          'Corrupted Input: middle rows, '
          'Denoised Input:  third rows')
plt.imshow(imgs, interpolation='none', cmap='gray')
plt.show()
```

Original images: top rows, Corrupted Input: middle rows, Denoised Input: third rows

18.3 Variational Autoencoder

Variational Autoencoder(VAE)는 잠재변수를 추출하는 encoder를 정규분포를 이용하여 근사적으로 구한다. 입력변수 x에 대응하는 잠재변수 z를 평균이 $\mu(x)$이고 분산이 $\sigma^2(x)$인 정규분포로부터 임의추출하여 구하게 된다. 즉,

$$z = \mu(x) + \sigma(x) \cdot \epsilon \tag{18.1}$$

으로 z를 구한다. 여기에서 ϵ은 표준정규분포로부터의 임의표본이다.

만약 (18.1)에서 $\sigma(x) = 0$이면 $z = \mu(x)$가 되어 18.2절의 autoencoder 모형의 encoder와 동일하게 된다. 0 ~ 9 손글씨 데이터를 통해 모형 (18.1)의 효과를 논의해 보자. 0 ~ 9 숫자를 나타내는 (28,28,1) 3D텐서 입력자료 x가 입력되면 $\mu(x)$는 x에 대응하는 평균 잠재변수가 된다. 예를 들어, x가 숫자 8이면 $\mu(x)$는 여러 형태로 쓴 숫자 8의 평균 잠재변수가 되며 $\sigma(x) \cdot \epsilon$을 더해주어 평균 잠재변수에서 벗어난 8들의 잠재변수 z를 정의하게 된다. $\sigma(x)$가 크면 클수록 8에서 벗어난 숫자가 되므로 숫자 3이나 9를 대표하는 평균 잠재변수 $\mu(x)$와 겹치게 될 것이다. 그러므로 $\sigma(x) \cdot \epsilon$의 크기를 변화시켜 x로 표현된 0 ~ 9의 이미지가 서로 간에 어떻게 연관되어 변화하는지를 볼 수 있다. 이런 이유로 확률화 잠재변수는 입력이미지를 내삽(interpolation)하여 새로운 이미지를 만들어 내는 역할을 하게 된다.

입력변수 x의 분포를 $p_\theta(x)$로 표현할 때 이를 직접 추정하는 것은 매우 어렵거나 불가능한 경우가 대부분이다. 우리는 잠재변수 z를 도입하여 $p_\theta(z|x)$를 생성하는 encoder를 만들고 $p_\theta(\tilde{x}|z)$를 decoder로 하여 autoencoder를 공부한 바 있다. VAE에서는 $p_\theta(z|x)$의 근사분포로

$$q_\phi(z|x) = N[\mu(x),\ diag(\sigma^2(x))]$$

를 사용한다. 여기에서 x는 $k \times 1$벡터, z는 $p \times 1$벡터이다. z의 공분산이 0이므로

p개의 z는 서로 간에 독립이며 평균과 분산은 입력변수 x의 함수이다. 즉, 추정된 $\mu(x)$와 $\sigma^2(x)$를 이용하여 잠재변수 z를 생성하게 된다. 그러므로 VAE의 성능은 $q_\phi(z|x)$가 $p_\theta(z|x)$를 얼마나 잘 근사하느냐에 달려있다. $q_\phi(z|x)$와 $p_\theta(z|x)$의 거리는 Kullback-Leibler(KL) divergence에 의해 측정되며 다음과 같이 정의된다.

$$KL(q_\phi(z|x)||p_\theta(z|x)) = \int\left(log\frac{q_\phi(z|x)}{p_\theta(z|x)}\right)q_\phi(z|x)dz = E_q\left(log\frac{q_\phi(z|x)}{p_\theta(z|x)}\right)$$

KL divergence의 정의에 따라 $q_\phi(z|x)=p_\theta(z|x)$이면 KL=0가 되며 $log\,x$가 concave 함수이므로 Jensen의 부등식(Jensen's inequality)에 의해

$$-KL = \int(log\ \frac{p_\theta(z|x)}{q_\phi(z|x)})q_\phi(z|x)dz \le log\ \int\frac{p_\theta(z|x)}{q_\phi(z|x)}q_\phi(z|x)dz = log\,1 = 0$$

이므로 $KL \ge 0$이 된다.

$$p_\theta(z|x) = \frac{p_\theta(x|z)p_\theta(z)}{p_\theta(x)}$$

이므로

$$\begin{aligned}KL(q_\phi(z|x)||p_\theta(z|x)) &= E_q[log\,q_\phi(z|x) - log\,p_\theta(x|z) - log\,p_\theta(z) + log\,p_\theta(x)] \\ &= log\,p_\theta(x) - E_q(log\,p_\theta(x|z)) + KL(q_\phi(z|x)||p_\theta(z)) \\ &= log\,p_\theta(x) - \int_z(log\ p_\theta(x|z))q_\phi(z|x)dz + KL(q_\phi(z|x)||p_\theta(z))\end{aligned} \tag{18.2}$$

이 된다.

식 (18.2)에서 $KL(q_\phi(z|x)||p_\theta(z|x)) = 0$이라면 추정 encoder인 $q_\phi(z|x)$와 참 encoder $p_\theta(z|x)$는 같다는 의미를 가지고 있고 식 (18.2)의 오른쪽에 있는 아래 두 개 항은

$$log\,p_\theta(x) - \int_z log\ (p_\theta(x|z))q_\phi(z|x)dz = KL(q_\phi(z|x)||p_\theta(z)) = 0$$

을 만족한다는 것을 의미한다. 그러므로 $KL(q_{\phi}(z|x)||p_{\theta}(z|x))$를 최소화하기 위해서는

$$log\, p_{\theta}(x) - \int_z log\,(p_{\theta}(x|z))q_{\phi}(z|x)dz \tag{18.3}$$

와

$$KL(q_{\phi}(z|x)||p_{\theta}(z)) \tag{18.4}$$

을 최소화하여야 한다.

식 (18.3)에서 $q_{\phi}(z|x)$는 encoder이고 $p_{\theta}(x|z)$는 decoder이므로 encoder와 decoder 모형의 성능이 좋으면 식 (18.3)에 의해 $\int_z log\,(p_{\theta}(x|z))q_{\phi}(z|x)dz \approx \log p_{\theta}(x)$이 될 것이다. 그러므로 식 (18.3)을 재생손실함수라고 하며 입력변수 x와 decoder를 통해 재생된 $\tilde{x}$의 거리에 의해 손실함수가 평가된다.

식 (18.4)를 추론손실(inference loss)이라고 하며 $q_{\phi}(z|x)$가 정규분포이므로 $p_{\theta}(z) \sim N(0, I)$를 선택한다. 즉, p개의 z가 $i.i.d$ 한 표준정규분포를 따르는 변수로 가정하여 추론손실을 구하면

$$KL(q_{\phi}(z|x)||p_{\theta}(z)) = -\frac{1}{2}\sum_{j=1}^{p}(1 + log\,\sigma_j^2 - \mu_j^2 - \sigma_j^2) \tag{18.5}$$

가 된다. 여기에서 p는 z의 차원(dimension)이고 μ_j^2와 σ_j^2는 입력변수 x의 함수이다.

식 (18.5)에서 추론 손실은 $\mu_j = 0$, $\sigma_j = 1$이면 최소가 되므로 $q_{\phi}(z|x)$는 학습에 의해 결국 $q_{\phi}(z \mid x) = N(0,1)$이 된다.

즉, VAE 모형을 학습시킨 후, 잠재변수 z를 생성하기 위한 encoder는 더 이상 필요하지 않게 된다. 단순하게 $N(0, I)$에서 잠재변수 z를 추출하여 decoder에 입력하면 입력데이터를 생성할 수 있게 된다. 여기에서 입력데이터를 생성한다는 말은 학습에 사용한 입력데이터를 copy하는 것이 아니라 분포적으로 동일한 입력데이터를 새로 만들어 낸다는 의미이다. 낮은 분위수로부터 높은 분위수의 잠재변수

z를 $N(0, I)$로부터 자유롭게 생성할 수 있으므로 입력데이터의 분포적 특성을 시각적으로 표현할 수 있다.

추론손실에서 $q_{\phi}(z|x)$이 표준정규분포가 되도록 학습하게 되므로 (18.3)에 정의된 재생손실의 최소화 여부는 decoder $p_{\theta}(x \mid z)$에서 재생된 x가 $p_{\theta}(x)$에서 관측된 표본과 분포적으로 얼마나 가까운가로 결정된다.

이제 지금까지 논의한 VAE를 MNIST 데이터에 적용하여 보자.

```
import tensorflow as tf
from tensorflow.keras import layers
from tensorflow.keras.models import Model
from tensorflow.keras.utils import plot_model
import numpy as np
```

다음 프로그램은 encoder 모형 $q_{\phi}(z|x)$를 정의하고 2개의 잠재변수 z의 평균(z_mean)과 분산의 로그값(z_log_var)을 구하고 있다. σ^2를 직접 추정하지 않고 분산의 로그값, 즉 $\log\sigma^2$를 추정하는 이유는 z_log_var이 $(-\infty, \infty)$이 되도록 $\log\sigma^2$를 추정하기 위해서이다.

```
img_shape=(28,28,1)
batch_size=16
latent_dim=2

input_img=layers.Input(shape=img_shape)
x=layers.Conv2D(32,3,padding='same',strides=2,activation='relu')(input_img)
x=layers.Conv2D(64,3,padding='same',strides=2,activation='relu')(x)
shape=x.shape
x=layers.Flatten()(x)
x=layers.Dense(32,activation='relu')(x)

z_mean=layers.Dense(latent_dim)(x)
z_log_var=layers.Dense(latent_dim)(x)
```

다음에 정의된 sampling 함수는 z_mean과 z_log_var을 이용하여 잠재변수 z를 생성하고 이러한 자료 생성은 keras에 built-in 되어 있지 않으므로 Lambda를 호출하여 은닉층을 추가한다. tf.random.normal은 default로 표준정규분포 확률변수를 생성한다.

```
def sampling(args):
    z_mean,z_log_var=args
    shape_z=tf.shape(z_mean)
        batch=shape_z[0]
        dim=shape_z[1]
    epsilon=tf.random.normal(shape=(batch,dim))
    return z_mean+tf.exp(0.5*z_log_var)*epsilon
z=layers.Lambda(sampling,output_shape=(latent_dim,))([z_mean,z_log_var])
```

encoder 모형은 input_img을 입력하고 [z_mean, z_log_var, z]를 출력하고 있다.

```
encoder=Model(input_img,[z_mean, z_log_var, z])
encoder.summary()
plot_model(encoder,show_shapes=True)
```

Layer (type)	Output Shape	Param #	Connected to
input_15 (InputLayer)		(None, 28, 28, 1)	0
conv2d_21 (Conv2D)	(None, 14, 14, 32)	320	input_15[0][0]
conv2d_22 (Conv2D)	(None, 7, 7, 64)	18496	conv2d_21[0][0]
flatten_7 (Flatten)	(None, 3136)	0	conv2d_22[0][0]
dense_25 (Dense)	(None, 32)	100384	flatten_7[0][0]
dense_26 (Dense)	(None, 2)	66	dense_25[0][0]
dense_27 (Dense)	(None, 2)	66	dense_25[0][0]
lambda_8 (Lambda)	(None, 2)	0	dense_26[0][0] dense_27[0][0]

```
Total params: 119,332
Trainable params: 119,332
Non-trainable params: 0
```

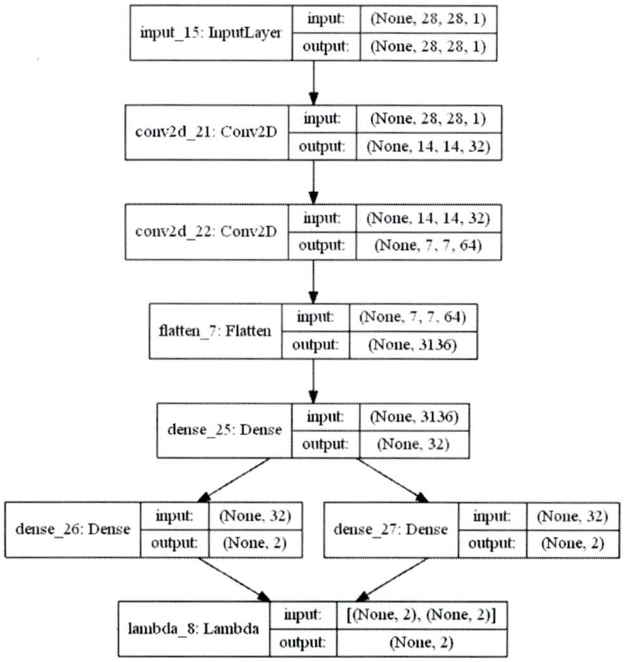

다음은 decoder $p_\theta(x|z)$의 아키텍처이다. encoder에서 생성된 2차원 z가 입력되며 최종 출력은 입력변수와 동일한 (28,28,1) 3D텐서가 출력된다.

```
latent_input=layers.Input(shape=(latent_dim,))
x=layers.Dense(np.prod(shape[1:]), activation='relu')(latent_input)
x=layers.Reshape(shape[1:])(x)
x=layers.Conv2DTranspose(64,3,padding='same',strides=2,activation='relu')(x)
x=layers.Conv2DTranspose(32,3,padding='same',strides=2,activation='relu')(x)
output=layers.Conv2D(1,3, padding='same',activation='sigmoid')(x)
decoder=Model(latent_input, output)
decoder.summary()
plot_model(decoder, show_shapes=True)
```

Layer (type)	Output Shape	Param #
input_16 (InputLayer)	(None, 2)	0
dense_28 (Dense)	(None, 3136)	9408
reshape_7 (Reshape)	(None, 7, 7, 64)	0
conv2d_transpose_13 (Conv2DT	(None, 14, 14, 64)	36928
conv2d_transpose_14 (Conv2DT	(None, 28, 28, 32)	18464
conv2d_23 (Conv2D)	(None, 28, 28, 1)	289

Total params: 65,089
Trainable params: 65,089
Non-trainable params: 0

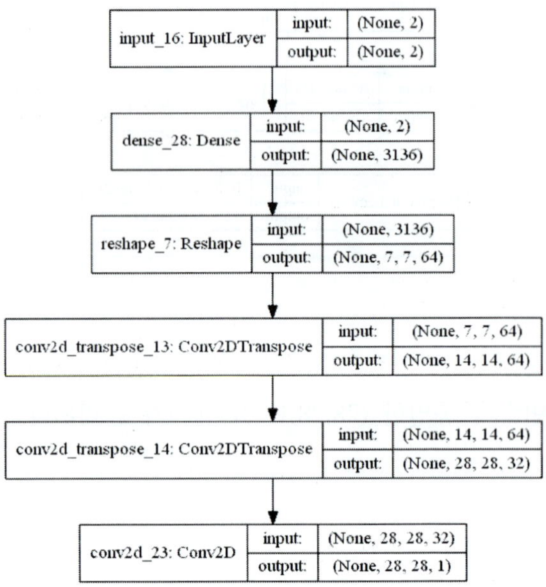

다음은 encoder와 decoder를 하나로 묶어서 VAE 모형을 완성하고 있다. encoder의 입력자료로 (batch,28,28,1) 4D텐서인 input_img가 입력되고 encoder의 출력은 [z_mean, z_log_var, z]이다. decoder의 입력은 z이므로 encoder(input_img)[2]를 사용하여 정의하고 있다. VAE 모형의 최종 출력은 [batch,28,28,1]이며 encoder의 모

수는 119,332개이고 decoder의 모수는 65,089로 VAE는 총 184,421개의 모수를 추정하게 된다.

```
f_output=decoder(encoder(input_img)[2])
vae=Model(input_img, f_output)
vae.summary()
```

```
_________________________________________________________________
Layer (type)                 Output Shape              Param #
=================================================================
input_15 (InputLayer)        (None, 28, 28, 1)         0
_________________________________________________________________
model_18 (Model)             [(None, 2), (None, 2), (N 119332
_________________________________________________________________
model_19 (Model)             (None, 28, 28, 1)         65089
=================================================================
Total params: 184,421
Trainable params: 184,421
Non-trainable params: 0
_________________________________________________________________
```

VAE의 추론손실은 built-in이 아니므로 add_loss 함수를 이용하여 손실함수를 추가하여야 한다. 재생손실은 식 (18.2)에 의해 input_img와 f_output의 거리를 mse로 built-in으로 아래 프로그램의 vae.compile(loss='mse')로 계산된다. mse는 표본당 $28 \times 28 \times 1$ 인 1D텐서이므로 $batch \times 28 \times 28$로 나누어 준다. 식 (18.5)에 정의된 추론손실을 아래와 같이 28×28로 나누어준 후, k.mean을 이용하여 batch 크기로 다시 나누어주어 재생손실과의 scale을 조정해주고 있다.

```
inference_loss=1+z_log_var-tf.square(z_mean)-tf.exp(z_log_var)
inference_loss=k.sum(inference_loss, axis=-1)*-0.5/(input_img.shape[1]*input_img.shape[1])

vae.add_loss(tf.reduce_mean(inference_loss))
vae.compile(loss='mse', optimizer='rmsprop')
```

총손실은 재생손실과 inference_loss의 합으로 정의되고 아래와 같이 MNIST 데이터를 VAE 모형에 적용하여 손실을 산출하고 있다.

```
from tensorflow.keras.datasets import mnist

(x_train,_),(x_test,y_test)=mnist.load_data()
image_size = x_train.shape[1]
x_train = np.reshape(x_train, [-1, image_size, image_size, 1])
x_test = np.reshape(x_test, [-1, image_size, image_size, 1])
x_train = x_train.astype('float32') / 255
x_test = x_test.astype('float32') / 255

vae.fit(x_train, x_train, epochs=10, shuffle=True, batch_size=batch_size,
        validation_data= (x_test,None))
```

```
Epoch 9/10
60000/60000 [==============================] - 255s 4ms/sample - loss: 0.0474 - val_loss: 0.0478
Epoch 10/10
60000/60000 [==============================] - 247s 4ms/sample - loss: 0.0473 - val_loss: 0.0482
```

다음은 학습된 VAE 모형을 이용하여 0 ~ 9까지의 숫자를 재생하는 것이다. 이미 언급했지만 VAE 모형이 학습되면 새로운 0 ~ 9까지의 이미지를 재생하기 위해 encoder인 $q_\phi(z|x)$가 표준정규분포이므로 표준정규분포로부터 z를 직접 추출하여 decoder에 입력하면 된다.

$P(z \le c) = d$를 만족하는 c를 z값으로 추출하였으며 $d = 0.05$ ~ 0.95의 값을 갖는다. 즉, z는 하위 5%에서 상위 95%에 대응하는 표준정규분포 확률변수값을 나타내며, 총 15개의 z를 추출하였다[그러므로 np.linspace(0.05,0.95,15)를 정의하여 0.05에서 0.95를 15등분하였음].

아래 프로그램에서 norm.ppf는 $P(z \le c) = d$를 만족하는 c를 추출하는 함수이다. np.tile을 설명하면, 예를 들어 A=[1,2,3]일 때, np.tile(A, 2)=[1,2,3,1,2,3]이며 np.tile(A, (2,2))=[[1,2,3,1,2,3],[1,2,3,1,2,3]]으로 2×6 행렬이 된다. 그러므로 tile은 A 텐서를 행과 열에 몇 번을 복사할 것인지를 결정한다. 아래 프로그램에서 np.tile(z_sample, batch_size)은 1×2 행렬을 16번 반복하여 1×32 행렬로 만들었

고 reshape(batch_size, 2)로 16 × 2 행렬로 전환하였다. decoder의 입력은 (16,2)텐서이기 때문이다.

digit=x_decoded[0]로 한 이유는 np.tile에 의해 16개의 z_sample의 값이 모두 같아 16개의 동일한 이미지를 산출하기 때문에 그중 오직 하나만 선택한 것이다. 출력된 이미지를 보면 중심에서 아래로 움직이면서 3 → 5 → 8 → 9 → 7로 숫자의 이미지가 변화하고 있고 중심에서 우측으로 움직이면서 3 → 5 → 6 → 2로 변하는 것을 볼 수 있다. 이를 숫자의 연속적인 분포(continuous distribution of digit classes)라고 한다. 그러므로 단순하게 표준정규분포 값 z를 낮은 값에서 큰 값으로 움직이면서 연속적으로 움직이는 이미지를 만들어 낼 수 있으며, 특히 이렇게 만들어진 이미지는 분포적으로 원래의 이미지(입력 이미지)와 동일한 이미지이다.

```
import matplotlib.pyplot as plt
from scipy.stats import norm
n=15
image_size=28
figure=np.zeros((image_size*n,image_size*n))
z_x=norm.ppf(np.linspace(0.05,0.95,n))
z_y=norm.ppf(np.linspace(0.05,0.95,n))

for i,y in enumerate(z_y):
    for j, x in enumerate(z_x):
        z_sample=np.array([[x,y]])
        z_sample=np.tile(z_sample, batch_size).reshape(batch_size,2)
        x_decoded=decoder.predict(z_sample)
        digit=x_decoded[0].reshape(image_size, image_size)
        figure[i*image_size:(i+1)*image_size, j*image_size:(j+1)*image_size]=digit

plt.figure(figsize=(10,10))
plt.imshow(figure)
plt.show()
```

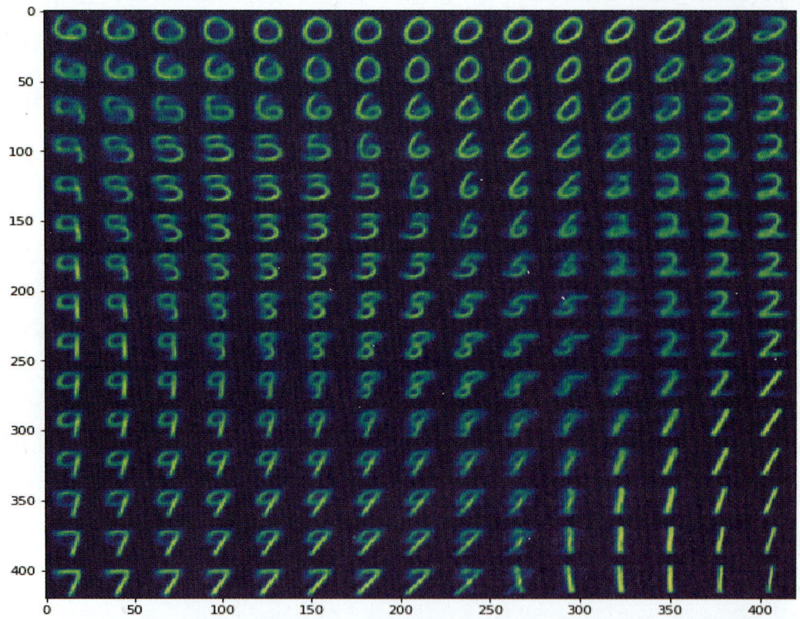

18.4 조건부 VAE

앞 절에서 VAE는 원래의 0 ~ 9 숫자 이미지와 구별되지 않는 숫자 이미지를 생성한 바 있다. VAE를 이용하여 특정 숫자 이미지를 생성하기 위해서는 대응되는 잠재변수 벡터를 알아야 하는 어려움이 있다. 조건부 VAE를 이용하면 특정 라벨에 대응하는 이미지를 쉽게 생성할 수 있다. 조건부 VAE는 VAE와 비교하여 라벨 이미지인 VAE encoder의 입력을 잠재변수와 라벨로 바꾸면 된다. 그러므로 조건부 VAE는 특정 라벨에 대응하는 잠재변수 벡터를 짝지어 decoder에 입력하고 학습시킨 후, 학습된 조건부 decoder에 잡음과 라벨을 입력하면 라벨에 대응하는 이미지를 생성하게 된다.

조건부 VAE는 Tabular(같은 의미로 2D텐서) 데이터의 분류 과제(classification)

에서 자주 발생하는 불균형자료(imbalance) 문제를 해결하는 데 사용될 수 있다. 특정 라벨의 관측치가 다른 라벨의 관측치에 비해 현저하게 작을 때 이를 불균형자료라고 한다. 은행의 정상 고객과 디폴트 고객을 분류하고자 할 때, 디폴트 고객자료가 너무 작으면 모형이 정상고객 자료에 과대적합되는 불균형자료 문제가 발생하게 된다.

분류가 목적인 Tabular 데이터는 1D텐서의 특성변수와 라벨인 목적변수로 구성되어 있으므로 조건부 VAE를 적용하여 라벨에 대응하는 특성변수를 생성할 수 있다. 조건부 VAE에 의해 생성된 특성변수는 원래의 특성변수와 분포적으로 동일할 뿐만 아니라 정규분포 잡음을 조절하여 분위수별 특성변수를 생성할 수 있으므로, 조건부 VAE는 머신러닝의 SMOTE와 ADASYN[박유성(2022) 참조]보다 불균형자료 문제 해결에 좀 더 유용할 것으로 기대된다.

조건부 VAE를 Tabular 데이터에 적용하는 예를 보여주기 위해 먼저 MNIST의 (28,28,1) 3D텐서 자료를 아래와 같이 prepare( ) 함수로 (784,) 1D텐서 자료로 전환한다.

```
import numpy as np
import tensorflow as tf
from tensorflow.keras.layers import Input, Dense, Lambda
from tensorflow.keras.layers import concatenate
from tensorflow.keras.models import Model
from tensorflow.keras.datasets import mnist
from tensorflow.keras.utils import to_categorical

import PIL
```

```
def prepare(images, labels):
    images = images.astype('float32') / 255
    n, w, h = images.shape
    return images.reshape((n, w * h)), to_categorical(labels)

train, test = mnist.load_data()
x_train, y_train = prepare(*train)
```

```
x_test, y_test = prepare(*test)
img_height, img_width = train[0].shape[1:]
```

아래와 같이 배치의 크기를 250개로 잠재변수의 크기를 2차원으로 정의한 후, 추정된 평균과 분산을 이용하여 잠재변수를 생성하고 있다.

```
batch_size = 250
latent_space_depth = 2

def sample_z(args):
    z_mean, z_log_var = args
    eps = tf.random.normal(shape=(batch_size, latent_space_depth))
    return z_mean + tf.exp(z_log_var / 2) * eps
```

아래 프로그램에서 숫자의 이미지를 나타내는 (784,) 1D텐서와 라벨을 나타내는 one-hot encoding된 (10,) 1D텐서를 입력받아 이를 concatenate한 (794,) 1D텐서를 조건부 VAE encoder의 입력으로 정의하고 있다. 조건부 VAE encoder의 출력은 잠재변수 z와 라벨을 concatenate한 (12,) 1D텐서인 것을 볼 수 있으며 이 1D텐서는 조건부 VAE decoder의 입력이 된다. 조건부 VAE decoder의 출력은 sigmoid 함수를 이용하여 0 ~ 1 값을 출력하도록 하고 있다. 입력자료가 0 ~ 1로 표준화되어 입력되었기 때문이다.

```
pixels = Input(shape=(x_train.shape[1],))
label = Input(shape=(y_train.shape[1],), name='label')
inputs = concatenate([pixels, label], name='inputs')
encoder_hidden = Dense(512, activation='relu', name='encoder_hidden')(inputs)
z_mean = Dense(latent_space_depth, activation='linear')(encoder_hidden)
z_log_var = Dense(latent_space_depth, activation='linear')(encoder_hidden)
z = Lambda(sample_z, output_shape=(latent_space_depth, ))([z_mean, z_log_var])
```

```
zc = concatenate([z, label])

cond_encoder=Model([pixels,label],zc)

decoder_in = Input(shape=(latent_space_depth + y_train.shape[1],))
decoder_hidden = Dense(512, activation='relu')(decoder_in)
reconstruct_pixels = Dense(x_train.shape[1], activation='sigmoid')(decoder_hidden)

cond_decoder = Model(decoder_in, reconstruct_pixels)

cond_output=cond_decoder(cond_encoder([pixels,label]))
cond_vae = Model([pixels, label], cond_output)

cond_vae.summary()
```

```
Model: "model_27"
____________________________________________________________________________________
Layer (type)                 Output Shape     Param #     Connected to
====================================================================================
input_23 (InputLayer)        [(None, 784)]    0
____________________________________________________________________________________
label (InputLayer)           [(None, 10)]     0
____________________________________________________________________________________
model_25 (Functional)        (250, 12)        409092      input_23[0][0]
                                                          label[0][0]
____________________________________________________________________________________
model_26 (Functional)        (None, 784)      408848      model_25[0][0]
====================================================================================
Total params: 817,940
Trainable params: 817,940
Non-trainable params: 0
____________________________________________________________________________________
```

```
inference_loss=1+z_log_var-tf.square(z_mean)-tf.exp(z_log_var)
inference_loss=tf.reduce_sum(inference_loss,axis=-1)*-0.5/x_train.shape[1]
cond_vae.add_loss(tf.reduce_mean(inference_loss))
cond_vae.compile(loss='mse',optimizer='rmsprop')
```

아래와 같은 학습 결과에 따라 과대적합이 발생하지 않은 것으로 보인다.

```
cond_vae.fit([x_train, y_train], x_train, verbose=1,
             batch_size=batch_size, epochs=30, validation_data = ([x_test, y_test],
                                                                  x_test))
```

```
Epoch 29/30
240/240 [==============================] - 6s 23ms/step - loss: 0.0385 - val_loss: 0.0387
Epoch 30/30
240/240 [==============================] - 6s 26ms/step - loss: 0.0384 - val_loss: 0.0388
```

아래 프로그램은 0 ~ 1 값을 갖는 이미지 자료를 0 ~ 255의 정수로 전환한 후, 그림을 그리는 함수인 decode_img 함수를 정의하고 있다.

```
def decode_img(a):
    a = np.clip(a * 256, 0, 255).astype('uint8')
    return PIL.Image.fromarray(a)
```

아래 프로그램은 학습된 cond_decoder에 잡음으로 $z = (0, 0)$을 입력하고 라벨을 4를 one-hot encoding한 입력하여 구한 숫자 4 이미지이다. 그러므로 아래 그림은 정규분포 잡음의 평균값을 입력했을 때의 이미지이다.

```
number_4 = np.zeros((1, latent_space_depth + y_train.shape[1]))
number_4[:, 4 + latent_space_depth] = 1
decode_img(cond_decoder.predict(number_4).reshape(
                img_height, img_width)).resize((56, 56))
```

아래에서는 잡음을 임의로 표준정규분포로부터 추출하여 입력했을 때의 4 이미지

를 보여주고 있다. 잡음 값을 number_4[:,0:2]=[-3, 2]와 같이 직접 부여하여 이미지 4를 생성할 수도 있다.

```
number_4 = np.zeros((1, latent_space_depth + y_train.shape[1]))
number_4[:, 4 + latent_space_depth] = 1
number_4[:,0:2]=tf.random.normal(shape=(1,2))
# number_4[:,0:2]=[-3, 2]
decode_img(cond_decoder.predict(number_4).reshape(
                    img_width, img_height)).resize((56, 56))
```

19장

Generative Adversarial Networks

Generative Adversarial Networks(GAN) 모형의 목적도 VAE와 동일하게 입력변수의 분포를 추정하는 데 있지만, VAE는 이미지자료를 입력하여 학습시키는 반면 GAN 모형은 잡음과 이미지자료를 입력하여 잡음이 이미지자료의 분포를 학습하도록 한다. 잡음(표준정규분포로부터의 임의표집)을 입력하므로 GAN 모형도 VAE와 같이 확률모형에 해당된다. GAN은 encoder와 decoder를 generator로 통합하고 discriminator로 generator를 학습시키는 구조를 가지고 있다.

generator는 임의의 잡음으로부터 합성한 가짜 자료를 생성하여 discriminator에 전달하고, discriminator는 가짜 자료와 진짜 자료를 구별하여 이 결과를 다시 generator에 전달한다. 그러면 generator는 discriminator가 전달한 결과를 기초로 좀 더 정교한 가짜 자료를 생성하여 궁극적으로 discriminator가 실제 자료와 가짜 자료를 구별하지 못할 때까지 위 과정을 반복한다. 학습이 완료된 generator에 임의의 잡음을 입력하면 generator는 실제 입력자료와 구별하지 못하는 실제 자료와 분포적으로 동일한 자료를 생성한다.

이는 화폐위조범과 경찰과의 관계로 설명할 수 있다. 화폐위조범이 generator이고 경찰이 discriminator가 된다. 화폐위조범은 처음에는 조악한 화폐를 만들기 때문에 경찰은 손쉽게 위조화폐를 구별할 것이지만, 위조범은 경찰이 위조화폐임을 알아차린 이유를 알게 될 것이고, 이를 반복하면 궁극적으로 경찰이 실제화폐와 위조화폐를 구별하지 못할 정도의 경지에 이를 것이라는 개념이 GAN 모형이다.

학습된 generator는 실제 자료와 동일한 분포를 가진 자료를 생성하기 때문에 실제 자료 분포를 알지 못할 때, generator에 잡음을 입력하여 실제 자료와 분포적으로 동일한 자료를 수없이 생성하면 실제 자료의 분포를 포함하여 관심있는 자료의 특성치들을 쉽게 추정할 수 있다.

<그림 19-1>에서 D는 discriminator를, G는 generator를 표시하고 있다. 한 batch의 잡음을 generator G에 입력하여 가짜 자료 x'을 출력한 후 discriminator에 전달한다. 실제 자료와 가짜 자료를 discriminator D에 입력하고 D는 0 ~ 1의 값을 출력한다. 실제 자료 x에 label 1을 부여하고 x'에 label 0을 부여하므로 D(x)는 가능한 한 1(real)에 가깝도록 하고 D(x')(=D(G(z))는 가능한 한 0(fake)이 되도록 D를

학습시킨다. 그러므로 discriminator의 손실함수는 일반적인 binary crossentropy가 된다. w를 discriminator의 모수라고 하고 θ를 generator의 모수라고 표현하면 binary crossentropy는

$$\ell_w(D) = -E_x \log D_w(x) - E_z \log[1 - D_w(G_\theta(z))] \tag{19.1}$$

로 정의된다. $E_x \log D_w(x)$는 $\frac{1}{n}\sum_{i=1}^{n} \log D_w(x_i)$로 추정되고, $E_z \log[1 - D_w(G_\theta(z))]$는 $\frac{1}{n}\sum_{i=1}^{n} \log[1 - D_w(G_\theta(z_i))]$으로 추정된다. 여기에서 n은 batch 크기이다. 손실함수 $\ell_w(D)$를 계산하고 고정된 θ에서 backpropagation으로 모수 w를 update하여 discriminator D를 개선한 후, 이 D를 generator 박스에 전달한다. 그러면 또 다른 잡음을 generator G에 입력하여 가짜 자료 x''를 출력하는 데 D(x'')가 가능한 한 1로 출력할 수 있도록 generator G를 학습시킨다. 그러므로 가짜 자료 x''에 label 1(real)을 부여하여 binary crossentropy

$$\ell_\theta(D(G)) = -E_z \log D_w(G_\theta(z)) \tag{19.2}$$

가 최소가 되도록, 고정된 w에서 θ를 update하여 G를 update한다. 여기에서 label이 1만 있으므로 label 0에 해당하는 항($-E_z \log[1 - D_w(G_\theta(z))]$)은 존재하지 않는다.

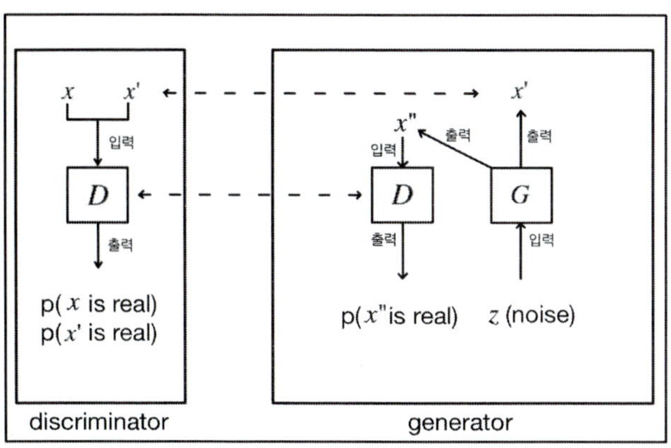

그림 19-1 Discriminator와 Generator의 개념도

식 (19.1)의 discriminator의 손실함수와 식 (19.2)의 generator의 손실함수를 비교해 보면 식 (19.1)의 $D_w(G_\theta(z))$와 식 (19.2)의 $D_w(G_\theta(z))$는 정확하게 반대 방향으로 작동하고 있어 적대적(adversarial)이라고 말하며, discriminator와 generator의 사소한 변경이 모수추정을 못하게 하는(동일하게 모수가 수렴하지 않은) 원인이 되므로 매우 조심스럽게 아키텍처를 구성하여야 한다. 이러한 이유로 좀 더 안정적이고 향상된 GAN 모형의 필요성이 대두되었고 우리는 2개의 안정적이고 향상된 GAN 모형을 다룰 예정이다. 그러나 GAN 모형의 근간을 이해하기 위해 전통적인 GAN 모형인 DCGAN(Deep CNN GAN)의 구조를 이해하여야 한다.

19.1 DCGAN

이미 언급하였듯이 고전적인 GAN 모형인 DCGAN은 사소한 변경도 수렴이 되지 않을 정도로 매우 불안정한 모형이다. 아래의 프로그램은 프로그램 해설을 추가했고 오류를 수정했지만 Chollet(2018)이 제공한 예제 프로그램을 기반으로 작성한 것이다. 먼저 generator G 아키텍처를 구성하여 보자. tf.keras가 제공하는 CIFAR10 이미지 데이터 중 개구리 이미지를 이용하기 때문에, 입력변수 x로 개구리 이미지의 크기인 (32,32,3) 3D텐서를 가정하고 있다.

```
import tensorflow as tf
from tensorflow.keras import layers
import numpy as np

latent_dim = 32
height = 32
width = 32
channels = 3
```

```
generator_input = tf.keras.Input(shape=(latent_dim,))
x = layers.Dense(128 * 16 * 16)(generator_input)
x = layers.LeakyReLU()(x)
x = layers.Reshape((16, 16, 128))(x)
x = layers.Conv2D(256, 5, padding='same')(x)
x = layers.LeakyReLU()(x)
x = layers.Conv2DTranspose(256, 4, strides=2, padding='same')(x)
x = layers.LeakyReLU()(x)
x = layers.Conv2D(256, 5, padding='same')(x)
x = layers.LeakyReLU()(x)
x = layers.Conv2D(256, 5, padding='same')(x)
x = layers.LeakyReLU()(x)
out_g = layers.Conv2D(channels, 7, activation='sigmoid', padding='same')(x)
generator = tf.keras.models.Model(generator_input, out_g)
generator.summary()
```

Model: "model_1"

Layer (type)	Output Shape	Param #
input_1 (InputLayer)	(None, 32)	0
dense_1 (Dense)	(None, 32768)	1081344
leaky_re_lu_1 (LeakyReLU)	(None, 32768)	0
reshape_1 (Reshape)	(None, 16, 16, 128)	0
conv2d_1 (Conv2D)	(None, 16, 16, 256)	819456
leaky_re_lu_2 (LeakyReLU)	(None, 16, 16, 256)	0
conv2d_transpose_1 (Conv2DTr	(None, 32, 32, 256)	1048832
leaky_re_lu_3 (LeakyReLU)	(None, 32, 32, 256)	0
conv2d_2 (Conv2D)	(None, 32, 32, 256)	1638656
leaky_re_lu_4 (LeakyReLU)	(None, 32, 32, 256)	0
conv2d_3 (Conv2D)	(None, 32, 32, 256)	1638656
leaky_re_lu_5 (LeakyReLU)	(None, 32, 32, 256)	0
conv2d_4 (Conv2D)	(None, 32, 32, 3)	37635

Total params: 6,264,579
Trainable params: 6,264,579
Non-trainable params: 0

위 프로그램에서 LeakyReLU는 $f(x)=0.3x,\ x<0$이고 $f(x)=x,\ x\geq 0$이다. 또한 Conv2DTranspose 직전 은닉층까지가 encoder이고 Conv2DTranspose 층부터 픽셀의 크기가 증가하므로 Conv2DTranspose부터 decoder에 해당된다. Conv2DTranspose는 (batch,16,16,256) 텐서를 (batch,32,32,256) 텐서로 출력하고 out_g는 (batch, 32,32,3)인 가짜 이미지 자료를 출력하게 된다. 이 가짜 이미지 자료는 아래의 discriminator를 학습시키는 데에 사용된다.

다음은 discriminator 아키텍처를 구성하는 프로그램이다. discriminator에는 1로 label된 진짜 이미지 자료와 0으로 label된 가짜 이미지 자료가 입력되고 자료의 크기는 모두 (batch,32,32,3) 4D텐서이다. out_d는 이미지가 가짜(0)인지 진짜(1)인지를 구별하기 위해 노드가 1개이고 sigmoid 함수를 사용한다. optimizer에서 clipvalue =1.0은 모수미분의 절댓값이 1을 넘으면 모두 1로 고정하는 옵션이다.

```
discriminator_input = layers.Input(shape=(height, width, channels))
x = layers.Conv2D(128, 3)(discriminator_input)
x = layers.LeakyReLU()(x)
x = layers.Conv2D(128, 4, strides=2)(x)
x = layers.LeakyReLU()(x)
x = layers.Conv2D(128, 4, strides=2)(x)
x = layers.LeakyReLU()(x)
x = layers.Conv2D(128, 4, strides=2)(x)
x = layers.LeakyReLU()(x)
x = layers.Flatten()(x)
x = layers.Dropout(0.4)(x)
out_d = layers.Dense(1, activation='sigmoid')(x)

discriminator = tf.keras.models.Model(discriminator_input, out_d)
discriminator.summary()

discriminator_optimizer = tf.keras.optimizers.RMSprop(lr=0.0008, clipvalue=1.0, decay=1e-8)
discriminator.compile(optimizer=discriminator_optimizer,
                      loss='binary_crossentropy')
```

```
Model: "model_2"
_________________________________________________________________
Layer (type)                 Output Shape
```

```
Param #
=================================================================
input_2 (InputLayer)         (None, 32, 32, 3)         0
_________________________________________________________________
conv2d_5 (Conv2D)            (None, 30, 30, 128)       3584
_________________________________________________________________
leaky_re_lu_6 (LeakyReLU)    (None, 30, 30, 128)       0
_________________________________________________________________
conv2d_6 (Conv2D)            (None, 14, 14, 128)       262272
_________________________________________________________________
leaky_re_lu_7 (LeakyReLU)    (None, 14, 14, 128)       0
_________________________________________________________________
conv2d_7 (Conv2D)            (None, 6, 6, 128)         262272
_________________________________________________________________
leaky_re_lu_8 (LeakyReLU)    (None, 6, 6, 128)         0
_________________________________________________________________
conv2d_8 (Conv2D)            (None, 2, 2, 128)         262272
_________________________________________________________________
leaky_re_lu_9 (LeakyReLU)    (None, 2, 2, 128)         0
_________________________________________________________________
flatten_1 (Flatten)          (None, 512)               0
_________________________________________________________________
dropout_1 (Dropout)          (None, 512)               0
_________________________________________________________________
dense_2 (Dense)              (None, 1)                 513
=================================================================
Total params: 790,913
Trainable params: 790,913
Non-trainable params: 0
_________________________________________________________________
```

```
gan_input = tf.keras.Input(shape=(latent_dim,))
img_f=generator(gan_input)
discriminator.trainable = False

gan_output = discriminator(img_f)
gan = tf.keras.models.Model(gan_input, gan_output)

gan_optimizer = tf.keras.optimizers.RMSprop(lr=0.0004, clipvalue=1.0, decay=1e-8)
gan.compile(optimizer=gan_optimizer, loss='binary_crossentropy')
gan.summary()
```

```
_________________________________________________________________
Layer (type)                 Output Shape              Param #
=================================================================
input_6 (InputLayer)         (None, 32)                0
_________________________________________________________________
```

```
model_4 (Model)              (None, 32, 32, 3)          6264579
_________________________________________________________________
model_5 (Model)              (None, 1)                  790913
=================================================================
Total params: 7,055,492
Trainable params: 6,264,579
Non-trainable params: 790,913
```

위 프로그램은 <그림 19-1>의 generator 박스의 학습을 위한 프로그램으로 이를 adversarial network이라고 한다. 즉, discriminator를 속일 만큼 정교한 generator를 학습시키는 과정이다. 그러므로 이 adversarial network을 학습시키는 동안에 discriminator의 모수는 고정(freeze)되어 있어야 한다. discriminator의 모수가 고정(Non-trainable params: 790,913)되어 있고 gan에는 1로 label된 잡음이 입력되므로 discriminator가 이 가짜 자료를 진짜 자료로 인식하도록 generator의 모수를 최신화한다. 즉, 가짜 자료를 진짜 자료에 가깝게 정교화하도록 generator를 update한다.

이제 discriminator와 gan을 학습시켜보도록 하자. 이 두 모형의 학습은 fit() 함수를 쓸 수 없다. discriminator와 gan을 번갈아 가면서 학습시켜야 하며 discriminator를 학습시킬 때 입력되는 잡음의 label은 0이지만 gan을 학습시킬 때 입력되는 잡음의 label은 1인 맞춤형(customized) 학습이기 때문이다. 또한 batch 단위로 학습해야 하므로 train_on_batch 함수를 써서 학습시켜야 한다. 학습의 차례는 discriminator를 먼저 학습시키고 이어서 generator는 adversarial network을 통해 학습시킨다. 학습과정을 정리하면 다음과 같다.

1. discriminator 학습을 위해 1배치(CIFAR10으로부터 20개의 개구리 이미지 자료)의 실제 개구리 이미지 자료에 label 1을 부여한다.
2. 1배치의 잡음을 정규분포로부터 추출하여 generator 모형에 적용, 1배치의 가짜이미지 자료를 생성하고 label 0을 부여한다.
3. 앞에서 만들어진 자료를 concatenate하여(그러므로 이미지 자료가 40개가 됨) discriminator를 학습시킨다.

4. 또 다른 1배치의 잡음을 생성하여 label 1을 부여한 후, gan에 입력하여 gan을 학습시킨다. 이때 discriminator의 모수는 고정되어 있으므로 실제적으로 generator를 학습시키게 된다.
5. 1 ~ 4를 8,000번 반복한다. 한 번의 반복에 20개의 표본인 배치를 학습시키고 학습데이터의 총 이미지 개수는 5,000개이므로 이러한 반복은 32 에폭에 해당한다.

이에 대한 프로그램은 다음과 같다.

```
import os
from tf.keras.preprocessing import image

(x_train, y_train), (_, _) = tf.keras.datasets.cifar10.load_data()

# 개구리 이미지 추출 (class 6)
x_train = x_train[y_train.flatten() == 6]
x_train = x_train.reshape(
    (x_train.shape[0],) + (height, width, channels)).astype('float32') / 255.
x_train.shape
```

```
(5000, 32, 32, 3)
```

```
iterations = 8000
batch_size = 20

start = 0
for step in range(iterations):
    random_latent_vectors = tf.random.normal(size=(batch_size, latent_dim))
    generated_images = generator.predict(random_latent_vectors)

    stop = start + batch_size
    real_images = x_train[start: stop]
    combined_images = np.concatenate([real_images, generated_images])
    y= np.concatenate([np.ones((batch_size, 1)),
```

```
                                np.zeros((batch_size, 1))])
    # label smoothing
    y += 0.05 * tf.random.random(y.shape)

    d_loss = discriminator.train_on_batch(combined_images,y)

    random_latent_vectors = np.random.normal(size=(batch_size, latent_dim))
    misleading_targets = np.ones((batch_size, 1))
    a_loss = gan.train_on_batch(random_latent_vectors, misleading_targets)

    start += batch_size
    if start > len(x_train) - batch_size:
      start = 0
    if (step+1) % 1000 == 0:
        print('discriminator loss at step %s: %s' % ((step+1), d_loss))
        print('adversarial loss at step %s: %s' % ((step+1), a_loss))
```

```
discriminator loss at step 1000: 0.6959399
adversarial loss at step 1000: 0.65253323
discriminator loss at step 2000: 0.7133257
adversarial loss at step 2000: 0.64863485
discriminator loss at step 3000: 0.6849048
adversarial loss at step 3000: 0.65296715
discriminator loss at step 4000: 0.6989826
adversarial loss at step 4000: 0.6304122
discriminator loss at step 5000: 0.68881655
adversarial loss at step 5000: 0.6347566
discriminator loss at step 6000: 0.69903404
adversarial loss at step 6000: 0.649267
discriminator loss at step 7000: 0.6809589
adversarial loss at step 7000: 0.6573416
discriminator loss at step 8000: 0.6914166
adversarial loss at step 8000: 0.6671444
```

위 출력 결과를 살펴보면 32 에폭에도 불구하고 손실이 줄어들었다고 보기는 어려워 보인다. 즉, 전통적인 GAN 모형의 수렴이 매우 어렵다는 것을 보여주고 있다. 위 프로그램에서 y+=0.05×tf.random.random(y.shape)은 discriminator의 수렴 향상을 위한 label smoothing이다. 다음 절에서 이에 관련된 논의를 하게 될 것이다. 이러한 DCGAN의 문제로 학습이 완료된 generator로부터 생성된 개구리 이미지는 아래와 같이 개구리의 형상은 있으나 잡음이 많이 남아 있으며 개구리 형상이라고 해야 개구리라고 할 만큼 좋지 않은 이미지의 재생이라고 할 수 있다. 좀 더 세밀하고 정밀한 DCGAN 아키텍처가 필요하다고 할 수 있다.

```
import matplotlib.pyplot as plt

random_latent_vectors = np.random.normal(size=(4, latent_dim))
generated_images = generator.predict(random_latent_vectors)
for i in range(generated_images.shape[0]):
    img = image.array_to_img(generated_images[i] * 255., scale=False)
    plt.figure()
    plt.imshow(img)
plt.show()
```

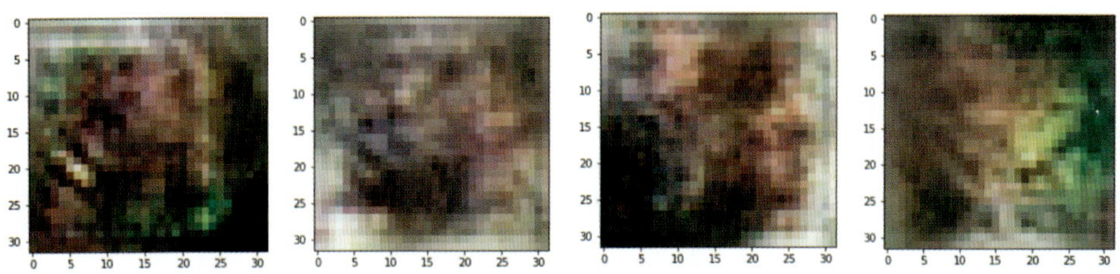

19.2 GAN 학습을 위한 손실함수

GAN 모형의 궁극적인 목표는 실제 데이터의 분포 p_{data}를 추정하는 데 있으며, GAN 모형에서는 generator에 의해 생성된 데이터의 분포인 p_g로 p_{data}를 추정한다. 통계학에서는 p_{data}와 p_g의 거리를 Kullback-Leibler(KL) divergence로 정의한다.

$$d_{KL}(p_{data}||p_g) = E_{x \sim p_{data}} log \frac{p_{data}(x)}{p_g(x)} = \int (log \frac{p_{data}(x)}{p_g(x)}) p_{data}(x) dx \qquad (19.3)$$

이미 제18장에서 보여주었듯이 $d_{KL} \geq 0$이며 $p_{data} = p_g$일 때 d_{KL}은 최솟값 0을 갖는다.

GAN 모형에서 discriminator의 손실은

$$\ell(D) = -E_x \log D_w(x) - E_z \log[1 - D_w(G_\theta(z))] \tag{19.4}$$

로 정의된 바 있다. 이를 재표현하면

$$\begin{aligned}
\ell_w(D) &= -E_{x \sim p_{data}} \log D_w(x) - E_{x \sim g} \log(1 - D_w(x)) \\
&= -\int \log D_w(x) p_{data}(x) dx - \int \log(1 - D_w(x)) p_g(x) dx \\
&= -\int [\log D_w(x) p_{data}(x) + \log(1 - D_w(x)) p_g(x)] dx
\end{aligned}$$

가 된다. $p_{data}(x) \log D_w(x) + p_g(x) \log(1 - D_w(x))$를 최대로 하는 $D_w(x)$를 구하면[$D_w(x)$에 대해 1차 미분 후 0으로 놓고 $D_w(x)$를 구하면]

$$D^*(x) = \frac{p_{data}}{p_{data} + p_g}$$

가 된다. 그러므로 discriminator의 손실 $\ell_w(D)$를 최소로 하는 D는 D^*이며 대응되는 손실은 식 (19.4)에 의해

$$\begin{aligned}
\ell_w(D^*) &= -E_{x \sim p_{data}} \log \frac{p_{data}}{p_{data} + p_g} - E_{x \sim p_g} \log \left(1 - \frac{p_{data}}{p_{data} + p_g}\right) \\
&= 2\log 2 - E_{x \sim p_{data}} \log \frac{p_{data}}{(p_{data} + p_g)/2} - E_{x \sim p_g} \log \frac{p_g}{(p_{data} + p_g)/2}
\end{aligned}$$

가 된다. 식 (19.3)에서 정의된 d_{KL}로 $\ell_w(D^*)$를 재표현하면

$$\ell_w(D^*) = 2\log 2 - d_{KL}(p_{data} || (p_{data} + p_g)/2) - d_{KL}(p_g || (p_{data} + p_g)/2) \tag{19.5}$$

가 된다. 여기에서 $\frac{1}{2}d_{KL}(p_{data}||(p_{data}+p_g)/2)+\frac{1}{2}d_{KL}(p_g||(p_{data}+p_g)/2)=d_{JS}(p_{data}||p_g)$라고 정의하며 특히 d_{JS}를 Jensen-Shannon divergence라고 한다.

$d_{KL}(p_{data}||p_g) \neq d_{KL}(p_g||p_{data})$이지만 $d_{JS}(p_{data}||p_g)=d_{JS}(p_g||p_{data})$을 쉽게 확인할 수 있다. d_{JS} 역시 p_{data}와 p_g의 거리를 측정하는 데에 사용된다. 식 (19.5)가 의미하는 바는 다음과 같다. $\ell(D^*)$를 최소로 하는 p_g를 구하는 문제는 d_{JS}를 최대화하는 p_g를 구하는 문제와 동일하다. 즉, 19.1절에서 GAN의 손실함수를 최소로 하는 discriminator를 구하는 문제는 d_{JS}를 최대로 하는 discriminator를 구하는 문제와 동일하다.

고전적인 GAN 모형의 수렴이 어려운 이유를 살펴보기 위해 간단한 예제를 통해 d_{JS}의 특성을 파악해 보도록 하자. p_{data}와 p_g를 다음과 같이 정의하면

$$p_{data}(x_1,x_2)=p(x_2|x_1)p(x_1),\ \text{여기에서}\ p(x_1=1)=1,\ p(x_2|x_1=1)\sim U(0,1)$$
$$p_g(x_1,x_2)=p(x_2|x_1)p(x_1),\ \text{여기에서}\ p(x_1=2)=1,\ p(x_2|x_1=2)\sim U(0,1)$$

다시 말해, x축에 x_1을 놓고 y축에 x_2를 놓으면 p_{data}는 x축 1 값 위에 0~1까지의 기둥이 서 있는 형태의 분포함수이고, p_g는 x축 2 값 위에 0~1까지의 기둥 형태의 분포함수이다. 그러므로 p_{data}와 p_g는 비슷하게 생겼지만 겹치는 부분이 없는 완전히 다른 분포가 된다. 즉, p_g는 p_{data}의 추정분포로 쓸 수 없는 분포함수라고 할 수 있다. 이 두 개의 분포함수를 이용하여 d_{KL}과 d_{JS}를 구해 보면 다음과 같다.

$$d_{KL}(p_{data}||p_g)=\int_0^1 1\cdot log\frac{1}{0}dx_2=\infty,\ d_{KL}(p_g||p_{data})=\int_0^1 1\cdot log\ \frac{1}{0}dx_2=\infty$$

이며

$$d_{JS}(p_{data}||p_g)=\frac{1}{2}\int_0^1 log\ \frac{1}{(1+0)/2}dx_2+\frac{1}{2}\int_0^1 log\ \frac{1}{(0+1)/2}dx_2=log\,2$$

가 된다. 그러므로 p_{data}와 p_g가 겹치는 부분이 없으면 d_{JS}는 상수가 되며, 동일하

게 $\ell(D^*)$가 상수가 되므로 discriminator의 모수를 최신화하기 위한 손실함수의 미분값이 0이 된다. 이는 discriminator p_g의 초기치가 p_{data}와 겹치는 부분이 없으면 GAN 모형의 손실함수로부터 계산된 backpropagation이 모두 0이 되어 discriminator의 모수를 최신화할 수 없게 되고 모형이 무너지게 되고 이로 인해 generator도 무너지게 된다. 물론 초기의 p_g가 p_{data}와 겹치는 부분이 있더라도 GAN 모형의 모수를 최신화하는 과정에서 p_g가 p_{data}와 겹치는 부분이 없거나 아주 작은 부분만 겹친다면 backpropagation 과정에서 미분 사라짐(gradient vanishing) 현상이 일어나 모수의 최신화가 불가능하게 된다. 19.1절에서 언급한 DCGAN의 수렴이 매우 어렵다는 이론적인 근거 중의 하나가 이러한 d_{JS}의 성질 때문이며 이러한 손실함수의 문제점을 완화하기 위해 프로그램에서 label smoothing[즉, y+=0.05×tf.random.random(y.shape)]을 추가한 것이다.

이러한 이유로 p_g와 p_{data}가 겹치는 부분이 없더라도 p_g와 p_{data}의 거리를 측정하는 새로운 손실함수가 필요하다. 즉, 손실함수가 존재(∞나 0이 아닌)하고 0이 아닌 미분값이 존재하는 손실함수를 구해야 한다. 이러한 손실함수 중의 하나가 EMD(earth-mover distance) 또는 Wasserstein 1 함수이다. 이 손실함수에 대한 논의는 Arjovsky 외[2017, Martin Arjovsky, Soumith Chintala, and Leon Botton, Wasserstein GAN(https://arxiv.org/pdf/1701.07875.pdf)]를 참고하길 바란다.

Wasserstein 1 손실함수는 진짜 자료에 1, 가짜 자료에 -1을 labelling하여

$$\ell_w(D) = -E_{x \sim p_{data}} D_w(x) + E_{x \sim p_g} D_w(x) = -E_{x \sim p_{data}} D_w(x) + E_z D_w(G_\theta(z)) \quad (19.6)$$

$$\ell_\theta(D(G)) = -E_z D_w(G_\theta(z)) \quad (19.7)$$

으로 정의된다. 식 (19.6)은 discriminator 손실함수이며 식 (19.7)은 generator의 손실함수이다. discriminator 손실함수는 $D_w(x)$를 $+\infty$로, $D_w(G_\theta(z))$를 $-\infty$로 보내면 $\ell_w(D)$가 최소가 되므로 손실함수 값이 너무 클 가능성이 높게 된다. 손실함수 값이 너무 크면 딥러닝 모형은 수렴하지 않을 가능성이 높다. 이를 방지하기 위해 식 (19.6)의 손실함수로 w를 최신화한 후, $\ell_w(D)$의 미분값이 존재하기 위해

w를 작은 구간 안에 clipping 한다. 예를 들어, $w - \eta \frac{\partial \ell_w(D)}{\partial w}$를 통해 w를 최신화 한 후, $-0.01 \le w \le 0.01$로 clipping(즉, $w < -0.01$이면 모두 0.01로, $w > 0.01$이면 모두 0.01로 값을 고정함) 해야 한다.

식 (19.6) discriminator 손실함수의 계산을 좀 더 살펴보기로 하자. 실제 자료 x가 입력되면 1을 부여하고 generator에서 생성된 가짜 자료 $G(z)$가 입력되면 -1을 부여한다. 그러면 $\ell_w(D)$는

$$\ell_w(D) = -\frac{1}{m}\sum_{i=1}^{m} D_w(x_i) + \frac{1}{m}\sum_{i=1}^{m} D_w(G_\theta(z_i)) \tag{19.8}$$

으로 추정되므로 $D_w(x_i)$는 1의 예측치로, $D_w(G_\theta(z_i))$는 -1의 예측치로 해석할 수 있다. 여기에서 m은 배치크기이다. discriminator의 목적은 실제 자료와 가짜 자료를 잘 구분하는 데에 있으므로 $D_w(x_i)$는 가능한 양의 큰 값을 갖도록 하고 $D_w(G_\theta(z_i))$는 가능한 한 음의 큰 값을 갖도록 하여 $\ell_w(D)$를 최소화한다. 즉, $y_i = 1$(real) 또는 -1(fake)로 정의하고 $D_w(x_i)$와 $D_w(G_\theta(z_i))$를 각각 $\hat{y}_i$과 $\tilde{y}_i$로 표현하면 식 (19.8)의 $\ell_w(D)$는

$$\ell_w(D) = -\frac{1}{m}\sum_{i=1}^{m} y_i \hat{y}_i - \frac{1}{m}\sum_{i=1}^{m} y_i \tilde{y}_i$$

가 된다. 이처럼 동일한 형태의 식으로 표현되기 때문에 y_i를 1 또는 -1로 값을 부여하는 이유이다.

식 (19.7)의 generator를 살펴보자. 고정된 w에서 잡음 z_i를 generator에 입력하여 출력된 가짜 자료 $G(z_i)$를 실제 자료인 것처럼 1을 부여한 후

$$\ell_\theta(D(G)) = -\frac{1}{m}\sum_{i=1}^{m} D_w(G_\theta(z_i))$$

가 최소가 되도록 고정된 w에서 $D_w(G_\theta(z_i))$가 양의 큰 값을 갖도록 θ를 최신화

한다. 여기에서 θ는 generator G의 모수이다. 즉, $\theta - \eta \frac{\partial \ell_\theta(D(G))}{\partial \theta}$으로 θ를 최신화한다.

식 (19.6)과 (19.7)의 손실함수를 가진 GAN 모형을 WGAN이라고 한다. WGAN은 고전적인 DCGAN과 다르게, discriminator의 모수를 clipping하므로 discriminator를 일정 횟수만큼 반복하여 w를 최신화한 후, w를 고정(freeze)하고 generator의 θ를 최신화한다. discriminator에서 w를 반복적으로 최신화하는 것은 DCGAN처럼 w의 최신화가 되지 않을 가능성을 차단하기 위함이다. 참고로 DCGAN에서는 discriminator를 1회 최신화하였고 discriminator의 모수를 고정한 후 generator 모수를 최신화하였다.

WGAN은 고전적인 GAN에 비해 수렴문제를 상당부분 해소했지만 WGAN의 손실함수는 가짜 자료가 실제 자료와 너무 다르면 식 (19.3)의 손실함수가 충분하게 작기 때문에 이 가짜 자료는 discriminator의 모수 w의 개선에 기여하지 못한다. 즉, 이러한 가짜 자료는 discriminator의 손실함수를 줄이는 데 기여하지 못하여 w를 update하지 못하고 이에 따라 generator의 모수 θ도 update되지 않게 된다.

이러한 문제를 해소한 GAN 모형이 최소제곱 GAN(LSGAN) 모형이다. 가짜 자료가 실제 자료와 동떨어져 있더라도 generator의 모수를 개선시키는 데 최소한의 기여를 하도록 손실함수를 정의하고 있다. LSGAN 모형의 discriminator의 손실함수는, 실제 자료는 1로 label을 부여하고 가짜 자료는 0으로 label을 부여한 후, 다음과 같이 정의된다.

$$\ell_w(D) = E_{x \sim p_{data}}(D_w(x) - 1)^2 + E_z D_w^2(G_\theta(z)). \tag{19.9}$$

가짜 자료에 label 1을 부여한 후, generator의 손실함수는

$$\ell_\theta(D(G)) = E_z(D_w(G_\theta(z)) - 1)^2 \tag{19.10}$$

으로 정의된다.

다른 GAN 모형과 동일하게 식 (19.9)의 $\ell_w(D)$는 discriminator 모수 w를 개선

하는 데 이용되고 식 (19.10)의 $\ell_\theta(D(G))$는 generator 모수 θ를 개선하는 데 이용된다. 식 (19.9)에 실제 자료가 입력되었을 때 $D_w(x)$가 1에 가까울수록, 가짜 자료가 입력되었을 때 $D_w(G_\theta(z))$가 0에 가까울수록 $\ell_w(D)$가 줄어들게 된다. $D_w(G_\theta(z))$가 0이 아닌 한 $\ell_w(D)$를 증가시키므로 가짜 자료가 실제 자료와 동떨어져 있더라도[즉, $G_\theta(z)$가 실제 자료와 동떨어져 있어 $D_w(G_\theta(z))$가 거의 0이 되더라도] $\ell_w(D)$를 평가하는 데 기여하게 된다. 이는 다시 식 (19.10)의 genetator G를 개선하는 데 기여한다. 이 개념이 LSGAN의 핵심적인 특성이다. 식 (19.10)의 generator 손실함수는 $G_\theta(z)$에 의해 생성된 가짜 자료를 실제 자료인 것처럼 label 1(real)을 부여하여 가능한 한 $D_w(G_\theta(z))$가 1에 가깝도록 generator 모수 θ를 최신화한다.

WGAN과 LSGAN은 고전적인 GAN 모형인 DCGAN보다는 좀 더 안정적이지만 여전히 모형의 사소한 선택에 영향을 받아 수렴이 되지 않은 경우가 많다. 따라서 WGAN이나 LSGAN의 아키텍처를 구성하는 데 세밀한 주의를 기울여야 한다. 그러므로 GAN 모형은 개발의 여지가 많은 분야 중의 하나이다.

19.3 WGAN의 구현

WGAN 아키텍처를 MNIST 데이터에 적용해서 구현하여 보기로 한다. WGAN의 label은 실제 자료에는 1, 가짜 자료에는 −1로 주어지므로 MNIST 데이터로 구성된 x_train을 −1 ~ 1의 값을 갖도록 x_train=(x_train.astype ('float32')-127.5)/127.5로 표준화하였다. n_critic=5는 discriminator 모수 w를 5번 최신화한 후 generator의 모수 θ를 한 번 최신화하기 위한 옵션이고, discriminator 모수 w를 -0.01 ~ 0.01로 clipping하기 위해 clip_value= 0.01로 주었으며, 그리고 최적화 알고리즘인 RMSprop의 학습률은 0.00005로 하였다. 이러한 옵션은 WGAN 모형의

수렴에 많은 영향을 미치므로 가능한 한 그대로 사용하는 것이 좋다.

```
from tensorflow.keras.layers import Dense, Input, Conv2D, Flatten, Reshape,UpSampling2D
from tensorflow.keras.layers import Conv2DTranspose, ZeroPadding2D
from tensorflow.keras.layers import BatchNormalization, LeakyReLU, Activation, Dropout

from tensorflow.keras.models import Model
from tensorflow.keras.datasets import mnist
from tensorflow.keras.utils import plot_model
from tensorflow.keras import backend as k
from tensorflow.keras.optimizers import RMSprop

import numpy as np
import matplotlib.pyplot as plt

(x_train,_), (_,_)=mnist.load_data()
x_train=np.reshape(x_train, [-1,x_train.shape[1],x_train.shape[1],1])
x_train=(x_train.astype('float32')-127.5)/127.5
print(x_train.shape)
print(np.max(x_train),np.min(x_train))
model_name='wgan_mnist'
latent_dim=100
n_critic=5
clip_value=0.01
batch_size=32
train_steps=40000

def wasserstein_loss(y_label,y_pred):
    return -k.mean(y_label*y_pred)
```

```
(60000, 28, 28, 1)
1.0 -1.0
```

위 프로그램에서 latent_dim=100은 잡음변수 z의 차원이며 train_steps=40000은 반복 수로 한 번의 반복에 32개로 표본으로 구성된 배치를 학습하고 표본의 크기가 60,000이므로 약 21.3 에폭에 해당하는 반복수이다. 바로 앞 절에서 논의한 대로,

$$\ell(D) = -\frac{1}{m}\sum_{i=1}^{m} y_i \hat{y}_i - \frac{1}{m}\sum_{i=1}^{m} y_i \tilde{y}_i$$

이므로 Wasserstein 손실함수는 −mean(y_label*y_pred)로 정의되며 실제 자료가 입력되었을 때의 손실과 가짜 자료가 입력되었을 때의 손실을 합하면 discriminator의 손실이 계산된다. adversarial network의 손실은 오직 label이 1만 입력되므로 위 프로그램에 제공된 Wasserstein 함수를 한 번만 적용하면 구할 수 있다.

다음 프로그램은 discriminator의 아키텍처이다. discriminator에는 실제 자료의 크기인 (batch,28,28,1)이 입력되므로 가짜 자료를 생산하는 generator의 출력도 동일한 크기를 가져야 한다. 4개의 conv2D에 의해 채널수는 1→16→32→64→128로 증가하지만, srides=2를 반복적으로 부여하여 픽셀은 28×28에서 4×4로 감소시키고 있다. 입력자료가 음의 값도 가지고 있으므로 ReLU 함수 대신 LeakyReLU 함수를 부여하였다. BatchNormalization에서 momentum=0.8은 직전 단계의 평균과 분산에 0.8의 가중치를 현재 배치에서 구한 평균과 분산에 가중치를 0.2로 부여하여 이동평균과 이동분산을 구해 표준화를 하게 된다. discriminator의 출력은 선형활성함수(linear activation)를 이용하고 있다. WGAN의 discriminator의 손실함수의 특성에 따라 $(-\infty, \infty)$ 값을 출력하도록 하기 위함이다.

```
img_size=x_train.shape[1]
input_d=Input(shape=(img_size,img_size,1))
x=Conv2D(16,3,strides=2,padding='same')(input_d)
x=LeakyReLU(alpha=0.2)(x)#default는 0.3
x=Dropout(0.25)(x)
x=Conv2D(32,3,strides=2,padding='same')(x)
x=BatchNormalization(momentum=0.8)(x)
x=LeakyReLU(alpha=0.2)(x)
x=Dropout(0.25)(x)
x=Conv2D(64,3,strides=2,padding='same')(x)
x=BatchNormalization(momentum=0.8)(x)
x=LeakyReLU(alpha=0.2)(x)
x=Dropout(0.25)(x)
x=Conv2D(128,3,strides=1,padding='same')(x)
```

```
x=BatchNormalization(momentum=0.8)(x)
x=LeakyReLU(alpha=0.2)(x)
x=Dropout(0.25)(x)
x=Flatten()(x)
out_d=Dense(1)(x)
discriminator=Model(input_d,out_d)

discriminator.compile(loss=wasserstein_loss, optimizer=RMSprop(lr=0.00005), metrics=['acc'])
discriminator.summary()
plot_model(discriminator, show_shapes=True)
```

Model: "model_7"

Layer (type)	Output Shape	Param #
input_10 (InputLayer)	(None, 28, 28, 1)	0
conv2d_16 (Conv2D)	(None, 14, 14, 16)	160
leaky_re_lu_13 (LeakyReLU)	(None, 14, 14, 16)	0
dropout_13 (Dropout)	(None, 14, 14, 16)	0
conv2d_17 (Conv2D)	(None, 7, 7, 32)	4640
_batch_normalization_16 (Batc	(None, 7, 7, 32)	128
leaky_re_lu_14 (LeakyReLU)	(None, 7, 7, 32)	0
dropout_14 (Dropout)	(None, 7, 7, 32)	0
conv2d_18 (Conv2D)	(None, 4, 4, 64)	18496
batch_normalization_17 (Batc	(None, 4, 4, 64)	256
leaky_re_lu_15 (LeakyReLU)	(None, 4, 4, 64)	0
dropout_15 (Dropout)	(None, 4, 4, 64)	0
conv2d_19 (Conv2D)	(None, 4, 4, 128)	73856
batch_normalization_18 (Batc	(None, 4, 4, 128)	512
leaky_re_lu_16 (LeakyReLU)	(None, 4, 4, 128)	0
dropout_16 (Dropout)	(None, 4, 4, 128)	0
flatten_4 (Flatten)	(None, 2048)	0
dense_7 (Dense)	(None, 1)	2049

```
Total params: 100,097
Trainable params: 99,649
Non-trainable params: 448
________________________________________________________________
```

위 프로그램에서 추정해야 할 총 모수는 100,097개이고 이 중 448개는 추정하지 않는다. Batch normalization에는 채널 하나당 4개의 모수가 필요하며 그중 2개는 추정할 모수가 아니기 때문이다. 즉, 128/2+256/2+512/2=448개의 모수는 추정하지 않을 모수이다.

다음은 generator의 아키텍처이다. generator에는 크기가 (batch,100)인 잡음 z가 입력된 후, 채널수는 128 → 64 → 1로 줄어드는 대신, 픽셀은 7×7 → 14×14 → 28×28으로 증가하여 최종적으로 (batch,28,28,1) 4D텐서를 출력한다. 이 4D텐서는 discriminator에 입력되므로 실제 자료의 크기와 동일하여야 한다. 또한 실제 자료가 −1 ~ 1로 표준화되었으므로 generator의 최종 출력은 tanh 활성함수를 사용한다. 아래 프로그램에서 Conv2DTranspose 층을 기준으로 이전은 encoder에, Conv2DTranspose 층을 포함하여 이후는 decoder에 해당된다.

```
input_g=Input(shape=(latent_dim,))
x=Dense(7*7*128)(input_g)
x=Reshape((7,7,128))(x)
x=Conv2DTranspose(128,4,strides=2,padding='same')(x)
x=BatchNormalization(momentum=0.8)(x)
x=Activation('relu')(x)
x=Conv2DTranspose(64,4,strides=2,padding='same')(x)
x=BatchNormalization(momentum=0.8)(x)
x=Activation('relu')(x)
out_g=Conv2D(1,4,padding='same',activation='tanh')(x)
generator=Model(input_g,out_g)
generator.summary()
plot_model(generator,show_shapes=True)
```

```
Layer (type)                 Output Shape              Param #
================================================================
```

```
input_11 (InputLayer)            (None, 100)                  0
_________________________________________________________________
dense_8 (Dense)                  (None, 6272)            633472
_________________________________________________________________
reshape_4 (Reshape)              (None, 7, 7, 128)            0
_________________________________________________________________
conv2d_transpose_7 (Conv2DTr     (None, 14, 14, 128)     262272
_________________________________________________________________
batch_normalization_19 (Batc     (None, 14, 14, 128)        512
_________________________________________________________________
activation_7 (Activation)        (None, 14, 14, 128)          0
_________________________________________________________________
conv2d_transpose_8 (Conv2DTr     (None, 28, 28, 64)      131136
_________________________________________________________________
batch_normalization_20 (Batc     (None, 28, 28, 64)         256
_________________________________________________________________
activation_8 (Activation)        (None, 28, 28, 64)           0
_________________________________________________________________
conv2d_20 (Conv2D)               (None, 28, 28, 1)         1025
=================================================================
Total params: 1,028,673
Trainable params: 1,028,289
Non-trainable params: 384
_________________________________________________________________
```

다음은 generator로부터 출력된 가짜 자료를 discriminator의 모수가 고정된 상태에서, discriminator에 입력하여 generator의 모수를 최신화하는 adversarial network이다. 총 모수의 수는 1,128,770로 generator 모수와 discriminator 모수의 합이다. 그러나 discriminator의 100,097개 모수가 고정되어 있고 discriminator에서 추정이 필요 없는 모수가 384개 있으므로 추정이 필요 없는 모수는 100,481개가 된다. 모든 Model은 마치 functional API의 층처럼 불러서 사용할 수(callable) 있다. 즉, 아래 프로그램과 같이 generator와 discriminator는 Model을 객체화한 것으로 generator(z), discriminator(img)와 같이 자료를 입력하면 generator와 discriminator의 각각의 출력값을 출력한다.

```
z=Input(shape=(latent_dim,))
img=generator(z)
discriminator.trainable=False
valid=discriminator(img)
adversarial=Model(z,valid,name=model_name)
```

```
adversarial.compile(loss=wasserstein_loss, optimizer=RMSprop(lr=0.00005),metrics=['acc'])
adversarial.summary()
plot_model(adversarial,show_shapes=True)
```

```
Model: "wgan_mnist"
```

Layer (type)	Output Shape	Param #
input_12 (InputLayer)	(None, 100)	0
model_8 (Model)	(None, 28, 28, 1)	1028673
model_7 (Model)	(None, 1)	100097

```
Total params: 1,128,770
Trainable params: 1,028,289
Non-trainable params: 100,481
```

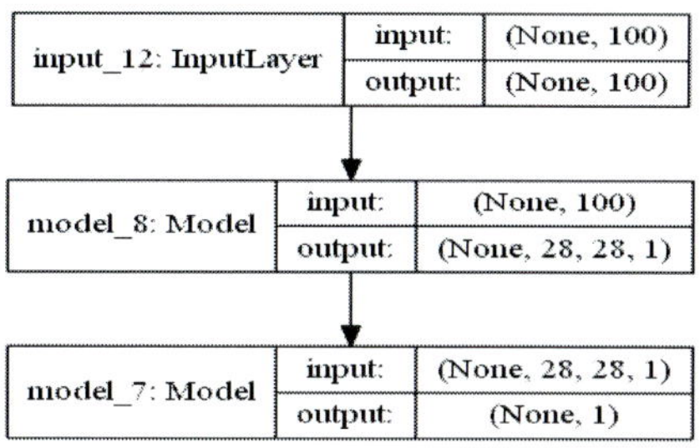

아래 프로그램은 train_on_batch 함수를 이용하여 discriminator와 generator를 학습시키는 과정을 보여주고 있다. 총 40,000번의 에폭을 이용하여 WGAN 모형을 학습시키는 동안, generator가 얼마나 실제 자료와 비슷한 이미지를 출력하는가를 모니터링하기 위해 show_interval=1,000을 주었다. 1,000번의 반복마다 noise_input에서 만들어진 잡음(표준정규분포)을 generator에 입력하여 출력된 이미지를 점검하기 위해서이다. 이 잡음은 고정되어 있으므로 generator의 출력 이미지를 통해 WGAN 모형의 성능 향상과정을 점검할 수 있다. 아래 프로그램에서 rand_index를 이용하여 x_train을 임의로 추출한 이유는 Wasserstein loss의 적률추정치인 식 (19.8)의 정확도를 높이기 위함이다.

실제 자료의 label을 1(real_labels), 가짜 자료의 label을 −1(fake labels)을 부여하

후, discriminator의 손실을 실제 자료와 가짜 자료에 대해 각각 구해서 더해준 것을 볼 수 있다. 이를 5번 반복(n_critic)하여 discriminator의 모수를 최신화하고 있다. 여기서 중요한 것은 실제 자료를 입력하여 discriminator 모수를 최신화하고 가짜 자료만 입력하여 discriminator 모수를 최신화한다는 것이다. 원래는 이 두 개의 손실의 합을 최소화하는 discriminator 모수를 구하지만, 이처럼 분리해서 모수를 최신화하는 것이 훨씬 좋은 성능을 보여주었기 때문이다. adversarial network의 손실이 discriminator의 가짜 자료 손실과 반대로 움직이기 때문에 이러한 연속적 모수 최신화가 좀 더 성능향상에 도움을 주는 것으로 보인다. 또한 5번의 discriminator 모수를 최신화하는 동안 adversarial network을 통한 한 번의 generator 모수의 최신화가 WGAN 모형의 성능향상에 매우 중요한 역할을 한다. discriminator 모수를 최신화할 때마다 clipping을 하고 있다.

```
show_interval=1000
noise_input=np.random.normal(0,1,size=[16,latent_dim])
real_labels=np.ones((batch_size,1))
fake_labels=-np.ones((batch_size,1))
for i in range(train_steps):
    loss=0
    for _ in range(n_critic):
        rand_index=np.random.randint(0,x_train.shape[0],size=batch_size)
        real_images=x_train[rand_index]
        noise=np.random.normal(0,1,size=[batch_size,latent_dim])
        fake_images=generator.predict(noise)
        real_loss, real_acc=discriminator.train_on_batch(real_images,real_labels)
        fake_loss, fake_acc=discriminator.train_on_batch(fake_images,fake_labels)
        loss+=(real_loss+fake_loss)

        for layer in discriminator.layers:
            weights=layer.get_weights()
            weights=[np.clip(w,-clip_value,clip_value) for w in weights]
            layer.set_weights(weights)
    loss/=n_critic
    log_d='%d:(discriminator loss:%f)' %((i+1),loss)
    noise=np.random.normal(0.,1,size=[batch_size,latent_dim])
    loss=adversarial.train_on_batch(noise,real_labels)
```

```
log='%s:[adversarial loss:%f]' %(log_d,loss[0])

if (i+1)%show_interval==0:
    print(log)
    rows=int(np.sqrt(noise_input.shape[0]))
    images=generator.predict(noise_input)
    images=0.5*images+0.5
    plt.figure(figsize=(5,5))
    num_images=images.shape[0]
    image_size=images.shape[1]
    for j in range(num_images):
        plt.subplot(rows,rows,j+1)
        image=np.reshape(images[j],[image_size,image_size])
        plt.imshow(image,cmap='gray')
        plt.axis('off')
    plt.show()
```

다음 그림은 generator의 성능을 보기 위해, 위 프로그램의 plot을 매 1,000번의 반복(약 0.53 에폭)마다 그린 그림 중 6개를 보여주고 있다. 위 프로그램에서 images=0.5*images+0.5는 이미지 값이 -1 ~ 1의 값을 가지므로 그림을 그리기 위해서는 0 ~ 1(실수)로 전환하는 과정이다. 1,000번의 반복에서는 숫자의 윤곽만 있을 뿐 실제 자료와 많이 다르지만 10,000번의 반복에서는 실제 자료의 특성을 어느 정도 보여주는 것으로 보인다. 비록 수렴속도는 느리지만 반복이 늘어남에 따라(같은 의미로 에폭이 늘어남에 따라) 점차적으로 실제 아라비아 숫자와 가까워지는 것을 볼 수 있다. 반복수를 좀 더 늘리면 좋은 결과를 기대할 수 있을 것으로 보인다.

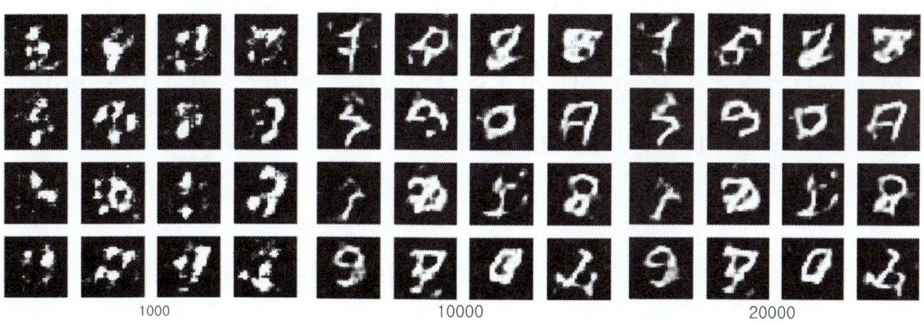

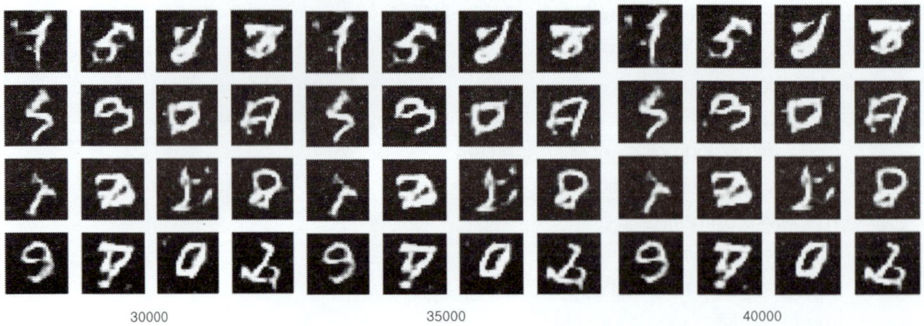

19.4 LSGAN의 구현

LSGAN 아키텍처를 위한 프로그램은 19.2절에서 논의했듯이 discriminator와 generator의 손실함수를 제외하고 WGAN과 동일하다. 손실함수를 정의하기 위해 generator와 discriminator 최종 출력층의 활성함수를 변경해야 하고 실제 자료와 가짜 자료의 label을 각각 1과 0으로 변경하여야 한다. WGAN에서는 discriminator를 5번 학습하는 동안 generator를 1번 학습시킨 바 있다. 대부분의 교재나 Github에서는 LSGAN의 경우, discriminator와 generator를 교대로 학습시키는 프로그램을 제공하고 있다. 그러나 이러한 프로그램을 적용한 결과 수렴하지 않거나 성능이 WGAN보다 나쁜 것으로 나타나, WGAN의 아키텍처를 그대로 LSGAN에도 적용하기로 하였다. WGAN과 동일한 프로그램은 해설 없이 프로그램만 제시할 것이다. 아래 프로그램에서 볼 수 있듯이 LSGAN에서 목적변수 y가 1 또는 0이므로 MNIST 데이터를 0 ~ 1의 값으로 표준화하였다.

```
from tensorflow.keras.layers import Dense, Input, Conv2D, Flatten, Reshape,UpSampling2D
from tensorflow.keras.layers import Conv2DTranspose, Dropout,ZeroPadding2D
from tensorflow.keras.layers import BatchNormalization, LeakyReLU, Activation

from tensorflow.keras.models import Model
from tensorflow.keras.datasets import mnist
from tensorflow.keras.utils import plot_model
from tensorflow.keras import backend as k
from tensorflow.keras.optimizers import RMSprop

import numpy as np
import matplotlib.pyplot as plt

(x_train,_), (_,_)=mnist.load_data()
x_train=np.reshape(x_train, [-1,x_train.shape[1],x_train.shape[1],1])
x_train=x_train.astype('float32')/255
print(np.max(x_train),np.min(x_train))
model_name='lsgan_mnist'
latent_dim=100
batch_size=32
n_critic=5
train_steps=40000
```

다음은 discriminator 아키텍처이며 최종출력의 활성함수가 sigmoid로 변한 것을 볼 수 있다. 목적변수 y가 0 또는 1이기 때문이다. 손실함수는 MSE로 바뀌었고 RMSprop의 학습률을 변경하였다. discriminator의 구조에 대한 출력은 생략하였다. WGAN의 discriminator 구조와 동일하기 때문이다.

```
img_size=x_train.shape[1]
input_d=Input(shape=(img_size,img_size,1))
x=Conv2D(16,3,strides=2,padding='same')(input_d)
x=LeakyReLU(alpha=0.2)(x)
x=Dropout(0.25)(x)
x=Conv2D(32,3,strides=2,padding='same')(x)
x=BatchNormalization(momentum=0.8)(x)
x=LeakyReLU(alpha=0.2)(x)
x=Dropout(0.25)(x)
```

```
x=Conv2D(64,3,strides=2,padding='same')(x)
x=BatchNormalization(momentum=0.8)(x)
x=LeakyReLU(alpha=0.2)(x)
x=Dropout(0.25)(x)
x=Conv2D(128,3,strides=1,padding='same')(x)
x=BatchNormalization(momentum=0.8)(x)
x=LeakyReLU(alpha=0.2)(x)
x=Dropout(0.25)(x)
x=Flatten()(x)
out_d=Dense(1,activation='sigmoid')(x)
discriminator=Model(input_d,out_d)

discriminator.compile(loss='mse', optimizer=RMSprop(lr=0.00002,decay=6e-8), metrics=['mape'])
discriminator.summary()
plot_model(discriminator, show_shapes=True)
```

다음은 generator의 아키텍처로, 최종출력의 활성함수가 sigmoid 함수로 바뀐 것을 제외하고 WGAN과 동일하다. generator 구조에 대한 출력은 생략하였다.

```
input_g=Input(shape=(latent_dim,))
x=Dense(7*7*128)(input_g)
x=Reshape((7,7,128))(x)
x=Conv2DTranspose(128,4,strides=2,padding='same')(x)
x=BatchNormalization(momentum=0.8)(x)
x=Activation('relu')(x)
x=Conv2DTranspose(64,4,strides=2,padding='same')(x)
x=BatchNormalization(momentum=0.8)(x)
x=Activation('relu')(x)
out_g=Conv2D(1,4,padding='same',activation='sigmoid')(x)
generator=Model(input_g,out_g)
generator.summary()
plot_model(generator,show_shapes=True)
```

다음은 adversarial network의 아키텍처이다. 손실함수가 MSE로 바뀐 것을 볼 수 있다.

```
z=Input(shape=(latent_dim,))
img=generator(z)
discriminator.trainable=False
valid=discriminator(img)
adversarial=Model(z,valid,name=model_name)
adversarial.compile(loss='mse', optimizer=RMSprop(lr=0.00002,decay=6e-8),metrics=['mape'])
adversarial.summary()
plot_model(adversarial,show_shapes=True)
```

```
Model: "LSgan_mnist"
_________________________________________________________________
Layer (type)                 Output Shape              Param #
=================================================================
input_3 (InputLayer)         (None, 100)               0
_________________________________________________________________


model_2 (Model)              (None, 28, 28, 1)         1028673
_________________________________________________________________
model_1 (Model)              (None, 1)                 100097
=================================================================
Total params: 1,128,770
Trainable params: 1,028,289
Non-trainable params: 100,481
_________________________________________________________________
```

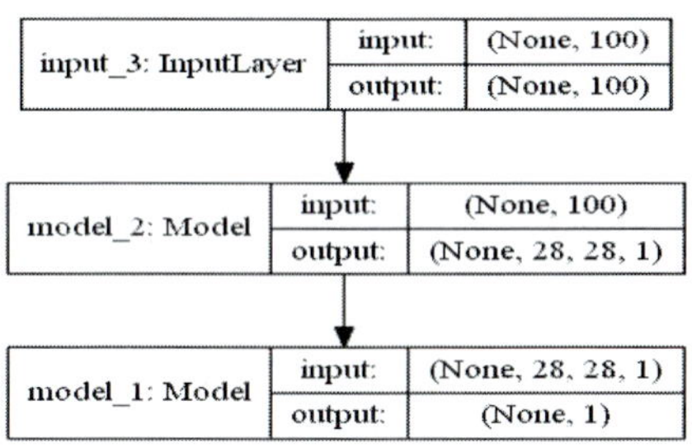

다음은 LSGAN 모형의 학습을 위한 프로그램이다. 실제 자료의 label을 1, 가짜 자료의 label을 0으로 부여한 것과 불필요한 clipping을 없앤 것을 제외하고 WGAN과 동일하다. 특히, 실제 자료에 대한 discriminator의 손실과 가짜 자료에 대한 discriminator의 손실을 분리하여 최소화하는 것은 LSGAN 모형의 성능향상에 중요한 역할을 한다.

```
show_interval=1000
noise_input=np.random.normal(0,1,size=[16,latent_dim])
real_labels=np.ones((batch_size,1))
fake_labels=np.zeros((batch_size,1))
for i in range(train_steps):
    loss=0
    for _ in range(n_critic):
        rand_index=np.random.randint(0,x_train.shape[0],size=batch_size)
        real_images=x_train[rand_index]
        noise=np.random.normal(0,1,size=[batch_size,latent_dim])
        fake_images=generator.predict(noise)
        real_loss, real_acc=discriminator.train_on_batch(real_images,real_labels)
        fake_loss, fake_acc=discriminator.train_on_batch(fake_images,fake_labels)
        loss+=0.5*(real_loss+fake_loss)

    loss/=n_critic
    log_d='%d:(discriminator loss:%f)' %((i+1),loss)
    noise=np.random.normal(0.,1,size=[batch_size,latent_dim])
    loss=adversarial.train_on_batch(noise,real_labels)
    log='%s:[adversarial loss:%f,mape:%f]' %(log_d,loss[0],loss[1])

    if (i+1)%show_interval==0:
        print(log)
        rows=int(np.sqrt(noise_input.shape[0]))
        images=generator.predict(noise_input)
        # images=0.5*images+0.5
        plt.figure(figsize=(5,5))
        num_images=images.shape[0]
        image_size=images.shape[1]
        for j in range(num_images):
            plt.subplot(rows,rows,j+1)
            image=np.reshape(images[j],[image_size,image_size])
            plt.imshow(image,cmap='gray')
            plt.axis('off')
        plt.show()
```

다음 그림을 살펴보면 LSGAN은 실제 자료의 40,000번의 반복에 이르면, generator는 실제 자료가 가지고 있는 숫자 이미지 특성을 잘 반영하여 아라비아 숫자 이미지를 생성하고 있다. 비록 LSGAN이 원하는 수준만큼의 generator를 학습시켰지만 이러한 결과에 도달하기 위한 아키텍처의 설계가 매우 민감하다는 것은 LSGAN 모형의 한계라고 할 수 있다. LSGAN에 입력한 잡음(예를 들어, Uniform 확률변수를 입력하면 성능이 나빠짐)도 LSGAN 모형의 성능에 영향을 미치는 것으로 나타나, GAN 모형은 아직까지 안정적인 모형이라고 할 수 없다.

WGAN이나 LSGAN 이외에도 특정 출력을 생성하도록 제어할 수 있는 CGAN(conditional GAN), ACGAN(auxiliary classified GAN)이 있으며 입력변수의 특성만을 추출하여 이 특성에 변화를 주어 새로운 이미지를 생성하는 InfoGAN, StackedGAN이 있다. MNIST 자료를 예로 들면, CGAN과 ACGAN은 특정 숫자만을 출력하는 GAN 모형이며 InfoGAN이나 StackedGAN은 글씨 스타일, 글의 기울기, 글씨의 두께 등의 특성을 은닉층으로부터 추출하여 이 특성들의 다양한 형태로 새로운 숫자를 생성하는 GAN 모형이다. GAN이 이용되는 흥미있는 분야는 이미지의 이동이다. 예를 들어, 컬러이미지를 흑백이미지로 전환한다든가, 한 작가의 화풍으로 그린 그림을 다른 작가의 화풍으로 그림을 바꾼다든가, 여름 이미지의 사진을 겨울 이미지 사진으로 바꾼다든가, 인공위성에서 찍은 이미지를 지도로 전환한다든가 등이 대표적인 경우이다. 이러한 응용은 CycleGAN에 의해 가능하며 제20장의 주제이다.

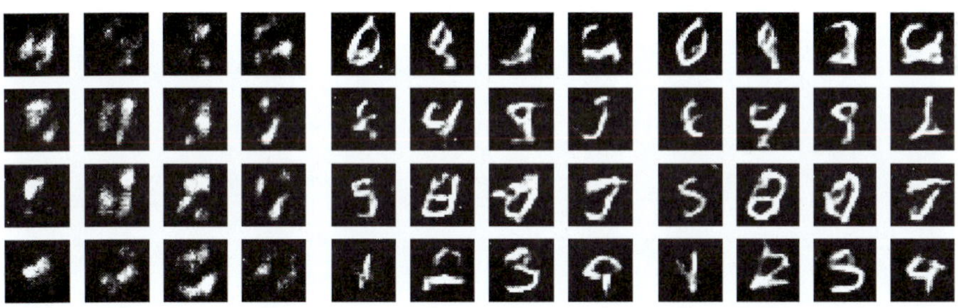

1000 10000 20000

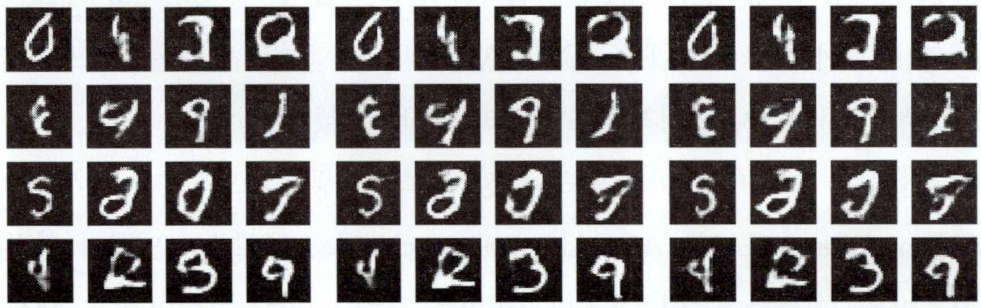

30000 35000 40000

20장 Cross-Domain GAN

이미지 처리과정에서 한 영역(domain)에 있는 이미지를 다른 영역의 이미지로 전환하는 것은 GAN 모형의 응용분야 중 하나이다. 그동안 딥러닝에서는 한 영역의 이미지와 다른 영역의 이미지를 짝지어서(align) 이러한 이미지 처리과정을 실행하여 왔다. 대표적인 경우는 Isola 외(2016)의 pix2pix가 있다. 흑백이미지를 컬러이미지로 전환한다거나, 사진을 모네나 고흐 화풍으로 바꾼다거나, 밤 시간의 이미지를 낮 시간의 이미지로 또는 여름 이미지를 겨울 이미지로 전환하는 것 등은 대표적인 이미지 전환의 예들이다. 그러나 원천도메인(source domain)과 목표도메인(target domain)의 짝짓기는 어렵거나 불가능한 경우가 많다. 자율자동차의 주행을 위해서는 가능한 한 많은 도로 이미지가 필요하다. 같은 도로일지라도 기후조건, 계절, 시간 등에 따른 도로 이미지가 다르므로 이를 다양한 조합으로 짝짓기하려면 자료수집에 엄청난 비용이 들어가게 될 것이다. 만약 이미지의 짝짓기가 없더라도 영역 간 이동이 가능하다면 특정 도로의 겨울 이미지와 다른 도로의 여름 이미지를 통해 특정 도로의 여름 이미지를 생성할 수 있게 되므로 자료수집을 획기적으로 줄여주는 효과를 가져오게 될 것이다.

Cross-domain GAN은 원천도메인과 목표도메인을 짝짓기 없이 서로 간의 이미지를 이식하는 GAN 모형으로 이 장에서는 CycleGAN 모형을 통해 cross-domain GAN 모형을 구현하고자 한다. CycleGAN 모형의 대표적인 응용영역은 위성사진을 지도로, 얼굴이미지를 이모티콘이나 캐리커처로, 몸(body)이미지를 아바타로, 흑색이미지를 컬러이미지로, 의료스캔 이미지 자료를 실제 사진이미지로, 사진이미지를 화가의 그림으로의 전환 등이 있다. 이러한 cross-domain GAN 모형은 이미지 자료뿐만 아니라 글쓰기, 작곡 등에도 응용될 수 있는 분야이다.

20.1 CycleGAN

CycleGAN의 개념은 <그림 20-1>과 같이 도식화할 수 있다. CycleGAN은 두 개의 generator와 두 개의 discriminator로 구성되어 있다. 도메인 A 자료를 x로 표현하고 도메인 B 자료를 y로 표현할 때, G_{xy}는 x를 입력하여 y를 생성하는 generator이고 G_{yx}는 y를 입력하고 x를 생성하는 generator이다. D_x는 도메인 A의 x와 G_{yx}에서 생성된 가짜 x를 판별하는 discriminator이고 D_y는 도메인 B의 y

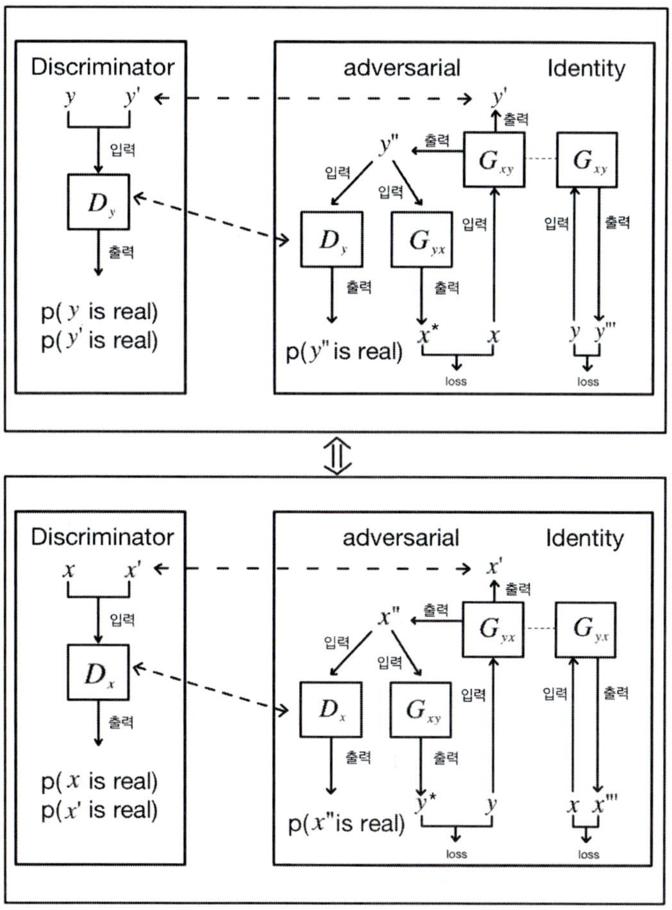

그림 20-1 CycleGAN의 개념도

와 G_{xy}에서 생성된 가짜 y를 판별하는 discriminator이다.

<그림 20-1>을 이용하여 CycleGAN의 작동원리를 설명하면 다음과 같다. 두 개의 generator G_{xy}와 G_{yx}으로부터 y'과 x'를 생성하여 각각 D_y와 D_x에 입력한 후, 실제 자료 y와 가짜 자료 y'을 잘 구별할 수 있도록 D_y를 학습시키고, 동시에 실제 자료 x와 가짜 자료 x'를 잘 구분할 수 있도록 D_x를 학습시킨다. D_y와 D_x의 손실함수는 LSGAN(least squares GAN)에서 사용한 제곱손실함수를 사용하여 discriminator의 모수를 최적화한다. 실제 자료에는 label 값으로 1을 부여하고 가짜 자료에는 label 값에 0을 부여하여

$$\ell_{D_y} = E_Y(D_Y(y) - 1)^2 + E_Y(D_Y(y'))^2$$

$$\ell_{D_x} = E_X(D_X(x) - 1)^2 + E_X(D_X(x'))^2$$

으로 정의된다. $D_Y(y)$은 1에 가까울수록, $D_Y(y')$은 0에 가까울수록 ℓ_{D_y}가 최솟값인 0에 가까워지므로, discriminator D_y는 입력자료 y가 실제 자료일 확률로 해석할 수 있다. D_x도 동일하게 입력자료 x가 실제 자료일 확률로 해석할 수 있다. 즉, D_y와 D_x는 각각 입력자료가 실제 y일 확률과 실제 x일 확률의 추정치를 출력하는 discriminator이다. 기대치로 정의된 ℓ_{D_y}와 ℓ_{D_x}는 다음과 같이 추정된다.

$$\hat{\ell}_{D_y} = \frac{1}{n_y}\sum_{j=1}^{n_y}(D_y(y_j) - 1)^2 + \frac{1}{n_{y'}}\sum_{j=1}^{n_{y'}}(D_y(y_j^{'}))^2$$
$$\hat{\ell}_{D_x} = \frac{1}{n_x}\sum_{i=1}^{n_x}(D_x(x_i) - 1)^2 + \frac{1}{n_{x'}}\sum_{i=1}^{n_{x'}}(D_x(x_i^{'}))^2$$

여기에서 n_y는 y 이미지의 배치크기이고 n_x는 x 이미지의 배치크기를 나타낸다.

generator에 관련된 손실은 adversarial network 손실과 identity 손실로 구성되어 있으며 또한 adversarial network 손실은 validity 손실과 reconstruction 손실로 구성되어 있다. Identity 손실은 이미지 전환 시, 이미지의 색상을 가능하면 그대로 유지하기 위한 손실함수이다. 그러므로 도메인 A와 B의 채널수가 다르면 일반적으로 identity 손실함수는 사용하지 않는다. 예를 들어, 흑백이미지를 컬러이미지로 전환하면 흑백이미지의 채널수는 1개인 반면 컬러이미지의 채널수는 3개이므로 identity 손실은 사용하지 않는다.

generator를 학습시키기 위해서는 우선 앞에서 추정된 discriminator의 모수를 고정한 상태(freeze)에서 다음의 손실함수를 최소화하는 generator의 모수를 찾게 된다.

$$\ell_{V_y} = E_X(D_y(G_{Xy}(x)) - 1)^2 = E_X(D_y(y'') - 1)^2$$
$$\ell_{V_x} = E_Y(D_x(G_{Yx}(y)) - 1)^2 = E_Y(D_x(x'') - 1)^2 \quad (20.1)$$

$$\ell_{xx} = E_X|G_{yX}(G_{Xy}(x)) - X)| = E_X|G_{yX}(y'') - X| = E_X|X^* - X|$$
$$\ell_{yy} = E_Y|G_{xY}(G_{Yx}(y)) - Y)| = E_Y|G_{xY}(x'') - Y| = E_Y|Y^* - Y| \quad (20.2)$$

$$\ell_{Iy} = E_Y|G_{xY}(y) - Y| = E_Y|Y''' - Y|$$
$$\ell_{Ix} = E_X|G_{yX}(x) - X| = E_X|X''' - X| \quad (20.3)$$

식 (20.1)은 validity 손실을, 식 (20.2)는 reconstruction 손실을, 식 (20.3)은 identity 손실을 정의하고 있다. 이 3가지 종류의 손실함수는 discriminator의 모수가 고정(freeze)된 상태에서 최소화하게 되므로 결국 generator G_{xy}와 G_{yx}의 모수를 최적화하는 데에 이용된다. 먼저 식 (20.1)의 validity 손실함수를 최소화한다는 것은 모수가 고정된 discriminator D_y와 D_x에 generator G_{xy}와 G_{yx}으로부터 각각 생성된 y''와 x''가 실제 자료(label 값으로 1을 부여하여)로 인식할 수 있도록 G_{xy}와 G_{yx}의 모수를 최신화한다는 의미이다.

식 (20.2)의 reconstruction 손실함수는 <그림 20-1>에서 볼 수 있듯이 실제 자료 x를 G_{xy}에 입력하여 y''을 출력하고, 이 출력값을 G_{yx}에 입력하여 출력한 x^*가 원래의 이미지와 가까우면 가까울수록 첫 번째 reconstruction 손실함수는 감소하게 된다. 두 번째 reconstruction 손실함수는 실제 자료 y를 G_{yx}에 입력하여 x''을 출력하고, 이 출력값을 다시 G_{xy}에 입력하여 구한 y^*가 원래의 y와 가까울수록 손실함수는 감소하게 된다. 그러므로 식 (20.2)의 손실함수를 최소화한다는 것은 두 개의 generator G_{xy}와 G_{yx}의 모수를 최적화하는 데 기여하게 된다.

식 (20.3)의 identity 손실은 실제 자료 y를 G_{xy}에 입력하여 생성한 y'''가 원래의 자료 y와 가까우면 손실함수값은 줄어들게 되고, 두 번째 identity 손실도 실제 x를 G_{yx}에 입력하여 생성된 x'''가 x와 가까우면 손실이 줄어드는 구조를 가지고 있다. 그러므로 identity 손실함수를 최소화한다는 것은 실제 자료를 그대로 재현하도록 G_{xy}와 G_{yx}의 모수를 최적화한다는 의미가 된다. validity, reconstruction, identity 손실함수는 실제적으로 아래의 손실함수를 이용하여 이 손실함수를 최소화하는 G_{xy}와 G_{yx}의 모수를 추정하게 된다. 즉, validity 손실함수는

$$\hat{\ell}_{V_y} = \frac{1}{n_x}\sum_{i=1}^{n_x}(D_y(y_i'') - 1)^2 \text{과 } \hat{\ell}_{V_x} = \frac{1}{n_y}\sum_{j=1}^{n_y}(D_x(x_j'') - 1)^2$$

으로, reconstruction 손실함수는

$$\hat{\ell}_{xx} = \frac{1}{n_x}\sum_{i=1}^{n_x}|x_i^* - x_i| \text{와 } \hat{\ell}_{yy} = \frac{1}{n_y}\sum_{j=1}^{n_y}|y_j^* - y_j|$$

이며, identity 손실함수는

$$\hat{\ell}_{Iy} = \frac{1}{n_y}\sum_{j=1}^{n_y}|y_j''' - y_j| \text{과 } \hat{\ell}_{Ix} = \frac{1}{n_x}\sum_{i=1}^{n_x}|x_i''' - x_i|$$

으로 정의한다. reconstruction 손실함수와 identity 손실함수로 평균절대오차(mean absolute error, MAE)가 MSE보다 성능이 우수한 것으로 나타났다. 여기에서 사용하는 x_i나 y_i는 일반적으로 3D텐서 자료이다. 예를 들어, 컬러이미지 자료이면 크기가 (높이, 너비, 채널)인 자료가 된다. 그러므로

$$|x'_i - x_i| = \sum_{j=1}^{\text{높이}}\sum_{k=1}^{\text{너비}}\sum_{l=1}^{\text{채널}}|x'_{jkl} - x_{jkl}|$$

을 의미한다.

이 세 개 손실함수의 비중은 validity 손실 : reconstruction 손실 : identity 손실 = 1 : 10 : 2 또는 1 : 10 : 5를 따르지만, 자료의 성격과 자료분석의 목적에 따라 이 비율을 조절할 수 있다. 비중의 의미는, 예를 들어 이 비율이 1 : 10 : 2이면

$$\ell_{adv} = validity + 10\,reconstruction + 2\,identity$$

으로 정의되며 이 ℓ_{adv}를 최소화하는 최적화된 G_{xy}와 G_{yx}의 모수를 구하게 된다.

CycleGAN을 실행하기 위한 프로그램은 두 개의 discriminator와 두 개의 generator가 있고 이에 대응하는 손실함수가 discriminator에는 각각 1개씩 2개, generator에는 각각 3개씩 6개가 있으므로 다른 딥러닝 모형에 비해 복잡할 수밖에 없다.

첫 번째 예제로 10개의 컬러이미지로 구성된 CIFAR10 데이터를 이용하여 흑백이미지를 만든 후, 이 흑백이미지를 도메인 A 데이터로 하고 본래의 32×32 컬러이미지 자료를 도메인 B로 CycleGAN을 적용하고자 한다. 두 번째 예제로 흑백이미지의 MNIST 데이터와 주소번호 데이터인 SVHN 데이터를 이용하여 CycleGAN을 적용하고, 마지막 예제로 모네그림 자료와 사진자료를 교차 학습하는 CycleGAN을 논의하고자 한다. 이러한 예제를 위한 프로그램을 효율적으로 제공하기 위해 각 예제의 도메인 A와 B 데이터를 만들기 위한 3개의 자체 utility 함수를 정의할 것이며 기타 반복적으로 필요한 함수를 모아놓은 추가적인 자체 utility 1개를 정의할 것이다. 자체 utility는 반드시 python 확장자인 .py로 저장해야 import할 수 있다. 그러므로 anaconda navigator의 Spyder를 이용하여 프로그램을 저장하면 Jupyter notebook(확장자 .ipynb)에서 import하여 사용할 수 있다. 메인 프로그램은 generator 함수, discriminator 함수, cyclegan 함수로 구성되어 있다.

20.2 CIFAR10 데이터를 이용한 CycleGAN

아래 프로그램은 CycleGAN을 실행하기 위해 필요한 라이브러리, 클래스 등을 호출하고 있다. 아래 프로그램에서

```
import tensorflow as tf
config=tf.ConfigProto()
config.gpu_options.allow_growth=True
tf.keras.backend.set_session(tf.Session(config=config))
```

는 tensorflow-gpu에서 OOM(out of memory) 에러를 방지하기 위한 명령어로 자세한 내용은 제4장을 참고하기 바란다. 아래 프로그램에서 맨 끝줄에 있는 other_utils는 자체 utility로 확장자가 .py로 저장되어 있는 프로그램이다. 이 other_utils는 곧 설명될 것이다. 제5장에서 설명한 instancenormalization은 모수의 수렴속도를 높이고 모형의 성능을 향상시키기 위한 표본별 정규화로 tensorflow_addons를 호출하여 사용할 수 있다.

```
pip install tensorflow-addons
```

으로 설치한 후,

```
import tensorflow_addons as tfa
```

로 tensorflow_addons를 호출하여 instancenormalization의 경우,

```
tfa.layers.InstanceNormalization
```

으로 실행하고, groupnormalization의 경우,

```
tfa.layers.GroupNormalization(groups=5)
```

으로 channel이 10개일 경우, 그룹별로 5개씩(그러므로 2개의 그룹) 그룹별로 정규화할 수 있다.

```
import tensorflow as tf
import tensorflow_addons as tfa
config=tf.ConfigProto()
```

```
config.gpu_options.allow_growth=True
tf.keras.backend.set_session(tf.Session(config=config))

from tensorflow.keras.layers import Activation,Dense,Input,concatenate
from tensorflow.keras.layers import Conv2D, Flatten, Conv2DTranspose, LeakyReLU

from tensorflow.keras.optimizers import RMSprop, Adam
from tensorflow.keras.models import Model, load_model, Sequential
from tensorflow.keras.layers import Reshape, Dropout,ZeroPadding2D,Add, add
from tensorflow.keras import backend as k
from tensorflow.keras.utils import plot_model
import scipy
import matplotlib.pyplot as plt
import numpy as np
import os
import other_utils
```

```
def build_generator_unet(input_shape,output_shape,kernel_size,gen_n_filters):
    def encoder(layer_input,filters,strides=2,activation='relu'):
        conv=Conv2D(filters,kernel_size=kernel_size,strides=strides,padding='same')
        d=tfa.layers.InstanceNormalization(axis=-1,center=False,scale=False) (layer_input)

        if activation=='relu':
            d=Activation('relu')(d)
        else:
            d=LeakyReLU(alpha=0.2)(d)
        d=conv(d)
        return d

    def decoder(layer_input,concate_input,filters,activation='relu'):
        conv=Conv2DTranspose(filters,kernel_size=kernel_size,strides=2,padding='same')
        u=tfa.layers.InstanceNormalization(axis=-1, center=False,scale=False) (layer_input)

        if activation=='relu':
            u=Activation('relu')(u)
        else:
            u=LeakyReLU(alpha=0.2)(u)
        u=conv(u)
        u=concatenate([u,concate_input])
        return u
```

```
img=Input(shape=input_shape)
channels=int(output_shape[-1])

d1=encoder(img, gen_n_filters,strides=1,activation='notrelu')
d2=encoder(d1,gen_n_filters*2,activation='notrelu')
d3=encoder(d2, gen_n_filters*4,activation='notrelu')
d4=encoder(d3, gen_n_filters*8,activation='notrelu')
u1=decoder(d4,d3, gen_n_filters*4)
u2=decoder(u1,d2, gen_n_filters*2)
u3=decoder(u2,d1, gen_n_filters)

output=Conv2DTranspose(channels,kernel_size=kernel_size, strides=1, padding='same',
        activation='relu')(u3)
generator=Model(img,output)
return generator
```

위 프로그램은 generator를 구성하기 위한 u-network 딥러닝 아키텍처이다. 도메인 A(B) 이미지 자료가 입력되고 도메인 B(A)를 출력하기 위해, encoder와 decoder로 구성되어 있다. encoder는 채널수를 증가시키고 픽셀의 크기를 감소시키는 데 이용되고 decoder는 반대로 채널을 감소시키고 픽셀의 크기를 증가시켜 출력 도메인의 텐서로 복원하는 역할을 하고 있다. 도메인 A 이미지를 입력하여 도메인 B 이미지를 생성하는 generator G_{AB}를 구축하고자 할 때, 함수 build_generator_unet 내의 input_shape은 도메인 A의 shape이어야 하며 output_shape은 도메인 B의 shape이 되어야 한다. 동일하게 G_{BA}를 구축하고자 할 때는 input_shape은 도메인 B의 shape이, output_shape은 도메인 A의 shape이 되어야 한다.

CIFAR10 데이터의 흑백이미지는 (batch, 32,32,1)이고 컬러이미지는 (batch,32, 32,3)이므로 G_{AB}를 위한 input_shape=(32,32,1)이고 output_shape=(32,32,3)이 된다. decoder는 concatenate 층이 사용되므로 2개의 입력이 필요하며 concatenate되는 두 개 텐서의 픽셀은 일치하여야 한다. concatenate되는 concate_input은 encoder에서 오기 때문에 concatenate 층은 실제적으로 잔차연결(residual connection) 기능을 하게 된다.

다음은 G_{AB} 아키텍처를 보여주는 것으로 (32,32,1)이 입력되고 (32,32,3)을 출력하는 것을 볼 수 있다. instance normalization에서 center=False, scale=False로 지정하여 추정해야 할 모수가 없는 것을 볼 수 있다.

Layer (type)	Output Shape	Param #	Connected to
input_15 (InputLayer)	(None, 32, 32, 1)	0	
instance_normalization_28 (Inst	(None, 32, 32, 1)	0	input_15[0][0]
leaky_re_lu_46 (LeakyReLU)	(None, 32, 32, 1)	0	instance_normalization_28[0][0]
conv2d_46 (Conv2D)	(None, 32, 32, 32)	320	leaky_re_lu_46[0][0]
instance_normalization_29 (Inst	(None, 32, 32, 32)	0	conv2d_46[0][0]
leaky_re_lu_47 (LeakyReLU)	(None, 32, 32, 32)	0	instance_normalization_29[0][0]
conv2d_47 (Conv2D)	(None, 16, 16, 64)	18496	leaky_re_lu_47[0][0]
instance_normalization_30 (Inst	(None, 16, 16, 64)	0	conv2d_47[0][0]
leaky_re_lu_48 (LeakyReLU)	(None, 16, 16, 64)	0	instance_normalization_30[0][0]
conv2d_48 (Conv2D)	(None, 8, 8, 128)	73856	leaky_re_lu_48[0][0]
instance_normalization_31 (Inst	(None, 8, 8, 128)	0	conv2d_48[0][0]
leaky_re_lu_49 (LeakyReLU)	(None, 8, 8, 128)	0	instance_normalization_31[0][0]
conv2d_49 (Conv2D)	(None, 4, 4, 256)	295168	leaky_re_lu_49[0][0]
instance_normalization_32 (Inst	(None, 4, 4, 256)	0	conv2d_49[0][0]
activation_12 (Activation)	(None, 4, 4, 256)	0	instance_normalization_32[0][0]
conv2d_transpose_16 (Conv2DTran	(None, 8, 8, 128)	295040	activation_12[0][0]
concatenate_12 (Concatenate)	(None, 8, 8, 256)	0	conv2d_transpose_16[0][0] conv2d_48[0][0]
instance_normalization_33 (Inst	(None, 8, 8, 256)	0	concatenate_12[0][0]
activation_13 (Activation)	(None, 8, 8, 256)	0	instance_normalization_33[0][0]
conv2d_transpose_17 (Conv2DTran	(None, 16, 16, 64)	147520	activation_13[0][0]
concatenate_13 (Concatenate)	(None, 16, 16, 128)	0	conv2d_transpose_17[0][0] conv2d_47[0][0]
instance_normalization_34 (Inst	(None, 16, 16, 128)	0	concatenate_13[0][0]
activation_14 (Activation)	(None, 16, 16, 128)	0	instance_normalization_34[0][0]
conv2d_transpose_18 (Conv2DTran	(None, 32, 32, 32)	36896	activation_14[0][0]
concatenate_14 (Concatenate)	(None, 32, 32, 64)	0	conv2d_transpose_18[0][0] conv2d_46[0][0]

```
conv2d_transpose_19 (Conv2DTran (None, 32, 32, 3)     1731   concatenate_14[0][0]
==================================================================================
Total params: 869,027
Trainable params: 869,027
Non-trainable params: 0
```

다음 프로그램은 discriminator를 구축하는 프로그램이다. input_ shape에 실제 이미지와 앞에서 설명한 generator에 의해 생성된 가짜 이미지가 입력되면 이를 구별하기 위해, 실제 이미지에는 label을 1을 부여하고 가짜 이미지에는 label을 0을 부여하여 discriminator를 학습하게 된다. 그러므로 discriminator는 입력된 이미지가 진짜 이미지일 확률을 출력하게 되고 손실함수는 binary crossentropy(단, 여기에서는 손실함수로 MSE를 사용하였다. 제18장에서 논의한 바와 같이 binary crossentropy보다 MSE가 더 좋은 성능을 보였기 때문이다)가 된다. 만약 이미지의 내용(content)이 중요하다고 판단되면 영역별로 입력된 이미지가 진짜 이미지인지를 검증할 수 있다. 즉, discriminator의 출력을 채널이 1개인 3D텐서로 지정하여, 예를 들어 (2,2,1)로 출력하게 되면 4개의 픽셀 영역별로 입력된 이미지가 진짜일 확률을 출력한다. 각 영역별로 MSE를 구해 4개 영역의 평균 MSE로 손실을 정의한다. 이러한 discriminator의 출력을 patchgan이라고 한다.

```
def build_discriminator(input_shape,kernel_size,dis_n_filters,patchgan=False):
    def conv(layer_input,filters,strides=2):
        conv=Conv2D(filters,kernel_size=kernel_size,strides=strides,padding='same')
        y=LeakyReLU(0.2)(layer_input)
        y=conv(y)
        return y
    img=Input(shape=input_shape)
    y=conv(img,dis_n_filters)
    y=conv(y,dis_n_filters*2)
    y=conv(y,dis_n_filters*4)
    y=conv(y,dis_n_filters*8)
    if patchgan:
        y=LeakyReLU(alpha=0.2)(y)
        output=Conv2D(1,kernel_size=kernel_size,strides=1,padding='same')(y)
```

```
    else:
        y=Flatten()(y)
        y=Dense(1)(y)
        output=Activation('linear')(y)
    discriminator=Model(img,output)
    return discriminator
```

아래 아키텍처는 B 이미지가 참 이미지인지를 구별하는 discriminator D_B의 아키텍처이다. discriminator에 사용한 convolution의 채널은 증가시키고 픽셀의 크기는 줄여주어 은닉층이 튜브형태가 되도록 설계되어 있다. 최종출력이 (2,2,1)이므로 discriminator는 patchgan을 사용하여 이미지의 내용을 좀 더 잘 구별하는 이미지 판별법을 사용하고 있다.

Layer (type)	Output Shape	Param #
input_14 (InputLayer)	[(None, 32, 32, 3)]	0
leaky_re_lu_41 (LeakyReLU)	(None, 32, 32, 3)	0
conv2d_41 (Conv2D)	(None, 16, 16, 32)	896
leaky_re_lu_42 (LeakyReLU)	(None, 16, 16, 32)	0
conv2d_42 (Conv2D)	(None, 8, 8, 64)	18496
leaky_re_lu_43 (LeakyReLU)	(None, 8, 8, 64)	0
conv2d_43 (Conv2D)	(None, 4, 4, 128)	73856
leaky_re_lu_44 (LeakyReLU)	(None, 4, 4, 128)	0
conv2d_44 (Conv2D)	(None, 2, 2, 256)	295168
leaky_re_lu_45 (LeakyReLU)	(None, 2, 2, 256)	0
conv2d_45 (Conv2D)	(None, 2, 2, 1)	2305

Total params: 390,721
Trainable params: 390,721
Non-trainable params: 0

다음 프로그램은 CycleGAN 아키텍처를 구성하는 프로그램으로, 앞에서 정의한 generator와 discriminator 함수를 이용하여 두 개의 discriminator와 두 개의 generator를 구성하고 손실함수를 정의하고 있다. build_cyclegan 함수는 도메인 A 데이터와 도메인 B 데이터를 shapes를 통해 입력하고, discriminator와 generator에 포함된 채널수를 제어하기 위해 각각 dis_n_filters와 gen_n_filters를 입력받는다. 또한 unet을 사용할지, patchgan을 사용할지, identity 손실을 사용할지를 입력받는다.

unet=True는 generator로 앞에서 정의된 build_generator_unet을 사용한다는 의미이고, unet=False이면 generator로 build_generator_resnet을 사용한다는 의미이다. build_generator_resnet 함수는 20.3절에서 사용할 generator 아키텍처이다. 함수 내의 변수 입력 차례는 지정되지 않은 변수가 먼저 오고, 값이 지정된 변수가 뒤에 정의되어야 한다. 이러한 이유로 build_cyclegan의 입력은 입력값이 지정되지 않은 변수가 앞에 배열된 것을 볼 수 있다.

build_cyclegan에 의해 구축된 CycleGAN은 이미 논의했듯이 discriminator D_A (프로그램에서는 d_A)는 도메인 A 데이터 타입을 입력받아 실제 이미지와 가짜 이미지를 잘 구별하도록, 그리고 discriminator D_B(프로그램에서는 d_B)는 도메인 B 데이터 타입을 입력받아 실제 이미지와 가짜 이미지를 잘 구별하도록 MSE 손실함수를 사용하며, 이 손실함수를 최소화하는 모수추정을 목표로 하고 있다.

다음으로 discriminator D_A와 D_B의 모수를 고정(freeze)한 상태에서 도메인 A 데이터를 generator G_{AB}(프로그램에서는 g_AB)에 입력하여 도메인 B 가짜데이터 fake_B를 생성하고 이 자료를 generator G_{BA}(프로그램에서는 g_BA)에 입력하여 재생 A 데이터 recons_A를 만들어 낸다. 또한 fake_B를 D_B에 입력하여 가짜 B 데이터가 진짜로 식별되도록 G_{AB}의 모수를 최적화한다. 도메인 B 데이터에 대해서도 동일한 절차에 따라 가짜 A 데이터 fake_A를 만들고 재생 B 데이터 recons_B를 만들어내며 fake_A를 D_A에 입력하여 G_{BA}를 최적화한다. G_{AB}와 G_{BA} 모수의 최적화를 위해 validity 손실로 MSE, reconstruction 손실과 identity 손실로 MAE를 정의하고 있다.

```
def  build_cyclegan(shapes,dis_n_filters,gen_n_filters,kernel_size,unet=True,patchgan=False,identity
=False):
    A_shape, B_shape=shapes
    d_A=build_discriminator(A_shape,kernel_size,dis_n_filters,patchgan=patchgan)
    d_B=build_discriminator(B_shape,kernel_size,dis_n_filters,patchgan=patchgan)
    d_A.summary()
    d_B.summary()
    d_A.compile(loss='mse',optimizer=RMSprop(lr=2e-4,decay=6e-8),metric=['acc'])
    d_B.compile(loss='mse',optimizer=RMSprop(lr=2e-4,decay=6e-8),metric=['acc'])
    if unet:
        g_AB=build_generator_unet(A_shape,B_shape,kernel_size,gen_n_filters)
        g_BA=build_generator_unet(B_shape,A_shape,kernel_size,gen_n_filters)
    else:
        g_AB=build_generator_resnet(A_shape,B_shape,kernel_size,gen_n_filters)
        g_BA=build_generator_resnet(B_shape,A_shape,kernel_size,gen_n_filters)

    d_A.trainable=False
    d_B.trainable=False
    g_AB.summary()
    g_BA.summary()
    img_A=Input(shape=A_shape)
    img_B=Input(shape=B_shape)
    fake_A=g_BA(img_B)
    fake_B=g_AB(img_A)
    valid_A=d_A(fake_A)
    valid_B=d_B(fake_B)
    recons_A=g_BA(fake_B)
    recons_B=g_AB(fake_A)
    if identity:
        img_A_id=g_BA(img_A)
        img_B_id=g_AB(img_B)
        inputs=[img_A, img_B]
        outputs=[valid_A, valid_B, recons_A, recons_B, img_A_id, img_B_id]
        loss=['mse','mse','mae','mae','mae','mae']
        loss_weights=[1.,1.,10.,10.,0.5,0.5]
    else:
        inputs=[img_A,img_B]
        outputs=[valid_A, valid_B, recons_A, recons_B]
        loss=['mse','mse','mae','mae']
        loss_weights=[1.,1.,10.,10.]

    adv=Model(inputs, outputs)
    adv.compile(loss=loss, optimizer=RMSprop(lr=2e-4,decay=6e-8),
```

```
        loss_weights=loss_weights)
    #adv.summary()
    return d_A, d_B, g_AB, g_BA, adv
```

다음 프로그램은 앞에서 정의한 generator와 discriminator, 그리고 cyclegan 함수의 변수값을 구체적으로 부여한 후, 실제 데이터를 입력하여 discriminator와 cyclegan 손실함수를 최소화하는 모수를 학습하는 프로그램을 제공하고 있다. 먼저 자체 utility인 cifar10_utils 내의 load_cifar10 함수를 이용하여 50,000개의 학습데이터와 10,000개의 시험데이터를 불러내고 있다. load_cifar10 함수는 도메인 A 데이터로 CIFAR10 흑백이미지를 지정하고 있고 도메인 B 데이터로 CIFAR10 컬러이미지 데이터를 지정하고 있다. load_cifar10 함수에 대한 설명은 뒤따르는 프로그램에서 설명할 것이다. 자체 utility인 cifar10_utils를 사용하기 위해 cifar10_utils를 import하고 있다. 100,000번을 반복하고 매 반복마다 2개의 표본으로 구성된 batch를 사용하므로 4 에폭을 통해 CycleGAN을 학습시키고 있다. 원래의 논문에서는 64 에폭을 사용하였으나 손실이 크게 줄어들지 않아, 여러 가지 프로그램의 옵션 변경을 수행하기 위해 최소한의 에폭인 4 에폭을 선택하였다. discriminator를 학습시키기 위해 patchgan을 사용하였으나 이미지 전환이 흑백이미지와 컬러이미지이므로 identity 손실은 사용하지 않았다. 매 10,000번의 반복마다 손실함수값을 모니터링하기 위해 save_interval= 10,000을 부여하였으며 discriminator를 학습시키기 위해 np.ones와 np.zeros를 이용하여 실제 자료에 label 1을 부여하고 가짜 자료에 label 0을 부여한 후 patchgan 크기만큼의 1(valid)과 0(fake) 텐서를 부여하였다.

도메인 A 데이터와 도메인 B 데이터를 임의로 선택하여 두 데이터의 짝짓기(align) 현상이 일어나지 않도록 하면서 손실함수 추정의 정확도를 높혀주고 있다. discriminator는 실제 자료 또는 가짜 자료를 입력하고 실제 자료이면 label이 1인 patch가 목적변수값이고 가짜 자료이면 patch가 모두 0인 목적변수값이 되도록 train_on_batch 함수를 지정하였다.

build_cyclegan 함수에 의해 모형 adv의 입력은 도메인 A 데이터와 도메인 B 데이터이고 출력은 두 개의 validity, 두 개의 reconstruction, 그리고 identity(사용할 경우)이다. validity는 가짜 자료가 실제 자료인 것처럼 속여야 하므로 label 1만 부여하고 있음을 알 수 있다. 매 10,000번의 반복마다 두 개의 discriminator의 손실과 adversarial network의 손실을 출력하여 손실을 모니터링할 수 있도록 하였다.

자체 utility인 other_utils 내의 test_generator 함수를 이용하여 학습된 generator를 시험데이터에 적용하여 매 10,000번의 반복마다 그리고 마지막 반복에서 생성된 이미지를 보여주도록 하였다.

```
import cifar10_utils
batch_size=2
train_steps=100000
patchgan=True
identity=False
save_interval=10000
kernel_size=3
gen_n_filters=32
dis_n_filters=32

data, shapes=cifar10_utils.load_cifar10()
print(shapes)
A_data,B_data,test_A_data,test_B_data=data
titles=('CIFAR10 predicted A images', "CIFAR10 predicted B images", 'CIFAR10
reconstructed A images','CIFAR10 reconstructed B images')
B_size=int(B_data.shape[0])
A_size=int(A_data.shape[0])

models=build_cyclegan(shapes,gen_n_filters,dis_n_filters,kernel_size,patchgan=patchgan,ide
ntity=identity)
d_A,d_B,g_AB,g_BA,adv=models
if patchgan:
    patch=int(A_data.shape[1]/2**4)
else:
    patch=1
if patch>1:
    d_patch=(patch,patch,1)
    valid=np.ones((batch_size,)+d_patch)
    fake=np.zeros((batch_size,)+d_patch)
else:
```

```
        valid=np.ones([batch_size,1])
        fake=np.zeros([batch_size,1])

    for step in range(train_steps):
        rand_index=np.random.randint(0,B_size,size=batch_size)
        real_B=B_data[rand_index]
        rand_index=np.random.randint(0,A_size,size=batch_size)
        real_A=A_data[rand_index]

        fake_B=g_AB.predict(real_A)
        fake_A=g_BA.predict(real_B)
        dA_loss_real=d_A.train_on_batch(real_A, valid)
        dA_loss_fake=d_A.train_on_batch(fake_A, fake)
        dA_loss=0.5*np.add(dA_loss_real,dA_loss_fake)
        log="%d:[d_A loss:%f]" % (step+1,dA_loss)
        dB_loss_real=d_B.train_on_batch(real_B, valid)
        dB_loss_fake=d_B.train_on_batch(fake_B, fake)
        dB_loss=0.5*np.add(dB_loss_real,dB_loss_fake)
        log='%s:[d_B loss:%f]' %(log,dB_loss)

        if identity:
            adv_loss=adv.train_on_batch([real_A,real_B],[valid,valid,real_A,
    real_B,real_A,real_B])
            log='%s[adv loss:%f]'%(log,adv_loss[0])
        else:
            adv_loss=adv.train_on_batch([real_A,real_B], [valid,valid,real_A, real_B])
            log='%s[adv loss:%f]'%(log,adv_loss[0])

        if (step+1)%save_interval==0:
            print(log)
            if (step+1)==train_steps:
                show=True
            else:
                show=True

            import other_utils
            other_utils.test_generator((g_BA, g_AB),(test_A_data,test_B_data), step=step+1,
    titles=titles,show=show)
```

```
((32, 32, 1), (32, 32, 3))
10000:[d_A loss:0.264826]:[d_B loss:0.278540][adv loss:4.486065]
20000:[d_A loss:0.160590]:[d_B loss:0.153212][adv loss:4.657326]
```

```
30000:[d_A loss:0.267383]:[d_B loss:0.116963][adv loss:4.245390]
40000:[d_A loss:0.429488]:[d_B loss:0.218387][adv loss:4.230904]
50000:[d_A loss:0.130725]:[d_B loss:0.194827][adv loss:3.756451]
60000:[d_A loss:0.207970]:[d_B loss:0.136157][adv loss:4.521077]
70000:[d_A loss:0.380856]:[d_B loss:0.046437][adv loss:3.543499]
80000:[d_A loss:0.201557]:[d_B loss:0.348996][adv loss:3.183197]
90000:[d_A loss:0.199653]:[d_B loss:0.190379][adv loss:3.002814]
100000:[d_A loss:0.280637]:[d_B loss:0.235494][adv loss:3.424403]
```

학습된 generator에 첫 25개의 시험데이터에 적용하여 생성된 이미지는 다음과 같다.

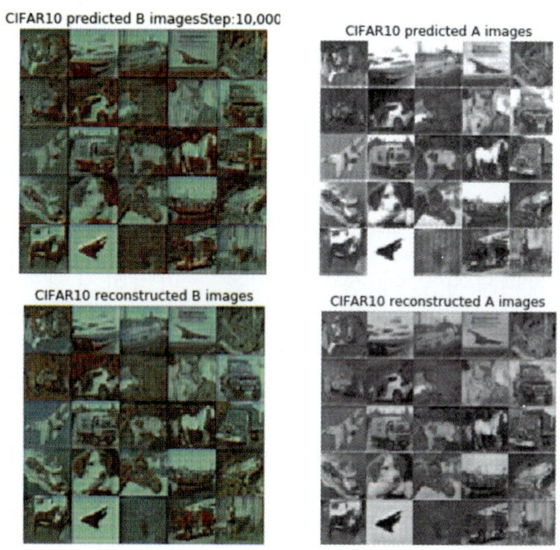

왼쪽 상단 그림은 흑백이미지를 입력하여 생성한 컬러이미지이고 오른쪽 상단 그림은 컬러이미지를 입력하여 생성한 흑백이미지이다. 왼쪽 하단은 오른쪽 상단의 가짜 흑백이미지를 입력하여 재생한 그림으로 왼쪽 상단의 컬러이미지와 거의 비슷하게 재생된 것을 볼 수 있다. 오른쪽 하단에 재생된 흑백이미지도 동일하게 해석할 수 있다. 아래 프로그램은 학습된 generator를 저장하고 호출하는 프로그램을 보여주고 있다.

```
from tensorflow.keras.models import load_model
g_AB.save('cifar10g_AB.h5')
g_BA.save('cifar10g_BA.h5')

generator_AB=load_model('cifar10g_AB.h5')
generator_BA=load_model('cifar10g_BA.h5')
```

다음은 자체 utility를 정의한 other_utils.py 프로그램을 보여주고 있다. rgb2gray()는 컬러이미지를 흑백이미지로 전환하는 함수이다. rgb가 컬러이미지이므로 맨 마지막 축인 채널은 3개로 구성되어 있다. np.dot(rgb[...,:],[0.299,0.587,0.114])에 의해 첫 번째 채널에 있는 모든 픽셀에 0.299를 곱하고, 두 번째 채널에는 0.587를 곱하며, 세 번째 채널에 0.114를 곱한 후 합하면 흑백이미지가 된다. 파이썬에 내장된 skimage.color.rgb2gray를 사용하여 컬러이미지 자료를 흑백이미지 자료로 전환할 수 있지만, CycleGAN 모형이 수렴하지 않았다. skimage.color.rgb2gray의 source 프로그램을 살펴보지 않아 정확한 이유를 파악하지 못했지만, skimage.color.rgb2gray 함수에 의한 흑백이미지의 전환은 CycleGAN 모형의 학습에 전혀 도움이 되지 않는다는 사실을 확인할 수 있었다.

CIFAR10 데이터의 CycleGAN 모형의 성능의 관점에서 generator에 사용한 LeakyReLU 함수와 reconstruction 손실에 사용한 MAE는 중요한 역할을 하였으며 patchgan은 약간의 성능향상을 가져왔으나, InstanceNormalization은 모형의 성능에 영향을 미치지 않은 것으로 나타났다. 이러한 현상은 데이터 의존적으로 나타내는 특성이므로 데이터에 따라 다양한 아키텍처의 변화를 시행하여 최선의 옵션을 선택하여야 한다.

display_images()는 학습된 generator에 시험데이터를 적용하여 생성된 그림을 그리는 함수이다. display_images에 입력받은 imgs의 수는 제곱의 형태, 예를 들어 25 또는 100이 되어야 한다. 그림을 5×5 또는 10×10 형태로 출력하기 위함이다.

load_data()는 load_cifar10()과 연결되어 A 데이터와 B 데이터를 표준화한 학습데이터와 시험데이터를 반환해주고 A 데이터와 B 데이터의 shape을 반환해주는 함수이다. test_generator()는 학습된 generator G_{AB}와 G_{BA}를 입력받고 시험데이터를 입력받아, 시험데이터를 두 개의 generator에서 생성된 이미지와 재생된 이미지를 반환해주는 함수이다. 끝으로 loadmat()은 MATLAB type의 입력자료를 일반적인 텐서 자료 순서로 바꾸기 위한 함수이다. MATLAB은 (height,width,channel, samples)의 형태로 자료가 제공되므로 np.transpose를 이용하여 (samples,height, width,channel)으로 전환하는 함수로 20.3절에서 사용될 것이다.

```
import matplotlib.pyplot as plt
import numpy as np

def rgb2gray(rgb):
    return np.dot(rgb[...,:],[0.299,0.587,0.114])

def display_images(imgs,title='',show=False):
    rows=imgs.shape[1]
    cols=imgs.shape[2]
    channels=imgs.shape[3]
    side=int(np.sqrt(imgs.shape[0]))
    if channels==1:
        imgs=imgs.reshape((side,side,rows,cols))
    else:
        imgs=imgs.reshape((side,side,rows,cols,channels))
    imgs=np.vstack([np.hstack(i) for i in imgs])
    plt.figure()
    plt.axis('off')
    plt.title(title)
    if channels==1:
        plt.imshow(imgs,cmap='gray')
    else:
        plt.imshow(imgs)
    if show:
        plt.show()
    plt.close('all')

def load_data(data,titles,todisplay=25):
```

```
    A_data, B_data, test_A_data, test_B_data=data
    test_A_title, test_B_title=titles

    imgs_B=test_B_data[:todisplay]
    display_images(imgs_B, title=test_B_title)
    imgs_A=test_A_data[:todisplay]
    display_images(imgs_A,title=test_A_title)
    B_data=B_data.astype('float32')/255
    test_B_data=test_B_data.astype('float32')/255
    A_data=A_data.astype('float32')/255
    test_A_data=test_A_data.astype('float32')/255

    data=(A_data, B_data, test_A_data, test_B_data)
    height_A=A_data.shape[1]
    width_A=A_data.shape[2]
    channel_A=A_data.shape[3]
    A_shape=(height_A,width_A,channel_A)
    height_B=B_data.shape[1]
    width_B=B_data.shape[2]
    channel_B=B_data.shape[3]
    B_shape=(height_B,width_B,channel_B)

    shapes=(A_shape,B_shape)
    return data,shapes

def test_generator(generators, test_data, step, titles, todisplay=25,show=False):
    g_BA, g_AB=generators
    test_A_data, test_B_data=test_data
    t1,t2,t3,t4=titles
    title_BA=t1
    title_AB=t2
    title_reco_BA=t3
    title_reco_AB=t4

    pred_AB=g_AB.predict(test_A_data)
    pred_AB=np.clip(pred_AB,0,1)
    pred_BA=g_BA.predict(test_B_data)
    pred_BA=np.clip(pred_BA,0,1)
    reco_AB=g_AB.predict(pred_BA)
    reco_AB=np.clip(reco_AB,0,1)
    reco_BA=g_BA.predict(pred_AB)
    reco_BA=np.clip(reco_BA,0,1)
```

```
        imgs=pred_AB[:todisplay]
        step="Step:{:,}".format(step)
        title=title_AB+step
        display_images(imgs,title=title,show=show)
        imgs=pred_BA[:todisplay]
        title=title_BA
        display_images(imgs,title=title,show=show)
        imgs=reco_BA[:todisplay]
        title=title_reco_BA
        display_images(imgs,title=title,show=show)

def loadmat(data_mat):
        data=data_mat['X']
        data=np.transpose(data,[3,0,1,2])
        return data
```

다음은 자체 utility인 cifar10_utils.py 프로그램이다. other_utils.load_load()에 의해 load_cifar10()은 표준화된 data=(A_data, B_data, test_A_data, test_B_data)와 shapes=(A_data의 shape, B_data의 shape)을 반환하는 함수이다.

```
from tensorflow.keras.datasets import cifar10
from skimage import color
import numpy as np
import other_utils
def load_cifar10():
        (B_data,_),(test_B_data,_)=cifar10.load_data()
        A_data=other_utils.rgb2gray(B_data)
        test_A_data=other_utils.rgb2gray(test_B_data)
        A_data=A_data[:,:,:,np.newaxis]
        test_A_data=test_A_data[:,:,:,np.newaxis]
        data=(A_data,B_data,test_A_data,test_B_data)
        titles=('CIFAR10 test_A_data images', 'CIFAR10 test_A_data images')
        return other_utils.load_data(data,titles)
```

20.3 MNIST 데이터와 SVHN 데이터를 이용한 CycleGAN

MNIST 데이터는 도메인 A 데이터로 0 ~ 9까지 사람의 손글씨 50,000개의 학습 데이터와 10,000개의 시험데이터로 구성되어 있으며 각 이미지는 28×28 픽셀의 흑백이미지 자료이다. SVHN 데이터는 도메인 B 데이터이며 SVHN은 street view house numbers의 약자로 집주소에 나타나는 주소번호 이미지 데이터이다. SVHN 데이터는 32×32 픽셀의 컬러이미지 자료로 73,267개의 학습데이터와 26,032개의 시험데이터로 구성되어 있다. SVHN 데이터는

https://ufldl.stanford.edu/housenumbers/train_32x32.mat

그리고

https://ufldl.stanford.edu/housenumbers/test_32x32.mat

에서 내려받을 수 있다. 이러한 MNIST와 SVHN 데이터를 이용한 CycleGAN의 적용하는 것은 20.2절과 다를 바 없다. 단지 MNIST 데이터의 픽셀을 32×32로 수정하고 SVHN 데이터의 자료 type이 MATLAB이므로 19.2절의 자체 utility인 other_utils 내의 loadmat() 함수를 이용하여 파이썬에서 일반적으로 사용하는 텐서 자료로 전환해주면, 20.2절의 generator와 discriminator를 사용하여 결과를 산출할 수 있다. 그러므로 이 절에서는 batch normalization과 instance normalization의 효과를 비교해 보고, discriminator와 generator의 CNN에 사용하는 kernel의 변화가 모형에 미치는 영향을 평가하였다. 그리고 validity 손실과 reconstruction 손실의 비중을 조절하여 관찰되는 generator의 성능의 변화를 살펴보았다. 20.2절과 비교하여 kernel_size=5로 증가시켰고 instance normalization 대신 batch normalization을 사용하여 batch_size=1, 8, 16, 32를 포함하여 kernel_size=3, 5, 7 등 여러 가지 변화를 시행한 결과를 정리하면 다음과 같다. instance normalization은 모형의 수렴에

결정적인 역할을 한 것으로 나타나, CycleGAN에서는 이미지 각각의 특성을 반영할 수 있는 instance normalization의 중요성을 보여주었다. kenel_size의 크기를 조절하여 너무 작은 모수(kernel_size=3) 또는 너무 많은 모수(kernel=7)는 모형의 성능의 저해 요인으로 작용하였다. instance normalization을 사용할 경우 memory 문제로 batch_size=2로 최소화해야 했다.

SVHN(B 데이터)으로부터 생성된 MNIST 데이터(A 데이터)와 재생된 MNIST 데이터가 좋지 않아 19.1절의 build_cyclegan 내에 정의된 validity 손실과 reconstruction 손실에 대한 손실비율 validity_A : validity_B : reconstruction_A : reconstruction_B = 1 : 1 : 10 : 10을 1.5 : 1 : 10 : 8로 조절한 결과 MNIST 데이터가 이어지는 두 개의 프로그램 아래에 있는 그림과 같이 좀 더 선명하게 재생된 것을 볼 수 있다. 150,000번을 반복하여 6 에폭을 실행한 결과이다.

다음은 MNIST와 SVHN 데이터를 CycleGAN 분석에 적합하도록 만드는 자체 utility로 mnist_SVHN.py로 저장된 프로그램이다. np.pad를 이용하여 28×28 픽셀을 32×32 픽셀로 전환하고 있다. np.pad 내에 있는 첫 번째 (2,2)는 픽셀의 상하(제1축)에 두 칸씩 늘리고 0값으로 채우는 옵션이고 두 번째 (2,2)는 픽셀의 좌우(제2축)를 두 칸씩 늘려 0값으로 채우게 되어 그 결과로 32×32 픽셀로 전환하게 된다. 그러나 이 데이터는 3D텐서이므로 4D텐서로 바꾸기 위해 tf.newaxis를 사용하고 있다. SVHN 데이터가 MARTLAB type 자료이므로 자체 utility인 other_utils.loadmat을 이용하여 4D텐서 자료의 축을 이동시키고 있다. SVHN 데이터는 mnist_SVHN 프로그램이 있는 path에 있다는 가정에서 ./train_32x32.mat로 데이터 path를 지정하고 있다.

```
from tensorflow.keras.datasets import mnist
import numpy as np
from scipy import io
import other_utils

def load_mnist_svhn():
    (A_data,_),(test_A_data,_)=mnist.load_data()
```

```
    A_data=np.pad(A_data,((0,0),(2,2),(2,2)),'constant',constant_values=0)
test_A_data=np.pad(test_A_data,((0,0),(2,2),(2,2)),'constant',constant_values=0)
    A_data=A_data[:,:,:,tf.newaxis]
    test_A_data=test_A_data[:,:,:,tf.newaxis]
    B_data_mat=io.loadmat("./train_32x32.mat")
    test_B_mat=io.loadmat("C:/Users/ysp/Desktop/Deep Learning/test_32x32.mat")
    B_data=other_utils.loadmat(B_data_mat)
    test_B_data=other_utils.loadmat(test_B_mat)

    data=(A_data,B_data,test_A_data,test_B_data)
    titles=('MNIST test_A_data images','SVHN test_B_data images')
    return other_utils.load_data(data,titles)
```

아래 그림은 5,000번의 반복(0.2 에폭) 후, 첫 25개 시험데이터에 적용하여 생성 또는 재생한 MNIST 이미지와 SVHN 이미지를 보여주고 있다. SVHN으로부터 생성된 MNIST 데이터(우측상단 이미지)의 성능은 좋지 않다는 것을 볼 수 있으며 이를 기반으로 재생된 SVHN 이미지(우측 하단) 또한 성능이 낮게 나온 것을 볼 수 있다. 반복이 150,000번에 이르면 5,000번의 반복에 비해 훨씬 선명한 이미지를 제공하고 있고 에폭수를 좀 더 증가시키면 좋은 결과를 기대할 수 있을 것으로 보인다.

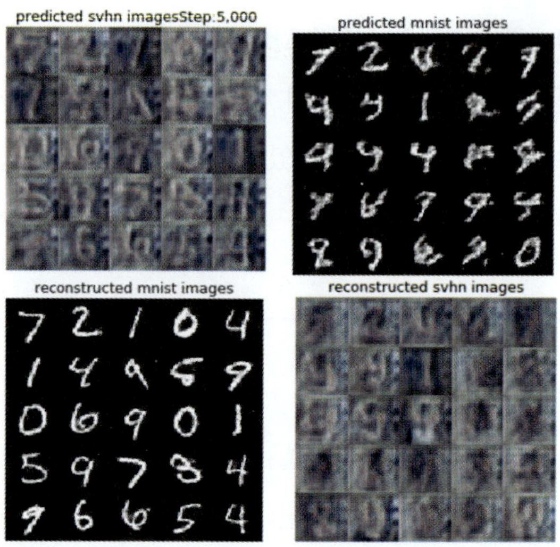

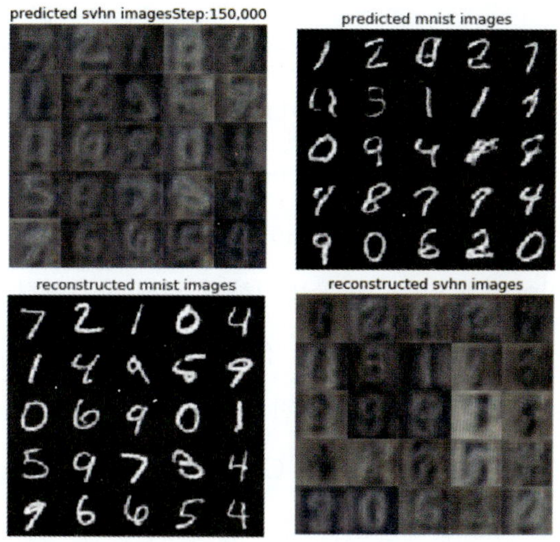

20.4 모네그림 데이터와 사진데이터를 이용한 CycleGAN

이 절에서는 Monet의 1,072개 작품과 사진이미지를 교차학습하는 CycleGAN 모형을 고려하고자 한다. Monet2photo 자료는 Google에서 "Index of ~taesung_park/CycleGAN/datasets"을 입력하면 내려받을 수 있다.

모네그림과 사진의 각 이미지는 (256,256,3)텐서, 즉, 256×256 픽셀의 컬러이미지 자료이다. 모네그림과 사진의 색상을 유지하기 위해 20.2절과 20.3절과 다른 generator를 정의하여 CycleGAN 모형의 아키텍처를 구성할 것이다.

discriminator는 앞 절과 동일하지만 픽셀의 크기가 다르고 patchgan을 사용하여 이미지를 판별하므로 discriminator D_A와 D_B는 이미지별로 (16,16,1)인 3D텐서를 출력한다. 그러므로 실제 이미지에는 label 1로 구성된 16×16 2D텐서가 부여되고 가짜 이미지에는 label 0으로 구성된 16×16 2D텐서가 부여되게 된다. 자세한 discriminator의 아키텍처는 출판사 홈페이지에 별도로 제공된 프로그램을 참고하길 바란다.

다음 프로그램은 generator를 정의하는 프로그램으로 앞의 2개의 절에서 사용한 generator보다 훨씬 깊은 CNN 구조를 가지고 있다. 이 generator를 사용하기 위해서 20.2절의 build_cyclegan의 옵션 중 unet=False로 지정하면 된다. generator의 CNN 구조가 깊기 때문에 초기 convolution에 있는 모수가 backpropagation 과정에서 사라짐 현상이 일어나게 된다. 이를 방지하기 위해 잔차연결(residual connection)을 사용하였으며 resnet을 9번 반복하여 잔차연결을 구현하고 있다.

generator의 구조는 kenel_size 7을 가진 CNN → 2개의 encoder → 9개의 resnet → 2개의 decoder → kenel_size 7을 가진 CNN의 구조로 되어 있다. kenel_size가 7이면 모수의 수가 (7×7×입력채널수+1)×출력채널수가 되어 입력자료의 이미지를 잘 유지할 수 있도록 한다. encoder는 픽셀을 줄이면서 채널을 증가시키고, decoder는 픽셀을 늘리면서 채널수를 줄여 G_{AB}인 경우 도메인 B 데이터를 출력하고 G_{BA}인 경우 도메인 A 데이터를 출력하게 된다. generator의 자세한 아키텍처는 별도로 제공된 프로그램을 통해 확인하길 바란다.

build_generator_resnet()에서 가장 먼저 나타나는 connv7s1() 함수를 살펴보면, 비록 사용하지 않았지만 tf.pad(input_layer,[[0,0],[3,3],[3,3],[0,0]],'REFLECT')가 나타난다. 바로 뒤에 나타나는 Conv2D에 kernel_size=(7,7)을 적용하므로 input_layer의 픽셀크기가 상하좌우로 3개씩 줄어들게 된다. 물론 Conv2D에 padding='same'으로 옵션을 부여할 수 있으나 이 경우 상하좌우를 0으로 채우게 된다. 그러나 줄어든 픽셀을 다른 값으로 채워주고자 할 때는 tf.pad에 지정된 'REFLECT'와 같이 옵션을 부여하면 된다.

예를 들어, 어느 한 행이 [5,1,2,3,4,5]이면 'REFLECT'로 3개의 값을 좌우로 채우게 되면 [1,2,3,5,1,2,3,4,5,4,3,2]가 된다. 즉, 좌우 끝을 기준으로 대칭 형태로 값을 채우는 형태이다. 같은 방법으로 상하로 값을 채울 때 각 열에 대해 상하 끝을 기준으로 대칭 형태로 값을 채우게 된다. input_layer가 4D텐서이므로 [[0,0],[3,3],[3,3],[0,0]]에 의해 첫 번째와 네 번째 축은 0칸을 채우고, 두 번째 축은 height로 상하로 3칸씩을 'REFLECT'로 채우며, 세 번째 축은 width이므로 좌우 3칸씩을

'REFLECT'로 채우게 된다. 동일한 기능을 하는 np.pad가 있으나 오류가 발생하므로 tensorflow.pad를 사용해야 한다. 원래의 논문에서는 ReflectionPadding2D라는 클래스를 사용하였으나 tf.keras에서는 작동하지 않았다.

그러나 'REFLECT' pad를 사용하지 않고 단순하게 상하좌우 세 칸을 0으로 채우는 Conv2D(filters,kernel_size=(7,7),strides=1,padding='same')으로 사용하여도 generator의 성능에 영향도 없었으며 오히려 더 우수한 성능을 보여 원래의 논문(Zhu et al., 2017)과 다르게 Conv2D(filters,kernel_size=(7,7),strides=1,padding= 'same')를 사용하였다.

generator의 최종 출력은 Activation('tanh')이므로 −1 ~ 1 값을 출력한다. 이는 reconstruction 손실과 identity 손실을 계산하기 위해서 입력데이터의 값이 −1 ~ 1 값을 갖도록 표준화해야 한다는 것을 의미한다.

```
def build_generator_resnet(input_shape,output_shape,kernel_size,gen_n_filters):
    def conv7s1(layer_input,filters,final):
        #y=tf.pad(layer_input,[[0,0],[3,3],[3,3],[0,0]],'REFLECT')
        y=Conv2D(filters,kernel_size=(7,7),strides=1,padding='same')(layer_input)
        if final:
            y=Activation('tanh')(y)
        else:
            y=tfa.InstanceNormalization(axis=-1,center=False, scale=False)(y)
            y=Activation('relu')(y)
        return y
    def encoder(layer_input,filters):
        y=Conv2D(filters,kernel_size=kernel_size,strides=2,padding='same')(layer_input)
        y=tfa.InstanceNormalization(axis=-1,center=False, scale=False)(y)
        y=Activation('relu')(y)
        return y
    def residual(layer_input,filters):
        short_cut=layer_input
        #y=tf.pad(layer_input,[[0,0],[1,1],[1,1],[0,0]],'REFLECT')
        Conv2D(filters,kernel_size=kernel_size,strides=1,padding='same')(layer_input)
        y=tfa.InstanceNormalization(axis=-1, center=False, scale=False)(y)
        y=Activation('relu')(y)

        y=Conv2D(filters,kernel_size=kernel_size,strides=1,padding='same')(y)
```

```
        y=tfa.InstanceNormalization(axis=-1, center=False, scale=False)(y)
        return add([short_cut,y])

    def decoder(layer_input,fitters):
        y=Conv2DTranspose(filters,kernel_size=kernel_size,strides=2,
                                    padding='same')(layer_input)
        y=tfa.InstanceNormalization(axis=-1, center=False, scale=False)(y)
        #y=BatchNormalization(axis=-1, center=False, scale=False)(y)
        y=Activation('relu')(y)
        return y
    img=Input(shape=input_shape)
    channels=output_shape[-1]
    y=conv7s1(img,gen_n_filters,False)
    y=encoder(y,gen_n_filters*2)
    y=encoder(y,gen_n_filters*4)
    y=residual(y,gen_n_filters*4)
    y=residual(y,gen_n_filters*4)
    y=residual(y,gen_n_filters*4)
    y=residual(y,gen_n_filters*4)
    y=residual(y,gen_n_filters*4)
    y=residual(y,gen_n_filters*4)
    y=residual(y,gen_n_filters*4)
    y=residual(y,gen_n_filters*4)
    y=residual(y,gen_n_filters*4)
    y=decoder(y,gen_n_filters*2)
    y=decoder(y,gen_n_filters)
    output=conv7s1(y,channels,True)
    generator=Model(img,output)
    return generator
```

다음 프로그램을 살펴보면, instance normalization이 작동할 수 있도록 batch_size=1로 최소화하였고 총 반복수는 42,880번으로 40 에폭 동안 모형을 학습시키고 있다. 참고로 원래의 논문에서는 100 에폭을 학습시켰다. 이미 앞에서 논의했듯이 discriminator는 16×16 patchgan을 사용할 것이며 도메인 A인 모네그림과 도메인 B인 사진이미지가 모두 컬러이기 때문에 identity 손실도 사용하고 있다. discriminator의 초기 채널을 64개로 증가시켰으며 자체 utility인 monet2photo.py 내의 load_batch 함수를 이용하여 A_data, B_data, test_A_data, test_B_data를 입력받아

Cycle GAN 모형을 학습시키고 학습된 generator를 시험데이터에 적용하여 1 에폭마다 출력하도록 하고 있다.

```
import monet2photo
batch_size=1
train_steps=42880
patchgan=True
identity=True
save_interval=1072
kernel_size=3
gen_n_filters=32
dis_n_filters=64


data1=monet2photo.load_batch()
data2=monet2photo.load_batch(is_train=False)
A_data,B_data=data1
test_A_data,test_B_data=data2

height_A=A_data.shape[1]
width_A=A_data.shape[2]
channel_A=A_data.shape[3]
A_shape=(height_A,width_A,channel_A)

height_B=B_data.shape[1]
width_B=B_data.shape[2]
channel_B=B_data.shape[3]
B_shape=(height_B,width_B,channel_B)

print(A_data.shape)
print(B_data.shape)
print(test_A_data.shape)
print(test_B_data.shape)

shapes=(A_shape,B_shape)

titles=('predicted monet images', "predicted photo images", 'reconstructed monet
images','reconstructed photo images')
B_size=int(B_data.shape[0])
A_size=int(A_data.shape[0])
```

```
models=build_cyclegan(shapes,gen_n_filters,dis_n_filters,kernel_size,patchgan=patchgan,ide
ntity=identity)
d_A,d_B,g_AB,g_BA,adv=models

if patchgan:
    patch=int(A_data.shape[1]/2**4)
else:
    patch=1

if patch>1:
    d_patch=(patch,patch,1)
    valid=np.ones((batch_size,)+d_patch)
    fake=np.zeros((batch_size,)+d_patch)
else:
    valid=np.ones([batch_size,1])
    fake=np.zeros([batch_size,1])

for step in range(train_steps):
    rand_index=np.random.randint(0,B_size,size=batch_size)
    real_B=B_data[rand_index]
    rand_index=np.random.randint(0,A_size,size=batch_size)
    real_A=A_data[rand_index]

    fake_B=g_AB.predict(real_A)
    fake_A=g_BA.predict(real_B)

    dA_loss_real=d_A.train_on_batch(real_A, valid)
    dA_loss_fake=d_A.train_on_batch(fake_A, fake)
    dA_loss=0.5*np.add(dA_loss_real,dA_loss_fake)
    log="%d:[d_A loss:%f]" % (step+1,dA_loss)
    dB_loss_real=d_B.train_on_batch(real_B, valid)
    dB_loss_fake=d_B.train_on_batch(fake_B, fake)
    dB_loss=0.5*np.add(dB_loss_real,dB_loss_fake)
    log='%s:[d_B loss:%f]' %(log,dB_loss)

    if identity:
        adv_loss=adv.train_on_batch([real_A,real_B],[valid,valid,real_A, real_B,real_A,real_B])
        log='%s[adv loss:%f]'%(log,adv_loss[0])
    else:

        adv_loss=adv.train_on_batch([real_A,real_B], [valid,valid,real_A, real_B])
        log='%s[adv loss:%f]'%(log,adv_loss[0])
```

```
    if (step+1)%save_interval==0:
        print(log)
        if (step+1)==train_steps:
            show=True
        else:
            show=True

        monet2photo.test_generator((g_BA, g_AB),(test_A_data,test_B_data), step=step+1,
titles=titles,show=show)
```

다음 프로그램은 monet2photo.py로 저장된 자체 utility 프로그램으로, 모네그림과 사진 자료의 path를 list로 제공하는 glob 함수를 이용하여 읽고 있다. 또한 imageio.imread 함수를 통해 데이터를 읽은 후 skimage.transform.resize를 통해 픽셀의 크기를 256×256으로 조절하고 있다. scipy.misc.imread 함수를 이용하여 이미지 자료를 읽을 수 있으나 error가 발생하여 사용할 수 없었다. 앞에서 논의했듯이 generator는 −1~1 값을 출력하기 때문에 손실을 계산할 수 있도록 입력 이미지 자료의 자료가 −1과 1 사이 값을 갖도록 표준화한 자료를 반환하고 있다. 비록 생략하였지만 monet2photo.py에는 test_generator 함수가 있으며 이 함수를 통해 4개의 원래 그림과 사진, 모네그림을 사진으로 전환한 이미지, 사진을 모네그림으로 전환한 이미지, 그리고 재생된 모네그림과 사진을 그릴 수 있다. 이때 주의해야 할 것은 이미지 자료가 −1 ~ 1의 값이므로 0 ~ 1 실수값 또는 0 ~ 255의 정수값으로 전환해야 그림을 그릴 수 있다는 점이다. 출판사의 홈페이지에 있는 관련된 프로그램을 보면 쉽게 이해할 수 있을 것이다.

```
import imageio
import glob
import scipy
import numpy as np
from skimage.transform import resize
def load_batch(img_res=(256,256), is_train=True):
```

```
if is_train:
    data_type='train'
else:
    data_type='test'
path_A=glob.glob('./ monet2photo/%sA/*' %data_type)
path_B=glob.glob('./ monet2photo/%sB/*' %data_type)

total_sample=int(min(len(path_A),len(path_B)))

path_A=np.random.choice(path_A,total_sample,replace=False)
path_B=np.random.choice(path_B,total_sample,replace=False)

imgs_A,imgs_B=[],[]
for i in range(total_sample):
    batch_A=path_A[i]
    batch_B=path_B[i]

    img_A=imageio.imread(batch_A).astype(np.float)
    img_B=imageio.imread(batch_B).astype(np.float)
    img_A=resize(img_A, img_res)
    img_B=resize(img_B, img_res)

    imgs_A.append(img_A)
    imgs_B.append(img_B)
imgs_A=np.array(imgs_A)/127.5-1
imgs_B=np.array(imgs_B)/127.5-1
return imgs_A, imgs_B
```

위 그림들의 왼쪽은 모네그림을 사진이미지로 전환하는 과정을, 1 에폭(1,072 이미지 스탭), 20 에폭(21,440 이미지 스탭), 그리고 40 에폭(42,880 이미지 스탭)에서

보여주고 있다. 왼쪽 모네그림은 점차적으로 사진이미지로 변화하고 있고 오른쪽 사진이미지는 모네그림 형태로 점차적으로 변화하고 있는 것을 볼 수 있다.

참고문헌

1. Arjovsky, M, Chintala, S., and Botton, L. (2017). Wasserstein GAN (https://arxiv.org/pdf/1701.07875.pdf))
2. Atienza, R. (2018). *Advanced Deep Learning with Keras*, Packt
3. Audevart, A., Banachewicz, K., and Massaron, L. (2021). *Machine Learning Using TensorFlow Cookbook*. Packt
4. Ayyadevara, V. K. (2019). *Neural Networks with Keras*, Packt
5. Bonaccorso, G. (2020). *Mastering Machine Learning Algorithms*, 2nd ed., Packt
6. Bruce, P. and Bruce A. (2017). P*ractical Statistics for Data Scientists: 50 essential concepts*. O'REILLY
7. Buduma, N. (2017). *Fundamentals of Deep Learning*. O'REILLY
8. Burkov, A. (2019). T*he Hundred-Page Machine Learning Book*
9. Chollet, F. (2018). *Deep Learning with Python*. Manning
10. Ciaburro, G. (2018). *Keras 2.X*, Packt
11. Devlin, J., Chang, M., Lee K., and Toutanova, K. (2019). BERT: Pre-training of Deep Bidirectional Transformers for Language Understanding.
12. Ferlitsch, A. (2021). *Deep Learning Patterns and Practices*, Manning
13. Elgendy, M. (2020). *Deep Learning for Vision System*. Manning
14. Foster D. (2019). *Generative Deep Learing*. O'REILLY
15. Geron, A. (2017). *Hands-On Machine Learning with Scikit-Learn & TensorFlow*. O'REILLY
16. Geron, A. (2019). *Hands-On Machine Learning with Scikit-Learn, Keras & TensorFlow*. 2nd ed., O'REILLY
17. Glorot, X. and Bengio, Y. (2010). Understanding the Difficulty of Training

Deep Feedforward Neural Networks. *Proceedings of the 13th International Coference on Artificial Intelligence and Statistics.* pp 249-256

18. Goodfellow, I., Bengio, Y., and Courville, A. (2016). *Deep Learning*, The MIT Press
19. Gulli, A., Kapoor, A., and Pal, S. (2019). *Deep Learning with TensorFlow 2 and Keras*, Packt
20. Hastie, T., Tibshirani, R., and Friedman J. (2009). *The Elements of Statistical Learning-Data mining, Inference, and Prediction*, 2nd ed., Springer
21. Holtzman, A., Buys, J., Du, L., Forbes, M., and Choi, Y. (2019). The curious case of neural text generation. arXiv: 1904.09751
22. Isola, P. and et al. (2016). Image-to-Image Translation with Conditional Adversarial Networks. https://arxis.org/abs/1611.07004
23. Jain, A., Fandango, A., and Kapoor, A. (2018). *TensorFlow Machine Learning Projects*, Packt
24. Klaas, J. (2019). *Machine Learning for Finance.* Packt
25. Klambauer et. al (2017). Self-Normalizing Neural Networks. *Proceedings of the 31 International Conference on Neural Processing System.* pp 972-998
26. Lapan, M. (2018). *Deep Reinforcement Learning Hands-on*, Packt
27. Lapan, M. (2020). *Deep Reinforcement Learning Hands-on*, 2nd ed., Packt
28. Michelucci, U. (2022). *Applied Deep Learning with TensorFlow 2.* 2nd ed., Apress
29. Moolayil, J. (2019). *Learn Keras for Deep Neural Networks*, Apress
30. Morgan, P. (2018). *Data Science from Scratch with Python: step by step guide*, AI Science
31. Murphy, K. P. (2012). *Machine Learning: A Probabilistic Perspective*, The MIT press
32. Murray, K. and Chiang, D. (2018). Correcting length bias in neural machine translation. arXiv: 1808.10006.

33. Murray, W. Gill, P. and Wright, M. (1981). *Practical Optimization*, Academic Press

34. Osinga, D. (2018). *Deep Learning Cookbook*. O'REILLY

35. Pattanaya, S. (2017). *Pro Deep Learning with TensorFlow: a mathematical approach to advanced artificial intelligence in Python*, Apress

36. Pattanaya, S. (2019). I*ntelligent Projects Using Python*. Packt

37. Patterson, J. and Gibson, A. (2017). *Deep Learning*, O'REILLY

38. Planche, B. and Andres, E. (2019). *Hands-on Computer Vision with TensorFlow 2*. Packt

39. Raschka, S. and Mirjalili, V. (2017). *Python Machine Learning: machine learning and deep learning with Python, scikit-learn, and tensorflow*, 2nd ed., Packt

40. Raschka, S. and Mirjalili, V. (2019). *Python Machine Learning: machine learning and deep learning with Python, scikit-learn, and tensorflow 2*, 3rd ed., Packt

41. Rashid, T. (2018). *Make Your Own Neural Network*, Columbia

42. Ravichandiran, S. (2021). *Getting Started with Google BERT*, Packt

43. Ren, S., He, K., Girshick, R., and Sun, J. (2016). Faster R-CNN: Towards Real-Time Object Detection with Region Proposal Networks. arXiv:1506.01497v3

44. Redmon, J. and Farhadi, A. (2018). YOLOv3: An Incremental Improvement. arXiv:1804.02767v1

45. Richard, S., S., and Andrew, G. B. (2018). *Reinforcement Learning*. The MIT Press

46. Rothman, D. (2021). *Transformers for Natural Language Processing*. Packt

47. Saleh, H. (2019). *Applied Deep Learning with PyTorch*. Packt

48. Shalev-Shwartz, S. and Ben-David, S. (2014). *Understanding Machine*

Learning: from theory to algorithm, Cambridge university press

49. Sugiyama, M. (2015). *Statistical Reinforcement Learning*, CRC press
50. Sweigart, A. (2020). *Automate the Boring Stuff with Python*, 2nd edition. No Starch Press
51. Thanaki, J. (2018). *Machine Learning Solutions*. Packt
52. Tipping, M. E. and Bishop, C. M. (1999). Probability principal component analysis. *MicroResearch*
53. VanderPlas, J. (2017). *Python Data Science Handbook: essential tools for working with data*, O'REILLY
54. Yang, Y., Huang, L., and Ma, M. (2018). Breaking the beam search curse: a study of (Re)-scoring methods and stopping criteria for neural machine translation. arXiv: 1808.09582.
55. Young, B. (2019). *Deep Learning with Keras from Scratch*
56. Wu, Y and He, K (2018). Group Normalization. https://arxiv.org/pdf/1803.08494.pdf
57. Zeng, A., Chen, M., Zhang, L., and Xu, Q. (2022). Are Transformers effective for timeseries forecasting? arXiv: 2205.13504
58. Zhu, JY. and Park, T., Isola, P, and Efros, AA. (2017). Unpaired Image-to-Image Translation Using Cycle-Consistent Adversarial Networks. https://arxiv.org/pdf/1703.10593
59. 박유성 (2012).『수리금융의 이해와 응용』. 자유아카데미
60. 박유성 · 김기환 (2016).『SAS/ETS를 이용한 계량경제 · 금융자료 분석』. 자유아카데미
61. 박유성 (2020).『파이썬을 이용한 통계적 머신러닝』. 자유아카데미
62. https://towardsdatascience.com/attention-in-computer-vision-fd289a5bd7ad
63. https://www.tensorflow.org/api_docs/python/tf/keras/layers/Attention
64. https://wikidocs.net/35596

65. https://jalammar.github.io/illustrated-transformer/

66. https://arxiv.org/pdf/1909.11942.pdf

67. https://arxiv.org/pdf/1907.11692.pdf

68. https://medium.com/@smallfishbigsea/faster-r-cnn-explained-864d4fb7e3f8

69. https://deepsense.ai/region-of-interest-pooling-explained/

70. https://medium.com/analytics-vidhya/yolo-explained-5b6f4564f31

71. https://www.analyticsvidhya.com/blog/2018/12/practical-guide-object-detection-yolo-framewor-python/

72. https://medium.com/swlh/object-detection-and-instance-segmentation-a-detailed-overview-94ca109274f2

73. https://www.tensorflow.org/tutorials/generative/deepdream

74. https://www.tensorflow.org/tutorials/generative/style_transfer

75. https://huggingface.co/blog/how-to-generate

76. https://towardsdatascience.com/natural-language-generation-part-2-gpt-2-and-huggingface-f3acb35bc86a

77. https://www.borealisai.com/research-blogs/tutorial-8-bayesian-optimization/

78. https://adl.toelt.ai/FFNN/Overfitting_example.html

찾아보기

A

B

C

T

U

V

W

X

텐서플로 케라스를 이용한 딥러닝 제3판
- 원리와 실제 응용 -

저 자 박유성
발 행 인 김지영
발 행 처 자유아카데미
주 소 경기도 파주시 회동길 37-42
파주출판도시
전 화 031-955-1321
팩 스 031-955-1322
홈페이지 www.freeaca.com
전자우편 main@freeaca.com (대표)
editor@freeaca.com (편집)
crm@freeaca.com (영업)
등 록 제406-2003-017호, 1980. 7. 12
제3판1쇄 2023년 2월 10일 발행

ISBN 979-11-5808-339-7 93000